洛阳老子文化丛书

老子的学说与精神

——历史与当代

主编　陈鼓应

执行主编　王中江

副主编　杨懿楠　杨植森

中国社会科学出版社

图书在版编目(CIP)数据

老子的学说与精神：历史与当代/陈鼓应主编. —北京：中国社会科学
出版社，2016.3
ISBN 978 - 7 - 5161 - 7472 - 2

Ⅰ.①老… Ⅱ.①陈… Ⅲ.①老子—哲学思想—文集
Ⅳ.①B223.15 - 53

中国版本图书馆 CIP 数据核字(2015)第 312005 号

出 版 人　赵剑英
责任编辑　田　文
特约编辑　任蜜林
责任校对　张爱华
责任印制　王　超

出　　　版　中国社会科学出版社
社　　　址　北京鼓楼西大街甲 158 号
网　　　址　http://www.csspw.cn
邮　　　编　100720
发 行 部　010 - 84083685
门 市 部　010 - 84029450
经　　　销　新华书店及其他书店

印刷装订　三河市君旺印务有限公司
版　　　次　2016 年 3 月第 1 版
印　　　次　2016 年 3 月第 1 次印刷

开　　　本　710×1000　1/16
印　　　张　41
插　　　页　2
字　　　数　693 千字
定　　　价　148.00 元

目　录

论老子道之精义

（台湾中华老庄学会）

老子之学，全在于《道德经》。《道德经》全文不过五千余字，但在古今中外之无数研究者中尚无一能出其右者，诚可谓绝世之一奇书也。笔者兹以"天人合一"为立场，以实际运用为着眼点，采取低姿态以探其精义所在，特撰此文，以求教于老学之先进，亦期有献于老学之研究及人类之事务于万一也。

一 "道"之定义

老子在《道德经》中讲"道"的地方有七十六处之多，当然"道"是第一重要了。那么"道"究竟是什么？也就是说"道"的定义为何？老子说："有物混成，先天地生，寂兮寥兮，独立而不改，周行而不殆，可以为天下母。吾不知其名，字之曰道。"（25）

由此可知老子所说的"道"是宇宙的根源、宇宙的本体和宇宙的总原理；天地因"道"而形成，万物因"道"而自来，人类因"道"而诞生；"道"是无始无终、无所不有、无时不在的默默地工作着。"道"虽然是"惚兮恍兮"（21），"视而不见……听之不闻……搏之不得"（14），但并非真空或虚无。而是"其中有象……其中有物……其中有精……其精甚真，其中有信"。（21）

二 "道"之特性

"道"既是宇宙的根源和总原理，那么宇宙的本身以及宇内的万物都是由它所生，而它即成为宇宙万物之母和种子了，而且永不终止。但它却是看不见、闻不到、摸不着的。所以老子说："视而不见名曰夷，听之不闻名曰希，搏之不得名曰微，此三者不可致诘，故混而为一。……其上不曒，其下不昧，绳绳兮不可名，复归于无物。是谓无状之状，无物之象，是谓惚恍；迎之不见其首，随之不见其后。执古之道，以御今之有；能知古始，是谓道纪（矣）。"（14）

因此，"道"究竟是什么样子，就成为一个很玄妙的问题了；不能言传，更不能给它取一个什么名字。故老子又说："道可道，非常道。名可名，非常名。无名天地之始；有名万物之母。故常无，欲以观其妙；常有，欲以观其徼；此两者，同出而异名，同谓之玄。玄之又玄，众妙之门。"（1）"大象无形，道隐无名。"（41）

同时，"道"又是无始无终和无在无所不在的。故老子说："道，冲而用之或（又）不盈。渊兮，似万物之宗。湛兮，似或存。吾不知谁之子，象帝之先。"（4）"谷（古）神不死，是谓玄牝；玄牝之门，是谓天地根。"（6）

再则，"道"虽然是无影无形，无所作为，但它却什么事情都做了。故老子说："道常无为而无不为。"（37）它不但做了，而且做得很公平。所以老子又说："天之道，其犹张弓与（欤）：高者抑之，下者举之，有余者损之，不足者补之；天之道，损有余而补不足。"（77）

"道"不但做了一切，而一切也都因"道"得到公平与均衡，同时"道"对一切更做得非常之勤奋与极端细密，尤其为全人与物而默默地工作着。故老子说："天之道，不争而善胜，不言而善应，不召而自来；天网恢恢，疏而不失。"（73）

"道"虽然有如此的伟大和如此众多的贡献，但"道"并不引以为恃，引以为傲；永远谦虚，永远自小，而且从不偷懒或稍作片刻的休息。故老子说："大道泛兮，其可左右。万物恃（得）之以生而不辞，功成不名有，衣养万物而不为主。常无欲，可名于小；万物归焉而不为主，可名为大。以其终不自为大，故能成其大。"（34）"道常无名，朴。虽小，天下莫能臣也……天地相合，以降甘露，民莫之令而自均……道之在天下，犹川谷之于江海。"（32）

三　"道"之作用

"道"既然是宇宙的根源、宇宙的本体和宇宙的总原理,那么它又是怎样形成宇宙与天地以及创造万物与人类呢? 老子是用"有生论"来解决这个问题的。所以老子说:"道生一,一生二,二生三,三生万物。"(42) 这里的"一"就是一个宇宙整体。"二"就是天地或乾坤。"三"就是天地或乾坤所生之物;物又繁殖而分种、别类,以至万数之多,统称之为"万物"。但"人"是万物之灵,故"道"的重要目的与结果,还是在于生人。

然则"道"为什么能发挥"生"之作用呢? 老子以为那是由于"道"的本身含有阴阳二素并不断地从右至左巡回运行而达到了和合的境界所使然。所以老子说:"反者道之动……天地万物生于有,有生于无(道)。"(40)"万物负阴而抱阳,冲气以为和。"(42)

"道"既有阴阳、天地、万物,人类又为"道"之所生,则天地、万物、人类亦必含有"道"与阴阳矣,这就是庄子答应东郭子"道……无所不在"《知北游》的理由。"道"与阴阳是"周行而不殆"(25),故天地万物与人类亦是"周行而不殆";循环不已,永无止境。纵然在运行之中有一天发生意外,甚至连宇宙都残灭了,但它还是会依"道"与阴阳之理而重生的。故老子说:"致虚极,守静笃,万物并作,吾以观复。"(16)

如此,则"道"的功德真是无量无边了。然而我们却绝对看不出来"道"是有意去作什么,或在作什么,或说什么是它做的而居功。所以老子说:"道常无为而不为"(37),"万物作为而不辞,生而不有,为而不恃,成而弗居;夫唯不居,是以不去(永生)。"(2)

四　"道"与"有""无""变"之关系

在我们中国的古代哲学中,对"有""无""变"问题讲得最彻底的,除了《易经》之外,就是老子。他说:"天地万物生于有,有生于无。"(40) 由此可知"无"是"有"之母。故老子又说:"无名天地之始,有名万物之母。"(1) 这不是说明了"无"是宇宙的本体,"有"是宇宙的生成发展吗？

　　然则这个"无"在老子《道德经》的哲学里究竟是什么呢？老子已经指明是"道"；他说"……道……视而不见，名曰夷。听之不闻，名曰希。搏之不得，名曰微。"（14）故"道"即是"无状之状，无物之象"之"无"了。

　　但"道"之"无"如何成为万物之"有"呢？那是"道"的"生"之作用所使然。这也就是说从"无"到"有"必须经过"道"之"变"的历程。但是这种"变"的历程是"道"的自然生长，决无勉强。所以老子又说："人法地，地法天，天法道，道法自然。"（25）

　　同时，这种求生求和，从"无"到"有"的"变"化程序，是循环不已，永无止境地从"无"到"有"的方向推进；而且更是从"无"到"有"，又从"有"到"无"——也就是万物的迭生迭死，使整个宇宙得以继续存在。故老子说："有无相生"，（2）又说："致虚极，守静笃。万物并作，吾以观复。夫物芸芸，各复归其根。归根曰静，静曰复命。"（16）这也就是"道"从"无"到"有"，从"有"到"无"的经常的"变"化。我们人类最重要的就是要明白这个常理，而不气馁，而有所遵循。故老子又说："知常曰明"。（16）同时"常"就是"道"，也就是"自然"，也就是永恒不变的真理，也就是永远自然而生长，自然而进化，自然而转变；自然而从"无"到"有"、从"有"到"无"的交替循环；一切都是"道"的自然推演，故说："道法自然"（25）。换句话说，"道"是自然地"无为而无不为"。（48）我们人类是宇宙之一环，是"道"的生物之一，而应守此真理方可。故老子又说："道常无为而无不为，侯王（人类的代表）若能守之，万物将自化；化而欲作，吾将镇之以无名之朴。无名之朴，天亦将无欲。不欲以静，天下将自定。"（37）

　　总之，老子所说的"无名"、"自然"、"一"，即是"道"，即是"有生于无"的无；等于《易经·系辞上传》第十一章所说的"太极"；都是天地万物之所以"生""变"的总原理。老子所说的"有"，即"天地万物生于有"的"万物"，即《易经·系辞上传》第五章所说的"阴阳"（一阴一阳之谓道）。老子所说的"万物生于有"的"万物"，即《易经·系辞上传》第一章所说的"在天成象，在地成形，变化见矣"之"成"与"变化"的结果。

　　基于以上所说的"道"与"有、无、变"之关系的阐明，而老子的宇宙哲学体系即告完整而无缺失了。更重要的是，"道"与天地万物，尤其是与人类合而为一、密不可分了。

五　"道"与人之关系

人是万物之灵，是万物的代表。人为"道"所生，也是"道"的代表；故须依"道"而行。故老子说："……故道大、天大、地大、人（王）亦大；城（宇）中有四大，而人（王）居其一焉。"（25）但只有行"道"之人，方能长久。故老子又说："人（王）乃天，天乃道，道乃久，没身不殆。"（16）但坏人若因一时糊涂而及早悔悟，以返于"道"则仍可获得"道"的保护，而不至于毁灭。故老子又说："道者万物之奥，善人之宝，不善人之所保。"如此，则"道"即成为人类的修养目标和精神境界，也就是探本、溯源的工作了。这也就是老子"天人合一"思想第一步的完成。

六　"道"之比较研究

1. 老子之道与《易经》之道

老子之道，已如前述。《易经》言"道"之处亦甚多，兹举出数则，以与老子之"道"，作一比较研究。

《易经》言"道"之处多在《系辞传》，他代表了孔子的"道"论；试述其与老子之"道"的共同之点如下：

（1）《易经·系辞上传》说："一阴一阳之谓道"（第五章）；"形而上者谓之道"（第十二章）；"弥论天地之道……道济天下……通乎昼夜之道"（第四章）；"成性存存，道义之门"（第七章）。这些都是侧重在本体论和宇宙论方面之"道"，与老子以"道"为宇宙的根源和总原理的意思是一样的。

（2）《易经·系辞上传》第十一章说："夫易开物成务，冒天下之道……是故易有太极，是生两仪，两仪生四象，四象生八卦……"这与老子之"道生一，一生二，二生三，三生万物"之生的原理是完全相同的。

（3）《易经·系辞上传》第二章说："……刚柔相推而成变化……变

化者，进退之象也。"同上第九章又说："……是故四营而成易，十有八变而成卦……知变化之道者，其知神之所为乎！""道有变动，故曰爻。爻有等，故曰物。物相杂，故曰文，文不当，故吉凶生焉。"（下传十章）"易穷则变，变则通，通则久……"（下传二章）；"易"者变也。故这些都与老子"道"的"有无相生，难易相成"的变化之理是完全相同的。

（4）老子之"道"特重宇宙原理之探索，而人类则之依"道"而行即可；似乎是把人放在被动地位。但《易经》则兼顾全程；对天地人三者同样重视与一体贯通，甚至以人为目的，而把人放在主动地位。其例如下：

①"……形而上者谓之道，形而下者谓之器，化而裁之谓之变，推而行之谓之通，举而措之天下之民谓之事业。"（上传十二章）

②"易有圣人之道四焉，以言者尚其辞，以动者尚其变，以制者尚其象，以卜筮者尚其占……通其变，遂成天地之交。极其数，遂定天下之象。"（上传一章）

③"天地之道，贞观者也。日月之道，贞明者也。天下之动，贞夫一者也。"（下传一章）

④"易之为书也，广大悉备；有天道焉，有人道焉，有地道焉；兼三才而两之，故六；六者非它也，三才之道也。"（下传十章）

⑤"易之兴也……周之盛德邪……其道甚大，百物不废，惧以终始，其要无咎，此之谓易之道也。"（下传十一章）

⑥"昔者圣人之作易也，幽赞于神明而生蓍，参天两地而生数，观变于阴阳而立卦，发挥于刚柔而生爻，和顺于道德而理于义，穷理尽性以至于命。"（《说卦传》第一章）

⑦"昔者圣人之作易也，将以顺性命之理，是以立天之道，曰阴与阳。立地之道，曰柔与刚。立人之道，曰仁与义；兼三才而两之，故易六画而成卦；分阴与阳，迭用柔刚；故易六位而成章。"（《说卦传》第二章）

2. 老子之"道"与中国其他各家之"道"

我们中国的哲学思想发展到春秋战国时代已臻完备，诸子百家中，对于"道"均有提及。特别重视者，除老子外，尚有儒、墨、法、兵、农与阴阳等；各家重点不一，但可归纳成为形而上的本体观念，有规律而不可变易的法则、社会的伦理规范、神圣而不可思议之事与交通方面所使用的道路等数类。但均不如老子言"道"之专详，故老子成为中国论"道"的专家，其书名之为《道德经》。

3. 老子之"道"与西洋各家哲学思想之比较

西洋哲学很重视形而上学，所以自古至今都对宇宙的根源或本体及宇宙生成、发展方面都特别注意研究，而且成就亦大且多。但西洋哲学家们多将宇宙的本原及宇宙的现象分为两截或加以间隔，而不如老子之"道"虽为宇宙之本原，但亦存于万物，尤其是人类，而成为天性、物性、人性之综合，所谓"天人合一"，"物我一体"之思想是也。故西洋哲学中能勉强与老子之"道"相比者，则限于形上之概念耳；如柏拉图（Plato，418—348 B. C.）之观念（Idea）、斯多葛学派的逻各斯（Logos）、斯宾诺莎（Baruch or Benedict，Spinoza，1632—1677）的自然（Nature）、黑格尔（Hegel，1770—1831）的"绝对"（Absolute）、基督教的"上帝"（God）、回教的"真主"（Allah），以及若干家所主张的"实体"（Reality）、"存在"（Existence）、"灵魂"（Soul）、"原质"（Substance）、"第一原则"（First Principle）、"至善"（Supreme Good）、"元素"（Elenment）与"质能"（Matter and Energy）、无（Nothingness）和有（Being）等等，不胜枚举，但均无一能与老子之"道"的性质完全相同。至于对老子之"道"翻译的名词也很多，诸如 Principle，Creative Principle，Truth，Nature，Way and as Divine Intelligence of the Universe（Ling Yutang，the Oriental Culture of India and China p. 14）等均是，但其中仅"真理"一词勉可与老子之"道"相称。但真理亦有分为绝对与相对真理，以及不变与可变真理者，而老子之"道"则无法作如是区别。其次是"无"（Nothingness），但西洋哲学中之"无"，多谓一无所有或真空之意。而老子则明言其"道"是"其中有精、其中有信……"而且是无所不在的；当然无法与之伦比了。

七　对老子之"道"的正确注释

1.《庄子》的注释

如众所知，庄子是道家中的第二位宗师，仅次于老子。同时他与老子最近，对老学领悟最深；所以他对"道"的注释亦最正确。庄子在内篇《大宗师》第六中说："夫道，有情，有性。无为，无形。可传，而不可受。可得，而不可见。自本，自根。未有天地，自古以固存。神鬼神帝，生天生地。在太极之先，而不为高。在六极之下，而不为深。先天地生，而不为久。长于上古，而不为老……日月得之，终古不息……莫知其始，莫知其终……"

庄子这种注释，真可以说深得老子"道"之精髓矣。

2.《淮南子》的注释

《淮南子》是道家思想盛行之时的西汉初年的作品，也是公认为重要的道家著作之一，兹举其在"原道训"中对道的注释如下：

"夫道者，覆天载地。廓四方，柝八极，高不可际，深不可测。包裹天地，禀授无形。原流泉浡，冲而徐盈。混混滑滑，浊而徐清。故植（直）之而塞于天地，横之而弥于四海。施之无穷，而无所朝夕，舒之幎于六合，卷之不盈于一握。约而能张，幽而能明。弱而能强，柔而能刚。横四维而含阴阳，纮宇宙而章三光。山以之高，渊以之深，兽以之走，鸟以之飞，日月以之明，星历以之行，麟以之游，凤以之翔……神托于秋毫之末，而大宇宙之总……节四时而调五行……夫太上之道，生万物而不有，有化象而弗宰……忽兮怳兮，不可为象兮。怳兮忽兮，用不屈兮。幽兮冥兮，应无形兮。遂兮洞兮不虚动兮。与刚柔卷舒兮，与阴阳倪仰兮……"

由此看来，《淮南子》亦不愧得老子之"道"的真传矣。

由于《庄子》与《淮南子》对"道"的注释，已经淋漓尽致，其他仅次于他们对老子之"道"的注释，如列子、文子、韩非子、王弼与魏源等，则就不必赘述了。

八　对老子之"道"的误解

在我们中国学术思想中，专门以"道"字为题论文者以文子、刘安与韩愈为最著；前二者以"道原""原道训"阐释老子之"道"已如上述。后者以"原道"阐释儒家之"道"。但韩文公是站在儒家卫道的立场，除了尽力宣扬儒家尤其是孔孟之"道"外，亦大为贬抑老、佛之"道"，难免对老子之"道"有所误解；他说："道有君子小人……老子……其见小者也，坐井而观天……老子……所谓道，道其所道，非吾所谓道也。其所谓德，非吾所谓德也。吾之所谓道德之者，合仁与义言之也……老子之所谓道德云者，去仁与义言之也，一人之私也……其言曰：圣人不死，大盗不止；剖斗析衡，而民不争，呜呼！其亦不思而已矣。举夷狄之法，而加之先王之教之上……吾所谓道也，非向所谓老与佛之道也，尧是以传之舜，舜是以传之禹。禹以是传之汤，汤以是传之文武周公，周公传之孔子，孔子传之孟轲，轲之死不得其传焉……"由此可知韩愈是站在孔孟"仁义"的立场去看老子贯通宇宙之"道"，当然会产生误解。但对老子之"道"毫无发生影响作用。因为老子之道实际上与儒家之道是完全并行不悖的，如前述《易经》所称之"道"然；后人不会产生与韩愈同样的误解。

注释：
[1] 文中数字均为《道德经》章目序号。

老子与洛邑摭说

徐金星

（洛阳老子学会）

老子是我国先秦时期一位伟大的思想家、哲学家，被后世道家学派和道教信众尊为开山鼻祖。他的思想学说，对我国哲学的发展曾产生了重大影响，不管是后世的唯物论，还是唯心论，都从不同的角度吸收了他的思想。关于老子其人，古来争论甚多。但老子籍贯为"楚苦县厉乡曲仁里"，曾任"周守藏室之史"，则为多数研究者所认同。这里的周指东周，"平王立，东迁于洛邑"，洛邑，"即王城也，平王以前号东都"。东周都城洛邑，即今洛阳。东周洛邑王城遗址已经考古发掘，位于今洛阳市王城公园一带。关于老子的生平事迹，除了不少古籍所记载和洛阳有关的部分外，在洛阳一带还流传着许多有关的传说故事，保存下来了许多有关的遗迹遗物。这些记载、传说及遗迹遗物，虽然其中一部分为历史史实，或接近历史史实，而其他部分则不少属于传说或附会，但总的来说，它们都从不同的侧面反映了老子其人、其事在洛阳一带影响的深远和广泛。

一 关于老子先祖

据《新唐书·宗室世系表》等载：李氏出自嬴姓。帝颛顼高阳氏生大业；大业生女华；女华生皋陶，字庭坚，为尧大理，生益；益生恩成。历虞、夏、商，世为大理，以官命其族为理氏。至纣之时，理征字德灵，为翼隶中吴伯，以直道不容于纣，得罪而死。其妻陈国契和氏与子（理）利贞逃难于伊侯之墟，食李得全，遂改理为李氏。（李）利贞亦娶契和氏女，生子昌祖，为陈大夫，家于苦县。老子李耳乃李利贞之第十一世裔孙。

这里至少有两点值得注意。其一，据文献记载并经考古发掘证明，夏、商均曾长期建都洛阳（参见《洛阳市志·文物志》中《夏都斟寻鄩》、《商都西亳》），故"世为大理"的老子先祖应该长期任职、生活于洛阳；其二，李姓得姓于"伊侯之墟"，地在伊水一带。伊水源于栾川县熊耳山南麓，在偃师市杨村注入洛水，全长 265 公里左右，全在洛阳市境内。换言之，即李姓得姓于洛阳。

二 关于老子生平

关于老子的生平事迹，《史记·老子传》记载说：

老子者，楚苦县厉乡曲仁里人也，姓李氏，名耳，字伯阳，谥曰聃，周守藏室之史也。

孔子适周，将问礼于老子。

老子修道德，其学以自隐无名为务。居周久之，见周之衰，乃遂去。至关，关令尹喜曰："子将隐也，强为我著书。"于是老子乃著书上下篇，言道德之意五千余言而去，莫知其所终。

老子之子名宗，宗为魏将，封于段干。宗子注，注子宫，宫玄孙假，假仕于汉孝文帝。而假之子解，为胶西王卬太傅，因家于齐焉。

世之学老子者则绌儒学，儒学亦绌老子。"道不同不相为谋"，岂谓是邪？李耳无为自化，清静自正。

关于老子其人的存在和他的年代，学术界曾有过争论。例如郭沫若认为："老子确是孔子之师老聃，《老子》书也确是老聃的语录，就和《论语》是孔子的语录，《墨子》是墨翟的语录一样。"（《老聃·关尹·环渊》）此外还有人认为老子就是孔子死后一百多年的太史儋，另有人虽认为老子是老聃，但年代当在杨朱（战国初）、宋钘（和孟子大体同时）之后，还有人认为老聃和李耳并非一人，等等。一般认为，老子就是老聃，曾任周守藏室史，孔子曾向他请教有关古礼的问题。因此老子和洛阳实有十分密切的关系。

有研究者指出，《史记·老子传》所说"苦县"，本属陈国，公元前478 年楚灭陈国，陈国才并入楚国版图。按史书记载推算，楚国占领陈国时，老子已经 93 岁了。老子文化是陈文化，而不是楚文化。《老子》是陈文化的产物，是中原文化的组成部分。（单远谋《老子非楚文化说》）

另据研究，老子先辈做过太史、太卜一类的官，在身份上接近于卿大夫，属于贵族中上层。老子的原籍是楚国苦县（今河南鹿邑县），但由于周王室的太史一类官职是世袭的，因此，老子很可能出生在洛邑（参见徐金星、余杰、郑贞富《洛阳五千年》）

关于老子生年，据任崇岳先生考察，大致有八种说法：公元前571年；公元前570年：公元前909年至公元前477年；公元前590年；公元前580年；公元前460年；老子为战国末年人；公元前560年；无法断定年代。关于老子去周时间，任先生考证道：老子"见周之衰"是特指周室的衰乱，也即王子朝之乱而使周朝更为衰落一事。最后王子朝失败，率其追随者奉周之典籍奔楚国，作为"守藏室之史"的老子既无典籍可守，遂弃官而去，时年55岁（《关于老子的生年与去周时间》）。

还有研究者考察王子朝携带周室典籍投奔楚国一事时指出：王子朝携带周室典籍的目的，是为了表示自己是周王室的正统继承人，而王子朝的墓地在今日南阳石桥镇，这可能是王子朝奔楚之后，为保持自己的独立性，没有定居楚旧都城，而是选择在既安全又靠近周王室所在地的南阳定居，他也不会把周室典籍交给楚国（王红旗：《老子与中国图书馆事业》）。

关于老子任职，《史记》中另有一种说法。《史记·张（苍）丞相传》曰："苍，秦时为御史，主柱下方书。"唐司马贞《索隐》曰："周、秦皆有柱下史，谓御史也，所掌及侍立恒在殿柱之下，故老聃为周柱下史。今苍在秦代亦居斯职。方书者，方板，谓小事书之于方也，或曰主四方文书也。"

《史记·老子传》《索隐》又说："藏室史，周藏书室之史也。"一般以为，守藏室史或柱下史，略似今日的国家图书馆馆长、档案馆馆长之类职务。

在我国，史官与史官文化由来久矣，相传仓颉就是黄帝的史官。而较为可信的是，自进入文明时代的夏、商开始，就已经有了史官的设置。甲骨文中所见之"贞人"，"即为某事而贞卜之人，亦即当代之史官也"（金毓黻：《中国史学史》）。《周礼》中有大史、小史、外史、内史、御史五种史官，周代的史官制度已经相当完备。老子则为东周时期的史官（御史）之一。

班固说："道家者流，盖出于史官。"（《汉书·艺文志》）范文澜说：

"史官文化的主要凝合体是儒学（其次是道家学说）。"（《中国通史》）而史官与史官文化形成于以洛阳为核心的河洛地区。

"史官文化的发育地在黄河流域"（《中国通史》），而史官必侍于帝王左右，生活在都城，正如班固所说："古之王者，世有史官，君举必书……左史记言，右史记事。"（《汉书·艺文志》）就是说史官和史官文化必形成于华夏文明的发祥地，夏、商、周三代都城的所在地，即河洛地区。

"史官文化在哲学上有两种来源，一种是夏商相传的五行论；一种是周朝新创的阴阳论。五行首见于《尚书·洪范》篇……阴阳论首见于《周易》"（《中国通史》）。而《尚书·洪范》、《周易》则均和"河图洛书"有直接渊源。

《易传·系辞上》曰："河出图，洛出书，圣人则之。"西汉孔安国说："'河图'，八卦，伏羲氏王天下，龙马出河，遂则其文，以画八卦，谓之'河图'。"（《尚书·顾命》孔安国传）这就是后来《周易》的来源；又说："天与禹，洛出书，神龟负文而出，列于背，有数至于九，禹遂引而第之，以成九类，常道所以次序。"（《尚书·洪范》孔安国传）。这就是后来《洪范》篇的来源。

由史官文化形成于河洛地区，史官文化和道家学说的渊源关系，从一个方面可以说明，道家学说形成于河洛地区。

三　东周王城遗址

《后汉书·地理志》曰："河南，故郏鄏地，周武王迁九鼎，周公致太平，营以为都，是为王城，至平王居之。"东周自平王迄悼王共13王，251年皆居王城，再有东周最后一王周赧王亦居王城，计59年。作为周王室的守藏室之史，老子长期生活在当时的都城内，而周景王之时的都城，即为东周王城。但因年深岁远，沧桑嬗变，当年王城的宫殿太庙、崇堂丰室、藻饰画梁、华丽壮观的胜景，在今日的地面之上早已无从觅其踪迹了。

《尚书·洛诰》说："我（指周公）乃卜涧水东，瀍水西，惟洛食。"后来的文献《国语·周语》又说：周灵王二十二年"谷洛斗，将毁王宫"。此处所说谷水即指涧水，说明王城的主要宫室当在涧水、洛水交汇处。又，东汉时的班固、郑玄，北魏时的郦道元等，也都曾指出过成周在雒阳（洛阳），王城在河南。而河南县城便位于隋唐东都洛阳城西墙外、涧河以东一带。《河南志》说"王城西近涧水，南临洛水，平王东迁宅是"。根据这些线索，1954 年至 1958 年，在今洛阳市涧河两岸，主要是涧河以东的王城公园、小屯村一带，通过一系列的勘察和试掘，基本上搞清了东周王城的具体位置和城郭范围等。

东周王城遗址，北依邙山，南傍洛河，平面略作正方形。西北城角在今东干沟村北；东北城角在洛阳火车站东约一公里处；西南城角在兴隆寨西北；东南城角已毁于洛水。城墙大致轮廓是：

从东干沟村东北的土冢向南，进入东干沟村一带，城墙走向是北偏西 14°。沿涧河东岸，（在今王城公园处）跨过涧河向西，在七里河村北转南；在转角处，其外角夯土加宽，向外突出；由此南行，城墙走向为南偏东 1°，靠近南端，城墙不作直线，稍向外弧，（在今兴隆寨村的西北）向东直拐。从城墙的总轮廓看，此墙应是西墙。全长 3000 余米。

从兴隆寨村西北的转角处，向东，由兴隆寨村北跨涧河，经瞿家屯村北东行约 860 米。这一带地势较高，城墙保存较好。走向为北偏东 89°。由此再往东，因地势低下，该墙之东段已淹没不见。考古工作者推测，可能为洛河北滚而冲毁。此墙应是南墙。估计全长在 3400 米左右。

从东干沟村东北的土冢，沿干渠东行，直至距隋唐城西墙 200 米处，这里城墙保存最完整，全长 2890 米。由钻探得知：在土冢下的城墙转角处，夯土加宽，形制特别，土冢高出今地面 4.87 米，它本身就是城墙转角处的建筑遗址。从土冢之西侧和北侧看，夯土层很明显。由此往东，城墙走向为北偏东 78°30′。此墙即为城的北墙。在北墙之北，有一条干枯了的渠道，方向几乎与北墙平行，一般深 5 米左右，可能即为原城墙之护城壕。

从北墙东端转弯处直向南行，至今唐宫路以北，长约 1000 米，应为东墙，全长应在 3500 米左右。但在东墙和北墙的转角处，夯土已断。

城墙全部为夯筑，墙基宽度不一。西墙约 15 米左右，残存高度 1.5 米左右；北墙宽 8—10 米不等，残存高度 0.8—1.65 米；东墙宽 15 米，残高 1.5 米；南墙宽 14 米，残存最高处约 4 米。估计整个王城周长约在 15 公里左右。晋《元康地道论》中说："王城去洛城（指汉魏故城）四十里，城内南北九里七十步，东西六里十步，为地三百顷一十二亩三十六步。"其范围与考古勘察结果大体相同。据考古工作者推断，从周到汉，这一带均为人烟稠密之处。城墙大约建于春秋中叶之前，从战国至秦汉之际，曾迭加修补，到了西汉后期以后，就逐渐荒废了，代之而起的则是大城圈里的小城圈，即汉河南县城城圈。但是，考古工作者推测，直至隋唐都城建立的当时，这座古城的夯土墙，至少还有若干部分保存在当时的地面之上。因其地近宫苑区域，遂将这一荒废了的城墙修补利用，特别是北墙及东墙。

《元河南志》说，王城、成周东西相距四十里，"而王城西近涧水，南邻洛水"，"隋炀帝听苏威信，南当伊阙，东去王城五里为宫，大业十三年，遂平毁王城"。此处所谓平毁王城，当不是将整个夯土城墙铲干净，更大的可能是依王城残基修补利用，从而使旧城圈不复可见了。故在新中国成立后的考古发掘中，曾发现有不少的夯土墙是在唐代加以修补利用的。

另从发掘可知，当时重要的宫殿、祖庙、社坛等，应分布在城内的中部或偏南部。作为东周王室的史官，这一带也应是当年老子主要的活动区域。今小屯村东南及瞿家屯一带，发现有很厚的瓦片堆积，包括板瓦、筒瓦以及饕餮纹、卷云纹瓦当，均非一般建筑所可用之建筑材料。城址西南隅有南北毗连的两组大型建筑群遗址，北组呈方形，四周有墙；南组也呈方形。在城址西北部，发掘到大面积烧制陶器的窑场（时代从战国到西汉时期），以及多种制陶工具、陶器残片及废品等，里面不但包括了生活用具，而且有作为明器的鼎、豆、壶，其形制与当时墓葬中出土的器物相同。在窑场的东面，可以找到大量的曾经锉磨的骨料，很可能是当时加工骨料的地方；再向南则有石料场，是制造石质装饰品的地方，有很多未制成的石环、石片，其形状同于在洛阳市中州路东周墓葬中所发现的"玉面饰"。可以看出，这里所制的陶器、骨饰器、石饰品等都是作为商品，可以买卖的。在瞿家屯村北，保存着战国时期的粮仓遗址，总面积达 12 万平方米，已发现粮窖 80 余座，并已发掘了其中 10 余座。粮窖排列规整，口大底小，口径一般 10 米左右，深 10 米左右。此外这一带还有青铜器的作坊遗址。

在城址的东北部及城郊，发现有东周时期的大墓多座。近几年更发现了驰名中外的"天子驾六"陪葬坑。

据有关文献记载说，王城"制郊甸方六百里，因西土为方千里，分以百县，县有四郡，郡有四鄙"。大县立城，方王城三分之一，小县立城，方王城九分之一。郡鄙不过百室，以便舒事。王城四面各有三个城门，共计十二门。如南有圉门，北有乾祭门，东有鼎门等。传说成王定鼎洛邑的"九鼎"便是由鼎门入城的。每座城门均置三条道，道宽二十步，中为车路，男女分行左右；城内有经路、纬路各九条。王宫建在中央大道上，有五门。王宫之左建祖堂宗庙，王宫之右建社稷神坛，前置朝会诸侯群臣的殿庭，后辟商业交易市场。城南三十里有明堂，用以祭文王、祀上帝。这种排列有序、井井有条的"前朝后市、左祖左社"的建筑布局，表现了两三千年前我国古代匠师对城市建筑的设想，但和东周王城考古发掘的结果并不完全一致（参见《洛阳市志·文物志》）。

四　老子故宅

老子故宅，是洛阳一处重要的名人遗址，位于今洛阳老城东关瀍河东岸，坐北朝南。门外侧西墙上原镶有石碑，上书"老子故宅"四字。故宅大门为砖砌，今已改为铁门。主体建筑位于宅内中部、北部，均为硬山顶，三开间；左右有厢房各四间，硬山顶。现为洛阳市第二十四中家属院，原建筑多被改建移作他用。今人曾在老子故宅附近建置老子骑青牛石雕及石碑一座，现已不存。

2005 年 3 月，在第二十四中家属院南院一处民宅废旧的墙体内，发现保存有"孔子西向问礼行车地"碑和"老子故宅"砖雕。石碑为圆顶，长约 1.46 米，宽约 0.33 米，厚约 0.11 米。保存较好。

五　老子在洛邑始创道家学说

老子长期任职周王室的守藏室史，在这里，他有机会整理和阅读了大量图书典籍，因此见闻广博，熟悉典章制度，通晓历史。这使他对人世有更深切的认识，形成深奥、玄妙的思想，为创立道家学说打下了坚实的基础。

按照司马迁的记述，老子是一位学识渊博、社会经验丰富、精通古代礼制而又对"礼"持严肃批评态度的老者。他生活在周景王、周敬王时代，正是中国社会由奴隶制向封建制转变的大动荡、大变革时期，社会矛盾重重，民心思变。他综观历史祸福成败，集合各种学问，创造出自己的学说，即道家学说。在老子的思想学说中，"道"是他经常谈论的。他认为"道"是世界万物的根本，"道生一，一生二，二生三，三生万物"，"万物负阴而抱阳，冲气以为和"。那么，"道"是什么东西呢？按《老子》中的话讲"道"是一种"视而不见"、"听而不闻"、"搏之不得"的"先天地生"、"惚兮恍兮"、"寂兮寥兮"、"不可名状"的精神实体。"道"创生了万物，"万物"创生以后，还要守住"道"的精神，依"道"而行，应该顺其自然。正如张岱年先生在《老子"道"的观念的独创性及其传衍》中指出的："道"是中国古代哲学本体论的最高范畴，是老子首先指出的。在《文化与哲学》一书中，张岱年先生又指出：老子的"道"既是"万物之母"，又是"万物之宗"，"道"是天地万物的根源，又是天地万物的依据。所以人们把他的学派称为道家学派。

老子思想中包含有朴素辩证法的因素。《老子》说"正复为奇，善复为妖"，"祸兮福之所倚，福兮祸之所伏"，"弱之胜强，柔之胜刚"，"正言若反"，一切事物都有正、反两面的对立，对立面可以转化。《老子》还说，"道"具有"有"和"无"两种性质，并用生动的事例来说明"有"和"无"的关系；一个杯子，因为中间是空的，才能产生盛物的作用；一间房子，也是因为它的"无"，才能产生居住的作用。由此可知，"有"之所以能给人便利，全依赖"无"发挥它的作用。只有"有"是发挥不了大用处的，唯有"有"与"无"配合才能产生大用。

《老子》又名《道德经》，虽只有五千言，但其中的哲理却博大精深，自然、社会、天道、人事，无所不包。关于《老子》，胡适考证说："今所传《老子》的书，分上下两篇，共八十一章。这书原来是一种杂记体的书，没有结构组织。今本所分篇章，决非原本所有。"（《中国哲学史大纲·卷上》）郭沫若认为《老子》书是老聃的语录，"特集成这部语录的是楚国人环渊。环渊集成这部语录时，没有孔门弟子那样质实，他用自己的文笔润色了先师的遗说，故而饱和着他自己的时代色彩。"（《老聃·关尹·环渊》）。

这里引人思考的是：一方面，老子93岁之前的苦县是属于中原文化区（即今所说的河洛文化圈）内的陈国；老子的父辈可能任职、生活在洛邑，老子可能出生在洛邑，又长期任职、生活在洛邑；另一方面，老子又不曾过关并为关令尹著书（详后），那么说老子思想的形成乃至老子"遗说"的问世，就应当是在洛邑。

　　道家学说是后世道教的重要渊源。到了东汉，老子的道家学说和古来流传的民间信仰、神仙传说以及佛学、儒学的某些教义相杂糅而形成了道教，成为所谓的中国三大教（儒、道、佛）之一，信众们尊老子为太上老君。

六　孔子入周问礼

　　孔子非常向往周文化，他曾说："周监于二代，郁郁乎文哉，吾从周。"还说："如有用我者，吾其为东周乎！"有一次，他对鲁国人南宫敬叔说："吾闻老聃博古知今，通礼乐之源，以道德之归，则吾师也，今将往矣。"南宫敬叔将孔子的想法报告了鲁国国君昭公。东周敬王二年（公元前518年），鲁昭公送给孔子一辆车，两匹马，还有一位小童，当年三十四岁的孔子遂和南宫敬叔一道，千里迢迢来到东周都城洛邑，请教学习礼乐。时任周王室"守藏室之史"的老子是一位大思想家、大学者，熟知周礼。孔子问礼于老子，老子说："君子生逢其时才能施展抱负，干出事业；不逢其时则只能碌碌无为。我听说，出色的商人都深藏不露，有盛德的君子，容貌却像普通人。去掉你的傲气和各种欲望，不要装腔作势和好高骛远，这些都不利于您的身体，我所要告诉您的，就是这些了。"（参见《史记·老子传》）

　　孔子向老子辞别时，老子对他说："我听说，富贵的人送人钱财，仁德的人送人言语。我得不到富贵，却占有了仁人的名义，只好送您几句话：聪明的、观察细致而又将死的人，是爱好议论别人的人；渊博善辩而又危害自身的人，是揭发别人罪恶的人。作为人子，不要张扬自己；作为人臣，不要张扬自己。"老子的观点大约深深地震撼了孔子，他对弟子说："鸟，我知其会飞；鱼，我知其会游；兽，我知其会跑。会跑的可以准备网，会游的可以准备纶，会飞的可以准备矰。至于龙，我却不知道，它乘风驾云高飞天上。我今日见到老子，就像见到了龙一样啊！"（参见《史记·老子传》）

　　孔子在周期间，还曾向苌弘学乐。苌弘是东周大臣刘文公所属大夫，"天地之气，日月之行，风雨之变，律历之数，无所不通"。后因故被杀，传说其血三年化为碧玉。他的墓地在今偃师市山化乡境内。有记载说，孔子离去后，苌弘曾对刘文公说："吾观仲尼，有圣人之表。言称先王，躬履谦让，洽闻强记，博物不穷，抑亦圣人之兴者乎？"

此外，孔子"观乎明堂，睹四门墉有尧舜之容、桀纣之象，而各有善恶之状、兴废之诫焉"；"又有周公相成王，抱之负斧扆南面以朝诸侯之图焉"。孔子徘徊望之，谓从者曰："此周之所以盛也。"孔子还瞻仰了周王室先王太庙，见到那里的"金人"，"三缄其口，而铭其背曰：古之慎言人也"。《孔子家语》又称他曾"历郊祀之所，考明堂之则，察庙朝之度"，于是喟然而叹曰："吾今乃知周公之圣与周公之所以王也。"

洛邑是当时政治、经济、文物制度、礼乐文化的中心，孔子入周问礼学乐，以老子为师，二位文化巨人相会洛邑，对弘扬周代文化、对后世的中华文化，都产生了重要影响。

七　孔子入周问礼碑

在今洛阳市老城东关大街原县文庙旧址前，有清雍正五年（1727年）刻立的孔子入周问礼碑。碑有碑楼，高5.80米，宽5.40米，厚0.90米。悬山式顶，两侧各有一拱形券门；中间镶嵌巨碑一通，上刻"孔子入周问礼乐至此"九个楷书大字。碑身长方形，高2.20米，宽0.90米；碑首高1.15米，宽0.96米，刻弧形二龙戏珠纹饰；碑座为龟形。此碑由清雍正年间河南府尹张汉书丹，洛阳县令郭朝鼎刻立。

前已提及，孔子入周问礼之事，发生在周敬王二年（鲁昭公二十四年，即公元前518年）。孔子生活的春秋时期，正处于我国社会的大变革阶段，"礼崩乐坏"，东周王室虽已没落，但名义上仍保持着"天下共主"的地位，礼乐制度依然大体保持着昔日旧观。洛邑作为东周王都，是当时礼乐文化的中心，所以孔子从鲁国前来洛邑问礼学乐。这在洛阳历史上是一件影响深远的大事，也是我国古代二位伟人生平中的大事，《孔子家语·观周篇》和《史记·孔子世家》等均有记载。

八　紫气东来

相传2000多年前的某一天，函谷关（在古洛阳辖境）的关令尹喜登关巡视，但见东方的天空有团紫气飘然而来，他心里非常高兴！因为这种吉祥气象是表示有圣人要来了。于是，他便沐浴更衣，恭敬等候。果然，那团紫气越来越近，当他再仔细看时，只见一位白发老者，骑着一头青牛缓缓而来。啊！原来是大学者、东周王朝的守藏室之史老子到了！尹喜大喜过望，他热情地接待了这位大学者，并苦苦挽留他在函谷关住些日子。老子推辞不过，只好答应了。从此，尹喜便拜老子为师，每天恭恭敬敬地向老子学习。几天以后，老子要出关西行了，尹喜想请老子写点什么留做纪念，老子考虑了一阵子，便把他用毕生心血所撰写的一部书《道德经》赠给了尹喜，然后出关而去，从此杳无音信。至西晋时，著名道士王浮撰《老子化胡经》，称老子西出流沙，至天竺，释迦牟尼就是老子的化身。

尹喜十分思念老子，常常登关西望，希望再看到那位白发老者骑牛而归，然而一次次他都落了空。后来，他便在关前修建了一座高大宏伟的"望气台"，或晨曦初露，或晚霞夕照，他经常登上"望气台"，默默背诵《道德经》，以寄托他对老子的无限思念之情。

此后，人们便以"紫气东来"表示祥瑞，如杜甫就曾写有"西望瑶池降王母，东来紫气满函关"的诗句。

关尹，相传是春秋末年一位道家人物，曾当过函谷关的长官；还有一种说法是他姓尹名喜。而汉代刘向《列仙传》记载说："关令尹喜者，周大夫也。善内学星宿，服精华，隐德行仁，时人莫知。老子西游，喜先见其气，知真人当过，候物色而迹之，果得老子。老子知其奇，为著书。与老子俱至流沙之西，服具胜实，莫知其所终。亦著书九篇，名《关令子》。"

九　函谷关

"函谷"是古代东西二京（洛阳和长安）之间的一条交通要道，"深险如函"，故名函谷。谷中置关称函谷关，一夫当关，万夫莫克，具有重大的军事价值。函谷关有二：古函谷关，又称秦关，位于今灵宝市东北15公里王垛村。原关城依山而建，东、西、南墙遗址仍存，宽约12米，残高1—3米。近些年，当地有关部门对其遗址进行了修复，尤其是东门城楼，为双门、双楼三层建筑，楼顶各塑丹凤一只，昂首向东。

传为老子著经处的太初宫，始建于唐，宋崇宁四年（1105年）改称太初宫，后历代均曾重修。现有山门三间、正殿三间、东岳庙三间等。院内有元代大德四年（1300年）、清代顺治十年（1653年）重修碑各一通。

正殿仍保存元代风格，内供老子著经塑像，另有关令尹喜、书童塑像，壁间写有《道德经》全文。太初宫附近的"望气台"，唐时曾建有高大的"瞻紫楼"，民国时期毁于兵火，今已重修。

另在今灵宝市西北约0.5公里，也有"老子故宅"，传为当年关令尹喜请老子著经处。规模最盛时，"高阁连云，灵台隆耸"，为当地一大景观，惜于1929年被当地驻军拆毁。

据载，天宝元年（742年），有人上言：看见玄元皇帝在丹凤门外空中，并说"我藏灵符在尹喜故宅"。唐玄宗派人赴旧函谷关，果在尹喜台旁求得之。于是下令改桃林县为灵宝县。次年，追尊老子之父、周上御大夫为"先天太皇"，追尊皋繇为"德明皇帝"。

新函谷关又称汉关，位于洛阳市西约30公里、新安县城东约1公里处，关楼已毁，关洞大体完好。关洞西口留有楹联："胜迹漫询周柱史，雄关重睹汉楼船。"西汉元鼎三年（公元前114年），祖籍新安的楼船将军杨朴，因耻为"关外"之民，便上书汉武帝，愿以自己私财，将函谷关东移三百里，重建新关。武帝性喜广阔，便批准了杨朴的建议，遂在今新安城东建成了新关。近几年的考古勘察表明，汉函谷关，并不只是新安县城东的一座关楼和关洞，而是南北走向的一条很长的防线，而关楼、关洞只是其中主要的组成部分罢了（《洛阳市志·文物志》）。近期，在"丝绸之路：起始段和天山廊道的路网"申报世界文化遗产中，作为洛阳丝绸之路遗产点之一，已被批准列入世界文化遗产名录。

从时间上看，老子西出的关应是古函谷关。

《庄子·养生主》有这样一段文字："老聃死，秦失吊之，三号而出。弟子曰：'非夫子之友邪？'曰：'然'。'然则吊焉若此，可乎？'曰：'然。始也吾以为其人也，而今非也，……适来，夫子时也；适去，夫子顺也。安时而处顺，哀乐不能入也。古者谓是帝之县解。指穷于为薪，火传也，不知其尽也。'"这里明确记载了老子之死，并非《史记·老子传》所谓"至关……著书上、下篇，言道德之意五千余言而去，莫知其所终"。因此胡适说："《庄子·养生主》明记老子之死。《庄子》这一段文字决非后人所能假造的，可见古人并无老子'入关仙去''莫知所终'的神话。"（《中国哲学史大纲·卷上》）梁启超也说：老子"死在中国，《庄子·养生主》篇是有明文的，可见后来说什么'西度流沙化胡'咧，'升仙'咧，都是谣言。"（《老子哲学》）郭沫若说："这儿所说的'关令尹'就是《庄子·天下篇》和《吕氏·不二》的关尹。关尹即是环渊，关、环、尹、渊均一声之转。……只因环渊或写为关尹，汉人望文生训说为'关令尹'。又因'《上下篇》'本为环渊即关尹所著录，故又诡造出老子过关为关令尹著书的传说。……到了《汉书·艺文志》更说出了关尹名喜的话来，那又是误解了《史记》的'关令尹喜曰'一句话弄出来的玄虚。其实《史记》的'喜'字是动词，是说'关令尹'欢喜，并非关令尹名喜也。故环渊著《上下篇》是史实，而老子为关尹著《上下篇》之说是讹传。"（《老聃·关尹·环渊》）看来，依庄子以及著名学者胡适、梁启超、郭沫若等所说，所谓老子在函谷关撰《道德经》并非史实，而仅仅是传说。

十　上清宫

洛阳北邙山，为道教七十二福地中的第七十福地。上清宫位于洛阳市老城西北约 4 公里的邙山翠云峰上，初创于唐高宗龙朔二年（662 年），由洛州长史许力士奉敕所建，相传是道教始祖李耳炼丹的地方，也是五斗米教创始人张陵、帛家道帛和隐修的地方。

唐代以老子为皇室先祖。乾封元年（666 年），唐高宗与皇后武则天在登泰山封禅、祭告天地后，返回东都洛阳途中，亲至老子故里亳州（辖今河南鹿邑、安徽亳州、涡阳等）谷阳县，祭拜老君庙，改谷阳县为真源县（今鹿邑县），并追尊老子为"太上玄元皇帝"。玄宗开元二十九年（741 年）诏令两京诸州置玄元皇帝庙祭祀。天宝二年（743 年），唐玄宗追尊玄元皇帝父、周上御大夫为先天太皇，皋繇（即皋陶）为德明皇帝，凉武昭王为兴圣皇帝。追尊玄元皇帝为大圣祖玄元皇帝，改长安玄元皇帝庙为太清宫，洛阳玄元皇帝庙为太微宫。"命画玄元真容，分置诸州开元观。"唐代的玄元皇帝庙，后又为避玄宗讳改称元元皇帝唐庙。老子被后世道教追尊为太上老君，故又俗称"老君庙"。

上清宫在金、元时期已废，明伊王（明太祖朱元璋第二十四子朱木彝）妃方氏捐资重修。据明代吴三乐《上清宫碑记》载：嘉靖二十四年（1545 年），道士张玄恭又募钱修建，改梁、柱、椽、瓦为铁铸，配殿覆盖琉璃瓦，至嘉靖三十一年（1552 年）完工，所以明代以后又称上清宫为铁瓦琉璃殿。嘉靖三十四年（1555 年）地震，殿宇被毁，道士马静渊等重修，宫内外栽植松柏杂树千余株。至今仍存铁瓦等少量构件。清康熙三十一年（1692 年），巡抚阎兴邦，雍正八年（1730 年）知府张汉均曾予以重修，民国又修。新中国成立后文物部门也曾先后两次维修。

上清宫坐落在邙山之巅，海拔 250 米。古时林木繁茂，苍翠如云，武则天曾在此修避暑宫。每当春秋佳日，洛阳人多至此登高游览。这里又是洛阳北邙的制高点，地势险要，古来为兵家必争之地。现存有石狮、石马各一对，翠云洞、玉皇阁、东西厢房、明清碑记、建筑遗址、古柏数株等。

上清宫曾留下无数风云人物、文人墨客吟诗题文的佳话，传下来不少歌咏上清宫的诗文。唐大画家吴道子曾在此绘过《五圣图》（五圣指：唐高祖、唐太宗、唐高宗、唐中宗、唐睿宗）壁画；唐诗人杜甫于天宝八年（749 年）登上玄元皇帝庙，写出《冬日洛城北谒玄元皇帝庙》诗，留下"山河扶绣户，日月近雕梁。……世家遗旧史，道德付今王。……五圣联龙衮，千官列雁行。……翠柏深留景，红梨迥得霜"的名句；宋代邵雍于此题《同府尹李给事游上清宫》诗云："洛阳二月春摇荡，桃李盛开如步帐。高花下花红相连，垂杨更出高花上。闲陪大尹出都门，邙阜真宫共寻访。不见翠华西幸时，临风尽日独惆怅。"宋代文豪苏东坡也曾在此刻石题句。明吴三乐《九日晚登上清宫》诗云："仙界登时已暮钟，虚步今上最高峰。山中空负黄花约，谷口犹凝紫气重。风来笙声摇晚竹，月移坛影落疏松。他年筋力能常健，欲觅金丹问故踪。"

岁月沧桑，古时建筑虽多已不存，但宫内保存的近 40 块明清古碑，依然向人们诉说着上清宫昔时的辉煌，并给后人留下了宝贵的研究资料（《洛阳市志·文物志》）。1982 年上清宫被公布为洛阳市文物保护单位。

另外，在上清宫东南苗家沟村，原有中清宫，今已不存；在上清宫南邙山坡上有下清宫，今仍存，近些年还进行了修复。

《老子》的"我"和"吾"

刘康德

（复旦大学哲学学院）

通常，我们将"我"和"吾"作同等理解的，"我"即"吾"、"吾"即"我"。这当然不仅仅局限于我们现代人，就连古代人也将"我"和"吾"作同等理解的，如王弼本《老子·十三章》中："吾所以有大患者，为吾有身，及吾无身，吾有何患?"就被唐景龙碑本改为："吾所以有大患，为我有身，及我无身，吾有何患?"而之所以能将"吾"改作"我"、"我"改作"吾"，是因为"我"、"吾"二字同义。也因为这样，所以我们几乎不会去留意《老子》一书中的"我"和"吾"有什么不同，多年来一贯如此。

为了指示《老子》一书中"我"和"吾"的不同，并由此揭示出老子思想中未被我们注意的部分，我们先将《老子》一书中的"我"和"吾"作些罗列。[1]

一 《老子》一书中的"我"和"吾"

首先我们列出《老子》一书中的"我"。

第 1 则，《老子·十七章》："悠兮其贵言[2]，功成事遂[3]，百姓皆谓

---

[1] 这里还是以王弼本《老子》为主，有时会用到楚简《老子》和帛书《老子》。

[2] "悠"，帛书《老子》和楚简《老子》均作"猷"。"猷"为"犹"，指犹疑、审慎、畏惧的态度（丁原植：《郭店竹简〈老子〉释析与研究》，台北万卷楼图书公司1999年版，第336页）。因为"犹"为"犹疑"（多疑），故可与下"贵言"（少说）相应（廖名春：《郭店楚简老子校释》，清华大学出版社2003年版，第508页）。

[3] "功成事遂"，帛书《老子》作"成功遂事"。楚简《老子》作"成事述红"，在这里，"述"通"遂"，"红"读"功"。帛书《老子》将"事"、"功"二字位置交换，成"成功遂事"。景龙碑本作"成功事遂"。王弼本《老子》则变成"功成事遂"。诸本稍有差别，但意思大致相同。

我自然。"

第2则，《老子·二十章》："众人皆有余而我独若遗……俗人昭昭，我独昏昏；俗人察察，我独闷闷……众人皆有以而我独顽似鄙。我独异于人而贵食母。"①

第3则，《老子·五十三章》："使我介然有知，行于大道，唯施是畏。"

第4则，《老子·五十七章》："故圣人云：我无为而民自化，我好静而民自正，我无事而民自富，我无欲而民自朴。"

第5则，《老子·六十七章》："天下皆谓我道大，似不肖……我有三宝，持而保之。一曰慈，二曰俭，三曰不敢为天下先。"

第6则，《老子·七十章》："知我者希，则我者贵。是以圣人被褐而怀玉。"

以下我们列出《老子》一书中的"吾"。

第1则，《老子·四章》："道冲而用之或不盈……挫其锐，解其纷，和其光，同其尘……吾不知谁之子，象帝之先。"

第2则，《老子·十三章》："吾所以有大患者，为吾有身，及吾无身，吾有何患？"②

第3则，《老子·十六章》："万物并作，吾以观复。"③

第4则，《老子·二十一章》："吾何以知众甫之状哉？以此。"

第5则，《老子·二十五章》："吾不知其名，字之曰'道'，强为之名曰'大'。"④

第6则，《老子·二十九章》："将欲取天下而为之，吾见其不得已。"

---

① 帛书《老子》"我"作"吾"，即"吾独异于人而贵食母"。

② 楚简《老子》"吾"作"虚"。景龙碑本改作："吾所以有大患，为我有身，及我无身，吾有何患？"

③ 楚简《老子》"吾"作"居"。居，处也。"从简文看，似以'居'字更切文意。'居'、'吾'两字音近，但意义相去甚远。"（彭浩：《郭店楚简〈老子〉校读》，湖北人民出版社2000年版，第50页。）

④ 楚简《老子》"吾"作"虚"，并将"吾"移在"强为之名曰大"之前，为"吾强为之名曰大"。帛书《老子》作"吾未知其名，字之曰道，吾强为之名曰大"。景龙碑本与此同。有学者认为帛书《老子》中的"吾"字，乃系传抄者为了强化"作者"身份所为（丁四新：《郭店楚竹书〈老子〉校注》，武汉大学出版社2010年版，第185页）。

第 7 则，《老子·三十七章》："化而欲作，吾将镇之以无名之朴。"①

第 8 则，《老子·四十二章》："人之所教，我亦教之②。强梁者不得其死，吾将以为教父。"③

第 9 则，《老子·四十三章》："无有入无间，吾是以知无为之有益。"④

第 10 则，《老子·四十九章》："善者吾善之，不善者吾亦善之，德善。信者吾信之，不信者吾亦信之，德信。"

第 11 则，《老子·五十四章》："吾何以知天下然哉？以此。"⑤

第 12 则，《老子·五十七章》："吾何以知其然哉？以此。"

第 13 则，《老子·六十九章》："用兵有言：吾不敢为主而为客，不敢进寸而退尺。"

第 14 则，《老子·七十章》："吾言甚易知，甚易行。天下莫能知，莫能行。"

第 15 则，《老子·七十四章》："吾得执而杀之，孰敢？"

从以上粗略的罗列中我们可以看出：其一，《老子》一书中用"我"的字眼和句子明显地要比用"吾"的字眼和句子少。其二，《老子》一书中用"我"时，往往将"我"置陈述句中作肯定讲，如"我无欲而民自朴"（《老子·五十七章》）；《老子》一书中用"吾"时则往往将"吾"置疑问句中作否定讲，如"吾何以知天下然哉"（《老子·五十四章》）。

在这里，如果将"我"和"吾"作同等理解的话，那么，谁也不会留意这"我"和"吾"的差别。然而，上述却偏偏揭示出"我"和

---

① 楚简《老子》无"吾"字。帛书《老子》有"吾"字。郭沂认为"王（弼）本和帛本加'吾'字，实弄巧成拙"（郭沂：《郭店竹简与先秦学术思想》，上海教育出版社 2001 年版，第 83 页）。由此，丁四新说："帛本相对于简本而言，'吾'字增衍数见，疑抄编者有意强化所为"（丁四新：《郭店楚竹书〈老子〉校注》，第 89 页）。

② 帛书《老子》作"人之所教，亦议而教人"。无"我"字。

③ "教"之本字为"学"，"教""学"古通用不别。"学（学）字或作爻"，"字象巫作筮算而著草交错之形"，故"爻"即是"教"与"学"之初义（冯时：《中国天文考古学》，北京社会科学文献出版社 2001 年版，第 63 页）。因为"作筮算"（中），故不敢妄断，显得犹豫，所以《老子·十五章》会说这样的话："豫兮若冬涉川，犹兮若畏四邻。"这样，"吾"在《老子》一书中常以疑问者出现，而不以"强梁者"自居，导致《老子》一书独多"吾何以知"、"吾不知"这样的话语。

④ 景龙本无"吾"字和"之"字，为"是以知无为有益"。

⑤ "吾"，楚简《老子》作"虐"。以下《老子·五十七章》的"吾"，楚简《老子》也作"虐"。

"吾"在《老子》一书中的差异。如此,《老子》一书中的用"我"和用"吾"就必定反映了老子思想中某些被我们忽略的部分。为此,我们试作若干剖析,以看老子思想中某些被忽略的部分。先从"我"字说起。

二 剖"我"看《老子》

《说文解字》解说"我"字时说:"我,施身自谓也。"(《说文解字·我部》)因为"我",是"施身自谓",所以,早在《尔雅·释诂》释"身"时会用"我"来释"身":"身,我也。"这样,历史和现实中就一直会有人将"身"称为"我",将"自"(我)呼为"身"。

而这"像人之身"(许慎语)的"身",除"可屈伸"之外,它还是古人度量外物的尺度标准,也即"近取诸身""以身为度":用身体的手足及身高来度量外物,并由此形成尺度标准。如《孔子家语·王言解第三》说:"布指知寸,布手知尺,舒肘知寻①。"还说:"三百步为里,千步为井",以及"十发为程,百步为亩"。在这里,这"寸、尺、里"等度量单位的形成离不开人自身("我")的"布指展手舒肘和迈步"。尽管这些"尺、寸"的度量单位在各时期不尽相同②。这样,也就形成"以身作则"这样的说法。又因为"身"即"我","我"即"身",这样,"我"也就有了"以我作则"的含义,并隐含着"我为准则"的含义。

《说文解字》对"我"的解释当然不限于此。《说文解字》还说:"我,顷顿也,从戈从手;手或说古垂字。"而关于"或说古垂字",陆思贤、李迪所著的《天文考古通论》对此解释说:"或说古垂字,即立柱上附挂垂球,用垂线的方法保持木柱垂直立于地面上为'我'。"③也即是说"我"的字形在甲骨文中作"𢦏"形——是在立柱(木杆子)上附加("垂")一个锯齿状物,以用作立竿测影。④

---

① 一寻为八尺,古代长度单位。
② 夏以十寸为一尺,殷以九寸为一尺,周以八寸为一尺。
③ 陆思贤、李迪:《天文考古通论》,北京紫禁城出版社 2000 年版,第 194 页。
④ 同上。

　　而这立竿（"我"）测影在古代又被视为相当重要和相当神圣之事，所以古人先祖（妣）就索性将"我"用为人名，也就是"娥"，这样导致卜辞中会有"贞犬于娿（娥），翌言正"这样的说法。对此，《天文考古通论》解释为："翌言正"的"正"，"即垂直。"这从"我"字的"'娥'（我）是一根垂直的立柱，可以用来做立竿测影工作，再以观象用词为人名，便是郭沫若引《山海经》说的'娥皇'"。①

　　这样，无须从"身"转向"我"，这"我"字原本就有标杆、准则的含义。以至于会有"我身高八尺、一表人材"这样的说法："我"立在那里，"我"原本就是八尺标杆（表、圭表），以测定物象气象、节候气候。这"我"本身就是准则和法度。

　　还因为这立竿（"我"）测影被古人视为相当重要和相当神圣之事，所以古人也就会将不同时期的图腾物直接附于这立竿或立柱（"我"）的顶端，由此形成有太阳鸟图腾柱和羊角图腾柱，以此来立竿测影观测天象。因为有了羊角图腾柱（"我"），所以也会有这"从羊从我"的"义"字。由此导致卜辞也会有"义"这样的字眼："义京"。而"我"又是人，所以"义"字也就成"仪"字。这样，"仪"也就自然而然成为观察（观测）的仪器，有着规范、标准的含义。对此，张舜徽先生解释说："仪，臬也，臬者射准的也，故法度谓之仪。臬、仪双声，一语之转耳。古者法度（准则）之立，（又因为）近取诸身……故仪字从人。"②

　　"仪"中有"我"，"我"也由此可被称为"仪表堂堂"，作为标致、标杆、标准，被人瞻目，引人向往，使人向"我"看齐。

　　也因为如此，所以《老子·五十七章》会这样说："我无为而民自化，我好静而民自正，我无事而民自富，我无欲而民自朴。"在这里，老子本人在不经意中流露出以我为主的想法，反映了老子的"以自我为标杆、准则"的思想。

　　然而，处于衰世（社会变动转型）的老子果真能做到"以我为主"（我为准则）："我无为而民自化，我好静而民自正，我无事而民自富，我无欲而民自朴？"答案当然是否定的。

　　处于衰世的老子在独撑一段时间的"以我为主"的自我标准后，在

　　①　陆思贤、李迪：《天文考古通论》，北京紫禁城出版社2000年版，第194页。
　　②　张舜徽：《郑学丛著》，济南齐鲁书社1984年版，第485—486页。

少有人搭理的情况下，十分伤感地说："知我者希。"并自我安慰地说："知我者希，则我者贵，是以圣人被褐而怀玉"（《老子·七十章》）。

处于衰世的老子体会到社会标准道德规范的转化："善之与恶，相去若何"（《老子·二十章》）。在旧规范被弱化、新标准未建立之时，"众人熙熙，如享太牢，如春登台"，"沌沌兮如婴儿之未孩，儽儽兮若无所归"（《老子·二十章》）。而坚持自我标杆、准则的老子也必与众不同："众人皆有余而我独若遗"，"众人皆有以而我独顽似鄙"，"俗人昭昭而我独昏昏，俗人察察而我独闷闷"（《老子·二十章》）。这一时期的老子应该说是孤独与痛苦的："我独泊兮，其未兆"（《老子·二十章》）。

幸亏老子不仅仅作为政治家出现，老子还作为哲学家出现。老子反省上述若干，认为之所以会出现上述若干烦恼和痛苦，并表现得"宠辱若惊"，是在于过分坚持"自我"、执着"自我"、以我为主、以我为标杆和准则："吾所以有大患者，为吾有身（我）。"（《老子·十三章》）反之，"吾"将以我为主的"我"和以身作则的"身"都去掉，我还会有上述的烦恼和痛苦？所以，《老子·十三章》记录了老子本人的反省警言："及吾无身，吾有何患？"用哲学语言来说，去掉以我为主的"我"和弱化以身作则的"身"，眼前的一切将会显现不一样的场景。人没有必要非得将一切（自然、社会）统统纳入人之自我设想之中，即人不能非得将自己的标准强加给别人或他人、他物身上。

在这里，作为哲学家的老子能说出这般哲学话语，还是离不开作为政治家的老子对形势的判断：形势的变化是由不得你的主观意志的，是不由你的主观意志所转移的：哪有这"形与势"是往你身上靠的？你只有变化自身，不过分执着自我，去掉所谓主体性，才有可能不被这形与势所抛弃和阻隔。

作为哲学家的老子大概还作深远思考：即使能树一代之标杆、开一代之风气，引领时代规范社会，这"我"果真能永远不变？当"我"在树一代标杆之时，作为另一个"我"的"他"也在琢磨开一代之风气，此"我"与彼"我"的"他"都在为强化自我主体轮转着，并倚伏着祸与福的转变，"正复为奇，善复为妖"（《老子·五十八章》）。见多识广的老子想想就后怕，于是彻底弱化"自我"；实在不行，任其自然总可以，于是也就有《老子·十七章》的话语："我自然。"

有这种思想的老子还真的付诸实践：（老子）出关原本就想一走了

之，隐身自我；只是被弟子尹喜所逼或被弟子尹喜所激，不得不留下或一不小心留下反映老子自我思想的五千言——《道德经》。

好在老子内心尚存底线，尽可能去"我"之标杆准则，所以表现在《老子》（《道德经》）一书中就较少地用到"我"字（有限的几处"我"字），即使要用"我"时，也改用"吾"字，如《老子·十三章》所说："吾所以有大患者，为吾有身，及吾无身，吾有何患？"

随之而来，"吾"的态度也显得谦卑起来、恭敬起来，"吾"也常以协商的口吻、疑问的形式出现，不以标杆之"我"自居，如《老子·五十七章》所说："吾何以知其然哉？"①这时的"吾"比起上述的以我为主的"我"，就显得大不同了。为了进一步揭示"吾"与"我"的不同，我们还得从"吾"字说起。

三　析"吾"说《老子》

说到"吾"字，必先说到"五"。②

这"五"作为数字来说，它在数之序列（如1、2、3、4、5、6、7、8、9）中排列居中；它作为"阳数"，在其数之序列（1、3、5、7、9）中也排列居中，并以此被代表为天数（"五"）。也因为这样，它（"五"）在很早的古礼制中被配置中央（参见《礼记·月令》）。就连《易》之河图、洛书中，它（"五"）还与"十"被配置中央。

这"五"作为字形（×）来说，它也被放置易图中央交叉（×）表示天地阴阳交互变化，并成为数字"五"的原始字形。所以《说文》会说"五"（×）——"阴阳在天地间交午（互、五）"这样的话。

那么，这居中央的"五"又怎么与"吾"（我）相联系的呢？

我们知道，在中国传统文化中，人体自身是一个相当重要且不可缺失的实体和概念的统一体。当人们在认知天地万物、宇宙世界时，常常会念及自身，并将自身纳入其中，参与践履，这也就是《易·系辞》中所谓的"近取诸身"：他（人体自身）在宇宙天地间"仰以观于天文，俯以察

---

① 《老子·五十四章》还说："吾何以知天下然哉？"《老子·二十一章》也说："吾何以知众甫之状哉？"

② 在中国传统思想中，"吾谓五也"（见李鼎祚《周易集解》卷六十一"中孚"）。

于地理"。换成另一种说法是:"仰观象于天,俯观法于地。"这样,"天"也就在人体自身的上前方,"地"也就在人体自身的下后方。同样,人体自身在宇宙天地间,习惯面对南面太阳,用《庄子·德充符》的话来说是:"吾以南面而君天下"。这样,"南"也就在人体自身的上前方,"北"也就在人体自身的下后方。这也就如许慎在《说文·十部》中说的"丨为南北"。这"丨为南北"是以人体自身为"中央"(顶天立地)而下的定义,也即如《淮南子·诠言训》所说的"人虽东西南北,独立中央"。如此一来,这"中央"与人体自身相联系了。因为都配置"中央",所以这"五"(×)也就与人体自身("我")相联系了。

有了"独立中央"的人体自身("我")面对南面太阳这一点,也就必然会有对太阳"东升西落"的观察和认知。这样,"独立中央"的人体自身("我")自然而然两手侧平举,以指向太阳的"东升"(左)和"西落"(右)。这样也就有了许慎在《说文·十部》中的说法:"一为东西。"这"一为东西"是以人体自身为"中央"(双手侧平举)而下的定义。如再加上"丨为南北",也就形成人体自身("我")独立中央并双手侧平举的"十字形",即"东西南北中(我)"。按董仲舒对"独立中央"(我)与东西南北的关系之描述是:"木(东)居人左,金(西)居人右,火(南)居人前(上),水(北)居人后(下)"(《春秋繁露·五行之义》)。在这里,同样都配置"中央",所以,这"五"(×)也就与人体自身("我")相联系。

更需进一步说明的是,这"独立中央"且双手侧平举的"我"所呈现的"十字形"又与处中央的"五"之"×"形天然合一:"十"字作小角度(45°)旋转、即成"×"。而这"十"字向"×"字的转变恰恰说明了"天地日月(阴阳)相推(旋转)而成"(《周易·系辞下》),反映的是"日来则月往,月往则日来,日月相推(旋转)而明生。寒往则暑来,暑往则寒来,寒暑相推(旋转)而岁成"(《周易·系辞下》)。因为有此,所以"十"字形与"×"字形一直被人们视为可相互并存且交融,"五"与"十"(数字)也一直被人视为可互相并列且互用。

经过上述的梳理可见:由于人体自身("我")在"中央",而这"中央"又与"五"("十")相配置,这样,人体自身——我又与"五"等同("我"之"十字形"又与"五"之"×字形"相通融),"我"又因为有口而说话和进食,如此,与"五"(×)等同的"我"也就自然而然变成了"吾"。这由"五"发展演变而来的"吾"也就成了"我"的另一种称呼,并由此造成常人总将"吾"与"我"同等理解。

然而,这其中毕竟还是有差异的。

四 "吾"与"我"的不同

那就是:"我"以标杆的形式出现,而"吾"则以处中的形式呈现;标杆的"我"是显其身①、"揣(捶)而锐"(《老子·九章》),而处中的"吾"则隐其身、"挫其锐"(《老子·四章》);标杆的"我"要求向"我"看齐,而处中的"吾"则兼顾前后左右和上下,所以"吾"既是"五"又是"互";也因此会有"我"(如帝王)以"孤"(寡)(《老子·三十九章》)自称且独处,而"吾"则以"互"(伍)相称和相处;"我"以"自我为有"、"自我为主",而"吾"则"以吾为无"、"以吾为客②"……因为"吾"兼顾前后左右和上下之关系,所以会有上述提到的"吾"常以互相协商的口吻或疑问的形式出现③,并会"和其光,同其尘"(《老子·五十六章》)。

以下,就"以吾为无"(吾为无)和"以吾为互"(吾为互)作些诠释,以区别"吾"与"我"的不同。

(一)"吾为无"

这是因为"吾"(五)处中——中央(×),而这"中央"(吾)又与四面八方处于等距离,表现出的功能也就能对来自四面八方的事与物不作厚此薄彼的处理和简单的肯定与否定。这种对事与物不作厚此薄彼的处理和简单的肯定与否定,用哲学语言来说就叫"无",所以老子自己会说:"吾将镇之以无名之朴。"(《老子·三十七章》)由此说明,处中的"吾"(五)具有"无"之特性,也即"吾为无"。

首先,"吾为无"表现为"吾无心"。

---

① 标杆的"我",换成老子另一种说法,是叫"企者"——翘起脚尖(《老子·二十四章》)。

② 《老子·六十九章》说:"吾不敢为主而为客。"

③ 《老子·十五章》有一段"吾"之疑惑、犹豫的心态的描绘:"豫兮若冬涉川,犹兮若畏四邻……"

　　《老子·四十九章》说："圣人常（恒）吾心，以百姓心为心。"这是说，"吾"要体虚无循无心，要"以百姓心为心"，不可"有心"。如"有心"，就有可能将我自己有局限的思想观念、道德理念强加于他人，以"己心"为他人（百姓）之心，从而导致关系紧张，矛盾丛生。反之，"吾无心"。"吾"（圣人）"虚其心、弱其志"，反而能使他人"实其腹、强其骨"，社会自然关系和谐（《老子·三章》），百姓也能"甘其食、美其服、安其居、乐其俗"（《老子·八十章》）。

　　老子接下又说："圣人不积，既以为人己愈有，既以与人己愈多"（《老子·八十一章》）。这是说，因为"吾"无心，不将自己带有局限性的理念强加于人（百姓），从而也给他人（百姓）留有更多的空间，其结果他人也反过来留给"吾"更多的空间，社会才不至于被收窄、割裂。

　　正因为"吾无心"，所以"吾"也不会以"我"之相对局限的思想观念、道德理念来判断人之"善与不善"。因为有时也真会因自己相对局限的思想观念和道德理念而误判了人之"善"与"恶"。所以，老子接着又说："圣人常无心，以百姓心为心。善者，吾善之；不善者，吾亦善之，德善。信者，吾信之；不信者，吾亦信之；德信"（《老子·四十九章》）。在这里，"吾无心"彰显出的容忍和宽厚，弥补着由昭昭察察而导致的社会裂痕。

　　鉴于"吾无心"，所以老子会强调"吾"要"不自见"、"不自是"、"不自伐"、"不自矜"（《老子·二十二章》）。也鉴于"吾无心"，所以老子会说："圣人不仁，以百姓为刍狗"（《老子·五章》），更会说："天道无亲，常与善人"（《老子·七十九章》）这样的话。

　　其次，"吾为无"表现为"吾无为"。

　　由"吾无心"必然导致"吾无为"。《老子·二章》这么说："是以圣人处无为之事，行不言之教。"这是说，"吾"（圣人）如治国为政必须处无为之事，行不言之教，不要有意倡导某事某物（即不将自己的观念、信仰强加于他人之上），于人于物一视同仁，齐物等量，如同日月天地周善万物不偏无私一样，不定优劣，不分好坏，使之各得其所，各自融洽，竹头木屑皆为家什，大树小草各得其所；无倾轧欺压，有生意盎然，这样社会就能安定，治政才算成功，圣人的"吾无为"的作用才能体现。

　　在这里，需要说明的是，"吾无为"并不是真的无所作为，只是说不"妄为"而已。按老子说来是："以辅万物之自然而不敢为。"（《老子·

六十四章》）这也即是说，按事物发展的规律来处事、作为，这就像种苗于深耕厚耘及秋自穰一样，你不必多此一举：拔苗助长而与福生赘。

这种按事物发展的规律来处事、作为——"吾无为"，用老子另一种说法是"道常无为而无不为"（《老子·三十七章》）："道"养育万物，但从不干涉万物，从不期待它的养育物去做他们不愿做或不该做的事，就像土壤养育生物，任凭种子随时吸取养料，却从不期待从中得到些什么；"道"像天地一样，于物从不厚此薄彼，"道"无意识去养育什么或扶植什么，"道"于万物不带有任何主观信念和意识，因此"道"是无为而不妄为。也正因为"道"无意识去养育什么或扶植什么，所以"道"又是无所不为的，所以老子会说"道常无为而无不为"。①

以"吾无心"和"吾无为"来对照"我有心"和"我有为"，这"我有心"和"我有为"而导致的事情真是惨不忍睹。

以"我"为标杆、标准，执着自我，以我为主，将"我"带有局限性的思想观念和道德理念乃至"我"个人的好恶，强加于自然之上，就会对一样的自然物作不一样的区分：可以尊熊猫为国宝而将其他动物残杀并剥皮吃肉，可以赞美飞扬的银杏叶而诅咒轻扬的柳树絮，可以赞美牡丹而贬低桃花，就像杜甫所说："颠狂柳絮随风舞，轻薄桃花逐水流。"这种做法，按老子说来是叫"贵物"（《老子·三章》）。

以"我"为标杆、标准，执着自我，以我为主，将"我"带有局限性的思想观念和道德理念乃至"我"个人的好恶，强加于诸人物身上，就会对诸人骄横过度、强硬无理，不存宽厚、更无容忍；有时还非得对诸人物排了座次、列个名序，褒贬不一、亲疏有别，导致诸人物为名序、座次而争斗不休；有时还配以奖惩制度，使这种带有极强主观性、极大局限性的褒贬（排座、名序）人物现象日趋强化、保守，直接导致社会板结、流动活力消逝。这种做法，按老子说来是叫"尚贤"（《老子·三章》）。

以"我"为标杆、标准，执着自我，以我为主，将"我"带有局限

---

① 而"道常无为而无不为"又可改述为"吾常无为而无不为"。在这里"吾"与"道"等同。这是因为"道"之古字为"口"，而"口"之字形——㐫，表示为"人处十字路口中心"。按"道"与"口"等同理解，也可改述成"道"之意为"人处十字路口中心"。而"吾"又是同样"处（十、×）中心"，所以"吾"又等同于"道"（口）。因为"吾"与"道"等同，所以"吾"之特性也必将成"道"之特性："吾为无"，"吾无为"也将成"道为无""道无为"。基于此，故可将"道常无为而无不为"改成"吾常无为而无不为"。

性的思想观念和道德理念乃至"我"个人的好恶，强加于社会之上，就会出现"楚王好细腰，臣妾多饿死"的现象。这就像《刘子·从化》一书说的那样："齐桓公好衣紫，阖境尽被异彩；晋文公不好服美，群臣皆衣牂羊；鲁哀公好儒服，举国皆着儒衣；赵武灵王好鵕鸃，国人咸冠鵕冠。"而这"紫非正色，牂非美羝，儒非俗服，鵕非冠饰"，但人却竞相从之，原因何在？帝王君主有意倡导，即"我有心"和"我有为"也。这种做法，完全违背老子的愿望："是以圣人处无为之事，行不言之教"（《老子·二章》）。

而帝王君主一旦有意倡导（"我有心"和"我有为"），就会造成事物的好坏、善恶、美丑的转化，如"楚灵王好细腰，臣妾为之约食，饿死者多；越王勾践好勇，而揖斗蛙，国人为之轻命"（《刘子·从化》）。同样，帝王君主一旦有意倡导（"我有心"和"我有为"），大树小草各得其所的情景就会消失，如有意"造立施化"小草，那么"大树"就得砍就得伐；如有意"造立施化"夏虫，那么"夏虫"就能"语冬冰"。所以，帝王君主一旦有意倡导（"我有心"和"我有为"），将自己的信仰、理念强加于社会和自然，这社会和自然就必然"物失其真"；这犹如"断鹤续凫"一样，使物之多样性丧失。这样，社会也就必然有所偏倚，矛盾必然有所丛生。

上述若干，老子必定经历过，否则不会有《老子·三章》这段振聋发聩的话语："不尚贤，使民不争；不贵难得之货，使民不为盗；不见可欲，使民心不乱。"可惜，客观社会并不如意。基于此，老子强调起"吾无心"和"吾无为"（即"吾为无"）。

（二）"吾为互"

上述提到，"吾"处中央则兼顾前后左右上下之关系，所以"吾"必具"互"之特性。而这种"吾为互"还可以传统思想说明之。

那就是"吾"（五）处中，按中国传统五行学说看来，这"吾"（五）处中又为"土"，即所谓"中土"也。而这"中土"（吾）虽处中央，但必入乎具形——落实（互配）到一年四季的三（春）、六（夏）、九（秋）、十二（冬）的四个土月，才能兼其用，这就是传统的"土王四季"说。这也说明"处中土"的"吾"必具"互"之特性。同样，按中国传统五行学说看来，这"中土"（吾）在五行中作用最大，"木火金水"之更生，非得与"土"互配才行，《白虎通》说："木非土不生，火非土不荣，金非土不成，水非土不高。"所以，"处中土"的"吾"也必具"互"之特性。以及，按《易》之数来表述：一二三四五之生数，必"以土数（五）而足之"，成六七八九十之成数，配以春（东）夏（南）秋（西）冬（北）之四季而成一、六（冬、北），二、七（夏、南），三、八（春、东），四、九（秋、西），五、十（中土）之河图。而从这种一二三四五"以土数（五）而足之"成六七八九十以配春夏秋冬之四季的互配（互）方法，也说明这"处中土"的"吾"（五）必具"互"之特性。

因为"吾为互"，所以"吾"之表现必无"我"之孤突，而有"吾"之相互，定会兼顾他者。具体表现如上述那样，"吾无心"并不是真无心，而是"以百姓心为心"（《老子·四十九章》）；"吾无为"并不是真"无为"，而是"以辅万物之自然而不敢为"（《老子·六十四章》）。

也因为"吾为互"（"吾"之相互），所以在《老子》一书中，这字与词的出现，也必不会单挑、孤突："有"也必有"无"与之相互相存，"生"也必有"死"与之相互相存，"吾"也必有"他"与之相互相存①……这就如《老子·二章》所说："有无相生，难易相成，长短相形，高下相盈，音声相和，前后相随。"

对此，有学者统计，出现在《老子》一书中的"相互相存"的词语多达七八十对，有"美与恶"、"巧与拙"、"动与静"、"有与无"、"曲与全"、"盈与冲"、"枉与直"、"多与少"、"雌与雄"、"轻与重"、"静与躁"、"强与弱"、"敝与新"、"废与兴"、"取和与"、"贵与贱"、"进与退"、"祸与福"、"寒与热"、"损与益"、"奇与正"、"刚与柔"、"虚与实"、"清与浊"、"存与亡"、"亲与疏"、"主与客"、"治与乱"、"成与败"、"有为与无为"、"有事与无事"等等。这些涉及诸多领域（天文地理、数学物理、政治经济、思想、军事、道德修养、人际关系）的"相互相存"的词语，不仅"相互相存"，而且还"相互相反"："祸兮福之所倚，福兮祸之所伏"（《老子·五十八章》）。这在老子看来是："反者，道之动"（《老子·四十章》）。即事物莫不朝相反的方向转化："上"转

---

① 所以会与他人协商，并常以疑问的形式出现，如《老子·五十四章》说："吾何以知天下然哉?"要知道，这会从中培育出尊重他人的意识。

化为"下"、"难"转化为"易"、"富"转化为"贫"、"福"转化为"祸"……

然而，由于"吾"处中而兼顾前后左右和上下，不期待如"我"之孤突、揣锐，所以表现出老子的"吾之互"的转化理念则往往守柔用弱，以符合"吾"之隐身——"吾为无"的特性。《老子·二十八章》一段话很能反映老子这种思想："知其雄，守其雌，为天下谿。为天下谿，常德不离，复归于婴儿。知其白，守其黑，为天下式。为天下式，常德不忒，复归于无极。知其荣，守其辱，为天下谷。为天下谷，常德乃足，复归于朴。"

因为这样，所以：如刚柔相对，老子则取"柔"取"弱"。《淮南子·缪称训》说道："老子学商容，见舌而知守柔矣。"即商容张口吐舌以示老子，老子领悟齿刚则先亡，舌柔而后存，从而得出"柔弱胜刚强"的学说思想。并且，日常生活经验也告诉老子"强梁者不得其死"（《老子·四十二章》），"人之生也柔弱，其死也坚强"就如"草木之生也柔脆，其死也枯槁"（《老子·七十六章》）。

如上下相对，老子则取"下"。在老子看来，下比上好，低比高好，这是因为万物构筑自下而上、自低而高："九层之台，起于累土"（《老子·六十四章》），"高以下为基"（《老子·三十九章》），"江海之所以能为百谷王者，以其善下之，故能为百谷王"（《老子·六十六章》）。推衍开来，"合抱之木，生于毫末；千里之行，始于足下"（《老子·六十四章》）。

如水火相对，老子则取"水"。基于自然界"水"能灭"火"，老子在"水火"相对中，则取"水"。这"水"不但能灭"火"，以阴消阳；这"水"还能滴点穿石、磨铁销铜；这"水"又能流入溪谷低洼，符合处中之"吾"的上述原则：低调、谦卑……所以《老子·八章》会说："上善若水。水善利万物而不争，处众人之所恶，故几于道。"

如老少相对，老子则取"少"。生活经验告诉老子，"物壮则老"（《老子·三十章》），而"少"（婴儿、孩提）则孕育着无限的可能性和广阔的成长性。所以老子在"老少"相对中则取"少"。这"少"——婴儿、孩提原秉自然之真、本然之气，"骨弱筋柔而握固，未知牝牡之合而朘作，精之至也，终日号而不嗄，和之至也"（《老子·五十五章》）；这"少"——婴儿、孩提泊然无欲，故不老亦不壮，无物能伤，"毒虫不螫，猛兽不据，攫鸟不搏"（《老子·五十五章》）。所以，人就要至同于初，如婴儿般、像孩提样积冲和之气，守柔弱之道，调心制欲，修性返德，养气卫身。这样，人既不壮，恶乎老？既无"老"，哪来"死"？就能处"无死地之境"（《老子·五十章》）。

　　还如贵贱相对中，老子取其"贱"，认为"贵以贱为本"（《老子·三十九章》）；如玉石相对，老子则取"石"，提出："不欲琭琭如玉，珞珞如石"（《老子·三十九章》）；如多寡相对，老子则取"寡"（少），指出"少则得，多则惑"（《老子·二十三章》）；如厚薄相对，老子则取"厚"，说："是以大丈夫处其厚，不居其薄"（《老子·三十八章》）；推衍开来，实与华相对，老子则取"实"，说："处其实，不居其华"（《老子·三十八章》）；如先后相对，老子则取"后"，说："圣人后其身而身先"（《老子·七章》）。老子又说："一曰慈，二曰俭，三曰不敢为天下先"（《老子·六十七章》）；如有无相对，老子则取"无"。因为"有由则有不尽"，"有形之极未足以府万物"（王弼《老子指略》），所以老子必取"无"，"无"能生天下万物，"天下万物生于有，有生于无"（《老子·四十章》）；如进退、主客相对，老子则取"退"和"客"，说："吾不敢为主而为客，不敢进寸而退尺"（《老子·六十九章》）；如争与不争相对，老子则取"不争"，说："夫唯不争，故天下莫能与之争"（《老子·二十二章》）；如方圆相对，老子则取"圆"。因为"方"（有棱角）是要"割"的，"方"而不"割"的事是没有的；"是以圣人方而不割"是老子追求的境界（《老子·五十八章》）。推衍开来，中心与边缘相对，老子则取"边缘"，抛却"中心"。因为这符合老子之"吾"所追求的"自隐无名"和"容若愚"，也符合老子之"吾"对"自我"中心、标杆的抵制和反对。"吾"虽处中央，却不以"中心"自居；如雌雄相对，老子则取"雌"。《老子·二十八章》说："知其雄，守其雌。"《老子·六章》又说："谷神不死，是谓玄牝"——"母体"。因为"雌"为"天下母"，母能生子，所以说是"既得其母，以知其子"（《老子·五十二章》），"雌"象征着"低调、俭朴、谦卑、厚实、不争、柔弱"等，这正好与处中的"吾"之原则相一致，故老子"雌雄"相对则取"雌"。

　　……

　　老子就是这样"去彼取此"（《老子·七十三章》）。以此对照常人"我"辈，一定是"去此取彼"的：刚柔相对，则取"刚"，生怕柔弱吃

亏；上下相对，则取"上"，"我"者就要"企者"（出人头地）；贵贱相
对，则取"贵"，人来世上就为"富贵"；玉石相对，则取"玉"，疯子
才取"石"；多寡相对，则取"多"，多多益善；先后相对，则取"先"，
唯恐落后……同样，"我"辈常人，尽管认可事物之"相互相存"，但对
"相互相反"（转化）则常"以我为主"，尽可能促使事物朝有利于"我"
的方向转化……

　　诸如此类，都显示出与上述"吾"的不同。这大概也是《老子》一
书中较多用"吾"字、较少用"我"字的意义所在。

《老子》"辅万物之自然"古今浅说

刘笑敢

（香港中文大学哲学系）

今天我们为什么还要研究两千多年前的《老子》，讨论它的思想？答案可以有很多。但是我们可以将诸多目的或目标分为两大类。

第一类目标是纯学术的，纯历史的，纯客观的，努力探求古代的《老子》在那个时代究竟讲的是什么意思。

第二类是现实的，为自己，为人生，为社会，为人类，为未来，希望借助老子思想为现代社会和人生提供新的思想资源。

第一类作品主要在学者中交流讨论，与大众似乎关系不大。第二类作品写得好则可以产生广泛影响。

一般人读《老子》不会很自觉地区别这两者的不同。但是，按照严格的学术研究标准来说，二者的区分是基本的、必要的。否则，我们就像一条船上的乘客顺水而下，欣赏两岸景色变化，却想不到站在高山之巅观察大河的走势，也不会想到对河水的水质做一番检验。第一类阅读态度是要对长江大河做全面的、客观的研究、分析，第二类阅读态度是顺流而下，是身在其中欣赏、参与的态度。两种态度和目的各有其合理性。但第一类是学者、研究者的态度，第二类是欣赏者或思考者的态度。两种态度不必互相排斥贬低，但也不应混淆不辨。

本文分为四部分。前两部分属于第一类研究，力求探索两千年前的《老子》中关于"辅万物之自然"一语的古本原貌及其思想内涵。这是文献、版本的比较与分析，是文字与思想的历史性探索和推敲。后两部分探索这一思想在现代社会可能的积极意义。换言之，前两部分重在《老子》古本原貌，后两部分重在对老子思想进行新的解释、发挥或改造，希望对现代社会提出有价值的新思想。这样写也希望读者能够从中理解笔者所说中国哲学研究以及经典诠释中的两种定向的必要性和意义所在。

一　演化与溯源

研究《老子》的一个得天独厚的条件是有多种出土古本做参照和比较。到目前为止，最早的古本是三组郭店竹简，大约是公元前 4 世纪的抄本；其次是两种马王堆帛书本，大约是公元前 2 世纪的比较完整的抄本；再次是新近发表的最为完整的北大藏竹书本，根据整理者推断，可能略晚于帛书本。从郭店简本到汉代简帛古本、传世古本（傅奕本等）到通行本演化过程漫长，有两千多年，其演化趋势很明显，而具体细节却有早有晚，有快有慢。根据刚发表不久的北大竹书本来看，主要演变大约在前汉就大体完成了。本文重点在讨论"辅万物之自然"一句，所以我们只比较这一句的版本异同。

这一句是在《老子》通行本六十四章之最后部分，各个版本的不同在下面对照中一目了然：

> 郭店简甲：是故圣人能辅万物之自然，而弗能为
> 郭店简丙：是以能辅万物之自然，而弗敢为
> 帛书甲、乙：能辅万物之自然，而弗敢为
> 汉简：以辅万物之自然，而不敢为
> 傅奕：以辅万物之自然，而不敢为也
> 严遵：以辅万物之自然，而不敢为
> 河、王：以辅万物之自然，而不敢为

从上述文本对照中，我们看到最早的郭店竹简中的甲组和丙组，以及马王堆帛书中的"辅万物之自然"一句前都有一个"能"字，而北大竹书本以后所有版本的"能"字都改成了"以"字。后半句郭店竹简甲本是"而弗能为"，其他所有版本的"能"字都改成了"敢"字。根据这些情况，我们大体可以判断，最早的简帛本都用了"能"字，而这个能字被后来的版本逐渐改掉了。

这里特别需要注意的是郭店甲本，其文字作"是故圣人能辅万物之自然，而弗能为"。郭店甲本的文字特点有三：一是明确强调"辅"的主

语是圣人；二是"能"与"弗能"构成明显的相反与对照的关系；三是由此带来"辅"之行为方式与一般之"为"构成对照关系。从圣人"能"与"弗能"的对照来看，"能辅万物之自然"是圣人特有的行为方式，而"弗能为"之"为"与前面"能辅"之行为构成对照关系。就是说，圣人一方面"能"辅万物之自然；另一方面"不能"做一般之"为"。这说明圣人所肯定的"辅"与圣人所否定的"为"是两件不同的事，是两个范畴的事。

在现代汉语里"辅"显然是一种"为"，但在《老子》此句的语境中，"辅"不是一般之"为"的一种，而是与一般之为相对、相反的特殊的行为和行为方式，是圣人特有的行为特征。这里的"弗能为"所否定的就是"无为"一语中的"为"，即老子所否定的一般统治者的"为"，或常规之统治行为及其行为方式。这里，老子一方面否定了一般人、特别是统治者的行为及其方式；另一方面又肯定了圣人特有的行为方式。这对全面理解老子之"无为"理论至关重要。

这一句式及内容特点在郭店丙本中开始弱化，其文句为"是以能辅万物之自然，而弗敢为"，其中主语"圣人"省略了，"能"与"弗能"的对比消失了，"能"与"弗敢"之关系变得不明朗。帛书甲乙本以及通行本沿袭了这一变化。①

到了北大汉简本，"能辅万物之自然"变成"以辅万物之自然"，古本句式和痕迹彻底消失，"能"与"弗能"之对比与取舍关系完全不见，"以"和"弗敢"之间关系费解，"辅"与"为"之对照也淡化了。这样，早期古本中圣人只能"辅万物之自然"但不能从事一般之"为"的重要思想也变得模糊不清了。后世文人不解前人深意，多从文字角度"改善"原文，常会有这种结果。

这里比较各种版本的不同是为了说明通行本与古本不同，古本内容应该更接近《老子》思想原貌，而且内容更清晰，更有逻辑性；所以，我

---

① 推测起来，以"弗敢"取代"弗能"可能有两个原因。一是句子中两个能字读起来可能不太上口；二是认为"敢"字与全文的思想更能吻合、呼应，因为其他章节中多有"不敢"的说法。如"使夫知不敢"（帛3.9）、"天地弗敢臣"（竹32.2）、"不敢为天下先"（帛67.6）、"不敢为主而为客"（帛69.2）、"勇于不敢则活"（帛73.2）等等。从大量文本演变的资料来看，后来的加工都是用《老子》文本中的常用字取代次常用字，比如以"道"代"士"，以"无为"代"无名"，以"万物"代"之物"，以"常"代"和"等。

们理解老子之"辅万物之自然"应该以郭店甲本"是故圣人能辅万物之自然，而弗能为"为准。

二　词义与句意

上文谈文本演变，这里分析句义。主要通过对一些关键性词语的分析来看"是故圣人能辅万物之自然，而弗能为"的基本思想内容是什么。关键性词语包括圣人、能、辅、万物与自然。

首先需要强调，圣人是老子思想中理想的天下治理者之楷模或代表。第一，圣人不是现实的统治者。许多书讲中国古代思想时会把圣人当作统治者的同义词，这是没有根据的。"圣"是形容词，表示赞颂。圣人的基本意思是优秀、出类拔萃之人的意思，不必然是在位的统治者。在古代，没有人将现实、当世的统治者称为圣人，也没有人直接将活着的人当作圣人。在孔子那里，尧舜都不够圣人标准。孟子曾经说过周公是古圣人《公孙丑下》，但他也将孔子、伯夷、伊尹、柳下惠等称为圣者《万章下》，可见圣人并非君王专称，而且都是故去者。后来称历史或传说中的君王为圣人的用法逐渐增多，但也不是直接将圣人当作所有统治者或君王的同义词。

第二，圣人往往是理想化的天下治理者的代表，或者说就是一个人格化的象征符号，他代表的是作者、言者的理想，表达作者想要表达的理念。"圣人能辅万物之自然"也是老子之主张的一种表达，不是当时任何统治者的作为。

第三，在老子书中，指代现实生活中的统治者时，老子用"侯王"（傅奕本用"王侯"），有时用"王公"或"王"，这些说法才是老子对现实的统治者的称呼，与理想世界的圣人分属不同的领域。老子希望侯王"守道"，"得一"。显然，侯王是老子劝诫、希望的对象，与圣人作为理想中的治理天下的楷模不是同一层次的概念。

再来看"能"与"弗能"。这里的"能"即"能够"的意思，能够可以指有能力做某事，也可以指规范允许的行为，相当于按照某种原则可以做、应该做某事。"圣人能辅万物之自然，而弗能为"一句中的能应该不是指能力，因为圣人是出类拔萃之人，能力在常人之上，不会因为能力不够而"弗能为"。"弗能为"不是没有能力"为"，而是圣人从自己的行为原则出发认为不能那样做。所以，"圣人能辅万物之自然"也不是说圣人的能力高低问题，而是指圣人的行事准则只能是"辅"之为，不能是一般之"为"。

那么辅是什么意思呢？"辅"字最早指车轮两旁增强承载力的直木，也指面颊，做动词即辅佐、协助之意，如"尔尚辅予一人"《尚书·汤誓》。辅究竟是一种什么样的行动或动作很难描述。它不像跑、跳、打、看等动作行为那样具体，其含义要看具体环境。比如辅君王显然不同于辅农夫，辅家父显然不同于辅顽童，辅一棵树显然不同于辅一个人，所以辅的意思比较复杂，对不同的对象有不同的辅助之法，不能用一个方法、一个动作去辅所有的事物。尽管辅字的意思很难确定，但有一点是清楚明白的，那就是说"辅"不能是不问对象情况的程式化的行为，更不能是强加于对象的动作。"辅"只能是行为主体帮助外在客体的非强制、非直接操作的行为；是为了行为对象的利益，而不是辅自己，为自己，绝不是行为主体追求自身利益的行为。从社会生活的角度来讲，辅显然不是统治，控制，主宰，不是直接干预、指挥、命令、管理等等。这里要再次强调，"辅"在现代汉语中也是一种"为"，但在老子这句话中，"辅"是圣人特有的行为方式和行为原则，不属于一般的"为"。一般的"为"正是老子要批评、否定和超越的。

再来看万物一词。万物在古代有点相当于今天的大自然的意思，可以包罗万象，一切实体存在。但是，万物与大自然的意思有一个重要的不同。大自然的概念来自于西方近代，特指与人类社会不同的自然界，所以，大自然不包括人类，或者只包括生物意义上的人类，而不包括社会意义、文化意义、政治意义上的人类。正如自然科学会研究人体构造、生理现象、病理病变，而不研究人类社会文化生活。中国古代没有人类与大自然相区隔、对立的观念。因此，万物也没有区别人与物的不同。

万物一词是一个十分特殊的概念，它既是统称的万物总体，又可指构成万物的一切个体。换言之，万物不是脱离具体个体的抽象总体，又不是某些个体的简单集合，它兼有总体与个体的双重含义。这是万物一词的素朴性和独特性，它虽然没有达到现代哲学概念的抽象性，但也不同于普通名词所指代的具体事物。万物对外没有边界，对内没有区别，这一点对我们今天发展老子哲学来说是一个值得注意、讨论的合理性因素。

再来看"自然"二字。从词汇的内容和历史来看，老子的"自然"

与上文所提大自然、自然界全无关系。此为常识，这里不必多讲。自然也很容易理解成万物各自的自然本性，这点需要稍作辨析。有人会说，将"辅万物之自然"中的自然理解为万物之本性可谓文通字顺。但是，文通字顺的解说不等于准确的理解。比如"秦始皇是中国历史上的第一个女王"，语法上没问题，也文通字顺，但绝对错误。在理解古代文献时，文通字顺常常拿来做一个正确的标准，但实际上，这只是最初级的标准，远不足以作为理解准确的重要标准。

要理解这里的自然一词的意涵，有几个原则要考虑：一是尊重古汉语常识；二是尊重古代思想演变的历史；三是考虑"自然"在其他段落中的意义，即考虑同一文本中同一词语意涵的相关性以及某种程度的一致性（并非绝对的同一）。从古汉语常识来说，"自然"一词在先秦没有自然本性的意思。从思想演变的角度来说，《老子》中没有性字，没有类似于个体本性的词语。类似于个体本性的概念最早出现于《庄子》外杂篇（性命之情），孟子所讲的性是人类共同本性，不是个体之性。考虑到《老子》书中其他四处所说"自然"之意都不是指单独的个体存在物的"自然"，而且《老子》明确将自然归之于道所效法、体现的价值和原则，表达了老子对世界、万物、人类、社会的整体关切，所以，我们不宜将"辅万物之自然"简单地理解为辅助万物个体之自然或任万物个体本性自然发展的意思。当然，万物一词既是整体统称，又可以指代一切个体，但是我们不能据此将自然理解为狭义的个体之自然本性。第一，在《老子》中找不到足够文献根据；第二，个体自然只能是物理自然或生物自然，不能指代人的社会性。这样一来，老子"辅万物之自然"的文化意义、社会意义、总体关切就丢失了。

总之，"自然"是道所体现的最高价值、最高原则，以及理想状态①。一旦将老子之自然解释为个体自然，即个体本性，就抹杀了老子之自然的独特性、原创性、整体性及最高价值的含义。当然，单纯从自己如此的字义可以引申出个体自然的含义，后来"自然"一词的用法也的确逐渐转向个体自然，但这并不是老子初创"自然"一词的本义和用法。将个体之性引入对老子思想的解释是王弼的突出贡献，但王弼的理论是他本人作

---

① 老子之"自然"词义丰富，不能用一个现代汉语词指代。本文所用最高价值、最高原则和理想状态是尽可能全面的说法。

为哲学家的理论创造 ①，未必是《老子》一书本来的意思。

自然最早出现于《老子》，原文没有给出明确定义，但从词汇本身及《老子》原文来看，大意即自己如此，自然而然。现代汉语中的自然也有这个意思，但是，在现代汉语中，自然的这个意思都用于较琐碎的、不太重要的事件或事物，用得比较多比较重要的大多与艺术有关。也就是说，在现代汉语中，"自然"一词没有宏大、重要、整体观照的意思。但是，在《老子》中，"道法自然"一语将自然一词，即自然而然的状态提高到最高理想、最高价值或最高原则的地位。这是老子哲学的独特之处，值得特别注意。

将以上词汇分析结果综合起来，"圣人能辅万物之自然，而弗能为"大体可以理解为圣人只能"辅"或扶助万物的自然而然的生存、发展与繁荣，而不能像一般人那样为所欲"为"。这一行为原则及思想精神与老子所说的道法自然、利而不害、为而不争都是一致的。

三　现代术语之改造

在忠实探寻《老子》古本最可能之原意的基础上，我们转来讨论一下"圣人能辅万物之自然，而弗能为"一语的可能的现代意义。这与上文的工作性质和目标是不同的。

一位学生听笔者讲老子的自然、无为都与圣人有关，就说我们不想当圣人，学老子还有用吗？笔者的回答是，从文本的直接意义来说，老子的很多思想都体现在圣人这样一个特殊符号上，但是这并不意味着他的思想与普通人无关，或与现代人无关。美国一位社会心理学家马斯洛创造了道家式科学、道家式客观性、道家式接受性等概念。别人问他为什么要用道家式（Taoistic）的说法，他的回答是，因为找不到另外的字来表达他所想表达的更加人文主义的科学这样的概念。尽管他对西方文化，基督教和佛教更熟悉了解，但是他的新思想只能在道家思想中找到共鸣，这说明他发现了道家思想在世界文化中的独特性。这种独特性被千百年来的世俗的道家印象掩盖了。现在，我们回到最古老的历史文本中去，或许可以重新发现老子思想与众不同的独特思想理论和贡献。

① 从老子到王弼理论的出现过程有数百年，当中也有庄子、严尊、河上公的贡献。

当然，我们不能指望老子的原文、原意可以照搬到当今世界而完全适用。笔者也不想走常见的路，不想将今人的常识、愿望当作对老子思想的"创造性"诠释而加以发挥，也不想随意解释老子来表达自己的想法和愿望。笔者主张以严肃的、坦诚的态度面对古今不同，处理古今不同，重新开掘、解释、修改、发挥老子的固有思想，从而为现代社会提供有价值的适用的新的精神资源。笔者认为，"圣人能辅万物之自然而弗能为"一语中的某些基本精神在今天仍然值得提倡，它将有效地改善我们的社会氛围和人际关系。但是，对"万物"和"圣人"这样的概念需要重新解释，赋予新时代的意涵。

首先，"圣人"一语需要重新说明。现代社会没有圣人，那么老子思想似乎没有了着落。但是，《老子》中的圣人不是某个具体人物，而是治理天下、治理社会的理想的楷模。在现代社会，有类似地位、担当类似责任的是什么人呢？应该是国家、政府各级机构的领导人，他们最需要学习理想的治理天下之圣人的智慧。进一步推广，我们可以将圣人和万物的关系重新解释为一切在上之有责者与在下之受众的关系。这样推广之后，父母之于子女，老师之于学生，校长之于老师，总裁之于员工，也都可以学习和实践圣人与万物的关系。

那么，"万物"在今天应该如何理解呢？在古代，万物之本义可以指一花一木，一山一水，一人一事，这在今天不适用了，我们不能指望政府领导人或校长、经理去辅山水草木，人人事事。今天的在上位的人应该也只能辅在下所属的一切人或机构。为了适应现代社会的实际和需要，我们将"万物"表述为"一切生存个体"。今天"辅万物"就是在上位的人应该"辅"在下所属的"一切生存个体"，包括一个人，一个家庭，一个公司，一个学校，一个社区，一个城市，一个部门，一个机构，一个国家等等。就是说，每个在上位的人都应该根据自己的位置和责任"辅"下面一两层的所有"生存个体"。

上文说道，"辅"字内容不具体，很难说有一种行为或动作可以"辅"一切生存个体。但"辅万物之自然"一语的自然二字很重要。上文也说道，"自然"不是自然界，不是个体自然本性，而是自然而然的状态和过程。这样说来，"辅"就是帮助所有生存个体自然而然的生存、成长和发展。一种比较具体的最好的说法可能是这样的表达："辅"就应该是为每个生存个体提供必要的或最好的生存和繁荣的条件。我们应该假定每个生存个体在正常情况下，都有生存的本能，那么在上位者只要辅之、扶之、佐之、佑之、护之、助之，一切生存个体都可以健康发展。换言之，如果在上位者能够为在下位者提供必要的条件、环境、氛围，那么在下的生存个体就会健康成长，生机勃勃，无论它是员工、车间、学校，还是某个部门。有些生存个体没有生机或生机不足，那是非正常状态，需要救助、治疗，那就不一定属于一般情况下的"辅"了。

四　现代理论之应用

老子的"圣人能辅万物之自然而弗能为"的主张肯定了万物自身生存、发展、成长的合理性、必然性。将此思想用于今天，我们就要承认、肯定一切生存个体自身发展的内在机制和动力，不必事事督察指挥，时时命令监督。生存个体自身的生存条件，包括主动性、创造性、责任心，远比在上位者的指导、指示、检查更重要，更根本。在上位的指导当然是必要的，有益的，但在实际生活中，往往是在上位的指挥与督察削弱了下层生存个体自主发展的空间和意愿，常常适得其反。尤其是当前公商界推广的量化管理推广到政府、教育、医疗等各部门，成为许多行业的梦魇。

将老子"辅万物之自然"的思想用于今天，那么，一个市长下面要管若干区、若干县、若干局，这些区、县、局就是他属下的"一切生存个体"。如果市长要不断地直接给各个区县、各个局直接下指示、指导、命令，他哪里有那么多精力、那么多知识、那么多经验呢？真要那样做，或自以为是、胡乱指挥，或焦头烂额、首尾难顾。下面或唯唯诺诺，畏首畏尾；或盲从盲干，无须负责；或阳奉阴违、另做一套。这样当市长恐怕很难成功。一个好的市长应该尽可能全面了解各地区、各行业的情况，找对合适的区长、局长，让大家安心、放心、尽心去作各自自己领域内最重要的事。这就是"辅"他的万物。同样，如果区长、局长也能如此掌握全局，让下面一层主管主动负责，认真做事，他们也不会忙得顾头不顾尾，左支右绌。同样，总统、总理对部长、州长，部长对司长、局长，州长对市长、县长，都应该并可以采用这种"辅"的原则和方法。

又比如，教育局局长最重要的是选择合格的校长。如果校长合格，就不必不断推出新计划、新项目、新方法让各个学校讨论、贯彻、执行。这也就是教育局对下属学校采取"辅"一切生存个体的原则。在亚洲各地，很多学校都饱受教育当局指导、监督之苦。上级主管各部门竞相设计创新方案要各校执行贯彻，结果往往是对教学第一线的干扰，而不是帮助、促进。同理，校长应该聘任合格的老师，只要老师是愿意教书、有资格教书的，那么校长的工作就是辅所有的老师安心地教书，愉快地教书，自主地教书，不必以各种统一的教法、统一的考试、统一的答案来限制老师的自主性和责任心，也不必以各种检查、评比来干扰老师的正常工作。这就是校长"辅万物"而不是"管理万物"的体现。

有两种与"辅"不同的情况。一方面是强制命令；另一方面是恩爱、宠溺、过分保护。这两种情况在父母对子女之态度上表现最为明显。父母对子女应该以辅为上，不应将自己的愿望、理想、原则强加于子女。按照既有目标和方法对子女严格监督、强制训练的结果，一方面，的确能培养出一些出众的人才，但与之相伴的却是大量个性压抑，兴趣不得发展，而且厌恶学习、终身不快乐的子女。另一方面，宠爱、放纵、娇生惯养、包办代替、过分保护也不利于子女成长，那样只能培养出颐指气使的衙内、耽溺于享受的公子、或无所事事的宅男宅女。这也不符合"辅"的精神。用于官场，如果当权者宠幸、放纵某些部属，可能养成无是无非的死党、帮派，那更是大祸，甚至引来牢狱之灾、杀身之患。总之，"辅"的原则既不是压制，也不是偏爱，而是以辅的对象为中心、为主体的辅助性行为。

辅的原则也就是道法自然的原则，也就是无为而无不为的原则。能不能实行辅的原则，有很多原因，但一个基本的原因在于主事者的目的和心态。不能实行辅之原则的上位之人往往看起来有很强的责任感，生怕自己没有尽到责任，生怕别人自作主张，生怕下面发生问题等等。但这种责任感不是老子式或道家式责任感。

所谓老子式或道家式责任感与一般责任感的不同在于关切的方向、重点不同。一般人的责任感无法摆脱对自己之责任的关心和担忧，生怕别人批评自己不负责任。这种责任感更多关心的是自己要避免失职的批评和后果，是想避免承担责任的责任感。而老子之圣人的关切完全在于万物或百姓，没有对自己得失利害的考虑。老子说："圣人恒无心，以百姓之心为心"（帛书第49章）说明老子之圣人全无个人得失之心，一切以百姓之意愿追求为自己的关切中心。当然，今天的在上位者不是圣人，不可能完全没有自己的个人之心或私利，不过圣人的"私"不能同于一般人直接获利的"私"。老子在第七章说圣人"外其身而身存。不以其无私与？故能成其私"。这里说圣人"外其身"即不追求一般人之私，但能够"身存"，也就是成就了一般人所忽略的根本之利。这就是说，实行圣人之"辅"的原则，"以百姓之心为心"的原则，对自己仍然有根本之利。今天，我们不能要求一个官员、主管、老师、家长毫无私心、私利，但是，当他们处于在上位者面对在下位者履行职责、义务、权利时是不应当牵涉个体之私的，这不仅是对在上位者的要求和限制，也是对他们顺利实现有效身份的保障和保护，可以达到更好的效果，实现他们在职位上、身份上的最大成功。

此外，要实行老子之"辅万物之自然"的原则，就要对万物一视同仁，不辨亲疏远近，不辨道德高低。这是圣人超于万物之上的一个必然的要求和结果。在上位者一旦区分你我高低，"辅万物"就可能变成了"辅"自己之所好，变成"辅"亲信亲朋，或亲属家人。圣人在万物之上，不在万物之中，才能保持超然、公正、无私。一旦在上位者介入万物之中，成为万物中之一员，就很难不分远近亲疏地公平地辅佐万物。所以老子说"善者善之，不善者亦善之，得善也。信者信之，不信者亦信之，得信也"（帛书第49章）所谓"报怨以德"之说也是因为老子之圣人不能介入万物的恩怨关系之中。这对今日的在上位者也是一个启发和警示。在上位者如果不能保持某种超脱的地位，直接或间接地介入下层的是非利害，那就无法实行"辅万物"的原则。如果利用下层的矛盾，挑动下属或百姓之间的仇恨和冲突，那就是制造斗争和混乱，与"辅万物之自然"更是南辕北辙。

总之，本文一方面从探求《老子》古本原貌出发，尽可能贴近"圣人辅万物之自然"的古典文本意涵；另一方面从现实需求出发，有意识地重新定义圣人和万物的现代内容，提出今日之处上位者也可以而且应该实行"辅万物之自然"的原则，即为一切生存个体提供自然而然地生存、发展和繁荣的条件。从学术研究的角度讲，本文提供一个实践两种定向、并将两种定向衔接起来的实验。从现实关怀的角度讲，本文提出一个在当代如何"辅万物之自然"的新说，希望对改善当代社会现状有所助益。

道教"万物一体"的智慧与生态文明建设

钱耕森　沈素珍

（安徽大学哲学系）

道教"万物一体"的智慧、哲学是追求人与万物一体的境界之学。所谓"万物一体"，不仅指物与物一体，人与物一体，人与人一体，而且还指人与物遵循着同样的法则。中国传统哲学以"万物一体"的思想为主流。特别是道家和道教具有丰富而深刻的"万物一体"的哲学智慧。

一

道教的"万物一体"，可简称为"天人合一"。人之初，天真未凿，都有一个自我与他人、他物不分，主体与客体不分的阶段，人与天是自然的、原始的合一。其实，这时与禽兽就没有多大差别了。但是，随着人类的成长，就逐渐有了自我意识，有了主观能动性，有了主体与客体之分，因而也就有了善恶的区别。这时的人如果置道德于不顾，随心所欲，以自我为中心，不顾及他人，就破坏了人与人之间的和谐；以人类为中心，不顾及自然界，就破坏了人与自然界的和谐，即破坏了"天人合一"。其结果必然要遭到他人与自然界的报复，如人类对氟利昂的使用造成对臭氧层的破坏，就危害了人与自然的和谐关系。时至今日，我国和世界各国的环境污染与生态失衡都相当严重，已到了非治理不可的地步了。自然是人类发展的基础。如果人类要为下一代创建美好的未来，就应当保护并且通过可持续的方式管理地球上的自然资源。但是，人类却在滥用地球上有限的资源。"根据全球生态足迹网络测算，人类只用了 8 个月就花光了 2014 年的全球生态足迹'预算'。8 月 19 日是今年的地球生态超载日，即人类对地球自然资源的消耗超出地球的生态承载力的时间点。相比 2000 年的 10

月 1 日，今年的地球超载日大幅提前。这一指数旨在测算人类'蚕食地球'的速度。……1961 年，人类只消耗了该年地球可用自然资源的 2/3。……现在需要一个半地球才能满足人类对自然资源的需求。假如人类对自然资源的消耗一直维持这样的增长速度，那么到 2050 年可能需要 3 个地球才能满足需求。"（《今年"地球超载日"大幅提前研究称人类加速"蚕食地球"》，《参考消息》2014 年 8 月 21 日，第 5 版）所以，"大力推进生态文明建设"，是我们义不容辞的新的历史使命。其中一条行之有效的方法即传承并发展道教的"万物一体"与"天人合一"的哲理的智慧。

二

"万物一体"与"天人合一"相对于"天人相分"和"主客二分"。"主客二分"的思维模式，导致人以自然为索取与征服的对象，制造了环境污染，生态失衡；而"万物一体"与"天人合一"则视天与人、万物是不可分割的一个整体，整体之内的彼此之间是平等的，在互动互补与循环往复过程中，可以保持平衡，构成和谐，治理污染，建设生态，持续发展，整体前进，皆大欢喜，明天更美好。

道教"万物一体"的大智慧，充分肯定了人需要自然，自然也需要人的互动互补的相互依赖的辩证关系："天地无人则不立，人无天地则不生。"（《三天内解经》）这有利于克服生态伦理学中把人与自然对立起来的人类中心论与非人类中心论的两个极端，大力促进生态可持续发展。

道教"天人合一"的大智慧，既强调人是自然的一部分，与其他物种应平等相处，并应顺应自然规律，不去主观妄为；又提出人是"理万物之长"，（王明：《太平经合校》，中华书局 1960 年版，第 88 页）有生杀予夺的能力，但应发挥自身的道德力量，去制约与自然不协调的行为，以辅助万物的生长、发育，与自然协同发展。道教的"天人合一"的理想是建立在天人辩证关系之上的。

道教"万物一体"与"天人合一"的主要特点有三：整体观、平等观与和谐观。

三

整体观。道家道教都认为，天人本来是合一的，天人应该是合一的。因为：

1. 天与人，都同源同禀于"道"。老子说："道生一，一生二，二生三，三生万物。万物负阴而抱阳，冲气以为和。"（《道德经·四十二章》）《太平经》说："道"为"大化之根"，"万物之元首"。（《太平经合校》，第 662、16 页）"道生一"的"一"，即"元气"。北宋道士陈景元说："一者，元气也"，"天下万物皆生于元气"。（《道德真经藏室纂微篇》，《道藏》第 13 册，第 692 页）因此，"天地与我同根，万物与我同体"。（《海琼白真人语录》卷三，《道藏》第 33 册，第 129 页）可见，人与天在本原上和禀受上具有同一性。

2. 天人同一生成法则。《钟吕传道集》认为，人与万物皆是由"阴阳"的"交媾"而成的。"道生一，一生二，二生三。一为体，二为用，三为造化。体用不出于阴阳，造化皆因于交媾。"（《道藏》第 4 册，第 659 页）这种观点，渊源于古代儒家经典《易传》。《钟吕传道集》又运用八卦象征符号体系，把天人对应起来，从而论证了天人生成程序具有一致性。"天地交合，本以乾坤相索而运行于道，乾坤相索而生六气，六气交合而分五行，五行交合而生成万物。""至如父母交会，真气造化成人，如天地行道，乾坤相索而生三阴三阳。真气为阳，真水为阴。阳藏水中，阴藏气中。……真阳随水下行，如乾索于坤，上曰震，中曰坎，下曰艮，以人比之，以中为度，自上而下，震为肝，坎为肾，艮为膀胱。真阴随气上行，如坤索于乾，下曰巽，中曰离，上曰兑，以人比之，以中为度，自下而上，巽为胆，离为心，兑为肺。"（《道藏》第 4 册，第 659 页）

3. 天人同构。道教把天与人相类比，认为人与天地具有同样的形体结构，产生了"人身一小天地，天地一大人身"的观念。《太平经》说："人取象于天，天取象于人。"（《太平经合校》，第 673 页）《太上灵宝五符序》说得很具体："人头圆象天，足方法地，发为星辰，目为日月，眉为北斗，耳为社稷，鼻为丘山，口为江河，齿为玉石，四肢为四时，五脏法五行。"（《道藏》第 6 册，第 321 页）把天与人相类比，在古代相当广泛，如中医经典《黄帝内经》、《淮南子》、董仲舒的《春秋繁露》都有共识。

4. 天人同律。道教不仅认为人与天地在形体上是相应的，而且认为人与天地在活动的节律上也是相应的。如人的气血之循环，与天地日月、一年四季之气的运转规律、度数存在着一致性。《太上修真体元妙道经》说："人之自顶至踵，一身骨毛气血，动静开阖皆同天地万物也。"（《道藏》第 1 册，第 862 页）道教关于天人同律说，被现代时间生物学所证实。因为，现代时间生物学认为，生物节律的形成是由于生物对外界环境的周期性变化的适应的结果。外环境因子能够调控生物节律，使其周期与之同步。其结果：不适者，被淘汰；适者，生存并繁衍下去。我们人类凭借作为万物之灵的灵性，使自身在适应外界环境的过程中，能最有效地获得能量，趋利避害，形成自己的严密的节律性，获得最佳的适应能力，甚至还能达到"先天而天弗违，后天而奉天时"。（《周易·乾卦》）做没有先例的事，天不会违反；做有先例的事，又能因时制宜。"可以赞天地之化育，则可以与天地参矣。"（《中庸·二十三章》）可以赞助天地对万事万物进行演化和发展，就可以和天地并立为三了。

5. 天人感应相通。天人感应的基本含义是，人的善恶行为能够被天所感应到，并予以反馈，给人降福或降祸。《太平经》说："天之照人，与镜无异。"（《太平经合校》，第 18 页）"为善，天地知之；为恶，天地亦知之。"（《太平经合校》，第 694 页）天人感应说，说得如此直白，未免过于简单化了；说得如此活灵活现，难脱神秘主义与迷信之极端。但其本意则是警告世人，特别是最高统治者，面对自然不能轻举妄动。这是历史上的进步意义。而今的积极影响则是，可以作为我们治理污染，恢复生态失衡，克服并避免自然报复的重要理论资源。

由此五点，可见"天人本来是合一"的。

下面，简单谈一下"天人应该合一"。在"天人应该合一"中，显然，主动一方并不是天，而是人。道教很清醒地认识到这一点，于是就主动地通过内丹等人体修炼术去与道合一，回归自然，与天为一。《海琼问道集》说："惟太上度人，教人修炼，以乾坤为鼎器，以乌兔（即日月）为药物，以日魂之升沉应气血之升降，以月魄之盈亏应精神之衰旺，以四季之节候应一日一刻之时刻，以周天之星数应一炉之造化。"（《道藏》第 33 册，第 142 页）道教企图以宇宙阴阳变化之道为参照系，运用炼养方术调理人体系统的阴阳运动节律为途径，从而达到天人合一之目的。

总之，道教基于"天人本来合一"与"天人应该合一"的"天人合一"的整体观，无疑有助于我们重新树立起生态的整体意识。英国生态学家彼得·拉塞尔（Peter Rusel）说："一种对天地万物其余部分真正的爱来自个人对于和宇宙其余部分同一性的体验，来自这样一种认识，即在最深层次上，自我和世界是一体的。"（王国政等译：《觉醒的地球》，东方出版社 1991 年版，第 153 页）生态学的整体意识要求人类以对人类之爱，同样去爱人类以外的他物。如何可能？拉塞尔认为，只要人类能在最深层次上认识并体验到人类与万物本来就具有"同一性""是一体的"。由此可见，道教早已有之的"万物一体"与"天人合一"的整体观，在生态文明建设中，仍具有重要的现实意义。

四

平等观。道教"平等"观建基于"道性"普遍存在于万物之中的观点。庄子回答东郭子"道"在哪里的问题时，明确说："无所不在。"（《南华经·知北游》）这就意味着"道性"也是"无所不在"的。庄子又明确说："道未始有封""道通为一"。（《南华经·齐物论》）"道"是无界限差别的。从道的视角看，万物都是无分别的、等同的。论证任何事物的差别以及人们认识上的是非，都是相对的，是对"道"的全面性的歪曲和割裂。庄子认为，是非、彼此、物我、寿夭等等都是无差异而齐一的。庄子所说的道"无所不在""道未始有封""道通为一"的逻辑结论则是"天地与我并生，而万物与我为一"。（《南华经·齐物论》）庄子的这句名言，正是道教"万物一体"与"天人合一"的源头，蕴含了天地万物与人是平等的深意。

道教传承并弘扬了上述庄子的思想，认为"道"及"道性"具有普遍性。《西升经》说："道非独在我，万物皆有之。"（《道藏》第 11 册，第 510 页）唐代道士潘师正说："一切有形，皆含道性。"（《道门经法相承次序》，《道藏》第 24 册，第 786 页）唐代道士孟安排也说："一切含识乃至畜生、果木石者，皆有道性也。"（《道教义枢》，《道藏》第 24 册，第 832 页）既然"一切有形，皆含道性"，这就表明一切有形在道性上都是生而平等的，享有同等的权利。

道教为否认人类有凌驾于万物之上的特权，也提出了"万物平等观"。《无能子》明确提出了"人与虫一也","无所异也"的论断。"人者，裸虫也，与夫鳞毛羽虫俱焉，同生天地，交气而已，无所异也。或谓有所异者，岂非乎人自谓异乎鳞羽毛甲诸虫耶？岂非乎能用智虑耶，言语耶？夫自鸟兽迨乎蠢蠕，皆好生避死，营其巢穴，谋其饮啄，生育乳养其类而护之，与人之好生避死，营其宫室，谋其衣食，生育乳养其男女而私之，无所异也，何可谓之无智虑耶？夫自鸟兽迨乎蠢蠕者，号鸣啅噪，皆有其音，安知其族类之中非语言耶？人以不喻其音而谓其不能言，又安知乎鸟兽不喻人言，亦谓人不能语言耶？则其号鸣啅噪之育必语言尔，又何可谓之不能语言耶？智虑语言，人与虫一也，所以异者形质尔。"（《无能子》卷上《圣过第一》，《道藏》第21册，第708页）更有甚者，五代道士谭峭则认为伦理道德非人所独有，动物也有之。"夫禽兽之于人也何异？有巢穴之居，有夫妇之配，有父子之性，有生死之情。乌反哺，仁也；隼悯胎，义也；蜂有君，礼也；羊跪乳，智也；雉不再接，信也。孰究其道？万物之中，五常百行无所不有也。"（《化书》卷四《仁化畋渔》，丁祯彦、李似珍点校本，中华书局1996年版，第41—42页）

可见，道教既然肯定了人与万物都含有道性，那么人与万物在"道法自然"的价值层面上是平等的。人类就应当一改自然对于人类只有工具价值，而没有自身生存的价值，人类应该尊重万物，不应该随意对万物进行干涉，阻碍万物实现各自的价值，要让万物自然而然地生成与发展，应当在人与自然之间建立伦理关系，应当把伦理学的范围从人类社会推广到自然界去，以制止人类破坏环境的行为。显然，这将有助于当代生态伦理学建构一门非人类中心主义的生态伦理学。

五

和谐观。道教"天人合一"理念的应有之义，就是"天人和谐"的思想。"天人和谐"，即人与自然的和谐。人与自然的和谐，是离不开人与人的社会和谐，也离不开自然界本身的和谐。反之亦然。一言以蔽之，三方面都应和谐；和谐应该是整体的、全面的。所以，《太平经》说："元气有三名，太阳、太阴、中和。形体有三名，天、地、人。天有三名，日、月、星，北极为中也。地有三名，为山、川、平地。人有三名，父、母、子。治有三名，君、臣、名，欲太平也。此三者常当腹心，不失铢分，使同一忧，合成一家，立致太平。……此乃三乃夫妇父子之象也。宜当相通辞语，并力共忧，则三气合并为太和也。太和即出太平之气，断绝此三气，一气绝不达，太和不至，太平不出。……中和乃当和帝王治，调万物者各当得治。"（《太平经合校》，第19—20页）可见，天地万物和人应该而且可能共建为一个和谐共生的整体。但是，其中的太阴、太阳、中和三气中如有一气不调，则这个和谐整体就会发生混乱，失去和谐。《太平经》又说："夫天地人三统，相须而立，相须而成。比若人有头足腹身，一统凶灭，三统反俱毁灭。"（《太平经合校》，第373页）一荣，未必俱荣；但一损却俱损，不可不多加警惕。为此，《太平经》强调三者之间，必须"三合相通"，"相爱相通"，"并力同心"（《太平经合校》，第148页），以实现三者的和谐。《黄帝阴符经》则说："天生天杀，道之理也。天地，万物之盗；万物，人之盗；人，万物之盗。三盗既宜，三才既安。"（《道藏》第1册，第821页）所谓"三盗既宜，三才既安"的意思是说，天地、万物和人之间的"盗取"，是客观存在的，只要能保持一种动态的平衡，天与人就能实现和谐，直至整个宇宙也都能实现和谐。

以上分述的道教"万物一体"与"天人合一"的整体观、平等观与和谐观的三个主要特点，有着内在联系，相互影响，具有连锁反应。例如，当万物呈现为一体、天与人呈现为合一时，则万物、天人之间必定不是不平等的，而是平等的；也不是不和谐的，而是和谐的。反之亦然。总之，三者在互动中共同消长，真是一荣俱荣，一损俱损。我们则不应做促退派，而应做促进派，以利于构建生态文明。

六

根据张世英先生所创建的"万物一体"哲学认为，西方近代哲学提出了"主体—客体"结构，主张人作为主体，世界作为客体，二者一主一从，分离对立。虽然发挥了主体性与主观能动性，推动了科学发展，繁荣了经济。但是也成了生态学上"人类中心主义"的理论基础。"人类中心主义"对自然过度开发，毫无节制地向自然进行索取，造成了物欲横流，精神境界低下，环境严重污染，生态极度失衡，自然对人类进行报复异常频繁，人类社会实难以持续发展下去。

能否用中国传统的天人合一代替和排斥主—客关系的思维方式？张先

生的答案很明确："当然不行。"（《哲学导论》，北京师范大学出版社2014 年版，第 359 页）因为，中国传统哲学中的"'天人合一'的观点缺乏（不是说完全没有）主客二分和与之相联系的认识论。"我把这种原始的天人合一观称为"前主客关系的天人合一"或"前主体性的天人合一"。（《哲学导论》，第 13 页）

西方现当代的人文主义思想家们大多针对"主体—客体"的问题，"主张'后主客关系的天人合一'的思想，强调人与世界的融合为一以及对这种合一体的领悟。这种领悟和'前主客关系的天人合一'一样，也是一种高远的境界，但这种'天人合一'的境界，不是抛弃'主体—客体'关系，而是包括'主体—客体'关系而又超越之；不是抛弃科学，而是包括科学而又超越之。"张先生说："中国今天需要的也是一种'后主客关系的天人合一'观。"（《哲学导论》，第 14—15 页）

但是，张先生又说："我们决不能亦步亦趋按西方的步伐，先花几百年的时间补完主—客关系思维方式和主体性哲学之课，等它的流弊完全暴露之后，再走西方现当代'后主体性的'哲学之路。我们应当批判地吸取中国传统的天人合一思想之合理处，即万物一体的高远的境界，避免其不重主—客关系思维方式的认识论、方法论的缺点，把西方近代的主—客关系思维方式补充进来（也包括发掘和阐发中国的天人相分的思想），使两者相结合。用中国传统的天人合一代替和排斥主—客关系的思维方式，当然不行，但取中国传统的天人合一之优点与西方的主—客关系思维方式相结合，则是必由之路。"（《哲学导论》，第 359 页）张世英先生正是沿着这"必由之路"，构建了"万物一体"的哲学，有助于我们对道教"万物一体"的弘扬与发展。

七

如上所述，道家和道教的"万物一体"、"天人合一"的智慧是很高深的，具有整体性、平等性与和谐性的三大特点，视天与人、万物为一体，彼此之间是平等的，在互动互补与循环往复的过程中，形成并保持平衡，构成并维护和谐，可以克服"天人相分"与"主客二分"以自然为索取与征服的对象，制造了环境污染，生态失衡的弊病，对建设生态文明可做出重大贡献。本文特简介了著名的哲学家张世英先生所构建的"万物一体"的哲学，以助于我们对道教"万物一体"的弘扬与发展。

　　所以，美国著名生态学家卡普拉（Fritjof Capra）高度评价说："在伟大的诸传统中，据我看，道家提供了最深刻并且是最完美的生态智慧，它强调在自然的循环过程中，个人和社会的一切现象和潜在两者的基相本一致。"（Fritjof Capra, Uncommon Wisdom, *Conversations With Remarkable Reople*, Simon & Schuster, 1988, p. 36.）

汉简《老子》中的一些"异文"及"义旨"考辨

王中江

（北京大学哲学系）

作为出土的又一个新的抄本，北京大学藏汉简《老子》为"老子学"研究带来的活力也将是多方面的。① 其中的一些"异文"，想必是令人饶有兴致的地方之一。这里我所说的异文，是跟文本的意义和思想有关的部分。汉简《老子》中的一些异文，除了它特有的、个别的例外（如"佳美"、"积正"等），其他的或是相对于传世文本而言，或是相对于之前出土的传抄本而言。我想通过对若干"异文"例子的考察，来看看它们是否同时也具有不同的意旨。在我所列举的一些例子中，有的异文是有新意的，有的则可能没有不同于以往所理解的意义。根据这些异文涉及到的问题的性质，我将这些例子放在不同的主题之下来说。

一 示例和考辨之一：有关宇宙观方面的

老子思想的基础性构造是"道"与"万物"的关系。在这种关系中，相对于"万物"的根本之"道"，既是万物的创生者，又是万物的所以然、所当然的根据。前者是老子的宇宙生成论，后者是老子的宇宙本根论。在《老子》中，有关道如何创生万物的言论较少，大量的言论都是有关道的本性、道如何善待它创造的万物以及万物如何守道、复归于道的

---

① 有关北大汉简《老子》释文，参阅韩巍氏整理的《北京大学藏西汉竹书［贰］》，上海古籍出版社 2012 年版。有关北大汉简和《老子》的一些情况，参阅朱凤瀚氏的《北京大学藏西汉竹书概说》（见《文物》2011 年第 6 期）、韩巍氏的《北大藏西汉竹书本〈老子〉的文献学价值》（见《中国哲学史》，2010 年第 4 期）和《北大汉简〈老子〉简介》（见《文物》2011 年第 6 期）。

内容。汉简本《老子》与传世本和出土的其他老子抄本在这方面的异文与义旨，可举出的例子有"道恒无为"与"道恒无名"（第 37 章）、"道褒无名"（或"道始无名"）与"道隐无名"（第 41 章）、"善贷且成"与"善始且成"（第 41 章）、"玄之又玄"与"玄之又玄之"（第 1 章）、"万物之主"与"万物之奥"（第 62 章）、"天象"与"大象"（第 41 章）等。

在《老子》中，"无为"作为标志性的概念之一使用频繁，但它大都是被用在统治者身上，被看成是统治者要奉行的根本的治国原则。"无为"被直接用于"道"的例子，在传世本中，只有第 37 章的"道常无为而无不为"。间接用于"道"的有传世本第 48 章的"为道日损，损之又损，以至于无为，无为而无不为"。但传世本第 37 章的这句话，帛书甲乙本均作"道恒无名"。据此，高明氏等十分肯定地断定，《老子》原本当作"道恒无名"，认为这一章的"无为"，还有第 48 章的"无不为"都"必是因后人窜改所致"。① 但这一断言首先遇到了郭店简本的挑战。郭店简本作"道恒无为"，这至少证明"无为"并非后人窜改，相反，倒是这里的"无名"则更有可能是被后人窜改过的。对此，张舜徽、彭浩、丁四新氏等皆有辨析。② 无独有偶，这句话在汉简《老子》中也作"道恒无为"，又增加了一个新证。这有力地说明老子的"道"确有"无为"的属性，而且"道"的"无为"又是侯王作为治国根本原则的"无为"的根源。"道恒无为"之后的文句恰恰就是这个意思："道恒无为也，侯王若能守之，而万物将自化。"传世本这句话中的"无不为"是不是后人增溢的，依据郭店本则可以说是。但同样依据郭店本，"无不为"这个说法又不能说是后人增溢的。因为郭店本有相当于传世本第 48 章的"无为而无不为"之句，而且这句话也早被《庄子·知北游》所引用："故曰：'为道者日损，损之又损之，以至于无为。无为而无不为也。'"③

同样，"恒"（"恒道"）、"无名"也是老子之道的属性。传世本第 32

① 参见高明氏的《帛书老子校注》，中华书局 1996 年版，第 423—425 页。

② 参阅丁四新氏的《郭店楚竹书〈老子〉校注》，武汉大学出版社 2010 年版，第 87—88 页。

③ 此外《庄子·庚桑楚》和《则阳》两篇分别都有"无为而无不为"的用法："虚则无为而无不为也"、"无名故无为，无为而无不为"。《文子》有几处也使用了"无为而无不为"的说法。

章的例子是"道常无名"，郭店本、帛本、汉简本作"道恒无名"。一般将这里的"恒"或"常"当作修饰"无名"的副词，其实，我们也可以将它看成是描述道的谓词，它同"无名"是一种并列关系。这种用法与传世本第 41 章"道隐无名"的用法类似。这两处的"无名"都是描述"道"的谓词。① "恒"、"常"义近，指永久、持久。② 道的"无名"首先是说道不同于"可名"之名（"名可名，非常名"）。从它不同于具体事物的名称来说，它是一种不可名的无名；从它是最高的实在来说，要是给它一个名，它的名也是"恒名"。"道恒无名"的意思是，"道"是永恒的，它没有像一般具体事物那样的名称。第 1 章的"无名，万物之始"、第 37 章的"吾将镇之以无名之朴"，③ 虽然没有直接说它是"道"的属性，但根据第 32 章和第 41 章，这两处的"无名"也是来自于道的属性。第一个例子，是以"无名"（道）为万物的始源；第二个例子是规劝统治者要用道的"无名之朴"使人们的争竞之心安静下来。这说明在《老子》中，道的"无名"还有应然和价值的意义，它是不求其名声的朴实（"无名之朴"）的美德，也是司马迁称道老子的"修道德，其学以自隐无名为务"的"无名"。

传世本第 41 章的"道隐无名"，帛书甲本残缺，乙本"道"之后一字——"襃"微残，整理者认为此字是"褎"字的异构，"褎"即"褒"，"道襃无名"即"道褒无名"。其"无名"与上"道恒无名"的义旨相同。帛书乙本整理者怀疑传世本的"隐"是"褒"的误字，读"褒"为"褒"，并据严遵《老子指归》说的"道盛无号，德丰无谥"，认为经文原当作"褒"，传世本的"隐"与前的四个"大"字文义相反，是后人所改。④ 郭店本此句"道"之后残缺，学者们大都赞成将郭店简第 21 号残片"訂（始）亡（无）"二字补入，再补以"名"字，此句当是"道

---

① 大都将这里的"恒"或"常"当作修饰"无名"的副词。其实，它同"无名"可以是并列的关系，它形容道的绝对性。这种用法与第 41 章的用法类似。

② 避"恒"以"常"，"常"与"恒"义近，亦即永恒、持久。《诗·大雅·文王》说："侯服于周，天命靡常。"《韩非子·解老》说："唯夫与天与地之剖判也俱生，至天地之消散也不死不衰者谓常。"

③ 此处之"镇"不是用硬的办法加以抑制和压制，而是用柔和的办法加以安抚，使之镇静，安定。其用法类似于《楚辞·抽思》的"览民忧而自镇"、《吕氏春秋·怀宠》的"分府库之金，散仓廪粟，以镇抚其众"和《史记·高祖本纪》的"镇国家，抚百姓"等"镇"字的用法。

④ 参阅马王堆汉墓帛书《老子》，文物出版社 1976 年版，第 48—49 页。

始无名"。① 这是非常可能的，因为其他之处没有适合的位置。虽然丁四新以残片字形与乙组不合而非之，并据帛本补为"道襃无名"。② 一般将"道始无名"解释为道最初是无名的，但"始"也应是"道"的谓词，即道是万物的始源，类如"无名天地（或万物）之始"的"始"，也是《韩非子·主道》说的"道者，万物之始"的"始"。汉简本作"道殷无名"，又增添一新的异文。韩巍氏称传世本的"隐"是"殷"的同音假借，"殷"与"襃"义近，它描述道的"大"和"盛"。③ 陈剑氏称他一直对整理者以帛书乙本的"褒"为"襃"并读"襃"为"襃"颇有疑问。他从汉简作"殷"悟出帛书本的"褒"形，实本误作的"段"字，其例如同帛书《易》传《衷》中的"子曰：易之用，段（殷）之无道，周之盛德也"。张政烺氏之注已指出"段"与"殷"形近致误。其所谓"襃"或"襃"之异文，历史上实无存在过。传世本的"隐"当是"殷"的同音假借。④ "殷"有"大"的意义，如庄子的《秋水》和《山木》篇"夫精，小之微也；垺，大之殷也"、"翼殷不不逝，目大不睹"中的"殷"。据此，"隐"当是"殷"的假借。然"隐"也有用为"大"的例子，如《楚辞·刘向〈九叹·远逝〉》中的"佩苍龙之蚴虬兮，带隐虹之逶蛇"中的"隐"，王逸注为"大"。据此，传世本的"隐"也有可能是将"殷"写为义近的"隐"。《老子》说："吾不知其名，字之曰道。强为之名曰大。""道殷"正如此章所说义合。但"道"的"大"，仍然与一般事物的"大小"之"大"不同，它是"至大"，是根本性的大。郭店简的"道始无名"的"始"与汉简"道殷（或隐）无名"的"殷"的异文，在义旨上虽都是道的谓词，但前者强调的是"道"相对于万物的始源性，后者则是强调道相对于万物的根本性。

　　王弼本第 41 章"善贷且成"的"贷"字，河上公本、严遵本、傅奕

---

① 参阅刘钊氏的《郭店楚简校释》（福州：福建人民出版社 2005 年版，第 33—34 页）；李零的《郭店楚简校读记》（北京大学出版社 2002 年版，第 21—24 页）。

② 参阅丁四新氏的《郭店楚竹书〈老子〉校注》（武汉大学出版社 2010 年版，第 323—325 页）、池田知久氏的《郭店楚简〈老子〉的新研究》（东京：汲古书院，平成二十三年，第 271—276 页）。

③ 参阅韩巍氏整理的《北京大学藏西汉竹书［贰］》，上海古籍出版社 2012 年版，第 125 页。

④ 参阅陈剑氏的《汉简帛〈老子〉异文零札（四则）》，见《"简帛〈老子〉与道家思想"国际学术研讨会论文集》，2013 年，第 5—6 页。

本均同。敦煌本《老子》中有作"贷"的，也有作"始"的。帛书甲本残，乙本作"善始且善成"。包括整理者在内的不少学者都据乙本补甲本和郭店本，① 甚至改传世本，认为传世本的"贷"实作"始"，"成"即"终"，说"贷"与"经义不谋，则古今注释则望文生训。"② 汉简本作"善贷且成"。韩巍说"贷"同"贷"，并据帛书乙本作"始"，称"贷"（定母职部）与"始"（书母之部）音近可通，以"贷"为"始"。③ 然而，"贷"是否真的作"始"，实须究之。从读音上说，汉简的"善贷且成"的"贷"，当然也可以读为"贷"。出土文献中读"贷"为"始"的例子好像还没有，但读为"贷"的则有，如《秦律·仓律》、《答问》中的"贷"读为"贷"："宦者、都官吏、都官人有事上为将，令县贷（贷）之"；"不当贷（贷）贷（贷）之，是谓'介（丐）人'"。而且，"贷"不但不是"始"的假借字，相反"始"更有可能是"贷"的假借字。白于蓝就以"始"为"贷"的通假字。④

以"贷"字为本字，更是基于"贷"与"始"这两个字的用法和意义不同。"贷"有"施"和"予"的意义，"始"没有这样的意义，如整理者所说："始，通行本作贷，二字音近通假。"《说文》："贷，施也。"⑤ 这样的意义，不仅不像高明氏所说的那样，与"经义不谋，则古今注释多望文生训"，⑥ 相反它同《老子》的思想恰恰是很一致的。按照省吾和高明的看法，"善始善成"的意思就是"善始善终"。据此，同"夫唯道"一起考虑，"善始善终"说的是"道"自身的善始善终（或善始善成）呢？还是道让万物善始善终（或善始善成）。高明氏未具体指出。许抗生、刘钊、李存山等人的理解属于前者，池田知久氏的理解属于后者。⑦ 但前者说道自身善始善终令人费解。老子的"道"诚然明显具有

---

① 参阅刘钊氏的《郭店楚简校释》（福建人民出版社 2005 年版，第 33 页）、李零的《郭店楚简校读记》（北京大学出版社 2002 年版，第 24 页）、池田知久氏的《马王堆出土文献译注丛书·老子》（株式会社东方书店 2006 年版，第 14—19 页）。

② 参阅高明氏的《帛书老子校注》，中华书局 1996 年版，第 26 页。

③ 参阅韩巍氏整理的《北京大学藏西汉竹书［贰］》，上海古籍出版社 2012 年版，第 125 页。

④ 参阅白于蓝的《战国秦汉简帛古书通假字汇纂》，福建人民出版社 2012 年版，第 13 页。

⑤ 参阅马王堆帛书《老子》，文物出版社 1976 年版，第 49 页。

⑥ 参见高明《帛书老子校注》，中华书局 1996 年版，第 25—26 页。

⑦ 池田的解释是"正是道出色地使事物开始又使事物完成"。参阅池田知久氏的《马王堆出土文献译注丛书·老子》，株式会社东方书店 2006 年版，第 19 页。

"始"的意义（如"天下有始，以为天下母"），但它没有"终"的意义，它是永恒的（"独立而不改，周行而不殆"、"道乃久"）。我倾向于池田氏在"道物关系"上来解释它。但说"道善于让事物开始"仍然有歧解，是道"生"一切事物的开始呢？还是道生一切万物之后在事物变化过程中使事物都有一个开始呢？结合"道善于让事物完成"看，池田氏的解释应是属于后者。《老子》第64章的"千里之行，始于足下。民之从事，常于几成而败之。慎终如始，则无败事"的"始"与"成"或"终"，说的都是人的行为。相比之下，道的"善贷（施、予）且成（促成）"，在义理上同老子之"道"的特性更吻合。《老子》第51章说的"道"的"玄德"和第34章说的大道"衣养万物"与这一章道的"善贷且成"相得益彰：

> 道生之，德畜之，物形之，势成之。是以万物莫不尊道而贵德。道之尊，德之贵，夫莫之命而常自然。故道生之，德畜之；长之育之；成之熟之；养之覆之。生而不有，为而不恃，长而不宰。是谓玄德。①
>
> 大道泛兮，其可左右。万物恃之以生而不辞，功成而不有。衣养万物而不为主，可名于小；万物归焉而不为主，可名为大。以其终不自为大，故能成其大。

《庄子·应帝王》记载说："老聃曰：明王之治：功盖天下而似不自己，化贷万物而民弗恃。有莫举名，使物自喜。立乎不测，而游于无有者也。"②这里的"化贷"的"贷"与老子"善贷且成"的"贷"用法相同，即"施"，只是这里说的是"明王"。成玄英对郭象"化贷万物"的注加以疏解说："诱化苍生，令其去恶；贷借万物，与其福善。"今人一般也多从施与、恩赐、普施等意义上解释"化贷万物"，如陈鼓应注为

---

① "善贷且成"同道、天之道"善利万物"也一样：第81章"天之道，利而不害"；第八章：上善若水。水善利万物而不争，处众人之所恶，故几于道。

② 蒋锡昌氏将之解释为"唯此道，善利万物，而且善成于也。"（蒋锡昌：《老子校诂》，成都：成都古籍书店，1988年，第278页）高亨译为"只有道善于施于万物，而且善于成就万物"。（高亨：《老子注译》，河南人民出版社1989年版，第97页）《庄子·天运》的"不贷"是从无为意义上说的："古之至人，假道于仁，托宿于义，以游逍遥之虚，食于苟简之田，立于不贷之圃。逍遥，无为也；苟简，易养也；不贷，无出也。古者谓是采真之游。"

"施化普及万物"，曹础基注为"英明的君王化育、施恩于万物"，方勇译解为"化育之德普施万物"。①

　　传世本第一章以难解见称。从句读到义旨，历来的注释者见仁见智。其中的"玄之又玄，众妙之门"，一般被认为是描述"道"的，说的是它深远又深远，是事物奇妙变化的根源。跟一般的解释不同，池田知久氏从第 48 章的"损之又损"入手，认为它同第一章的"玄之又玄"（帛本、传世本同）、同《庄子·天地》中的"深之又深""神之又神"和《达生》中的"精而又精"，还有《管子》中的"思之思之、又重思之"，在句法上都是类似的。就此而言，池田知久的看法是正确的。但他认为那些实词都是作动词用，具体到"玄之又玄"，它的用法是"使之玄又使玄"，它同"为道"而"损之又损"类似，意思是求道者从所与的现状出发，通过反复的否定，最后达到深奥的真实根源之道。② 池田氏的这种解释虽然别出心裁，但我不敢苟同。我的疑问是，"玄之"的"之"，如同"损之"的"之"，它不能作代词用。看上去，特别是像"损之""思之"的例子，"之"字很像代词，但根据前后文，它不指代什么，只是一个调音节的助词，无实义。汉简本出现了不同于已有各本的"玄之又玄之"之异文，又增加了这种可能。曹峰氏尝试对汉简本第一章的"玄之又玄之"作出新的解释。他通过分析汉简本等的"损之又损之"，③ 认为"玄之又玄之"这种特殊的表现方式的出现不是偶然的，它同"损之又损之"恰好形成对照，使将"玄"字解释为动词更有了可能，其"之"字就是"玄"所要减损或否定的对象。④ 据此可知，在将"玄"解释为动词、将"之"解释为代词（对象）上，曹峰氏同池田知久氏是类似的。太田晴轩氏将"玄之又玄"解释为"幽玄之尤至也"，认为《庄子·天地》、《达生》中的语例与此完全相同。曹峰批评太田氏的解释，认为它们只是形式上的相同。"玄"作动词的话，除了"损之又损之"，还有《管子·内业》的"思之思之，又重思之"与之类似。我的看法是，一般不将"玄"

————————

①　参阅陈鼓应的《庄子今注今译》（中华书局 1983 年版，第 219 页）、曹础基的《庄子浅注》（中华书局，第 113 页）、方勇的《庄子》（中华书局 2011 年版，第 127 页）。

②　参阅池田知久的《马王堆出土文献译注丛书·老子》，株式会社东方书店 2006 年版，第 41、179 页。

③　严遵本、傅奕本同。《庄子·知北游》的引用也作"损之又损之"。

④　参阅曹峰的《"玄之又玄之"和"损之又损之"》，载《中国哲学史》，2013 年第 3 期。

解释为动词还是可靠的。但如上所说，其中的"之"字不作代词用，也没有具体的指代对象。这样的话，不管是"玄之又玄""损之又损"，还是"玄之又玄之"、"损之又损之"，或者其他上述类似的表述，都可简化为"A 又 A"的结构。"玄之又玄（之）""损之又损之"，即是"玄又玄"、"损又损"。其余类推。"A"可以是动词，也可以是形容词。"玄之又玄（之）""深之又深""神之又神"（《庄子·天地》）、"精而又精"（《庄子·达生》）的"玄""深""神"和"精"是一类，作形容词；"损之又损（之）""思之思之、又重思之"（《管子·内业》）的"损""思"是一类，作动词。"玄之又玄，众妙之门"同"道可道，非恒道；名可名，非恒名"相呼呼应，说的是"恒道"（也是"恒名"）的无限深远，它是万物奇妙变化的根源。①

　　传世各本的"大象无形"（第 41 章），帛书甲本残损，乙本作"天象无形"。一般视"天"字为"大"字的误写。郭店本同帛书本，作"天象"。对此，我曾在《郭店老子略说》一文中认为，也许原本即作"天象"，并举《周易》中的说法以为证。② 现在看来，这个看法需要改正。丁四新列出了比较充足的理由，以证"天象"当是"大象"。③ 汉简本也作"天象"，韩巍同样以"天"字为"大"字的误写订正为"大象"。即便出土文献的三个抄本都作"天象"，但重新看待这一问题，我也认为原本最有可能是"大象"。传世本的"道者万物之奥"（第 62 章），帛书甲乙本作"道者万物之注"。整理者注说，"注"即"主"，并引证郑注《礼记·礼运》"故人以为奥也"，认为"奥""犹奥主"，大都从之。汉简本此字韩巍释为"梯"，认为"梯"（章母幽部）和"奥"（影母觉部）音近可通，读为"奥"，说"奥"有尊义，引申为"主"。问题是，如何理解道作为"主"和"奥"的意旨。陈鼓应氏据王弼的注，释它为"庇荫"，许抗生无解，李存山理解为"宗主"，池田知久氏以第四章的"道……渊兮似万物之宗"，并引用《管子·君臣上篇》"道也者，万物之

　　① 王弼的《老子指略》解释道之玄说："名也者，定彼者也；称也者，从谓者也。名生乎彼，称出乎我。故涉之乎无物而不由，则称之曰道；求之乎无妙而不出，则谓之曰玄。妙出乎玄，众由乎道。故'生之畜之'，不壅不塞，通物之性，道之谓也。"
　　② 载《中国哲学》（"郭店楚简研究"）第二十辑，沈阳：辽宁教育出版社，第 115—116 页。
　　③ 参阅丁四新的《郭店楚竹书〈老子〉校注》，武汉大学出版社 2010 年版，第 322—323 页。

要也"、《庄子·渔夫》"道者，万物之所由也"等，解释为"宗主"。
"主"有君长之义，特别是《老子》中又有道为"万物之宗"的说法，
释"主"为"宗主"似乎可以。但如果释"主"、"奥"（还有"宗"）
为"本原"、"根本"则更为准确。它同《管子·君臣上篇》中的"万物
之要"的"要"、《庄子·渔夫》中的"万物之所由也"的"所由"、《周
易·系辞上》中的"枢机之发，荣辱之主"的"主"等用法十分类似；
与此同时，它跟《老子》中的"爱利万物而不为主"（汉简）、"万物归
焉而不为主"（汉简）、"万物归焉而不为主"（帛甲乙本）、"衣养（被）
万物而不为主"（传世本）的"主"的用法也无扞格不通之虞。陈剑氏认
为"梪"字应释为"椯"，读作"端"。虽然"椯"跟"奥"和"主"有
音近关系，但也可能同"奥"和"主"表示的不是一个词，而是一个
"端"字。"端"有"始"义。① 从意旨上说，以"道"为万物之"始"
也是可以的，它同"道始无名"的"始"一致。

二　示例和考辨之二：有关美德和治道方面的

为了便于讨论汉简《老子》有关美德和治道方面的异文和义旨，我们
先从整体上看一下道家信奉的美德和治国的独特性（特别是在同儒家相比
较的意义上）。从"推天道以明人事"这种天人相关思维，到"为政以德"
这种政道基于美德的信念，两者皆是古典中国哲学根深蒂固的个性。研究
表明，上古中国"德"的观念和要求主要是就君王和他的大臣而言。这一
传统非常久远，"三代"特别是殷、周已明显地具有了这种意识，《尚书》
提供了很多例证。儒家的创立者及其信徒承继这一传统，相信一个国家治
理的好坏，完全取决于君王及他的臣属们个人的修身和道德。对儒家来说，
道德从来就不在政治之外，它是政治生活的核心。如果说《论语》、《孟子》
和《荀子》是君王为政的指南，那么它们首先是统治者为德的指南。在许
多方面，道家都是儒家的批评者，但在政治与道德合一这一点上，它同儒
家又是类似的。人们大概会同意，老子指导的修身者就是治国者，老子指

---

① 参阅陈剑的《汉简帛〈老子〉异文零札（四则）》，见《"简帛〈老子〉与道家思想"
国际学术研讨会论文集》，2013 年，第 8—10 页。"端"有"首"、"始"的意思，如《礼记·礼
运》说："故人者，天地之心也，五行之端也。"孔颖达疏曰："端者，犹首也。"《集韵·桓韵》
说："端，始也。"

导侯王的为政之道，也主要是指导他奉行一些美德。

但道家规劝治国者奉行的美德同儒家又是非常不同的。老子引入了更高的原则，把美德升格到超常的高度上——"道"的"玄德"和"恒德"。在道家的眼中，儒家的美德是玄德丧失之后的产物，它不仅不能解决问题，反而成为问题的根源。郭店简本《老子》其实并没有改变这一实质，对此，池田氏提出了系统的论证。① 郭店本《老子》虽然没有"绝仁弃义"、"绝圣"这种激进的说法，但它同传世本（第 18 章）和帛本义旨（文字略异）相同，也将儒家的仁义等看成是"大道"沦丧之后的产物："故大道废，安有仁义；六亲不和，安有孝慈；邦家昏乱，安有忠臣。""安"作连词有"于是""乃"之义，② 不必读为"焉"，更不能将"安"和"焉"解释为"哪里"。将传世本第 38 章同这一章结合起来看，更可证明这一点。只是简本没有这一章。但《庄子·知北游》引用了其中的一段："故曰：失道而后德，失德而后仁，失仁而后义，失义而后礼。礼者，道之华而乱之首也。"差异在于，按传世本第 18 章的说法，"大道废"之后社会上出现了对"仁义"的倡导，而传世本第 37 章则是"道"丧失之后继之倡导的是"德"。此外，郭店本也有与传世本类似的"绝智弃辩"、"绝巧弃利"和"绝伪（为）弃虑"的文句，这同样也是对常识价值所作的超常否定，其中部分是属于儒家的，比如"知"和"为"。比较一下，道家批评的东西不少则是儒家肯定的东西。

从这里出发，我们来看《老子》传世本第 38 章的异文和义旨。《老子》原本可能没有"下德不德，是以无德""下德无为而有以为"的文句。最直接的根据是《韩非子·解老》篇中没有这两句话。韩非子《解老》中所见的《老子》文本很多都是整章的，比如所解释的前三章就是如此，不能简单说它们都是被摘抄的文句。据此，"下德不德，是以无德""下德无为而有以为"两句非常有可能是增溢的，虽然传世本、帛本乙（甲本残，据字数可补上）和汉简本都有"下德不失德，以是无德"

---

① 参见池田知久氏的《郭店楚简〈老子〉的新研究》，东京：汲古书院，平成二十三年（2011 年），第 473—532 页。

② 《老子》第 35 章说道：第三十五章"往而不害，安平泰"的"安"，可作连词。王引之《经传释词》弟二称"接续副词"。它同《战国策》的"安"用法一样："因久坐，安从容谈三国之相怨。"《庄子·马蹄》的"道德不废，安取仁义"的"安"作疑问词"哪里"、"怎么"。《庄子·胠箧》："攘弃仁义，而天下之德始玄同矣。"

这一句。① 传世本有"下德为之而有以为"，汉简本作"下德□之而无以为"，帛书甲乙两本无。这也增加了我们对这两句话的怀疑。从表述上说，上德、上仁、上义、上礼作为一类前后对应，加上一个"下德"就改变了这种类同关系，使前后不对应。为何只是德分上下，仁、义、礼不分上下。此外，上德与下德的区分、下德与上仁的区分不清。"下德"比"上仁"境界低，与"上义"的境界相同。接下来的问题是，《老子》中的"下德"是不是它倡导的德，应该不是。《老子》倡导一种不同于儒家的更高层次的道和德，而且将儒家的仁义看成是"道德"之后的产物。《老子》中有关"德"的用语除了单字的"德"外，其他的都是合成词，如第41章说的"上德若谷"、"广德若不足"、"建德若偷"，第10章、51章、65章说的"玄德"，第21章说的"孔德"，还有第79章说的"有德"（相对于"无德"），这些"德"，都是老子主张的"美德"，也是"万物莫不尊道而贵德"的"上德"。但它与"道"本身相比，仍然可以说是低于"道"的，"失道而后德"的"德"就是这样的"德"，而"下德"就完全变成多余的了。《庄子·知北游》可以作此注脚："道不可致，德不可至。仁可为也，义可亏也，礼相伪也。故曰：'失道而后德，失德而后仁，失仁而后义，失义而后礼。'礼者，道之华而乱之首也。"从这里出发，"大道废，安有仁义"的"大道废"，也可理解为"道德废"了。②

传世本《老子》第24章、第31章的"有道者不处"，帛书甲乙本（一处残缺）作"有欲者弗居"。不少研究者认为，《老子》原本应是作"有欲者"而不是作"有道者"，后者可能是后人改动所致。汉简本两处皆作"有欲者"，看起来对此又提供了新证。原本到底是作"有道者"还是作"有欲者"呢？两者虽只有一字之差，但意思甚异。我倾向于认为，传世本的"有道者"更有可能是原本。我提出的根据，一是老子倾向于"无欲"、"不欲"、"欲不欲"，而不倾向于"有欲"。从用语上看，撇开第24章、第31章这两章和第一章，《老子》中有"常使民无知无欲"

---

① 此外，《文子·上德篇》、《史记·酷吏传》、《孔丛子·杂训篇》等文献也都引用了这句话。

② 虽然《庄子·缮性》直接以"德"而言其衰退的过程："逮德下衰，及燧人、伏羲始为天下，是故顺而不一。德又下衰，及神农、黄帝始为天下，是故安而不顺。德又下衰，及唐、虞始为天下，兴治化之流，浇淳散朴，离道以善，险德以行，然后去性而从于心。"

（第 3 章）、"常无欲可名于小"（第 34 章）、"是以圣人欲不欲"和"罪莫大于可欲，咎莫憯于欲得"（第 46 章）、"化而欲作，吾将镇之以无名之朴。镇之以无名之朴，夫将不欲。不欲以静，天下将自正"（第 37 章）等文本，这些文本直接使用了"无欲"、"欲不欲"、"不欲"等词汇，但没有使用与之相对的"有欲"、"求欲"、"欲有欲"之语；此外，《老子》中还有"少私寡欲"、"不见可欲"等说法，而没有"多欲"、"见可欲"的说法。这说明老子"贵无（少）欲"，而不鼓励"有（多）欲"。

老子主张减少能激起人们欲望的事物，规劝人们过一种节俭（"三宝"之一）和简朴的生活（"味无味"），认为丰盈和奢华的生活有损于人的自然机能（"五味令人口爽……""其嗜欲深者其天机浅"）。① 老子更以"道"为人类的最高标准和价值，一直规劝人们掌握道、奉行道。除了第 78 章说的"孰能有余以奉天下，唯有道者"，直接用了"有道者"外，其他不少章节也都有人之求道、循道等内容，如"古之善为道者……保此道者，不欲盈"（第 15 章）、"故从事于道者，同于道"（第 23 章）、"以道佐人主者，不以兵强天下。其事好远。师之所处，荆棘生焉。大军之后，必有凶年"（第 30 章）、"为道日损。损之又损，以至于无为"（第 48 章）、"以道莅天下，其鬼不神"（第 60 章）、"置三公，虽有拱璧以先驷马，不如坐进此道。古之所以贵此道者何？不曰：求以得，有罪以免邪？故为天下贵"（第 62 章）、"古之善为道者，非以明民，将以愚之"（第 65 章）等。这些章节中说的"善为道""保此道""从事于道""以道佐人主""为道""以道莅天下""坐进此道""贵此道"等，同"有道者不处"的说法高度吻合，而同"有欲者弗居"不类，而且也不是老子倾向的另一类。再看一下第 24 章和第 31 章的文本："企者不立；跨者不行；自见者不明；自是者不彰；自伐者无功；自矜者不长。其在道也，曰：余食赘形。物或恶之，故有道者不处"；"夫兵者，不祥之器，物或恶之，故有道者不处。"这两章同其他许多章一样，老子批评人们不合乎道的行为和人间不好的事物，"有道的人"当然都超越了这些东西。在第 24 章中，老子还明确用道来衡量人的一些行为并称之为"余食赘

---

① 《荀子·正名》中的一段话，也可以说是对老子的批评："凡语治而待去 [无] 欲者，无以道欲而困于有欲者也。凡语治而待寡欲者，无以节欲而困于多欲者也。有欲无欲，异类也，生死也，非治乱也。欲之多寡，异类也，情之数也，非治乱也。欲不待可得，而求者从所可。欲不待可得，所受乎天也；求者从所可，[所] 受乎心也。天性有欲，心为之制节。"

形"。这两章同第77章说的"有道者"之"能有余以奉天下"的用法十分相似。据上所说，原文作"有欲者"的可能性很低。

《老子》第一章中相对于"恒无欲以观其妙"的"恒有欲以观其徼"也不足为凭。这一章有很多难题，我不想为解决其他地方的问题而失去对第一章的整体解释。从整体上看，这句话中的"恒无欲"和"恒有欲"仍以"恒无"和"恒有"句读为宜。虽然中古的注释家和现在许多学者都以"恒有欲"和"恒无欲"句读，虽然帛书甲乙本在"欲"字后又有"也"字，似乎又增加了这种句读的可能性。但"也"字非常有可能是后人据理解所加。关键之处在于，"有无"是老子和道家哲学的核心概念，而同"无欲"相对的"有欲"则不是。《庄子·天下篇》概括老子、关尹子的思想主旨说的"建之以常无有"，同《老子》第一章说的"恒无"、"恒有"具有高度的对应性，也同其中的"无，名天地之始；有，名万物之母"相对应。此外，"欲以"搭配的这种表述方式在先秦非常普遍。早些的如《左传·宣公十八年》的"公使如楚乞师，欲以伐齐"、《左传·哀公十一年》的"季孙欲以田赋，使冉有访诸仲尼"，后些的如《孟子·告子下》的"乃孔子则欲以微罪行，不欲为苟去"、《庄子·齐物论》的"唯其好之也以异于彼，其好之也欲以明之"、《庄子·大宗师》的"吾欲以教之，庶几其果为圣人乎?"、《韩非子·外储说右上》的"有道之士怀其术，而欲以明万乘之主"等。《老子》中的"欲以"应连读，类如以上的用法。

在《老子》中，正反两种事物和价值观常常相提并论，如传世本第27章说的"故善人者，不善人之师；不善人者，善人之资"，将"善人"与"不善人"相对而论。帛书甲本有残缺，乙本第一句的"不善人"作"善人"。对此，一种做法是据传世本补"不"，一种做法是以帛本为是。汉简本与帛书乙本同，韩巍氏据此认为传世本的"不"字为衍文。其实，这里更有可能是帛本和汉简本脱一"不"字。从前后两句的正反对比看，"善人"与"不善人"的对比性非常明显，没有"不"字就失去了这种对偶、对比性。根据《老子》第62章也以"善人"与"不善人"（"善人之宝，不善人之所保"）作正反对比，再根据第49章以"善者"与"不善者"、"信者"与"不信者"作正反对比，我们也可以确认这一章的前后当是"善人"与"不善人"的正与反。从抽象的逻辑和义理上说，既然都是善人，彼此所可取的，显然不像不善者更应从善者那里资取，即跟着好人学好人。硬要"善人"当"善人"的老师,就需要假定他们是不同的"善人"。而善人成为不善人之师则顺理成章,不需要引入任何假定。再者,老子有一种大慈大悲、包容万物的心肠。对于相对于"善"的"不善",老子不仅看到了其意义,而且还主张拯救之:"善者,吾善之;不善者,吾亦善之;德善。信者,吾信之;不信者,吾亦信之;德信。是以圣人常善救人,故无弃人;常善救物,故无弃物。"(第49章)《老子》第62章也说:"人之不善,何弃之有?故立天子,置三公,虽有拱璧以先驷马,不如坐进此道。古之所以贵此道者何?不曰:求以得,有罪以免邪?故为天下贵。"

统治者运用的最高政治原理和原则,在《老子》中有道、无为等。传世本第35章的"执大象,天下往"的"大象"是以形象的事物指代根本的"道"。"执大象"说的是统治者掌握、持守和运用"大象"(道)来进行治理,天下人都会归往他。帛书本也作"执"。郭店本写法特别,原整理者读为"执",裘锡圭隶为"埶",读为"设",众多学者从之。李零怀疑"埶"是"执"的混用。汉简本也写作"埶",韩巍读为"设",说"执"是"埶"之讹。① 丁四新对郭店简此字仍宜读为"执"提出了比较有说服力的论证。② 同样,汉简此字也宜读为"执"。我想补充的是,承认在老子那里"大象"是类比"道",就不能说它是圣人"设"的。因为如果说根本性的道是客观实在的,那就不能说它是人设立的人造物。陈锡勇说老子的"道"无形、无名,可守而不可设,说的也是类似的意思。③ 写作"埶",除了李零说的"执"与"埶"混用外,还有一个可能就是郭锡勇说的它们是形近而误。

王弼本第49章的"圣人无常心,以百姓心为心"中的"无常心",顾欢本、敦煌本、景龙碑本等皆作"无心"。帛书甲本此处残,乙本作"圣人恒无心,以百姓之心为心"。汉简本也作"恒无心"。"圣人恒无心"与"圣人无心"意思更接近。这一表述更明显地表现出了《老子》的民意论立场。一般认为,民本论和民意论是儒家的主要思想。《尚书》说的"天视自我民视,天听自我民听"(《泰誓中》);《孟子·万章上》引

---

① 参阅韩巍氏整理的《北京大学藏西汉竹书［贰］》,第161页。

② 参阅丁四新氏的《郭店楚竹书〈老子〉校注》,武汉大学出版社2010年版,第387—388页。

③ 参阅陈锡勇氏的《郭店楚简老子论证》,台湾里仁书局2005年版,第277页。

《泰誓》）、"民之所欲，天必从之"（《泰誓上》；《左传·襄公三十一年》引《大誓》），强调天看到和听到的即是民看到和听到的，这种民意论为儒家所称道和传承。但在《老子》中也有很强的民意论立场，其说的"圣人恒无心，以百姓之心为心"就是一个典型例子。它强调的是，圣人原本没有先入为主的任何自己的意志和意愿，他始终是以百姓的意志和意愿作为自己的意志和志愿。相比之下，"圣人无常心"的说法，意思同"圣人恒无心"有细微上的差异，它说的是圣人虽有自己的意愿和意志，但它不是固定不变的，它随着百姓之心的变化而变化。

　　老子的治道既取法于天道、民意，也取法于历史，这是一种以古为法的历史思维。这种思维既表现在老子把一些政治智慧看成是远古圣人的，又是指他也具有"托古建制"的特点。《汉书·艺文志》说："道家者流，出于史官，历记古今存亡祸福之道。"据此，道家的治道有深远的历史基础。传世本《老子》第 14 章说的"执古之道，以御今之有。能知古始，是谓道纪"也反映了这一点。然而，这句话，帛书甲乙本皆作"执今之道，以御今之有"。高明氏据此认为，帛书本是正确的，王弼本不是原本。① 刘笑敢以传世本为是，并举出《老子》中的说法"古之善为道者"（第 15、65 章）、"古之所谓贵此道者"（第 62 章）、"是谓配天，古之极也"（第 68 章）以为证，认为老子没有厚今薄古的思想。② 池田知久指出，根据"文气"来判断，"今之道"非是。我曾讨论过老子思想的历史渊源，其中谈到了老子的"循古"立场。③ 汉简本也作"执古之道，以御今之有"，又增加了一个新证。

　　以上我从两大方面考察了汉简《老子》中的一些"异文"在义旨上的异同。从中我们可以看出，这些异文是否带来了新的不同意义，首先要确定所说的"异文"是不是真正的异文，然后需要再进一步考察它在义旨上是同是异。按照以上的考察，有的所谓"异文"实际上并非异文，因此，它在义旨上也没有什么不同。确定为异文的地方，也有义旨上相同和不同两种情况。北大藏汉简《老子》中的"异文"，远比我们涉及到的多，这只能有待于其他机会再行探讨了。

----

　　① 参见高明氏的《帛书老子校注》，中华书局 1996 年版，第 288—289 页。
　　② 参阅刘笑敢的《老子古今》上卷，中国社会科学出版社 2006 年版，第 187 页。
　　③ 参阅王中江的《老子治道历史来源的一个探寻——以"垂拱之治"与"无为而治"的关联为中心》，载《中国哲学史》，2002 年第 3 期。

《老子》容、公思想及其影响

郭梨华

（东吴大学哲学系）

就字词使用言，《老子》一书有关"容"与"公"，用例并不多，但其思想则融贯于《老子》一书中。"容"之用例，自商周以来主要有三种：一是与人之容貌仪态相关；另一则是礼仪、礼法之用例；第三种是与容受、容纳、宽容等相关的用例。此处所论则是就第三种用例而论。在先秦古籍中，"容"曾经作为"容德"被重视，但第一次将"容"作为一重要概念，并于哲学上发挥作用的，当以《老子》为首。《老子》中有关此含义之用例以第 16 章为主，且是有关思想论述之唯一用例，虽则如此，但有关此含义之运用以及在思想中的譬喻性用法，则阐明自西周以来"容德"之使用，以及与"公"之相关运用，已由隐含之义转化为哲学思想上的重要概念词，即由隐题到显题化，且贯穿于《老子》思想中，这一思想不但与"无为"有关，也与"明"思想有关。兹分别就"容"、"公"的意义，《老子》中"明"与"容、公"思维、譬喻及"容乃公"思想在后学中的开展进行论述。

一　"容""公"的意义

"容"就其为"包容"，以及"公"之为与"私"相对立的意义与用例，至晚在西周时已有，《尚书·立政》有"率惟谋从容德，以并受此丕丕基"，孔安国传云："武王循惟谋从文王宽容之德。"① 此阐明"容"之宽容、包容义，且在西周时已视为一美德，甚至在《伪古文尚书〈君

---

① 李学勤主编：《十三经注疏·尚书正义》，北京大学出版社 1999 年版，第 475 页。

陈〉》更有"有容,德乃大"之说。"公"与"私"的对立或说差异之极大化在西周时已有,如《诗经·国风·豳风》:"言私其豵,献豜于公。"《诗经·小雅·大田》:"雨我公田,遂及我私。"都是"公—私"对言,涉及公众与小我之对言;而在《伪古文尚书〈周官〉》中则有"以公灭私,民其允怀",孔安国传云"从政以公平灭私情,则民其信归之",①此处之"公"已具有"公正无私"之含义。

"容"与"公"在老子之前已有传承,尤其是"容"被当作一美德,但并未与"公"有关,至《老子》始将两者予以联系,"容"、"公"在《老子》中具有哲学意义与作用的乃第16章:

> 致虚极,守静笃。万物并作,吾以观复。夫物芸芸,各复归其根。归根曰静,是谓复命;复命曰常,知常曰明。不知常,妄作凶。知常容,容乃公,公乃王,王乃天,天乃道,道乃久,没身不殆。

兹就此章分析如下:

1. 有关"容、公、王"之字词与意义

在这一段论述中,首先,有关"容"的解释有三种,一是作"包容",这主要是汉代与魏晋时期,批注《老子》非常重要的两本著作的理解,如:河上公注曰:"能知道之所常行,则去情忘欲,无所不包容也。"② 王弼则作"无所不包通"。二是元代吴澄将"容"释为"形著而见乎外",③ 是以"容"与"颂"之关系理解之,更且与儒家之德"形于色"相近。三是蒋锡昌则将"容"释为"法",即模范也。④ 其次,是"公",有两种批注,一种是作为公平、公正,如:河上公注曰:"公正无私、众邪莫当",王弼则作"荡然公平"。另一种是将"公"作为实词理解,如:吴澄将"公"释为"一国之主",蒋锡昌则认为此与第42章之"王公"义同。最后,是有关"王"的理解,有三种,一是作为实词之"王",如:河上公注本将"王"作实词理解,以"公正无私"作为身正内涵,并以此则可以"形一","可以为天下王";吴澄与蒋锡昌亦作实词

---

① 李学勤主编:《十三经注疏·尚书正义》,北京大学出版社1999年版,第486页。
② 王卡点校:《老子道德经河上公章句》,中华书局1993年版,第63页。
③ (元)吴澄:《道德真经注》,新文丰出版公司1987年版,第42页。
④ 蒋锡昌:《老子校诂》,成都古籍书店1988年版,第105页。

理解。二是王弼之注本将"王"理解为"无所不周普"，蒋锡昌与劳健都批评之，认为"王"从字义上言，没有"周普"、"周徧"义。三是劳健以韵与王注之意，以及道藏龙兴碑本作"生"不可通，因此认为"王"当为"全"字，① 高明则以甲乙本皆作"王"，而认为劳说不可据。② 高明之说基本上可从，因为至目前为止，并未发现该章句之"王"写作"全"，且北大汉简此章之"公乃王"句，亦作"王"，③ 可知从马王堆帛书和北大藏西汉竹书的汉代文本即是如此。

上述各时代之批注中，基本上是接受高明所认同之河上公注与王弼注在字词上的批注，两注本的唯一差异在"王"字之理解，诚如蒋锡昌所言，从字词意义很难将"王"直接以"无所不周普"注解之，但是若从《尚书·洪范》之"溥天之下，莫非王土，率土之滨，莫非王臣。"以及《诗经·小雅·北山》"溥天之下，莫非王土，率土之滨，莫非王臣"。则可知"王"作为实词所涉之事有涵盖天下、周普徧及之义蕴藏其中。④ 更且若如蒋锡昌将王、公以实词释之，将此句译为"知常之人便可为模范，为人模范者便可为公，为公者便可为王"，则是强调为公、为王者的正当性与主宰之必须性，违背了《老子》中对于"道"的非主宰特质之提出。

至于"容、公、王"三者意义的甄定，或可从第16章的章句脉络得知。在章句脉络中，大致可分四部分，一是关于人内在之修为的要求；二是就此修为可得知万物在自然中的变化与归趋，并对这一现象作一总结性阐明；三是人对此万物之自然生发与归趋之观，进入到对于生命实践之明觉与心解之容；四是再进一步对人之所把握、领会所产生的效用，是与天、道相应和的，以此阐明所把握、所领会的，以致所产生的行为结果与心理状态，确实是呼应于自然与天道的。在此章中，"容"的含义即是与包容、容纳有关。"公"的意义是与"私"对立，与公正等义相关。"王"的意义则依从王弼之周普义，即公与王并不作实词理解，因为若作实词，虽可将"致虚极，守静笃"诠释导向守道致术的"君无为、臣有

---

① 劳健撰：《老子古本考》，《无求备斋老子集成续编》第157册，艺文印书馆1970年版，第16章。

② 高明撰：《老子校注》，中华书局1998年版，第303—304页。

③ 北京大学出土文献研究所编《北京大学藏西汉竹书》（贰），上海古籍出版社2012年版，第151页。

④ 关于这一点，高明在《帛书老子校注》中已有所阐明，见该校注本，第304页。

为"之观点，但在观复于自然，以及物之归根的自然性与必然性等则难以理解。这一"公、王"之非实词之诠解，还可借由容、公、王之建构与联系，以及《老子》第 36 章有关"微明"的理解，得到说明性融贯。①

2."容、公、王"的建构与联系

"容""公""王"三者之联系，在《老子》仅一见，且这三个字词以第 16 章之义行者，也不多见，然而此章却关系着《老子》思想之宗旨，且影响后来《黄帝四经》之"天当"思想，以及《庄子》之"两行"。因此，这一章显得非常特殊，也极其重要。过去学者对这一章通常重视其虚、静与复的概念及其思想开展，忽略了"容—公—王"三者之联系的重要与关键性。

就容、公、王三者而言，其联系之基础是建立在"容"，容是走向"公"、"王"思想的基底。"容"作为容纳、包容、宽容，在周代时已有此义，《尚书·秦誓》中即已隐约将"容"与不忌妒恶于他人，且能称许他人结合为一，如：

> 如有一介臣，断断猗，无他技；其心休休焉，其如有容。人之有技，若己有之；人之彦圣，其心好之，不啻如自其口出，是能容之。以保我子孙黎民，亦职有利哉。人之有技，冒疾以恶之；人之彦圣，而违之，俾不达，是不能容。以不能保我子孙黎民，亦曰殆哉。

《尚书·秦誓》的论述，不但阐明了"容"之美德，并且对此一美德予以赞美，认为有决定权之人，即使本身无才能，但对于有技、有才能之人能以宽容心胸赞美之，并任用之，则仍是对子孙黎民有利；但若是"不能容"，以一己之私心作祟其中，对有技、有才之人疾恶之，更且阻止之，让人不任用，这一不能以宽容心胸对待之人，则将对子孙黎民没有好处。此处之"容"不但与己心有关，同时也是对他人之接受与赞美的包容度，更是与后代子孙之利有关。换言之，"容"之所涉，以概念词而言，与"心""公"之事隐然相关。

《老子》16 章基本上论述容、公、王三概念的基本前提即是有关

---

① 第 36 章之说明，将在有关《老子》容、公思想与譬喻中阐述之。

"心"的论述，以及万物在自然中的规律。关于"心"的论述，主要是大家皆知的"损"、"虚"、"静"等作用，即对于日常之心的驰骋，以及受感官影响所引致的心动，予以"损"的功夫，"损"依照河上公之注，是一种对情欲、文饰的消损、渐去之功夫，依王弼之注则是"有为返虚无"。此功夫的达成，其实也是《老子》第3章所言之"虚其心"、"弱其志"，是对于因物而起之欲望的削减，也是对于因意志作用而起之智心作为的弱化，让一旦返归于顺势之自然。这一功夫也同时需要借助于"虚"、"静"的功夫。"虚"是将既有之心见所以引致之局限与定见的去除，腾出空间以容纳其他可能状态的呈现，河上公注第3章"虚其心"时，也强调"除嗜欲去烦乱"，而在第16章注则以"损精去欲，五内清净"为说，虽是以体道修道者的视域言说，但也指出了人之于道的关系。①"静"的功夫在《老子》中具有重要的作用，既是与人心之清静有关，也与人之欲望的对反有关，更是与宇宙生发过程之往复的论述有关，而第16章所言之"守静笃"即是就人心之清静与不欲等相关，这是让"心"处在基本活动中，不受物之影响的平和、安详之静，以及返归自身"心"之深处的状态。

这三种损、虚、静的功夫，是有所联系与连动的关系。达致此功夫的"心"基本上是与日常活动中之"心"处在不同层次与视域，此时之"心"就第16章所言，可展现对自然万物之观"复"，并由此"观"进入到属于领会体悟与心态转折之层面，此即"明"与"容"的层次。

"观""复"，并非一蹴而就，也非人达到一定年龄即可之事，而是借由心的损、虚、静功夫，与对自然之观而有，这一种"观"虽与智之直观有关，但更多的是关于回馈于"心"之领会与体悟之洞见之观。换言之，此"观"兼具理性之知的作用与转折向实践之知的作用。此"观"所以具有转折之作用，乃因它展现实践之知——"明"，②及因"明"而有之心解之"容"。"明"，是建立于观"复"下而有之知，是借由"复"之归根与"命"之常的领会体悟而有之知，这一种"知"是攸关生命成长历程的体悟与领会，是一种豁然开朗的智慧。也因着这种豁然开朗之明

---

① 王弼在这两章之批注中，角度有所不同，在第3章注强调"智"之"虚"的作用，在第16章注则是以宇宙根源为"虚"论之。

② 这种实践之知，不是攸关经验、技术之知的分解、明晰之知，而是攸关"生命"体悟之知。虽同被称为实践之知，但所言之实践面向、层次，则存在极大之差别。

觉，对于"心"之损、虚、静等功夫的消极性作用开展出积极面——"容"。"容"是明觉后的心解，即心不再被局限于一隅，且在生命实践中展现出一种"容"的心态，既是包容、容纳，也是一种宽容。

借由上述有关"容"的建构，所谓"容乃公，公乃王，王乃天，天乃道，道乃久，没身不殆"，则是在上述前提与建构下，所展现的与天、道相应和的论述，并且认为唯有此才能与天、道应和，而能没身不殆。"公"虽有河上公与王弼将其注为"公正无私"、"荡然公平"，但若以《老子》思想理解，此"公"与今世所言之公正、公平不全然等同，这是因为《老子》不在于树立价值，而在于展现让物以自然之方式展现其自身，不受人因素的影响，此与魏晋时期嵇康所言之"公"的意义相类，是一种坦然、自在、公开无私情之"公"，也唯有此意义之"公"才与"容"相关，而这正是《老子》不断申说之"无为"的本意。① 在这种无主体主观意识介入操作，"公"不仅是主体之心境能"容"而已，还有虑及所有对象客体之心志的存在，而后开展的作为，此即《老子》第49章所言"善者吾善之，不善者吾亦善之，德善。信者吾信之，不信者吾亦信之，德信"。此即将善者与不善者置放于同一基准点视之，而非以一己之私或过往经验作为分判之准则，也即是圣人对待天下之态度与作为的展现，是不以耳目为其知欲与作为之唯一来源，而是让不同者共同呈现，即以"容"、"浑其心"之方式，返回最根源处让所有之物以自然之方式呈现自身，纵使对反，亦如是呈现，此即是"公"。此"公"之内容与"王"因此而有所联系。

"王"作为实词乃众所归往之者，也是政治上人之至高之存在。然而从《老子》中所确立之"王"与道、天、地之并立，为域中之四大之一，以及第16章"公乃王，王乃天，天乃道"之论述，可知"王"的含义不再是一实词的理解可说明，"王"实际蕴含一如同天、道般之意涵，只是它是归属人间的自然存在。"王"的脉络意义因此就具有因"公"而有之周普、遍在的含义，它所展现的是与天、道般之自然相类之作用，是属于人间层次中对于天、道之把握与领会的最崇高之层次，亦即将"容"、"公"推向一高峰，可比拟于天、道之高峰，而容、公、王三者之联系也

---

① 关于"容"、"公"与"无为"的关系，请参考拙著：《老庄无为意义探析》，发表于2012年11月23日—26日第三届海峡两岸国学论坛；《道家研究——学术·信仰·生活》。

于此可见。此"王"之意涵也犹如《老子》第 66 章言江海之为百谷王的
意义，是"容"之极致与最大化的说明。

二　"明"与"容、公"之思维、譬喻

《老子》第 16 章与"容"密切联系且相辉映的概念，即是"明"。
"明"作为生命实践之知是豁然开朗之明觉。在《老子》中有关"明"
的论述，除了第 16 章的"知常曰明"外，还有"袭明"（27）、"微明"
（36），以及"见小曰明"（52）等三处的论述非常重要且与此处所论极
为相关。"知常曰明"与"见小曰明"都有定义式说明之意涵在其中，且
这两章有关"常"、"明"以及复归的论述息息相关。

"明"在第 16 章所论是有关生命实践之知，是一豁然开朗之明觉，
且与"观复"有关，因此是对根源与规律的领会、体悟，而在生命中展
现的明觉，此与第 52 章之"见小曰明"，实相辉映且指谓同一，即"明"
是在自体生命所展现之明觉，但其所以得以"明"的关键则立基在攸关
"本源"、"始源"之知上。这一"明"也与"常"密切联系，"常"在
《老子》中，是与"恒"相当，① 也是"道"的另一指称，在第 16 章是
指向"归根复命"的内容，在第 52 章则仍然是阐述"复归"为其内容，
而所谓"袭常"② 之说则是借由"用其光，复归其明，无遗身殃"阐明
对于"常"的承袭。

至于"袭明"之说，则是犹如"袭常"般是对于"本源之知"的承
袭，③ 而本源的一大特质即是不在"可"之下作区分与选择，或标显出与
他者之间的差异、区隔，展现一浑而常的状态。④ "袭明"作为对本源之
知的承袭，时则展现"浑"的特质，此一特质借由第 27 章可知其与
"容"的联结。

---

① 参考拙著：《出土文献与先秦儒道哲学》，万卷楼图书股份有限公司 2008 年版，第
190 页。
② 帛书甲本作"袭"，今本作"习"。
③ 奚侗"袭明，谓因顺常道也"。见氏所撰《老子集解》，收录《无求备斋老子集成续编》
第 113 册，艺文印书馆 1970 年版，第 27 章。
④ 参考拙著：《出土文献与先秦儒道哲学》，万卷楼图书股份有限公司 2008 年版，第 189
页。在该论述中曾指出"可道之道"与"常道"之关系，犹如"道"与"自然"之关系，前者
是在言说中被区分，后者是彰显其浑而为一之特质。

　　　　善行无辙迹，善言无瑕谪，善数不用筹策，善闭无关楗而不可
　　开，善结无绳约而不可解，是以圣人常善救人，故无弃人；常善救
　　物，故无弃物；是谓袭明。

　　这一章阐述了"浑"以及"自然"的特质，所谓"行"必有所"辙
迹"，无辙迹可有两种方式，一是根本无迹，另一是到处皆是迹。但不论
是哪一种就其为我们日常所谓之"行"而言，皆不可能存在。因此，所
谓"善行"、"善言"等，即是取消唯一对应与联结关系，而将之返归处
处是联结、处处是无联结，若以"言"而论，老子即以"正言若反"回
应，以"为"而言，即是以"无为而无不为回应"，终极是指向"无
弃"，由"无弃"展现了"容"的极大值。据此"微明"义也就可以不
再陷入机心操作之危机。《老子》第 36 章云：

　　　　将欲歙之，必固张之。将欲弱之，必固强之。将欲废之，必固兴
　　之。将欲夺之，必固与之，是谓微明。

　　历来此章有两种理解，① 此处旨在借由"容"的开展，以及 27 章的
"袭明"，阐述"微明"并非"术"。这章"将欲 x 之，必固 y 之"的句
式，x、y 作为一相反词，以及"将欲—必固"的欲完成目标与达成目标
所形成的模块，确实很难不让人陷入机心权谋的理解；但 x、y 之相反并
非不可并立，此犹如《老子》第 16 章所言"万物并作，吾以观复"之
说，或者说更接近《老子》中对于天道之"损—益"的观点，"损—益"
确实在日常生活之理解模式中，是互不两立的，但在时间推移中，在天道
的行中，它却是并存且互相推移，共同展现天道"浑常"之状。歙与张、
弱与强、废与兴、夺和与，在日常生活之理解模式，确实存在不兼容的作
为，但在时间推移的互动中，在"道"的运行中，确实存在需要借着相
反作为，以达到"道"的浑一，此亦犹如"道"之"无为而无不为"
般。唯有如此，"微明"才与"道"之彰显有关。这种相反作为而能达成

---

　　① 相关说明，请参考江淑君：《老子非阴谋捭阖之术——以明人诠解〈老子〉三十六章为
观察之核心》，《中国学术年刊》第 32 期，第 29—64 页，2010 年 3 月。

浑一，其实也展现了"容"的思维。

有关"容"的思维，还可从《老子》中有关"容"的特质与譬喻得到说明，它让我们很容易理解容纳、包容、宽容思想的重要。在《老子》中表达其"容"的思维特质之章节，除了上述曾提及的第 27 章、第 36章以及 49 章外，第 1 章中论述"此两者，同出而异名，同谓之玄"，实则指出了在论述始源用"名"中，相对反的两种状态之并存于一"同谓"中。此"同"的思想实际蕴含"容"的思维于其中。第 28 章之"知其雄，守其雌，为天下溪"，以及"知其白，守其辱，为天下谷"，其中关于溪、谷的譬喻，以及对于相对反之两者的共在状态的认知与持守，也是攸关"容"的特质之表达。至于其譬喻，除了上述以溪、谷为喻外，在第 66 章之"江海所以能为百谷王者，以其善下之，故能为百谷王"最能表征其为下而能容受的特质。相类似的低下、能受纳之特质，《老子》中也将之运用在社稷主与最崇高之王身上，如第 78 章之"受国之垢，是谓社稷主；受国不祥，是为天下王"。借此也可知《老子》何以处世不强调为"先"而重视"后"的思维，这并非机心权谋之用，而纯粹是就为王者之"容"的必需。如第 66 章言："是以欲上民，必以言下之；欲先民，必以身后之。是以圣人处上而民不重，处前而民不害，是以天下乐推而不厌。以其不争，故天下莫能与之争。"此一思维若相较于第 36 章，并未有以机心权谋诠释，这或许是因为强调"不争"之故使然，然而此一思维不但与第 36 章类似，也与第 7 章之"是以圣人后其身而身先，外其身而身存。非以其无私邪！故能成其私"相类，都是表现"容"的特质使然，因为若无"容"，则必有所争、有所求先、求存之志，而能以"下、后、外"之方式展现，就在于有"他者"之存的心态才得以有如此之呈现，也才有第 63 章所言"报怨以德"之说。

有关"公"的思维，依据"容"的特质，"公"其实就是让物展现其自身而与他者两不相伤的并呈状态。《老子》中关于"公"的论述，除了第 16 章"容乃公，公乃王"之外，在第 7 章之"天长地久。天地所以能长且久者，以其不自生，故能长生。是以圣人后其身而身先，外其身而身存。非以其无私邪！故能成其私"。即是强调对于"自"之消除，对于"私"的重新体认，即真正的"私"是在"公"中才得以保存、存留，而非以"自"的方式思考"私"，即不以主体意识强化自己的重要，而是以共存的方式让"私"得以存在。关于"公"的这一思维，《老子》第

60 章"治大国若烹小鲜。以道莅天下，其鬼不神。非其鬼不神，其神不伤人。非其神不伤人，圣人亦不伤人。夫两不相伤，故德交归焉。"虽则是"无为"，即不以主体意识扰动他者，因此而让此一他者自身呈现、并存，这一两不相伤的思维，既是"容"的展现，同时也可说是"公"的彰显；而第80章之"邻国相望，鸡犬之声相闻，民至老死，不相往来"。之说，也正是不以主体意识干扰他者的写照与说明，因为得以相邻之国，皆可闻鸡犬之声，表现出两国互不侵犯，而民至老死不相往来，看似无情，却也让彼此保留了最大空间的展现。虽则老死不相往来不应是人的社会之人文写照，但就《老子》之归返于道之路途而言，这却是极大化之无私情、无主体意识之干扰他者的表现。这一"公"虽不近日常之人情伦理，但却是想让个物拥有自身最大的"自然"空间。这一个物彼此间的关系至魏晋时之郭象才提出不同物在独化中，自有其相济相与的关系，他在注解"大宗师"时曾说道："夫体天地，冥变化者，虽手足异任，五藏殊官，未尝相与而百节同和，斯相与于无相与也；未尝相为而表里俱济，斯相为于无相为也。若乃役其心志以恤手足，运旗股肱以营五藏，则相营愈笃而外内愈困矣。故以天下为一体者，无爱为于其间也。"①

至于"公"的思维，还可从三方面得知，首先是表现在"道"之"公"的状态，即第32章之"天地相合，以降甘露，民莫之令而自均"。以及第34章之"衣养万物而不为主，常无欲，可名于小。万物归焉而不为主，可名为大。"这两章阐明了天地降雨露，万物均沾，以及道之衣养万物，无所分别之状态，这即是"公"的内涵之表达。其次是圣人之于"公"的表达，即第49章之"圣人在天下，歙歙焉，为天下浑其心，百姓皆注其耳目，圣人皆孩之"。表明圣人之于百姓，就圣人而言，是以浑其心的方式看待百姓，而对于百姓的作为，也以"孩之"的方式应和之。这可谓即是以"公心"方式面对百姓。最后还可从"公"的反面反衬"公"之用，即第44章所言"甚爱必大费，多藏必厚亡"，阐明了"私"之害，以及局限于心志之索求而为物所役之害。

总结上述有关"明"与"容"的论述，可知两者就其为实践之知与生命智慧之心态而言，是先有"明"而后有"容"；若就其与根源的关系而言，两者皆是根源之状的属性特质之展现，两者间有密不可分的联系，

---

① （晋）郭象注，（唐）成玄英疏：《庄子注疏》，中华书局2011年版，第145页。

如第 27 章的袭明之说，展现的即是"容"的特质。至于"容、公"的思维，主要还是有关"容"的特质，"公"则是对此一特质的标显。"容"的特质由上述可知主要是容受、宽容、容纳，而展现于人间处世则是以低下以纳、为后不为先、无私而成其私的方式呈现。"公"则在"容"的特质中，展现让个物得以开展的最大限度呈现自身，即主体意识不干扰之的无为、两不相伤的方式开展，而"公"的终极是归返于"道"；"公"的另一特质是无为下之"无不为"，即让所有物皆在道之下雨露均沾，毫无分别，享受"道"之开展，并将之运用于圣人之于百姓，避免因"私"所导致之祸害。

三 "容、公"思想在《老子》后学中的开展

"容、公"思想在《老子》中的重要性，在战国时期时已被指出，如《庄子·天下》论述老聃、关尹之风时，曾言"常宽容于物，不削于人，可谓至极。关尹、老聃乎！古之博大真人哉！"而在《吕氏春秋·审分览·不二》中虽称许老聃贵柔，但在《吕氏春秋·孟春纪·贵公》中则称许"老聃至公"。① 这一有关《老子》之容公思想的重要，陈鼓应在其《中国哲学中的道家精神》中即已将"宽容胸怀"列为道家精神最为独到四点之首。② 这些都阐明了"容、公"思想确实是《老子》的一大特点。

《老子》这一"容、公"思想的重要，除了战国时人已提及之外，在《老子》后学中也对此一思想有所发展，一是战国早中期的《黄帝四经》，与后来的法家发展密切相关，而有司马迁将法家代表人物归本于"黄老"或本于"黄老"而主刑名之说。《黄帝四经》基本上对《老子》的容公思想，大抵着重开展客观法则之"公、当"思想，对于把握此之"心"，虽也有"公者明"、至正、至静之说，但毕竟重心不在此，应是承袭《老子》虚静之说而来的论述。另一是战国中晚期的《庄子》，司马迁曾言"其要归本于《老子》"。《庄子》内篇基本上着重开展《老子》之"容"的思想，而有"以明"之说，虽则不强调"公、当"，但强调"两行"，

───────────────

① 《吕氏春秋》：荆人有遗弓者，而不肯索，曰："荆人遗之，荆人得之，又何索焉？"孔子闻之曰："去其'荆'而可矣！"老聃闻之曰："去其'人'而可矣！"故老聃则至公矣！

② 陈鼓应：《道家的人文精神》，中华书局 2012 年版，第 115—120 页。

且对于"齐"也相当重视，而有"万物一齐"、"天钧"之说；外杂篇则有黄老思想，对于"公、当"之事，则强调"无为"可以甄定是非，乃沿袭《老子》之"无为"说而来。两者分别代表不同老学发展的不同向度；兹就《黄帝四经》、《庄子》论述如下：

1.《黄帝四经》对"容、公"思想的开展：公、当

《黄帝四经》就其为战国早中期的作品，对于《老子》之"容、公"概念，由于其时代因素与思想特质，对于《老子》之"道"的理解也有所转换，即将"道"理解为"天道"，强调天体运行之道。这一天道观则涉及寒暑、阴阳四时，以及政治事务如何与天道相应和。因此，在《十大经》与《经法》中特别强调对于"法"与"治"的论题。是以《黄帝四经》不再如同《老子》般关注人心的论题，而是转向对于自然所体现之道的遵守，这一遵守就不再是心之虚、静、损所引致之"明"的实践之知与"容"之生命智慧，而是因着将"道"理解为"天道"，是以结合古天文学对于天道之科学观察，提出有关于"公"、"当"等论述，以及度量权衡之论题，天道也因此成为具体且可被凭依之准则。

《黄帝四经》中有关"公"的论述，实集中在《经法》，而其思想内容之开展，主要关系到对于"法"的认知，以及对于天道运行所给予的启示。对于前者，在《经法·道法》中开宗明义论及"法"与"道"的根源，以及执道者与"法"之间的联系，所谓"道生法。法者，引得失以绳，而明曲直者（也）。〔故〕执道者，生法而弗敢犯也，法立而弗敢废〔也〕。〔故〕能自引以绳，然后见知天下而不惑矣。"对于后者，主要是有关天体运行之科学观察中，自有其刻度与数据要求，因此就需要一可以据以为凭的判准，这一判准犹如权衡轻重之工具般，天亦自有其"天当"。这两者大致皆涉及外在客观准则之确立与执行，唯一有关主体之事在于"执道者生法"的客观性之如何可能，是以在"道法"论述执道者之观于天下时，指出了执道者之无执、无处、无为、无私的重要，主张如此则天下皆自为刑名声号，且无所逃迹匿正。换言之，执道者之内在是建构在无执、无处、无为、无私。这一心态与作为，若依《老子》是虚静、无为的体现，只是将人心的样态较《老子》详细地指出四种，无执强调心之不执着；无为强调不干涉；无处则是强调不安居于某处，而是顺随自然之变；无私则强调不以己为核心之思考与动作。这四种样态可产生的效果，《黄帝四经》是将之归诸于

公、至明、至正、至静与无私。此即所谓"公者明，至明者有功。至正者静，至静者圣。无私者知（智），至知（智）者为天下稽。"此处"公"的意涵，依上下文脉络，是与"无私"相应和，但又不仅是无私，因为在《名理》中有"唯执道者能虚静公正，乃见〔正道〕，乃得名理之诚"。是兼含有"公正"的意思，且此"公正"是与虚静相结合，阐明有了公正虚静，始能"明"，此亦即《道法》中所言"公者明"之说。"公"与"明"在此合而为一，而能明者亦能至正、至静，此乃因"至正"所言在于天道自然中"物自为正"，"刑名声号已建，物无所逃迹匿正"，而"明"即在"明"此道。

《黄帝四经》这一论述"公、明"，自有其理路，而这一与天道相关而有之"公、明"的思维，在战国时之楚简《容成氏》之论皋陶时也有相类思维，① 即"皋陶已受命，乃辨阴阳之气，而听其讼狱，三年而天下之人无讼狱者，天下大和均"。（简29—30）② 《黄帝四经》虽不涉及讼狱，但在《道法》中即是强调"法"的公正性，所谓"无私者知（智），至知（智）者为天下稽。称以权衡，参以天当，天下有事，必有巧（考）验。"即是将"公正"与至明、至正、至静、无私等主体认知相联系，也与可观察公评之权衡、度量结合，阐明"天道之当"。

"当"在《黄帝四经》是一相当重要之概念，首先是有关"天当"的论题，即天道循环，各有其时之则与度，此谓"天当"。天当同时也是圣人所要把握的，如此才能与天道应和。其次是有关政治、社会、伦常关系以及职位之名实等，皆有其"当"，《四度》中言"君臣当位"、"贤不肖当位"，皆是对于关系中名位、才能与职位的名实相应关系，而对于政治事务中之刑罚、诛禁、赏罚等也强调"当"的重要，而这一"当"的根源，《十大经·观》也指出"刑德皇皇，日月相望，以明其当，而盈〔绌〕无匡（枉）"。这一论述，基本上是借着天道运行之则的循环往复以及信期论述其"当"。由于取法于天道，是以"当"的合法性也被确立，《四度》："禁伐当罪，必中天理。"即是阐明即便是人文中之刑罚，但由于其"当"，所以也是替天行道，合乎天理之所当然。

---

① 就论述之详与概念之完整性而言，《黄帝四经》是一理论式论述，且有一建构性思维，《容成氏》则是有关古史传说之载。

② 马承源主编：《上海博物馆藏战国楚竹书》（二），上海古籍出版社2002年版，第272—274页。

人文之"当"虽可追溯于"天当"为其根源与依凭；"天当"客观上可凭借当时科学方法有其数据与工具呈现其"当"，转换为人文虽也有权衡度量之赏罚之用，但毕竟在政治事务、伦常之位与关系中，就不是权衡度量等工具可决定。《经法》对此类之"当"，则分别在《道法》后之篇章，论述各类之"当"，并且常以天文之当阐明人文匹配之道，这些包含国家战争取予之当、君之治国之当、君臣贤不肖赏罚之当……；同时也罗列论述悖逆、不当之事，而有三壅三凶之说。

2.《庄子》对"容、公"思想的开展：以明、两行、齐物、天钧

《庄子》内篇中有关"容、公"思想的开展，并非顺着"容、公"概念进行开展，而是就"容、公"思想之运用与发挥进行阐释，并且以自己之语言重新诠释该思想内容，此一重诠之概念，大致可以就齐物、两行、以明、天钧等概念，得知其内涵确实是承袭且开展了《老子》之"容、公"思想。

《庄子》之用"以明"、"两行"、"天钧"、"齐"等概念，大抵皆出现在《齐物论》中，而这些概念也是相通的，但因脉络之别，与论述之别，其各自之意义并不能彼此代换。由此前提，当面对各是其所是，各非其所非时，即是运用《老子》"容"的思维，以不予以干涉之"无为"，让"物"自己呈现。关于"以明"之说，在《齐物论》中仅出现三次，其中一次是定义是说明，即"为是不用而寓诸庸，此之谓以明"。此处特别强调"为是"这一情况的不使用，亦即不以"为是"的方式处事，而让其寄寓于各种"用"的情况中，郭象注解时说道：

> 使群异各安其所安，众人不失其所是，则己不用于物，而万物之用用矣。物皆自用，则孰是孰非哉！故虽放荡之变，屈奇之异，曲而从之，寄之自用，则用虽万殊，历然自明。

这一论述说明与成玄英之疏相类，成疏说道："不矜己以率人，而各域限于分内，忘怀大顺于万物，为是寄［用］于群才。而此运心，斯可谓圣明真知也。"郭注与成疏相类在于不以己为判准要求于他者，而让他者以自己的方式呈现自身，成疏中则更明确指出"以明"与真知的关系，阐明"以明"是一种与"知"相类属的状态。成疏这一论述，间接点出了庄子之"明"乃承续《老子》之"明"与"容"的关系，也指出了庄

子借"以明"方式表现"容"。另两处之"以明"则是直接指陈"以明"的方式是最好的处理方式，而所要处理之情况则是"欲是其所非而非其所是，则莫若以明"，以及"果且有彼是乎哉？果且无彼是乎哉？彼是莫得其偶，谓之道枢。枢始得其环中，以应无穷。是亦一无穷。非亦一无穷也，故曰莫若以明"。这一情况即是面对有"是非"问题时，物皆有其所是与所非，很难取得一致，而且此种一致也不是最好的方式。因此，指陈以"以明"的方式面对。"以明"郭象注为"反复相明，则所是者非是，所非者非非矣。非非则无非，非是则无是"。这一论述是指陈"是"与"非"都非绝对之"是"与"非"，而借由其所不足肯定其所"非"，以补其所"是"之肯定，如此其所"是"就不再是原来之"是"，所"非"也不是原来之"非"，"是"与"非"也就在此情况中得到其所。这是借由论辩阐明心境的去除成见而走向"真知"之路，心也以此容、让"是"与"非"各顺随于自然中展现。这一各让其展现自身之方式，其实也就是"两行"、"休乎天钧"的状态，也因此庄子重视"天倪"之分辨，甚至在《寓言》中将"天均与天倪"同一，① 这一"同一"其实是一体的两面。

《庄子》这一表现"容"的方式，与《老子》稍有不同，庄子是以让各物之自用方式呈现自身，表现其"容"；《老子》则是以低下、不为先之方式表现其"容"。换言之，庄子以不干涉为主轴返回到"自"之于自然的状态，相较于《老子》之"容"，更接近《老子》之"公"，即不掺入"私"的方式于他者之中，是以在《至乐》中有所谓"天下是非果未可定也。虽然，无为可以定是非"。这是对于是非采取以各自任的方式呈现，② 与"两行"、"以明"的方式相呼应，是一种让物以其"自"之"然"的方式呈现，返归自然，《老子》之"容"则是一种真诚恳切的涵容，是拢括一切在其中的容纳，强调的是浑一之"容"。

庄子这一用"自"之"然"的以明、两行、天钧说，基本上也阐明了物物皆齐的论点，这一物齐论，蕴含两层含义，一是物皆由道而来，由

———

① 《寓言》："万物皆种也，以不同形相禅，始卒若环，莫得其伦，是谓天均。天均者天倪也。"

② 郭象注云："我无为而任天下之是非，是非者各自任则定矣。"参（晋）郭象注，（唐）成玄英疏：《庄子注疏》（2011），页333。

道而生，终返归于道，故"齐"，这是一就物之根源、存在与返归而论之"齐"，就此"齐"而言，乃以明、两行等之前提。另一"物齐"则在于主体把握时之"齐"观，这是建立在以明、两行等论点后所具有的生命智慧之实践，是与以明、两行等"容"分不开之"齐"，也是一般所谓以"道"观之的生命情态。至于"公、当"之思维，庄子并不强调唯一的准则，此与《老子》同，但也不是放任物皆以自是方式非他者之是，在《徐无鬼》中对于各自其是的方式确有所评，认为这是忽略了最珍贵的所导致，在《徐无鬼》①中庄子与惠施的对话，庄子指出天下没有所谓"公是"，但对于"天下各是其所是，天下皆尧"也提出问难，认为不可，而惠施以为可。这是庄子对于物自为用所可能发生之自是的辨析，既指陈无所谓公是，也指陈天下皆羿，天下皆尧之非，间接指陈了所谓"以明"、"两行"，在于"因是已"。换言之，以明、两行之"容"与"无为"，虽顺随于道之自然，但并非是一种放任，而是以"因"的方式顺其"自"然，此"自"乃指依归于道之"自"。

四　结论

《老子》"容、公"思想，基本上是一有关虚、静等功夫而致之"明"的建构下，所产生的处事方式，虽有所承袭周文化之宽容思维与坦荡之公，但确实是属于首创将"容"与"公"结合，并以之为展现"道"之在天下，而人可用之方式。《老子》后学则以两种不同形态发展。《黄帝四经》重视"公、当"思维，重视天道阴阳之展现中所彰显的公与当；《庄子》强调"无为"而以"两行"、"以明"方式彰显"物"之在天下的"自"之"然"。《老子》后学的这两种发展，各有

---

① 《庄子·徐无鬼》：庄子曰："射者非前期而中，谓之善射，天下皆羿也，可乎？"惠子曰："可。"庄子曰："天下非有公是也，而各是其所是，天下皆尧也，可乎？"惠子曰："可。"庄子曰："然则儒、墨、杨、秉四，与夫子为五，果孰是邪？或者若鲁遽者邪？"其弟子曰："我得夫子之道矣，吾能冬爨鼎而夏造冰矣。"鲁遽曰："'是直以阳召阳，以阴召阴，非吾所谓道也。吾示子乎吾道。'于是为之调瑟，废一于堂，废一于室，鼓宫宫动，鼓角角动，音律同矣。夫或改调一弦，于五音无当也，鼓之，二十五弦皆动，未始异于声，而音之君已。且若是者邪？"惠子曰："今夫儒、墨、杨、秉，且方与我以辩，相拂以辞，相镇以声，而未始吾非也，则奚若矣。"庄子曰："齐人蹢子于宋者，其命阍也不以完，其求鈃锺也以束缚，其求唐子也而未始出域，有遗类矣！夫楚人寄而蹢阍者，夜半于无人之时而与舟人斗，未始离于岑而足以造于怨也。"

所其强调之重点，《黄帝四经》着重的"公、当"导向了客观自然法则之重视，而为论述其"物自为正"，也强调了刑名的合理性与合法性存在；《庄子》在重视以明、两行中，自然导向了心灵之建构与生命智慧之实践。

从老子的"大小之论"谈起

郑 开

（北京大学哲学系）

老子试图通过"大小"等语词论说"道"，然而"道"又逸出物的范围，不得衡之以"大小"，或者说不足以大小论之。这种哲学思想的深刻性与复杂性，交涉于"道物关系"，体现为《老子》使用语词—概念的内部张力，即"大小"语词包含了丰富的内部差异。那么，由于道家思想逻辑的内在张力所致，"大小（多少）之论"、"小大之辩"必然趋向于更深刻的有无之辩。

一

我们知道，老子开始时是通过"无"阐明"道"的性质和原理，这当然是《老子》的根本宗旨。然而，《道德经》自身文本却留下了很多证据，显示出老子起初曾尝试过更多元化的进路探讨"道"的概念，比如说大小、多少、虚实、终始（甚至黑白、轻重、动静、上下、得失、贵贱、利害、好恶、善恶等）相互对立的方面进行阐发，从对立双方的抗衡与张力中进行分析，而最终收敛、归结于"有"与"无"这一根本问题。例如老子第 2 章"有无相生，难易相成"句之前，《文子·自然》引文有"夫道"两字，这说明什么呢？再看庄子，比老子更多谈到了天人、内外、本末等问题，加深了道家思想逻辑，丰富了哲学论证。看来，有必要深入讨论一下老庄诸书中的"大"与"小"，因为这两个语词（不一定是概念）往往涉及了"道物关系"之复杂问题。

从日常的逻辑和经验上说，"大"（的"物"）是由"小"（的

"物")构成的,"未来"可由"过去"推知。① 前者经过理论上的抽象化提炼为追究万物本原的"原子论"思考模式,即以"至小"说明"至大"的思考模式;后者也由于取精用宏的锻造而成为理性思维的工具,比如说邹衍把它("推")纳入"五行"说,提出了一套解释自然现象和历史发展的"五德终始"理论。道家以其惯常的反思方式,从上述经验和理论的反面提出了挑战。

古希腊物理学(自然论)乃此前神话创世(从混沌而宇宙)说的理性化。② 自然哲学家追究万物本原,试图以哲学的方式把握世界,从而促成了哲学与神话间的分化。古希腊物理学经过历史发展,由追究本原(始基)转化为追究事物之间的因果联系,这多少说明追究本原(始基)的思想方式与寻求事物间因果关系的理性方法之间存在着某种亲缘关系,也就是说,原子论和因果律之间隐含着相互包容的关系。道家对此却深表怀疑。

下面试分析《老子》中的几个例子:

有物混成,先天地生。寂兮寥兮,独立而不改,周行而不殆,可以为天地母。吾不知其名,字之曰道,强为之名曰大。大曰逝,逝曰远,远曰反。故道大,天大,地大,人亦大。域中有四大,而人居其一焉。(第25章)

道常无名、朴。虽小,天下莫能臣。(第32章)

常无欲,可名于小;万物归焉而不为主,可名为大。以其终不自为大,故能成其大。(第34章)

大小,多少,报怨以德。图难于其易,为大于其细。天下难事……是以圣人终不为大,故能成其大。(第63章)

天下皆谓我道大,似不肖。夫唯大,故似不肖;若肖,久矣其细也夫!(第67章)

---

① 《老子》的名句:"合抱之木,生于毫末;九层之台,起于累土。"表述了这种以小为大的经验或常识,他又说:"大小,多少"(第63章),严灵峰根据《韩非子·喻老》补缀为"大生于小,多起于少",(转引自陈鼓应《老子注释及评介》),其说是也。

② 据说,赫西俄德《神谱》也是一部宇宙发生论:在神的推动下,世界从最初的"混沌"(Chaos)转而成为一个包含着秩序或规律的宇宙(Cosmos)。

　　其实上述文本中的"大"与"小"并不特别容易解释清楚。从日常语义来理解它们显然是不够的，应该从道家思想逻辑入手进行分析。老子哲学思想的一个基本点就是道物分立，道不是物，而物可以通过大小、多少、方圆予以描述、解释和把握，那么"道"是否就是"大物"（包罗万有）或者"小物"（精微之物）呢？我以为，老子所说的"大"不能理解为"大物"、"大全"，"小"也不能简单理解为精微不可见的"原子"。仔细推敲，前引第25章的"大"字有特殊性，与一般的日常语言中的含义不一样，似乎指"重要性"的意思，"域中四大"，都应该解释为"重要性"！出现于《庄子》里面的"大物"也是指最重要的东西。（参见《庄子·在宥篇》）第32章那段话，《文子·上仁篇》予以注释与发挥，以为"小"与"大"的判据不以形（物），而是"德"（性）。这也是一个很重要的提示。第63章出现的"大小多少"语，严灵峰先生根据《韩非子·喻老》补缀为"大生于小，多起于少"。当然那么，是否可以进一步解释为"以大为小""以多为少"（或者相反）呢？第67章的说法更表明了启用"大（小）"描述"道"的话，难免会陷于日常语义的分歧与困难。总之，老子的"大小之论"表明，《老子》中使用的"大"与"小"语词的含义已略不同于日常语言中的用法，这是因为"道"很难诉诸"大小之论"予以精确规定。其中的歧互与矛盾是很耐人寻味的。

　　同样，《庄子·逍遥游》开篇即通过鲲鹏与燕雀的"寓言"讨论了"小大"问题，又讥嘲惠施拙于用"大"，其谓"瓠落无所容"的"大"，很有意思。① 郭象《庄子注》以为形体上的"大小"无关宏旨，只是其一家之言而已；实际上，鲲鹏之"大"与燕雀之"小"，也比喻境界的高低。请看庄子讨论"小大之辩"的几个例子：

　　　　汤之问棘也是已。（汤问棘曰："上下四方有极乎？"棘曰："无极之外，复无极也。"）② 穷发之北有冥海者，天池也。有鱼焉，其广数千里，未有知其修者，其名为鲲。有鸟焉，其名为鹏，背若太山，翼若垂天之云，抟扶摇羊角而上者九万里，绝云气，负青天，然后图南，且适南冥也。斥鷃笑之曰："彼且奚适也？我腾跃而上，不过数

------

① 可参考宇文所安《他山的石头记》中的富于启发性的分析。
② 闻一多据《北山录》引增补。转引自陈鼓应《庄子今注今译》（最新增订版）第16页。

仞而下，翱翔蓬蒿之间，此亦飞之至也。而彼且奚适也?"此小大之辩也。(《逍遥游》)

惠子谓庄子曰："魏王贻我大瓠之种，我树之成而实五石，以盛水浆，其坚不能自举也。剖之以为瓢，则瓠落无所容。非不呺然大也，吾为其无用而掊之。"庄子曰："夫子固拙于用大矣。"(同上)

《逍遥游》更举不龟手之药、狸狌、斄牛的例子，阐明"无用之大用"，以破惠施"拙于用大"的局限性，并进一步揭明了逍遥的旨趣——"今子有大树，患其无用，何不树之于无何有之乡，广莫之野，彷徨乎无为其侧，逍遥乎寝卧其下。不夭斤斧，物无害者，无所可用，安所困苦哉?"(《逍遥游》) 吴怡指出，这个"大"并不是和"小"对立的，因为和"小"对立的"大"并不是真正的"大"。如泰山和毫末，虽然我们都知道泰山为"大"，毫末为"小"，但泰山比起天地来，泰山也就变成了毫末，不能再称为"大"。所以和"小"对待的"大"，不是庄子理想的"大"。庄子的所谓"大"，乃是指向上无穷的发展而已。因此他的大常和道并言，如大方、大通、大辩、大仁、大廉、大勇、大美、大顺等。① 可见，道家哲学语境中的"大小"语词具有比较深刻的意味，因为它涉入了道物关系，而我们也应该从道物关系角度予以把握之。

二

在《庄子》里，庄子通过与惠施的思想对话，将老子以来的大小之论进一步提炼为"至大至小"问题。《秋水篇》对此展开了较充分的讨论，揭示了"小""大"之间的相对性，现在请领略一下什么叫"秋水文章不染尘"：

秋水时至，百川灌河，泾流之大，两涘渚崖之间，不辩牛马。于是焉河伯欣然自喜，以天下之美为尽在己。顺流而东行，至于北海，东面而视，不见水端，于是焉河伯始旋其面目，望洋向若而叹曰："野语有之曰:'闻道百以为莫己若者'，我之谓也。且夫我尝闻少仲尼之闻而轻伯夷之义者，始吾弗信; 今我睹子之难穷也，吾

_____

① 吴怡:《逍遥的庄子》，广西师范大学出版社 2006 年版，第 128—129 页。

非至于子之门则殆矣，吾长见笑于大方之家。”北海若曰：“井鼃不可以语于海者，拘于虚也；夏虫不可以语于冰者，笃于时也；曲士不可以语于道者，束于教也。今尔出于崖涘，观于大海，乃知尔丑，尔将可与语大理矣。天下之水，莫大于海，万川归之，不知何时止而不盈；尾闾泄之，不知何时已而不虚，春秋不变，水旱不知。此其过江河之长，不可为量数。而吾未尝以此自多者，自以比形于天地而受气于阴阳，吾在天地之间，犹小石小木之在大山也，方存乎见少，又奚以自多！计四海之在天地之间也，不似礨空之在大泽乎？计中国之在海内，不似稊米之在大仓乎？号物之数谓之万，人处一焉；人卒九州岛，谷食之所生，舟车之所通，人处一焉；此其比万物也，不似毫末之在于马体乎？五帝之所连，三王之所争，仁人之所忧，任士之所劳，尽此矣。伯夷辞之以为名，仲尼语之以为博，此其自多也，不似尔向之自多于水乎？”河伯曰：“然则吾大天地而小毫末，可乎？”北海若曰：“否。夫物，量无穷，时无止，分无常，终始无故。是故大知观于远近，故小而不寡，大而不多，知量无穷；证向今故，故遥而不闷，掇而不跂，知时无止；察乎盈虚，故得而不喜，失而不忧，知分之无常也；明乎坦涂，故生而不说，死而不祸，知终始之不可故也。计人之所知，不若其所不知；其生之时，不若未生之时；以其至小求穷其至大之域，是故迷乱而不能自得也。由此观之，又何以知毫末之足以定至细之倪！又何以知天地之足以穷至大之域！”河伯曰：“世之议者皆曰：‘至精无形，至大不可围。’是信情乎？”北海若曰：“夫自细视大者不尽，自大视细者不明。夫精，小之微也；垺，大之殷也；故异便。此势之有也。夫精粗者，期于有形者也；无形者，数之所不能分也；不可围者，数之所不能穷也。可以言论者，物之粗也；可以意致者，物之精也；言之所不能论，意之所不能察致者，不期精粗焉。是故大人之行，不出乎害人，不多仁恩；动不为利，不贱门隶；货财弗争，不多辞让；事焉不借人，不多食乎力，不贱贪污；行殊乎俗，不多辟异；为在从众，不贱佞谄；世之爵禄不足以为劝，戮耻不足以为辱；知是非之不可为分，细大之不可为倪。闻曰：‘道人不闻，至德不得，大人无己。’约分之至也。”河伯曰：“若物之外，若物之内，恶至而倪贵贱？恶至而倪小大？”北海若曰:"以道观之,物无贵贱;以物观之,自贵而相贱;以俗观之,贵贱不在己。以差观之,因其所大而大之,则万物莫不大;因其所小而小之,则万物莫不小,知天地之为稊米也,知毫末之为丘山也,则差数睹矣。以功观之,因其所有而有之,则万物莫不有;因其所无而无之,则万物莫不无;知东西之相反而不可以相无,则功分定矣。以趣观之,因其所然而然之,则万物莫不然;因其所非而非之,则万物莫不非;知尧舜之自然而相非,则趣操睹矣。昔者尧舜让而帝,之哙让而绝;汤武争而王,白公争而灭。由此观之,争让之礼,尧桀之行,贵贱有时,未可以为常也。梁丽可以冲城,而不可以窒穴,言殊器也;骐骥骅骝,一日而驰千里,捕鼠不如狸狌,言殊技也;鸱鸺夜撮蚤,察毫末,昼出瞋目而不见丘山,言殊性也。故曰,盖师是而无非,师治而无乱乎?是未明天地之理、万物之情者也。是犹师天而无地,师阴而无阳,其不可行明矣。然且语而不舍,非愚则诬也。帝王殊禅,三代殊继。差其时、逆其俗者,谓之篡夫;当其时、顺其俗者,谓之义徒。默默乎河伯!女恶知贵贱之门,小大之家!"河伯曰:"然则我何为乎,何不为乎?吾辞受趣舍,吾终奈何?"北海若曰:"以道观之,何贵何贱,是谓反衍;无拘而志,与道大蹇。何少何多,是谓谢施;无一而行,与道参差。严乎若国之有君,其无私德;繇繇乎若祭之有社,其无私福;泛泛乎其若四方之无穷,其无所畛域。兼怀万物,其孰承翼?是谓无方。万物一齐,孰短孰长?道无终始,物有死生,不恃其成;一虚一满,不位乎其形。年不可举,时不可止;消息盈虚,终则有始。是所以语大义之方,论万物之理也。物之生也,若骤若驰,无动而不变,无时而不移。何为乎,何不为乎?夫固将自化。"

《秋水篇》所说的"以差观之,因其所大而大之,则万物莫不大;因其所小而小之,则万物莫不小",只是一种不同视野中呈现出来的大小关系,具有相对性;而从更根本的"以道观之"来看,大小、多少、贵贱都没有什么意义,结论即:"道无终始,物有死生。"《淮南子》更说:"凡物有朕,唯道无朕。"

为了充分了解老庄诸书中的"大小之论""小大之辩"所蕴含的哲学意义,我们更举几个例子:

夫道，于大不终，于小不遗，故万物备。广广乎其无不容也，渊
[渊] 乎其不可测也。形德仁义，神之末也，非至人孰能定之？夫至
人有世，不亦大乎？而不足以为之累；天下奋棅，而不与之偕；审乎
无假，而不与利迁。极物之真，能守其本。故外天地，遗万物，而神
未尝有所困也。通乎道，合乎德，退仁义，宾礼乐，至人之心有所定
矣！（《天道》）

夫有土者，有大物也。有大物者，不可以物；物而不物，故能物
物。明乎物物者之非物也，岂独治天下百姓而已哉！出入六合，游乎
九州岛，独往独来，是谓独有。独有之人，是之谓至矣。大人之教，
若形之于影、声之于响。有问而应之，尽其所怀，为天下配。处乎无
响，行乎无方。挈汝适复之挠挠，以游无端；出入无旁，与日无始；
颂论形躯，合乎大同，大同而无己。无己，恶乎得有有？睹有者，昔
之君子；睹无者，天地之友。贱而不可不任者，物也；卑而不可不因
者，民也；匿而不可不为者，事也；粗而不可不陈者，法也；远而不
可不居者，义也；亲而不可不广者，仁也；节而不可不积者，礼也；
中而不可不高者，德也；一而不可不易者，道也；神而不可不为者，
天也。故圣人，观于天而不助，成于德而不累，出于道而不谋，会于
仁而不恃，薄于义而不积，应于礼而不讳，接于事而不辞，齐于法而
不乱，恃于民而不轻，因于物而不去。物者莫足为也，而不可不为。
不明于天者，不纯于德；不通于道者，无自而可；不明于道者，悲
夫！（《在宥》）

神明至精，与物百化，……六合为巨，未离其内；秋毫为小，待
之成体。（《知北游》）

最后一段话是说，神明是最精微的东西，它存在于一切事物中。……
天地四方，在它之内；细微的毛发，也是由它构成的。所谓"至精"，驰
骋于万物之内，似乎是构成"万物"的基础的"原子"，但这并不能说明
《庄子》赞同原子论思考方式，更不能据此证明《庄子》具有原子论思
想。实际上，类似于"道无终始，物有死生"，我们也可以说"物有大
小，道无精粗"。换言之，"道"（"至精"）没有小大精粗之"数"
（分）。总而言之，"物"是时间和空间内的存在（existence），而"道"

（being）则处于时间和空间之外。这样一来，已经比较接近于古代哲人热衷讨论的"至小"、"至大"问题了：

> 至精无形，至大不可围。（《庄子·秋水》）
> 精至于无伦，大至于不可围。（《庄子·则阳》）
> 无形者数之不能分也，不可围者数之所不能穷也。（《庄子·秋水》）
> 大之无外，小之无内。（《管子·宙合》）
> 道……其大无外，其小无内。（《管子·心术上》）
> 灵气在心，……其细无内，其大无外。（《管子·内业》）
> 道可受今不可传，其小无内兮，其大无垠。（《楚辞·远游》）
> 深闳广大不可为外，折毫剖芒不可为内。（《吕氏春秋·下贤》）

蒙文通指出，至大至小之说或许起于名家，影响于道家，然而名家以之为概念，道家以之为实体，故曰恍惚不可致诘。① 其说非是。因为"至小无内、至大无外"乃道家规定"道"性质，即道不出现于空间之中的意思（道具有非空间性，同样也不具有时间性）。《庄子·天下篇》称引的惠子遗说，有所谓"大一、小一"（"至大无外，谓之大一；至小无内，谓之小一。"），但惠子思想仍是科学、经验、逻辑的思维，与庄子不同。惠施"小一"可以说是某种机械的原子论模式，而这种模式的背后则是理性思维（例如推理）。《庄子》下面一段话，表明了他站在"道"的高度（视域）否弃了执着于小大的物的立场和观点：

> 若物之外，若物之内，……恶至而倪小大？……以差观之：……因其所大而大之，则万物莫不大；因其小而小之，则万物莫不小。知天地之为稊米也，知毫末之为丘山也；则差数睹矣。（《秋水篇》）

大小毕竟是相对的，这也是《老子》（如第 2 章）的意思，《庄子》则更明确地阐论了物的相对性和道的绝对性，他说"由此观之，又何以知毫末之足以定至细之倪？又何以知天地之足以穷至大之域？"（《秋水

---

① 蒙文通：《论学杂语》，载《蒙文通学记》，生活·读书·新知三联书店 1993 年版。

篇》）只有这样，"道"才能彻底摆脱物的属性（如大小、终始）。

《庄子·天下篇》记述了"辩者"著名的"一尺之棰，日取其半，万世不竭"命题。《列子·仲尼篇》引"有物不尽"命题，据研究乃名家公孙龙之说。郭象《天下篇》注云："昔吾未览《庄子》，尝闻论者争夫尺棰连环之意，而皆云庄子言，遂以为庄生为辩者之流，案此篇较评诸子，至于此章，则曰其道舛驳，其言不中，乃知道听途说之伤实也。"实际上，在《庄子》眼里，公孙龙之流乃"坎井之蛙"，其学说也不足为训。上述两个命题不仅反常识（经验），同时也与道家"物有死生、大小"的观点相左，因此它们可以说是"反面教材"：倘斫一尺之棰而"日取其半"，却万世不竭，那么物便具有了空间上的无限性，这个"一尺之棰"就"有物不尽"。越俎（物）代庖（道），僭越物性，混淆了道、物间的根本分际，就是公孙龙之流的错误所在。

比较起来，《庄子》的讨论更加深入，比较明确地把时间性和空间性归结为物的性质而不是道的性质，就是说把空间时间因素剔除于"道"之外。他说："以其至小，求穷乎至大之域，是故迷乱而不能自得也。"（《天下篇》批评惠施语），何尝不是批评流俗尊信的原子论思维模式呢？我们的结论是，无论是老子的"大小之论"还是庄子的"小大之辩"，都在其思想逻辑的驱动下，趋向于、归结为"有无问题"，"有无问题"集中体现了"道物关系"最根本的方面。那么，道家哲学超越大小、多少等对立概念建构起来的"道的论说"，① 其实明确了"道"超空间（不出现于空间之中）的特征。这具有不容忽视的理论意义。

---

① 按，"多少"问题也屡见于《老》《庄》诸书，例如《老子》曰："虚而不屈，动而愈出。"（第5章）"圣人不积，既以为人，己愈有；既以与人，己愈多。"（第81章）《庄子·人间世》开篇即讨论多少问题，指出："夫道不欲杂，杂则多，多则扰，扰则忧，忧而不救。"又说："而目将荧之，而色将平之，口将营之，容将形之，心且成之。是以火救火，以水救水，名之曰益多。"《骈拇》亦言："骈拇、枝指，出乎性哉！而侈于德；附赘、县疣，出乎形哉！而侈于性。多方乎仁义而用之者，列于五藏哉！而非道德之正也。是故骈于足者，连无用之肉也；枝于手者，树无用之指也；多方骈枝于五藏之情者，淫僻于仁义之行，而多方于聪明之用也。是故骈于明者，乱五色，淫文章，青黄黼黻之煌煌，非乎？而离朱是已。多于聪者，乱五声，淫六律，金石丝竹，黄钟大吕之声非乎？而师旷是已。枝于仁者，擢德塞性以收名声，使天下簧鼓，以奉不及之法，非乎？而曾史是已。骈于辩者，累丸结绳窜句，游心于坚白异同之间，而敝跬誉无用之言，非乎？而杨墨是已。故此皆多骈旁枝之道，非天地之至正也。彼至正者，不失其性命之情。故合者不为骈，而枝者不为跂，长者不为有余，短者不为不足。是故凫胫虽短，续之则忧；鹤胫虽长，断之则悲。故性长非所断，性短非所续，无所去忧也。意仁义其非人情乎！彼仁人何其多忧也？"

《老子》中"物"之理论及生态意义研究

——郭店楚简本与王弼本的一个比较

孙柏林

（云南大学）

引 言

对于《老子》（或《道德经》）①而言，众所周知，其最核心的词汇是"道"，如陈鼓应先生说："老子哲学的理论基础是由'道'这个观念开展出来的。"②据陈鼓应本《老子》一书统计，"道"字总计出现 73 次，其有"道"字的章节共 37 章，近乎占全书章节的一半。除"道"之外，对《老子》中"有"、"无"等观念，也有许多的讨论，最早如魏晋时期的"崇有—尚无"之争。而据王弼本《老子》统计，"物"出现于书中的 27 个章次，共计有 37 处；关于"物"的另一个词"器"，出现于书中的 9 个章次（在第二十九章、第三十一章、第五十七章与"物"一同出现），共计 11 处。由此可以看出"物"在《老子》中也十分重要，奇怪的是，关于《老子》中的"物"的专门讨论却较少。

关于《老子》中"物"的研究大体有三个向度，按其讨论的热门程度依次总结如下：其一，现今由于生态危机日益严重，有部分学者关注"老子智慧"中的生态价值，因而找寻"物"的生态意义，以求处理好

---

① 关于本文主要采用《老子》版本的说明：（1）王弼本，［魏］王弼著《老子道德经注》，选自《王弼集校释》，楼宇烈校释，中华书局 1980 年版。（2）郭店楚简本，荆门市博物馆编《郭店楚墓竹简》，文物出版社 1998 年版。（3）陈鼓应本，陈鼓应注译《老子今注今译（参照简帛最新修订版）》，商务印书馆 2003 年版。（4）帛书本，国家文物局古文献研究室编《马王堆汉墓帛书（一）》，文物出版社 1980 年版。另外，本文中所引《老子》原文，皆用繁体字，王本和陈本只注明章节。

② 陈鼓应本，《老子哲学系统的形成和开展》，第 22 页。

"人与自然"的关系。①其二，受海德格尔思想的影响，致力于找寻海德格尔与老子或道家的亲缘关系，而就其双方"物"的意义做比较研究。②其三，直接讨论《老子》中的"物"的理论意义，经知网检索，这方面的论述只有近二十年前的一篇论文且其仍站在唯心、唯物的立场，认为"物"即经验世界。③

　　根据相关材料阅读和研究，笔者发现，目前对于《老子》之"物"的研究有以下不足：其一，对于"物"之理论意义的研究重视程度不够，缺乏一个基于《老子》具体文本研读后，对"物"的整体梳理和阐释。其二，对不同版本《老子》之间有关"物"之描述的差异，缺乏比较分析。其三，对于"物"的生态意义分析，也有待立足文本更深入的探讨，而不是简单地套用"深层生态学"理论。以上三点不足，便是本文研究的出发点及讨论的关键。

一　王弼本《老子》中"物"之理论意义研究

　　如前文所言，"物"在王弼本《老子》中出现的频率很高，共 37 次之多。④笔者下文将具体分析复合词"万物"，独立词"物"以及"无物"、"奇物"在王弼本《老子》中的理论意义。

（一）"万物"一词的理论意义

　　"物"作为复合词"万物"使用，出现于王弼本《老子》中的 16 个章次，总计 20 处。关于《老子》中"万物"的含义，通常解释为：宇宙间一切存在物。如《辞海》释"物"第八条："中国古代哲学概念。西周初期的'物'已具有较完整的存在物的意义。战国时老子以

---

　　①　如阳森：《〈老子〉中"物"的生态价值》，载《宝鸡文理学院学报（社会科学版）》，2005 年第 2 期；吴先伍：《"常善救物，故无弃物"中的生态智慧》，载《南京林业大学学报（人文社会科学版）》，2010 年第 2 期。

　　②　如王庆节：《道之为物：海德格尔的"四方域"物论与老子的自然物论》，选自《解释学、海德格尔与儒道今释》，中国人民大学出版社 2009 年版；蒋邦芹：《晚期海德格尔和老子在"物"中相遇》，载《华中科技大学学报（社会科学版）》，2008 年第 4 期。

　　③　参见芮宏明《试论老子哲学中的"物"》，载《安徽大学学报》，1995 年第 2 期。

　　④　在陈鼓应本中，"物"出现 36 次，同样分布于 27 个章次中。之所以少 1 次，由于王弼本句"万物草木之生也柔脆，其死也枯槁。"（第七十六章）陈先生考据后认为"万物"为衍文，故删后重订为"草木之生也柔脆，其死也枯槁。"（七十六章）也即"万物"只出现了 19 次。

'物'与'道'相对,提出'道者万物之奥'　(《老子·六十二章》)。"①

除了上引文的中的"万物"外,大部分"万物"亦可以宽泛解释为"一切存在物",如"有名万物之母"(第一章),"万物作焉而不辞"(第二章),"(道)渊兮似万物之宗"(第四章),"水善利万物而不争"(第八章),"万物并作"(第十六章),"侯王若能守之,万物将自实"(第三十二章),"万物恃之而生而不辞……衣养万物而不为主……万物归焉而不为主"(第三十四章),"侯王若能守之,万物将自化"(第三十七章),"天下万物生于有"(第四十章)、"三生万物……万物负阴而抱阳"(第四十二章),"是以万物莫不尊道而贵德"(第五十一章)"(圣人)以辅万物之自然,而不敢为"(第六十四章)等。但是把《老子》中的"万物"理解为"一切存在物"的总称,结合具体文本的分析,这种解释可能会遇到两个问题:第一,"万物"之中必须有"人"?第二,"万物"一定包含"器"?

《老子》文本中涉及"万物"的另4处(3个章次):其一,"天地不仁,以万物为刍狗;圣人不仁,以百姓为刍狗。"(第五章)这个"万物"可以不包含"人"在内,作狭义理解为"纯粹自然物"而与"百姓"并列。其二、三,"昔之得一者,天得一以清,……万物得一以生,侯王得一以为天下贞。……万物无以生将恐灭,侯王无以贵高将恐蹶。"(第三十九章)此章的两个"万物"也可以狭义理解为"纯粹自然物"而与作为人的"侯王"对举。其四,"人之生也柔弱,其死也坚强。万物草木之生也柔脆,其死也枯槁。"(第七十六章)陈先生注译此章时,删除了"万物"一词,如果保留则可把它理解为包含"草木"的一个更大的类"纯粹自然物"与前面的"人"并举。综上而言,可知《老子》中的"万物"可以涵括"人",但并非其中一定有"人"。

关于《老子》中"万物"与"器"的关系问题,笔者认为《老子》中"器"的基本含义为"用具",它是"有用而人制作之物",不具自我

---

①　夏征农、陈至立主编:《辞海》(第六版彩图版),上海辞书出版社 2009 年版,第 2433 页。

生成性，"制乃成，易则毁"。①如"埏埴以为器"（第十一章），"朴散则为器"（第二十八章），"（兵）不祥之器"（第三十一章）等。②故而《老子》中的"万物"也不必须包含"器"，可解释为"一切自然存在者"，只含"人"和"纯粹自然物"，如"水善利万物"（第八章），"万物并作"（第十六）之"万物"。

（二）其他"物"之词的理论意义

"物"作为一个独立词出现于王弼本《老子》中的 12 个章次，总计 14 处；另有 2 处为"无物"，1 处为"奇物"。"物"与"万物"在字源上的关联，王元化在《心物交融说"物"字解》指出："（王国维）指出物的本义不是万物，而是杂色牛，推之以名杂帛，后更因以名万有不齐之庶物。因此，万物乃物字的引申义。"③

《老子》中的"物"作为独立词大体有以下几种意义。

其一，"物"或指"道"，即"物—道"不分（2 个章次，3 处）。如"道之为物，惟恍惟惚……恍兮惚兮，其中有物"（第二十一章），"道之为物"即"道这个东西"，而"其中有物"，指"道"作为恍惚，似有若无，但并非绝对虚无，它是有实质的（相当于"道"之"有"）。又"有物混成，先天地生……吾不知其名，字之曰道"（第二十五章），"先天地生"的乃是"道"，"道生一，一生二，二生三"（第四十二章），因而此处的"有物混成"的"物"与"道"同义。

---

① 关于"器"与"物"，就其本义而言，其差别是比较明显的。"器"，许慎《说文》曰："器，皿也，象器之口。"段玉裁注："皿，饭食之用器也。然则皿专谓食器，器乃凡器之统称。"（（汉）许慎撰、（清）段玉裁注：《说文解字注》，上海古籍出版社 1981 年版，第 86 页。）也就是说，狭义的"器"指生饮食用的器皿（如《老子·第十一章》"埏埴以为器"）；而广义则可以一切人造物或制作物（如《老子·三十一章》"兵者，不祥之器"）。在《老子》中可以看出"器"和"物"的区分，但到《易传·系辞》"形而上者谓之道，形而下者谓之器"，这里的"器"与"物"义同。

② 王弼本《老子》中的"器"，有两处含义需要特别指出：其一，"天下神器，不可为也"（第二十九章），按陈鼓应先生的理解，"天下"指"天下人"，"神器"即"神圣的东西"，并引河上公注："器，物也，人乃天下之神物也。"（陈鼓应本"第二十九章"，第 188 页）据此理解，此处"器—物—人"则为同一。其二，"大方无隅，大器晚成，大音希声，大象无形，道隐无名"（第四十一章）该"大器"，"大象"等都是"喻道之物"，因而此"器"与"道"近。"大器晚成"，在帛书本中作"大器免成"（"老子乙本释文——德经"，第 89 页）。"免"，去也，去则不矣，"器"是合成者，"大器免成"即"大器不成"之意，与其他几者并举。（可参见高明《帛书老子校注》），中华书局 1996 年版，第 24—25 页。）

③ 王元化：《文心雕龙创作论》，上海古籍出版社 1984 年版，第 110 页。

　　其二，"物"或指"纯粹自然物"，不包含"人"（1 个章次，2 处）。如"是以圣人常善救人，故无弃人；常善救物，故无弃物，是谓袭明"。（第二十七章）此处"物"与"人"对举，来说明圣人之自然无为而无不为，其"物"便是"纯粹自然物"的意思。

　　其三，"物"或指"人"（2 个章次，2 处）。"其在道也，曰余食赘行。物或恶之，故有道者不处"（第二十四章），"夫佳兵者，不祥之器。物或恶之，故有道者不处"（第三十一章）。此两处的"物"与"有道者"并举，"恶"与"不处"并举，表示人的态度或情感，因而这里的"物"即"人"的意思。

　　其四，"物"或指"万物"（一切自然存在者），因句式及行文习惯而省"万"字（7 个章次，7 处）。如"夫物芸芸，各复归其根"（第十六章），"物壮则老"（第三十章、第六十五章），"故物或损之而益，或益之而损"（第四十二章），以上 4 处的"物"，包含纯粹自然物和人，阐明了一切自然存在者之"物极必反（返）"的状态。又"故物或行或随，或歔或吹……是以圣人去甚，去奢，去泰"。（第二十九章）这里"物"与"圣人"并举，万物各具其性，圣人应顺而不施，因而不为，任期自然。"道生之，德畜之，物形之，势成之"（第五十一章），《管子·心术上第三十六》云："物固有形，形固有名。""物形之"，即万物具有自己的形体。最后"玄德深矣，远矣，与物反矣，然后乃至大顺"（第六十五章），陈鼓应认为"与物反矣"有两种解释：第一，德与万物的性质相反；第二，德同万物复归于真朴，即返于道；并且赞同第二种解释。①

　　"物"在《老子》中，除了作复合词"万物"、独立词"物"外，还有为复合词"无物"和"奇物"的情况。

　　《老子》中的"无物"解。"其上不皦，其下不昧，绳绳不可名，复归于无物。是谓无状之状，无物之象。是谓惚恍。"（第十四章）此段文字中的两处"无物"皆于"道"相关：前者直接指"道"，意即复归于道；后者则是对"道"的描述。

　　《老子》中的"奇物"解。"天下多忌讳，而民弥贫；民多利器，国家滋昏；人多伎巧，奇物滋起；法令滋彰，盗贼多有。"（第五十七章）

---

　　① 参见陈鼓应本，"第六十五章"，第 305、306 页。

此处的"奇物",多训为"邪事"①,也即此"物"为"事"意。②笔者认为"奇物"亦可理解为"奢器",因前文"人多伎巧"说人有许多的技术,善制作,故而"奢器"多而滋生、蔓延,乱人心性,"五色令人目盲,……难得之货令人行妨。"(第十二章)。

(三)"物"与"道"及"有—无"之关系

在王弼本《老子》中,"道""物"与"有—无"之间的关系复杂,许多学者的解释也陷入一种自相矛盾之中。如果"有"、"无"均指称"道",那么"天下万物生于有,有生于无"(第四十章),这里的"有"何指?按王弼"以无释道",此"有"具象化为天地、阴阳等,则与"有无相生"(第二章)相悖。③

通行本《老子》中的"有""无",陈鼓应先生分"道"与"物"两个层次来进行论述,这对解决上述阐释中的矛盾提供了一条继续深入的路径。

老子的"有""无"须分道与物两个层次来说。就道而言,"有"、"无"见于通行本《老子》第1章与第40章;就物而言,有、无则见于第2章与第11章。层次之分,是首先要辨明的。如第1章、第2章都出现"有"、"无"概念,但首章有、无乃指称本体界之形上道体;而第2章之有、无则就现象界中的一组事物之对待关系而言。④

下文中笔者欲接着陈鼓应先生的观点,具体以王弼本《老子》第一、十一、四十章与第二章为核心,继续讨论道、器、物与有、无之关系问题。

1. "道"之有、无

"道可道,非常道。名可名,非常名。无名天地之始,有名万物之

---

① 参加王弼本,"第五十七章",第150页;陈鼓应本,"五十七章",第281页;帛书本,"甲本释文—德经"注二六,第8页。

② 训"物"为"事",可参见《康熙字典》:"又《玉篇》:事也。《易·家人》:君子以言有物,而行有恒。疏:物,事也。《礼·哀公问》:敢问何谓成身。孔子对曰:不过乎物。注:物犹事也。"(汉语大词典编纂处整理:《康熙字典》(标点整理本),汉语大词典出版社2002年版,第651页。)

③ 参见陈鼓应《从郭店楚简本看〈老子〉尚仁及守中思想》,载《道家文化研究·第17辑·郭店楚简专号》,陈鼓应主编,生活·读书·新知三联书店1999年版,第79页。

④ 陈鼓应:《论道与物关系问题(上)——中国哲学史上的一条主线》,载《哲学动态》,2005年第7期。

母。故常无欲，以观其妙；常有欲，以观其徼。此两者同出而异名，同谓之玄，玄之又玄，众妙之门。"（第一章）此章王弼以"无名、有名，无欲、有欲"断句，今从陈鼓应先生，均以"有、无"断句。①据此章可以看出，《老子》中的"有、无"是对等的，是关于"道"的不同描述，相当于一体之"道"的两面。郭象《庄子·齐物论》注曰："无既无矣，则不能生有。有之未生，又不能为生。然则生生者谁哉？块然自生耳。"②可知其蔽于有而不知无，把道之"无"理解为虚无，任何东西都没有。《老子》中"道"之"无"，是指"道"的否定性和无限性，无定形而不可见、无定名而不确知；"道"之"有"，则指"道"确实存在，"其中有信"（第二十一章）：它是万物产生的根源，是万物生长、发展的基础、规律和准则。

2. "器"之有、无

"三十辐，共一毂，当其无，有车之用。埏埴以为器，当其无，有器之用。凿户牖以为室，当其无，有室之用。故有之以为利，无之以为用。"（第十一章）此处的"器"是狭义的器，即皿，生活饭食之用的器皿；其广义为人制作之用具，车、室亦可合称为器。"器"之"有"，指器的实体。"有之以为利"，直接的便利或器具之功利的发生是由于其实体。比如碗盛水或饭，直接是由碗之实体而保持水或饭；又锤子敲击，直接是由锤子之实体的接触而提供便利。而"器"之"无"，指隐于产生功利或便利之后的整个关系或发生关系的场域。碗之所以有盛水或饭的用途，是因为人生活需要饮食，而把它制作成凹的形状，并且只有在整个人口渴或饿的关系场域中，它才满或空；锤子敲击，是人需要用它敲打钉子，而制作成实心，且只有在人需要盖房子而发生的关系场域里，它才敲击或被放在柜子。

3. "物"之有、无

"反者道之动，弱者道之用。天下万物生于有，有生于无。"（第四十

---

①　参见陈鼓应本"一章"，第73—79页。因"有、无"，经《老子》论述，而发展成为中国哲学本体论或宇宙论的一个重要范畴，以此断句，更有利于从哲学上阐释《老子》。

②　（晋）郭象注，（唐）成玄英疏，曹础基、黄兰发点校：《南华真经注疏》，中华书局1998年版，第26页。关于郭象哲学中"有"之范畴的有关讨论，可参见冯达文《郭象哲学的"有"范畴及其文化含蕴》，载《道家文化研究·第四辑》，陈鼓应主编，上海古籍出版社1994年版，第232—240页。

章）这里的"万物"，是指一切自然存在者，也即一般理解意义上的
"物"。此"物"与"器"的差异在于，"物"能自我成长、变化且保持
自身特质，如草木荣至枯、人之生到死。而"器"一旦制成之后，如果
其形发生改变，那么其有用性也随之变化，则不再是原先自身，而变为其
他，如碗碎、锤朽。所谓"物"的"有"，指其有名、有形。"万物生于
有"与"物形之"（第五十一章，"之"即物）之义近。此处"生"为长
出、成形。① "物"的"无"，则是指其生成性、变化性、可能性。草木
生长、山川蜿蜒、石玉生窍……正是"物"的无，才保证了"器"的可
能，及其功用。因而"物"乃是连接"道"与"器"的枢纽。②

4. "有无相生"之有、无

"天下皆知美之为美，斯恶已。皆知善之为善，斯不善已。故有无相
生，难易相成，长短相较，高下相倾，音声相和，前后相随。"（第二章）
"有无相生"，可作两种解释：其一，有、无并存，即任何事物都不能孤
立自存，而是与其对立面相依、共存；其二，有、无相互转化，即有化为
无，无变成有。陈鼓应先生说，如果是第二种理解的"有无相生"，则只
能指"物"层面的有、无，不能指"道"层面的有、无。③ 作为"道"的
有、无是绝对分别的，是对于"道"不同特点的描述，而只有当其显现，
落实到"形下"的层面时才有相互转化的问题，如"太极图"中黑白
（阴阳）变化就是对事物变化的把握。另外，"器"（制作物），其也没有
有、无相互转变的问题。因为一器如果改变，则变为他器或非器，虽可能
有新的有、无产生，但这与此前之器已无涉。

二　郭店楚简本《老子》中"物"之理论意义研究

郭店楚简本《老子》中，甲组有"物"字 10 处：其中 6 处为"万
物"，又"奇物""法物"各 1 处，独立词"物"2 处；乙组无"物"一

---

① "生"，《说文》："生，进也。象草木生出土上。"（《说文解字注》，第 274 页）也就是
说，"生"的本义是草木从土下的"无"，到地上赋形而可见的"有"的过程。

② 有学者指出船山论"道""器"之关系是"物兼道器"；但王夫之所言的"器"是具体
的表现于为外的物质形式，而"物"则是一般意义上的事物的共相。与本文的论述有很大差异。
（参见李秀娟《物兼道器与一体两面——试论王船山对传统道器观的价值开新》，载《船山学
刊》，2009 年第 1 期。）

③ 陈鼓应本"二章"，第 81 页；"十一章"，第 117 页。

词；丙组有 1 处"万物"（此与甲组文字基本重合）；共计 11 处。而"道"字在甲、乙、丙三组中，分别有 14、10、2 处，共计 26 处。如果单就郭店楚简本《老子》最核心、最有价值的甲组而言，"道"与"物"出现的频率是比较接近的（当然就义理而言，"物"的意义可能要单薄些）。

（一）郭店楚简本《老子》中"物"义疏证

郭店楚简本《老子》中涉及到"物"的章句如下：

1. 甲组简 12—13：是故圣人能辅万物之自然，而弗能为。（六十四下）①

2. 丙组简 14：（圣人）是以能辅万物之自然而弗敢为。（六十四下）

3. 甲组简 13：道恒亡为也，侯王能守之，而万物将自化。（三十七）

4. 甲组简 14：知以静，万物将自定。（三十七）

5. 甲组简 17：万物作而弗始也，为而弗恃也，成而弗居。（二）

6. 甲组简 18—19：道恒亡名，朴虽微，天地弗敢臣。侯王如能守之，万物将自宾。（三十二）

7. 甲组简 24：万物旁作，居以须复也。天道员员，各复其根。（十六上）

8/9. 甲组简 30—31：夫天多忌讳，而民弥叛。民多利器，而邦滋昏。人多知天，[而] 奇物滋起。法物滋彰，盗贼多有。（五十七）

10. 甲组简 35：物状则老，是谓不道。（五十五）

11. 甲组简 37：返也者，道动也。弱也者，道之用也。天下之物生于有，生于亡。（四十）

上面 11 处关于"物"的讨论，除多了 7/8 中的"法物"（王弼本作"法令"）1 处，又 10 中的"之物"（王弼本做"万物"）外；其他基本都可以在上文"王弼本《老子》中'物'的理论意义研究"的相关讨论中找到。"法物"，河上公注为"珍好之物"，又"不贵难得之货，使民不为盗"（第三章），"法物"或指钱币、货物。②故而除"奇

---

① 文中所引郭店楚简《老子》文本，基于郭店楚简本的释文；文中"甲组简 12—13"即表示"郭店楚简本《老子》，甲组第 12—13 简"；下标的数字为简号；句后括号内的中文数字表示其对应于王弼本中的章节，此据陈鼓应本"附录二"，第 431—440 页。

② 参见彭裕商、吴毅强《郭店楚简老子集释》，巴蜀书社 2011 年版，第 314—319 页。

物""法物"之"物"训为"器":人制作之用具①;其余"物"即"万物"(一切自然存在者):人及纯粹自然物。由此,可以看出在郭店楚简本《老子》中,"道"与"物"的区别是很明显的,并没有"物"即"道"的情况出现。

(二)"道"与"物":郭店楚简本与王弼本《老子》中几处文字的比较

1. 甲组简21:有状混成②,先天地生。(二十五)

王弼本第二十五章:有物混成,先天地生。

此句王本中的"物",笔者在上文中指出其即为"道"。楚简释为"状","无状之状,无物之象"(第十四章),更符合《老子》文义,也可避免一些误解发生,如"道"是"唯物"还是"唯心"的争论。

2. 甲组简24:天道员员③,各复其根。(十六上)

王弼本第十六章:夫物芸芸,各复归其根。

此句王本的"夫物",楚简本为"天道",且王本多一"归"字。在王本中,"复"意为"又"或"再次",其句指:万物生长,各自又返回它们的本根——道。"道"生万物,万物生长,并最终又回归于"道"中。而楚简本少一"归"字,"复"则为"还"或"返回"。"天道"是本真之"道"的体现,④该句意:"道"环周圆转,周而复始。

---

① 郭店楚简本《老子》文本中有2处"器":甲组简30的"民多利器"(五十七),以及乙本简12的"大器曼成"(四十一),另有1处缺文:丙本简6的"故曰兵者□□□□□"(三十一中下),据王弼本补为"非君子之器"。关于"大器曼成",《说文通训定声》中讲"曼"与"无"字通:"《小尔雅·广诂》:'曼,无也。'"(朱骏声:《说文通训定声》,中华书局1984年版,第753页)。赵建伟、廖名春等认为"曼"可与从"免"之字通。(参见《郭店楚简老子集释》,第452—457页。)

② 此句依裘锡圭等,具体可参见《郭店楚简老子集释》,第208—213页。郭店楚简本整理者读为"有道混成",帛书本为"有物昆成"(帛书本,"甲本释文—道经",第12页;"乙本释文—道经",第97页)。

③ 此句帛书本,"甲本释文—道经"作"天物云云",第11页;"乙本释文—道经"作"天物魂魂",第96页。亦可参见《帛书老子校注》,第300—301页。

④ 如"天之道,不争而善胜,不言而善应"(第七十三章),"天道无亲"(第七十九章),"天之道,利而不害"(第八十一章)。

3. 甲组简 37：天下之物生于有，生于亡①。（四十）

王弼本第四十章：天下万物生于有，有生于无。

此句王本比楚简本只多一"有"字，但其引起文义的变化却是根本性的。陈鼓应先生指出："虽一字之差，但在哲学解释上具有重大的差别意义。因为前者属于万物生成论问题，而后者则属于本体论范畴。"②笔者在前文中层论述，王本中的是"物"层次的"有""无"，乃是生成论性质的，指万物由无形质到有形质的变化过程，其"有""无"能够相互转化。而郭店楚简本的"有""无"乃是本体之"道"的层次，此"有""无"不能转化，是"道"的一体两面，因"道"能生"物"，即其"有"生"物"和其"无"生"物"。张祥龙先生也指出，对于《老子》之"道"的理解有"水平（域）的"（有无相生）和"垂直的"（有生于无）两种方式，依郭店楚简本可以看出，《老子》之"道"原初或为"水平式的"，而"垂直式的"（突出"无"的本体优越性），可能是从战国中期的黄老学开始的。③

通过以上几处郭店楚简本与王弼本的比较，可以看出《老子》文本处于郭店楚简时期，内容虽单薄一些，但其文义更清晰，且更有条理；而到王弼本，内容充实而复杂，相应的内部矛盾也就增多，从而导致其阐释的艰难性和歧义性。

三　《老子》中"物"之生态意义研究

生态（Eco—）一词源于古希腊词语 oikos，其意为"在家""住所"

---

①　亡，通"无"。《说文》："亡，逃也。"（《说文解字注》，第 634 页），然甲骨文"亡"，其义皆为有、无之"无"。因而可推断，"亡"的原意并不是"逃"，而是"无"。只是到许慎的时代，"亡"其原意已经不明显了。"无"，其原意为"舞"；而《说文》："无，亡也"（《说文解字注》，第 634 页），可知此时"无"之原意已隐蔽了。（参见徐中舒主编：《甲骨文字典》，四川辞书出版社 1990 年版，第 1386—1387 页。）另外在郭店楚简《老子》中，甲、乙组一般用"亡"而不用"无"（除甲组 31 简的"我无事而民自富"），丙组则用"无"不用"亡"，这说明《老子》成书存在时间上的差异，不仅在各版本之间，单本内部也存在。

②　参见陈鼓应《从郭店楚简看〈老子〉尚仁及守中思想》，载《道家文化研究·第 17 辑》，第 78—79 页。亦可参见陈鼓应本，"四十章"，第 226—228 页。

③　参见张祥龙《有无之辩和对老子道的偏斜——从郭店楚简〈老子〉甲本"天下之物生于有/无"章谈起》，载《中国哲学史》，2010 年第 3 期。

"栖息地"等。① 1866 年，德国生物学家恩斯特·海克尔（Ernst Haeckel）提出"ecology"的概念，当时认为它是研究生物（有机体）与环境（包括生物的和非生物的）相互关系的科学。日本东京帝国大学三好学（Miyoshi Manabu）于 1895 年把 ecology 译为"生态学"，此汉译大约在 1935 年之前由武汉大学张挺教授介绍到我国。②

西方生态伦理思想中，人对生态（自然③）的态度大体经历三个阶段：第一，"人类中心论"，人的理性至上，自然是供人利用、促人发展的资源。第二，"自然中心论"，自然存在都有其自身内在的价值，人应敬畏所有生命。第三，"生态中心论"，人与自然地位平等、和谐共存。④

关于中国古代智慧尤其是道家思想的生态意义，不但是国内学者研究的一个热点，许多国外学者也已意识到其价值，如美国物理学家卡普拉说："在伟大的诸传统中，据我看，道家提供了最深刻并且最完美的生态智慧，它强调在自然的循环过程中，个人和社会的一切现象和潜在两者的基本一致。"⑤当代澳大利亚生态哲学家也评价："道家思想是一种生态学的取向，其中蕴含着深层的生态意识，它为'顺应自然'的生活方式提供了实践基础。"⑥另外有研究者指出西方"深层次生态学"理论的建构吸收了"道家"思想。⑦

接下来的部分，笔者将以上文"物"的理论意义研究为基础，从四个方面论证《老子》处理"物"的智慧及其生态意义。

（一）人与自然之"物我合一"

狭义的"生态"，主要研究人与自然生态系统（环境）的关系。《老

---

① 参见［英］哈德编《牛津英语词源词典》，上海外语教育出版社 2000 年版，第 141 页。

② 参见谢平《从生态学透视生命系统的设计、运作与演化——生态、遗传与进化通过生殖的整合》，科学出版社 2013 年版，第 2 页。

③ 本章论述的"自然"如无特殊说明均指"自然界"，这与《老子》中的"自然"（自己而然、自然而然）有一定的差别。

④ 参见曹明德《从人类中心主义到生态中心主义伦理观的转变——兼论道德共同体范围的扩展》，载《中国人民大学学报》，2002 年第 3 期。

⑤ Fritjof Capra. Uncommon Wisdom: *Conversations with Remarkable People.* Simon & Schuster edition. 1988, 36.

⑥ Richard Sylvan and David Bennett. *Taoism and Deep Ecology.* In The Ecologist. 1988 (18), 148.

⑦ 参见陈霞《国外道教与深生态学研究综述》，载《世界宗教研究》，2003 年第 3 期。

子》的"生态智慧"可能并不是专门针对"环境问题"的思考而产生的，而是源于人对自身的存在方式之思。

"道生万物"（第四十二章），人和其他自然物便归于一个共同的起源——"道"。"人法地，地法天，天法道"（第四十二章，甲组简23），则表明人和天地都同样遵循"道"的法则，"道"乃是天地万物（包括人）生存、发展的根基。"夫物芸芸，各复归其根"（第十六章，甲组简24"天道员员，各复其根"），"道"也是万物最终的归宿。在"道"之中，人和物（纯粹自然物）的生、长、亡都是共同一体的。人并不主宰物，也不仆从于自然，两者是一种平等、共存的关系。

"物我合一"。这里的"一"即"道"（与《老子》中"昔之得一者，天得一以清，地得一以宁"（第三十九章）之"一"意同）。这种"合"，最本真的不是指分开之后的重新复合，而是一种源始的人与万物的同源、同质（"道"）。怎样保持这种源始的同一性之合呢？无为。人原初的与自然有一种亲密关系，但人的妄作，"人之道则不然，损不足以奉有余"（第七十七章），使人与"道"分离，与自然隔阂且强假于物。若"无为"，则"万物将自化"（第三十七章，甲组简13）。

（二）人与器具之"见素抱朴"

《老子》中的"物"一般是指"自然存在者"，与"器"（器具、用具或人造物）有一定区分，但也有通用的例子，如"人多伎巧，奇物滋起"（第五十七章，甲组简30—31"人多知天，［而］奇物滋起"）之"物"。现今我们一般把"物"理解为"一切存在者"，而作为人造物的"器具"在现代的影响也日趋深远，人与技术的关系日益异化，《老子》的"见素抱朴"之思对于如今处理"人与器具"的关系问题，有一定的借鉴意义。

"现代技术危机"，在马克思看来是资本或劳动异化的结果，它是人的本质力量的颠倒：人所创造的一切有价值的东西都变成它自己的反面；对于海德格尔则是技术作为"座架"，人生产它，使它施于自然而求过分的回报，最后却自身控制不了它，反受其掣肘。①

---

① 参见陈志刚《马克思和海德格尔的技术批判思想之比较》，载《自然辩证法研究》，2002年第2期。

"见素抱朴"（第十九章，甲组简2"视素保朴"），"朴"本指未经加工的木材，"素"为没有染色的丝，"朴素"意即质朴无华。①《老子》言"道常无名，朴虽小，天下莫能臣也。"（第三十二章，甲组简18）"朴散则为器，圣人用之则为官长。故大制不割。"（第二十八章）"朴"乃"道"的特征和表现，人制作器具何以可能呢？人必须顺道之朴，依物之性，合人之用，方可制成。"大制不割"：最高明的制作，便是不割裂、保持物本真之质朴与道性。人如果合"道"，不忘"器"源于原初之"朴"，保持本心，则能守"器"之用，利于自身又不为其所累。

（三）人与他者之"贵柔不争"

现代都市化的人际关系往往陷入两个极端之中：陌生、敌视。所谓"陌生"即现实中人与人之间的关系越来越疏远，不易相信别人，对人冷漠。而"敌视"则是人与人交往时，容易片面放大自己的欲求，当其得不到实现时便觉得自己的利益受到威胁，而敌视或仇恨他人。《老子》以水譬"道"时指出的"水之德"：贵柔、不争，对于怎样处理人与他者的关系有指导意义。

"水德"之"不争"："上善若水。水善利万物而不争，处众人之所恶，故几于道。……夫唯不争，故无尤。"（第八章）水处于低下、卑微的位置，奉献自身而对他者有益，却不求回报、不争名位。人不争，便是"得道"的表现，古则可为圣贤，今则能为优秀领导者。

"水德"之"贵柔"："天下莫柔弱于水……弱之胜强，柔之胜刚。"（第七十八章）柔则善化，能随机应变，豁达大度，变通而胜刚。弱则坚韧，能持之以恒，水滴石穿，长久而胜强。

（四）人与自己之"爱身静心"

在现今这个浮躁的社会，众人追名逐利，最难的是保持本心、做自己，人之身心处于一种矛盾而分离的状态。现代人与自己"身心"的分离，大体有四种表现：轻身、害身、惘心、燥心。或过分追逐名利而轻身，或放纵食色之欲而害身，或不懂生命意义而惘心，或陷于现实生活而

---

① 参见辞海编辑委员会编《辞海》（1999年版缩印本），上海辞书出版社2000年版，第3544、3472页；《说文解字注》，第252、662页。

燥心。《老子》中的"爱身静心"思想，能缓解身心的背离，使现实生活中的人知足、安宁、幸福。

爱身。《老子》言："名与身孰亲？身与货孰多？得与亡孰病？"①（第四十四章，甲组简35—36）名誉和身体，哪个与人亲近？财物与身体，哪个对人有益？得利与亡身，哪个有害？此意名利乃身外之物。因名利而轻生，即舍自身而求外物，是舍本逐末、得不偿失。又因食色而害身者，不惜己身，何以爱他身？"故贵以身为天下，若可寄天下；爱以身为天下，若可托天下。"（第十三章，乙组简7—8）贵身、爱身之人，方可寄托天下于他。

静心。"归根曰静，静曰复命。"（第十六章）静，就是返回自身的命运，回归于道之中。"躁胜寒，静胜热。清静为天下正。"（第四十五章，乙组简15）人如果"少私寡欲"（第十九章，甲组简2），则能静，静则生慧，天下万物都能保持自身本质，平和、安宁。"惘心"不知生命之意义，因忘根，"燥心"不明生活之本质，因忘本。心静，则知足、安宁，便能归根返本，与"道"为一，自然而然、保持本心。爱身、静心，则身心合一，圆满而幸福。

结　语

《老子》对于"物"的论述，具有深刻的理论及生态意义。其一，就"物"的理论意义而言，郭店楚简本《老子》中的"物"含义明晰，基本指"一切自然存在者"；而其在王弼本《老子》中则比较复杂，"物"还或意指"道"。此外关于"有""无"的讨论，也要基于"物""道""器"的差异，才能说得更清楚。其二，就"物"的生态意义来说，它为处理当下"人与自然的矛盾""人与器具的异化""人与他者的敌视""人与自己的分离"都有一定的指引和借鉴作用，有利于我们塑造和谐的"生态"之整体。

---

① 王弼注曰：尚名好高，其身必疏。贪货无厌，其身必少。得多利而亡其身，何者为病也。（王弼本，"第四十四章"，第121—122页）

老子及道家的根本道论

张广保

（北京大学哲学系教授）

老子及其开创的道家学派在中国历史上第一次系统阐述了以"道"为核心范畴的思想体系。自此之后，"道"就成为数千年来中国传统文化中最具有象征性的文化表述符号。人们正是据此将中国文化——这种有着浓厚人文色彩的文化系统与世界上其他主要奠基于神性中心的文化系统，例如基督教文化、伊斯兰文化等加以区分。换句话说，以"道"为核心的一组思想文化符号实际上就是中国传统文化的标识。"道"既是道家、道教学说的基本范畴，同时也蕴含着道家、道教的根本精神。美国学者亨廷顿在《文明的冲突》一书中，对冷战之后出现的世界各种力量新格局进行反思，提出了一种理解世界的新的思路。他淡化了过去那种以民族的、意识形态作为标示符号的观点，而只讲文明之间的"交锋"。其中提到冷战之后，中国的儒家文明、基督教文明及伊斯兰文明等文明之间将展开生存发展的竞争。未来世界历史将围绕此一主线而展开。该著作对文化的研究跨越了民族的传承。这种独特的视角对于我们的研究具有相当的启发意义。但是，书中以儒家文明来指代中华文明显然是不恰当的。因为中国的文明实际上是以儒家为表显的三教合一的综合文明，正是这一点使它有别于其他文明，而凸显出中国文明的包容性。中国文明是与儒、释、道等三支为基干支撑起来的，它们共同构筑起中华文明的核心价值系统。儒、释、道三教各有擅长，它们互相补充，长期以来对传统社会广泛渗透，对中国古代历史同时产生深刻影响。南宋孝宗曾说，中国文明是以佛教治心，以道教养生，以儒教治国。这句话恰当地指出了三支文化力量在中国所占有的位置。如果说世界上其他几种主要文明像基督教文明、伊斯兰文明只是一种单一宗教文明，相比之下，中华文明就是以儒、释、道互补为基本特征的复合结构。三足鼎立，其支撑更牢固。这也可以在一定程度上解释中国古代社会具有超强稳定性的原因所在。

一　道的内在超越性

道在中国文化中是一个极为奇特的概念，从我国现存文献来看，先于《老子》而出现的《尚书》《诗经》都出现了"道"字，如《尚书·大禹谟》的"人心惟危，道心惟微，惟精惟一，允执厥中"。《诗经·邶风》"道之云远，曷云能来？"从这些语句来看，它们中有些已对"道"作了一定程度的抽象，"道"已具有某种抽象的含义。如《尚书·说命下》的"道积于厥躬"即是。然而，在《尚书》、《诗经》中，"道"尚未达到最高的抽象，它尚未成为最高的、具有终极实体特性的概念，充当这一角色的是带有浓厚人格意志色彩的天。正是老子第一次对"道"作了最彻底的抽象，从而为中国哲学创立了一个最高的终极实体概念，从中国思想史、哲学史的角度看，这是思维的一次突破，它为哲学的建立奠定了基础。然而，老子的"道"并不像古希腊哲学中作为始基概念的水（泰勒斯）、气（阿那克西曼德）、不定者（阿那克西美尼）甚至德谟克里特的原子。"道"既具有创生天地万物的特性，因此无疑它是宇宙万物赖以创生的终极实体。同时"道"又超越有形物质世界之上，它是永恒者，是世界万事万物的最终栖宿、归依之处所。这样，"道"作为一种最高实体既是哲学的奠基点，同时又内在地蕴含着超越哲学进入宗教领域的契机。

在先秦道家中，老子对"道"作了最经典的描述。尽管老子认为道不可言说，不可称谓（道可道，非常道；名可名，非常名。），然而他还是对"道"有所言说，这实在是一种不得已的做法。老子对"道"的描述可分为这么几种：其一是对"道"的形象从正面加以描述。如二十一章说："道之为物，惟恍惟惚，惚兮恍兮，其中有象；恍兮惚兮，其中有物；窈兮冥兮，其中有精；其精甚真，其中有信。"这是肯定"道"是一种有，是一种存在，由此言说便将道与绝对否定性的空无区分出来。然而"道"之为物，又具有恍惚杳冥的性格，由此推论，"道"并非一种普通的存在，而具有极为独特的存在性征。在十四章中，老子又进一步论述了"道"存在的这种独特性，其云："视之不见，名曰夷；听之不闻，名曰希；搏之不得，名曰微。此三者不可致诘，故混而为一。其上不皦，其下不昧，绳绳兮不可名。复归于无物。是谓无状之状，无象之象，是谓惚恍。迎之不见其首，随之不见其后。"此处对二十一章提到的"恍惚"作了解释，指出所谓恍惚（惚恍）乃是无状之状，无象之象，即不是像普通的事物那样拥有一种具体可见的形象。另外，此段特别指出"道"的存在无法以视、听、搏等感觉形式予以确证。那么"道"是否如"逻各斯"一样是一种通过人类理性抽象出来的一种精神存在呢？根据十九章所说的"绝圣弃智，民利百倍"，三章的"绝学无忧"及四十八章的"为学日益，为道日损，损之又损，以至于无为"等论述，"道"也绝对不是人类精神构造出来的一种观念存在。可以说"道"既不同于赫拉克利特描述的"逻各斯"，又不同于黑格尔哲学体系中的绝对精神。那么"道"究竟是什么呢？按照老子对"道"的理解，"道"的观念或者道之名固然是人所给定的，但这种给定并不是"道"之本性的自然呈现，而是人们想对"道"有所言说而采取的一种不得已的做法。毕竟"道"在本质上是超越一切名言的意指。人们将那不可言说之存在命名为"道"，并没有表达什么具体的内涵，而仅仅是一种标识。至于"道"的实体本身是完全存在于人的感觉、理性之外，而为人类精神所无法把握。进而言之，人类精神不仅无法触及作为终极实体的道。相反地正是因为人彰显了他的精神，才使道体处于遮蔽的状态。人之精神遮障了道，这是老子"为学日益，为道日损"一语的真正意指。论及于此，有人可能会询问：既然"道"存在于人类精神的视域之外，那么老子本人又是如何体证那窈冥恍惚的道之存在呢？这一问题的确很关键。值得我们认真地思索。从老子《道德经》全书叙述的主旨来看，他把人们的体道活动与其生存状态直接联系起来，指出：人们只有放弃异化的、悖道的生活行为（这其中既包括各种具体的实践行为，也包括抽象的意识行为及心理状态），从而彻底改变人的生存状态，才能最终消除人之生存中遮蔽道之光辉的阴影，使之重现于光明之中。正是居于这种认识，老子一再强调人的生存应复返"素""朴"的状态，并以无智无识的婴儿作为体道之举的象征。如《道德经》十九章之"敦若朴""见素抱朴"，二十章的"若婴儿之未孩"，二十八章的"复归于朴""常德不离，复归于婴孩"。按照老子的思想，人们属于"素""朴"的存在才是生命的本真状态，才是与"道"契合的完满存在；而人的现实存在由于其向己而存的障蔽，使其与原初的道体相互隔绝，因此是一种远离道的存在。老子在书中对何谓人的本质存在作了大量的叙述性论述，其根本宗旨莫不归依反世俗之道而为之。其所论体道状态之"素"、"朴"，实在就是世人诈、伪的对立面。

然而，老子在《道德经》中对道的论述并非全然是消极性的，他也从积极的、肯定的方面对"道"作了某种界定。这其中值得我们关注的就是将"道"与天地万物的创生联系起来，认为"道"系创生天地万物之本根。在《道德经》的寥寥五千文中，老子不惜笔墨讨论起万物创生的问题，这实在值得我们深思。其实老子这么做并非出于纯粹认知方面的兴趣，这属于"为学"之事，对"为道"毫无助益。他之所以讨论宇宙创生论，乃是因为天地万物创生的本身就是道的显现，道在其生成天地万物的同时将自身澄明于世。这是老子根基于道论的本根论与古希腊哲学纯粹认知性的宇宙论的根本差异所在。有关本根论的内容在《道德经》中随处可见，例如二十五章说："有物混成，先天地生。寂兮寥兮，独立而不改，周行而不殆，可以为天下母。吾不知其名，强字之曰道，强为之名曰大。大曰逝，逝曰远，远曰反。"此将那本然之存在称为道、大，视其为天地之母。四十二章则进一步叙述道创生天地万物之历程："道生一，一生二，二生三，三生万物。万物负阴而抱阳，冲气以为和。"老子的道具有生成的特性，这是一件意味深长的事，值得我们认真体味。这其中的独特意义如果我们将其与佛教的空、真如之类的实体概念相比，就能看得更加透彻。佛教的空、真如，首先表达了主体的一种生存境界，这点与道有相似之处，此外，空还是一种实体概念。是一种超越时空的特殊存在。然而空、真如并没有生成的功能，佛教很少讲空、真如创生天地万物。尽管佛教大乘空宗以不动不静，非动非静来界定空、真如，但空、真如给人的印象仍然近于静止不动，欠缺一种生成的运动。另外，除了具有生成的特性之外，道还体现了一种柔弱、谦下的性格。此即老子三十四章所说的："大道泛兮，其可左右。万物恃之以生而不辞，功成不名有，衣养万物而不为主。常无欲，可名为小；万物归焉而不为主，可名为大。以其终不自大，故能成其大。"又四十章也说："反者，道之动；弱者，道之用。"道的这些性征从基本方面规范了体道者的生存方式。老子的"贵柔"、"无为"的人生哲学正是建立在对道的基本特性的把握之上，是一种实实在在的体道生活相。

二　自本自根——道的本源性

老子开创的道论在后世道家学派中得到进一步的阐发。后世道家思想家例如庄子、《管子四篇》的作者、鹖冠子、文子、《吕氏春秋》作者、《淮南子》作者及列子等，都对道体从不同的角度、不同的层面作了进一步的论述。他们的这些论述不仅极大地丰富了道家道论的内容，同时也为中国哲学的超越论作出贡献。

正如我们上文所述，老子的道论兼容了宇宙论的内容。他的道既是超越一切的最高实体，同时又具有生成的功能，是创生天地万物之母。然而，对于道体自身的生成问题，老子并没有论及。也许作为超绝对待的最高实体，道本身根本不可能出现生成的问题，它是无生无灭的永恒存在。不过庄子在推阐老子的道论时，还是提出了道体自身的生成问题。《庄子·大宗师》有一段有关道体整体形象的精彩述说，并回答了道体本身的生成问题。其云：

> 夫道有情有信，无为无形；可传而不可受，可得而不可见。自本自根，未有天地，自古以固存；神鬼神帝，生天生地。在太极之先而不为高，在六极之下而不为深，先天地生而不为久，长于上古而不为老。豨韦氏得之，以挈天地；伏羲氏得之，以袭气母；维斗得之，终古不忒；日月得之，终古不息；黄帝得之，以登云天；颛顼得之，以处玄宫；禺强得之，立乎北极；西王母得之，坐乎少广，莫知其始，莫知其终；彭祖得之，上及有虞，下及五伯；傅说得之，以相武丁，奄有天下，乘东维，骑箕尾而比于列星。

此处，庄子认为道生天生地，神鬼神帝，而道自身的生成则是自本自根，自古以固存。可见道是采取自我生成的形式产生的，在道之外没有一个解释其产生的原因。另外，从庄子此处对道的超越性格的论述来看，道的存在具有自身的独特性，乃是超越于物质的具体存在形式——时间和空间而存在。道的存在有别于一般物质的存在，它无为无形，然而又不是绝对的空无；它可传可得，然而又不可以感觉的方式获取。道的作用无所不及，即使是在古人眼中显得神秘莫测的鬼神，也要屈服于道。从这些有关道的超越性格之论述来看，道是不会像物质世界的万事万物一样发生生成的问题。因此，追询道自身的生成是人们对自己理性的一种越界使用。将生成一词与道相联结，乃是由于人类理性按照其把握物质世界的方式来思考道的存在，因而是一种理性的滥用。其实道自身就是自身的原因，它是没有生成一类的问题；相反地，宇宙间万事万物都要依赖道而存在。正因为如此，庄子又将道称为"本根"，他说："（道）扁然而万物，自古以固存。六合为巨，未离其内；秋豪为小，待之成体。天下莫不沉浮，终身不故；阴阳四时运行，各得其序。惛然若亡而存，油然不形而神，万物畜而不知。此之谓本根，可以观于天矣！"① 此即认为道为万物之本根。此种观点在《淮南子》亦见论述，其《俶真训》将万物与道的关系喻为树之支干茎叶与本根的关系。其云："今夫万物之疏跃枝举，百事之茎叶条櫱，皆本于一根而条循千万也。"此或即称道为本根的内在原因。

又近年来发现的帛书《道原篇》对道的超越性也有极精辟的论述。其云：

> 恒先之初，迵同大虚。虚同为一，恒一而止。湿湿梦梦，未有明晦。神微周盈，精配不配（熙）。古（故）未有以，万物莫以。古（故）无有刑（形），大迵无名。天弗能复（覆），地弗能载。小以成小，大以成大。盈四海之内，又包其外。在阴不腐，在阳不焦。一度不变，能适（适）、侥（蛲）。乌得而蜚，鱼得而流（游），兽得而走，万物得之以生，百事得之以成。人皆以之，莫知其名，人皆用之，莫见其刑（形）。一者其号也，虚其舍也，无为其素也，和其用也。是故上道高而不可察也，深而不可则（测）也。显明弗能为名，广大弗能为刑（形），独立不偶，万物莫之能令，天地阴阳，四时日月，星辰云气，规（跂）行侥（蛲）重（动），戴根之徒，皆取生，道弗为益少；皆反焉，道弗为益多。坚强而不撌，柔弱而不可化，精微之所不能至，稽极之所不能过。

《帛书·道原》此段注重从宇宙论的角度界定道，以为道存在于天地万物产生之前，是它们得以产生的最终根据。然而，作者也认为道作为宇

---

① 《庄子·知北游》。

宙万物的本原，同时又具有超越的性格，此即以为道拥有高不可察，深不可测，不增不减，不损不化等超越各种具体对待的存在特性。

道体的超越性总是与其恒常性密切相连的，正因为道体超越于具体物质的存在形式时间、空间而存在，所以它又是不生不灭，永恒存在的。韩非子虽然系法家的代表，但他却深受道家思想的影响，对道的恒常性有较明确的意识，其云："夫物之一存一亡，乍死乍生，初盛而后衰者，不可谓常。唯夫与天地之剖判也具生，至天地之消散也不死不衰者谓常。而常者，无攸易，无定理。无定理，非在于常所，是以不可道也。圣人观其玄虚，用其周行，强字之曰道，然后可论。故曰：道之可道，非常道也。"①此即认为道的存在具有永恒性，天地万物可生可灭，而道则常存不衰。韩非子还将道与理结合起来讨论，认为道是天地万物赖以成立的总根据，是万事万物诞生、兴衰的必由之路，而理则是各种具体事物自身的规定。道恒常存在，而理则有盛衰变化。韩非子说："道者，万物之所然也，万物之所稽也。""凡理者，方圆、短长、粗靡、坚脆之分也，故理定而后可得道也。故定理有存亡，有死生，有盛衰。"在论及道与理之间的关系时，韩非子说："万物各异理，而道尽稽万物之理，故不得不化；不得不化，故无常操。无常操，是以死生气禀焉，万智斟酌焉，万事废兴焉。天得之以高，地得之以藏，维斗得以成其威，日月得以恒其光，四时得之以御其变气，轩辕得之以擅四方，赤松得之与天地统，圣人得之以成文章。"② 韩非子以理这一概念来显明道，这在先秦道家中极为独特，体现了作者特殊的学术背景及理论的独创性。

三 道的形上性

道是超绝于宇宙间万事万物的，道的至尊不单单在于它的时间在先，它在时间上先于天地万物而存在，而且还在于它具有不同于一般具体事物的存在形式。就我们生存的世界而言，天地万物都是存在于时间、空间之内的，时间、空间是物质的基本存在形式。然而道却采取了与一般事物迥然不同的存在形式，它超绝于时间、空间之外，为时间、空间所无法

①《韩非子·解老》。

②《韩非子·解老》。

包容。

在我们前引《庄子·大宗师》中，庄子就对道的这种超绝性作了论述。除此之外，《淮南子》一书也就"道"的这种超绝性以汪洋恣肆的语句作了描述，其云：

> 夫道者，覆天载地，廓四方，柝八极；高不可际，深不可测；包裹天地，禀授无形；原流泉浡，冲而徐盈；混混滑滑，浊而徐清。故植之而塞于天地，横之而弥于四海，施之无穷而无所朝夕；舒之幎于六合，卷之不盈于一握。约而能张，幽而能明；弱而能强，柔而能刚；横四维而含阴阳，纮宇宙而章三光；甚淖而滒，甚纤而微；山以之高，渊以之深；兽以之走，鸟以之飞：日月以之明，星历以之行；麟以之游，凤以之翔。①

此述道遍在于宇宙万事万物之中，它的存在超绝于具体事物的各种互相对待的存在特性如幽明、柔弱、大小等等，实为有限的人类理性难于把握。类似于论述亦见于今本《文子》，其云：

> 夫道者。高不可极，深不可测。苞裹天地，禀受无形，原流泏泏，冲而不盈。浊以静之，徐清施之，无穷无用，朝夕表之。不盈一握，约而能张，幽而能明，柔而能刚。含阴吐阳，而章三光。山以之高，渊以之深，兽以之走，鸟以之飞，麟以之游，凤以之翔，星历以之行。②

将上引两段语句相比较，可发现今本《文子》较简约，而《淮南子》则显得繁复。两者到底谁在先，不好判断。然而考虑到《淮南子》经常采用先秦道家典籍如《老子》《庄子》等案例，很可能上述论道之言亦系采摘《文子》演绎而成。然而，无论如何上引两段都认为道是超绝一切具体对待而存在，这就意味着道的存在是超验的，因为对于一种超越任何具体特性的存在形式，我们的理性是无法把握的。

---

① 《淮南子·原道训》。
② 《文子·道原》。

　　由于道的存在具有超验性，使得人们在描述它的存在时发生了困难。道究竟是一种什么样的存在呢？对此，先秦道家思想家们很少从肯定的方面予以正面论述。他们或者如上文所引那样借助于道的创生物如天地、日月、山渊等互相对待事物来彰显道，或者干脆以否定的形式从负面否定道不是什么来界定道。如《淮南子》说："（道）收聚畜积而不加富，布施禀授而不益贫；旋县而不可究，纤微而不可勤；累之而不高，堕之而不下；益之而不众，损之而不寡、斫之而不薄，杀之而不残；凿之而不深，填之而不浅。忽兮恍兮，不可为象兮；恍兮忽兮，用不屈兮；幽兮冥兮，应无形兮；遂兮动兮，不虚动兮；与刚柔卷舒兮，与阴阳俯仰兮。"①《淮南子》此处大量使用否定性字眼界定道之存在的现象很值得我们注意，它说明道的存在方式有别于具体事物之存在，思想家们无法用肯定性的语词来述说道。当然，先秦道家文献也不乏对道的正面描述，但大都限于两种形式，其一是使用一些相互矛盾的字眼如"在太极之先而不为高，在六极之下而不为深"之类，其意乃在于说明道是超越于任何两极对待的。其二是使用一些含义模糊的字眼诸如"恍惚""幽冥"之类，意在说明道的存在是难于形之于语言的，是不可道的。值得我们注意的是原始道家（此处原始道家系指佛教传入中国之前的道家学派。盖此期道家思想的发展遵循着自身思想演化的内在逻辑，没有受到外来思想诸如佛教的影响。）对道的否定性界定在本派思想家之间存在着先后的一致性。从老子的道不可道，庄子的道"有情有信，无为无形"，直至《淮南子》《文子》的上述论述，道家思想家们都认为道的存在超越于人类精神的视域之外，为人类理性所难于把握。

　　原始道家对道的存在状态的这种否定性描述充分说明道是以一种根本不同于宇宙间一般事物之存在方式而显现的超验存在。对于道的这种存在方式，我们生活在当今世界的人们，由于受到奠基于人类中心基础之上的所谓科学思维的制约，很难予以完整地理解。我们自大的人类中心观念只能将人类精神所能把握的事物设定为存在，也就是说世界存在于我们精神的视域之内。然而，我们所能感觉、认知的世界，只是一个人类的世界，而世界总是远比人类精神宽泛，也就是说我们人类可怜的精神只能把握无限宇宙的一个极其狭小的部分，用"坐井观天"这个成语来形容，一点

---

①　《淮南子·原道训》。

也不过分。由于人类的精神尤其是理性精神完全是根基于对存在于时空形式之中的物质世界的感觉之上而发展起来的，因此，它只能认可那些具有时空存在形式的事物及其由其为基础而抽象出来的各种观念形式。至于那种完全存在于物质、精神领域之外的绝对超验"存在"（如果也算是一种存在的话），则为可怜的人类精神之触须难以企及。精神的这种局限导致我们现代人对道之实体的存在产生怀疑和困惑，不少学者都将实体的道判定为一种梦呓或者人类精神的荒诞构造。这种误解使得植根于中华文化深层的道的精神没有得到深切的理解，因而延续了几千年之久的道脉面临着中断的危险。

　　人类的理智之所以对道的超验存在方式产生深深的困惑，是因为人们根深蒂固的人类中心思想的遮蔽。在人类中心思想的指导下，人们反映的世界完全是一个人的世界，而单纯的人的世界只能是对人显现的有限的世界。然而世界远比呈现于人面前的更要丰富。人的世界固然在一定程度上表明人对世界秘密的揭露，但这种揭露的同时却也是一种遮蔽。人类对世界揭露了的部分只是世界向人类以一种特定的方式显现出来。不错，我们人类凭借理性昭示世界，将其抛入光明，但同时也必定中止了世界其他昭示之可能性。换句话说，人类理性使我们认识了世界，然而在认识的同时也遮蔽了世界的真相，因为，我们只能认识人类理性向我们展现的世界。这就是超越人类中心论的真正的认识辩证法。

　　对于人类理性在把握世界过程中暴露的相对性，庄子作了极为深刻的揭露与批判，他的这项工作可称得上是真正的"解蔽"。可惜，学者们对其深远的意义没有真正的理解，以至庄子三千多年前弹奏出的弦音，无人解得。庄生道音远，谁识解人归？其实庄子对人类认识相对性的揭露与批判，乃是旨在冲破人类中心的局限，其最深层的意义是要告诉我们世界除了作为人的世界之外，还有其他的存在方式。当我们自诩为万物之灵，因而居高临下俯视其他生灵时，我们是否也考虑过其他生灵对世界的认识也是一种正当的昭示？其实从存在论上分析，其他生灵对世界的认识与我们人类的认识在存在论方面拥有同等的价值，而我们盲目的优越感不过是根基于一种虚幻的错觉。庄子在《齐物论》中提出三个发人深思的问题，值得我们沉思：其一，"民湿寝则腰疾偏死，鳅然乎哉？木处则惴栗恂惧，猨猴然乎哉？三者孰知正处？"其二，"民食刍豢，麋鹿食荐，鸱鸦耆鼠，四者孰知正味？"其三，"猿猵狙以为雌，麋与鹿交，鳅与鱼游、毛嫱、丽姬，人之所美也，鱼见之深入，鸟见之高飞，麋鹿见之决骤，四者孰知天下之正色哉？"这三个发难足以动摇人类建立在自我中心基础之上的主观价值世界。如果人类能屈尊倾听那些我们平常不屑一顾的"低等"动物的声音，也许就能更全面地理解所谓"真理"一词的真正含义。毕竟说来，我们人类的世界并不是唯一可能的世界，世界远比存在于人类视域中的要宽广得多。

从老庄等道家思想来看，人的生存本身既是对道体的揭露，同时也是对道的遮蔽。人对道体的遮蔽不仅表现在主观价值的偏见上，而且也是由人生命存在有限性决定的。人必定生活于时间之中，而时间这一物质的基本存在形式是对人类认识能力的一种无情的限制。庄子在书中反复申述了时间对人类显现世界视域的限定。其云：

> 小知不及大知，小年不及大年。奚以知其然也？朝菌不知晦朔，蟪蛄不知春秋，此小年也。楚之南有冥灵者，以五百岁为春，五百岁为秋。上古有大椿者，以八千岁为春，八千岁为秋。而彭祖乃今以久特闻，众人匹之，不亦悲乎！①

《列子》一书亦表达了类似的看法：

> 荆之南有冥灵者，以五百岁为春，五百岁为秋。上古有大椿者，以八千岁为春，八千岁为秋。朽壤之上有菌芝者，生于朝，死于晦。春夏之月有蠓蚋者，因雨而生，见阳而死。②

此两段语句思想近似，可互相发明。《庄子》《列子》这些话蕴含着极深厚的哲学意味。对此我们不妨作一些哲学的诠释。其实对人来说，世界总是显现于时间、空间之中，道是一种永恒显现自身的过程，而时间则充当道体向人展现自身的工具。对于一定生命周期的生灵，道以一定的分寸呈现自身。人类的生命虽然因为其精神的继承性而得到延伸，但毕竟也不是无限的，因此单纯凭借有限的人类理智，人类是不能把握无限宇宙的

---

① 《庄子·逍遥游》。
② 《列子·汤问》。

无限运动，而且作这种永无止境的追逐也是一项危险的游戏。对此，《庄子》说：

　　计人之所知，不若其所不知；其生之时，不若未生之时；以其至小，求穷其至大之域，是故迷乱而不能自得也。由此观之，又何以知毫末之足以定至细之倪，又何以知天地之足以穷至大之域！①

另《庄子·盗跖》亦云：

　　天与地无穷，人死者有时。操有时之具，而托于无穷之间，忽然无异骐骥之驰过隙也。不能说其志意，养其寿命者，皆非通道者也。

　　人类既然依靠其有限的理智不能把握无限的宇宙，那么对于作为超验存在的道，就更无法企及。庄子将人们日常生活中呈现的理智称为小夫之知，认为这样短浅的智识是无法认识虚通玄远之道。其云：

　　小夫之知，不离苞苴竿牍，弊精神于蹇浅，而欲兼济道物，太一形虚。若是者，迷惑于宇宙，形累不知太初。②

　　按照道家思想推论，道体的存在全然不同于宇宙间具体事物的存在方式，它超越于时间和空间，是一种超验的存在。我们的理性通过感性的桥梁而奠基于具体物质的存在形式之上，因而无法对超越的道有所言说。然而这并不意味着人类命定要以一种悖道的方式而存在。既然老子、庄子提出了体道、证道的问题，而且，对道有所言说，那么人类的生命存在必定与道有契合之处。那么，人类的体道之路何在呢？老庄开创的道论为此揭示出一条道路。此即在人类的理智之外，寻找一条相反的道路，这是一条生命复归道体的回返之路。这条生存之路的意指与现实生命的存在价值完全相反。老庄认为这是一种与道体契合的生命之本真存在形式，此亦即老子返璞归真一语的真实意指。只有在这种消解自我的生存状态下，人才能

　　① 《庄子·秋水》。
　　② 《庄子·列御寇》。

彻底消除对道的光明之遮蔽。因此，这种生存态亦可称为于道无遮蔽之存在，在此状态中，道体通体向人显现。这种人的生存实际上就是体道，证道。可见体道、证道并不必然与方术修炼相连，相反就其本质来看，体道、证道就是本真的生存之本身。

四 道的遍在性

道作为一种超验的存在，并不是绝对隔绝于现实世界之万事万物的，而是遍在于宇宙万事万物之中。道体的这种贯通于形上、形下之存在形式充分表明中国古代哲学智慧的独异性。对于道与现实世界的关系，老子仅从创生论的角度予以论述，以为天地万物均由道而流出，道系天地万物的生成之母。这种仅从生成角度讨论道与万物的关系，固然也能说明道与万物的贯通性，但此种贯通毕竟存在一定程度的隔绝，因为母子虽有相生关系，但一旦生成过程终结之后，则二者即变为相互隔绝之两物。道与具体事物的隔绝并不是无足轻重的，它直接决定了人类的证道行为是否可能，决定了道体能否由人来展现自身，亦即人能否体道、证道。按照老子的思想，人的体道问题并没有得到圆满的解决。后世道家学派看出老子道论的这种局限性，因而着重讨论了道的遍在性问题。

对道之遍在性的认识，在先秦道家思想家中，以庄子最为深刻。《庄子》一书中有一段论述最为精彩。其云：

> 东郭子问于庄子日："所谓道。恶乎在？"庄子曰："无所不在。"东郭子曰："期而后可。"庄子曰："在蝼蚁。"曰："何其下邪？"曰："在稊稗。"曰："何其愈下邪？"曰："在瓦甓。"曰："何其愈甚邪？"曰："在屎溺。"东郭子不应。[1]

庄子在此认为道无所不存，即使微如蝼蚁、稊稗；贱如瓦甓、屎溺等，亦包容了道的存在。可见道是遍在于宇宙间万事万物之中的，对此，东郭子没有真正理解，因为他看待道的存在是基于对具体事物存在方式的理解，按此观点推论，则崇高、尊贵的大道如何能屈居于微贱之物中。这

---

[1] 《庄子·知北游》。

表明东郭子尚未实现对道存在论认识的突破。

对于"道"的遍在性，除庄子之外，《管子》亦有论述，其云："道者，扶持众物，使得生育，而各终其性命者也。"① 此似仍然重视从生成论角度论述道与具体事物的关系。不过，作者并未采取老子母与子那种生成，而是认为道乃是万物得以发生之根据。这无疑比母子之生成更深入。又《管子·心术上》又将这一思想更推进一步，其云："道也者，动不见其形，施不见其德，万物以得，然莫知其极，故曰可以安而不可说也。"此即认为万物不仅由道而生，而且直接禀有道。这里对道存在方式的把握已超出一般具体物质存在形式之局限，而视道为一种普遍的存在。如此则道贯通于一切具体事物之中，就可以得到合适的理解。《管子》的这一思想亦见于道家其他思想家的论述之中。② 韩非子更将这一思想予以推衍，以为道无所不存，无所不在，系宇宙间万事万物赖以发生、成长的总根据。其云：

> 道与尧舜俱智，与接舆俱狂；与桀纣俱灭，与汤武俱昌。以为近乎，游于四极；以为远乎，常在吾侧；以为暗乎，其光昭昭；以为明乎，其物冥冥。而功成天地，和化雷霆。宇内之物，恃之以成。凡道之情，不制不形，柔弱随时，与理相应。万物得之以死，得之以生；万事得之以败，得之以成。③

此认为宇宙中万事万物的生成运动均依恃道而完成。万事万物的成败生死既是道运作的结果，同时也是对道的展现。总之，"道"遍在于宇宙万事万物之中。

诚如原始道家所论，"道"遍在于宇宙万事万物之中，然而"道"之遍在性又为我们带来另外一个问题，此即"道"是整全地还是部分地存于具体事物之中？换句话说：事物是部分地"分有"道，还是道之整体进入每一具体事物；对于这一问题，原始道家思想家似尚未有明确意识，也许他们认为道之存在无形无象，超出整体、部分这些语词的指称之外，因而根本无法用一与多、整体与部分等范畴予以讨论。然而，这一问题的

----

① 《管子·形势解》。
② 《淮南子·原道训》。
③ 《韩非子·解老》。

提出并非空穴来风，而是在具体的证道实践中必然引发的问题。如果不能彻底解决这一问题，那么个体所证之道能否契合那唯一的、终极的道体，便是一大疑问。也许出于同样的原因，后世佛教华严宗以月印万川为喻来说明本体与现象之关系。此说认为，一即多，多即一，万物分有之本体与整全之本体乃是一而不二。这一解决方法应该说有其合理性，对回答道与万物的关系有启发意义。

五　道的自我生成性

"道"的自我生成性是一个很有意思的思想，从中体现出原始道家实体概念的独特性格，与其他各种类型的宗教思想关于终极实体的概念有所不同。在道概念体现出一种动态的生成过程，而其他宗教的实体概念，如佛教的"空"等多少显得有几分静滞。

一般来说，"道"的自我生成性是指"道"永恒地处于自我运动之中。"道"通过运动展现其内在的丰富特性，通过运动丰富自身，实现自身。老子说"反者道之动"便是注重"道"的永恒的回返来丰富、显现自身，而天地万物也正是在这种生成运动中现世。对于"道"的这种回返运动，《吕氏春秋》以"圆道"予以概括，该书专设《圆道》一节来讨论道的生成运动。其云：

> 天道圆，地道方，圣王法之，所以立上下。何以说天道之圆也？精气一上一下，圆周复杂，无所稽留，故曰天道圆。何以说地道方也？万物殊类殊形，皆有分职，不能相为，故曰地道方。日夜一周，圆道也。周躔二十八宿，轸与角属，圆道也。精行四时，一上一下，各与遇，圆道也。物动则萌，萌而生，生而长，长而大，大而成，成乃衰，衰乃杀，杀乃藏，圆道也。云气西行，云云然，冬夏不辍；水泉东流，日夜不休；上不竭，下不满；小为大，重为轻，圆道也。①

此处表面上专论天道之循环，实际上是以天道象征那终极的、唯一的道体。因为在道家思想家看来，自然界中天、地、水三物的性格最接近道

---

① 《吕氏春秋·季春纪》。

体的存在状态。因此，他们多以这些自然物来描摹、言说玄冥难测之道体。另外今本《文子》又用车轴的循环运转来表征道体的自我复归式的生成运动。其云：

> 通于道者，若车轴转于毂中，不运于己，与之致于千里。终而复始，转于无穷之原也。①

也许正是因为道永恒地处于这种不断回归式的运动状态，老子才将那本来难以名状的幽冥之物称为"道"。"道"不断地进行着归根复命、回返自身的运动，这种运动并不是单调的自我重复式的循环，而是在回返中丰富自身，展示自身，是一种自我生成式的循环。世界上的万事万物正是在道的这种自我生成之循环运动中显世，世界本身也是因为"道"的循环式生成而澄明无隐。对于道生成天地万物的这种运动，道家思想家都对之有所论述。晋代道教思想家葛洪便认为，上至天地，下及万物都是在道的回返式运动中产生的："凡言道者，上自二仪，下逮万物，莫不由之。"② 又《鹖冠子》则将道喻为人之出入的门户，以为物之由道而生类似于人由门户而进出。其云："若道之象，门户是也。贤不肖愚知由焉，出入弗异也。"③ 类似的思想亦见于《庄子》，其云：

> 凡道者，万物之所由也。庶物失之者死，得之者生。为事逆之则败，顺之则成。④

前文我们曾论及道的超验性，这里我们又提到道的生成性，这两者是否有着内在的不协调呢？这种担心其实是多余的，因为道的生成性并没有排斥它的超验性。道诚然处于不断的自我生成之中，但生成运动并没有穷尽道的内蕴，相反地道既是超验的，又是生成的，它将逻辑世界相互矛盾的特性包容于一体，这种包容自身就显出道超越万物之上的独特个性。

道体的自我生成性为道教各种证道方术的展开奠定了义理基础。道教

---

① 《文子·上德》。
② 《抱朴子·明本》。
③ 《鹖冠子·环流》。
④ 《庄子·说剑》。

最基本的证道方术外丹术、内丹术，就是幻想以丹鼎（外丹）、人体（内丹）为媒介来模拟道的生成运动，并通过创造性地解读老子"反者，道之动"一语，从而开创逆行回归的体道、证道之路。可以说，如果道自身没有展示这种自我生成的特性，那么道教的各种修炼方术便无以立基。

道体窅然难言，以老子为代表的原始道家偏爱使用"幽冥"、"恍惚"一类字眼来表征道体的性相。然文子说"道以无有为体，视之不见其形，听之不闻其声，谓之幽冥。幽冥者，所以论道而非道也"，这就揭示了道体的存在非名相语词所能牢笼。其实，道体的存在本来就是超越于概念名言的表征之外的，"幽冥"也好，"恍惚"也好，充其量不过是一些摹状词，而非对道体的定义。以上我们虽然从本根性、形上性（超验性）、遍在性、生成性等四个方面对道体作了正面论述。然而，这些论述充其量不过是强作解人。对不可言说的对象，我们本应响应维特根斯坦的倡议保持沉默。然而，生活本身总是在不断地延续，生活中既有缄默，也有谈论，永恒的沉默并不是真正的生活。我们今天在此谈论道也不过是因循生活自身的逻辑而有所言说。论及于此，我们不禁要问：我们果真谈论了什么吗？

老子及其道家学派所建立的根本道论堪称一种缊义精深的思想体系。它极高明而道中庸，既具有思想的高妙性，同时又具有广泛的包容性。思想之树常青，时历今天，虽然历史的步伐已迈入 21 世纪，这一思想体系仍然不断给予今人以智慧的启示。当我们今天在面临文明之间日益增长的矛盾冲突及人类文明与自然环境之间的紧张关系时，老子又再一次向我们走来，给予我们予新的启迪。

近年出土文献与《老子》研究

陈丽桂

（台湾师范大学国文系）

前 言

近三四十年来，大量战国楚墓与汉墓出土文献之面世，带来了《老子》研究的新方向与新议题。从 1973 年长沙马王堆三号汉墓的隶篆双体帛书《老子》与黄老帛书、河北定县八角廊竹简《文子》，到 1993 年湖北荆门郭店所出土竹简《老子》、《太一生水》，以迄 1995 年上海博物馆购自香港的战国楚简《亘先》、《凡物流行》……北大校友所捐赠的汉简《老子》等等文献，让我们不断获得相关于《老子》研究的新信息，为近代的《老子》学研究持续不断地注入活水。

各类简帛本《老子》的出土，让我们深切体认到《老子》文本在流传、传抄与形成过程中的变动与复杂性。定州残简《文子》的出土，让我们对古本《文子》与《淮南子》的关系增加了切割的把握。也让我们认清了今本《文子》中大量的"老子曰"极可能只是后世的托古增益，非祖本所原有，其依托增益的形成，应是在老子其人的形象已被绝对权威化了的时代。马王堆黄老帛书的出土，正式开启了近代黄老学研究的序幕，清楚显示了老子学说广大外王功能之理论转化及其详细情况。郭店与上博的道家相关文献之出土，更让我们见识到《老子》的道论在楚地流传、推衍与转化的状况。从中，我们不但见识到楚域学术繁复多元的丰沛生命力，也更深切体悟到《老子》学说博大宽广，可以无限转化的巨大影响力。

一　简、帛本《老子》与传世本《老子》

相较于传世本《老子》，马王堆三号汉墓出土的帛书《老子》，不论甲乙本都是德经在前，道经在后，与《韩非子·解老》与汉代严遵《老子指归》的解老情况相应。从帛本《老子》与传世本《老子》的比对中，不但确认了战国以来一直有一种德经在前、道经在后的《老子》版本在流传，也为《韩非子·解老》以"上德不德"开解，确定有较早的版本依据。虽然这种版本，未必和马王堆帛本完全一致，也未必就如部分学者所说的，是一种法家传本的《老子》版本。①

其次，从简本、帛本与传世本《老子》用字的歧异中，可以帮助我们了解《老子》文本的较早面貌，及其在流传、传抄过程中递变的轨迹。比如：两种帛本《老子》句末多有语气词"也"，亦有极少数作"矣"者（如第四十三章两本皆作"天下希能及之矣"、第四十八章"又不足以取天下矣"），传世本则大致皆删去，极少数改为"乎"或"与（欤）"。反之，传世本多句中语气词"者""之""焉""而"，两种帛本皆无。传世本中词尾的"兮""乎"等字，两种帛本大致皆作"呵"，极少数作"乎"，简本则作"乎"，却都写作"虖"。这应有两种可能，一是早期本《老子》原无语助词，帛本以下始添加。然从简本此句前后大致皆以四字为句看来，也有语助词为抄手所省略的可能。不过，从楚简在此类句式中只用"虖"为语助词看来，简本此处即使有语助词，也应是作"乎"。②

（一）用字的歧异问题

又如：传世本中的"处"字，两种帛本皆作"居"，"不"字皆作"弗"，"常"字简帛本尽作"恒"。这些都是简、帛本与传世本（如王弼本）《老子》相当明显而普遍歧异的状况。

此外，传世本《老子》第二十五章说"道"："有物混成，先天地生，寂兮寥兮，独立不改，周行而不殆，可以为天下母。"③ 简帛本皆无"周

---

① 参见《帛书老子新研究》，《帛书老子》第 89 页，（河洛图书出版公司 1975 年版）。
② 参见廖名春《郭店楚简老子校释》（清华大学出版社 2003 年版），第 213 页。
③ （魏）王弼：《老子王弼注》（河洛图书出版社 1974 年版），第 32—33 页。

行而不殆"一句，显然早期《老子》祖本应无"周行而不殆"句。

此外，由于简帛本《老子》与传世本《老子》用字歧异，在研究其歧异用字的过程中，也引发了对《老子》字义的再检讨与深究。比如：前例"独立不亥"句，帛本甲作"独立□□□"，帛本乙作"独立而不玹"，传世本作"独立（而）不改"，似乎读"亥"为"改"，廖名春引《玉篇·亥部》，认为："亥，依也"，"不亥"即不依附，帛本的"玹"是"亥"之借字，"不依附"与"独立"义同，解义更能密合。传世本用了音近通用的"改"字取代，本字当作"亥"。①

（二）各本缺遗互证

反之，根据帛本与传世本亦可补证现存简本之缺遗。比如：传世本第六十三章，各本大同小异，皆作："大小多少，报怨以德，图难于其易，为大于其细，天下难事必作于易，天下大事必作于细。是以圣人终不为大，故能成其大，夫轻诺必寡信，多易必多难。"②

帛书甲本作："大小多少，报怨以德，……天下之难作于易，天下之大作于细。是以圣人终不为大，故能……必多难。"③

乙本作："……天下之【难作于】易，天下之大【作于细。是以圣人终不为大，故能成大。】夫轻诺【必寡】信，多易必多难。"④

简本却只作"大，小之。多易必多难，是以圣人犹难之，故终无难。"⑤

帛本与传世本多出简本的部分，固然可以看成是简本"大小之"的注文，混入正文中；但（1）《韩非子·喻老》、《难三》已引"图难于其易，为大于其细；天下难事必作于易，天下大事必作于细。"诸句，简文其下又有"多难必多易"句；（2）楚简有"大小之"，就应有"多少之"；（3）传世本较楚简本多出60字，楚简一般29字一简，60字大约应是遗漏2简。可见就六十三章而言，传世本与帛本应较简本当前所呈现者

---

① 《郭店楚简老子校释》，第 212 页。
② 《老子王弼注》，第 91 页。
③ 《帛书老子》，河洛图书出版社 1975 年版，第 34 页。
④ 《帛书老子》，河洛图书出版社 1975 年版，第 54 页。
⑤ 荆门市博物馆：《郭店楚墓竹简》，文物出版社 1998 年版，第 112 页。

更接近祖本。①

二　竹简《文子》与《老子》——今本《文子》"老子曰"　所显示的相关问题

　　1973 年湖北定州八角廊所出土的 2790 多字残简《文子》，对于传世本《文子》中许多"老子曰"的表现形态提供了较清楚的说明。对于古本《文子》与《淮南子》的关系，也有了较明确的厘清，对于确认《文子》的黄老色彩也有更直接的肯定。

　　传世本《文子》过去之所以被判定为"伪书"，是因为它与《淮南子》有高达八成左右的重应内容。自定州八角廊竹简《文子》出土后，一般人想当然地认为可以清楚否定这个判断，其实不然。因为 2790 字的古本残简《文子》内容与《淮南子》根本了无重应。就与《淮南子》的关系而言，古、今本《文子》根本是两回事，应该作不同的处理。

　　今本"老子曰"可能尽为后世所加。

　　其次，传世本《文子》多以"文子问……老子曰……"或"老子曰……"的形式论述，全书共 12 个"文子问……老子曰……"、166 个"老子曰……"、一个"平王问……文子曰……"、一个"文子曰……"、一个"孔子问……文子曰……"。这 166 个"老子曰"的内容仅有两处见于传本《老子》。其中一处《下德》引《老子》"胜人者有力，自胜者强"（见传本《老子》第三十三章），另一处《上礼》引《老子》"以正治国，以奇用兵"（见传本《老子》第五十七章），其余 164 章"老子曰"所引均不见于传世本或任一简帛本《老子》。李定生先生因此全将这 164 处"老子曰"校改为"文子曰"。② 定州残简《文子》中却只见"王曰……"、"平王曰……"（约 43 处）或"文子曰……"、"子曰……"（约 44 处）的论述，这 43 与 44 处当然包括了 16 处的"王问……文子曰……"或"平王问……文子曰……"的君臣对答表述。却不见任何"老子曰……"的论述。换言之，传世本《文子》只一处君臣对答，正说明了那是古本《文子》的残留，其余尽是师生对答或大量引师说，所有

---

　　①　《郭店楚简老子校释》，第 156 页。

　　②　详见李定生、徐慧君校注《文子要诠》，复旦大学出版社 1988 年版。

与《淮南子》相重应的部分，尽在这些引师说的大量"老子曰……"中。我们若以残简《文子》推测古本《文子》的原貌，则古本《文子》极可能根本没有任何引证老子的内容，所有对老子的引论，不论是"老子曰…"或"文子问……老子曰……"的师生对答内容，极可能都是后世所加，和古本《文子》完全没关系。与传世本《文子》内容大量重应的《淮南子》，与古本《文子》也极可能根本不相干。

这些倒还在其次，重要的是，班固《和书·艺文志》在《文子》九篇下注："老子弟子，与孔子同时，而称周平王者，以依托也。"其称"平王"是不是依托，不是本文所要讨论的重点，本文所关切的是：

（1）班固只有说："其称平王，依托也。"并没有提到其称"老子"的事，更可见，班固所见《文子》极可能原本就和残简《文子》一样，只有君臣问答的内容，并无师生问答的"文子问……老子曰……"的内容。

（2）文子究竟是不是老子的弟子？

（3）如果是老子弟子，为何177支残简《文子》中竟不见任何引证老子之言，一如传世本那样？在残简合共89个"……曰"中只有较稀少的两处"子曰"，会不会就是指的"老子曰"？① 如果真是"老子曰"，那也未免太少了，难道刚好都烧掉了吗？

（4）不管那两处"子曰"是"老子曰"，还是"文子曰"，传世本大量的"老子曰……"内容除了和《淮南子》大量相重应之外，竟都不见于简帛本《老子》和北大汉简《老子》，究竟是怎么回事？反映出什么意义与状况？这才是重点所在。

对于（1），学者曾就《汉书·艺文志》中《文子》被列置于《蜎子》与《关尹子》之前，而蜎子与文子，班固都注为"老子弟子"，因认为，文子是老子弟子中地位、名望最高的一位。又引《论衡·自然》："以孔子为君，颜渊为臣，尚不能遣告，况以老子为君，文子为臣乎？老子、文子似天地者也。"认为王充将孔子、颜渊并称，老子、文子并称，意谓老子与文子之关系，正如颜渊与孔子一样是师生关系，甚至比之为天

---

① 这两处"子曰"依次是：编号0716简载"子曰：'君子之矫奢不施，谓之无德。'"，编号0722简载"子曰：'道产之，德畜之，道有……'"

地，其密切可知。① 文子是老子重要弟子，而古本《文子》想来极可能是
"《文子》弟子或后学们编成的。"② 若果如此，则为何在残简《文子》说
多不多，说少也不算少的文字篇幅里，不大看得到对太老师老子的思想引
论？还是原有对太老师老子引述的部分尽在烧毁的内容之中？不过，从先
秦两汉以黄老为代表的所有后期道家推阐发挥老子学说的一致状况看来，
不论是《尹文子》《韩非子·解老》（极少，仅引文内容却都见于今本
《老子》）《管子·内业》等四篇，马王堆《经法》等四篇，司马谈《论
六家要旨》，还是《淮南子·原道》《俶真》《本经》等篇推阐老庄哲学，
都不似儒典之动引"子曰"，而是只推阐转化其哲学思想，并不标"老子
曰……"即使如《解老》引证《老子》文句，也极少标出"老子曰"。
只有《淮南子·道应》全篇直接摆明了就是针对《老子》中的文字作例
证，当然要一个例证一句"老子曰……"，而所引"老子曰"内容悉见于
传世本《老子》。其余即使是《老子指归》《老子河上公章句》《老子想
尔注》等逐章为《老子》作注解的专著，也都不曾引"老子曰"。如此说
来，像传世本《文子》这样，大篇幅以"老子曰"的形式推阐道家学说，
其内容又不与《老子》直接相应的，汉以前典籍，几乎是少有其例。由
此是否可以推测，今本《文子》如此大量"老子曰"的论述形式，其形
成状况应该相当地晚，不大可能在先秦，而应是在"老子"形象与地位
被绝对权威化甚至神圣化了的时代，至少要到汉代以后。而从汉代几部注
老专著亦无动辄"老子曰"的状况看来，大量"老子曰"的论述形态恐
怕更要晚至东汉、魏晋以后。换言之，《老子》之后，或许有个文子学
派，在传扬并应用《老子》的某些学说，以为外王统御之用，其理论内
容几经抄改、增益，终于成为以"老子曰"的问答或直述形式为主体，
与《淮南子》内容有大量重应的新传本。其抄改、增益的时代，应是在
老子的权威形象已确立的时代。

不论从简帛本《老子》的内容、《韩非子·解老》征引老子的文句，
或是《淮南子·道应》所引"老子曰"的情况看来，详略、情况尽管不
同，用字或稍有歧异，其相应情况倒是相当不错，可见今本《老子》文

---

① 江世荣《先秦道家言论集：〈老子〉古注之一——〈文子〉述略》，《古史》第十八辑
1981 年，第 249 页。

② 同前注，第 250 页。

句内容之大致确定，相当地早。

由残简《文子》有限的篇幅内容看来，我们仍可看出其与《老子》思想的关系。它和《老子》一样，主要谈"道"与"德"，尤其是"道"，由"天道"谈到"政道"，所谈并非本体"道"，而系人事应用上的政道、治道、兵道与人生祸福之道，尤其是人君的统御术。其"道"主要以《老子》的卑退、柔弱、无为、守静为核心精神，而参采仁义教化，明显呈现出黄老色彩。我们虽不知烧毁的《文子》内容中是否如传世本一般，有大量"老子曰"的引述，但从定州残简《文子》的内容显示看来，古本《文子》虽阐发《老子》哲学的外王、应世之用，其理论却直接归诸"文子"，并不寓托"老子"。其所反映的是，简本《文子》的时代，《老子》其书或其学说虽已普遍流传，老子其人却仍未被绝对权威化、神圣化。

三　楚墓出土简帛文献与《老子》研究——黄老帛书、《太一生水》、《亘先》与《凡物流形》

除了 1973 年的定州八角廊《文子》残简外，1973 年出土的长沙马王堆三号汉墓中的黄老帛书——《经法》等四篇，和 1993 年出土的郭店楚简中，与简本《老子·丙》合置的《太一生水》，以及 1995 年购自香港古董店的上博楚简《亘先》、《凡物流形》和《老子》的思想理论也都有密切的关系。

（一）道法结合与老子哲学的术化——《经法》因道全法的刑名统御

《经法》等黄老帛书的出土，正式揭开了近代黄老学研究的序幕，让我们清楚看到了战国以来，扛着"老子"清静无为旗帜的黄老外王统御术，其理论基础与思想形态，其实是以《老子》的虚无清静与雌柔的思想为主轴，结合着法家的刑名所构成的统御术，是一种道法结合、因道法全，加工转化了的老学政术。将其中的《道原》和《太一生水》、《亘先》并观，更可看出《老子》一系的"道"论，在楚地的流传、发展与转化状况。

《经法》《十大经》《称》《道原》等四篇是马王堆三号汉墓帛书乙匣中抄写于隶体《老子》前的古佚书。《经法》是一篇充满道、法结合，因道全法思想的文献，原篇题就叫"经法"，第一节节名叫《道法》。《道法》开宗明义就说"道生法"。本匣文献因是这四篇抄在前，《老子》抄在后，该墓下葬时间又在黄老治术盛行期的文帝时代，该匣五种文献因此被视为黄老合卷的明证。而它开宗明义"经法"、"道法"、"道生法"的一连串标示，更是既精警又清楚地标出了战国以来，所谓"黄老"思想的核心成分其实是一种因道全法，援采法家刑名以术化《老子》道论为治世之用的统御术。因此，在《经法》里大量论述了如何让治道依循天道，取法天地之恒常，所谓的四时、晦明、生杀、柔刚，参合刑名，去完成领导统御。以及如何"因天之生也以养生，因天之杀也以伐死""三时成功，一时刑杀。（《论约》)"、"执一明三定二，建八正，行七法。（《七法》)"的天地之道，去掌理政治人事，主刑名，建声号，无执、无为、无处、无私，便能妥善完成领导统御。（详《道法》）其所谓"道"，很明显已经将《老子》宇宙根源、形上律则、至高境界的意涵向下落实为天地自然律则，从而下转提炼出现象世界的人事、政治之术，这是黄老之学对老子创造性的诠释与应用。因了《经法》这些黄老文献的揭示，对应着司马谈《论六家要旨》对黄老道家思想议题的提挈，终于揭开了黄老之学研究的序幕，启动了黄老之学研究的热潮。从《管子》四篇、《韩非子·解老》、《喻老》，以及相关于"术"的论述篇章，《吕氏春秋·圆道》、《淮南子》许多相应的篇章，都逐一得到重新检视、探索的机会。

（二）"道"的异称与"水"的生成元素

其次说《道原》。《道原》全文四五百字，以敷论"道"为其内容，前半敷写道体，后半论述"道"在人事世界，尤其是政治事务方面的应用，故再三地述说"服此道者……""圣王用此……""抱道执度……""得道之本……"。它论道体时，与上博简《亘先》、郭店简《太一生水》都涉及对"道"之类始源概念的铺写。唯《道原》偏论本体，《太一生水》论生成，《亘先》则本体与生成并论。《道原》前半不断铺叙道的性征及其对万物禀性赋生的状况。其论道体性征，强调其虚无、广大、统一一切相对之绝对性，及其为万物赋生禀性之根源，其内容意涵和《老子》所述相当一致，它说：

　　恒先之初，迥同大虚。虚同为一，恒一而止。湿湿梦梦，未有明晦。神微周盈，精静不熙。①

天弗能覆，地弗能载。……盈四海之内，又包其外。……高而不可察也，深而不可测也……广大弗能为形。②

小以成小，大以成大。盈四海之内，又包其外。在阴不腐，在阳不焦，……独立不偶，……天地阴阳、【四】时日月、星辰云气、蚑行蛲动、戴根之徒，皆取生，道弗为益少；皆反焉，道弗为益多。坚强而不攩，柔弱而不可化。精微之所不能至，稽极之所不能过。③

纷纭不齐的万物万象在现象世界的价值评断——大小、内外、阴阳、多少、柔弱、精粗等等的相对歧异，在"道"的观照下，全都统合为一，无分轩轾。其叙"道"为万物禀性赋生的根源几乎是《老子》三十九章"天得一……"之复述：

鸟得而飞，鱼得而游，兽得而走。万物得之以生，百事得之以成。人皆以之，莫知其名。人皆用之，莫见其形。④

这些叙述尽管基本旨意不违《老子》，却很明显加入了"水"的元素，《道原》说"恒先（道）"的质性之一是"湿湿梦梦"。"梦梦"通"蒙蒙"，是水气充满弥漫的样子。上博楚简《亘先》也说，"亘先"的质性是至朴、至虚、至静、"梦梦静同""自厌不自忍"。极其精简扼要地保存了《老子》"道"的最基本质性——朴、虚、静、整全（自厌、自足）、自然（不自忍）。两篇对于宇宙始源之描述很像，都保留有《老子》"道"的基本质性，却都含带着浓厚的水气，所谓"湿湿梦梦（蒙蒙）"、"梦梦（蒙蒙）静同"。《太一生水》更直接，它以水为生成质素，铺写岁时的生成，说"太一"须先生出"水"，再透过"水"的各种反辅、相辅作用，生成天地、神明、阴阳、四时、寒热、湿燥，终而形成岁时。它特别强调"太一"与"水"的一体性，说"太一"既生"水"，又藏于"水"，整个"太一"的生成过程就是"水"的辅育孳生过程。

---

① 《帛书老子》，第235页。
② 同上。
③ 同上。
④ 同上。

　　总之，不论《道原》、《亘先》述本体质性，或《太一生水》、《亘先》论生成，"水"都是核心质素，"水"元素被重重地注入了类似于"道"的始源载述中，成为核心成分。"水"本是《老子》哲学的重要成分，但《老子》哲学推崇"水"，重视其柔弱无主的质性，为的是提炼顺势应随、久视长生的哲理，并不实以述本体或生成。《道原》、《太一生水》与《亘先》等则不同，它们极可能就是战国楚道家之作。身处多水的江湘楚域，他们对宇宙或生命始源的好奇与探索，兴趣或许更大，其思维也很难脱离水的联想。

　　值得注意的是，《道原》在称"道"的同时，也开宗明义给了"道"另一种带着诠释性的称谓，叫作"亘先"。在上博楚简《亘先》中更直接称这宇宙总源为"亘先"或"亘"，而不再称"道"，说"亘先无有……""亘莫生气""亘、气之生""或，亘焉"。郭店楚简《太一生水》则称这生化总源为"太一"。这些异称在在显示，作为《老子》哲学中宇宙最高总源的"道"，战国以后，不仅意涵有所转化，称谓也不一。而从《亘先》一再地专用"亘先"与"亘"而不似《道原》"道"与"恒先"并称的情形看来，帛书《道原》"恒先之初"的称谓，恐怕也不是偶然的，而有可能在当时根本就是一种与"道"并行共存的称谓。

（三）多元的生成现象与先后问题

　　《太一生水》论述创生，而不及道体质性，《亘先》则是先述本体质性，再论创生。其论创生，和《太一生水》同样表现出与《老子》第四十二章"道生一……生万物。"所述，向下直贯，母子相生的系统呈现出相当歧异的状况。《太一生水》不但以"水"为重要生成元素，其生成模式且是逆向的"反辅"而生，与平行对立者彼此间的"相辅"以生，两种模式并存，它说：

　　　　太一生水，水反辅太一，是以成天。天反辅太一，是以成地。天地【复相辅】也，是以成神明。神明复相辅也，是以成阴阳。阴阳复相辅也，是以成四时。四时复相辅也，是以成沧热。沧热复相辅也，是以成湿燥。湿燥复相辅也，成岁而止。①

---

　　① 《郭店楚墓竹简》，第125页。

　　天、地的生成是透过太一的生成物——"水"的逆向反辅作用，以"水"为核心质素而生的。天地生成后，天地间一切的生成便都是平行对立者彼此间两两"相辅"而产生。而从天地、神明、阴阳、四时、寒热、湿燥等既是生成物，同时也是"相辅"元素看来，这种"相辅"之生，事实上似乎是指轮替出现。即使是"反辅"以生的天、地，其生成也是有先后顺序的，天先成而地后定。

　　《亘先》又不同了。《亘先》论万物的生成，过程较之《太一生水》，繁复曲折的程度有过之而无不及。它"自生""气化"与"类生"并呈，不似《太一生水》之以水为质素，反辅、相辅以生。它的生成不只有母子关系，更强调先后问题与无因果关系的"自生"概念。它说宇宙万物是由一种类近于空间概念的"或"先生成，然后有类似时间概念的"始"与"往"，接着创生质素——"气"产生了。有了时、空与创生质素——气，创生活动才得以依母子相生与依类相生的原则揭开序幕。这个作为始源的"亘""或"与"气"，又被界定为只有先后和相与关系，没有母子相生关系。像这样曲折复杂的生成论述，不但与《老子》"道生一，一生二，二……生万物"简明地向下直贯，母子相生有别，前此的典籍或文献中也未曾见，应是楚地哲学家的创造性转化与开展。

　　其次，对自然的生成，它强调先后关系说：

　　　　有或焉有气，有气焉有有，有有焉有始，有始焉有往者。①

　　生成条件彼此间先后关系的强调重于一切，须先确认。不只自然，人事世界中的价值确认也一样，《亘先》说：

　　　　先有中，焉有外；先有小，焉有大；先有柔，焉有刚；先有圆，焉有方；先有晦，焉有明；先有短，焉有长。②

---

　　①　马承源主编：《上海博物馆藏战国楚竹书（三）》，上海古籍出版社 2003 年版，第288 页。

　　②　《上海博物馆藏战国楚竹书（三）》，第 295 页。

依其意，负面的东西似乎较正面的东西先出现，这和《老子》的尚雌哲学有着相应的意味。

先厘清生成元素的先后关系之后，才好说创生。它说"气"产生后，万物开始因"气"而依类"异生异，鬼生鬼，韦生韦，非生非，哀生哀"，以母子相生的方式"云云相生"。而作为生成的初阶条件"或"与生成质素"气"，《亘先》一再地声明它们是"自生"，是"自生自作"，不是由创生始源的"亘"产生的。创生条件与"气"都是自生，只有万物才依类各自母子相生。

这些先后、类生、自生形态的强调，是《亘先》生成论大别于《太一生水》和《老子》之处。但它终于回返《老子》循环往复的观点，说万物的类生之初是"求欲自复"，自然有一种"复"的生成趋势，去纷纷依类"复其所欲"，然后"复生之生形"，果真依"复"的形态各自依类进行生化。又说："明明天行，唯复以不废"、"天道既载……唯复以犹复"。天道的运行与创生，就因这"复"而又"复"的生成形态而得以生生不息，永不废止。自生、气化、类生、复生与先后次序的强调，是《亘先》短短百余字生成论所表现的丰富内容。其中以"气"为生成质素，有《老子》（第四十二章"道生一……"）的意味，"复生"则相应了《老子》"反者道之动"、"周行而不殆"、"逝、远、反"之旨。《亘先》这种对类生与生成条件先后次序的强调，是传世道家典籍文献所未见。①

（四）从无名到执名

《道原》《太一生水》《亘先》末了都涉及人事或政治上的运用，也大致因承《老子》的虚静无为之旨。唯或为因应时代的流行议题而转涉名言以论政，歧出了《老子》"无名"的坚持。

《道原》说，圣人要"能察无形，能听无声"，才能"知人之所不能知"，"服人之所不能服"。还要"分之以其分……授之以其名"，才能使"万民不争"、"万物自定"。"名"与"分"的安顿与处理，仍是人事世界无可规避的问题。《太一生水》也说："以道从事者必托其名，故事成而身长；圣人之从事也，亦托其名，故功成而身不伤。""名"的安顿仍

---

① 有关《亘先》与《太一生水》的生成论述，个人已于《近四十年出土简帛思想文献》中第28—31、144—149、384—386页中详细讨论过，今指隐括其义，不赘述。

是事功领域中省不去的节目。

《亘先》则以过半的篇幅大论"事"应出于"名"。而"名"的产生，是透过或一有一性一意一言一名的程序而来的。每一阶段的定称（谓），都要审慎准确，不可有一丝苟且马虎：

> 或非或，无谓或；有非有，无谓有；性非性，无谓性；音（意）非音（意），无谓音（意）；言非言，无谓言；名非名，无谓名……①

执"名"相当彻底。

不仅如此，对于相对的两名，若大小、中外、刚柔、方圆、明晦、长短等等，《亘先》还大不同于《老子》之泯其差距，统一融通，而务要分出先后，却又相应于《老子》崇阴尚雌之旨，以小、外、柔、圆、晦、短为先，终亦统合于"复"，而以泯除"得""失"作结，回归《老子》的思维。像这样，相对于《老子》，既合而分，既分而又合的状况，又一次呈现了《老子》学说在楚地及后世推衍转化的缤纷情况。

除《亘先》外，上博（七）另有一篇《凡物流形》，表述形态相当特别。全文前半连续设 44 问，遍问物与人之生死由来、各种自然现象，若天地、阴阳、水火、风雨、雷电、草木、禽兽等之形成问题。后半亦涉及人事政治问题之处理，一如《道原》、《亘先》、与《太一生水》。在发出一连串 44 个相关于天地、宇宙万象的生成与鬼神祭祀的威灵、效用疑问之后，全篇议题焦点突然定着在"识（执、守、察）② 道""识（执、守、察）一"以治事莅政上。它说："一"是现象世界事物存在的根源、天地事物的核心，也是人事政治上的操作之术。掌握了"一"，就能掌握一切天地事物，为君治邦、统政理民便能无为而治、顺遂成功。而"一"

---

① 《上海博物馆藏战国楚竹书（三）》，上海古籍出版社 2003 年版，第 293 页。

② 此字整理小组本释作"识"，复旦大学研究生读书会与廖名春皆从之；但复旦读作"执"或"守"，廖名春读作"得"；何有祖则释作"察"。整理小组所释见马承源：《上海博物馆藏战国楚竹书（七）》（上海：上海古籍出版社 2008 年 12 月）第 249 页。复旦大学读书会所释参见复旦大学出土文献与古文字研究中心研究生读书会《〈上博（七）·凡物流形〉重编释文》（首发）（http：//www. gwz. fudan. edu. cn/SrcShow. asp？ Src ＿ID＝581），2008 年 12 月 31 日，第 3 页。廖说见《〈凡物流形〉校读零札（二）》（清华简帛研究网 2008 年 12 月 31 日）；何说见《〈凡物流形〉校读札记（二）》（武汉大学简帛网站 2008 年 12 月 31 日）。

不必远求，切身近处可察。这"一"的治事之用，一如黄老之学对老学之推阐。然其性征则不同于《老子》"道"之虚无超越，非感官知觉对象，而为有味、有臭、有声、可见、可操持、也会槁灭，①且在天下、天地之间。

"道"在天地间为《管子》四篇等黄老理论的共识，但《管子》四篇等黄老"道"之质性，都同于《老子》之虚无清静，应用时也可以透过心的体悟而妥善操持，却不似《凡物流形》之可以感官体察。《凡物流形》全篇论述并未提及任何一个"气"字或"气"概念，然而，像这样可透过感官感知的"道"，也几乎就是"气"或"术"了。

结　论

各类简帛本《老子》的出土，让我们深切体认到《老子》文本在流传、传抄与形成过程中的变动性与复杂性。定州残简《文子》的出土，让我们对古本《文子》与《淮南子》的关系增加了切割的把握，也让我们认清了今本《文子》中大量的"老子曰"应是后世的托古增益，非祖本或先秦时代所原有。其依托增益的形成，应在老子其人的形象已被绝对权威化了的时代。马王堆黄老帛书的出土，正式开启了近代黄老学研究的序幕，清楚显示了老子学说广大的外王功能之理论转化及其详细情况。郭店出土与上博德种道家相关文献之道论，不论述生成或建置人事名言，对校于《老子》，时依时违，或合或逆，崎崎岖岖，逶逶迤迤，高潮迭起，绚烂无比，更让我们见识到《老子》的道论在楚地流传、推衍、与转化的缤纷绚烂状况。从中，我们不但见识到楚域学术繁复多元的丰沛生命力，也更深切体悟到《老子》学说博大宽广，可以无限转化的巨大能量。

---

①　《凡物流形》第十九至二十简说："是故一，咀之有味，嗅之有臭，鼓之有声，近之可操，握之则失，败之则槁，贼之则灭。"

老子"玄德"思想及其所蕴
形而上下的通贯性

——基于通行本和简帛本《老子》的综合考察

叶树勋

（清华大学国学研究院）

　　"玄德"是老子思想中一个很有代表性的义理术语，它不仅体现了老子对于西周以降"德"观念的反思和改造，而且还是打通老子思想形而上下之间的一种重要渠道。从文本来看，此术语在《老子》书中共出现了4次，分别见于通行本的第十、五十一、六十五章（其中，第六十五章出现两次）。从义理上来考察，"玄德"观念被分别表述于形而上的道论语境和形而下的政论场景。与此同时又与内在维度的功夫论具有紧密的义理关联，集中展现了老子形而上学、政治哲学以及心性论三者之间的内在通贯性。

　　但由于通行本中"玄德"所处的语境有些含混不清，容易遮蔽这一重要观念的确切意义。加之学者们偏重于从政治哲学的角度对其加以阐释，① 是以此观念的多重意涵及其所蕴的老子思想在几个方面之间的通贯性一直没有受到足够的关注。随着马王堆帛书、郭店楚简、北大汉简等多种简帛《老子》的相继面世，让我们对其间的含混之处有了新的考察材料，可据之澄清传统以来的某些误解。因此，本文将在综合考察《老子》

---

① 目前学界关于老子"玄德"思想的主要讨论可参见尹振环《帛书老子与老子术》，贵州人民出版社 2000 年版，第 87 页；刘笑敢：《老子古今——五种对勘与析评引论（修订版）》，中国社会科学出版社 2006 年版，第 665—666 页；牟钟鉴：《老子新说》，金城出版社 2009 年版，第 33—34 页；陆永品：《老子说"玄德"》，《中国社会科学报》，2009 年 12 月 29 日；王邦雄：《老子〈道德经〉的现代解读》，吉林出版集团 2011 年版，第 42—43 页；郑开：《玄德论——关于老子政治哲学和伦理学的解读与阐释》，《商丘师范学院学报》，2013 年第 1 期。

通行本和出土简帛本的基础上对"玄德"及其相关问题展开逐次的讨论。①

一　"玄德"的形上意域："道"对万物两面性的生成功德

作为老子学说中一个颇具特色的术语，"玄德"这一说法似乎并不是老子的首创。从词源上来考察，此语在《书·虞书·舜典》已有所见："曰若稽古，帝舜，曰重华，协于帝。濬哲文明，温恭允塞，玄德升闻，乃命以位。②"舜以"玄德"升闻于帝尧，为后者所欣赏，于是后者便将天子之位禅让于舜。在此"玄德"意味着"濬哲文明，温恭允塞"的品性，这种品性是舜之所以成为天子的合法性根据。以"玄德"而获取帝位，这反映了早期思想观念中"德"作为一种政治意识形态的文化特征。

但老子独具匠心的是，他对"玄德"的理解或者说他对"德"的运用并没有停留在此前流行的政治话语里，而是对其予以创造性的转化，将其拓展到形而上的道论语境，用以表示本根之道与天地万物的某种作用关系。这一情况集中见于《老子》第五十一章关于"玄德"的说法：

> 道生之，德畜之，物形之，势成之。是以万物莫不尊道而贵德。道之尊，德之贵，夫莫之命而常自然。故道生之，德畜之，长之，育之，亭之，毒之，养之，覆之。生而不有，为而不恃，长而不宰，是

---

① 本文对《老子》的引用以王弼本（楼宇烈校释：《老子道德经注》，中华书局 2008 年版）为底本。行文过程中如据简帛本和其他传世本，笔者将随文说明；为统一起见，引据简帛本时章数从通行本。

② 需要指出的是，这段话的可靠性是值得怀疑的。孔颖达《尚书正义》已有所质疑："昔东晋之初，豫章内史梅赜上孔氏传，犹阙《舜典》。自此'乃命以位'已上二十八字，世所不传。多用王、范之注补之，而皆以'慎徽'已下为《舜典》之初。至齐萧鸾建武四年，吴兴姚方兴于大航头得孔氏传古文《舜典》，亦类太康中书，乃表上之。事未施行，方兴以罪致戮。至隋开皇初购求遗典，始得之。"（参见《尚书正义》，北京大学出版社 1999 年版，第 51 页）按此，今本《尚书》的《舜典》篇乃是从今文尚书《尧典》篇"慎徽五典"以下的内容析分出来，而后据姚方兴于大航头所得增补了"曰若"等二十八字。是以，"玄德"一词是否出自《舜典》则实为可疑。虽然我们仍不能断言此词必始自老子，但作为一个义理术语，认之为老子首创当是无碍。

谓玄德。

　　从大致文义来看，此章主要讲述"道""德"与万物之间的关系。如细究之，与"玄德"直接相关的后半章（自"故道生之"起）的主语则未免含混不清。仅就字面而言，"德畜之"及其以下的主语都是"德"，其文句乃在描述"德"对于万物的玄妙作用；不过，亦可视主语同时为两个——"道"与"德"，即"长之"及此后的动作皆由"道"、"德"一并发出；① 此外，也不乏学者将"生而不有"及此后的主语视为圣人，从而将"玄德"的意涵置于政治语境加以考察；② 然而，殊值注意的是，时间上更久远的一些古注并未将后半章从"畜之"起的主语视为"德"，或同时是"道"与"德"，也没有视之为圣人，而是将主语理解为"道"。③ 如此一来，关于后半章自"畜之"起的主语即出现了四种理解的可能性。

　　在帛书甲、乙本和汉简本中此章后半部分"畜之"前均无"德"字（楚简本不见此章内容），我们来看帛书甲本后半章的情况：

　　　　道生之，畜之，长之，遂之，亭之，【毒】之，【养之，覆之。生而】弗有也，为而弗寺（恃）也，长而弗宰也，此之谓玄德。

　　从帛书甲本的情况来看，后半章文义一贯而成，主语皆是"道"，其

────────────

　　① 如释德清解此句为"道""德"成始成终，万物皆赖之以生长（《道德经解》，华东师范大学出版社2009年版，第105—106页）。现代学者中也不乏注家按此方式作解，可参见蒋锡昌《老子校诂》，商务印书馆1937年版，第319页；张默生：《老子章句新释》，济东印书社1948年版，第66—67页；严灵峰：《老子达解》，华正书局2008年版，第263—264页。

　　② 如成玄英《道德经义疏》以此处"玄德"的主语为体道之士，亦即圣人（参见蒙文通《道书辑校十种》，巴蜀书社2001年版，第480页）。现代学者中如陆永品、郑开等亦以此处主语为圣人。分别参见陆永品《老子说"玄德"》，《中国社会科学报》，2009年12月29日；郑开：《玄德论——关于老子政治哲学和伦理学的解读与阐释》，《商丘师范学院学报》，2013年第1期。

　　③ 如严遵注"天地人物，含心包核，有类之属，得道以生，而道不有其德"（王德有点校：《老子指归》，中华书局1994年版，第46页）、河上公注"道之于万物，非但生之而已，乃复长养、成孰、覆育，全其性命。……道之所行恩泽，玄暗不可得见"（王卡点校：《老子道德经河上公章句》，中华书局1993年版，第196—197页），王弼注"有德而不知其主也，出乎幽冥，是以谓之玄德也"（楼宇烈校释：《老子道德经注》，中华书局2008年版，第137页）。

内容乃描述"道"对万物一系列的生成作用。而且，帛书甲本还给我们提供了一个重要启示，即"道生之"前面有一个分章点（帛书乙本和汉简本均无），说明第五十一章在《老子》古本很有可能是原作两章，而后由于文义相近则被合为一章。① 帛书乙本和汉简本在某些动词上与帛书甲本有所不同，但"畜之"前也是没有"德"字，不乏学者据之认为，通行本"畜之"前的"德"字应是后人根据前文"德畜之"补加，以求文句的对应，但由此却带来了文义上的歧变。②

笔者赞成这一看法，严遵、河上公和王弼等古注家对后半章的注解在主语的理解上虽不符合今本，但显然切合简帛本，说明这些注家当初所见文本不是我们今日看到的情况，而是更加接近简帛本的情形，而这些注本中的原文很有可能是后人根据其他已补加"德"字的传抄本而有所增补。此外，传世本当中"畜之"前无"德"字的版本并不少见，③ 只不过由于严遵本、王弼本、河上本、傅奕本等几种常用的传世本乃"畜之"前有"德"字，是以很容易导致我们认为那些版本乃是漏抄了一字，而今我们综合简帛本的情况来看，可知恰恰是那些无"德"字的传世本在此处保留了《老子》文本的古貌。

从上引帛书甲本的文义来看，"道"虽然生成了万物（"生之畜之，长之遂之，亭之毒之，养之覆之"），但与此同时，又不会占有或宰控万物（"弗有"、"弗宰"），也不会由此而居功自恃（"弗恃"）。亦即，"道"对于万物的生养长成之作用具有独特的"两面性"：一方面，"道"创生了万物，继而又持续不断地向万物提供各种养源和条件，使之顺利成长；但在另一方面，"道"并不会有为地干扰万物，而是以一

---

① 据此，我们不妨对第五十一章前后两部分作适当的分开讨论。这不仅基于此章的现今可见最早本（即帛书甲本）有一个分章点，而且前后两部分的文义也存在一定程度的差别，如"德"在前后两部分的表现就不一样，相关讨论可参见叶树勋《"德"观念在老子哲学中的意义》，《中国哲学史》，2013 年第 4 期。

② 相关讨论可参见刘笑敢《老子古今——五种对勘与析评引论（修订版）》，第 530—531 页；郑良树：《老子新论》，上海古籍出版社 2011 年版，第 194—196 页；何晋：《读北大简〈老子〉札记一则》，《"简帛〈老子〉与道家思想"国际学术研讨会论文集》，2013 年 10 月，第 15 页。

③ 如成玄英的《道德经义疏》、苏辙的《老子解》、范应元的《老子道德经古本集注》、焦竑的《老子翼》、释德清的《道德经解》、王夫之的《老子衍》等。据朱谦之《老子校释》（中华书局 1984 年版，第 204 页），武内义雄所见敦煌本"畜之"前亦无"德"字。

种无为的态度顺任万物，让其自发活动、自主发展。如将这两方面的作用结合起来，便是末句所说的"生而弗有也，为而弗恃也，长而弗宰也"。①

接下来的问题是，"道"的这种两面性作用何以在章末被概括为"玄德"呢？对此我们不妨解析为两个子问题：首先是"道"的作用何以谓之"德"？其次是"道"对万物所施发的这种"德"因何而"玄"？

我们先来看第一个子问题。"道体德用"是学界理解老子思想中"道"、"德"关系的基本思路，这样的看法大体上并无不妥，可问题是，我们是否需再追问"德"为什么可以表示"道"的作用？河上公解"德"为"道之所行恩德"（参见前文注释所引）为我们提供了重要启示，"玄德"之"德"应当与此前"德"的恩惠之义有所关联。如我们所知，"德"在早初主要意味着君王对臣民的某种恩德，② 这是周人自许的获有天命的理由所在。"德"的这种恩惠之义在《老子》书中亦有所见，如第六十章"夫两不相伤，故德交归焉"、第六十三章"报怨以德"等一些说法；但老子对"德"的使用并没有仅仅停留于世俗恩惠这一意义之上，而是对恩惠之德的施用双方予以转化，从世俗间人与人的关系或宗教语境中神与人的关系转移到宇宙场景中"道"与万物的关系，用"德"表示"道"对万物所施发的一种作用。这种作用对于万物而言，乃是一种决定其存在并促成其发展的根本性恩惠，故此乃可谓之"德"。申言之，"道"对万物的两面性功能无论从哪一方面来看，都是对万物的一种恩德："生""为""长"对万物来说固然是一种恩泽，与此同时，"弗有""弗恃""弗宰"等对万物来说也是一种恩

---

① 关于"道"的这种两面性作用，《老子》其他地方也有类似的说明。如第三十四章："大道氾兮，其可左右。万物恃之而生而不辞，功成不名有，衣养万物而不为主。常无欲，可名于小；万物归焉而不为主，可名为大。以其终不自为大，故能成其大。""万物恃之而生而不辞"意谓"道"生养了万物却不会以此居功炫耀（辞指言辞），与第五十一章"为而弗恃"相应，而后文的"功成不名有"和"衣养万物而不为主""万物归焉而不为主"则分别与"生而弗有"和"长而弗宰"相通。此二章数句均在描述"道"既生成万物又顺任万物的双重性功能。

② 如《诗·大雅·既醉》有"既醉以酒，既饱以德"，《书·周书·梓材》有"王惟德用，和怿先后迷民"，《左传》僖公十五年有"必报德，有死无二"，同书定公五年有"大德灭小怨，道也"，《国语·周语中》有"广施德于天下者也"，同书《晋语八》有"民畏其威，而怀其德，莫能勿从"等。

惠，万物正是在"道"的这种两面性恩德之中获有了养源富足而又充分自由的存在与发展。前引第三十四章虽然指出了"道"对于万物有着"功成"、"衣养"的恩惠，但老子并没有将这种恩惠称为"德"；而在第五十一章中老子则将"道"对万物"生而弗有"的恩惠直接地称为"德"。关于此点，孟旦（Donald J. Munro）也有所指出："德"在道家思想中的新意义与早期"德"观念的含义是分不开的，"德"表示"道"生成万物与"德"在早期表示恩惠行为有关。① 孟旦的见解值得注意，可以说，用"德"表示道对天地万物的生养功德是老子对恩惠之德的一种学理化延伸，是其在道物论的宇宙场景中赋予"德"观念的一种新意义。②

　　万物在"道"的双重性功德之中拥有了生命并获以自在活动，那么，这里又何以用"玄"来形容"道"对万物的这种功德呢？《说文》解"玄"为："幽远也，黑而有赤色者为玄，象幽而入覆之也。"（玄部）《老子》书中所见"玄"字大体上可解释为《说文》所训的"幽远"，除了用以形容这里的"德"，还用以描述其他的深奥难测的东西，如第一章"玄之又玄，众妙之门"、第六章"玄牝"、第十章"玄览"、第十五章"微妙玄通，深不可识"、第五十六章"玄同"等一些说法。在老子看来，"道"对于万物的生养功德亦是如此——"微妙玄通，深不可识"："道"创生了万物，并由始至终都在维系着万物的存在与发展，可以说，天下无一物不在"道"的统摄之下，即此则可谓之"通"；与此同时，"道"是在根源处即隐微处创生万物并维系万物的存续，因此在表面上看不出"道"对万物施发了作用，即此则可谓之"深"。再甚者，颇为"吊诡"的是："道"生成万物乃意味着"道"对万物是有所用，而"道"顺任

---

　　① ［美］孟旦：《早期中国"人"的观念》，丁栋、张兴东译，北京大学出版社 2009 年版，第 138 页。

　　② 这种新意义不仅见于后半章的"玄德"，同时亦可体现于前半章的"德畜之"。在后者的情形中，"道"生养万物的功能被视为万物生成链上的第二阶次而独立出来，与作为原初阶段的"道生之"并列为万物生成过程的前两个阶段，这里的"德"表现出与"玄德"不完全相同的理论倾向，但它的意义仍是发生于"道"与万物的作用关系中，与"玄德"具有较紧密的义理关联。

万物又意味着"道"对万物是无所用的，① 这确乎是一种难以用常识来理会的"无用之用"。对于这种既"通"而"深"的"无用之用"，老子便以他惯用的表示幽深难知的"玄"字来形容之，是以章末出现了作为概括性术语的"玄德"。王弼注"玄"为"出乎幽冥"，河上公则注为"玄暗不可得见"，此二注均得老子之意。葛瑞汉（Angus C. Graham）将老子的"玄德"翻译为"Dark Potency"，② 所据者或亦是此义，只不过此译语容易让人将"玄德"简单地理解为一种黑暗的效能，则未免难察老子此语之全意。

简要来说，"玄德"乃是一种通达深远的无用之用，老子将此前恩惠之德的施用双方加以转化，使"德"义从原来的君王对百姓之恩惠或上天对世人之恩泽转变为"道"对万物的生养功德。并且，用一个具有否定意义的"玄"字强调此"德"乃指顺任万物而不加主宰、"微妙玄通"而"深不可识"的创化大功业。

可见，老子突破了西周以来"德"观念的政治语境和宗教意义，首度将"德"置于道物论的宇宙场景中用以承载"道"与万物的作用关系。③但老子形而上学的建构并非仅仅在于表达他对宇宙本真的一种体悟而已，在他的思想维度中，宇宙本源处美好的一切都可以而且应当在人世中推行开来，用以解决人类社会的种种问题。有如徐复观先生指出的，老子面对当时的社会政治危机，从现象界逐步向上推求至宇宙的根源处，转而将其延展至人生论和政治论，希望可以去除社会中不安全的因素乃至于

---

① 第一章的"玄之又玄"同样也可以用为理解"玄"字的参照。此句在汉简本作"玄之有（又）玄之"，曹峰先生认为这里的"玄"应解为动词，"玄之又玄之"和"损之又损之"相类似，均谓一种否定式的工夫论（《"玄之又玄之"和"损之又损之"——北大汉简〈老子〉研究的一个问题》，《中国哲学史》，2013 年第 3 期）。从《老子》书中"玄德"的用法来看，"玄"被用作形容词。不过，曹先生的发现仍给我们不少启发，"玄"字确乎具有否定之义，如王邦雄先生也曾指出的，"玄德"的"玄"与前面各加的"不"字很相关，"不有""不恃""不宰"才能真正地完成"生""为""长"（《老子〈道德经〉的现代解读》，第 191—192 页）。另需指出的是，"玄德"和儒家的"明德"也形成了鲜明对照，对此，郑开先生曾指出儒道两家的"德"思想具有各自不同的旨趣，"明德"的"明"与"玄德"的"玄"都是视觉性语词，一个表示明照，一个表示幽隐，有点针锋相对的意味（《玄德论——关于老子政治哲学和伦理学的解读与阐释》，《商丘师范学院学报》2013 年第 1 期）。

② Angus C Graham. *Disputers of the Tao: Philosophical Argument in Ancient China*. La Salle: Open Court Publishing Company, 1989. p. 232.

③ 有如王中江先生指出的，"德"本来是一个围绕人的行为做出评价的概念，但在老子这里，"德"与"道"一样，达到了形上化的高度。见王中江著《道家形而上学》，上海文化出版社 2001 年版，第 173 页。

有毒害的东西。① 那么，形而上的"玄德"推衍到形而下的人类社会，老子又是作何考虑呢？这便是我们接下来需要讨论的问题。

二　"玄德"的形下场景：圣人对百姓的政治功德

如果允许采用一些具有功利色彩的话语，那么我们也不妨认为老子形而上学的建构在一定程度上是为他的政治理论服务的，无怪乎徐复观先生在说出前一段话之余，还曾不无极端地指出，老子要在宇宙根源的地方来决定人的生活态度，以取得人的安全立足点，因此老子的宇宙论不过是他的人生论和政治论的副产物而已。② 我们虽然不否认老子形上理论具有其自身的独立地位，但他在形上层面的学说与其在政治方面的诉求确乎具有很大的相通性，而这种形而上下之间的通贯性于"玄德"这里即具有很典型的表现。

如前所述，"玄德"除了出现在形而上的道论体系中，还出现于形而下的政治场域。在后一种语境中，圣人作为"道"在政治场域的具体化身，将会效法"道"而具备与"道"相契应的"玄德"：

> 载营魄抱一，能无离乎？专气致柔，能婴儿乎？涤除玄览，能无疵乎？爱民治国，能无知乎？天门开阖，能无雌乎？明白四达，能无为乎？生之，畜之，生而不有，为而不恃，长而不宰，是谓玄德。（第十章）

此章主要讲述了圣人治国理民的问题以及在此过程中所应具备的心性修养基础。从全章语境来判断，此处所见"玄德"的归属者并非"道"，而是"涤除玄览""爱民治国"的"载营魄抱一"之人，也就是老子心目中理想的最高统治者——圣人或侯王。从末句（自"生之，畜之"起）来看，此章"玄德"与第五十一章"玄德"表现出高度的相似性，尤其是"生而不有，为而不恃，长而不宰，是谓玄德"，与第

---

① 徐复观：《中国人性论史》，华东师范大学出版社 2005 年版，第 200 页。

② 同上书，第 198 页。类似的看法还可见于陈鼓应先生的论述：在老子哲学中"道"之是一个虚拟的问题，都是老子所预设的，老子将他在经验世界中体验到的那些道理，统统托付给所谓"道"。见氏著《老庄新论》（修订版），商务印书馆 2008 年版，第 138 页。

五十一章的末句完全重复，以至不少学者曾怀疑这一句是第五十一章错简重出，① 或后人摘录第五十一章作为注语而后又被杂入第十章经文。②

不过，第十章末句在帛书甲、乙本和汉简本中的情况与通行本则有所不同。在三种简帛本中，第十章末句与第五十一章末句并非完全重复。今将三种简帛本所见第十章末句引录如下：

　　生之，畜之，生而弗【有，长而弗宰，是谓玄】德。（帛书甲本）

　　生之，畜之，生而弗有，长而弗宰也，是胃（谓）玄德。（帛书乙本）

　　故生之，畜之，生而弗有，长而弗宰，是谓玄德。（汉简本）

比较明显的一点是，三种简帛本的第十章都没有"为而弗恃"这一句。帛书甲、乙本出土后，刘笑敢先生曾对第十章和第五十一章的相关文句进行列表比较，并指出两章末句并非完全重复，错简重出的可能性不大，有可能是后人根据第五十一章的情况将第十章末句补齐。③ 汉简本公布以后，何晋先生进一步指出，《老子》中某一重要观点在各章中会有详略不一的表述。在此问题上，据帛书甲、乙本和汉简本来看，第五十一章为系统的叙述，而第十章则是简略的表达。④

笔者认为，上述见解是可从的，汉简本和帛书甲、乙本很有可能各属不同的传抄系统，而不同传抄系统的文本同时错简重出的可能性是微乎其微的；而且，如果是错简重出的话，则第十章末句应与第五十一章末句完全相同，但三种简帛本第十章均不见"为而弗恃"，足可知通行本此短语

　　① 马叙伦先生较早提出这一怀疑，马先生据谭献"五十一章亦有'生而不有'四句，必有一衍误"之说，进一步指出第十章末尾四个短句与前文义不相属，当为第五十一章错简重出（《老子校诂》，中华书局 1974 年版，第 151—152 页）。而后，不少学者皆从马先生之说，认为此句当删。可参见严灵峰《老子达解》，第 50—51 页；陈鼓应：《老子注译及评介》，中华书局 2009 年版，第 97 页；古棣、周英：《老子通》，吉林人民出版社 1991 年版，第 375 页；孙以楷：《老子解读》，黄山书社 2003 年版，第 29 页；李存山：《老子》，中州古籍出版社 2008 年版，第 60 页。

　　② 高亨：《老子注译》，《高亨著作丛刊》，清华大学出版社 2010 年版，第 28 页。

　　③ 刘笑敢：《老子古今——五种对勘与析评引论（修订版）》，第 532 页。

　　④ 何晋：《读北大简〈老子〉札记一则》，《"简帛〈老子〉与道家思想"国际学术研讨会论文集》，2013 年 10 月，第 18 页。

应是后人据第五十一章补齐。再者，第十章末句与前文亦非义不相属，此间四个短语紧承前文"爱民治国"的话题而主张圣人既要生养百姓，又需顺任百姓之自然（这里的"之"指代百姓）。关于这种类似的话语我们还可见于《老子》书中的其他地方：

> 是以声（圣）人居无为之事，行【不言之教。万物作而弗始】也，为而不志（恃）也，成功而弗居也。夫唯居，是以弗去。（帛书甲本第二章）
>
> 是以□（圣）人为而弗又（有），成功而弗居也，若此其不欲见贤也。（帛书乙本第七十七章）（笔者按：帛书甲本此章残缺较多，此引帛书乙本。）

第二章在王弼本、河上本多了"生而不有"一句，而第七十七章"有"在通行本作"恃"，说明此二章出现了与第十章相类似的情况，皆有后人据第五十一章末句进行增补或改动的痕迹。并且，由此也说明了《老子》书中关于"生而弗有""为而弗恃""长而弗宰"等之类的话语不仅出现于道论语境中，同样也可见于政治活动场景，第十章末句与前文圣人"爱民治国"的语境并不会显得义不连属。① 最后，另外需指出的是，高亨先生认为第十章末句似为后人摘录第五十一章经文为第十章做注，今从简帛本的抄写情况来看，这种推测也是难以成立的。②

由此可见，第十章和第五十一章的相似表述非但不是错简重出，反而恰好说明了这两处"玄德"应具有某种意义的关联。关于这种义理关联，我们不妨看看第五十一章"生之畜之"句的河上公注：

---

① 此外，将政治论和心性论置于同一语境是《老子》书中的常见情况，我们不能因为前文讲述心性而后文讨论政治便认为后者是义不相属。实际上，这一情况正好反映了老子思想的一个重要特色，即心性与政治往往密不可分，前者是后者的内在基础而后者则是前者的外在推用。关于此点，我们将在下一节予以专门讨论。

② 第十章末句在帛书甲本中残损较多，然亦可见此句与前后经文乃以相同书体抄写，参见国家文物局古文献研究室《马王堆汉墓帛书（壹）》（文物出版社1980年版）《老子》甲本图版一〇九、一一〇。此句在帛书乙本、汉简本则保存完好，前后经文亦是以相同书体抄写，参见《马王堆汉墓帛书（壹）》《老子》乙本图版二二五下；北京大学出土文献研究所《北京大学藏西汉竹书（贰）》（上海古籍出版社2012年版，第81—82页）《老子》图版简一四六、一四七。

　　道之于万物，非但生之而已，乃复长养、成熟、覆育，全其性命。人君治国、治身，亦当如是也。

　　河上公的注文为我们理解"道"之玄德和圣人之"玄德"之间的内在关联提供了很重要的线索。凭此而论，作为有德者的"人君"乃本根之道在政治场域的理想化身，应当效法"道"对待万物的方式以治理民众百姓，亦即应当具备如同"道"对待万物一般的"玄德"。对此，许抗生先生亦曾指出：老子思想中的"德"包括了道的性能、圣人的德性等一些含义，前者被称为"玄德"，后者也被称为"玄德"，而后者乃前者在圣人身上的体现。[1] 许先生虽未提及圣人在何种意义上具备"玄德"，但其见解已为我们联系这两章的"玄德"提供了重要参考。

　　那么，圣人"玄德"在治国理民的过程中会具有哪些表现呢？从第十章原文来看，圣人对待百姓除了"生之，畜之，生而弗有，长而弗宰也"等一些方式以外，还应该做到"无知"、"无为"，[2] 在义理上来说，"无知"、"无为"和"弗有"、"弗宰"是一致的，皆强调"玄德"之"玄"的否定性意义。关于这种否定式或减损性的圣人之"玄德"，还可见于《老子》第六十五章：

　　古之善为道者，非以明民，将以愚之。民之难治，以其智多。故以智治国，国之贼；不以智治国，国之福。知此两者，亦稽式。常知稽式，是谓玄德。玄德深矣，远矣，与物反矣，然后乃至大顺。

　　在帛书甲、乙本和汉简本中，"不以智"皆作"以不智"，后者用"不智"和前面的"智"相对，对"智"的否定更为直接；"福"在帛书

---

① 许抗生：《老子与道家》，新华出版社 1993 年版，第 22 页。
② "无知"、"无为"在帛书乙本和汉简本中皆作"毋以智"，更加强调对"智"的否定。

甲、乙本和汉简本皆作"德"，①"福"、"德"二字义同，皆谓圣人倘能"以不智治国"则是国之福德；"稽式"在王弼本、傅奕本和帛书甲、乙本同，在河上本、严遵本、汉简本作"楷式"，两词义近，皆谓法式。"以智治国，国之贼也；以不智治国，国之德也"乃一事之两面，圣人倘能知悉此理，即是"恒知楷式"（汉简本），也就是具备了"深矣""远矣"的"玄德"，要言之，所谓"玄德"就是要做到"以不智治国"。

综而观之，关于政治语境中的圣人之"玄德"，老子均倡导"无知""无为""弗有""弗宰"或"不智"等一些消极性的治理策略。老子不认为统治者做得不够而敦促他们多做些什么；恰恰相反，他觉得现实政治中统治者做得过多了，而应该不断减损自己的作为，以顺任百姓自然之情状。可以说，圣人之"玄德"是老子基于史官立场对统治者提出的关于权力制约的一种建言，也是他针对西周以降一直作为主流的"王德"提出的新诉求。老子沿用了此前"德"的恩惠之义，也同样主张圣人在治国过程中应当对民众施与恩德，但他所期待的较之此前以及同时代的孔子都有很大的区别。此前的恩惠之德偏于物质层面，②而孔子的德政观念则更关注人文方面的教化，③但老子主张的圣人之"玄德"更强调统治者治国理民中"无知"或"不智"的基本操守。

并且更为不同的是，老子思想中的圣人"玄德"具有宇宙观层面的形上根据，这也就是前节讨论的道物关系中的"玄德"，前者乃是后者在形下政治生活中的一种具体落实，二者之间的相似性恰好反映了老子道论

---

① "福"字在王弼本、河上本、严遵本、傅奕本等多数传世本皆同，但在敦煌辛本、遂州碑本、强思齐本皆作"德"，《文子·道原》引此句为"不以智治国，国之德"。易顺鼎认为"德"字乃后人不知"贼""福"为韵而改之，朱谦之从其说，认为敦煌辛本的"德"或为"福"之注文（《老子校释》，中华书局1984年版，第265页）。但蒋锡昌据强思齐本认为此字当作"德"（《老子校诂》，第398页），王叔岷据《庄子·达生》"开天者德生，开人者贼生"亦认为此处当从"德"（《庄子校诠》，乐学书局1999年版，第676页）。今从帛书甲、乙本和汉简本来看，此字作"德"的可能性更大。"德"（端母职部）、"福"（帮母职部）、"贼"（从母职部）三字音近可通，易顺鼎以"贼""福"谐韵而不从"德"字这一看法值得商榷。"德""福"义近，皆谓福德、恩泽，不过，由此处"德"字的使用，我们可知"玄德"与恩惠之德具有关联。

② 如《左传》文公七年有"正德，利用，厚生"，同书成公十六年有"德以施惠……民生厚而德正，用利而事节"，《国语·周语上》有"先王之于民也，懋正其德而厚其性，阜其财求而利其器用"。

③ 如《论语·为政》载："子曰：'道之以政，齐之以刑，民免而无耻；道之以德，齐之以礼，有耻且格。'"又如《论语·颜渊》载："孔子对曰：'子为政，焉用杀？子欲善，而民善矣！君子之德风；小人之德草；草上之风必偃。'"

为其政论张本的思想特色。由此而言，"玄德"观念也就成为贯通老子思想中"道—万物"和"圣人—百姓"这两组关系的重要线索。① 它不仅是各组关系架构中施受双方作用关系的基本内容，而且更关键的是，它是在整体上打通这两组关系的重要途径。

三　"玄德"的内在维度：圣人对"道"的体认与德性的自然保持

迄今为止，我们探讨了老子"玄德"观念在形上道论语境和形下政治场域的双重意蕴，并且发现了二者之间的契应关系，这种契应主要通过圣人对"道"的效法来实现。但是，"道"并非一个可见的、可直接效仿的外在对象，而是一种无形无名的超越存在，而且其展现的"玄德"也正如前文指出的，是一种"深不可识"的"无用之用"。所有的这些"玄妙"情况都决定了圣人对"道"的效法决不可能仅仅是一种外在的模仿行为那么简单。

换言之，"玄德"之所以能够打通形上道物和形下君民这两组关系，不仅仅在于它是圣人效法"道"的结果，此外还蕴含着更深层面的圣人与"道"的关系，这也就是圣人经由心性之修炼而体认、复归"道"的过程，这种内向性的体悟乃是外在效法行为的内在前提与基础。在第十章关于"玄德"的描述中，老子其实已经为我们指出了圣人如何具备"玄德"的一些内在条件：

> 戴（载）营□（魄）抱一，能毋离乎？□（抟）气至柔，能婴儿乎？修（涤）除玄监（鉴），能毋有疵乎？爱民栝《治》国，能毋以知（智）乎？天门启阖，能为雌乎？明白四达，能毋以知（智）乎？（帛书乙本）

---

① 在老子思想中，"道—万物"和"圣人—百姓"这两组关系结构是我们理解老子道论与政论二者之关联的一种重要参照，关于这方面的相关讨论，可参见池田知久《道家思想的新研究——以〈庄子〉为中心》，王启发、曹峰译，中州古籍出版社 2009 年版，第 207—211、547—560 页；王中江：《简帛文明与古代思想世界》，北京大学出版社 2011 年版，第 357—376 页；曹峰：《论〈老子〉的"天之道"》，《道家研究：学术·信仰·生活论文集》，2012 年，第 371—378 页等。

    "戴"通"载",意为运载；① "营魄"即魂魄,指人的精神；②
"一",在此意指"道",③"抱一"意指与"道"同体,其义与《老子》
第二十二章"圣人抱一为天下式"的"抱一"相同。"抟"与前文的
"载"相对应,《管子·内业》有"抟气如神,万物备存",其义相近,
不过老子在这里更强调圣人"抟气"之后乃可"至柔"、如同"婴儿"
之义。"载营魄抱一"和"抟气至柔"各偏于精神和形体的不同方面,此
两方面之修炼皆以"道"为皈依。"玄鉴"④是指明澈如镜之心,"涤除"
和"毋有疵"都是主张扫除心中杂念,即排除那些试图干扰或主宰事物
的主观意识。"天门"比喻感官,⑤"为雌",王弼本作"无雌",老子学
说乃尚阴贵柔,"无雌"之说义属难通,当从帛书乙本。"为雌"乃柔静
之义,意谓感官和外界接触时守静不乱。《老子》第十二章有"五色令人
目盲,五音令人耳聋,五味令人口爽",可说是"天门启阖,能为雌乎"
的反面情况。此外,"天门启阖,能为雌乎"与前面的"涤除玄鉴,能毋

---

    ① 不乏注家将此字读为"哉",隶属前章(第九章王弼本末句为"功遂身退,天之道"),
也有注家将"载"解为语助词。第九章末句在楚简本、帛书乙本、汉简本均作"功遂身退,天
之道也",末已有语气词,"载"字应属第九章；且汉简本"载"字前有分章点,更足以说明
"载"字当属第十章。又,《楚辞·远游》有"载营魄而登霞兮","载"亦与"营魄"连用。并
且,"载"与后文的"抟"相对应,当用为动词。成玄英解"载"为"运也"(蒙文通:《道书
辑校十种·道德经义疏》,第394页),林希逸解"载"为"犹车载物也"(《老子鬳斋口义》,
华东师范大学出版社2010年版,第11页),皆从运载之义。
    ② 营魄即魂魄,此是历来注家所共识。但对"魂魄"的具体理解有很多种。不少注家将
魂、魄解释为人的两种精神作用；但也不乏注家将魂、魄分视为精神与形体,从而解"抱一"
为形神合一。笔者认为,"魂"与"魄"如细究之虽有分,但皆谓精神。《说文》训"魂"为
"阳气也",释"魄"为"阴神也"。《淮南子·说山训》有"魄问于魂",许慎注曰"魄,人阴
神；魂,人阳神"。《左传》昭公七年有"人生始化曰魄,既生魄,阳曰魂",孔颖达疏曰"魂
魄,神灵之名,本从形气而有,形气既殊,魂魄亦异,附形之灵为魄,附气之神为魂也"。可见,
魂、魄如细分之,乃谓精神之两面(魂主阳动而魄主阴静),是以《老子》"营魄"当从精神解,
不宜细分为精神与形体。
    ③ "一"在老子思想中主要有两种含义:(1)表示万物生成过程中比"道"次一级的环
节,如第四十二章"道生一,一生二,二生三,三生万物"。(2)"道"的同义词,如第二十二
章"圣人抱一为天下式""载营魄抱一"的"一"义属第2种。王弼解第十章"一"为"人之
真也"(楼宇烈:《老子道德经注校释》,第22页),高亨先生解"抱一"为抱持大道(《老子注
译》,第28页),陈鼓应先生解"抱一"为"合于道"(《老子注译及评介》,第94页),皆以
"一"为"道"。
    ④ "玄鉴"在帛书甲、乙本和汉简本同,王弼本作"玄览","览"(见母谈部)、"鉴"
(见母谈部)音近可通,本字是"鉴",意指镜子。
    ⑤ 河上公解"天门"为鼻孔(王卡点校:《老子道德经河上章句》,第35页),高亨先
生做出延伸解释:"耳为声之门,目为色之门,口为饮食言语之门,鼻为嗅之门,皆天所赋予,
故谓之天门也。"见高亨著《老子正诂》,清华大学出版社2011年版,第19页。

有疵乎"可谓是一事两面，前者说外在感官，后者说内在心灵，义在倡导依顺自然而静待万物。倘能如此，便是后文所讲的"明白四达"，这种态度如若具体到"爱民治国"的政治领域，便是"毋以智"，也就是末句所讲的"生之，畜之，生而弗有，长而弗宰也，是谓玄德"。

由此可看到，治国圣人之所以具备"玄德"，乃以其内心对本根之"道"的合抱与"无离"为根本前提：只有达至与"道"合一、如同婴儿一般柔顺，才能"涤除玄鉴"而"毋有疵"、"天门开阖"而"为雌"，才能在真正意义上做到"明白四达"，因此才能在"爱民治国"的过程中做到"毋以智"，从而具备"弗有"、"弗宰"的"玄德"。

关于"玄德"的内在修养基础，我们同样可在第六十五章中发现。除了前节所讨论的"以不智治国"的"楷式"问题，老子还说到了"恒知楷式，是谓玄德。玄德深矣，远矣，与物反矣，乃至大顺"。这段话也是在讲述圣人对"道"的体认过程，所不同的是，第十章将这种意义放在了前面，而这一章则是在后面点出了这一意涵。具体考论之，这里的"深"在强调前文已述的"玄德""深不可识"的特性，"远"在说明"乃至大顺"的幽远过程，合言之，"深"和"远"可谓是"玄德"之所以"玄"的一种注脚。"反"字在这里未免有些歧义，帛书甲本和汉简本此字残缺，帛书乙本同通行本。按《老子》书中"反"字有两种用法：（1）作"相反"解，如第七十八章有"正言若反"；（2）作"返归"解，如第二十五章有"大曰逝，逝曰远，远曰反"。从第六十五章"反"字紧承"远"字来看，这段话的语境与第二十五章的用法很近似，当解为返归。"与物反矣"，意即圣人和万物一起返归到"大顺"也就是"道"的状态，第十六章有"夫物芸芸，各复归其根"，这里的"复归"义同返归之"反"。这种"与物反矣，乃至大顺"的"玄德"思想在《庄子·天地》有更清楚的说明：

> 泰初有无，无有无名；一之所起，有一而未形。物得以生，谓之德；未形者有分，且然无间，谓之命；留动而生物，物成生理，谓之形；形体保神，各有仪则，谓之性。性修反德，德至同于初。同乃虚，虚乃大。合喙鸣；喙鸣合，与天地为合。其合缗缗，若愚若昏，是谓玄德，同乎大顺。

　　庄子的这种说法继承并发展了老子的"玄德"思想，这里先描述了从"泰初"到"性"的演化过程，而后又讲述了从"性"到"初"（即"泰初"）的复归过程，此间的"反"显然是作"返归"解。从道家思想的基本义理来说，作为返归之终极的"泰初"和"大顺"等，都是作为宇宙本源的"道"的另一种说法。

　　因此，在第六十五章当中"玄德"的直接意义乃是"恒知楷式"，也就是要做到"以不智治国"；进一步而言，这里的"知"并非一般意义上的知晓或知会某种常识，而是蕴含着返归大道的内在前提，是建立在"反""道"这一基础上的既"深"而"远"的"知"。

　　综而观之，第六十五章"乃至大顺"而具备"恒知楷式"的"玄德"与第十章"载营魄抱一"而具备"生而弗有"的"玄德"在义理上是一致的，均说明了圣人之所以能具备此种"玄德"，乃以体认、复归大道为前提，并非一种外在性的效法行为。这两章的文句虽没有直接出现"道"的字眼，但从"大顺"和"一"等一些"道"的代名词来看，圣人"玄德"与宇宙本根之"道"实具有一种内蕴的相通性，基于这种相通性我们可将"玄德"简要地理解为圣人对"道"的一种内在体认和自然保持。

　　当我们对"玄德"做出这种解读，已是在关注其作为德性的一面。相对而言，前节讨论的"玄德"在政治方面的意义则是更倾向于德行的一面。换言之，针对圣人"玄德"，我们可做出两种向度的诠释：

　　（1）由此术语的直接文义来看，"玄德"意指圣人对百姓的一种治理策略，即第十章所讲的"生之，畜之，生而弗有，长而弗宰"以及第六十五章所主张的"恒知楷式"而做到"以不智治国"。这些策略是圣人"玄德之行"在政治生活中的具体开展；对百姓而言，这些做法可谓是一种恩德。因此作为德行的"玄德"与早期的恩惠之德具有某种意义的相通性。

　　（2）进而考察形下"玄德"的相关语境，我们可发现此术语乃意味着圣人对"道"（在第十章是"一"、在六十五章是"大顺"）的一种体认功夫，即第十章所讲的"载营魄抱一""涤除玄鉴"以及第六十五章提到的"与物反矣，乃至大顺"等一些心性修炼功夫。这些功夫是圣人"玄德之性"在内在维度中的自然保持，对圣人而言这意味着他对"道"的一种抽象获得。因此，作为德性的"玄德"在语义上与"得"具有一定程度的关联。①

　　简言之，圣人"玄德"乃兼具"外向顺民之德行"和"内向体道之德性"这两方面的意义。前者是后者在政治生活中的一种外在推用，而后者则是圣人之所以具备"玄德之行"的内在基础——只有具备了内向体道之玄德，方有可能开展外向善待百姓之玄德。圣人治国之"玄德"并非仅是模仿"道"之"玄德"那么简单。当我们说圣人效法"道"而具备与之契应的"玄德"之时，只是在关注两种"玄德"的外在相似性。实则，在这种相似性的背后还蕴含着圣人如何经由心性修炼而体认大道的过程，同时也深含着圣人对其内在德性的保持功夫。

　　老子思想中的圣人"玄德"之所以兼有内外两义，在很大程度上是因为老子提出的这种德性或德行诉求主要是针对治国圣人而发，② 而治国圣王基于自身的特殊地位，他的德性问题不可能也不应该是纯粹的私己之事。换言之，他在心性方面的修养功夫必然会被外推到政治领域，而成为后者正当性的一种内在保证。有如高亨先生指出的，老子讲的人生主要是侯王的人生，因此有道的侯王所具备的人生德性同时也就是政治上的美好品格。③ 老子思想的这一特色促使其政治哲学和心性功夫论往往密不可分乃至于融为一体，因此，在《老子》书中我们也就可以读到很多章节会

---

　　① 在这个意义上而言，"德"也就是"得""道"的过程，这也是传统以来我们对老子之"德"的一般理解。不过，需要指出的是，《老子》书中并未出现关于"德""得"联系的直接说法。虽然在义理上我们可发现二者具有相关性，比如说"抱一"乃至大顺，又比如其他章节所见的"孔德之容，惟道是从"（第二十一章），"德者同于德……同于德者，道亦德之"（第二十三章）、"既得其母，以知其子"（第五十二章），"早服谓之重积德"（第五十九章）等，这些地方都隐含了"德"有"得道"之义，但仍需注意的是，老子并未直接陈述"德"即"得"。此二者的关联到了战国文献才出现比较明确的表述，如《庄子·天地》"物得以生谓之德"、《管子·心术上》"德者，得也"、《韩非子·解老》"德者，得身也"、《礼记·乐记》："礼乐皆得谓之有德"、《礼记·乡饮酒义》："德也者，得于身也"等。
　　② 如王博先生指出的，作为史官的老子很明显地遵循着"侯王中心"的思考方式，他考虑的很多问题都是针对侯王而发（《老子思想的史官特色》，文津出版社1993年版，第89页）。这种见解很切合老子思想的特色，基于一种强烈的政治意识，老子关于"玄德"的各种诉求在很大程度上并非针对普通人，而主要为治国的圣王而设。
　　③ 高亨：《老子注译》，清华大学出版社2010年版，第28页。

将心性修养和政治行为加以统一表述。① 这一情形在"玄德"思想这里得到了集中体现。

四　结语

老子思想是宏阔而深邃的，他深深关切于人类自身的现实问题，但是目光并没有局限于人类社会的范域，而是投向于更宏阔的宇宙场景，与此同时，老子对社会政治的诉求亦未停留于外在行为的单纯规制，而是将其视域透入心性深处，发掘人类德性的自然价值，以此化导世人尤其是作为最高统治者的圣人的行为。如果说老子的政治哲学承载着他对人类社会的美好向往，那么他对宇宙本根的体悟以及对心性深处的透视便分别构成了前者的形上根据和内在基础，由此而言，老子关于宇宙、社会、人生等方面的思考在根本上实乃贯为一体。

老子思想的这种内在通贯性在"玄德"观念上得到了充分而集中的展现。前文在综合考察《老子》通行本和简帛本的基础上，通过对书中相关语境的疏证与解析，渐以发掘出"玄德"思想在多层意域中的丰富义理。要言之，"玄德"在形上语境中意味着"道"对万物"生而弗有"的畜养功德，具体到政治活动场景，圣人通过效法"道"而具备与之相应的"玄德"，此两种"玄德"均关注施用方（"道"或圣人）对受用方（万物或百姓）的两面性作用（既生成之又顺任之）。但圣人的效法又决非仅是一种模仿行为那么简单，此间还蕴含着圣人如何经由心性修炼而体认大道的过程，即乎此圣人之"玄德"在具有"外向顺民之德行"此义的同时还兼有了"内向体道之德性"的意义，前者是后者在政治生活中的外在推用，而后者则是前者之所以能够正当开展的内在前提。

由此我们进而发现，"玄德"不仅是"道—万物"和"圣人—百姓"这两组关系内部可以贯通施用双方的重要途径（分别贯通"道"和万物、圣人和百姓），同时也是在整体上打通这两组结构的关键渠道，使二者呈

---

①　由此，我们也可回视前节讨论的第十章末句与前文是否义不相属的问题。将心性修养与政治运用置于一处加以相关表述是老子的惯常手法，第十章末句讲述的政治问题与前文所讲的"涤除玄鉴""载营魄抱一"等修养功夫表面上看起来是两个领域的问题，但是在老子思想的理路中，此二者是密不可分的。将两个方面的内容放在一起，非但不会义不相属，反而恰恰说明了老子思想的一个重要特色。

现出相互契应的模式，这种打通不仅在于圣人"玄德"是效法"道"之"玄德"的结果，而且更关键的还在于它蕴含着圣人对"道"的内向体认与德性的自然保持等方面的意义。通过阐释老子"玄德"的多重意涵，我们不仅对此观念的丰富义理具有了更综合的认识，而且在理解老子思想几个方面的内在关联时也可拥有一种新的视角。

论老子道家学说的人本精神

赵保佑

（河南省老子学会、河南省社会科学院）

总体来看，老子道家学说的精要内容是对人自身的哲学思考。老子思想作为治国思想也是以人为根本出发点而展开的，无论是哲学思想还是治国思想，《道德经》从始至终都渗透着以人为本的理念。《道德经》五千言关于"以人为本"的思想处处可见，老子学说的核心价值观就在于处处闪烁着人本精神。

一 "人居四大其一"的命题突出人的主体地位

人在宇宙万物及人类社会中的地位，是中国古代先哲们探讨天人关系问题的重要内容，《道德经》中说："故道大，天大，地大，人亦大。域中有四大，而人居其一焉。"[①] 在这里他把人与"天"和"地"在宇宙中占据地位讲得很清楚，人和道、天、地共同作为宇宙中的四大，具有同等重要的地位，同样应受到尊重，这就阐明了人的主体地位，强调了对人的尊重问题。老子的人本思想首先对奴隶制时代神权第一的神本意识提出否定，第一次把人放到了本体的地位，这在中国人本思想史上是十分有意义的。

珍爱生命，追求生存质量，是人类自古以来就有的一种人生愿望。老子是把"天"和"地"当作我们现在说的"大自然"来理解的。他提出的"四大"命题，将人放在与天、地、道同等的位置，体现了重视人、重视生命的根本宗旨。

---

① 《老子》第 25 章。

　　如何看待"人"，如何对待每一个生命体，包括那些肉体上、精神上有残缺的个体，这是一个古老而又现实的话题。在上古社会，奴隶是不被当"人"看的，老子的学说产生于春秋中叶奴隶制经济向封建制经济迅速转型的时期。老子的"四大"命题的提出是有强烈的针对性，是针对奴隶制把奴隶不作为人看待的历史和现实而提出的，是对"人"的价值的论定，肯定人是世界上最为宝贵的主体。他说："天地不仁，以万物为刍狗；圣人不仁，以百姓为刍狗。"①古人把刍草扎成犬形，祭祀之前把它乔装打扮一番，用于祭祀仪式。用它时似乎很重视，把它当成神物，谁也碰不得；但用了之后便随手扔去，任人践踏，最后用于烧火做饭。老子指出：统治者从来不把老百姓当人看，只是其政治祭坛上的一把"草"。这就提出了老百姓的社会地位问题。这是我国学术界对庶民人身价值的首次揭示，它标志着"民"阶层意识的觉醒。在老子那个时代，人们必须考虑："人"是什么？奴隶、平民有没有人的资格、人的生存权利？"人"要不要有自己的自由意志？对这些问题的回答，构成了老子学说的重要内容。他从其"万物一体"的宇宙观出发，认为在"道"面前，不仅人人平等，而且万物平等；在"道"面前，不论贵贱，其生命都是宝贵的，其作为"人"的自由意志更是美的。甚至草木虫鱼土石砂粒，也都和人一样，各有其"生存"的理由，有存在的价值，不容蔑视，不容否定。这种理论，对于中国人的人格定位和人格塑造，起了深远的影响。把人的自然性命看得如此重要，在先秦唯有道家。比他稍后的儒家把人类看作是由"治人者"和"治于人者"两类组成的，这是用政治眼光看人；墨家把人看成是生产者和消费者两种角色，这是用经济眼光看人；而法家则把人看成是奖惩的对象、刑法管制的材料，那是用刑法眼光看人，唯有老子对"民"的社会地位予以确认，对"人"的天赋生命予以赞美。正如董京泉先生所说"在中国思想史上，老子是第一个突出人在宇宙中地位的哲学家"②。

二　"贵人重生"的生命主体思想

　　老子道家的生命观是可以概括为"贵人重生"四个字。尊重生命、

---

① 《老子》第13章。
② 董京泉：《老子道德经新编》，中国社会科学出版社2008年版，第63页。

珍贵生命、敬畏生命又是道家和道教的基本主旨。贵人重生、慈心于物、济世度人是道家与道教文化的主要特征，也是道家道教生命伦理思想的基本价值取向。老子讲：贵生、摄生、自爱、长生久视，特别强调人的至尊性，把生命的价值放在第一位，"贵以身为天下，若可寄天下，爱以身为天下，若可托天下"。①

老子理想中的圣人，也是"后其身而身先，外其身而身存"② 的贵己贵身者。老子生命哲学中，"道"是宇宙万物的根源，云："道生一，一生二，二生三，三生万物。""一"是"道"所生，再生阴阳，阴阳交感，又生万物。从形式上来看，这是老子对宇宙万物生成的描述，言下之意，生命也就是在道中生成，继而生生不息。

老子重视人、重视生命人本思想，后来成为中国道教贵生精神、尊重生命、"我命在我"教义的重要依据。也成为道家神仙信仰对生命的长久追求的重要原则。老子在第13章中说："宠辱若惊，贵大患若身。何谓宠辱若惊？宠为上，辱为下，得之若惊，失之若惊，是谓宠辱若惊。何谓贵大患若身？吾所以有大患者，为吾有身，及吾无身，吾有何患？故贵以身为天下，若可寄天下；爱以身为天下，若可托天下。"这就是说，受到宠爱或污辱都感到惊恐，重视身体就像重视大的祸患。我之所以会有大的祸患，是因为我有身体，如果我没有身体，我还有什么祸患呢？所以能够以贵己身的态度去对待天下的人，才可以把天下交付给他；能够以爱己身的态度去对待天下的人，才可以把天下委托给他。这样，珍视民众自身的生命和珍视圣人自己的生命，在老子的思想中就达到了有机的统一。

庄子讲：保生、尽年、尊生。《吕氏春秋·贵生篇》讲："圣人深虑天下，莫贵于生"；肯定生命在万事万物中是最为高贵和重要的，"人命最重"，"寿最为善"。《太平经》认为，人的生命只有一次，死后不能复生，故生前当进行各种修行，减少外在干扰，以延长生命甚至长生，道家所追求的是现实的生命质量而不是生命之外的其他东西。《西升经》强调，"我命在我不在天"，通过自我修炼延长生命的长度，提高存在的质量。《抱朴子内篇》有"死王乐为生鼠之喻"，道家甚至把生看作是道的别名，有生道合一的主张。《太上老君内观经》云："道不可见，因生而

---

① 《老子》第13章。
② 《老子》第42章。

明之，生不可常，用道而守之，苍生亡，则道废，道废则生亡，生道合一，则长生不死。"

"四大命题"是万物平等论，天、地与人同根于"道"，是道家尊重生命，生命平等思想的体现，道家贵人重生思想伦理，闪烁着"性命由己，操之在我"的命运自主思想；道教延生有术的操作思想是对死亡的宣战，与"人生即苦"追求来时的佛教的人生追求明显不同。与儒家"死生有命，富贵在天"的宿命论也迥然不同，道教对战胜死亡，延长生命充满信心。

贵人重生的人生观，蕴含着对人自身潜在价值的充分肯定，彰显着乐观主义的人生态度，强调发挥人的主观能动性，是一种激励人们不断进取的积极进取的人生观，鼓励道门中人开发人体潜能，养生延年。道教教义强调人的生命控制在自己手中，所以必须"自爱、自清、自成、自责"，个体的生命价值得以实现。这表达了道家对生命的无限热爱，对生命的无限珍惜，这种人本价值观念对于自身，当然是极具积极意义的。

三　"无为而治"方略体现的人本思想

"无为而治"的思想首先是由老子提出来的，也是老子崇尚的一个著名的治国安邦的方略。老子"无为"的本意是什么呢？历来有不同的理解。大概是因为"无为"这个词表面上太容易给人一种消极、无所作为的错觉。老子认为天地万物都是由道化生的，而且天地万物的运动变化也遵循道的规律。老子说："人法地，地法天，天法道，道法自然。"① 可见，道的最根本规律就是自然，即自然而然、本然。既然道以自然为本，那么对待事物就应该顺其自然，无为而治，让事物按照自身的必然性自由发展，使其处于符合道的自然状态，不对它横加干涉，不以有为去影响事物的自然进程。也只有这样，事物才能正常存在，健康发展。所以在道家看来，为人处世，修心炼性，都应以自然无为为本，避免有为妄作。

老子认为统治者的一切作为都会破坏自然秩序，扰乱天下，祸害百姓。要求统治者无所作为，效法自然，让百姓自由发展。"无为而治"的理论根据是"道"，现实依据是变"乱"为"治"；"无为而治"的主要

---

① 《道德经》第 25 章。

内容是"为无为"和"无为而无不为",具体措施是"劝统治者少干涉"和"使民众无知无欲"。"为学日益,为道日损,损之又损,以至于无为。无为而无不为。"①

当然,无为而治的"无为",决不是一无所为,不是什么都不做,而是一种"以虚无为本,以因循为用"②。无为而治的"无为"是顺应自然不妄为,不随意而为,不违道而为。相反,对于那种符合道的事情,则必须以有为为之。但所为之为,都应是出自事物之自然,遵循自然规律去"为之",无为之为发自自然,顺乎自然;是自然而为,而不是人为而为。所以,这种为不仅不会破坏事物的自然进程和自然秩序,而且有利于事物的自然发展和成长。世界著名科学史专家李约瑟认为,"无为"的真正含义应该是"避免反自然的行为"。可以说,他的理解比较贴近老子的原意。

老子在《道德经》第57章中说:"我无为,而民自化",即倡导让老百姓自己管好自己。这种思想的目的是充分运用民众之力,又说:"天地不仁,以万物为刍狗。圣人不仁,以百姓为刍狗。"③ 即要求治国者不干涉百姓自己的事,让他们自由地发展。说明了人是手段,也充分体现了以人为本。

老子在《道德经》第37章中:"道,常无为,而无不为。侯王若能守之,万物将自化。化而欲作,吾将镇之以无名之朴,夫亦将无欲。无欲以静,天下将自正。"④ 他又说:"圣人处无为之事,行不言之教。万物作焉而不为始,生而不有,为而不恃,功成而弗居,是以不去。"⑤ 这就是说:道,常常是不去刻意做什么,但事情却因为顺应自然去做而无不成功。侯王若能遵守这个原则,万物就会自然成长。自然成长而至欲望萌发时,我就用道的真朴来教育它。道的真朴能使它不会起贪欲。天下人不起贪欲而趋于宁静,天下自然就安定。所以,圣人以无为的态度来处理世事,实行身教重于言教的方法。这样万物就会自然生长而不去争谁是创始第一,蕃生繁衍而不据为私有,有所作为而不自恃己能,大功告成而不自

---

① 《道德经》第48章。
② 司马谈,《论六家之要指》。
③ 《道德经》第5章。
④ 《老子》第37章。
⑤ 《老子》第2章。

己居功。正因为不居功，所以功绩永存。

老子还明确地提出"以正治国，以奇用兵，以无事取天下"的思想。他认为，天下的禁令越多，人民就越贫困；人民的利器越多，国家就越昏乱；人民的思想越乱，邪恶的事情就越容易滋生；法令越多越森严，盗贼就会越多。所以，君王顺应自然，人民就自然化育；君王好静，人民就自然端正；君王廉政不搅扰民众，人民自然就富足；君王不贪欲，人民就自然朴实。

"无为而治"的思想实质，在今天开来，"无为"，主要是针对并要求国家最高统治者限制自身和约束权力的滥用，反对实行违背人民群众意愿的政策，到处大搞形象工程而言；动则随意颁布这个法令、那个制度；或朝令夕改，不讲政策的连续性。老子提倡，一切法令、政策的颁布都要顺应民心，得民心，要"以百姓心为心"、"任百姓的自化（即自然）"。用我们现在的话来说，不就是想群众之所想，急群众之所急，看人民群众拥护不拥护，喜欢不喜欢吗？

老子认为，要使国家安定、清静，不能政令频出，或者朝令夕改。否则，人民就会反感，有怨气，不知所措，这样就会影响社会稳定，长此以往就有可能败亡。他打比喻说：治理国家，如同煎小鱼一样，不要经常翻搅。"治大国，若烹小鲜。"① 这是说统治者不要以烦苛政务扰乱民众，而要坚守"清静、无为"的思想，用他的话来说，也就是"以道莅天下"。用我们现在的话来说，就是不折腾，政策、制度、法规等要保持连续一贯性，不能朝令夕改；更不能不断地搞人与人斗争的政治运动，搞得人人自危，惶惶不可终日，最后把经济搞崩溃，连老百姓的温饱都解决不了。

"无为而治""治大国若烹小鲜"。这是中国几千年朝代更替兴亡的经验教训总结。中国历史上"三大盛世"的历史（西汉盛世、大唐盛世和清代的康乾盛世）印证了老子上述观点的正确性。

据此，德才优秀的领导者则要去除极端的、奢侈的、过度的行为做法。"是以圣人去甚，去奢，去泰。"② 很明显，这就是老子"无为而治"的本意和实质。老子认为，用这种看似没有什么作为的方法去治国安邦，恰恰能产生"无不为"的最积极的政治效果。所以，司马迁评价道家学

---

① 《老子》第 60 章。
② 《老子》第 29 章。

术时说，道家宣传无为，实际乃无不为，道家的文辞使人难于理解，但其
主张是容易施行的，其方法是以顺应自然为原则，顺天应人是国君治国理
民的纲领，能做到它，其思想和事业就可以不可磨灭。① 应该说，司马迁
对老子"无为而治"的评价，符合老子的本意。这种充分尊重民意，相
信群众和依靠群众的政治智慧，与我们今天提出的以人为本，建立和谐社
会的主张，具有不谋而合的历史契合意义。

四 "以百姓心为心"展现的人本思想

如何实行"无为而治"？老子提出了一套有效的办法和措施——"以
百姓之心为心"。

老子在《道德经》第49章中说："圣人常无心，以百姓心为心。"老
子还认为鬼神对人不发挥作用。他在《道德经》第60章中说："以道莅
天下，其鬼不神。"这些是老子对于人的地位问题作出的基本回答。《道
德经》中，老子还把人分为"圣人"和"民"，在第22章中讲"圣人抱
一为天下式"，第72章中又讲"民不畏威，则大威至"。这是把君主作为
治国的主体，把民众看作了影响社会历史发展的重要力量。由于他提倡尊
重人，并主张人是主体力量，因此展现了以人为本思想。

老子所说的人并不是抽象的一般的人，而是包括了"圣人"和
"民"，这样他也就把对人的地位的认识引入了社会生活领域。老子看到
了治国者在现实生活中处在上位，但他要求治国者服务于民众。老子提
出，最理想也就是德才最好的领导人，常常是没有私心，都是以百姓的心
为自己的心。领导人心怀天下，小心谨慎，浑厚质朴。百姓都非常关注领
导人的一言一行，所以，领导人应该把百姓当作自己的孩子一样来看待。
用我们现在的话来说，不就是全心全意为人民服务吗？不就是权为民所
用、情为民所系、利为民所谋吗？不就是问政于民、问需于民、问计于
民吗？

我们从老子把从政领导者划分为四类，可以清楚地知道，老子是用人
民（或老百姓）拥护不拥护、喜欢不喜欢作为唯一标准来衡量领导者的。
应该说，这是非常了不起的民本思想。那么，我们不禁要问，老子为什么

---

① 参见《太史公自序第七十》。

能把人民群众放到如此高（第一）的位置？回答是明确的，这主要源于老子把人看作与道、天、地一样重要，并提出要建立天人合一，以人为本的和谐社会。

老子认为，江、海之所以能成为众多河流归往的地方，是因为它处在下流的位置。高明的领导人，必须对人民谦下。要领导好人民，必须把自己的利益放在人民的利益之后。所以，圣人领导人民，虽然处在民众的上面，但民众不会感到负担沉重；处在民众的前面，但民众不会感到是妨碍。所以，天下人民乐于推戴他而不厌恶他。因为他不与人相争，所以天下没有人能和他争。"江海所以能为百谷王者，以其善下之也，故能为百谷王。是以圣人之欲上民也，必以其言下之；欲先民也，必以其身后之。故居上而民弗重也，居前而民弗害也。天下皆乐推而弗厌也，非以其无争与？故天下莫能与争。"① 因而，统治者千万不要逼得人民走投无路，不得安居，千万不要用高压手段压得榨得人民无法生活。只要统治者不压榨人民，人民就不会厌恶统治者。因此，高明的统治者是有自知之明的，而不会自以为是的。"无狎其所居，无厌其所生。夫唯弗厌，是以不厌。是以，圣人自知而不自见，自爱而不自贵，故去彼取此。"②

老子认为，国家要达到无为而治，除了政治宽厚使人民淳朴外，主要是要爱惜民力。爱惜民力就是在积蓄力量，积蓄力量也是在积德，不断积德就没有什么不能战胜的，这样就没有人知道他的力量有多大，掌握了这个就可以说掌握了治理国家的道理，国家就能够长治久安。具体来讲，爱惜民力必须减轻税负，使人民群众吃饱饭，不至于陷入饥饿。老子认为：人民为什么陷入饥饿？主要是统治者的税负太多太重。说民众难于治理，到处闹事，主要是由于统治者强作妄为，政治腐败，过分贪求享受，极大地损害了人民的权益。因此，民众敢于铤而走险，不怕犯死。"民之饥，以其上食税之多，是以饥。民之难治，以其上之有为，是以难治。民之轻死，以其上求生生之厚，是以轻死。夫唯无以生为者，是贤以贵生。"③

---

① 《老子》第 66 章。
② 《老子》第 72 章。
③ 《老子》第 75 章。

五　"天人合一"理念蕴含的人本思想

中外不少思想家的宇宙观和人生观,都是从探求宇宙的结构秩序及人在宇宙中的地位开始的,《老子》也是如此。具体地讲,怎样在天地间做人,怎样在社会中做人,其核心要体现一个"道"字。《老子》形上学的核心内容为"自然"之说。第 25 章云:"人法地,地法天,天法道,道法自然。"所谓"道法自然",不是说在"道"之上、之外另有一"自然"存在并为之所效法,而是说"道"即"自然"、表现为"自然";而所谓"自然",乃是"自己使自己成为这样"之意,其中"自"字有"自己使自己如何如何"的意思,表示施动者即受动者、受事者即施事者,故"道法自然"乃谓"道"自主、自成。盖老子以为天地万物生于"道",依存于"道"、决定于"道",而"道"则以其自身为存在依据,自作主宰、自我决定、自我成就。《老子》说:"天道无亲,常与善人"①、"天之道,利而不害"②,人是立于现世自我的完善,参与天地育化,刚健不息地进取;只要人法于天道自然,以仁爱之心,博大的胸襟,心包宇宙,意逐日月,与大道周行,体物同情,去偏除私,与整个生命世界合体同流相续不断,以天地的法则为自我的法则,以天地间的生命精神为自我的生命精神,循道而行,与天地合德,与日月合明,与四时合序,就可以做天地间的大人。与天地为一,与万物并生,这是何等高大的自我!不是私欲窒塞,蔽于自我,散离本体,而是以天地间的大法则、大道理做人,与整个宇宙生命系统和谐一致,生育、演化、绵续,这就是天人合一。

按照《老子》天(道)人合一的思想,人的"自然"本性乃是终极之"道"所赋予的,《老子》虽无"性善"的说法,但"自然"既为终极之"道"所命赋,则其善与良乃不待言而自明。人之所以为万物之灵乃至宇宙的主宰,关键在于人具有主体意识之自觉,具有"自知"之明,能够觉悟、把握和实现宇宙的本质、人的本质。与道、天、地的恒常长久相比,个体生命短暂而渺小,但人有能力亦有必要发挥主体能动性自得其

---

① 《老子》第 79 章。
② 《老子》第 81 章。

"道"、自成己"德"，以获得"自然"的禀性，突破自我的有限、现实的拘束，将生命之精神提升至与宇宙精神相契合的自由之本体境界，从而实现生命的价值。是为《老子》"四大"说之要义。

根据老子之"道"既超越又内在的观点，本体之"道"既超越形下万有，高远在上，为形而上之终极存在，又下落、遍在于天地万物，寓于万物而为物的内在本性，故"道法自然"的观点乃逻辑地展开为"物法自然"，即天地万物自生自成的思想。《庄子》深得其旨，特拈出"自化"二字："物之生也，若骤若驰，无动而不变，无时而不移。何为乎？何不为乎？夫固将自化。"（《秋水》）所谓"固将自化"，是说天地万物原本乃是自我生成，自行变化的，其存在与发展并非由于外在的原因，而是取决于自身内在的固有本性。《庄子》又说："天之自高，地之自厚，日月之自明"[1]；"夫吹万不同，而使自己也。咸其自取，怒者其谁邪？""自高""自厚""自明""自己""自取"皆揭示万物"自然"，而非别有主宰。

然而，《老子》形上学的宗旨主要并不在于探究外在的宇宙本体与自然界之客观知识，解决客观世界的存在与认识问题，而在于从中推衍、确立人的价值本体与本体存在，以解决人的终极关怀问题。在老子看来，"自然"既是宇宙的本体，又是万物的本体，尤其是人的本体，三者乃是合而为一的。老子一方面说"道法自然"，以"自然"为宇宙本体之"道"的本质内涵；另一方面又说"人法地，地法天，天法道"，以终极之"道"为人的价值本原。故"道法自然"最终落实为"人法自然"。刘笑敢解"人法地，地法天，天法道"云："人生活在天地之中，而天地又来源于道，道在宇宙万物中是最高最根本的，但道的特点却是自然二字。人取法于地，地取法于天，天取法于道，道又取法于自然，所以，道是最高的实体，而自然则是最高的实体所体现的最高价值或原则。……在这里的论证中，地、天、道都是过渡、铺排和渲染的需要，全段强调的重点其实是两端的人和自然的关系，说穿了就是人，特别是君王应该效法自然。……对于这一段，有人主张读为'人法地地，法天天，法道道'。按照这种读法，人法自然的思想就更直接了。"此说甚是。"人法自然"意味着"自然"即自由乃是人的本性、人的生命的最高价值，意味着人生

---

[1]　参见李进《老子哲学的主体性原则》，《广西社会科学》2005 年第 8 期。

的终极意义在于追求自作主宰、自我决定、自我展开、自我完成。

道家的天人合一思想与人类中心论思想有很大区别：

道家的生态伦理思想虽然也强调以人为贵、以生为重，但把人类和生物圈中的其他物种同样看待，顺其自然为出发点，不以人自我为中心肆无忌惮地为所欲为，而是强调人类在贵人重生的背景下强调返璞归真的现实生活，强调人与人、人与自然的和谐相处；着眼于人类整体需要和长远利益，把环境视为人类长远利益的重要组成部分。道教戒律对道门中人提出护生戒杀的要求。道家重生思想中也包含对大地万物的热爱及慈悲仁爱的真情，包含珍视生灵、热爱自然、与天地万物为善的精神，具有热爱自然保护环境的作用。

人类中心论则是以人的利益为出发点，以人的价值衡量为标准，不顾自然环境的承载能力，动植物恢复能力和自然界的能力，为了满足人类自己的物质占有欲，制造生态危机的人类中心思想。

六 "尊道贵德"原则显示的人本思想

"尊道贵德"是老子提倡的做人原则，老子在《道德经》第 51 章中说："道生之，德蓄之，物形之，势成之。是以万物莫不尊道而贵德。"即道生养万物，德蓄养万物，万物呈现各种形态。环境使万物生长。所以万物没有不尊崇道而珍贵德的。

为什么要以宇宙法则建立自己的人生哲学呢？因为它是把宇宙看作生命本源的，"道"即宇宙的法则，是和人的生命价值及行为准则相一致的。老子认为，只要获得了道德，蓄之，养之，长之，育之，覆之，"生而不有，为而不恃，长而不宰"。① 要爱护自己的生命，要保护自己的生命的价值，就要和宇宙法则、天道本体保持一致，从天道、宇宙法则中获得道德修养。道德不是为外力所胁迫而沉沦，也不是为强暴所禁锢而陷溺，而是为了自善、自强、自长、自弃、成之、熟之。"使我介然有知，行于大道。"② 贯通宇宙的法则，才能使自我成为宇宙强大的生命存在，才能与天地参、与万物化。这足见道德不仅是从宇宙法则中获得的大德，

---

① 《老子》第 51 章。
② 《老子》第 53 章。

也是生命价值的根本所在。有了这种道德不会在天地之间作盲目的生命冲动，也不会在这种盲目冲动中丧失自我或者损害自己的生命，而是按照宇宙法则自由地进行价值实现，并在这种实现中增进自我生命的价值。这种本于从文化上对宇宙生命法则的价值思维肯定的思想乃是一种文化上的开拓，是在宇宙间开拓出生命的意义与价值法则。在这种肯定中，它不是要人在外部世界的存在中丧失自我的主体性，而是要人超越自我生命的局限性，在天地之间成为真正的价值主体，是以天地的价值为我的价值，使我的价值绵续于天地之间。这样，天与人之间也就不阻隔了，物质与精神之间也就不阻隔了，有限的生命自我与无限的宇宙生命世界之间也就不阻隔了。这种思想落实在人生观层面就是《老子》的崇尚自然、珍惜生命的自然人本主义精神。

顺着这条思路可以联想到，老子是把民众或民众的生命作为了国家的根本，圣人要关爱民众；而生命的健康和延续则是圣人的根本，圣人也要关爱自己的生命。在治国过程中，要真正做到以民众为本和以生命为本，关键在于做到"尊道而贵德"，也即遵循"无为""守柔""不争""谦退"等自然法则。既然老子在《道德经》中把人分为圣人和民众，他不仅关怀民众也关怀圣人，因此，也就不能单纯地说老子思想是民本思想，而只能说它是人本思想。从当时的社会历史条件看，老子思想中的民本要素尤其值得提倡，也尤其能体现老子思想的人本特性。除此之外，老子要求治国者提高自身的修养，抱定正确的人生目标的思想是基本合理的，也是值得在现代社会加以提倡的。还需要说明的是，从思想高度上把老子思想作为哲学思想，和从实践意义上把老子思想作为治国思想，以及从根本关怀上把老子思想作为人本思想。

老子认为人性有善恶之分，他在《道德经》第 20 章中讲道："唯之与阿，相去几何？美（亦作善）之与恶，相去若何？"人性之善主要表现为无私、无欲和纯朴。在第 19 章中说："绝圣弃智，民利百倍；绝仁弃义，民复孝慈；绝巧弃利，盗贼无有。此三者以为文不足，故令有所属；见素抱朴，少私寡欲。"这段话中的"见素抱朴，少私寡欲"，意思是说保持纯朴的本性，减少私心杂念。第 52 章说："见小曰明，守柔曰强。"这就是说，人要保持柔性。这些是老子对于人性问题所作出的基本回答。老子对人的尊严的看法有，第 74 章说："民不畏死，奈何以死惧之？"第 72 章说："民不畏威，则大威至矣。无狎其所居，无厌其所生。夫唯不厌，是以不厌。"从不怕权威和死亡表达了民众基本的生命尊严。

　　一部《道德经》从某种意义上便是在对儒家仁义道德彻底否定的基础上建立一种自然道德论的社会人本主义。要使自我成为价值主体，就要体现人生的至则，就要建立做人的道德。道德从何处来？它认为来源于对宇宙结构秩序的观察与价值体验，亦即对天道法则的理解和了悟。了悟宇宙法则，达于天道，自得其得，合道于德，是为道德。获得这种道德的目的不是像西方宗教哲学那样追求一种主观的价值设定，即自我的价值服从于上帝的价值，而是为了利于人生，使自我获得一种生存的价值，一种人生哲学。对天道法则的理解、了悟、体验所获得的道德应用于社会生活，就是在社会上做人的道德。天道、地道、人道，实际上就是一个道。

　　在《老子》看来，天地是有常道的，所以人法天地之道，得之为德，也应有常德。天的常道就是不偏颇、不偏私，天地无所不载，无所不覆，万物并生而不害，大道周行而不悖，自然人也应该博大无私，覆载天下。所以人之常德也应不偏颇、不偏私。《老子》因此讲"容"，倡扬慈爱惠天下，故它说："知常容，容乃公，公乃全，全乃天，天乃道，道乃久，没身不殆。"① 《老子》讲德，是唯道是从的，它认为天道是全而公的，是利而不害、常与人善的，所以人也不能偏私、偏颇、偏激，不能走极端。人只要致虚、守静，就可复归常道。人只要"知其雄，守其雌"，"知其白，守其辱"②，就可以做到常德不离，归复婴儿的纯朴状态。圣人就是以这种婴孩状态的纯朴之心善待天下，所以它说："圣人在天下，歙歙焉，为天下浑其心。"③ 《老子》认为人生之大患是蔽于自私偏见，因为它不符合天道无私、周行不殆的精神，所以，它一再强调"生而不有，为而弗恃"④ 的哲学原则，一再强调"不自是""不自伐""不自持"⑤ 的人生哲理。应该说《老子》这种社会人本主义精神和西方基督教的精神是很相似的。不过，西方基督教的人本主义精神是从上帝的设定出发的，其价值源头是建立在价值假设基础上的；《老子》的人本主义精神是以周行不殆、创造不已的宇宙生命为价值本原的，它的道是一种普遍的宇

---

① 《老子》第 16 章。
② 《老子》第 28 章。
③ 《老子》第 49 章。
④ 《老子》第 42 章。
⑤ 《老子》第 22 章。

宙生命精神①。它不是从主观的价值假设出发的，而是从了悟、体验道体的微妙玄通中得到的，以此建立自己的人生价值哲学的。人只有以宇宙的法则建立自己的品格和行为规范，只有从宇宙价值源头获得自我生命的价值，其精神境界才宏伟、博大，其生命价值才有深厚的基础。自我有了这种道德修养，在社会上做人，才能不偏私、偏颇、偏激，才能不自见、自是、自伐、自矜，道德修养才能达到"大方无隅，大音希声，大象无形"②的境界。自我之心与天下之心为一体，和谐统一，中无间隔，以天下的事为自己的事，以自己的事为天下的事，以身托天下，自我也就是天下之我、社会之我，而不是私我了。这样在社会上做人，才是大公无私的人，才是有道德的人，才算是超越了自我的微小生命价值而成为普遍的价值主体，这就是《老子》常德不离的思想，落实在人生观层面上便是热爱社会、关心他人的社会人本主义精神。

---

① 林语堂：《老子的智慧》，时代文艺出版社 1988 年版，第 201 页。
② 《老子》第 41 章。

老子论"知"与"智"

高秀昌

（河南省社会科学院哲学与宗教研究所）

老子是哲学家，他所建构的哲学体系中有认识论。《老子》一书中有讲认识的来源、认识的过程以及从认识到实践和"转识成智"的内容。

既然是哲学家，老子就要进行"反思"，反思并认识"天道"、"地道"和"人道"，认识宇宙人生之理。老子明确主张，在现实生活中人们是需要观察、了解和认识事物之"所以然"的，即了解和认识事物发展变化的规律、秩序。唯其如此，才能遵循自然大道，顺应事物之本性与自然，趋利避害，立于不败之地。老子常常用"知""观"和"明"等词汇标明人的认识能力，用"道""常""稽式""然"等词汇来标明天地万物皆有理、规律和秩序，而且，理、规律和秩序都是可以为人所认识和把握的。《老子》第54章："以身观身，以家观家，以乡观乡，以国观国，以天下观天下。吾何以知天下之然哉？以此。"这里的"观"就是"思考"、"认识"和"反思"。

老子认为，一个人不仅应当认识和了解人事（人世）、万物、天地，同时还必须认识、了解、体悟自然之"道"。老子说："知人者智，自知者明"（《老子》第33章）；"知常曰明，不知常，妄作凶"（《老子》第16章）；"常无欲以观其妙，常有欲以观其徼"（《老子》第1章）。从人的"自知"到"知人"，从知"人道"、"世道"到知"常道"、"恒道"，从知"物"之上下、前后、长短到"事"之难易再到"道"之有无、阴阳等等，都是老子所关注的。又如老子讲："天下皆知美之为美，斯恶已；皆知善之为善，斯不善已。有无相生，难易相成，长短相形，高下相倾，音声相和，前后相随。"（《老子》第2章）对于自然界中和人类社会中的事物的规律（"天道"和"人道"）的认识，这就是"明"。

与孔子儒家采取积极入世的"正道"的方式不同,老子道家所采取的恰恰是"反道"("反者道之动")即"颠倒"的方式,来观察、认识整个世界——自然、社会和人生。

从某种意义上可以说,老子所构筑的世界,是既入世间又出世间的世界,因此他"既没有抛弃经验和感知的世界,也没有陷入经验和感知的世界之中"(于连:《迂回与进入》,生活·读书·新知三联书店 1998 年版,第 294 页)。

老子也有反对"知"、"智"的言论,比如老子说:"常使民无知无欲,使夫智者不敢为也"(《老子》第 3 章);"慧智出,有大伪"(《老子》第 18 章);"绝圣弃智,民利百倍"(《老子》第 19 章);"知者不言,言者不知"(《老子》第 56 章);"知者不博,博者不知"(《老子》第 81 章);"不出户,知天下"(《老子》第 47 章);"民之难治,以其智多。故以智治国,国之贼也;不以智治国,国之福也"(《老子》第 65 章)等。显然,老子这里所说的"知"和"智",不是纯粹知识意义上的,而主要是价值意义上的。也就是说,老子并不是无所选择地一味地排斥"知"和"智",他的"反知"、"反智",并不是叫人不去求知,不去认识,不去了解,让人们真的都"无知"、"无智",变成一个人完完全全的"愚人"。相反,他主要是反对人们特别是那些身居统治地位的治理者、管理者,为了自己的私利、私欲而不惜滥用"知"和"智",从而导致人精神的迷失以及身体的损害,导致人们因为追逐名利而争夺、厮杀和战争,最终导致天下无道、无序。

老子有"为学"与"为道"的区分。"为学日益,为道日损。损之又损,以至于无为。无为则无不为。"(《老子》第 48 章)这里的"为学"主要是指求"知识",而"为道"主要是求"智慧"。冯友兰先生说:"为道就是照着道那个样子去生活。它不说'学道',因为道是'无名',没有任何规定性,是不可以用思考、言语那样的方法去学的……对于道只能体会,照着它那个样子生活。"(冯友兰:《中国哲学史新编》第 2 册,《三松堂全集》第八卷,河南人民出版社 2000 年版,第 293 页)所以,在老子那里,"知识"的增加并不能直接得到"道"和"智慧"。知识是有限的,人的欲望是无限的,只有减损人的"欲望"和感性,知识才能够达到"智慧"。对此,冯友兰先生指出:"《老子》所讲的'为道'的观点,是反对感觉经验和感性认识的,也是反对重理性作用和理性认识

的，它是一种直观。"（同上，第 295 页）

　　当然，关于"大道"（"道"），老子所追求的是超越于语言、概念之外的终极本源的知识，不是经验之域的知识，而是超验之域的知识。老子的"道"不可言说、不可命名，但是它仍然是可以"观"的，因为它是无形之"大象"。对于它的"直观"、"体悟"还是可以得到一种直觉性、体悟性的知识。"既然任何命名都是一种规定，既然道是不可规定的，我就不能为道命名，唯一的可能就是指示它。"（于连：《迂回与进入》，生活·读书·新知三联书店 1998 年版，第 294 页）

　　尽管老子的"道"具有"言说"之义，但是，在《老子》中，作为"化生"万物的本根之"道"却是不可"言"、不可"名"的。于是有学者就以此为据，认为老子的"道论"，对于"名"和"言"是蔑视的，这就可能导致诉诸直觉体验和具体的行动的认识方式（邓晓芒：《论中国哲学中的反语言学倾向》，《中西文化视域中真善美的哲思》，黑龙江人民出版社 2004 年版，第 35 页）。

　　在老子那里，对于"先天地生"而且先于"帝"之"道"，尽管它是混沌的、无法被言说的，但是作为"万物之始"、"天地根源"，它仍然是可以被想象的、被描述的、被直观的。老子提出的这一"大象无形"的"恒常"之"道"的观念，从一定的意义上可以说，它是对"早期宗教信念理性化的尝试"（秦家懿：《道：哲学与宗教·中国宗教的介绍》，秦家懿、孔汉思著《中国宗教与基督教》，生活·读书·新知三联书店 1990 年版，第120 页）。因为，老子的"道"已经脱掉了人格神的外衣，纯粹是自然的。"道当然不是一尊呈人形具人性的神：人不会向道祷告。"（孔汉思：《道：哲学与宗教·基督教神学的答复》，秦家懿、孔汉思著《中国宗教与基督教》，生活·读书·新知三联书店 1990 年版，第 153 页）

　　事实上，直觉（直观）和理性是相反相成的，是对立统一的。当今的哲学家和科学家非常重视直觉思维，他们认为抽象思维能力是以直觉思维能力为前提的（汤川秀树：《创造力和直觉——一个物理学家对于东西方的考察》，复旦大学出版社 1987 年版，第 78 页）。日本物理学家汤川秀树曾著文指出：物理学自 20 世纪初以来的发展并不是单靠逻辑学的，而是需要对于整体的直觉把握（同上，第 42 页）。老子所说的"为道"即把握"道"以超越感觉经验、感性知识（即"涤除玄览"）为前提，其实是合乎理性的，并不是反理性的。汤川秀树说："老子和庄子的想法是不能纳入形式逻辑的模式中的，但是这不一定意味着老庄思想是不合理的"（同上，第 44 页）。"老子和庄子的思想可能显得和希腊思想完全不同，但是它们却构成了一种自洽的、理性主义的看法。它内容丰富，从而就其本身的价值来看作为一种自然哲学至今仍然是值得重视的"（同上，第 51 页）。

老子的"道"是一个不断地经历"大"—"逝"—"远"—"返"的"周行而不殆"的"一切皆流"的过程。安乐哲认为，中国古代哲学家对于这一过程的把握，是使用了过程化的关联性思维。关联性思维是具有个人性、自发性、自然性、随意性的思维方式。不过，这种思维，并不是"原始的""前逻辑性的"（安乐哲：《理性、关联与过程言语》，《和而不同：中西哲学的会通》，北京大学出版社 2009 年版，第 202—203页），相反，它与单一性的理性思维、逻辑思维之间具有一种富有意义的联系。（同上，第 209 页）

李约瑟曾经指出，中国哲学是一种"有机的自然主义"，并称这种"有机的自然主义"是"中国恒久常新的哲学"（参见李约瑟《中国科学技术史》第二卷《科学思想史》，科学出版社、上海古籍出版社 1990 年版，第 38 页注 6）。他还引了《老子》第 25 章全文，认为老子提出的"自然"是自生自发、自然而然的意思，因此，在老子眼中，"自然界"是自足的，而非创造出来的；而老子这种说法，就是对科学自然主义的基本肯定（同上，第 55 页）。李约瑟也因此肯定"道家思想在整个中国科学思想发展史上的巨大重要性"（同上，第 67 页）。他还引《淮南子·原道训》"修道理之数，因天地之自然……由此观之，万物固以自然"，和《庄子·齐物论》"罔两问景余曰……恶识所以然、恶识所以不然？"认为老庄道家已经接近于正确评价"因果关系"的问题（同上，第 56—57页）。

因此，针对有人说道家轻视知识、反智的观点，牟宗三先生就说："好像道家轻视知识，其实并不是抹煞知识，而是价值重点不同。经验知识的增加并无助于为道，那么重点若在为道，则为学的态度就是不行的。"（牟宗三：《中国哲学十九讲》，上海古籍出版社 1997 年版，第 117页）涂又光先生在引了《老子》第 71 章"知不知，上；不知知，病"后指出，"有道最好，而没有知识也是大毛病"（涂又光：《楚国哲学史·老子（下）》，湖北教育出版社 1995 年版，第 289 页）。萧萐父先生根据老子"人法地，地法天，天法道，道法自然"之论，认为这是老子道家思想的理论重心，决定了老子道家"对社会和自然的观察、研究，都力图采取客观的视角和冷静的态度。这与儒家把'道'局限于伦理纲常的伦文至上乃道统心传观念等相比，显然更具有理性价值，更接近于科学智慧"（萧萐父：《道家风骨略论》，《萧萐父选集》，武汉大学出版社2013年版，第256页）。

当然，老子论"知"，尚不具备现代意义上的理性精神和科学精神。美国学者史华兹指出，在老子那里，也只是具有一种科学精精神的萌芽，还没有真正意义上的科学精神。老子的自然观，追求、探索的是自自然然的世界秩序和规律，比如阴阳、有无、上下、动静、刚柔等。当然，老子并没有完全使自己摆脱"价值判断"（史华兹：《古代中国的思想世界》，江苏人民出版社2004年版，第213页）。

老子生育思想探微

贾来生　盖建民

（贾来生，天水师范学院政法学院；

盖建民，四川大学宗教与社会

研究创新基地和道教与宗教文化研究所 ）

关于道教生育思想的论文或者著作目前在国内外可谓凤毛麟角。卿希泰先生和盖建民先生在《中国哲学史》1998 年第 2 期发表的《道教生育思想考论》是目前学术界最早系统论述并第一次提出"道教生育观"的一篇论文。① 文章认为道教既重视生育，又节欲保精，注重平衡，并有优生优育的保育思想。生育在中国有着至高无上、无与伦比的意义，"天地之大德曰生""生生不息"等思想，无不彰显着中国生育文化思想的底蕴。"生育"一词，在汉语语义中有两个主要含义：一是生子，二是养育。《诗·郡风·谷风》云："既生既育"。《淮南子·原道训》亦云："是故春风至则甘雨降，生育万物。"人类的繁衍延续，离不开生殖与养育这两个基本方面。生与育是辩证统一的关系，它有机地构成了生育观的基本内涵。而道教生育思想的源头就是老子的《道德经》，其包含了丰富深刻的生育思想，并且奠定了道教生育思想的理论基础。

一 "道生万物"——老子的生育哲学

所谓老子的生育哲学，指的就是老子就形而上学意义上的万物和人类创生思想。

老子哲学体系的核心是"道"，他认为整个世界万事万物包括人莫不

---

① 卿希泰、盖建民：《道教生育思想考论》，《中国哲学史》1998 年，第 2 期，第 51—56 页。

由"道"创生，他提出了"道"生万物的生命起源理论，并且很早就探讨了包括人在内的天地万物的起源问题。他认为，道是天地万物一切生命的本原，天地万物都秉道而生，他说：

> 道冲而用之或不盈。渊兮似万物之宗，……湛兮似或存。吾不知谁之子，象帝之先。①
>
> 有物混成，先天地生。寂兮寥兮！独立不改，周行不殆，可以为天下母。吾不知其名，字之曰"道"，吾强为之名曰道。②
>
> 道生一，一生二，二生三，三生万物。万物负阴而抱阳，冲气以为和。③
>
> 道生之，德畜之，物形之，势成之，是以万物莫不尊道而贵德。道之尊，德之贵，夫莫之命而常自然。故道生之，德畜之，长之育之，成之熟之，养之履之。④

老子认为，世界上最根本的存在是道，天地万物都是因道才得以化生，同时万物之灵的人也得以起源和产生。老子说，有一个混混沌沌的，先于天地万物而存在的东西，它不受任何干涉地独自运行着，也不会停止，这个可以被称为"天下母"，即孕育天地万物的母亲一样的东西，我勉强把它称为"道"。这就充分说明"道"不但对于天地万物具有先在性，不受任何时空限制，而且又具有无穷的潜在力和创造力，是自然界中最初的孕育发动者。"道生一，一生二，二生三，三生万物"，"一""二""三"，即形容"道"创生万物的历程。"一"即是"道"，指具体万物形成之前的一种统一状态，"道"自本自生。"二"乃"阴""阳"，即孕育事物的相反相成的两个基本方面。"三"即指的是阴、阳和"和气"，正是阴阳合"和气"最终孕育产生了包括人类在内的天地万物。"道"创生万物以后，还要使万物得到进一步的培育和成长，"故道生之，德畜之，长之育之，成之熟之，养之履之"。也就是说，"道"生育了万物之后，还要使万物生长发育，以至成熟，并养育和覆养。因而，"道"

---

① 朱谦之：《老子校释》，中华书局2006年版，第65页。
② 同上书，第101页。
③ 《道德真经》第42章，《道藏》第11册，第478页。
④ 朱谦之：《老子校释》，中华书局2006年版，第204页。

为人类万物的创生和发育成长都提供了无穷无尽的动力。

不过，老子有时候也用"无"来指称"道"。老子说：

> 无名，天地始，有名，万物母。①
> 反者道之动，弱者道之用。天下万物生于有，有生于无。②

在这里，"无"也和"道"一样，具有先在性和本体性，因而这种绝对性和永恒性的"无"其实就是"道"的别称。老子认为，万事万物乃至人类生命的孕育和形成过程，其实就是从"无"到"有"、从"有"到"无"的循环往复的生成过程。

总之，老子认为"道"就是包括人类在内的天地万物的生命的创造者，一切生命的起源都来源于那个本体的、先在的、永恒绝对的"道"。

值得一提的是，庄子则创造性的继承发展了老子的"道生万物"的生命起源理论。《庄子》讲道：

> 夫道，有情有信，无为无形；可传而不可受，可得而不可见；自本自根，未有天地，自古以固存；神鬼神帝，生天生地；在太极之先而不为高，在六极之下而不为深，先天地生而不为久，长于上古而不为老。③

庄子首先讲到了"道"的本体性和先在性。他说，"道"是虚无缥缈的，无影无踪、不可捉摸却有迹可察。"道"自己孕育了自己，在没有天地万物之前就本来存在着。"神"字据章炳麟先生在《庄子解诂》中的看法是同"生"，因为许慎在《说文解字》中就解"神"字为"天神引出万物者也。"④ 它生育创造了鬼神、天地、万物。"道"不但有先于天地万物的先在性，而且是创造生育天地万物的总根源、总依据，它具有永恒

① 朱谦之：《老子校释》，中华书局2006年版，第5页。
② 同上书，第165页。
③ 郭庆藩撰，王孝渔点校：《庄子集释》，中华书局2004年版，第1035页。
④ 蒋朝君：《女性主义的动人与艰辛——从道教之"道"到妈祖信仰中的女性主义》，见四川出版集团、巴蜀书社2010年出版的《开拓者的足迹——卿希泰先生八十寿辰纪念文集》，第693页。

性。庄子接着讲道：

> 且道者，万物之所由也，庶物失之者死，得之者生；为事逆之则败，顺之则成。故道之所在，圣人尊之。"①

庄子在这里明确说到天地万物由"道"孕育产生，一切事物失去它就会死亡，得到它就才能存活。做事如果遵循它就会成功，违背它就会失败。所以圣人都很尊崇它。这里不但说明了"道"对于万物的本体性、绝对性和根源性，而且也说明它的内在性。通过《知北游》中庄子和东郭子关于"每下愈况"的一段对话，庄子明确阐述了"道"在万物之中，不分贵贱。

后来的黄老道家，也秉承了老庄道家关于"道"生育天地万物的思想观点。《管子》认为"道"派生万物，是万物产生的根本原因。其曰："凡道无根无茎，无叶无荣。万物以生，万物以成，命之曰道。"② 意思是说，"道"无根无叶，但万物都因"道"而得以产生和成长。产生出人之生命。《吕氏春秋》有时将"道"称为"太一"，其曰："万物所出，造于太一。"③ 也就是认为万物都是由"太一"孕育产生。《淮南子》对"道"生万物做了详尽的论证。《淮南子·原道训》说："道者，一立而万物生矣。是故一之理、施四海；一之解，际天地。其全也，纯兮若朴；其散也，混兮若浊。浊而徐清，冲而徐盈，淡兮其若深渊，汎兮其若浮云，若无而有，若亡而存。万物之总，皆阅一孔；百事之根，皆出一门。"④ 这里讲到，"道"是万物产生的根本原因，因而四海天地都因"道"而生，"道"若有若无，虚无缥缈，但万物都由"道"而产生。总之，黄老道家也是认为"道"产生并生成了万物。

综上所述，道家以"道"为最高本体，并从发生论和本体论等多个角度论证了"道"产生和生成了包括人在内的天地万物。

---

① 郭庆藩撰，王孝渔点校：《庄子集释》，中华书局 2004 年版，第 1035 页。
② 黎翔凤：《管子校注》，中华书局 2004 年版，第 770 页。
③ 《吕氏春秋》，《百子全书》，浙江古籍出版社 1998 年版，第 789 页。
④ 何宁：《淮南子集释》，中华书局 1998 年版，第 60 页。

二 "益生曰祥"——老子具体的生育思想

老子具体的生育思想，指的是其形而下的具体生育理论。老子真正秉持了"道贵中和"的理念，既从生命哲学生殖崇拜的高度非常重视生育对于人类社会的重要性，也从养生的角度强调节欲保精对于长生久视的重要性。

首先，老子从生命哲学生殖崇拜的高度非常重视生育对于人类社会的重要性。这一点集中表现在老子以女性主义主阴思想的角度出发来解释作为万事万物本原的"道"的理论上。①《道德经》经常提到"道"与女性的生殖器官有着最切近的关联，例如：

> 谷神不死，是谓玄牝。玄牝之门，是谓天地根，绵绵若存，用之不勤。②
> 知其雄，守其雌，为天下溪。为天下溪，常德不离，复归于婴儿。③
> 天下之牝，天下之交也。牝常以静胜牡，以静为下。④

为什么叫"谷神"呢？因为它生生不息，很空旷，但是能发起很多作用来，好像是有神的作用。联系《道德经》第 15 章中说"旷兮其若谷"。试看山谷：两山之间夹着一条大沟，中间空荡荡的，非常空旷，好像什么都没有。"牝"是女性生殖器，与谷有相似处。老子认为众人的生命都是由其中产生，老子用"玄牝"是借用女性生殖器的功能、借用"谷"，加上升华，来说明"道"生生不息的伟大功能，这个伟大功能可以生出天地万物，所以叫"天地之根"。正如詹石窗先生所说："事实上，'谷神'即是'道'的隐语式称谓，其精髓在于强调阴的生生不息之作

---

① 关于《道德经》主阴思想详见詹石窗先生 2010 年宗教文化出版社出版的《道教与女性》一书第二章。
② 《道德经》第 6 章。
③ 《道德经》第 28 章。
④ 《道德经》第 61 章。

用。"① 但是这种生生不息的作用表现形式不是突然的，而是缓慢柔和的，并且连绵不绝，永远不间断。而这种作用似乎又看不见摸不着。所以叫"绵绵若存"。最后四个字"用之不勤"，"勤"字通"尽"，意思是指"道"的生生不息的作用永远不会穷尽，其实"道"的作用本来也是永无穷尽的。另外，"勤"字本身，是指我们把握应用"道"时，不要过度，要适当，要缓和，这样才能与"道"绵绵不绝而又柔缓的特性保持同步，这样才能更好地把握"道"的作用。

《道德经》还指出"道"最主要的特征为"虚""玄""无"。观物取象，任何中空的事物都可以与"虚"和"无"联系起来。所以，无论从外观形状，还是从由其所引申出来的抽象意义来看，女性生殖器官恰恰与"道"最为相似，都是中空、黝黑，当一个个新生命从女性或者雌性生殖器官中呱呱坠地时似乎是一个从"虚""无"到"有"的"玄之又玄"的神奇过程，正是"天下万物生于有，有生于无"。而且，《道德经》中还进一步提出许多崇尚和歌颂女性特征的话语，"江海所以能为百谷王者，以其善下之，故能为百谷王"（《道德经》第68章），"天下柔弱莫过于水，而攻坚强莫之能先"（《道德经》第78章），"上德如谷，大白如辱"（《道德经》第41章），"上善若水，水善利万物而不争，居众人之所恶，故几于道也"（《道德经》第8章）。

其实，在原始人看来，把女性生殖器官作为世界万物的根本和起源并不是像今天很多人觉得是一件非常难堪的事情，相反还极为崇高和神圣。著名文化人类学家魏勒说，女人的生育能力被视为一种神圣的力量，被一个受到赞美和感激的神所管辖。关于创造力或神的最初始的概念可能采取了崇拜女性、母性、妇女、"圣母"的形式，"所以在古代宗教，阴门这一女人最显著的特点被用来象征整个女人，但不是象征下流的女人，而是象征有道德的女人，甚至象征女神"②。

而《道德经》把孕育万物根本的"道"与女性生殖器官联系起来，正好说明老子对于生育在人类社会中巨大作用的某种认同和肯定。

其次，老子主张节欲保精，节制生育。虽然道教中也存在纵欲和禁欲两种极端主张，但多数道教养生家在强调"欲不可绝"的同时，从养生

---

① 詹石窗：《道教与女性》，宗教文化出版社2010年版，第54页。
② D. V. 魏勒：《性崇拜》，中国文联出版公司1988年版，第252页。

角度还提倡节欲保精，主张在纵欲和禁欲之间保持一定的动态平衡，节制房事，从而在一定意义上节制生育。众所周知，道教养生家在房事养生方面的一个最基本指导思想就是节欲和保精。节欲保精，贵在有"节"，就是说房事要有节制，不能纵欲无度。而道教生育思想中的节育主张其思想渊源就是老子的《道德经》。老子号称是道教养生学的鼻祖，老子在《道德经》中就已经论述了保精养生、节制生育的重要性。《道德经》云："含德之厚，比于赤子。毒虫不螫，猛兽不据，攫鸟不搏。骨弱筋柔而握固，未知牝牡之合而朘作，精之至也；终日号而不嗄，和之至也。知和曰常，知常曰明，益生曰祥，心使气曰强。"老子认为，生命是由牝牡之合产生的，其生命之源在于精。老子通过观察发现，婴儿无知无欲，无畏无惧，即所谓"毒虫不螫，猛兽不据，攫鸟不搏"，所以生命力特强。婴儿虽然筋骨柔弱，可是小拳头却握得很牢固，柔中带刚。他虽然不知道阴阳交合之事，但是外生殖器翘起，老子认为这是内部精气充足的外在表现。由此，老子认为养生之道在于平和无欲、爱惜精气、节制房事，从而在客观效果上起到了节育的作用。

尤为难能可贵的是，老子在这里还提出了一个重要观点——"益生曰祥"。益，多也；祥，作妖祥解；益生，注家多解为贪生多欲。但是如果结合《道德经》全文以及老子素来提倡的"小国寡民"等主张来综合分析考证，"益生曰祥"指的是贪图多欲、过度生育会带来祸害妖孽则更为合理。其实，这一新解与老子极力主张的小国寡民的社会政治理想一脉相承，具有理论上的一致性。故卿希泰和盖建民先生在《道教生育思想考论》一文中认为，老子是人类历史上最先提出节育思想的先贤。[1]

关于保精以养生的思想，庄子也曾深入论述。《庄子》云："必静必清，无劳女（汝）形，无摇女（汝）精，乃可以长生。"（《庄子·在宥》）庄子认为长生的要诀在于必静必清，抱神固精。上述老庄保精节育思想对后世道教影响甚大，并在道教养生家那里得到了系统阐发。

早期道教三部重要经典《太平经》《老子道德经河上公章句》《老子想尔注》都承袭了老庄节育保精思想，并各自围绕道教长生理想作了详尽阐释。《太平经》从精、气、神三位一体的人体医学模式出发，强调了重精的必要性。云："三气共一，为神根也。一为精，一为神，一为气。

---

① 卿希泰、盖建民：《道教生育思想考论》，《中国哲学史》1998 年，第 2 期，第 54 页。

此三者，共一位也……故人欲寿者，乃当爱气、尊神、重精也。"①《太平经》认为精、气、神是构成人体生命系统的三大基本要素，人之生老病死、寿命长短皆取决于人体精、气、神这"三宝"。《太平经》重精、爱气、尊神的这一主张，被道教奉为养生要旨，成为道教房中、行气、存神这三大养生方术的"理论内核"。汉代河上公从修养长生的角度注解《道德经》，将老子所云"道可道，非常道"中的"常道"称为"自然长生之道"，别开生面。河上公提出了以除情去欲为前提，以安静无为为条件，以爱精养神为核心，以长生久寿为目的一整套养生思想。《老子道德经河上公章句》中阐述节欲保精思想的地方比比皆是。诸如"爱精重施，髓满骨坚。""贪淫好色，则伤精失明。""治身者却阳精以冀其身。"又说："人能保身中之道，使精气不劳，五神不苦，则可以长久，……人能以气为根，以精为蒂，如树根不深则拨，（果）蒂不坚则落。当深藏其气，固守其精，无使漏泄。……深根固蒂者，乃长生久视之道。"②《老子道德经河上公章句》在道教为数众多的经典中，居于十分重要的地位。由于《老子道德经河上公章句》在道教史上地位十分重要，故它所主张的爱精重施思想对道教生育观的影响非常深远。重精、保精思想在《老子想尔注》中也得到充分阐述。《老子想尔注》甚至将"精"位列于"道"的高度，名之为"道精"，声称"万能含道精。"且云："古仙人保精以生，今人失精以死，大信也。……所以精者，道之别气也，入身中为根本。"③《想尔注》反复强调"保精勿费"的重要性："阴阳之道，以若结精为生。……年少之时，虽有，当闭省之。""一能用此道，应得仙寿，男女之事，不可（不）勤也。"④ 在这里，《想尔注》不仅对男女交合的年龄提出了要求，而且对阴阳和合的频度也提出了警告。告诫人们房事不可过度，即所谓"男女之事，不可勤也"。并且还明确指出阴阳交合要守中和之道，云："道贵中和，当中和行之。志意不可盈溢，违道诫。"⑤ 所以，道教行房有度的节育主张正是"道贵中和"这一思想在生育观上的具体反映。

---

① 王明：《太平经合校》，中华书局1960年版，第728页。
② 王卡点校：《老子道德经河上公章句》，中华书局1993年版，第11、45、181、233页。
③ 饶宗颐：《老子想尔注校证》，上海古籍出版社1991年版，第27页。
④ 同上书，第9页。
⑤ 同上书，第7页。

　　通过上述分析，我们可以看出，道教生育观中的节育主张的思想依据都是以老子的节欲保精为其理论渊源的，因为过度的生育必然会导致人体肾精的损耗，导致人身体的虚损。所以，道教从道贵中和、节欲保精的养生指导思想出发，必然反对无节制地纵欲，提倡行房有度、节制生育，客观上起到了节育的效果。

三　"道贵中和"——老子生育思想的现代价值

　　虽然道教中也存在纵欲和禁欲两种极端主张，但多数道教养生家在强调"欲不可绝"的同时，从养生角度还提倡节欲保精，主张在纵欲和禁欲之间保持一定的动态平衡，节制房事，从而在一定意义上节制生育。《道德经》从主阴思想出发把"道"与女性生殖器官的比拟论证表明其对生育的极其重视，又难能可贵地提出了节欲保精、益生曰祥的节育思想。老子"道贵中和"的生育理念是与其小国寡民的政治思想等一脉相承的，在强调少生优生，实行计划生育的今天具有一定的现代价值。剖析老子的生育思想，能够为建设现代生育文明和和谐社会提供有益启示，能够对于国家计划生育政策的制定和适应国情的现代化的生育文明的建立起到重要的借鉴价值。

　　首先，老子的生育思想能够对国家计划生育政策的制定起到参考和借鉴价值。因为人口众多，所以我国计划生育工作的任务极其艰巨。我国的人口数量超过了欧洲所有国家之和，经济资源总量显著，但人均指标世界排名基本都在倒数几位。特别是近年来，虽然我国人口数量的控制工作取得了显著的成绩，但是因为人口基数大，纯出生量大，人口与土地、资源、环境的矛盾日益突出，人口成了制约我国经济发展的瓶颈。那么，在这样一种严峻的时代背景下，老子恪守道法自然、阴阳平衡，主张节欲养生、节制生育，在生育与节育之间相对平衡的人口生态平衡思想，在资源和环境压力日益不堪重负的今天，其现实意义显得尤为突出。因而，老子生育思想能够对国家计划生育部门制定控制人口数量、提高人口质量、建立现代人口文明起到重要参考和借鉴价值。

　　其次，老子的生育思想能够对建立适应我国国情的现代生育文明起到重要的推动作用。文化对于人类的作用很可能比我们想象的还要大。英国著名人类学家泰勒说过，人是文化的产物。美国著名心理学家马塞拉在其

《文化与自我：东西方人的透视》一书中指出："文化是人类行为的主要决定因素之一，文化同自然环境一起代表着塑造人类行为模式的两种主要的'外部'来源。这两种外部来源的影响作用又同生理与心理的两种'内部'来源交互作用，从而构成人类行为的基本的决定因素。"① 这充分说明了人是文化的生物，当然也可以说人口也是文化的产物。有众多的研究表明，中国虽然社会经济等外在表面发生了巨大的变化，但是以生男和多生为中心的那种传统生育文化无论从价值观层面，还是从现实性层面，都没有受到根本性的冲击，特别是在占人口八九亿之多的农村，这种观念至今仍然根深蒂固，牢不可破。从价值观层面来看，中国的农民把子嗣香火的延续看作是人生的终极意义。因为"据中国人的宗教观念，人生至虑者莫过于'无嗣'。"② 因而，王晓丽在其《中国民间的生育信仰》一书中认为中国农民把生育和生男上升到了"信仰"的层面。③ 从现实性层面来看，经济和社会的需求是这种生育文化绵延不绝的根源，正是在这个意义上，费孝通先生把这种主流生育文化称为"生育制度"。这就不难解释人口众多的我国计划生育工作虽然取得了巨大成绩，但是在广大农村仍然开展得很艰难或者成本很大的原因所在。因而，控制人口数量，提高人口质量，建立少生、晚生、优生的适应我国国情的现代化的生育文明是计划生育工作的重中之重。而老子及由其思想发展出来的不同于儒家乃至传统生育文化的生育思想理念，从道法自然、阴阳平衡出发提出的人口生态平衡思想和优生优育思想等，能够对建立现代化的新型的生育文明起到重要的推动作用。

---

① 马塞拉：《文化与自我：东西方人的透视》，浙江人民出版社 1988 年版，第 135 页。
② 谢亚托卡列著：《世界各民族历史上的宗教》，魏庆征译，中国社会科学出版社 1985 年版，第 278 页。
③ 王晓丽：《中国民间的生育信仰》，社会科学文献出版社 1999 年版，第 2 页。

《老子》的幸福观与"玄德"思想之间的关系

曹　峰

（清华大学哲学系）

幸福源自何处？怎样做才能获得幸福？这是所有哲学都要追问的问题。道家也不例外。《老子》虽然没有"幸福"二字，但老子无疑是关注这个问题的。关于《老子》的幸福观，一般的理解多把重点放在"知足"[①]上，即万事不能过度，过一种有节制的生活是幸福的保障。笔者不反对这种幸福观，但这基本上是一种人生教训，即便儒家等其他学派也是如此。而且，这种幸福观基本上落在个人层面，无论帝王还是百姓，均是如此。实际上老子还有更为本质的、更大视野的幸福观，即老子从哲学理论的高度，论证了人类整体意义上的、最大限度上的幸福何以可能的问题。笔者认为这种幸福观与老子用"道"与"德"来体现的生成论有密切关系，而圣人的"玄德"是这种幸福观能够实现并得以保障的前提。

一　《老子》中背道者之快乐与得道者之痛苦

在今本《老子》（王弼本）中第二十章有这样一段话：

> 荒兮其未央哉！众人熙熙，如享太牢，如春登台。我独泊兮其未兆，如婴儿其未孩。傈傈兮若无所归，众人皆有余，而我独若遗。我愚人之心也哉！沌沌兮！俗人昭昭，我独昏昏；俗人察察，我独闷

---

①　如《老子》第四十六章云"祸莫大于不知足，咎莫大于欲得，故知足之足常足矣"。第四十四章云"知足不辱，知止不殆，可以长久"。本文对《老子》的引用，均采用王弼本。

闷。淡兮其若海，飂兮若无止。众人皆有以，而我独顽似鄙。我独异
于人，而贵食母。

"荒兮"以后的这部分内容不见于 20 世纪末在湖北荆门郭店出土的
楚简本《老子》。郭店本《老子》有第二十章，但只有前面从"绝学无
忧"至"不可以不畏"几句话。无论从语言风格还是思想内容来看，"荒
兮"以后的部分，都与前面的部分截然不同，董楚平认为这部分有可能
是后人添加的。他给这部分取名为《荒兮》，说这是一首感情充沛、用词
丰富多彩、独立完整的抒情诗，并作了以下非常传神的翻译：

> 人海茫茫，一望无边，
> 大家都熙熙攘攘，
> 好像赴盛宴，不知倦，
> 好像春天里争相登高，开心望远。
> 我却独个儿冷冰冰未开窍，
> 像婴儿只会哭，没有笑脸。
>
> 好累啊，像无家可归！
> 大家都有盈余，心欲醉，
> 只有我若有所失，似断炊，
> 我这颗笨蛋的心啊，
> 蒙着一层糊涂的灰！
> 俗人都清醒，
> 只有我昏睡；
> 俗人都明白，
> 只有我一头雾水。
>
> 人头攒动，像波涛喷浪花，
> 人声鼎沸，像大风哗啦啦。
> 人人都有用，相逢笑哈哈，
> 只有我笨头笨脑，顽固不化。
> 我与众不同，永远是个婴儿娃，

只爱着给我喂奶的恒道妈。①

　　幸福是建立在快乐基础之上的②，在《荒兮》这首抒情诗中，《老子》描写了很多的快乐，例如生活上"如享太牢""如春登台""有余"，能力上"有以"，精神上"昭昭""察察"，但在老子眼里，这些都是没有得道的俗人的快乐。与之形成鲜明对照的是，得道的"我"（圣人），却体验着俗人眼中的无穷的痛苦，例如"独泊""未兆""未孩""儽儽兮若无所归"、"若遗""昏昏""闷闷""顽且鄙"，这些痛苦换言之是强烈的孤独感，"我独"连文竟达 6 次之多。因此，就像董楚平所总结的那样，不难推出这样的结论："行道痛苦，背道幸福。"③ 类似的描述在《老子》中还有一些，例如第 41 章说"下士闻道，大笑之。不笑不足以为道"。也就是说，对"道"的嘲笑甚至可以成为俗人获得快乐的源泉之一，背道越甚，所能获得的快感也越大。当然，这也是老子常用的"正言反说"的修辞法，通过最大限度拉开背道者和得道者的距离，来强调"道"的神圣和不可思议。

　　那么，这是否证明老子否定俗人的快乐，而肯定得道者的痛苦和孤独呢？某种意义上讲，的确如此，老子虽然没有明言，但我们可以作出这样的合理推断，即老子认为，俗人所能获得的快乐无论是感官之乐、人伦之乐，还是求知之乐、信仰之乐，其实都是狭隘的、局限的，甚至是浅薄的、愚昧的。因为这种快乐，基本上都是功利性的追求，这种追求首先具有相对性，其次具有暂时性，如《庄子·至乐》所言：

　　　　夫天下之所尊者，富贵寿善也；所乐者，身安厚味美服好色音声

---

　　① 董楚平：《〈老子〉三题》，未刊稿。"淡兮其若海，飂兮若无止"也可以释为"像大海那样淡泊沉静，像急风那样飘忽无定"这样的话，这两句就不是俗人的写照，而是形容得道者的姿态。显然与上下文不合，因此有种见解认为应该移到 15 章"混兮其若浊"下面。而董楚平的释文则试图保持前后文的一贯性。

　　② 很难给"幸福"和"快乐"下定义，但尝试梳理两者关系时，陈少明以下的观点可以成为参考，"没有快乐的幸福是不可思议的。区别也许在于：乐是分层次的，可以是片断或短暂的经验，而且可能是有冲突的，而幸福则是不同层次的乐的协调状态，是一种整体感受或评价"。陈少明：《论乐：对儒道两家幸福观的反思》，《哲学研究》2008 年第 9 期，第 51 页。这样看来，"幸福"要高于"快乐"，但这不等于"幸福"为少数人所拥有，每个人都既可以拥有"快乐"，也可以拥有"幸福"，只是内容和性质会不同。

　　③ 董楚平：《〈老子〉三题》。

也；所下者，贫贱夭恶也；所苦者，身不得安逸，口不得厚味，形不
得美服，目不得好色，耳不得音声；若不得者，则大忧以惧。其为形
也亦愚哉。

也就是说俗人的所尊所乐，不仅以感官的满足为基础，以符合社会的
期待为标准，而且很容易走向其反面。因此，在追求幸福时，不免患得患
失。当求之不得时，很快便从得到失，从乐到苦，使身心备受折磨。《老
子》显然具备同样的思想基础，因为在《老子》的"道—物"两分的世
界观中，"物"的层面，如"有无相生，难易相成，长短相较，高下相
倾，音声相和，前后相随"（《老子》第二章）所示，都是由两两相对并
相互转化的因素构成的。因此，快乐和幸福也必然是有限的、相对的、暂
时的、易变的。无法达到得道者所能体验的那种超越的、至高的、整全
的、包容的心理境界。

这种心理境界作为精神现象，可以表现为三种形态：第一是孤独痛
苦，第二是无苦无乐，第三是最高的快乐。这三者虽然表现不同，看似矛
盾，但性质其实是一样的。就《老子》而言，更多表现为第一种形态，
而《庄子》中则三种形态都具备。

首先，由于俗人和圣人对"道"的认识完全不在同一个层次，如
《老子》第二十章所示，当然在俗人眼中，圣人就会显示出孤傲来。此
外，《老子》第二十章也可以理解为当修道者从俗世中艰难拔出，向着
"道"的境界努力接近时，必然会体验到的种种困窘和痛苦，但这却是真
正的解救之道。因此，从体道、悟道这一功夫论的角度看，老子的确否认
了俗人的快乐和幸福，因为那样会妨碍圣人得道。《庄子》也有类似的描
述，例如《庄子·齐物论》篇中的得道者"南郭子綦"，就是一副在外人
看来"形如槁木"、"心如死灰"的样子，完全不值得欣赏；然而，在道
家眼中，只有道行最高者，才有如此境界。只有达到如此境界，才有可能
最大限度地应接和把握万物，而不被万物所左右。

当然，如果换一个角度，从已经得道者的立场来看，他们应该是不在
意具体的快乐和幸福、痛苦和孤独的，因为具体的快乐和幸福、痛苦和孤
独，必然和具体的得失相牵连，《老子》第六十四章说"为者败之，执者
失之。是以圣人无为故无败，无执故无失"。当得道者不再拘泥于俗世
的、具体的得失，成为一个"无私""无欲""无为""无事"的人时，

他的精神气象就必然会呈现成为"大象无形"或者说"无象之象",这方面,《庄子》有很好的说明,《应帝王》篇的"壶子"就是极好的例子。因为俗人的快乐与否是被"生死存亡"、"祸福寿夭"所左右的,因此他们的快乐或痛苦必然因为生活中的种种得失而充分呈现在面容上,这就为算命者留下可乘之机,郑国的神巫"季咸"因为善于观察把握普通人外在的喜怒哀乐,而成为极为灵验的算命大师,以至于郑国人一见到他,就赶快躲开,生怕他说出不吉利的话。可是,当"季咸"遇到"壶子"时,却一筹莫展,甚至最后甘拜下风,自己先逃走了。因为,"壶子"的容貌或者呈现为"太冲莫胜",也就是看不出任何征兆的"无象之象",没有快乐忧苦可以让人把握,使"季咸"无机可乘;或者不断变换自己的容貌特征,让"季咸"没有规律可循。道家常常用"素""朴""混沌""无形"亦即没有任何雕凿来形容得道者,其道理是相通的。

最后,关于圣人究竟有没有至高无上的快乐和幸福,《老子》没有明说,《庄子》却给予了明确的回答。圣人并非没有快乐,但那不是局限在小小时空、排他利己的一己、一党、一派的快乐,而是与天地同体、无拘无束的、至高无上的快乐。其实,这时已经很难用"快乐""幸福"这样的词汇来描述了。因为"快乐""幸福"必然与忧愁、痛苦相反相成,互为因果,而逍遥游的境界则超越了万物的牵引和局限,是心灵乃至身体上的极大解放,为此《庄子》专门创造了两个词汇来形容,那就是"至乐"和"天乐"。在《至乐》篇中,《庄子》提出"至乐无乐"①,这种语言方式有点像"道可道,非常道"(《老子》第一章)、"上德不德"(《老子》第三十八章),"至乐"类似于"常道""上德",处于"道"的层面,其性质是对"物"否定的超越,因此"至乐"所否定的"乐",必然是世人有限的、狭隘的、暂时的"乐",而"至乐"或"天乐"则不以追求世俗的快乐为目标,也不会与忧愁相伴随,超越了事物的对立面,如"天乐者,无天怨,无人非,无物累,无鬼责"(《庄子·天道》)所示,是一种超越了一切的恩怨,与道融为一体的极乐境界。如王志楣所言,《庄子》中的"乐"往往与"逍遥"、"游于无何有之乡"同时出现,"以

---

① 马王堆帛书《黄帝四经·称》有"实谷不华,至言不饰,至乐不笑";《淮南子·说林》有"至味不慊,至言不文,至乐不笑,至音不叫",这似乎强调的是最为本质的东西是不受形式拘束的。

近乎审美体验的表达方式，把道引向心灵，从而使人对道的契合与追求逍遥之乐相结合，成为一种人生境界哲学，把人所能臻至的最高境界描述为超越一切物质的、逻辑的、社会名声的局限而达到绝对之乐"①。同时如刘笑敢所言，"庄子之所以为庄子，不仅在于他看到了别人所看不到的人世之苦，而且在于他能够化苦为乐，并追求另一种怡悦之乐"②。整个《庄子》就是一部化苦为乐，在心灵上构建出极乐境界的精神体验性哲学，这里面有着非常复杂的修炼功夫和实现过程，这不是本文的重点，因此不作展开。

诚如王志楣所言，《庄子》所谓的"至乐"，其方式"就是在于对道的把握"③。从这个立场来看，从《老子》中也可以开出"至乐"的观念，但老子并没有走这条路。那么，《老子》是否有他独特的幸福观呢？我认为是有的，这就是下文要讨论的重点。

二　《老子》思想中包含"共乐"的观念

我们可以发现，《庄子》的"至乐"有两大特征，一是精神性，二是个人性。所谓"精神性"，指的是"至乐"主要表现为精神体验，是一种心灵境界。所谓"个人性"，指的是"至乐"主要为极少数得道者所独享，需要极为复杂的修炼过程，难以和大多数人共享。因此，有学者将这种快乐称之为"独乐"，将其同儒家的"同乐""共乐"（例如《孟子·梁惠王下》讲"独乐乐"不如"与人乐乐"，"与少乐乐"不如"与众乐乐"）对立起来。并将孟子的"乐"和庄子的"乐"视作儒道关于"乐"的典型区别④。

需要确认的是，《老子》虽然没有直接对"乐"或者说幸福观作过多的展开，但这显然是他要关注的重要问题。在第二十章中，虽然为了突出得道者的与众不同，《老子》用鄙薄的口气描述了俗人之乐。但如果脱离"得道""修道"的语境，着眼于《老子》的政治理念，那么可以看出，

---

① 王志楣：《天下有至乐——论〈庄子〉之乐》，方勇主编：《诸子学刊》第3辑，上海古籍出版社2009年版，第130页。

② 刘笑敢：《庄子之苦乐观及其现代启示》，《社会科学》2008年第7期，第16页。

③ 王志楣：《天下有至乐——论〈庄子〉之乐》，第139页。

④ 参见陈少明《论乐：对儒道两家幸福观的反思》第三节《同乐，还是独乐》。

对于普通世人之乐，老子并没有加以取消与否定，尤其是"身之乐"①，老子虽然反对贪婪和无度，但对于基本的"身之乐"，老子显然是予以支持和保护的。如《老子》第三章云"圣人之治，虚其心，实其腹，弱其志，强其骨"。第八十章称美好政治的理想境界是"甘其食，美其服，安其居，乐其俗"。

另外，老子虽然没有明确提出所谓圣人之乐，但从逻辑上讲，这也是完全成立的。《老子》的最高政治理想是"无为而无不为"（见第三十七章、第四十八章）。类似的思维方式和语言表述在《老子》中比比皆是。如"圣人……功成而弗居。夫唯弗居，是以不去"（第二章）；"为无为，则无不治"（第三章）；"不自见，故明。不自是，故彰。不自伐，故有功。不自矜，故长。"（第二十二章）；"圣人后其身而身先，外其身而身存。非以其无私邪？故能成其私"、"以其不自生，故能长生"（第七章），"夫唯不争，故无尤"（第八章）；"以其终不自为大，故能成其大"（第三十四章）；"以其不争，故天下莫能与之争"（第六十六章）。虽然都建立在"无为"的基础之上，但作为结果的"无不为""（功）是以不去""无不治""明……彰……有功……长""身先……身存……成其私""长生""无尤""成其大""莫能与之争"，无不充满了强烈的成就感和自豪感，我们说这种成就感和自豪感就是一种幸福观，其实并不为过。

这样看来，《老子》政治理念下的幸福观，既不否定世人之乐，也格外推崇圣人之乐。那么，这种圣人之乐是否就是《庄子》的"至乐"呢，就建基于得道的超越境界而言，两者确有相似之处。但两者显然有很大区别，即圣人之乐并不是沉溺于个人心灵层面、属于精神体验的"独乐"，因此这不是一种人生哲学，而和《孟子》的"与人乐乐""与众乐乐"一样，属于有着现实政治意义的"共乐"。陈少明认为《孟子》的"共乐"，"从政治的观点看，王之乐必须与民之乐统一，否则，王将不得其乐，甚至王将不王"②，笔者以为，这一点《老子》几乎也是一样的，在

---

①　陈少明把"乐"分为"身之乐""心之乐""身—心之乐"三种。"身之乐"即感官的舒适和愉悦，建立在物质条件基础之上，而未经心的反思；"心之乐"指的是不依赖于物质条件的精神满足，如人伦之乐，求知之乐、信仰之乐。"身—心之乐"介于"身之乐"与"心之乐"之间，既是生理的，也是心理的。参见陈少明《论乐：对儒道两家幸福观的反思》第一节《经验结构的分析》。

②　陈少明：《论乐：对儒道两家幸福观的反思》，《哲学研究》2008 年第 9 期，第 47 页。

《老子》中，同样有着类似"先天下之忧而忧，后天下之乐而乐"的情怀，例如"圣人后其身而身先，外其身而身存。非以其无私邪？故能成其私"（第七章）就是很好的例证。这说明，老子和孟子都意识到，为民众制造和提供快乐，是一件有意义的事，也是统治者的责任。

但是，在"共乐"观的人性论基础以及实现途径上，老子和孟子显然不同。陈少明认为，《孟子》"共乐"观的人性论基础在于，无论国君还是民众对于"乐"都有着共同的体验，"孟子从人性论出发，得出追求与民同乐才是行王政或施仁政的表现。"① 也就是说，正因为有着共同的人性基础，因此"乐"可以达到最大限度的共享。尤其在物质利益上，"以减少你的身之乐为条件，来成全你所关切的人的快乐。"② 这体现为一种利他主义的仁爱精神，因此《孟子》追求的是道德意义上的快乐，这种幸福观有着深厚的伦理内涵。

在老子看来，政治的最大问题，不在于消除所有的矛盾，而在于将矛盾降到最低点。不在于给予百姓所需要的一切，而在于给予百姓自由伸展的足够空间。虽然同样是追求"共乐"，老子并不是从人性相通的角度，去论证快乐可以从统治阶层平移到民众，从而实现快乐共享。在实现途径上，"无为"、"无私"也不能简单理解为通过最大限度地牺牲自我的利益，从而实现最大限度的利益分享。从《老子》中可以看出一条鲜明的思路，那就是百姓的成功就是统治者（当然首先必须是得道的圣人）的成功，百姓的快乐就是统治者的快乐。为政者的理想就是让百姓尽最大可能、自由自在地实现自己的理想。为此，为政者要尽可能地缩小对百姓生产、生活的干扰和影响，甚至将这种影响降低到感觉不到的程度。因此，和儒家"有为"式的幸福观，即百姓的幸福来自有德的统治者有意识地给予、出让、分享不同，《老子》体现为"无为"式的幸福观，统治者尽量创造条件让百姓自由发展，甚至让百姓认为，幸福的获得完全依靠自己的力量，而不是依赖谁的帮助或赐予。"功成事遂，百姓皆谓我自然"（第十七章）。

这种施政的方式和理念，可以简单地表述为"圣人无为"→"百姓自然"，"自然"是圣人"无为"的结果，即圣人的无意识、无目的、不

---

① 陈少明：《论乐：对儒道两家幸福观的反思》，《哲学研究》2008 年第 9 期，第 47 页。
② 同上书，第 48 页。

干预、不强制，必将导致百姓的自发性、主动性、积极性、创造性。这种自发性、主动性、积极性、创造性用一个词来概括，那就是"自然"。最好的例子就是第五十七章，"圣人云：我无为而民自化，我好静而民自正，我无事而民自富，我无欲而民自朴。"其因果结构如下所示：

我无为〔原因〕，→而民自化。〔结果〕

我好静〔原因〕，→而民自正。〔结果〕

我无事〔原因〕，→而民自富。〔结果〕

我无欲〔原因〕，→而民自朴。〔结果〕

这是说统治者无为则百姓自我化育；统治者好静则百姓自我端正。统治者不造是生非则百姓自我富足。统治者没有贪欲则百姓自然淳朴。这里的"好静""无事""无欲"就是"无为"，而"自化""自正""自富""自朴"就是"自然"。在这种"自然"中，我们可以说洋溢着成功的快乐和幸福。而且这种快乐和幸福不必局限在某种特定的价值观之下，是精神上、政治上的充分自由。

反之，百姓获得自然之后必然反哺圣人，使圣人收获建立在百姓自然基础之上的最大成就及最大快乐，这可以简单地表述为"百姓自然"→"圣人无不为"。虽然如前所述《老子》中的"无不为"多以"无为"为前提，但通过我们以上的分析，说"无不为"是以"无为"＋"自然"为前提的，在逻辑上也完全成立。

三　幸福是"玄德"的产物

因此，在老子看来，政治的最大成功，不是直接给予百姓什么，而是帮助百姓自己成功建业。而一个个百姓的成功和快乐最终会归结为圣人的成功与快乐。老子心目中的圣人，不是那种劳心焦神、鞠躬尽瘁，通过各种强制的手段将百姓引上某条"正路"的人，而只是一个辅助者，一个引导者，一个保姆，圣人所起的作用只是帮助百姓打开枷锁、放开手脚，极大地激发起百姓的主动性和创造性，让他们做自己的主人，自觉自愿自发自动地去建功立业，让百姓陶醉在自己的成功中，却并不认为自己的成功和圣人有什么关系。

　　所以，老子幸福观和有德者通过自己的痛苦与牺牲来换取他人幸福的（儒墨的圣贤可以说都是这样的人物）理念不同，和早期儒家推崇的安贫乐道不同①，和后期儒家如宋明理学推崇的为了获得"存天理"的快乐，刻意去"灭人欲"② 不同，也和庄子表现为个人精神逍遥的"独乐"不同，这是一种更大视野、更为深刻的幸福观，即老子从拯救人类的理想出发，提出了什么是人类整体意义上、最大限度上的幸福的命题。那么这种幸福观何以可能，换言之这种幸福观的哲学基础是什么呢？这个问题几乎没有人讨论过③。笔者认为这种幸福观与老子用"道"与"德"来体现的生成论有密切关系，而圣人的"玄德"正是这种幸福观能够实现并得以保障的前提。也就是说，从表面上看，百姓的"自然"（物质与精神最大限度上的自由与满足）来自于圣人的"无为"，但圣人为何能够"无为"呢？ 实际上是因为具备了"玄德"，那么，"玄德"来自何处呢？"玄德"的产生其实又和老子独特的宇宙生成论有着密切关系。因此《老子》幸福观的哲学基础，追根溯源，来自于其独特的生成论。

　　说到老子的生成论，我们一般都以这些篇章为代表，如"有物混成，先天地生。寂兮寥兮，独立而不改，周行而不殆，可以为天下母"。（第二十五章）"天下万物生于有，有生于无"（第四十章）、"道生一，一生二，二生三，三生万物。"（第四十二章）此外《老子》第一章"无名，天地之始。有名，万物之母"和第三十九章"天得一以清，地得一以宁，神得一以灵，谷得一以盈，万物得一以生，侯王得一以为天下贞"。也常常被认为是宇宙生成论的另一种体现。这样就从宇宙生成的角度确立了"道"是万物发生的总根源，又是万物存在的总依据。由此，世界被区分

----

　　① 最好的例子就是《论语·学而》："子贡曰：'贫而无谄，富而无骄，何如？'子曰：'可也；未若贫而乐、富而好礼者也。'"

　　② 例如朱熹把"孔颜乐处"理解为"私欲既去，天理流行"。"颜子不改其乐，是私欲既去，一心之中浑是天理流行，无有止息。"见朱杰人等主编：《朱子全书》（修订本）第 15 册，上海：上海古籍出版社；安徽教育出版社 2010 年版，第 1126 页。明朝道学家王艮作《乐学歌》云："人心本自乐，自将私欲缚。私欲一萌时，良知还自觉。一觉便消除，人心依旧乐。"见王艮：《心斋王先生语录》卷下（明刻本），第 33 页。

　　③ 也有一些论文作了尝试，例如尚建飞指出，"从整体上来看，《老子》的作者在其幸福观中表达了一种深刻的理论洞见：人类生活不能仅以守护生命作为终极目的，而是应该消解自我中心意识、尊重每一个与自己共同在世的事物来实现其本性的卓越。"但此文更多以西方幸福观作为哲学原理的参照，没能从《老子》文本自身的脉络中找出思想基础。尚建飞：《〈老子〉中的幸福观》，《道德与文明》2012 年第 4 期，第 105 页。

为形而上和形而下的、本体的和现象的两个部分。本体世界是独立的、绝对的、永恒的、无限的、不依赖于现象世界的存在。相反，现象世界则是有待的、有限的、依赖于本体世界才能得以产生、存在和运行。这样的生成论虽然没有违背老子的主旨，但实际上却有被过度强调之嫌。被过度强调的原因很复杂，但笔者以为最主要来自两个方面：第一是魏晋以后，王弼"以无为本"、"崇本息末"的《老子》解释得到了极大的重视；第二是 20 世纪西学背景下的《老子》研究，本体论的探究和树立被置于首位，几乎所有关于《老子》的系统性研究，都始于本体论，似乎只有这样，才能提升《老子》的哲学高度。

然而，这种只注重"道"本体论的老子生成论研究，必然造成一个现象，那就是对《老子》第五十一章的忽视，第五十一章如下所示：

> 道生之，德畜之，物形之，势成之。是以万物莫不尊道而贵德。道之尊，德之贵，夫莫之命而常自然。故道生之，德畜之，长之，育之，亭之，毒之，养之，覆之。生而不有，为而不恃，长而不宰，是谓玄德。

这一章可以分为两段。前一段讲"道"使万物出生，"德"使万物发育、繁衍，所以万物都尊"道"而贵"德"。"道"之所以被尊崇，"德"之所以被珍尊，是因为"道"和"德"不强迫命令万物做什么，万物能够自然而然。后一段再次重申"道"使万物出生，"德"使万物生长、发育、结果、成熟。"道"和"德"生养万物却不据为己有，推动万物却不居功自傲，统领万物却不加以宰制，这就是"玄德"，即最深远的"德"。

后世的道家也从这个角度作过阐发，如《管子·心术上》中有"虚无无形谓之道、化育万物谓之德"，"德者，道之舍，物得以生生"。如《韩非子·解老》中有"德者，道之功"。因此，"德"就是"道"之"生生"功能的落实和保证。

过去学界过分注重发生顺序的排列，注重本源的追索。但通过第五十一章我们得知，老子生成论其实有两个面向、两个序列，一个是"道生之"，一个是"德畜之"，也就是说，老子的生成论不仅仅关注出生（道生之），关注万物通过谁成为万物，同时还有另外一个重头，那就是成长（德畜之），关注万物在出生之后，如何继续成长和生存，这样就必然会涉及到万物能否充分实现自我、成就自我的问题，这个问题也就必然和幸福观相连。因此仅仅从"道"的角度讲老子的生成论是不完整的，万物之所以能够生成，"道"只是提供了发生的源头和存在的保障。而在《老子》生成论中发生和成长是缺一不可的，这正是《老子》又称为《道德经》，既要讲"道"又要讲"德"，两者必须共存的原因之一。

笔者将"道生之""德畜之"这两个面向和序列用"流出型"和"作用型"来命名，"流出"是日本学者常用的一个词汇①，用意在于强调"道生万物"并不是一种有意为之的"创生"，万物的出生虽然以"道"为前提，但万物的出生其实是自发的行为，是自然流出的。如果用后世道家的词汇来描述，那就是"自生"② 甚至是"不生"③，因此这种生成论，更加强调万物自身的意志和动力，而不是"道"的主宰和强制。之所以称老子生成论中"德畜之"的序列为"作用型"，意在表示"道"在万物成长环节中所起的作用，在此，"德"代表了"道"的功用④，这种功用，体现为"道"对于万物不主宰、不强制，任由万物自生自长的特征，这一特征如果用一个术语加以概括，那就是"无为"。同时，《老子》又用了一个特别的术语来概括"无为"的作用与功能，那就是"玄德"。上述理论的展开，在第五十一章中可以说一气呵成，一览无余。

如前所述，第五十一章强调，对于万物的生长而言，要尊贵的不仅仅有"道"，还有"德"。因为是"道"使万物出生，是"德"使万物生长、发育、结果、成熟。而且无论是"道"和"德"，虽然生养万物却不

---

① 例如池田知久在解释郭店楚简甲本第三十二章"犹小谷之于江海"时指出，使用"小谷"生出"江海"这一比喻，是为了论述"道"生成"天下"万物，但如果考虑到第三十二章的思想基础是"万物之自然"，那么，这里"道"的主宰性被弱化而"万物"的自发性、自律性被强化，因此，这里的生成论属于"流出论"。参见池田知久《郭店楚简老子の新研究》，汲古书院 2011 年版，第 138 页。笔者尚未找到"流出论"的原型出自何处，或许和古罗马普罗提诺用以解释万物产生的"流溢说"有关。

② 《老子》有"自生"（第七章）一词，但意为只顾自己的生存，和"自然而然"无关。

③ "自生"与"不生"，见于上博楚简《恒先》、《庄子》、《列子》、《淮南子》以及《论衡》等文献中，限于篇幅，这里不展开。详细可参曹峰：《〈恒先〉的气论：一种新的万物生成动力模式》，《哲学研究》2012 年第 5 期；曹峰：《从自生到自为——〈恒先〉政治哲学探析》，台湾中研院历史语言研究所《古今论衡》第 14 期，2006 年。

④ "德"的问题非常复杂，在此，笔者更多强调的是"德"在万物生成过程中的作用与功能。在道学学说中，"德"还兼备了万物生成之普遍潜质和具体各物之现实特性的双重含义。"德论"包含了万物性能如何获有、如何存续以及如何与人世社会发生关联等几个方面的内涵。详细可参叶树勋：《先秦道家"德"观念研究》（清华大学哲学系博士学位论文），2013 年 6 月。

据为己有，推动万物却不居功自傲，统领万物却不加以宰制，使万物得以自然而然地成就自我。这样，《老子》就从生成论的角度，天然地论证了"圣人无为"→"百姓自然"的合理性，因为圣人是"道"在人间的执行者、代言人，因此圣人也就必须具备或者说必然具备这样的"玄德"。我们注意到，"玄德"是《老子》中多次出现的术语，分别见于《老子》的第十、五十一、六十五章（其中，第六十五章出现两次），而作为"玄德"的具体内涵的"生而不有"，也出现于《老子》的第二、第十、五十一章中，可见是极为重要的思想①。而且，"玄德"往往与表示否定的行为相关联，如王邦雄指出，"不有"才能真正地完成"生"，"不恃"才能真正地完成"为"，"不宰"才能真正地"长"成②。

因此，如叶树勋所言，"玄德"在形上语境中意味着"道"对万物"生而弗有"的两面性作用。这一作用推衍到形下的政治生活，便是通过圣人效法"道"而具备与之相应的"玄德"③。这样，由于"玄德"是宇宙生成论的必然产物，因此，圣人的"无为"就是"玄德"的必然产物；由于百姓的"自然"是圣人"无为"的必然产物，因此，百姓建立在自发、自为基础之上的自由度、成就感以及相应的快乐和幸福，也就是"玄德"的必然产物，或者说是老子特殊生成论的必然产物。

不过，虽然是"共乐"，百姓的幸福和圣人的幸福在性质上却是不同的。百姓的幸福是圣人"玄德"的产物，但他们并不需要"玄德"。而圣人建立在人类整体幸福基础上的幸福感，则以拥有"玄德"为前提。亚里士多德说："幸福应伴随着快乐，而德性活动的最大快乐也就是合于智慧的活动。所以，哲学以其纯净和经久而具有惊人的快乐。"④　《老子》

---

① 《老子》的第三十四、七十七章也有类似的表达。

② 参见王邦雄《老子〈道德经〉的现代解读》，吉林出版集团 2011 年版，第 191—192 页。笔者甚至论证，北大汉简《老子》"玄之又玄之"中的"玄"也许可以理解为具有否定意义的动词，参见曹峰《"玄之又玄之"和"损之又损之"——北大汉简〈老子〉研究的一个问题》，《中国哲学史》，2013 年第 3 期。许抗生说老子有六种"玄德"，即"敦厚朴实（朴德）""谦虚处下（谦德）""俭故能广（俭德）""慈爱百姓（慈德）""宽容乃大（宽德）""言善信（信德）"。但这是把"玄德"理解为广义的美德了，和老子无为意义上的"玄德"有很大距离。参见许抗生《老子论圣人之玄德》，方勇主编：《诸子学刊》第五辑，上海古籍出版社 2011 年版。

③ 参见叶树勋《老子"玄德"思想及其所蕴形而上下的通贯性——基于通行本和简帛本〈老子〉的综合考察》，即将刊载于《文史哲》。

④ 亚里士多德著：《尼各马科伦理学》，苗力田译，中国社会科学出版社 1990 年版，第 225 页。

心目中的圣人所掌握的"玄德",无疑也是这样一种德性活动。老子当然关注百姓的幸福,但因为百姓的幸福是圣人"玄德"的产物,所以,老子幸福观的重点其实放在了圣人的德性活动上。

结　语

在《老子》中,我们找不到这样一种幸福观,即幸福来自于心理上对某种主宰物的归属和依赖,如果我们过分强调《老子》本体论,强调"道"对于万物具有的主宰性意义,那么,《老子》的幸福观就有可能解释成为一种宗教信仰意义上的幸福,强调人的身心对于"道"的依赖,然而这种现象只有到了道教才会出现,在《老子》中,"道"并不是顶礼膜拜的对象,即便得道者内心的依托也不是外在的主宰,而是人自己。老子以此为前提,论述了"玄德"作用下每个人主动性、积极性的充分开发。如前所述,在《老子》中存在着对百姓之乐的肯定和维护,洋溢着圣人因为实现"无不为"而生发的成就感,因此,《老子》中存在着我们称之为"共乐"的幸福观。如果说儒家、墨家追求做至善的人,那么,道家就是追求至善的生活,把握至善的关系,对应到对幸福的理解上,在《老子》这里,就是通过"玄德"的作用,"无为"的方式,让百姓获得多种可能的、最大限度的快乐,同时将矛盾和痛苦降到最低点,即便导致快乐的原因在价值认同上相互冲突,《老子》也是认可的[1]。然而在儒家、墨家那里,由于对至善的理解有着单一的价值标准,很有可能导致有限的、排他的、自我中心的幸福观,即用一种幸福观去支配、控制其他的幸福观。在今天这样一个提倡价值多元的世界,《老子》的幸福观是否更有普世意义呢,这是值得我们思考的。

---

[1] 《老子》有所谓"圣人常善救人,故无弃人。常善救物,故无弃物"(第二十七章)的说法。

虚无与对反:《老子》应用哲学的两大主轴

陈丽桂

（台湾师范大学国文系）

前　言

中国传统哲学典籍在后世得到较多推阐，普遍受到较广泛的应用，迄今依然生意盎然的，首推《周易》与《老子》。《周易》当年以卜筮之用，躲过秦火之厄。它上明天道，下断吉凶，既入五经，又富玄理，兼跨儒道两域，周秦之际固已是各阶层普遍研论应用的要籍，从多处出土文献中有《周易》置列其中可以想见。其后两汉崇经，魏晋标三玄，宋明论宇宙、谈性理，从来未曾忽略《周易》。其思想理论迄今犹是雅俗共赏，普为学术、文化、宗教各阶层所推广与应用。《老子》也不多让，近年来，各类简帛抄本《老子》的出土，说明了其在战国时期流行的盛况。战国以下秦汉的黄老治国、养生论、宗教说，魏晋的三玄学，隋唐的禅宗，都莫不有《老子》的身影。时至今日，《老子》的哲学依然以其特殊的魅力，活跃于中国的学术、文化、宗教各领域。《周易》与《老子》之所以能如此历久弥新、永不褪色，就在其思想理论之圆融、玄虚、脱俗。因为它们理论圆融，气质玄虚，诠释和发展空间宽阔，极便于各阶层人根据自己的需求，从各个角度，作各面向的诠释、推阐与开展；尤其因其理论之玄虚、脱俗，特别令人感觉风姿独具。就以《老子》而论，为扫除陈言俗论，空前绝后地运用正言若反的表述方式，去造成大家的心灵地震，头脑体操，震垮过去的思维习惯与判断方式，接受它的新思维、新体系。俗论尚实，它崇虚；俗论标正，它推反，这使它的风貌显得独特而新颖，散发着与众不同的吸引力。

一　吊诡的否定表述

《老子》崇尚自然无为，反对干预，反对约束，反对管理，反对世俗的设定与形式。认为它们违反自然，圈窒自然，不真实。但是，因为它宽阔的思维与圆融的特质，自先秦的战国时期起，黄老道家与法家的申、慎、韩都已将之转化而大用于政治管理之上了。

整部《老子》八十一章、五千言的内容，我们可以用"虚无"与"对反"两个纲领将它全部提挈起来。《老子》讲"虚无"，从道体的虚无性征、道用运作的自然无为，到修养的虚静放空，待人接物的多元尊重与开放，都是根源于一个"虚无"的概念。由"虚无"再联结着"定静"，构成了《老子》乃甚至是先秦道家哲学稳固不移的础石。《老子》讲"对反"，基本上是其反俗、离俗性格之开展与实践。它从"道"的周流往复、名言价值的对立相生，俗言、俗论之反向思索、转向开展，治事理物之逆向操作，事物价值之多元尊重，到雌后、柔弱胜强之理论推阐，终于让负面事物的价值翻转上去，赢得了应有的地位。这一部分，《老子》是以其正言若反的表述方式，奇谲万分地架构了它反俗、叛俗的吊诡哲学。这是"老子"思想中最为丰富精彩的部分。以下我们基本上循着这两大纲领，来观测《老子》哲学在处理人事方面的应用状况。

我们如果约略地翻查一下五千言的遣词用字，可以很清楚地发现，《老子》运用了大量的否定语词，去敷论其对反思想，建构其悖反俗论的吊诡哲学。在《老子》里出现次数最多的字就是"不""无"两字。据个人初步估算，短短五千言，共享了298个否定语词，其中"不"字就占了192次，"无"字占了83次，其他依次为"莫"的9次，"非"有7次，"末""勿"各有3次，"弗"有1次。这些否定语词的运用，不但形成了《老子》"正言若反"的特殊表达方式，使其哲学强烈地散发着反俗、背俗的性格，在先秦诸子中独树一帜，在中国思想史上也是空前绝后、独一无二；更开出以"虚无"与"对反"为两大主轴的哲学体系来。值得注意的是，这大量的"不"和"无"的否定声明与叮嘱，绝大部分都是针对侯王和圣人等有位者开说的，从中我们更可以清楚了解《老子》的管理思维。

二　虚无与定静

《老子》崇尚"虚无",是由"道"体的不可知见启悟的。就根源上看,《老子》说,至高至广的道体是无形无迹,不可捉、摸、闻、见的非感官知觉对象,因此它能灵妙万端,神奇无比。《道德经》说:

> 视之不见,名曰夷;听之不闻,名曰希;搏之不得,名曰微。此三者不可致诘,故混而为一。其上不皦,其下不昧。绳绳兮不可名,复归于物。是谓无状之状,无物之象,是谓惚恍。迎之不见其首,随之不见其后。(十四章)
>
> 道之为物,惟恍惟惚。惚兮恍兮,其中有象;恍兮惚兮,其中有物。窈兮冥兮,其中有精;其精甚真,其中有信。(二十一章)

就现象事物来看,也是虚无始成其用。《老子》十一章说:

> 三十辐共一毂,当其无,有车之用;埏埴以为器,当其无,有器之用;凿户牖以为室,当其无,有室之用。故有之以为利,无之以为用。

不论形上的"道",还是形下的现象事物,都以虚无成就其功能。《老子》说:"致数舆,无舆。"(二十七章),一部车子飞快疾驶时,是看不到身影的,看得到身影时,必然静止不动,无有运载功能。《老子》又说:

> 善行者无辙迹,善言者无瑕谪,善数者不用筹策,善闭者无关楗而不可开,善结者无绳约而不可解。(二十七章)

最快速的行走如飞如驰,无影无踪;最高妙的交流不假言词,一个交会的眼神,一个含意的表情,胜过千言万语;善于筹算者,顺理推物,心自妙得,不用筹码,却准确不失;善于关闭者,质朴自然,无私无藏,本无可盗,故无须封楗。善于约盟者,心坚意诚,无须立约,而永志弗忘。

此皆超乎其形，直探本源，故能虚"无"不"用"，而成其大用。总之，"道"以虚无而灵妙，吾人处理事情若能循道，掌握虚无的根源，必能如道之不假形式，自然灵妙，这是《老子》虚无的第一教。

其次，中国先秦的思想家不论儒、道、墨、法，都把管理的焦点置于"人"上，开展出以人为主要处理对象的管理哲学。这其中又分为自我管理与管理他人两项，并分别各给予堂皇盛大的名称，叫作"内圣"与"外王"。这两个语词原本出自《庄子》，其后却为儒学所大用，成为儒门立身处世的两大轮轨。"内圣"是自我管理，"外王"是管理群众，管理人、事、财、物。不论自我管理，或管理群众，《老子》都认为，越是无形无迹，少动作，省资源，越是灵妙高明，而且特别重视管理者的个人条件。认为管理者的质量最是管理事件成败、管理成效好坏的关键，尤其是管理者的精神心灵。一个成功的管理者，必须有清明的头脑与高度的智慧，才能圆满处理纷繁的人、事、物。而清明的头脑与高度的智慧，《老子》认为，来自放空的心境与稳定的情绪。放空心境叫作"虚"，稳定情绪需要"静"。"虚"与"静"是道家心灵管理的两种重要功夫。放空心灵需排除杂念与成见，无使有积留，包括了解放压力，敞开心灵，接受外来信息，也包括了打破形式，不拘执定式与规范。"静"是沉稳淡定，不惊慌、不浮躁，判断不随纷乱的情绪起伏。《老子》说：

> 致虚寂，守静笃，万物并作，吾以观复，夫物芸芸，各复归其根，归根曰静，是谓复命，复命曰常，知常曰明。（十六章）

天地事物各有一定的轨则，这些轨则各有其式，纷歧不一。然在纷歧不一中，仍有其固定的"常"式。它往复循环，却必然各自回返原点，这是万物纷歧中的一致。掌握住这一致的"常"式，便能掌握住所有纷歧事务，这是处理事务最精简省力原则。只是，这样透彻的观察和体悟，必须在处理者心灵精神最清明的状态下，才能办到。而心境要能清明，必须放空，必须淡定。《管子》很写实地把这种放空淡定功夫比拟为心灵、精神的大扫除，《心术上》说要"洁其舍"，《内业》也说："敬除其舍，精将自来。"《心术上》又说：

> 静则精，精则独立矣。独则明，明则神矣。神者至贵也，故馆不

辟除，则贵人不舍焉。

上文的宫、舍、馆指的都是"心"，贵人、精、明、神指的都是灵明的智慧。灵明的智慧由心源生，心念杂乱，则心舍、心馆、心宫皆如塞满杂物的仓库，灵明的智慧无有源生入驻的空间。只有如大扫除般地净空这些零乱，灵明的智慧才有源生、活动的余地。只有沉稳、淡定、不毛躁、不焦虑，让混乱的思绪沉淀，清晰的理路才会浮显，判断、应对才能精确无误。这种净空、沉淀的功夫且必须达到相当彻底而深入的程度，功能效果才会显现。《老子》因此说要"极"，要"笃"，要"损之又损"（四十八章），清了又清。这样的功夫和儒家正相对反。

在儒家，孔子要"学而时习之"，"温故以知新"；孟子要"求放心"，收摄其心，使归礼义而不狂野；荀子要劝学，积跬步以致千里，积小流以成江海，铢积寸累，孜孜矻矻地下学，始克上达。《老子》则相反，要人扫尽杂质尘埃，净空精神，开放心灵，使心有宽阔的运作空间，思绪才能自在地飞扬，创造力才能源源不断地涌现。这是《老子》虚无哲学的第二教。

其次，就应对外物而言，《老子》说，只有"虚"与"静"，才能全面地体察到万物的"动"态，只有"虚"与"静"，才能在没有预设立场、预存成见的干扰下，一任事物的真实状况，如实地尽情展现。我则不主观、不专断、公正无私地如实回应。这样的交流，自然自在、通畅无碍，这才是理想的应物方式。这在其后黄老法家管、申、韩的术论中都有极精彩的推论，终而成为其"术"治理论中，最为厉害的静因、刑名术。

就现代人而言，快速、忙碌、高压是多数人生命和生活的常态，过度的工作质量所造成的压力，塞爆了从事者的心灵，形成精神上没有运作周转余地的窘状。《老子》的虚静提醒我们，给予心灵一些苏活再作的空间，让它能够再度灵活运转，不断接受外来信息，才能不断源生再创造的能量。而更重要的，"道"的运转需要"归根复命"，才能再生能源，《老子》因此提醒我们，不论在尘世如何翻滚，心灵不要忘了回家。五十二章说："用其光，后归其明，无遗身殃。"这个"光"，应视同"和光同尘"之"光"，亦即外表之炫美，"明"则同于"知常曰明"、"是谓微明"之"明"，指内藏之灵明智慧。五十二章意谓，不论如何在尘世里追逐炫华的名利，最终仍要有洞察一切，回返本源的清明，才能免祸。

总之，从"虚无"中，《老子》为我们开拓出一个可以无限运作、开展的世界；从"定静"中，《老子》为我们指引出一条可以精准洞彻各类生态，适切响应的平坦大道。它清静了纷扰的形、声世界之虚无哲学，其实是为世人开出另一个气度宏阔，格局褒大，宽敞无比的空间，完全实践了它自己有无一体、动静兼容的哲学理趣。

三　对反与逆作

《老子》哲学的第二个纲领是对反思维。道家察人之所不细察，见人之所不常见，一开始就带着孤傲与离俗、反俗的姿态出现，不论思想、语言都如此。杨朱一句"拔一毛以利天下不为也"，两三千年来已经引起许多想当然的误解。《老子》的正言若反与《庄子》的"堕肢体、黜聪明，离形去智"也一样奇特，只因为文献保存完整，较幸运地得到了被深度了解的机会。但反俗、离俗、超俗始终是先秦道家的基本特质，《庄子》对于超俗论述特别精彩，违离俗论则是他们的共同特质，这种现象到黄老才有所转化。《老子》说：

> 有无相生，难易相成，高下相倾，长短相形，音声相和，前后相随。（第二章）

世人对现象事物价值的批判，往往黑白二元、正反对立、优劣隔分。《老子》却认为，它们其实往往相反相成，共构互依。高或下，正或反，前或后，只是片面切割地称说，一时局部的判断。整体看来，正面价值往往是从反面价值映衬、推构出来的；没有低，如何映衬出高？没有贱，如何映衬出贵？排除解构了反面，正面也自然失据消失。三十九章因此说："贵以贱为本，高以下为基。"《老子》提醒人，观末以知本，睹委而索源，要全面了解事物价值相反相成、共构互依的道理，才是整全的理解。《老子》说：

> 善人者，不善人之师；不善人者，善人之资。（二十七章）
> 物或损之而益，或益之而损。（二十七章）

　　这种共构互依的事物道理，相当吊诡，轻率匆忙，无法理解，必得深心思索，才能体悟有得。

　　更何况，大道质朴，世间事物的真价值往往如璞玉之未斫、婴儿之未孩，拙朴质实，光华内敛，了不吸睛。观察者要能够穿透形式，深入内质，才能够体物不失，没有误判的过错。从反面事物中，《老子》确实常看到可贵的正面价值。轻易地否定反面价值，正面价值也会陪同消亡。《老子》说：

> 明道若昧，进道若退，夷道若颣，上德若谷，大白若辱，广得若不足，建德若偷，质真若渝，大方无隅，大器晚成，大音希声，道隐无名。夫唯道，善贷且成。（四十一章）
>
> 大成若缺，其用不弊。大盈若冲，其用不穷。大直若屈，大巧若拙，大辩若讷。（四十五章）

　　形式与内质之间没有必然的关联。世俗所推崇的正面价值，往往潜藏在负面的形式之下，美好的事物固未必有吸引人的外表；反之，绚丽的外表，未必蕴含美好的内质。《老子》说：

> 知者不言，言者不知。（七十章）
>
> 信言不美，美言不信；善者不辩，辩者不善；知者不博，博者不知。（八十一章）

　　没有揭去形式的外衣，内里的优质难能彰显，此卞和之所以枉失两条腿。人们常说，隽永的人生须从苦难中去体悟，究竟什么是隽永？什么是苦难？没有穿透形式，直入核心的洞鉴力，难能体会事物的美好情味，这是较为层面的诠说。较为深入地说，内涵越是深厚的人，越是知道真正的深度有多少，也越清楚自我的不足，因此在处理事务上，不会肤浅，自我膨胀。反之，越是肤浅的人，由于所知有限，自我感觉良好，自觉丰厚有余，那才是真正的大问题。《老子》说：

> 知，不知，上；不知，知，病。圣人不病，以其病病，是以不病。（七十一章）

圣人能洞彻症结之所在与自我之不足，有效对治，因此行事少瑕疵。常人以不知为知，错把愚蠢当智慧，大惑大愚而终身不解不灵，这才是《老子》真正的忧虑，反向思考因此成为《老子》思想的重点。

《老子》说："反者道之动。"这个"反"字，依王弼之注："高以下为基，贵以贱为本，有以无为用，此其反也。"应该是相反、相对之意，故其下曰："弱者，道之用。"依《老子》与王弼之意，道的运作常常从反面启动，要经营正面价值，往往须先从反面事物着手。有效解决了反面问题，正面的价值往往也就不建而自立了。

既然事物的正面价值是由负面映衬出来的，负面更为基础和根源，同样的空间负面由于少人问津，显得更为宽阔，《老子》因此再三提醒人负面运作的便捷和妙用。《老子》说：

> 图难于其易，为大于其细。天下难事必作于易，天下大事必作于细。是以圣人终不自为大，故能成其大。（六十三章）
> 圣人后其身而身先，外其身而身存，非以其无私邪，故能成其私。（七章）
> 天之道：不争而善胜，不言而善应，不召而自来，繟然而善谋。（七十三章）
> 以其不争，故天下莫能与之争。（六十六章）

反之，正面大动作的管理、指挥、规定、要求，弄得人人疲于应付，始终惊魂不定，天下动荡，人心不堪，这样的管理肯定不会长久，四十八章说：

> 取天下常以无事，及其有事，不足以取天下。

一个优雅高明的管理要低调、收敛、节制，最好是无形无迹、不惊不扰，平和而顺成，《老子》说：

> 我有三宝，一曰慈，二曰俭，三曰不敢为天下先。（三十六章）

"慈"是身段柔软，"俭"是收敛、节制，"不敢为天下先"是审慎、退让。针对那个"俭"，《老子》说：

> 圣人方而不割，廉而不刿，直而不肆，光而不耀。（五十八章）

这些方、廉、直、光，《老子》并不排斥；只是提醒人，分寸拿捏要适当，不要过了头，弄得美感尽失，甚至欲益反损，更严重的，还可能滋生祸根。可见《老子》的对反与收敛，不是故意唱反调，务在搞破坏，而是要提供一种大不同于俗的新方案。某些重要的核心质素，《老子》仍是在乎，而且努力维护的。

此外，天下事物并不尽然就是一个模式、一种款式，俗话说，条条大路通罗马，又说："咫尺天涯，天涯咫尺。"什么叫作近？什么叫作远？到得了就是近，到不了就是远，两点间的距离，直线未必最短，曲线未必较长。绕一下弯路，多走一点距离，或许能够更快到达终点。包容一些小缺失，或许更能成就大圆满。这是《老子》哲学的吊诡，无法用数学公式推算，必须靠心灵智慧裁决。《老子》说：

> 曲则全，枉则直，洼则盈，敝则新，少则得，多则惑。……不自见，故明；不自是，故彰；不自伐，故有功；不自矜，故长。夫唯不争，故天下莫能与之争。（二十二章）

总之，《老子》提醒人，处理任何事务，要懂得逆向思索，不要轻易忽略反面事物的意义与价值。要能常常换一个角度，转一个方向去观测，将会有更开阔的视野，更灵活的思维，察知事物的多面性，领略价值多元的道理，引发多方的对应策略。

唐代大诗人王维在他的诗作《终南别业》里说：

> 中岁颇好道，晚家南山陲；兴来每独往，胜事空自知；
> 行到水穷处，坐看云起时；偶然值林叟，谈笑无还期。

第五、六句"行到水穷处，坐看云起时"最堪玩味。试想，原本一派闲适，顺水信步，至水尽步止，再无可行，依然自在地转眼入云，无痕无迹，持续其闲适。同样是在穷绝处开展新机，陆游说："山重水复疑无路，柳暗花明又一村。"一境将灭，一境旋生，虽亦展现新机，犹不免情绪起伏。王维则说："行到水穷处，坐看云起时"，览尽了周遭四度与在下的第五方空间，王维自然而不假思索地将视线移向了在上的第六度空间——天。而那"天"，比起山、水、路来，都更宽阔；那"云"，比起前此之山、水、路，也都更奇炫莫测。这些转换，王维自始一式地闲适宁静，转换自如，持续美好，一如本能。相较之下，王诗更高。

人生的路上不免有瓶颈，一旦遇上了隘口，不要焦虑、沮丧，《老子》说，要记得尝试转换角度或逆向思考，此路不通，彼道或许更开阔！而"夫物纭纭"，自生自化，虽各有其则，却没有一样事物被规定非要以什么样的形式或状态存在，每一种存在的状态与形式，都应该有其意义与根由，其彼此也常互有关联，《老子》的理论将焦点定着在对立事物的价值统一问题，至《庄子·齐物论》才全面而普遍地解放万物，但两家呼吁多元尊重的旨意却是一致的。

四　柔后与无为

将这种对反哲学结合着虚无思维，推阐到极致，《老子》建构起其独一无二的柔后与无为哲学。《老子》从观察现象事物，不但发现事物价值正反相成、一体共构之理，也发现，"道"的运行轨迹不是直线，而是环周的，起点和终点之间，顺接无痕，浑成一体。甚至可以说，《老子》是先体悟"道"的运行环周无迹，才推知事物价值正反相成，一体共构的道理。《老子》说"道"："周行而不殆"（二十五章）。既然"道"是"不殆"地"周行"，又须"归根"，其轨迹当然是圆的。既然事物现象是正反相生、一体共构，那么任何一面的高度发展，必然导致另外一面的快速来临，高峰过尽，势必下滑，这是循环的定律。高峰的极点同时也就是下滑的起点。《老子》因此提醒我们，不要忽略来自反面的讯息，当你沉醉在高峰的欢畅之际，另一种下跌的危机已经悄然生起，因此应该尽量避免让自己处于满涨的高峰，才能避免下跌的命运。能明白这种道理，才算观察入微，才是有智慧。《老子》因此呼吁人：立身行事要低调、收敛、退让，不要盈满、猖狂。它那"慈"的柔软、不威厉，"俭"的节制、收敛、不张狂。"不敢为天下先"的退让、低调、审慎、不唐突，在在强调了柔后的重要。

重视自然生命的《老子》观察自然现象,认为决定生命的久长,关键并不在高度、强度、硬度,而在韧度。而自然事物现象,柔者、弱者往往比高者、强者更具韧度,这是有现实事例可证明的,《道德经》七十六章说:

> 人之生也柔弱,其死也坚强,万物草木之生也柔脆,其死也枯槁。故坚强者死之徒,柔弱者生之徒。

自然事物举凡充满生机者,没有不柔软,生机去尽则僵硬。人事之理也一样,硬碰硬,没有转圜的余地,必然玉石俱焚,同归于尽。反之,若能避免正面对冲,低调、柔软、和驯相忍,事情未必没有转圜的空间,所谓“忍一时风平浪静,退一步海阔天空”,《老子》因此说:“强梁者不得其死”(四十二章)、“守柔曰强”(五十二章)、“柔弱胜刚强”(三十六章)。《老子》又说:“弱者道之用”,一种合乎“道”的处理手法,应该是低调、温煦、柔软、不激烈,才能顺入而不横生枝节。《老子》以“道”在现象界质性最切近的代身——水为例,来说明这种存在于自然界的吊诡现象。七十八章说:

> 天下莫柔弱于水,而攻坚强者莫之能胜,以其无以易之。弱之胜强,柔之胜刚,天下莫不知,莫能行。

强风足以拔木,不能断草,滴水却可以穿石,充分说明了刚强之不足恃,柔弱具有无穷后劲与威力。处理事务若能善用这种道理,就可以减少阻力,降低成本与风险,自然而顺成。二十八章说:

> 知其雄,守其雌,为天下溪;……知其白,守其黑,为天下式;……知其荣,守其辱,为天下谷。

人多好居高、逞强、争大。事实上,“高”则孤寒,能尊不能大;“强”则露才扬己,不得宁息,《老子》说:“揣而锐之,不可常保。”(九章);争“大”则欲之者众,竞逐难胜,却往往惹隙招怨。要皆枉费心力、虚耗生命，却难成其功。《老子》说：

> 将欲歙之，必固张之；将欲弱之，必固强之；将欲废之，必固举之；将欲夺之，必固与之，是谓微明。……柔弱胜刚强。（三十六章）

毁灭的前夕，往往会有灿烂的光华，那是回光返照效应，不会久长。光华炫烂的同时，也正是危险即将降临的前夕，《老子》因此说，要留神，不要轻忽，才是真正有眼光，有智慧，叫作"微明"。

《老子》又说：

> 江海之所以为百谷王者，以其善下之，故能为百谷王。是以圣人欲上民，必以言下之；欲先民，必以身后之。（六十六章）

领导统御需要资源丰沛、管道通畅，而丰沛的资源与通畅的管道需要广收多方讯息。一味居高临下，则能尊而不能大，够高而不够稳。只有放下身段，虚心纳众，广大其基盘，才能稳实不堕毁。《道德经》二十二章说：

> 企者不立，跨者不行，自见者不明，自是者不彰，自伐者无功，自夸者不常。

一种孤高而感觉良好的自恋或管理，是无意义，也站不稳、持不久的。只有无自恋、不紧张、没压力，让接受者在极其自在的情况下，自然地领受，才是完美的表现与处理。《老子》说：

> 天之道，不争而善胜，不言而善应，不招而自来，繟然而善谋。（七十三章）

换言之，领导者无心无欲，不企不求，顺物以为；领受者没有忧患，免除恐惧，任性自作、自为。双方自然自在，浑然不知管理、统御之为物，这叫"无为"。如此的互动往来方式，由于顺物任性，故无矛盾，而能尽情展其风姿与功能，无抵牾、无反抗，无冲突，一切自然而顺成，没有管理的动作却能收到管理的效果，此之谓"无不为"。这样的管理，可以把耗费的成本降到最低，把折损的过程与概率缩减到最短、最少，相对地，成效自然提高。《老子》说：

> 道常无为而无不为，侯王若能守之，万物将自化。（三十七章）
> 将欲取天下而为之，吾见其不得已。天下神器，不可为也。为者败之，执者失之。（二十九章）
> 圣人无为故无败，无执故无失。（六十四章）
> 为无为则无不治。（三章）

五　虚无、对反以自然真朴为基础

《老子》以虚无与对反思维为主轴，开展出打破传统，多元多向发展，与逆向操作，转向思索的哲学体系。这些虚无与对反，并非刻意离经叛道，专搞破坏，而是有一个重要的前提在支撑，有一个重要的目的为标杆，那就是自然与真朴。《老子》一切虚无对反的哲学其实是架构在这个自然真朴之上，从这个基础开展出去的。去离了自然真朴，一切的虚无、对反精义都将全部走样，《道德经》第七章说出了这个症结，它说：

> 圣人后其身而身先，外其身而身存，非以其无私焉，故能成其私。

一切对反行事之所以能顺遂圆满，收到良好成效，关键就在其自然真朴，无私无我。缺乏了这些，一切的虚无放空终将成为空洞、空茫；一切的淡定、柔弱、无为终将沦为目的与手段关系所联结成的阴鸷权谋，一如法家申、韩的御下之方，开展不出《老子》所期待的宽阔与智慧。一切的对反逆作，失去了自然真朴的内容，极易流为专唱反调、扭拗偏曲，一样开展不出《老子》所企盼的崭新格局。自然真朴是《老子》哲学的第一生命，《老子》或道家，一切新颖脱俗的哲学理论，基本上都是从这里开展出去，建构起来的。透过这些自然真朴、虚无开放与反向思索的新尝试,《老子》希望能在纷乱的时代中引领大家走出旧有的窠臼,在处理周遭事务时能有更为清爽明晰、准确恰当的成效。它讨厌半真不假的混淆,虚假的伪真,引导人如何去清楚辨识。而这一切如果仍是依循旧途,则摩肩接踵者众,永远看不清、辨不了。只有转换角度,从另一个人烟稀少的角度切入,才能有较开阔的视野,看得更清楚,这就是它所以要尚虚无、讲对反的因由。

结　论

《老子》以其独特的风格与魅力,两三千年来相关之研究成果汗牛充栋。本文由于时间所限,暂循《老子》素朴精简的宗旨,以最简单的线条,素描《老子》的思想理论,知其以自然真朴为基础,虚无、对反为主轴,开展出奇崛特出的思想体系。在这一体系中,思想宽广圆融,内容新颖深刻,处处是入口,也处处是出口,随时可入,也随时可出。字句既多独立,篇幅又短少,任何人从任何角度切入,信手拈取一两句,细细咀嚼,都自觉情味隽永,却都难能全部掌握,因为它结构虽简单,变化却无穷,伸缩性奇大,人人自觉有所得,却又凤毛麟角。就是这种若可及若不可即的奇妙感受,令其追逐者千年万代永不疲乏。

其实,《老子》崇"道",不论从自然或人事现象中,都可以证知"道"以"虚无"始成其用。其反映于立身处世之上,则灵明的智慧需要净空的心灵才能源生,人事的管理需要净空成见才能准确有效。这与世俗堆栈记忆的习惯截然相反,《老子》因此要世人抛尽过往的宿习,试从相反的角度去观览,尝试走另一条路,去看不一样的景致,才会有不同于以往的新体悟。世俗尚操作,重积累,励奋勉;《老子》坚持自然,讲效率,强调精神的轻松没负担;世俗黾勉力争,《老子》清和退让,无可无不可。其结果,奋勉相争者,空间切割;清和退让者,空旷无限。而这一切,《老子》说,不论走遍千山万水,览遍多少胜景,都不要忘了来时的初衷、自然的本色。

老子屈君伸民的政治思想及其现代意义

陈 霞

（中国社会科学院哲学研究所）

先秦诸子百家在政治思想上自成体系的有儒、墨、道、法四家。对于君民关系，这四家都有论述。法家提出"君上之于民也，有难则用其死，安平则尽其力"。（《韩非子·六反》）"凡人君之所以为君者，势也。故人君失势，则臣制之矣"（《管子·法法》）①；墨家主张"上之所是，必亦是之，上之所非，必亦非之"；"天子之所是，亦必是之；天子之所非，亦必非之"（《墨子·尚同》）；儒家提倡"君者，国之隆也；父者，家之隆也"（《荀子·致士》）、"君道即天道"（程颢《河南程氏遗书》卷一一）等。法家的法术势、墨家的上同而不下比、儒家的君臣父子，都重视人的社会化、集体化方面的意义，表现出隆君、伸君的倾向，易被专制君主利用。秦汉以后各家学说先后偃旗息鼓、销声匿迹。墨家作为一个学派中绝了，法家则与儒家形成阳儒阴法的合流。真正独有千秋、流传久远，深刻影响着中华民族的人格气象、思维方式和价值理念的，主要有儒道两家。② 相对而言，道家更关注人的个体价值和个体生命的境遇。在君民关系上，道家主张限君、虚君、甚至"无君"，而对"民"则有所伸张，鼓励其"自然"，倡导其"自化"，推动其"自正"。这显然与董仲舒提出的"屈民而伸君，屈君而伸天"（《春秋繁露·玉杯》）的政治主

---

① 刘泽华说："帝王的权力特征可以用一个'独'字来概括，具体说来有'五独'：天下独占，地位独尊，势位独一，权力独操，决事独断。所谓帝王'贵独'，大致说来也就是这'五独'。君主独一，权势独操，决事独断，视国家为私物，支配国家的一切，这五点集中反映了法家君主专制的思想，实现这五者也就彻底地实现了一人独裁。"（刘泽华，2003年，第20页）

② 汉末佛教传入，经魏晋至隋唐，中国文化逐渐确立了以儒家为主体，儒释道三足鼎立、多元互补的格局。

张不同，而表现出"屈君伸民"的趋向。

一

先秦诸子大多偏重于思考人与人的关系以及具体的社会现实问题，比较缺乏抽象的演绎和形式化的表述。老子的思想则具有较强的思辨性。他在人与人关系的思考上，增加了人与自然关系这个维度，对文明的进步以及随之而来的人性的扭曲等异化现象进行了形而上的反思，并由此建立起他的本体论和宇宙论。老子这种抽象化的哲学思辨开创了中国的形而上学传统。以"道"为核心和前提，老子展开了他的全部学说。诸子百家都谈"道"，但老子之"道"不仅仅是一个伦理、政治范畴，更有着形而上的哲学意义。"道"具有"有"与"无"的原始二重性。在"有"与"无"中，"无"更为根本，老子更推崇"无"。"道常无名"、"道常无为"、"道法自然"，"道"没有意志和目的，"道"对这个世界没有一套既定的计划。所以"道"不体现强力意志。"道"之"无为"允诺了"万物"的"自然"，[1] 相信万物在没有外力干预的情况下，能够"自足其性"。另外，"道"作为本体是无限的，"道"之外的其他任何事物因处于矛盾对待中而必然是有限的。它们一是会受到自己特定的形与质的限定，同时也要受到其他事物的限定，没有一物具有无限性，以致能总揽、囊括所有对象。

老子对"道"的形而上学思考落实到社会、人生和政治，他就没有设定一个全知、全能、全善的"君"，和只能受人安排、被人计划、接受指令的"民"。

二

《老子》表达统治者这一称谓的有"圣人""我""上""侯王"，表达被统治者的称谓有"百姓""众人""俗人""民"，形成了"上"与"民"、"我"与"民"、"我"与"众人"、"我"与"俗人"、"圣人"与

---

① 刘笑敢指出："无为之所以能够无不为，是因为万物能够自然而为。"（刘笑敢，第123页）

"百姓""圣人"与"民"等表达统治与被统治关系的范畴。在这几组关系中，老子没有直接将"君""民"对举，本文的"君"泛指统治者阶层。"圣人"作为老子推崇的理想人格和理想的统治者出现的频率最高，达30多次；在被统治者阶层，"民"的出现频率最高，也达30多次。

在《老子》提及"圣人"的段落中，有三个值得注意的现象。

(1)"是以"句式使用得非常频繁，如：

是以圣人抱一为天下式。不自见，故明；不自是，故彰；不自伐，故有功；不自矜，故长。(第22章)

是以圣人无为，故无败。(第37章)

是以圣人为而不恃，功成而不处。(第77章)

(2)"是以"带有规范性质，一般只与人连用，并且仅仅只与那些位高权重的人连用，如与"圣人"连用的"是以圣人"句式就达20来次。除此之外，"是以"还与"侯王""君子""大丈夫"各连用一次。虽然老子之"圣人""我""上"常与"民"一同出现，构成一对范畴，但"是以"句式却没有与"民"连用，从未提到"是以民"、"是以百姓"、"是以众人"应该如何，只有"是以饥"、"是以难治"、"是以轻死"等"民"所承受的后果的描述。老子针对的主要是权力拥有者。①

(3)"是以圣人"后面常跟否定性词语，如"是以圣人处无为之事，行不言之教"(第2章)，"是以圣人去甚，去奢，去泰"(第29章)，"是以圣人……无执，故无失"(第37章)等。紧接着"是以圣人"后面这些"无""不""去""虚""后"等否定性表达是对"圣人"的劝阻。老子不主张统治者"为"，而是尽量限制其作为，以消解其为所欲为的全能主义政治冲动。

老子虽劝阻圣人，倡导其无为，但又说"圣人"设"器"为"官

---

① 现代先秦文化史研究专家高亨先生就说："老子之言皆为侯王而发，其书言圣人者凡三十许处，皆有位之圣人，而非无位之圣人也。言我言吾者凡十许处，皆侯王之自称，而非平民之自称也。'为天下溪''为天下谷''为天下贞'等等，皆侯王之口吻，而非平民之口吻也。故《老子》书实侯王之宝典，《老子》哲学实侯王之哲学也。读《老子》书者宜先明乎此，兹揭而出之。"(高亨，第99页)

长"，"大制不割"（第 28 章），"圣人处上"。可见，老子并没有否定
"圣人"、"官长"、"制"的存在，他思考的是存在的方式问题。"是以圣
人"后面的内容大多是老子经过推导而得出的结论，是建立在逻辑基础
上的一种"应该如此"的教导和建议。老子通过推理、观察、总结，给
出了他认为的最理想的方式：圣人进行自我约束而让民自为，即本文所指
的屈君伸民。

由于统治者掌握了更多的权力和资源，拥有巨大的优势，在君民中处
于强势，他们极易选择"为"，而统治者的肆意妄为对"民"、对"君"、
对自然①都是灾难性的。老子说："民之难治，以其上之有为，是以难
治。"（第 75 章）"天下多忌讳，而民弥贫。"（第 57 章）"民贫"、"民
饥"，不是天灾，而是收税太重的人祸和政令的烦苛；即使"民"有恶劣
的行为，那也是为政者的过错。因为有什么样的"政"就会有什么样的
"民"。老子说"其政闷闷，其民淳淳；其政察察，其民缺缺。"（第 58
章）他没有讨论人性的善恶，而是认为人的行为受制于制度。他还直截
了当地批驳道："夫礼者，忠信之薄，而乱之首"（第 38 章）。"礼"即当
时的制度，它是一切祸乱的根源。从制度上找原因，这是非常深刻的
思想。

从"是以"句式仅仅用于"圣人"、"侯王"、"大丈夫"，以及其内
容主要是否定性的规定来看，老子认为最好的治理是节制和约束权力。统
治者最应当的"为"就是克制自己"为"的冲动而"为无为"（第 3
章），弱化自己的角色。

三

屈君才能伸张"民"对生命和财产的追求，对生活方式的选择，使
民成为价值主体，并实行自我管理。②

老子伸民表现在对"民"的生命、财产、选择生活方式等权利的维

---

① 庄子说："乱天之经，逆物之情，玄天弗成，解兽之群而鸟皆夜鸣，灾及草木，祸及止
虫。意! 治人之过也。"（《庄子·在宥》）
② 美国学者史华慈曾指出："严复还把老子的君主'无为'而治的思想解释成圣贤之治可
使民独立干事，凡是民的德、智、体得到最大限度发展的地方，即使没有君主的经久不变的能动
性，也能获得富强。"（史华慈，第 188 页）

护上。在"君"、"民"关系中，老子论说的重点不是帝王永享国祚、延一家之天下，而是"民"的"命"，如"民之轻死，以其上求生之厚"（第75章）、"民不畏死，奈何以死惧之"（第74章）；老子也不是要维护帝王的伟业，而是"民"的"利"，如"绝圣弃智，民利百倍"（第57章）；他不谈君富，而是民富，如"天下多忌讳，而民弥贫"，"民自富"，"圣人"则应"不积"（第81章）；他还提到"无狎其所居，无厌其所生"（第72章），让"民"能够"甘其食，美其服，安其居，乐其俗"，（第80章）过自得其乐的生活。

老子伸民还表现在对"民"的主体性的承认。"民"成为主体，因为"民"有"心"，也即有意志。老子说："圣人常无心，以百姓心为心。"（第49章）由于"圣人无心"，他就没有要强加于"民"的意志、目的、计划。他不用别出心裁、异想天开，炫耀自己的权力、智谋、财富，为了个人建功立业、永载史册或出于某种狂妄的目的而用外在的目标和规范改变"民"，以供其驱使。"以百姓心为心"，即承认"百姓"有意志。由此可以进一步说，"民"是目的，而不是其他目的的手段。

"百姓心"体现的应是百姓的私意。众多的"民"由于地理环境、文化习俗、经济发展水平、政治制度等方面的区别，每个"民"都存在着利益和立场的不一致；存在着不同目的、需要和能力上的不可通约的具体差异。这样，"民"的存在方式、活动内容、价值取向必然是多样化的。圣人要做的是"辅万物之自然而不敢为"。（第64章）"辅"即要求圣人善于因任对象自身的性质、目的、力量，在一个共同体中进行协调以助其自然倾向的完成。他像道一样"利万物"（第8章）；"生而不有，为而不恃，长而不宰"（第10章）；"衣养万物而不为主"（第34章）；"善贷且成"（第41章）；"利而不害"；"为而不争"（第81章），从而成为"民"和万物的成就者。

老子伸民还有一项重要内容就是认为作为价值主体，"民"不仅有"心"，还能进行自我管理。前面提到，"是以"句式只与统治者连用，一次也没有用在"民"身上。对"民"，老子用的是"民自化""民自富""民自正""民自朴""天下将自正"（37章）等肯定性表达。"自"在《老子》文本中反复出现。突出"自"，即突出自然性、自主性、自发性。百姓的"自然"先于"圣人"的辅助。据此也可以推出"民"的权利是自然的。

在中国传统中，老子这种肯定民能"自化"的思想弥足珍贵。"民自化"不是让统治者让利或敦促统治者进行某些改变，以缓解社会矛盾和维持统治的权宜之计。民能"自化"，则无须专制。根据"民"的反应，老子将统治分成四个层次。他说"太上，不知有之；其次亲而誉之；其次畏之，其次侮之"。（第17章）最高的"治"社会井井有条，"民"认为一切自然如此，无功可歌、无德可颂、无恩可感；第二层是"民"对统治者的赞赏、感恩；第三层是"民"对统治者的警惕、畏惧；最坏的是"民"对统治者的反抗、离弃。

为了"民自化"，统治者必须"无为"。①　"无为"是一种特殊的"为"，即对干预、破坏、强制、侵犯等种种"为"的摒弃，是通过权力的自我节制以让民能够主动发挥和自化的条件。这样，"民"才能在他能够决定自己行动的领域，最大限度地做符合自己内在目的的事情。老子说："道常无为而无不为。侯王若能守之，万物将自化。"（第37章）只要谨守无为，最后什么都做成了，因为万物自化的能力充分发挥出来了。万物实现了其目的，圣人也就成功了。司马谈说道家"事少而功多"（《史记·论六家要旨》），这是一个双赢的成功。圣人成功之后还要退出，"功成身退，天之道也。"（第9章）

四

以上阐述了老子屈君和伸民两个方面，但还有几个问题需要澄清。

第一，老子既然伸民，如何解释他的"古之善为道者，非以明民，将以愚之"（第65章）呢？在老子那里，"愚"主要指淳朴、自然、天真的状态。对于"愚"和"智"，王弼注解说："'愚'，谓无知守真，顺自然也。"（楼宇烈，第167页）对于"智"，他说"任术以求成，运数以求匿者，智也。"（同上，第23页）《河上公章句》对此句的注解是"古之善以道治身治国者，不以道教民明智奸巧也，将以道德教民使质朴不诈伪也。"（王卡，第254页）高延第解释道："愚之，谓返朴还淳，革去浇漓之习。"（冯达甫，第149页）这都是说"愚"是淳朴，"智"是一种心

---

①　杨国荣说："这种无为之'为'的特点，在于利用对象自身的力量而不加干预，以最终实现人的目的。"（杨国荣，第268页）

术、诡诈。如果狭隘地运用这样的"智"，现实中一定会充满各种不自然的虚伪、阴谋、狡黠。在这个意义上，老子不仅希望"愚民"，他也希望"愚君"。张岱年先生说"老子是主张君民皆愚"①。（张岱年，1996 年，第 217 页）老子希望"君"也不敢用"智"。他明确提到"使夫智者不敢为也"。（第 3 章）"以智治国，国之贼。"（第 65 章）老子告诫统治者不要自以为"智"，那些所谓的"智者"是"虽智大迷"（第 27 章）。老子把社会混乱、道德沦丧归咎于统治者用巧斗智，建议他们"弃智"。他说："绝圣弃智，民利百倍；绝仁弃义，民复孝慈；绝巧弃利，盗贼无有。"这里的"三绝"和"三弃"，其主体是"君"，获益者是"民"。另外，老子也"愚己"。他说："众人皆有余，而我独若遗。我愚人之心也哉！"（第 20 章）老子说自己是"愚人"。王力先生指出"老子之愚民也，与之同愚……先愚己而后愚人。"（王力，第 42 页）所以，老子既愚民、也愚君、还愚己。

第二，老子的"天地不仁，以万物为刍狗；圣人不仁，以百姓为刍狗"（第 5 章）意指什么。王弼解释此章说："天地任自然，无为无造，万物自相治理，故不仁也。仁者，必造立施化，有恩有为。造立施化则物失其真，有恩有为，列物不具存。"（楼宇烈，第 13 页）老子认为，天地化生万物、圣人管理百姓不是一种仁德，不是一种有意的施恩。天地"无为无造，万物自相治理"，一切自然如此，没有谁有意为之。对于"仁"，老子还说"大道废，有仁义"；（第 18 章）"绝仁弃义，民复孝慈"；（第 19 章）"失道而后德，失德而后仁"。（第 38 章）"仁义"在老子的道德体系中居于中下层次，不是道德的最高境界。孟子说："仁之实，事亲是也；义之实，从兄是也。"（《孟子·离娄上》）"仁义"有差等和亲疏，反映了宗法社会的结构。道家反对将"道德"依附于既定的社会政治结构。这种道德刻意而为，有目的指向，有时甚至伴有伪装和欺骗。庄子就批评说："自有虞氏招仁义以挠天下也，天下莫不奔命于仁义。是非以仁义易其性与？"（《庄子·骈拇》）"爱利出乎仁义，捐仁义者寡，利仁义者众。"（《庄子·徐无鬼》）即是说，这样的"仁义"是一种"有为"，且易于与功利结合，让人远离真性、导致伪善，最终伤害

---

① 张岱年先生认为老子是主张愚民政策的。即使是这个意义上的"愚"，那也是君民同愚，而不是双重标准。

"民"。所以他说"爱民,害民之始也。"(《庄子·徐无鬼》)道家不反道德,而提出"上德不德"。(第38章)真正的"德"不以德为名,这种"德"尚未在对待关系中被改变,也未在利害冲突中被指使,不刻意而为,① 这才是道家推崇的"上德"、"玄德"、"孔德"。

第三,老子提出的"弱之胜强"(第78章)、"以其不争,故天下莫能与之争"(第66章)、"将欲歙之,必故张之;将欲弱之,必故强之"(第36章)等是不是权术。程颐就说老子"与之之意乃在乎取之,张之之意乃在乎翕之,权诈之术也。"(《二程粹言·论道篇》)朱熹说"老子心最毒,其所以不与人争者乃所以深争之者。"(《朱子语类》卷137)笔者认为这些评论不符合老子的总体思路。老子自己总结的法宝是"一曰慈,二曰俭,三曰不敢为天下先"。(第67章)庄子总结老子的思想是"以濡弱谦下为表,以空虚不毁万物为实"(《庄子·天下》),即"谦下"是手段,目的是"不毁万物"。《汉书》说道家"知秉要执本,清虚自守,卑弱以自持,此君人南面之术也"。这是明确把道家当作"君人南面之术"。但在这里,"术"的关键是秉要、执本、清虚、卑弱,而不是驾驭群臣、愚弄百姓的诈术。《史记·陈丞相世家》记载陈平说"我多阴谋,是道家之所禁",说道家反对阴谋。

把老子的思想当作诈术始于法家对老子的曲解。战国时期诸子思想出现综合。最先为《老子》做注的是战国时期法家思想的集大成者韩非,他著有《解老》和《喻老》。汉代,老子、黄老、道家、法家时有混用。司马迁把老子、庄子、申不害、韩非放一起,著《老庄申韩列传》。《汉书·艺文志》把重法家思想的《管子》归入"道家"名下。法家之慎到、彭蒙、田骈都学过黄老。② 老子思想经过法家、黄老的融合后,往往被当作了帝王之术,从而被统治者利用。关于老子思想被法家错误利用,萧公权曾说:"法家与黄老之消极缩减政府职权,积极扩张人民自由者,用意几乎相反。""老子无为之思想暗含民主政治之倾向。……放任宽容之极,则君位等于虚设,威势无所施用。……申韩一切政策皆与黄老之无为相

---

① 德国学者沃尔法特(Gunter Wohlfart)指出,道家认为"正确的行动就是对情景的反映。他们没有跟从那个时代的道德主义者,即希望用各种规则约束人的儒家。对道家来说,好的生活是自然的生活,没有实用的目标,与意志没有关系。"(G. Wohlfart, 278–280)

② 黄老是战国至汉初的显学。蒙文通说:"百家盛于战国,但后来却是黄老独盛,压倒百家。"(蒙文通,第276页)

反。"（萧公权，第 238 页）陈荣捷也指出："事实上老子曾为守藏史，功成乃退，主'爱民治国'，实非害人伦也。……谓老子以诈为训，则殊非公平之论。……学者每谓法家与其权术者流均出自道家，……殊不知史公所指之道家乃彼当时之道家而非老子。……法家利用老子，歪曲其欲夺先与之言，施权用术，与老子无为根本不相容。老子欲废先与，不外所以明'柔弱胜刚强'之理而已。"（陈荣捷，第 104—105 页）两位先生对道法关系的评论确实是一语中的，老子的思想与法家的主旨大相径庭。

五

屈君伸民有助于淡化君臣之间的统治与被统治关系，以及随之而来的社会等级，民不用依附、崇拜、屈从权威。在过去，历代的社会批判者从老子这里获得了丰富的思想资源和力量，形成了渗透着道家精神的社会批判传统。庄子的"窃钩者诛，窃国者为诸侯，诸侯之门而仁义存焉"，"圣人不死，大盗不止"（《庄子·胠箧》）；王充的"疾虚妄"（《论衡·佚文》）；嵇康阮籍的"非汤武而薄周孔"（《与山巨源绝交书》）、"以六经为污秽，以仁义为臭腐"（《难自然好学论》）；"越名教而任自然"（《释私论》）；鲍敬言的"陈师鞠旅，推无仇之民，攻无罪之国。僵尸则动以万计，流血则漂橹丹野。无道之君，无世不有"（《抱朴子·诘鲍》）；无能子的"强分贵贱尊卑以激其争，强为仁义礼乐以倾其真……圣人者之过也"（《无能子·圣过》）；李贽的"六经、《语》、《孟》，乃道学之口实，假人之渊薮也，断断乎其不可以语于童心之言明矣"（《童心说》）；唐甄的"杀一人而取其匹布斗粟，尤谓之贼，杀天下之人，而尽有其布粟之富，而反不谓之贼乎?""自秦以来，凡为帝王者皆贼也"（《潜书·室语》），这些犀利的言辞，抨击着宗法等级制度和官本位文化，与老子思想中的批判精神遥相呼应，有着警世的社会功能，动摇着君主专制的合法性基础。

在现代政治哲学中，屈君伸民之君民关系，可比于权力与权利的关系。"君"的权力是公权力，是赋予的；"民"的权利是私权利，是自然的。自然的权利先于并高于赋予的权力。屈君伸民的政治思想旨在约束权力，伸张权利，以形成一个"民自化"、"民自正"、"民自富"的社会，有民有、民治、民享的意味。它起作用的基础不是单向、垂直的由国家、政府主导的自上而下的权利赐予，而是由参与其中的每个自由个体之间的互动，在自愿、沟通、交往的情况下，形成一定的习俗和惯例，形成因自己而可能的自发的社会秩序。这种不存在外部强制，社会按照相互默契的某种规则自发地形成的社会秩序，是符合"道"的"自组织"状态。在这种自发秩序中，个人能以一种顺应自然、顺应自己的本性、遵从维护一个社会所必需的伦理规则而生活。自发秩序里的统治者不是高高在上的发号施令者，而是各种意见的协调者。他减少管理和统治，采取收缩和退让。这样，民的个性和创造性才能充分发挥出来，人生的追求会更具多样性，社会的活力和创造性极大地增加，民间社会无力感的状况得到改变，国家和谐而有生机，我们才能更多地贡献于人类文明。

老子的政治思想在中国古代政治学说中有着独特的价值，值得我们重视和研究，以成为我们今天推进政治文明的重要本土资源。它不是直接把道德关系变成政治关系，而是试图在"道"的形而上学和自然哲学的基础上构建社会，有理论的架构和本体论的依据，这就使得其政治主张不仅仅是思想和智慧，而是有哲学支撑的政治理论。虽然老子没有明确表达满足屈君伸民思想的政体形式，没有具体的国体和政体的创建，没有君主立宪或用权力约束权力的制度设计，也没有提出伸民的具体措施和保障，因而，无为而治带有一定的空想色彩。但在老子的空想中，我们看到了无为之"道"作为理念的价值，对权力的节制，对自发性、民间性、创造性的鼓励，对"民自化"这种让每个人自由发展的理想的追求。这种空想表达了道家心灵深处对自由的渴求。由于来自内心深处，故而强烈、深沉、持久。

参考文献

古籍：《老子》，《庄子》，《墨子》，《韩非子》，《管子》，《尚书》，《春秋繁露》，《文子》，《论语》，《孟子》，《二程粹言》，《朱子语类》，《史记》，《汉书》，《论衡》，《潜夫论》，《昌言》，《原君》，《潜书》等。

高　亨，《老子正诂·老子注译》，清华大学出版社 2004 年版。

王卡点校，《老子道德经河上公章句》，中华书局 1993 年版。

冯达甫，《老子译注》，上海古籍出版社 1991 年版。

陈荣捷，《朱学论集》，台湾学生书局 1982 年版。

刘笑敢，《老子新诠》，台湾东大图书公司 1997 年版。

楼宇烈，《王弼集校释》，中华书局 1980 年版。

刘泽华，《为什么说王权主义是中国传统思想文化的主干？——研讨历史的思想自述之四》，载《政治思想史》2003 年第 3 期。

史华慈，《寻求富强：严复与西方》，江苏人民出版社 1996 年版。

蒙文通，《蒙文通文集》第一卷《古学甄微》，巴蜀书社 1987 年版。

王　力，《老子研究》，上海书店 1992 年版。

萧公权，《中国政治思想史》，辽宁教育出版社 1998 年版。

杨国荣，《庄子的思想世界》北京大学出版社 2007 年版。

张岱年，《道家在中国哲学史上的地位》，载《道家文化研究》第六辑，上海古籍出版社 1995 年版。

张岱年，《张岱年学术文化随笔》，中国青年出版社 1996 年版。

G. Wohlfart / Tuchan（France）著，肖涵露译，《道家精神的时代意义——从普遍道德回归道家的"上德不德"》，《道家文化研究》第 22 辑。

《道德经》中的"大"

李 巍

（中山大学哲学系）

"大"这个极其普通的词，在《道德经》中却并不普通，除了有"四大""不自为大""成其大"等重要表述，它甚至被用作道的名称，①这一点尤其值得关注。当然，老子的以"大"名"道"，是在承认"道常无名"（第32章）或"未知其名"（第25章）的前提下"强为之名"，所以"大"的重要性或许只是作为"道"的所有暂定名称中的首选。但即便如此，老子为什么要以"大"名"道"，仍然需要解释。并且，这个问题不能被简单地处理为"大"最能体现"道"之普遍、崇高、卓越、完满、伟大等意味，因为这更多是在考虑"道"的价值，而非其特征。就后者言，老子青睐以"大"名"道"，势必基于这个词所传达的东西最能接近或切近"道"的某些特征，而那究竟是怎样的特征呢？是时间上的横绝古今，还是空间上的弥伦天地？是功用上的无所不能，还是影响上的无处不在？或者说，这些都是，还是另有其他？恐怕并没有一目了然的答案。此外，从特征而非价值的方面来考虑，包括"道"在内的"四大"，即"道大，天大，地大，王亦大"，究竟是怎样的"大"？又怎样"成其大"？似乎也不是三言两语就能说清楚的。因此，对《道德经》中的"大"做一个专门的解析无疑是必要的，这将使我们看到老子思想的更多侧面。

---

① 参见《道德经》第25章、第34章、第35章、第41章、第45章、第67章。

一 "大"的含义

我们认为，要抓住老子对"大"的理解，关键不是看它在文本中基于日常语义的用例（比如"大患"、"大伪"、"大迷"、"大小多少"等表述中的"大"，都只是日常所说的程度之大），而是看那些更具有理论或哲学意味的例子，比如今本第 25 章之：

> 有物（状）混成，先天地生。寂兮寥兮，独立不改，可以为天下母。吾不知其名，字之曰道，强为之名曰大。大曰逝，逝曰远，远曰反。

这里，"大曰逝，逝曰远，远曰反"一语，是以对"大"的含义做层层深入的剖析，来说明以"大"名"道"的依据。"逝"（帛书甲乙作"筮"，读为"逝"），一般解为周流、流行或进行。① 郭店《老子》甲作"遊"，或训"衍"、或训"羡"，则表扩张、延伸、超过之义。② "远"，依本字即为广远、遥远之义。③ 竹简本则作"連"，读为"转"，有转变、变化之义。④ "反"字诸本相同，一般认为有相反与折返二义。⑤ 故总的说来，所谓"逝—远—反"，或者是一个由"流行"至"遥远"再到"相反"（或再"折返"）的序列，或者是一个由"扩张"至"转变"再到"相反"（或再"折返"）的序列。

这两种序列有不同之处。但严格说来，它们的差异似乎只在语言学和文字学的论域中才是重要的，而从哲学的观点来看，则并不存在某种本质性的分歧。因为将"逝"解释为运行、流行，并不是不兼容于将"遊"

---

① 参见陈鼓应《老子注释及评价》，中华书局 1984 年版，第 165—166 页。

② 参见裘锡圭《郭店〈老子〉简初探》，《道家文化研究》，第 17 辑，1999 年；廖名春：《郭店楚简〈老子〉校释》，清华大学出版社 2003 年版，第 223 页；李零：《郭店楚简校读记（增订本）》（中国人民大学出版社 2007 年版），第 12—14 页。

③ 如《老子道德经河上公章句》所说："言远者，穷乎无穷，布气天地，无所不通也。"

④ 参见廖名春《郭店楚简〈老子〉校释》，第 223 页；李零：《郭店楚简校读记（增订本）》，第 13—14 页。

⑤ 参见陈鼓应《老子注释及评价》，第 166 页。

（"衍"或"羡"）解释为扩张、衍伸。尤其是，考虑到先秦思想界以水为譬的倾向，则将"逝"、"澹"统一于水之象喻中，也不是不可能。正如《论语·子罕》中"逝者如斯夫"，就是以"逝"来形容水行的著名例子。而在《道德经》中，水行的象喻同样很重要，① 尤其是"大道泛兮"（第34章），表明"道"的运转可能最先来自对水行的观察。而如果将"泛兮"解释为水的流衍——即流行与衍伸——那就将"逝"与"澹"统一起来了。再说"远"与"迿"（转），在水行的象喻之下，同样是可以沟通的，因为水的流衍既能说是广远、遥远的，同时也一定是以曲折宛转的。最后，将"反"解读为相反或折返，仍不存在本质差别。若从水行的象喻来说，水的流衍是从起点出发，最终达到相反对的终点，并有可能在反作用力之下折返回流。如果撇开水行的象喻，也可以抽象地说"折返"本身就预设了"相反"，是从相反处折返。因此，无论将"逝曰远，远曰反"解释为"流行—遥远—相反（折返）"，还是"扩衍—转变—相反（折返）"，并不存在思想上的本质分歧，正如人们通常认为的，这不过就是一个物极而反的过程。由此，似乎就很快就能看到老子以"大"名"道"的依据了，亦即：因为他眼中的"道"，其最主要的活动就是造成"物极而反"的历程（所谓"反者道之动"，第40章），而这个历程又表现为"大"所意谓的"逝—远—反"的序列，那么以"大"名"道"自然是首选。

　　然而，给出这种解释实在是操之所过急，因为还有一个更先在的问题需要考虑，那就是为什么"大"能被递进地解释为"逝"、"远"、"反"，亦即为什么能具有"物极而反"的意谓？很明显，这种意谓与"大"的日常意谓（无论是程度上的大、空间上的大或价值上的大）是距离颇远的，那么，老子对"大"有这种特殊的理解，究竟是出于怎样的考虑，就是目前亟待说明的问题。让我们从今本第28章、41章与45章的例子说起：

　　　　大制不（无）割；大方无隅；大器晚（曼、免）成；大音希声；大象无形；大成若缺；大盈若冲（盅）；大直若屈；大巧若拙；大辩

---

① 　如"上善若水"（第8章）、"天下莫柔弱于水"（第78章）。

若讷。

这些表述，除了“大音希声”与“大器晚成”之外，似乎明显可分为两类，即：

1. 大 X 无 Y
2. 大 Y 若 Z

其中，“大 X 无 Y”的 Y，可被视为 X 的某种固有属性，或说是常识认为的固有属性，比如，“制”或制度，通常被赋予划分即“割”的功能；“方”或方形，通常认为是有四“隅”的；“象”或表象，通常认为是有“形”态的。至于“大 Y 若 Z”，Z 则可说是与性质 Y 相反的表现，如“缺”是与“成”相反的表现，“冲”（“盅”）是与“盈”相反的表现，“屈”是与“直”相反的表现，“拙”是与“巧”相反的表现，以及“讷”是与“辩”相反的表现。在这个意义上，“大 Y 若 Z”亦可表述为“大 Y 若非 Y”，如“大成若非成（缺）”、“大盈若非盈（冲）”、“大直若非直（屈）”等。此外，“大音希声”与“大器晚（曼）成”虽然并不等于彻底的“无声”、“无成”，① 但似乎仍可归于“大 X 无 Y”之类，只要把前者解释为“大音没有可轻易听闻的声响”（或“大音无凡响”），而将后者解释为“大器没有迅至的成就”（或“大器无速成”）。

这样，我们就能看到一个有趣的现象，即一旦在名词 X 与形容词 Y 之前添加了“大”，就使得 X 通常具有的属性缺失了（如制度缺失了划分的功能、方形缺失了四角的性质，表象缺失了具体的形态，声音缺失了通常的响动，器具缺失了速至的成效），或者使属性 Y 表现出与自身相反的样子（如成就表现为不足、盈满表现为空虚、笔直表现为弯曲、工巧表现为笨拙、雄辩表现为木讷）。这是为什么呢？让我们结合“大曰逝（澨），逝曰远（逴），远（逴）曰反”一语来看。比如，Y 作为 X 的固有属性，就是将 X 与其他事物区别开的界限。而当“大 X 无 Y”时，则意味着 X 固有的界限消逝了（就像在水行中随流而“逝”），或者说，X 已经扩张（“衍”、“羨”）到自身的界限之外，这似乎就是“大曰逝（澨）”的表现吧。而随着这种界限的流“逝”或“澨”扩，X 必定离

---

① 参见王中江《简帛文明与古代思想世界》，北京大学出版社 2011 年版，第 385—386 页。

自身越来越"远",并逐渐"转变"（逺）为其他东西,这大概就是"逝曰远（逺）"的表现吧。而这种"远"离或"转变"的结果,似乎就是 X 最终具有了相反的属性——或者更准确地说,表示 X 之界限的性质 Y,由于不断被抹除和扩张,就离原先的"位置"日渐悬远,乃至最终呈现为相反的样子。所以,"大 Y 非 Y"应当就是"远曰反"的表现吧。基于此,上举"大 X 无 Y"与"大 Y 非 Y"两类表述,其实正可说是老子所谓"大曰逝（澨）,逝曰远（逺）,远（逺）曰反"的实例。其中,"大 X 无 Y"即"逝（澨）"的表现,"大 Y 非 Y"则为"反"的表现,而由"无 Y"到"非 Y"的历程,就是"远（逺）"的表现。

那么,"大"这个词的修饰,对于上举两类表述的构成具有怎样的意义呢? 不难看到,使一事物及其属性所标示的界限不断被抹除、被扩张（"逝（澨）"）,不断远离之前的界限或转变为新的界限（"远（逺）"）,以至于显现出相反的属性（"反"）——这个过程如果能被说成是"大",那显然是从"大"作为能容或有容之"大"的意义上来说的。因此,"大 X 无 Y"就意谓了"大制"、"大方"、"大象"等,能包容一切可能归属于它们的性质,所以不再呈现出特定的性质,故说"不（无）割"、"无隅"、"无形"。而"大 Y 非 Y"则意谓了"大成"、"大盈"、"大直"等,能包容自身的对立面,因此能呈现出相反的样子,故说"若缺"、"若冲"、"若屈"。所以,原本在经验或常识上至为明见的"X 有 Y"与"Y 是 Y",就因为被加予了"大"所表现的包容意谓,被转化为"大 X 无 Y"与"大 Y 非 Y"。

二 "大"为"容"

所以,我们主张老子所谓"大",乃以包容为第一要义,正如今本第 21 章所谓:

> 孔德之容,唯道是从。道之为物,唯恍唯惚。惚兮恍兮,其中有象;恍兮惚兮,其中有物。窈兮冥兮,其中有精;其精甚真,其中有信。自古及今,其名不去,以阅众甫。吾何以知众甫之状哉? 以此。

"孔德之容",一般说是大德的运动或样态,"孔"即"大","容"则为运动或样态。① 但笔者认为,这里的"容"当如"容民蓄众"(《易·师》)或"有容德乃大"(《尚书·君陈》)之"容",作包容、容纳来讲。而这段文字正是在强调,"孔(大)德"所以附属于"道",是因为"道"作为"恍惚"、"窈冥"的存在,最关键的特征就是无所不包、无所不容,故曰"其中有象"、"其中有物"、"其中有精","其中有信"。② 是以,"孔德"之"孔"或"大德"之"大"就表现为"容",故曰"孔德之容"。而之前所论"大"具有物极而反的含义,也必须从"容"的角度来理解,那就是:"大"作为"有容之大",当然超越了任何特定封界而同时包容相反的方面。因此,虽然"逝(澨)"—"远(逹)"—"反"所表征的物极而反的序列,已经在相当程度上超出了"大"的日常用法,但这种特殊意谓又恰恰是以"大"为"容"的题中之意。

由是,我们就能对老子的以"大"名"道"有更为充分的理解了。如上引第21章的"自古及今,其名不去",③ 意在强调"道"的名称不可消去。④ 这个名称是什么呢?应该就是"强为之名曰大"的"大"。所谓"不去",当然并非说"大"即"道"之恒名,而毋宁是说它虽然仅是一个"强为之名"的暂用名,但却是不可或缺的。为什么呢?恐怕正因为"大"最适合表达一种包容的意谓,而这种意谓则始终契合于"道"的根本特征,即上述作为"恍惚"、"窈冥"的东西,"其中有象"、"其中有物"、"其中有精"、"其中有信"。

(一)"大"为"容"的层次

但亟待指出的是,"大"所呈现的包容义,又有不同层次可言。如前引"大 X 无 Y"一类表述中的"大",主要意谓了潜藏地包容一切可能。具体来说,"大制不(无)割"即潜藏一切可能划分的秩序,并不具体是某种划分;"大方无隅"即潜藏一切可能棱角的方形,并不具体有某种棱

---

① 参见陈鼓应《老子注释及评价》,第 149 页。
② "其中有象""其中有物",帛书本作"中有象呵""中有物呵",无"其"字,但显然也是指"道"之"中"。
③ 帛本作"自今及古"。
④ 参见陈鼓应《老子注释及评价》,第 152 页。

角；"大象无形"即潜藏一切可能形象的表象，并不具体是某种形象；"大音希声"即潜藏一切可能声响的音声，并不具体为某种声响；"大器晚（曼、免）成"即潜藏一切可能成效的器具，并不具体有某种成效。因此，以这种意义的"大"来命名"道"，自然也就侧重于"道"之包容性的潜藏意义，也就是潜藏万物的一切可能。因此，《道德经》屡屡言及"道"的不确定性，比如前引之"有物（状）混（昆）成"、"惚兮恍兮"、"窈兮冥兮"，还有所谓：

> 视之不见，名曰夷；听之不闻，名曰希；搏之不得，名曰微。此三者不可致诘，故混而为一。其上不皦，其下不昧。绳绳不可名，复归于无物。是谓无状之状，无物之象，是谓惚恍。迎之不见其首，随之不见其后。执古之道，以御今之有。能知古始，是谓道纪。（第14章）

很明显，"道"唯有呈现出混沌恍惚的不确定状态，才能有潜藏性的包容，比如作为不确定的"状"潜藏一切可能的"状"，作为不确定的"象"潜藏一切可能的"象"。而"道"之"绳绳兮不可名"，很大程度上就是因为这种不确定。那么，要"强为之名"，就只有选择"大"这个词，因为它既然能够表示潜藏地包容一切可能，也就最能保全"道"的不确定性。

而从文献来看，"道"又不仅因为潜藏万物的一切可能而称"大"，也因为总揽万物的一切生成而称"大"，这是"大"之包容性意谓的另一个层次。如在前引第25章中，先说"道"处于"有物（状）混（困）成"的状态，大概正是在谈论一种潜藏性的包容（"混（昆）成"），但随后马上谈到了"可以为天下母"，这就凸显出一种生成性的包容。再紧跟着，就说到了"不知其名"、"强名之曰大"，则"大"所体现的包容性，自然应当有"为天下母"的生成论意谓。这种意谓，亦可见于前引之"以阅众甫。吾何以知众甫之状哉？以此"一语中。"众甫"，帛书作"众父"，亦即万物被生成的始点。① 而所谓"以此"，就是老子自称他凭借认识"众甫（父）"的根据。这是怎样的根据呢？从语脉上看，应当是

---

①　参见陈鼓应《老子注释及评价》，第151页。

指上文"其名不去"的"名"，也就是"大"。因之，"以阅众甫（父）"云云就应是说："道"因为具有"孔德之容"，则有必要以"大"为"名"（"其名不去"），而凭借"大"这个"名"（"以此"），就可察知万物之始的情状。这里，凭借"大"来"阅众甫（父）"、"知众甫之状"，无疑也说明"大"所描述的"道"之包容性，不仅是潜藏万物，更是创生万物。此外，这种生成性的包容也能从老子所谓"谷神不死，是谓玄牝。玄牝之门，是谓天地根"（第 6 章）的比喻中体会到。以"谷"喻"道"，"谷"即包容之所，但其包容性显然不仅是潜藏，更是作为"玄牝之门"和"天地根"而有所创生。

当然，除了潜藏义的包容和生成义的包容，"道"之"大"还有第三个层次，即价值义的包容。如前述"大 Y 非 Y"一类表达中的"大"，其所体现的包容义，主要就是接纳或承认对立面的价值，如"大成"能包容"毁"的价值，因而体现出"若缺"的样子；"大盈"能包容"虚"的价值，因而体现出"若冲（盈）"的样子；"大直"能包容"曲"的价值，因而体现出"若屈"的样子，等等。那么，用这种意义的"大"来命名"道"，就侧重于展示"道"对万物之一切价值的包容，也就是老子所谓"生而不有，为而不恃，长而不宰"（第 51 章）的"玄德"。并且，"道"之"玄德"不仅是尊重任一事物自身的价值，同时也是保全其对立面的价值，如所谓"反者道之动；弱者道之用"（第 40 章）、"玄德深矣，远矣，与物反矣"（第 65 章），就正是将保全对立面作为"道"之包容性的表现。而具体言之，"道"保全事物对立面之价值，这一方面是使一切对立面成为相互依存者，如所谓"有无相生，难易相成，长短相较，高下相倾，音声相和，前后相随"（第 2 章）；而根本上，则是在事物的对立中侧重保全柔弱、否定或消极的一方，如所谓"知其雄，守其雌，为天下谿（溪）"、"知其白，守其黑，为天下式"、"知其荣，守其辱，为天下谷"（第 28 章）。

说到这儿，就算是指出了"大"这个刻画"道"之包容性的"名"，在《道德经》中可能具有的意谓，即：

1. 潜藏之"容"："大道"以能潜藏万物的一切可能而称"大"。
2. 生成之"容"："大道"以能总揽万物的一切生成而称"大"。
3. 价值之"容"："大道"以能保全万物的一切价值而称"大"。

并且，应当不难看到这三层意谓与老子对"大"的基本界定，即

"大曰逝（濧），逝曰远（迬），远（迬）曰反"，仍是密切相关的。比如"逝（濧）"，它所形容的存在者的边界（由某种固有属性所标志）不断被抹除、被扩张，显然暗示了一种潜藏万物的包容状态，而这种状态被老子明确地归于"道"，前文已经举证颇多了。因此，当"大道"之"大"表现为潜藏性的包容时，不就是"逝（濧）"的表现吗？至于"远（迬）"，它所形容的在扩张边界的过程中不断远离自身或转变为不同的东西，大概也可以用来形容"道"生成万物的包容性。正如所谓"天下万物生于有，有生于无"（第 40 章），这个自"无"之"有"再到"万物"的序列，如果能看作"道"的生成过程，不也正是在某种意义上有所"远离"、有所"转变"吗？因此，当"大道"之"大"表现为生成性的包容时，大概也可说是"远（迬）"的表现。最后是"反"，无论它表示的是到达对立面，还是指从对立面折返，都至少承认了正反两面。是故，如果说"大道"之"大"表现为价值上的包容，尤其是保全事物对立面的价值，那又何尝不可说是"反"呢？由此看来，老子以"逝（濧）"、"远（迬）"、"反"来界定"大"的含义，并以此作为以"大"名"道"的依据，绝不是随意为之的，而是在展示"道"之包容性的三个层次。

（二）"大"为"容"的核心

那么，这三个层次孰重孰轻呢？要说明这个问题，需要再回到主张以"大"名"道"的第 25 章。其中，作者在将"大"递进地解释为"逝（濧）"、"远（迬）"、"反"之后，紧跟着说道：

> 故道大，天大，地大，王亦大。域中有四大，而王居其一焉。人法地，地法天，天法道，道法自然。

这里，"大"不但用来形容"道"，还用来形容"天"、"地"、"王"，是谓"域中四大"。而"四大"之"大"，仍应就"容"或包容的意义来说。首先，"道大"之"大"作"容"讲，之前已经说得很多了，这里只是要进一步辨明其包容意谓的三个层次中哪一个最为核心。其次，"天大"、"地大"之"大",也可说是能"容"之"大"。比如《礼记·孔子闲居》所谓"天无私覆,地无私载",就能看作一种广大包容的意象。而在老子,"天地"的无私包容则被表述为"天长地久。天地所以能长且久者,以其不自生,故能长生。"(第7章),虽然没有谈及"大",但认为"天"、"地"以其无私("不自生")而能长久地资生万物("长生"),这当然也是一种大有包容的表现。而所谓"天地相合,以降甘露,民莫之令而自均。"(第32章),则是将"天地"的大有包容落实到容蓄民生的方面。最后来看"王亦大"。这个"王",其实就是老子理想中的"圣人"或"大丈夫",其行动是"处无为之事,行不言之教"(第2章),其理念则是"我无为,而民自化;我好静,而民自正;我无事,而民自富;我无欲,而民自朴"(第57章),因此,"王"之"大"就可说是以"无为"的姿态包容"民"的"自为"(但"王亦大"亦有"有为"的方面,详见后文所述)。并且,这种包容显然承认了民众"自为"的正面价值,也就不单是在经营民生的意义上来讲的"容民蓄众"。

那么,"四大"之"大"是同等地"大",还是有等级差别的"大"呢?从"人法地、地法天、天法道、道法自然"一语来看,似乎应当是后者,亦即:"王"的包容性是由"法地"而来,即由"人法地"而成就"王"之"大";"地"的包容性则由"法天"而来,即由"地法天"而成就"地"之"大";"天"的包容性又是由"法道"而来,即由"天法道"而成就"天"之"大";最终,"道"的包容性则是由"法自然"而来,即"道法自然"成就了"大道"之"大"。因此,回到之前提出的问题上,要把握"大道"之"大"最核心的意谓,那无疑就要看"道法自然"反映了一种怎样的包容性。按传统的解释,"道法自然"即"道"效法自身身然或"道"自然如此,也就是将"自然"视为"道"自身的一种属性或特性。但这种理解已经受到王中江教授的有力挑战,[1]他强调:

注释者对《老子》中使用的"自然"缺乏整体性的观察,没有注意到老子说的"自然"(还有一些类似"自然"用法的词汇)是同"万物"和"百姓"密切联系在一起的。因此,就把"自然"看

① 王中江:《简帛文明与古代思想世界》,北京大学出版社2011年版,第360页。

成是道自身的属性，把"道法自然"说成是"道自己如此"。但实际上，"道法自然"的"自然"不是"道"的属性和活动方式，它是"万物"和"百姓"的属性和活动方式。作为结论，"道法自然"的准确意思是"道遵循万物的自然"。①

本文同意这个观点，并强调"大道"之"大"的核心正在于包容事物（合"万物"与"百姓"而言）的"自然"。而"道法自然"，其实仅是一个比"道包容（事物的）自然"更为谦卑的表述，它并不是说"道"真的在效法某个比它更高的对象，而是说，"道"对事物的"自然"极尽包容，以至于显出顺遂或遵循的样子，故曰"法"。那么，虽然"人法地""地法天""天法道""道法自然"这四个"法"都是效法，但"道"效法"自然"，这更像是一种比喻的说法（即"道"的极尽包容显得好像是有所"效法"）。因此，老子言"法"者五（人、地、天、道、自然），而称"大"者四，是以"自然"不为"大"。"自然"不为"大"，正以其被包容之故，所以一定是事物的"自然"。

但是，这个被"道"所包容的事物的"自然"到底是什么呢？是其"本来如此"或"通常如此"吗？② 这样的回答过于抽象含混，几乎等于没说。而实际上，考察《道德经》中形容事物之"自"的术语，如"自化""自正""自富""自朴"，可知"自然"不外就是对这些"自X"之表达的概括，而其中的"化""正""富""朴"，也不外就是"然"的一种表现。并且，这每一种表现出来的"然"，都能说是事物的某种活动或结果。而关键是，它们是那种出于"自"或自主的活动与结果。因此，如果说"道法自然"意味着"道"对事物之"自然"的包容，那说到底就是包容它们的"自主"。故说：

> 大道泛兮，其可左右。万物恃之而生而不辞，功成不名有。衣养万物而不为主，常无欲，可名于小；万物归焉，而不为主，可名为大。以其终不自为大，故能成其大。（第34章）

---

① 王中江：《简帛文明与古代思想世界》，北京大学出版社2011年版，第360—361页。
② 参见刘笑敢《老子古今》，中国社会科学出版社2006年版，第509页。

"道"虽然是生养万物的根源和万物归依的宗主，却"不名有"、"不为主"，这当然就是在包容事物的"自主"或"自然"。而"不为主，可名为大"，则是明确肯定了"道"以包容事物的"自主"而称"大"。这样的"大"，无疑就是前述"大"之包容意谓的第三个层次——"道"以能保全事物的一切价值而称"大"。并且，正因为所保全的乃是"一切"，则"道"的包容性就是没有止境的，所以说"终不自为大，故能成其大"。"自为大"，即自大、自以为居功甚伟，实际仍是一种有边界的"大"。相反，由否定这种有限的"大"而"成其大"，就能说是一种无限的大有容，也可说是一种绝对的"不为（万物）主"。基于此，虽然"道"能在潜藏万物和生成万物这两种意谓上称"大"，但最根本的"大"，则是在价值上包容万物，亦即最大限度地保全事物的"自然"（以至显出效法事物的样子）。我们认为，这便是老子所谓"道大"之"大"最核心的意谓。

三 "大"为"公"

由此，让我们再回到"四大"的问题上。虽然"王"之"大"来自"法地"，"地"之"大"来自"法天"，但正因为"天法道"以成其"大"，而"道"之"大"的核心是对事物"自然"的无限包容，那么"四大"之"大"就都能说是统一于"道大"，亦即都是在价值上的"大"有"容"。而这种"容"，老子又进一步称之为"公"，所谓：

> 知常容，容乃公，公乃王，王乃天，天乃道，道乃久，殁身不殆。（第16章）

"知常容"，即"知常"者能有包容，这正是"大"的表现，如前引《尚书·君陈》之"有容德乃大"；"容乃公"，则是说能有包容，即合乎于"公"。因此，"公"就能说是对以"大"为"容"或"有容之大"的进一步界定。而后，依次提到的"王""天""道""久"，则相当于把"公"的特征在这个递进的序列中传递下去。当然，"久"不是某种实体，而是指"知常"者在最终合于"道"的要求后，能够长保平安，① 终身不遇危难（"殁身不殆"）。那么，"公"的特征在此应仅就"王""天""道"而言。当然，这里并没有提到的"地"，也应能被归入"公"的行列。因为《道德经》本来就很少单独言"地"，而往往是与"天"连用，并明确宣称"地法天"，这意味着"地"在与"天"领域相同并从属于"天"的意义上，也应具有"公"的特征。那么，"公"作为对"有容之大"的进一步界定，就涵盖了"域中四大"。而将"四大"之"大"形容为"公"，则最能显示出价值论的色彩。因为无论怎样解释"公"（如公平、公正、公共、公道等），仅就它作为"私"之对立面——这个中国古代最基本也是最宽泛的意义——来说，就已然显示出在价值上大有包容的意味。②

现在，让我们以上引第 16 章的文字为线索，具体看看在"四大"之"大"由"容"而被进一步界定为"公"（"容乃公"），究竟是怎样的表现。先说"公乃王"，这是将"公"当作成为王者或圣王③的条件。由此，怎样能看到"王"的包容之"大"呢？其实，以王者之"大"为"公"，乃是先秦思想界的一个通见，如《说苑·至公》所载之"楚共王出猎而遗其弓，左右请求之，共王曰：'止，楚人遗弓，楚人得之，又何求焉？'仲尼闻之，曰：'惜乎其不大，亦曰人遗弓，人得之而已，何必楚也！'仲尼所谓大公也。"这个"公"，正是前述与"私"相对的"公"。而按老子，它尤其是令统治者能克除己私，包容天下，如：

> 圣人常无心，以百姓之心为心。（第 49 章）
> 圣人欲不欲，不贵难得之货；学不学，复众人之所过，以辅万物

---

① 如"不失其所者久"（第 33 章）、"知止不殆，可以长久"（第 44 章）。

② "公私之分"，是古代思想最为关注的区分之一。不论如何解释"公"，它作为"私"的对立面，这个最基本也是最宽泛的意思应当是很清楚的，正如《韩非子·五蠹》所谓"古者苍颉之作书也，自环者谓之私，背私谓之公，公私之相背也，乃苍颉固以知之矣。"此外，"公"这个概念本身的价值色彩或价值取向，应当也是相当清楚的。正如沟口雄三指出的，中国古代的"公"观念有两个主要的含义，一是"价值含义"的众人公共、公平，一是"政治含义"的君主与国家机构，前者贯穿整个历史的发展，并始终"在概念上"影响后者。参见沟口雄三"公私概念的发展"，汪婉译，《国外社会科学》，1998 年第 1 期。

③ 需要指出的是，"公乃王"的"王"，以往认为是"全"的讹误（参见陈鼓应《老子注释及评价》，第 127—128 页）。但是依据帛书甲乙本，此处"王"字不当为误写（具体理由，参见刘笑敢《老子古今》，第 202—205 页），仍应作王者、圣王讲。

之自然，而不敢为。（第 64 章）

这里，与"百姓"、"众人"、"万物"相对的"圣人"，绝不是一般的"圣人"，而应该是老子理想中的统治者，亦即圣王。由"常无心""欲不欲""不贵难得之货"，可见圣王无一己之私。由"以百姓之心为心""复众人之所过"，则可见圣王心怀大公。但是，这种"公"并不是"极身无贰虑，尽公而不顾私"（《史记·范雎蔡泽列传》），而是"辅万物之自然，而不敢为"，也即能包容"百信"、"众人"自主、自为的价值，这不正是"王亦大"的表现吗？不过，值得进一步思考的是，圣王既然"不敢为"，为什么又去"复众人之所过"（竹简本作"复众之所迪"）呢？按《老子河上公章句·守微》云："复之者，使之反本也"，因此"复众人之所过"显然是一种有为，这是否与"不敢为"相冲突呢？其实不是。因为以"不敢为"的方式保全"众人"自主、自为的价值，这到底只是外因上的帮助，故曰"辅"。而"众人"仍可能由其自身的内因导致偏离"自然"（即自主、自为的性质），这就要使众人从偏离处复归其"自然"，故曰"复"。"辅"是无为，"复"是有为，虽然貌似相悖，但不要忘了对老子来说，有为、无为只是手段，保全"万物之自然"才是目的。因此，王者的"公"实有两个方面可言：一则是不以外力干预世人（"辅"），使之各处其"自然"，可说是"无为之公"；另一则是当世人自身偏离其"自然"时，使之由偏离而复归（"复"），可说是"有为之公"。这两种"公"，在包容世人自主、自为之价值这个目的上，无疑都展现了"王亦大"的包容性。

由此，再来看"王乃天"。它意味着，有"容"之"大"表现为"公"，不仅是为"王"的要求，更合乎"天"的要求。因此，"天大"之"容"，势必也能表现"公"，如：

天之道，其犹张弓与？高者抑之，下者举之；有余者损之，不足者补之。天之道，损有余而补不足。人之道，则不然，损不足以奉有余。孰能有余以奉天下，唯有道者。（第 77 章）

天道无亲，常与善人。（第 79 章）

天之道，利而不害。（第 81 章）

"天"无偏爱地（"无亲"）利益万物（"利而不害"），尤其是以"损有余而补不足"的方式来维系自然领域的均势共存，这应该正是"天"之"大"有"容"为"公"的表现，并且也应有无为和有为两个方面。所谓"天道无亲"，就是"无为之公"，它表明"天"对每一事物都一视同仁，不会以外力造成任何等级分殊。至于"损有余而补不足"，则是"有为之公"。正如圣王的"不敢为"之"辅"，并不能确保世人一定"自然"，所以要在他们自身偏离"自然"时去积极地"复"，"天道无亲"同样不能确保每一事物的价值都能被保全，因为事物也会因其自身而处于多寡、强弱、善否失衡的状态，这就要"损有余以补不足"，可说是"复万物之所过"。理解了这一点，我们就能理解老子为什么说"天道无亲，常与善人"。同王者既"不敢为"又要"复众人之所过"一样，"天"的"无亲"与"常与"也仅是貌似冲突而已。"无亲"或"无为之公"，是对善人、不善人皆有包容；但所以要"常与善人"，大概应说是善人"能有余以奉天下"，则往往是亏损自身的弱势者；而不善人"损不足而奉有余"，则往往是集聚资源的强势者，因此，"常与善人"不过就是"天"维系善否者均势共存的"有为之公"的表现。也就是说，"天"不是以"善人"处"善"故"常与"之，而是以"善人"处"不足"故"常与"之。而只有将这种"常与"视为对"善"的福报，那才是对不善者不公。因为在这种情况下，"天"作为神圣的道德意志，恐怕不仅是"常与善人"，更要必与善人，且必罚不善人了，正如《墨子·法仪》所谓"爱人利人者，天必福之，恶人贼人者，天必祸之"。然而，这绝不是老子眼中的"天"，他所理解的"天道"之"公"，也绝不是道义上的"公道"或报善罚恶，而是要避免事物自身的善否失衡，所以其目的仍是使善者、不善者皆得保全。而由此，正可见"天大"之"容"。

说完了"天"，让我们顺带谈一谈"地"。虽然第16章不言"地"，但它毕竟是"四大"之一。而"地"之"大"既然来自于"法天"，那么"天大"之"容"表现为"公"时，"地大"当然也应有"公"的特征。比如从"天地不仁，以万物为刍狗"（第5章），以及前引之"天地所以能长且久者，以其不自生，故能长生"等说法中就能看到，"天大"为"公"的典型表现，即无私地（"不自生"）同时也是无偏爱地（"不仁"）长养万物（"长生"），也被处于从属位置的"地"所分享。但总的说来，"地"在老子思想中的重要性并非十分突出，因此在指出"天大"

为"公"之后，就应将注意力转移到"四大"之主的"道"身上。

仍就第 16 章来说，所谓"天乃道"，即合于"天"则合于"道"。那么，"容（大）乃公"的特征最终就被归结到了"道"。并且，正如"王大"、"天大"（及"地大"）的包容性被界定为"公"，蕴含着无为、有为两种表现，"道大"之"容"为"公"更是如此。比如"道"对万物的"不有"、"不恃"、"不宰"、"不为主"，以至于显出遵从、效法万物的谦卑姿态，不正是其"无为之公"的表现吗？至于"有为之公"，则需要做一些说明。因为从文献来看，老子是倡导"道常无为"（第 37 章）的，那么"道大"之"容"怎会体现出"有为之公"呢？首先，让我们再次强调在老子思想中，有为、无为本身不是目的，而是保全"万物之自然"的手段。因此，虽然老子说过很多肯定"无为"、否定"有为"的话，但其实仅是在不以外力干预"万物之自然"的意义上来说的，而非幼稚地否定一切作为。其次，要考虑的关键问题是，"道"不去主宰、掌控万物，就必定能保全"万物之自然"吗？恐怕不是。正如人类可能"自发"地偏离"自然"，遂有"众人之所过"；事物亦可能"自发"地丧失"自然"，遂有"不足"、"有余"的失衡。"万物之自然"同样不是没有外力干预，就一定能被保全的。正如说：

> 挫其锐，解其纷，和其光，同其尘。（第 4 章）
>
> 闭其兑，塞其门，和其光，同其尘，剷其繶（锐），解其纷，是谓玄同。（老子甲 27）

这已然证明，虽然"道"不以外力左右"万物之自然"，但万物在许多方面（"兑""门""光""尘"）亦存在对立（"锐"）与纷争（"纷"），因而干预甚至破坏"万物之自然"的力量也可能出于万物自身。是故，"道"在"无为"之外更应有挫锐解纷的"有为"。当然，这绝不是要彻底消除一切对立与纷争，而是将之控制在一定程度内，比如维系万物间最低限度的和谐，避免由相互倾轧而整体丧失"自然"。"道"的这种作为又被称为"玄同"，"玄"大概是指其挫锐解纷的过程或方式微妙难识，因为"道"即便是有为，那也绝非一般的、普通的作为；至于"同"，则应看作是这种挫锐解纷之为的结果，那就是在最低限度上确保万物"同"具"自然"。因此，我们说"道"对万物不仅有"无为之公"，也有"有为之公"，在保全"万物之自然"的意义上，它们都是"道大"之"容"的表现。

四 结语

论述至此，就基本上呈现了《道德经》中"大"的观念。现在，让我们对之前的论点做一个简要的归纳。就"大"的概念来说，老子将其含义界定为"逝（澨）""远（逺）""反"，意在凸显其作为"容"或"有容之大"的意谓。以此意谓的"大"作为"道"的名称，同样是要表现"道"的包容性或其"孔德之容"。而"道"之"大"为"容"，具有三层意谓：一是潜藏万物的一切可能，一是总揽万物的一切生成，最后则是保全万物的一切价值。这最后一个意谓的"容"，正是"道"之为"大"的核心，而"域中四大"的"大"也都统一于它，老子亦进一步称之为"公"（"容乃公"）。"公"最能表现"四大"之"容"的价值色彩，又能进一步分殊成"无为之公"和"有为之公"，前者是对人间、自然乃至一切存在者的领域来说，不以外力干涉事物的自主自为；后者则是当事物自身偏离其"自然"时，予以纠偏、复位的补救。因此，这两种"公"虽然在手段上貌似相悖，但在保全"万物之自然"的根本目的上，则是一致的。这些，就是老子言"大"的基本旨归。

老子论爱

何善蒙

（浙江大学人文学院哲学系）

在中国传统思想中，"爱"是一个特殊而又具有重要意义的概念。在儒家的体系中，"爱"体现在"仁"中。孔夫子亲身倡导的"仁"是一种"亲亲仁民爱物"的仁爱精神，这样的仁爱精神在《论语》的文本中显得极为突出。同样，先秦的墨子也讲"爱"。不过与儒家不同，墨子的爱是"兼爱"。墨子在书中写下了《兼爱》上中下三篇，来阐释"兼相爱交相利"的兼爱观。但是，在对"爱"的有关讨论中，道家学派的代表人物老子却经常被人们所忽略。在许多人的心中，老子讲究的是清静无为，似乎与爱这样强烈的感情格格不入。但是如果我们仔细阅读《道德经》文本，就可以发现尽管并不像"道"那样屡屡被提及，但是老子的确有一种对"爱"的特殊的阐释与理解。

"爱"在《道德经》里一共出现过五次，并且分散在不同的章节中。虽然这些"爱"看上去零零碎碎不成体系，但实际上老子的"爱"是在"道"的统摄之下的一种非常特殊的存在方式，老子主张基于"道"而来的"自爱"以及"爱民治国"，反对的则是对于物身的"甚爱"的方式，究其原因，则在于这样的方式恰恰是"不道"的。所以，可以说，在老子对于"爱"的讨论中，"道"毫无疑问成为了一个非常重要的设定。

一 物身之"爱"

在《道德经》中，老子经常把"爱"与"贵"这两个概念相提并论。第十章："贵以身为天下，若可寄天下；爱以身为天下，若可托天下。"第二十七章："不贵其师，不爱其资，虽智大迷。"第七十二章：

"自爱，不自贵。"但是从这三条我们又似乎能感受到，"爱"与"贵"有时候相通，有时候却又相异。那我们到底该如何看待？又该如何理解老子的"爱"呢？

在第十三章中，王弼有这么两句注释："无［物可］以易其身，故曰'贵'也……无物可以损其身，故曰'爱'也。"① 在这里王弼试图借助"物"这一概念解释"贵"与"爱"。显然，在他看来，老子的"爱"是与外在于我们自身的"物"紧密相连的。这一点很好理解，因为在这里，老子的"爱"主要是强调对自身的影响，而不是像儒、墨那样把"爱"施与他人。无论是老子所谓的"爱以身为天下"，还是王弼所说的"无物可以损其身"，都是在说明"爱"的自为性。

从身与物的关系上讨论爱与贵，这是王弼注《道德经》的一贯方式。在第七十二章中，王弼对自贵有这样的解释："自贵，则（物）［将］狎（厌居）［居厌］生。"② 但是在这里，老子却主张自爱，而不是自贵，这似乎又与第十三章看上去矛盾。第十三章中，我们似乎可以认为老子将"爱"与"贵"放在同一个层次上讨论，而这里老子否定"自贵"又是为什么呢？从校释中我们可以看到，自贵的后果就是第七十二章开篇提到的"无狎其所居，无厌其所生"。这与第十三章"无［物可］以易其身"的方式是一致的。外在的万物无法改变自身，那么这样的身必定是"贵"的。然而自贵虽然也是一种好的方式，但在某种程度上说却会造成"威"的后果，因为这样的"贵"很容易展现出一种凌驾于物的高高在上的姿态，这就是"威"之所在，它是由"贵"本身的性质所决定的。

相反，爱是一种不"损其身"的方式，也就是说外在于身的事物对自身只是不损害，这种语气要比"易其身"缓和许多。如果说"贵"所强调的是身对物的反应，那么"爱"更多强调的，则是物对身的影响。物与身在"爱"的层面的关系在《道德经》中有非常明确的描述，老子从"爱"的两个极端——不爱和甚爱进行了细致的阐释。

第二十七章中，老子说到"不贵其师，不爱其资，虽智大迷"。在这里，老子明确指出，不爱的后果是"虽智大迷"。为什么会这样？王弼注

---

① 《老子道德经注校释》，王弼注，楼宇烈校释，中华书局 2008 年版，第 29 页。
② 同上书，第 180 页。

说："虽有其智，自任其智。不因物，于其道必失。故曰'虽智大迷'。"① 王弼这个注释，依然强调了一个"物"的问题。"不贵其师，不爱其资"是一种"不因物"的表现，"不因物"必然会"失道"。那么如果反过来，就可以说因物则是一种"爱"的反应，这样才不算是失道。从这个意义上讲，爱与道便有一种关系了。

"不爱"是一个极端，同样"甚爱"也是一个极端。在第四十四章里，老子明确地指出了"甚爱必大费，多藏必厚亡"的道理。王弼对此这样注释："甚爱，不与物通……求之者多，攻之者众，为物所病，故大费、厚亡也。"② 这恰好与第二十七章的"不爱"遥遥相对。"不爱"是"不因物"，而"甚爱"则是过于"因物"，以至于"不与物通"，最终"为物所病"。换言之，不爱是过度脱离了与"物"的关系，而"甚爱"又是过分依赖与"物"的关系。这样自身反倒是被物所压制，变成了物的奴隶，即王弼所讲的"为物所病"。

从这四章对"爱"的描述以及王弼的注释中，我们大概可以推测出《道德经》中的"爱"是一种怎样意义上的爱。

第一，这样一种爱的方式实际是"我自身"与"自身以外的万物"的一种关系，它并不想儒家的仁爱与墨家的兼爱那样具有崇高的道德观念，仅仅是做了一个内外的分别。甚至可以说，《道德经》里的"爱"没有特别的社会倾向，只是在讨论"物我关系"时，我们所应该持有的态度。这样的物身之爱，既不可疏远到"不爱"，又不可亲近到"甚爱"，所以这样的物身关系，应该是一种有所持度的和谐关系，不会因为用其极而废一端。

第二，这种"爱"与道是一致的，或者说在设定自身与外物的关系之时，唯一的标准便是合乎道。我们知道，老子是不赞同用极端的刻意的方法行事的，排斥那种带有强烈主观意愿色彩的行为。相反。老子更看重的是"无为而无不为"，并不是不要"有为"，而是不要为了"有为"而"有为"，通过"无为"的方式以期达到"无不为"的结果。这样一种"玄之又玄"的道，不要过度地"不爱"，也不要刻意地"甚爱"。不爱是一种放弃道的行为，而甚爱这是一种涂饰道的行为，这两者本质上都与

① 《老子道德经注校释》，王弼注，楼宇烈校释，中华书局 2008 年版，第71页。
② 同上书，第122页。

道背道而驰。而真正的"爱"恰是与道相通的，这就是"无物可以损其身"的道理。

二　政治之"爱"

道家能被班固说成"君人南面之术"并不是没有道理的，在《道德经》中，我们可以找到许多与政治有关的章节。事实上，老子的爱虽然是一种物身关系上的爱，但是从道的角度上看，这种爱也可以广而施之，特别是在政治中治理人民国家的维度上。在第十章里，老子明确地讲道："爱民治国，能无知乎？"这样的"爱"又该怎样理解呢？

正如上文所述，老子的爱是一种和谐的关系，这种关系向上秉承道的自然，那么向下对治理人民而言自然也需要秉承人民的自然，因为人的自然应该与道的自然保持一致。所以，作为国君，爱民的方式必定是顺因民心，这便是《道德经》里所讲的"圣人常无心，以百姓之心为心①"。事实上，老子在《道德经》里展现的政治社会体系中，民众是极为重要的一环，而作为统治者，相反应该处于一种地下的位置与状态。在第六十六章，老子一"江海所以能为百谷王者"为例，来说明"善下之"的道理。对于统治者，应该是"欲上民，必以言下之；欲先民，必以身后之"。作为一国之君，唯有自己把自己放地下，才能"处上而民不重，处前而民不害②"。正所谓"能受国之垢，是为社稷主；能受国不祥，是为天下王③"顺民之自然，便是爱民的第一要点。

既然是爱，那么同样有可能遇到不爱与甚爱的两种情况。对于这样两种情况，老子也是有清楚的说明的。老子一开始就表达了他认为的"圣人之治"是"虚其心，实其腹，弱其志，强其骨④"。在这里老子的"虚心弱志"显然不是一种愚民政策，而是试图把民众引向自然之道，用道的方式引导民众生活，是他们返璞归真，"复归于婴儿⑤"。这样的方式处处体现着老子的政治之爱，而绝不是一种脱离"物"的"不爱"。同样，

---

① 《老子道德经注校释》，王弼注，楼宇烈校释，中华书局 2008 年版，第 129 页。
② 同上书，第 169 页。
③ 同上书，第 187 页。
④ 同上书，第 8 页。
⑤ 同上书，第 73 页。

在最后，老子更是精心叙述了他的理想社会："甘其食，美其服，安其居，乐其俗①。"从这样的一种描述中，我们就可以感觉到这的确是一幅温馨美丽、自然恬淡的生活画面。作为国君来说，达到这样理想的社会形态必须与民保持一种和谐的关系，也就是物身之爱。这种爱的展现，是与否定相互脱离的"不爱"的。

　　同样，《道德经》不仅强调不要"不爱"，更强调不要"甚爱"，这种强烈的主观意愿如上文所说是老子反对的。如何治理一个国家？第六十章有明确的回答："治大国若烹小鲜。"王弼注"不扰也"②，河上公说："烹小鱼不去肠，不去鳞，不敢挠，恐其糜也。"烹过"小鲜"的人都知道，"小鲜"捣饬多了就会烂掉。同样治理国家也不能胡乱折腾，哪怕国君处于好意，也不能没完没了地下发政策、命令，这样的行为就是"甚爱"，"甚爱"只能带来事与愿违的结果，就是适得其反的"必大费"。我们可以看到，在《道德经》里老子一再说切忌"甚爱"。"其政察察"可以说是一种"甚爱"，那么，这种甚爱最终使得"其民缺缺"。相反，若想"其民淳淳"那么毫无疑问应该采用"其政闷闷"的"烹小鲜"方式。为什么会这样？因为爱体现着道，而甚爱是一种"反道"的行为。道是需要自然的，那么爱也是需要自然，需要"闷闷"而不是"察察"③。所以在第五十七章，老子说"我无为，而民自化；我好静，而民自正；我无事，而民自富；我无欲，而民自朴④"。这样无为的做法才是真正的爱民，才能做到无为而无不为。

三　"慈"与"爱"

　　在讨论老子之"爱"的同时，还有一个概念值得我们关注，那就是老子之"慈"。"慈"在《说文解字》中就被解释为"爱"，"慈爱"一词也是我们日常口语中经常使用的。那么在老子那里，"慈"与"爱"又有着怎样的关系呢？

　　"慈"在《道德经》里一共出现过七次，大体上可以分为两类。第一

①　《老子道德经注校释》，王弼注，楼宇烈校释，中华书局2008年版，第190页。
②　同上书，第157页。
③　同上书，第151页。
④　同上书，第150页。

类和"孝"连用为"孝慈",分别在第十八章、十九章中出现。第二类是集中出现在第六十七章,老子说"我有三宝,持而保之",三宝中第一就是"慈"①。

在第一类"孝慈"里的"慈",应该是与儒家所谓"父慈子孝"是同样的意思。老子提出的"孝慈"是在"六亲不和"的前提之下,而王弼注释六亲为"父子、兄弟、夫妇",并且说"若六亲自和",那么"孝慈"这样的"甚美之名"就"不知其所在"②。换言之,正是因为有"不和"才会体现出"孝慈"。这与"天下皆知美之为美,斯恶已"③的道理是一致的。所以,这不能否认"孝慈"与"六亲"没有关系,相反,在这里,"慈"是强调血缘关系的存在。而这一点,是老子讨论"爱"时并未刻意提出的。

另一类的"慈"则不再是血缘上的"孝慈",而是从战争角度上考虑的。我们可以看到,在第六十七章里,"慈"一共出现五次,不可谓不密集。但是每次"慈"的出现,都与战争有关。王弼在一开始注释"慈"的时候就直接把"慈"与战争放在一起:"夫慈,以阵则胜,以守则固,故能勇也。"老子在后面也明确地说"夫慈,以战则胜",而王弼则解释说"相悯而不必于难,故胜也"④。这其实与第六十九章老子提出"抗兵相加,哀者胜矣"时,王弼注释"哀者必相惜而不趋利避害,故必胜"⑤的意思完全一样。所以,老子在这里所强调的"慈"是打仗是军队中的相互怜悯爱惜,以求取得胜利。

从这两类中,我们大概可以明白老子对于"慈"这一概念的使用范围与方法,无论是血缘上还是军事上,"慈"都作为一种行为被具体化,它的作用性与目的性十分明显。在血缘上,"慈"是"六亲和"的重要方式;在军事上,"慈"是"胜"的重要手段。所以说"慈"被老子认为是一个极有价值功效的概念。

这样一来,我们就可以发现"慈"与"爱"的不同了。对于"爱"来说,老子并没有给定一个像"慈"那样在某种特定的情形下出现,他

---

① 《老子道德经注校释》,王弼注,楼宇烈校释,中华书局2008年版,第170页。
② 同上书,43页。
③ 同上书,第6页。
④ 同上书,第170页。
⑤ 同上书,第173页。

只是广泛地强调"爱"是人与物的关系，并没有涉及到具体的事情。也就是说，"爱"是有一种普遍性抽象性的，或者说，"慈"可以算作"爱"的一种特定表现，"慈"与"爱"的指向是不同的。

四　结语

通过上面这样的梳理与分析，我们可以对老子之爱有一个初步的理解与把握。应该说，老子的爱也是一种人间的大爱，它虽然不像儒墨两家的爱那样看上去巍峨济世，但是这并不意味着老子就是冷酷无情的。在《道德经》中，他也很愿意讨论"爱"的行为，只不过老子爱的方式有所不同。一贯主张"道"的老子，必定会把这种爱建立在道的基础之上，而道又体现在物我的关系之上。在政治的层次上，"道"依然可以作为治国理民的规范。于是，顺着这样的思路，老子的爱便清晰地展现在我们面前了。

《史记·老子传》中隐含的事实

谷中信一

（日本女子大学）

前　言

　　许多先秦思想史研究者（包括我个人）通常将司马迁的《史记》作为可以信赖的历史数据之一。很显然，《史记》对于先秦思想史的研究来说，是不可或缺的一级数据，这一点已无须赘叙。因此，将同书中的《老子传》作为《老子》研究中最基础且最重要的文献之一，似乎毫无问题。然而，将有关老子出生地、孔老之会、老子出关、老子长寿等记载的传承，乃至司马迁本人记述时亦缺乏自信的老聃、太史儋、老莱子三人的事迹等，作为史实无批判地全盘加以认可的做法，也受到了相当大的质疑。

　　不过，倘若认为由上述片断的记述构成的《史记·老子传》不值一信而加以排斥，也未必明智；当然，无批判的肯定更不能说是理性的态度。因为无论如何取舍，公元前 2 世纪末左右，有关老子行迹的这些传承确实存在过，这是不容置疑的事实。

　　那么，作为思想史研究者，该如何对待这样的一部《史记·老子传》呢？老子何以被称为"隐君子"？"孔子问礼"的传说、"老子出关"的传说分别意欲传达怎样的信息呢？老子长寿之说果然真实吗？倘若如此的长寿根本就是非现实的事情，即不可能是史实的话，那么为什么会产生这种长寿的传说呢？倘若这些一个个的事迹并非史实，而是虚构的话，那么其中隐含着怎样的 metaphor（隐喻、暗喻）需要我们来辨析呢？或许这些不同的传说的背后隐含着某种历史的真实。

　　基于这样的考虑，本稿将通过重新检析《史记·老子传》，从这些文字背后，挖掘探究有关老子的真相①。

　　具体方法是：首先将《史记·老子传》的全文按照其内容分为 9 段，每段附加数字编号如下，并逐条进行分析。

　　（1）老子者，楚苦县厉乡曲仁里人也。姓李氏，名耳，字聃，周守藏室之史也。

　　（2）孔子适周，将问礼于老子。老子曰："子所言者，其人与骨皆已朽矣，独其言在耳。且君子得其时则驾，不得其时则蓬累而行。吾闻之，良贾深藏若虚，君子盛德容貌若愚。去子之骄气与多欲、态色与淫志，是皆无益于子之身。吾所以告子，若是而已。"孔子去，谓弟子曰："鸟，吾知其能飞。鱼，吾知其能游。兽，吾知其能走。走者可以为罔，游者可以为纶，飞者可以为矰。至于龙，吾不能知其乘风云而上天。吾今日见老子，其犹龙邪。"

　　（3）老子修道德，其学以自隐无名为务。居周久之，见周之衰，乃遂去。至关，关令尹喜曰："子将隐矣，强为我著书。"于是老子乃著书上下篇，言道德之意五千余言而去，莫知其所终。

　　（4）或曰，老莱子亦楚人也，著书十五篇，言道家之用，与孔子同时云。

　　（5）盖老子百有六十余岁，或言二百余岁，以其修道而养寿也。

　　（6）自孔子死之后百二十九年，而史记周太史儋见秦献公曰："始秦与周合，合五百岁而离，离七十岁而霸王者出焉。"或曰儋即老子，或曰非也，世莫知其然否。

　　（7）老子，隐君子也。

　　（8）老子之子名宗，宗为魏将，封于段干。宗子注，注子宫，宫玄孙假，假仕于汉孝文帝。而假之子解为胶西王卬太傅，因家于齐焉。

　　（9）世之学老子者则绌儒学，儒学亦绌老子。"道不同不相为谋"，岂谓是邪。李耳无为自化，清静自正。

　　──────────────

　　①　这种方法并非新创，迄今为止已有为数众多的学者使用。早期研究有《古史辩》第六册下篇所收载的高亨《史记老子传笺证》（1935）、同谭戒甫《史记老子传考正》（1937）等，在日本则有楠山春树著《老子の人と思想》第一章《〈史记〉老子传の成り立ち》（汲古书院2002）对传记进行了详细的品读。

一　"老聃即老子"一说的真实性

如先行研究已经反复论说过的那样，《史记·老子传》中作为段落字数最多、因而也就占据着本传中最主要部分的两个传说，是（2）孔子问礼的传说和（3）老子出关的传说。前者将老子作为伟大的人物，强调其卓越远胜于孔子；后者则记述了作为书籍的《老子》被著述的前后经过。有研究认为，这些都是出自虚构①。其理由在于：段落（2）的目的在于强调老子是远远超越孔子之上的人物。然而，代表儒家的孔子向道家的代表老子请教作为儒家思想的核心、且受到传世本《老子》严厉批判的"礼"，这种情况与同传段落（9）中所出现的情况一样，不能不说是非常

---

① 武内义雄的《老子原始》中，言及本传第二段落的"孔子问礼"传说时指出：原本"孔子与南宫敬叔赴周的史记记载不可信用"（14页），并将孔子问礼于老聃后在弟子面前盛赞其伟大的记载相照应，断言此处"与世家问礼的内容皆属道家后学所杜撰的故事，并非史实"（15页），继之的第三段落有关《老子》文本成立的传记，得出结论："后来的道家者流分裂为数个派别，又将各派所传承的老聃言论荟萃为一册……同属后世之伪托虚构，不足为信。"（同）。即认为：老聃出关传说，"可以推而论之，老聃西游至函谷关，为关尹喜而著述的传说应是妄言。论证至此，可知《史记》中《老子传》的大部分是值得怀疑的。……"（19页）。津田左右吉所著《道家の思想とその展开》的观点与武内大致相同。关于《老子传》，他认为："《史记》的这些记载，均属出于不同意图而编造出的零散的故事，都是战国末期以后的东西。《史记》的编者从不同的版本中分别收集了这些故事，并且是无次序地排列的。……《史记·老子传》中有关《老子》的作者老聃的记载，若果是上述的性质的话，那么，就老聃而言，其可信的事迹几乎全无……（17页）"作出与武内同样的判断。木村英一在其《老子の新研究》中，更是认为《史记·老子传》，几乎全文皆无可信之处："本传无疑是司马迁将汉初传诵的种种有关老子的传闻加以了修改。总而言之，这些传闻都全然不像事实，依据这些记述重塑作为历史人物的老子，几乎是不可能的。"（10页）关于各个段落，木村进而断言：记载了孔子问礼的第二段落，是"假托于周末·秦·汉初而制造的种种传说"；关于老子出关的第三段落，则是"因为作为偶像的老子这一关键人物及其学术经典的道德经，虽然被普遍信奉，但各种传说也只是存在于乡间闾巷，没有明确的定说，所以，为了赋予实际上不知所出的道德经的权威以来由的正统性，第三段的各种故事就产生了"。（同12—13页）再看一下楠山春树的《老子の人と思想》（汲古书院2002），作为其数年来对《老子》的研究的"最终的见解"（5页），楠山指出：

"以孔老会见（孔子问礼）故事为中心的老聃传说，实际上，是受《曾子问》中的故事的启发而虚构的。就是说，探寻匿名老子的传说的人们，将目光对准了几乎唯一的一位有着孔子之师的身份的人物，即《曾子问》中的老聃，并宣称此人就是老子，又加以了道家风格的润色。……总之，匿名老子第一次被赋予了老聃这一称呼。而另一方面，老子（老聃）的传记则完全是以'孔子之师'的故事为主干所虚构而成的。"（11—12页）

楠山试图为历来的孔老会见故事的虚构说，厘清其虚构的具体经过。在此书中，他针对《孔子世家》中的孔子"适周问礼"进一步论述道，这则内容"一开始就充满了虚饰，根本无法将其看作是事实"（15页），认为"《老子传》之所以将问礼之地设定为周，是因为已有孔子适周问礼的故事存在而受到了启发；所谓'周守藏室之史'这一官职，恐怕是刻意与之相符的设定"。（同页）；推论《史记·老子传》的虚构过程，认为：首先，以《礼记》的《曾子问》的孔子老子的故事为线索而虚构出的就是孔子问礼，又依据孔子"适周问礼"的故事，将孔老会见之地设定为周，然后据此将老聃的职业定为了"周守藏室之史"。

矛盾的①。

再有，段落（3）记述了关令尹喜与《老子》著述的密切关系这一点应当引起关注。可以推测这也是出于某种意图或背景而被构思出来的情节。本人在此前的研究中已经论述过，关尹（环渊）这一人物在《庄子·天下篇》中与老聃已经有着密切而且重要的关系；另外，《老子传》中登场的关令尹喜在使《老子》流传于后世这一事情上也扮演着重要的角色。就是说，对于老子来说，有着既密切又重要的意义的是关尹，也是关令尹喜。

这里的关尹与关令尹喜的名字的相类绝不是出于偶然，应当考虑两者之间一定有着某种潜在的因素相契合。即《老子传》中的关令尹喜与《庄子·天下篇》中的关尹乃是同一人物的可能性很大。当然，《史记》的传记如果是虚构的话，关令尹喜作为真实人物的可能性会极度降低。就关尹而言，如下所述，可以先将其作为真实的人物来考虑，所以，本节将对关令尹喜这一人物形象是否源自关尹的底本而虚构的问题进行探讨。

关尹究竟为何许人物？尽管关尹的名字仅见于《天下篇》，但是，在《史记·孟荀列传》中有"环渊，楚人，学黄老道德之术，因发明序其指意，著上下篇"；另外，在《汉书·诸子略道家者流》中有《蜎子十三篇》，班固自注有"名渊、楚人、老子弟子"。钱穆先生在《先秦诸子系年》中，以"环渊即关尹""蜎子即环渊"的推论，论证了班固所注"环渊"者，可以看作与"蜎渊"为同一人。本论文亦按照钱穆之论，将"关尹"与"环渊""蜎渊"作为同一人物来看待。

若追溯关尹这一人物的形象则可以发现诸多问题。第一，关尹（＝环渊）自称是老子（此处为老聃）的弟子，离开楚国，出现在齐国稷下时，或许就曾携带着"原《老子》"（姑且将关尹由楚地带出的《老子》文本称为"原《老子》"，也可称为"楚《老子》"），抑或是他自称为老子的弟子，已经在其老师的思想的基础上，加进去了对此深化和拓展后的

---

① 《史记·老子传》中，记述了孔子将初次相见时的老子的印象比喻为龙，在《孔子世家》中，则记述了老子在临别之际教诲孔子的故事。孔子在《史记》中，被列为"世家"，受到与诸侯同等的特殊待遇，已是人所共知的。就是这样的孔子也要请求与老子会面，并受教闻礼，甚至向自己的弟子述说老子印象"似龙"等等，都是为了强调：甚至是在伟大的孔子眼里，老子都是一种特殊的存在。在《史记》中，孔子与老子被看作是思想界的双璧而成为醒目的存在这一点，值得我们予以特别的重视。因为，这正是产生孔老问答这种虚构故事的思想史的背景。

自己的思想，使两者融为了一体①。但是，一个重大的问题也就横亘于此，即：老子的时代与关尹的时代相距遥远。如果在两者之间另有若干人物相衔接的话尚可，但是，这样一来，自称为"老子弟子"的关尹的言说也就失去了意义。在这种情况下，关尹构思出的情节或许就是老子的极端长寿吧。《史记·老子传》在此基础上所记载的，正如（5）所见，就是传说老子长寿至一百六十岁、甚或二百岁②。如果是一百六十岁乃至二百岁的话，可以将春秋末期的老子与战国中期的稷下学者关尹之间联系起来，与关尹自称为老子弟子一事也就前后吻合了。

另外，还可以考虑：关令尹喜所谓由老子亲传"道德之意，上下五千余言"之说，乃是关尹为了使自己以"原《老子》"为底本加以编撰并完成的"关尹《老子》"更具权威性，而虚构出来的传承之说。换言之，段落（3）的老子出关传说，可以理解为恰恰是暗示了关尹编撰了《老子》这一事实。当然，关尹是否将自身编撰的书籍命名为《老子》，或《道德经》，或者是与两者都不同的其他书名，我们不得而知。因为可以这样认为：《老子》的经典化并不是由关尹一人完成的，而是在关尹之后，《老子》仍不断地吸收了各种思想才逐渐完全被经典化的。关于这一点，请参看相关拙论③。

二 "或说太史儋即老子"的真实性

老子的传记之所以没能以"老聃即老子"结束此"传"，恐怕是因为在司马谈、司马迁的时代，尚有自称是老子子孙的人物存在，以至无法对其全然无视之故吧。为此，《老子传》中，另外加上了与老聃有别的、作为"或说"的第（6）段，以及与之相关联的段落（8）。不过，因为有对于"或说"的（6）持否定意见的人——认为老聃就是老子的人，却又缺乏确实的证据，所以在"或曰儋即老子"之后，被特意附加了"或曰

---

①　在拙论《〈庄子〉天下篇を通して見た〈老子〉経典化プロセス》（《中国出土資料研究》16 号）中，有详细论述。

②　津田左右吉认为此传承反映了汉代所流行的养生思想。但是，老子与养生思想的结合应当是更后来的时代的事情，至少，在汉初前后，老子是被当作"黄老思想"这种政治思想的代表人物的。

③　在拙论《老子経典化プロセス素描—郭店〈老子〉から北大简〈老子〉まで—》（2012年 3 月中国出土资料学会例会提出论文）中有详细论述。

非也，世莫知其然否"之语①。

本节将就"太史儋即老子"一说再做分析。

首先，关于这位太史儋，除本传外，在《周本纪》《秦本纪》《封禅书》中也都有如下的类同的文字记载：

> 烈王二年，周太史儋见秦献公曰：始周与秦国合而别，别五百载复合，合十七岁而霸王者出焉。《周本纪》
>
> 献公……十一年，周太史儋见献公曰：周故与秦国合而别，别五百岁复合，合十七岁而霸王者出。《秦本纪》
>
> ……周太史儋见献公曰：秦始与周合，合而离，五百岁当复合，合十七年而霸王出焉。《封禅书》

武内认为"……太史儋见秦献公的事迹，亦见于《周本纪》《秦本纪》《封禅书》，似可信。"（前出武内著 16 页），好像并不怀疑太史儋的真实性。在此我们有必要重新对太史儋的言论加以探讨。

首先可以看出，上述 3 处太史儋的言论，在谈及周与秦的反复离合一点上是完全相同的。最初的"合"，据《索隐》所记，是指秦嬴受周王分封时的事情，即大约公元前 800 年左右的事件；其后的"离"，据《集解》之说，是指秦襄公首次被列为诸侯时的事情，即公元前 777 年前后的事件；此后的"再合"，《集解》《索隐》都认为是指前 256 年，即周王于秦昭王五十二年献上 36 城之时；《正义》则认为是指公元前 334 年周显王向秦孝公进献"文武之胙"的事件。另外，关于"霸王出"的记载，《集解》认为是指前 306 年—前 251 年在位的秦昭襄王至前 221—前 210年的秦始皇之间的时期；《索隐》认为此处就是指始皇帝；《正义》则认为前 361—前 338 在位的孝公为"霸"，前 337—前 325 年在位的惠王至始皇帝为"王"。

不过，一般认为，太史儋会见献公乃是公元前 374 年（献公十一年）

---

① 楠山对这一部分提出了意味深长的解释，认为"司马迁特意加以后半部分的附记，可见其对黄老心存赞许。……想必司马迁出于历史学家的角度，不能不对直接接受太史儋即老子一说感到踌躇吧。然而，作为个人，他也有着赞许黄老思想的倾向。从这个意义上来看，其'世莫知然否'之语正是一种颇含苦涩的笔致"。（前出书 29 页）。不过，即便确有这种赞许的心理，能否如此下结论，尚有疑问。

的事，所以，"复合"，无论是《集解》《索隐》所说的前256年，抑或是《正义》所说的前334年，对于太史儋来说，都是未来之事。这样一来，所谓的"复离""霸王出"则都变成了太史儋的预言。

武内根据3处均可见到有关太史儋的记载，因而认为"似可信"。不过，在太史儋对秦献公预言秦不久将称霸这一点上，3处是共通的，包括《老子传》在内，所有的典据也相同，而且其内容皆为预言。由此可见，这样的史实无疑都是整合后的创作。即便是《史记》中有3处出现，但是，以此为太史儋确实生存于献公的时代且见过献公的依据，说到底，还是很困难的。

倘若以记录了"太史儋即老子"一说的司马迁为基准的话，太史儋面见秦献公的时间（秦献公十一年、即周烈王二年的前374年）则是战国中期的事情，从《史记》完成的年份即公元前97年算起，必须回溯近200年。关注到这一点的话，就应该承认：有关近乎预言者的太史儋的上述这些传承，直至司马迁的时代仍然被固守着且难以忽略的情况，是确实存在的。那么，这些传说是如何产生的呢？接下来，将对其他的由来试做探讨。

下面的记载为本研究提供了有效的提示：

（8）老子之子名宗，宗为魏将，封于段干。宗子注，注子宫，宫玄孙假，假仕于汉孝文帝。而假之子解为胶西王卬太傅，因家于齐焉。

即：如果宣扬"太史儋即老子"一说的，乃是自称为老子的七世八世子孙的假、解父子的话，则事情得以吻合。在前出的楠山所著书中，有对（8）一节的意味深长的分析；

"此处的胶西王卬，……是受吴楚七国之乱的牵连，于景帝三年（前154年）获罪而死的人物。可以想见，对于生存于大致与武帝在位年代（前140—87年）相同时期的司马迁来说，曾为胶西王卬（前164—前154年在位）太傅的解，乃是略早于自己的人物。……纵跨八代的系谱，其整体皆出于虚构是自不待言的。只是，在胶西之地有自称是老子的子孙的人物存在，而且曾担任胶西王卬的太傅这一传说，因其与司马迁的时期相近，固然似乎亦不能一概加以否定。……在此应该留意的是，胶西之地乃是黄老的核心人物盖公的居住地。……可以认为盖公居住地的胶西附近恐怕是汉初黄老的中心所在。……对《老子传》中关于文景时期自称是老子的子孙叫作解的人物曾经存在的这一记载，从各种意义上来看，都更

应报以肯定的态度……"（23—25 页）

就是说，假、解父子曾经是汉初齐地黄老思想的核心人物。正如战国中曾有关尹自称是老子的弟子而闯入齐地稷下，以自己的思想充实了"原《老子》"，进而著述了"关尹《老子》"——此处暂且以此称之。其内容大致从《庄子·天下篇》可看出。或许郭店《老子》亦即"关尹《老子》"①——那样，可以考虑：假、解父子在"关尹《老子》"的基础上又添加了黄老思想成分（例如以圣人的"执一"思想为指导理念的专制政治、愚民政治），增补进了可谓是"黄老《老子》"的内容②。

无须赘言，这样的"黄老《老子》"若想作为正统的文本而得到承认，必须要有相应的依据。声称自己就是老子的子孙，也就为此提供了依据。可是，这也是需要以家族系谱来证明的。解自称是老子的八世子孙，按照一世子孙为 30 年计算的话，也要上溯大约 240 年，终归无法到达孔子的时代，战国中期便是极限了。由此也就产生了"或说太史儋即老子"所必需的背景条件。

的确，段落（6）中太史儋于孔子死去 129 年后赴秦的传说，应当看作是假、解父子在汉代虚构的故事。有利于"太史儋即老子"一说的条件，与关尹的情况相同，即段（5）的"老子长寿"说的存在。因为如果说孔子死去 129 年后老子仍然存活着，声称自己是老子的子孙也就前后吻合了。即便是这样，不是利用老聃，而要重新设定太史儋这一人物形象的原因又是什么呢？

人们一直以来的观点认为：太史儋原本就是老聃的影子。所谓老聃曾为"周守藏室之史"也就成了"太史""聃"则被置换成了与之发音相通的"儋"。或许情况确实如此③。也就是说，"太史儋即老子"一说并不是与"老聃即老子"一说不同的另一个虚构，而是以此为蓝本的虚构。刚才所说的"影子"就是这个意思。这样一来，势必产生一个问题，即："太史儋即老子"之说为什么要在孔子死后 129 年（大约为前 350 年）的时代设定中虚构？

---

① 参见前出拙稿《〈庄子〉天下篇を通して見た〈老子〉経典化プロセス》（《中国出土资料研究》16 号）。

② 参见前出拙论《老子経典化プロセス素描—郭店〈老子〉から北大简〈老子〉まで—》（2012 年 3 月中国出土资料学会例会提出论文）。

③ 参见楠山前出著作 22 页。

我们有必要关注的，是这个时代设定与关尹的时代恰是相重叠的。据《史记·田敬仲完世家》记载，关尹赴稷下的情况如下：

> 宣王喜文学游说之士，自如邹衍、淳于髡、田骈、接予、慎到、环渊之徒七十六人，皆赐列第，为士大夫，不治而议论。是以齐稷下学士复盛，且数百千人……

由此可见，关尹曾与田骈、淳于髡同时活跃于齐宣王（前 319—前 301 年在位）之时①。据钱穆所考，环渊的生卒年当在前 361—前 280 年间②，与关尹的在世时间以及稷下学派的全盛时期大致相同③。孔子死后的 129 年亦恰是稷下之学的全盛时期。如此的一致绝非出自偶然吧。

就是说，太史儋传说是以关尹为媒介与老聃传说联系起来的。假定可以认为是汉初黄老道家的核心人物假、解父子，将关尹著述的"关尹《老子》"在齐地传承，并加上了前文所述的要素，使之作为"黄老《老子》"得以完成的话，那么，实际上，他们恰恰有可能是关尹的子孙；至少，他们是其在齐地的传承者这一点是不会有误的。

司马迁在尚存否定之说的情况下，归根结底，因无法忽略而不得不以"或说"的形式记录下的"太史儋即老子"一说，很有可能是缘起于关尹的子孙将关尹替换成了老子的一种传承；而且可以认为，极力推崇"太史儋即老子"之说的，正如前出的楠山著作中所指出的那样，当是黄老道家的人们④。

不过，"太史儋即老子"之说出现的理由，或许不仅仅是楠山所分析的那样，即"以汉初黄老的人们来看，其所信奉的老子应是更多地参与现实世界的政治，并施以影响的老子……太史儋能通观天下大势，预测周

---

① 《孟荀列传》中也有言及稷下学士之处，如：慎到，赵人。田骈，接子，齐人。环渊，楚人。皆学黄老道德之术，因发明其指意。故慎到著十二论，环渊著上下篇，而田骈，接子皆有所论焉。邹奭者，齐诸邹子，亦邹衍之术以纪文。于是齐王嘉之，自如淳于髡以下，皆命曰列大夫，为开第康庄之衢，高门大屋，尊宠之，览天下诸侯宾客，言齐能致天下贤士也。而此处的"齐王"究竟是谁，并不明确。若以《田敬仲完世家》为据，则应是齐宣王。

② 参见钱穆所著《先秦诸子系年》，《附诸子生卒年世约数》，第 619 页。

③ 通常认为齐稷下学宫的全盛期应为齐威王（前 356—前 320 年在位）、宣王（前 319—前 301 年在位）、潜王（前 300—前 284 年在位）的时代。

④ 楠山前出著作（27 页）中，认为"不能不说将太史儋拟定为老子这件事情本身，实际上，是由于黄老派的倡道"。

亡秦霸，并远赴秦廷陈述其见解于献公御前，较之始终对孔子苦口相谏的老聃，显得更大大地接近他们的理念"（见前出楠山著作28页）。如前文所述，还应当考虑，这暗示了战国中期的关尹之后，由黄老一派进行的《老子》经典化仍被继续着；而且可以推论，因为"太史儋即老子"一说完成于汉初，所以从"老聃即老子"到"太史儋即老子"之间，在战国中期以后的黄老思想的形成、发展的带动下，作为文献的《老子》也就被不断地增补、改订。于是，形成了作为黄老经典的《老子》（即"黄老《老子》"）。而且可以认为，也就是在这一时期，"德道"变成了"道德"①；又如（9）所记录的那样，对儒家的批判也更加激烈；且新掺入了"执一"思想、愚民政策和专制政治等成分的这样一部《老子》，即今天我们所看到的《老子》也就大体完成了②。此外，就（9）中所见老子思想的反儒性质而言，业已明确的是，郭店《老子》中没有采用现行本十八章那样明显的反儒家言论，所以，妥当的看法应是：《老子》的反儒倾向乃是由此后思想界的动向所引发并愈见强化的③。这一点从同为道家文献的《庄子》中亦可看出。《外篇》《杂篇》中反儒家倾向愈加显著的事实，反映出即或当初道家思想就有着反儒性，但将这一点鲜明地表现出来的，还是因为儒道思想的对立已经更为尖锐化了。似乎是理所当然的应对，在儒家方面，《孟子》中所未见的对道家的批判，在《荀子》中却激

---

①　可以考虑在《韩非子》解老喻老的论述当时，《老子》并不是"道德"，而是"德道"。马王堆帛书《老子》将"德"篇置于前，"道"篇置于后；近年公开的北大简《老子》的照片中，以《上经》《下经》的名称附于竹简；而且业已判明《上经》即相当于现行本的《德经》，《下经》则相当于现行本的《道经》。据此，似应将北大简《老子》称为《德道经》吧。然而，在《史记》所记的是"老子迺著书上下篇、言道德之意五千余言"，并非"德道"，而是"道德"。这样的话，必须考虑北大简《老子》曾被修改，才形成了司马迁所记的"老子上下篇（言道德之意五千言）"的版本。

②　参见前出拙论《老子经典化プロセス素描─郭店〈老子〉から北大简〈老子〉まで─》（2012年3月中国出土资料学会例会提出论文）

③　传世本中，可以看到"大道废有仁义，慧智出有大伪，六亲不和有孝慈，国家昏乱有忠臣。"（十八章），以及"绝圣弃智，民利百倍。绝仁弃义、民复孝慈。绝巧弃利，盗贼无有。……（十九章）"等对儒家的鲜明批判。而另一方面的郭店《老子》，在其丙本中相当于传世本的十八章里，可以看到的是"故大道废，安有仁义。六亲不和，安有孝慈。邦家昏□，安有正臣。"在甲本里，相当于同十九章的部分，有"绝知弃辩，民利百倍。绝巧弃利，盗贼亡有。绝伪弃虑，民复孝慈"。由此，不能说传世本的儒家批判与郭店本的儒家批判之间没有距离，例如：新加入了作为儒家的具体德目的"慧智出有大伪"之语，将"正臣"置换为"忠臣"，将"知""辩"置换为"圣""智"，将"伪""虑"置换为"仁""义"等。从这些也可以看出传世本对儒家的批判更为深入这一点是确定无疑的。

烈地表现出来。应当说，这表明在战国末期天下一统之际，广泛出现的思想一统的动向，不断地使道家与儒家的对立变得更加明显而且决绝。

此时的所谓道家，正是不断地强化其政治思想性的黄老道家。这种黄老道家思想——无论是上述的假、解父子在齐地的活动，抑或是堪称齐地思想的集大成之作《管子》中鲜明的黄老思想，都表明战国末期迅速推进的《老子》经典化，也是出自齐地的黄老道家之手。

有关《史记·老子传》的论析到此大致完成了，而最后一个问题则是（4）"老莱子即老子"之说。那么，这样的"或说"又是如何产生的呢？楠山在其前出的书中认为："……《庄子·外物篇》中有一则讲述了叫作老莱子的隐者风范的人物教诲孔子处世之道的故事，其中……可以看到与《史记》中老子的言论相仿佛的议论。如前文已述，《庄子》中言及孔老之会的内容有8处之多，关键在于老莱子与孔子的会见也属于其中的一种。（同书19页）"，楠山并得出结论说"作为其内容，毋宁说是与以孔老会见的故事为中心的前半部分紧密相接的"。（同上）。即楠山认为：除老聃之外，与孔子相见，并对其陈述老子风格（隐者）的言论的人物就是老莱子这一传说已经存在，由此也就产生了老莱子即老子的说法。很显然，老莱子其人，既是楚人，又以其著述十五篇论述道家之用，并和孔子同时等条件，都有着与老聃相通的传承。经由这样的分析可以推论："老莱子即老子"之说，是由老聃与孔子的问答传说的一部分被替换为老莱子与孔子的问答而来的。老莱子因后来被收入《孝子传》而声名传扬，其内容却与老莱子即是老子的传说无丝毫的联系。无可否认，与"太史儋即老子"的传说同样，"老莱子即老子"一说也是投射进了老聃的影子才产生的。

三 老子的出生地及其名字传递出的真相

论证到此，似乎有必要重新对（1）进行一些思考。因为说到底，《老子传》的核心乃是老聃。

在《史记》的列传当中，像《老子传》这样详细记载了出生地、姓、名以及字的别无他例。大多出生地的记载也止于国名，更不用说乡里。虽然也有不少记录了人物姓名的例子，但极少将人物的字也记入的。作为出生地，将其国名、县名、乡名、里名皆予记入，又将人物的姓、名、字一并记入的，仅此《老子传》一例。不过，也有例外，就是《孔子世家》。所谓"世家"本来不是传记，笔法自然不同，但是《孔子世家》的笔法却与《老子传》是相同的。其开篇写道：

> "孔子生鲁昌平乡陬邑。其先宋人也，（中略）故因名曰丘云。字仲尼，姓孔氏。"

记录了孔子的国名为鲁、乡名为昌平、邑（与"里"同样为最小的区划单位）名为陬；又将其姓为孔、名为丘、字为仲尼也都全部记入，与《老子传》的手法竟出奇地完全相同。

由此也可以窥见《史记》要为孔子和老子二人施以浓墨重笔的意图。但是，既或是有这样的意图，却也不能成为其所记内容皆为事实的保证。相反，越是想要记录得比其他列传详细，越是无法回避其所依据的只能是那些失去了准确性的暧昧的传承。如孔子那样，留存了关于其子孙、弟子的记录的话还要好些，如老子这样，只有片断的传承，情况就更加复杂了。

这样考虑的话，自然令人感到《老子传》中的"苦"县、"厉"乡、"曲仁"里的"苦""厉""曲仁"，或许出于某种措意。尤其是"曲仁"，从其含义来看，不能否定其中充满对孔子思想的核心"仁"的批判意蕴。一般而言，地名都是美称，将这种充满对儒家理念的批判意蕴的文字用作地名，总归是令人难以理解的。倘若这是道家的虚构，则可得首肯；"苦""厉"的用字亦是同样，将此类字眼用作地名实在是不可思议的。

四 "隐君子"的真相

（7）"老子，隐君子也"这句话历来被看作是与（6）直接相连的一句。正如"或曰儋即老子、或曰非也、世莫知其然否"所描绘的那样，老子的实像之所以无法清晰，正是由于"老子原本为隐君子"这样的解释。但是，我们不妨试问，这样的解释没有问题吗？

如果"隐君子"的"隐"与"隐者""隐逸"的"隐"是相同的含义，那么，这样的人物为何具有"周太史"的身份，并且去会见当权者秦献公，以至于如"史记……"云云，被作为史官所记载的正式的记录呢？在《周本纪》《秦本纪》《封禅书》中有着同样的记述，但是都与本传相同，写成"太史儋见秦献公……"，即太史儋是主语，而秦献公是宾语。虽然不能否认秦献公是在周的国内见到太史儋的可能性，但是，恐怕更应该理解为太史儋远赴秦国见到了秦献公。假设是这样的话，太史儋则无论如何也不能被称为隐君子。因而，此句也就不能作为段落（6）的一部分。另外，也不能将其与（8）相连接，作为这一段落的句首。因为在这部分中所强调的，是以身为魏国将军的老子的儿子宗为首的、老子的子孙们皆属于堪称"显士"的阶层，与（7）"老子，隐君子也"是截然不符的内容。

这样的话，段落（7）似乎还是应当作为一个独立的句子对待，不过，实际上，与此句最易于相连接是（3）：

（3）老子修道德，其学以自隐无名为务。居周久之，见周之衰，乃遂去。至关，关令尹喜曰："子将隐矣，强为我著书。"于是老子乃著书上下篇，言道德之意五千余言而去，莫知其所终。

"自隐无名为务"之句已经说明了这一点。归根结底，此处"隐君子"的含义，还是要在关令尹喜，即关尹与老聃的关系中方能体现出来。由此处还可以看出一种暗示，即：将《老子》传扬于世上的并非楚国的隐君子老子，而是自称其弟子，从楚地前往齐地稷下，并与稷下学士们进行了交流的关尹。

结　语

通过上述论析得知：战国中期，由关尹所做的《老子》经典化的最初尝试，造成了段落（3）（5）（7）的传承；而《老子》经典化过程的最终阶段，即汉初由黄老道家进行的经典化的尝试又产生了（6）（8）的内容；在稍后的司马迁时代，《老子》经典化在已大致完成的同时，也形成了与儒家思想的明显对立，于是，作为足以与儒家的孔子相拮抗，甚至处于优势的人物，老子则被构思出来，（1）（2）（9）的传承就在这种措意下产生了。

关于老莱子即老子一说，如前二节所述。

　　通过上述"释古"的方法，对《史记·老子传》进行阐析，老子的实像逐渐立体地浮现出来。通过这样的梳理，可以使我们了解思想史上的老子以及《老子》所具有的意义及其所发挥的作用。

（孙佩霞译，大连外国语大学）

马王堆帛书《老子》"道可道也
非恒道也"琐议

李若晖

（复旦大学哲学学院，湖南大学岳麓书院国学研究与传播中心）

一

传世本《老子》第一章"道可道，非常道；名可名，非常名"一语，历来歧解甚多。尹志华先生《北宋〈老子〉注研究》认为在宋代以前，主要有三种不同的诠释：

（1）道若可以言说，就不是永恒常在之道。持此观点的人为《老子》注家的主流。

（2）道可以言说，但不是人间常俗之道。唐代道士李荣把"常道"解释为"常俗之道"，认为老子之道不是常俗之道。

（3）道可以言说，但道非恒常不变之道。唐玄宗把"非常道"解释为"不是常而不变之道"，认为老子之道是变化无常的。①

第一解可以河上公注为代表："道可道，谓经术政教之道也。非常道，非自然长生之道也。常道当以无为养神，无事安民，含光藏晖，灭迹匿端，不可称道。"其又于"名可名，非常名"下注曰："名可名，谓富

---

① 尹志华：《北宋〈老子〉注研究》，巴蜀书社 2004 年版，第 36 页。此前詹剑峰《老子其人其书及其道论》，华中师范大学出版社 2006 年版，第 115 页，曾于后代注家中选择三个有代表性的人物加以辨析，即王弼、司马光、唐玄宗。王弼即传统主流观点的代表，又以李荣早于司马光，则尹氏实本于詹书。

贵尊荣，高世之名也。非常名，非自然常在之名也。"① 王弼注亦云："可道之道，可名之名，指事造形，非其常也。故不可道，不可名也。"②

至于第二、三解的"道可以言说"，是本文要讨论的关键。尹氏所引为李荣《道德真经注》与唐玄宗《御制道德真经疏》，兹录其原文于下：

> 李荣《道德真经注》：道者，虚极之理也。夫论虚极之理，不可以有无分其象，不可以上下格其真。是则玄玄非前识之所识，至至岂俗知而得知，所谓妙矣难思，深不可识也。圣人欲坦兹玄路，开以教门，借圆通之名，目虚极之理。以理可名，称之可道，故曰吾不知其名，字之曰道。非常道者，非是人间常俗之道也。人间常俗之道，贵之以礼义，尚之以浮华，丧身以成名，忘己而徇利，失道后德，此教方行。今既去仁义之华，取道德之实，息浇薄之行，归淳厚之源，反彼恒情，故曰非常道也。名者，大道之称号也。吾强为之名曰大哉。名非孤立，必因体来。字不独生，皆由德立。理体运之不壅，包之乃无极，遂以大道之名，诏于大道之体，令物晓之，故曰名可名也。非常名者，非常俗荣华之虚名也。所以斥之于非常者，欲令去无常以归真常也。名有因起，缘有渐顿。开之以方便，舍无常以契真常。陈之

---

① 《老子道德经河上公章句》，中华书局1993年版，第1页。明陈元赟《老子经通考》云："上之道字，天理流行之道；下之道字，经术政教之道也。"载衷尔钜辑注：《陈元赟集》，辽宁人民出版社1994年版，第220页。吴怡《新译老子解义》袭之，曰："本句第二个道是动词。河上公《老子注》：'谓经术政教之道也。'"三民书局2008年版，第3页。郑成海《增订老子河上公注疏证》则谓："河上此注释上'道'字。"华正书局2008年版，第3页。当以郑说为是。

② （三国·魏）王弼：《老子道德经注》，楼宇烈《校释》本，中华书局2008年版，第1页。牟宗三先生《才性与玄理》释王注曰："盖'可道之道，可名之名'，皆'指事造形'之道与名，乃属于'有'之范围者。凡'事'皆有分限，凡'形'皆有定体。而唯有分限与定体者，始可得而道，始可得而名也。恒常不变之大道，既非造形，故不可道，不可名矣。"载《牟宗三先生全集》，台北：联经出版事业股份有限公司，2003年，第2卷，第149页。显然以王弼之意，乃是以第一"道"字为非道，同于河上。郭永秉《关于〈老子〉第一章"道可道""名可名"两句的解释》认为，"从王弼的注可以引出与河上公注不同的较深层次的解释。某些学者起初将第一"道"字理解成"人们习称之道"，后又改为第一和第三个"道"字，都是"老子哲学上的专有名词"，这应该是受了王弼注的影响。不过我们现在无法肯定王弼是否已经明确具有跟后说意见完全相同的看法。载刘钊主编：《出土文献与古文字研究》，第五辑，上海古籍出版社2013年版，第596—597页。今按严遵《老子指归》云："故可道之道，道德彰而非自然也。可名之名，功名显而非素真也。"樊波成：《老子指归校笺》，上海古籍出版社2013年版，第231页。释义同于河上，而行文近于王弼，可知牟说为长。

于究竟，本无非常之可舍，亦无真常之可取。何但非常，亦非无常。既非无常，常亦无常，亦非非常，非无常也。①

　　唐玄宗《御制道德真经疏》：道者，虚极妙本之强名，训通，训径。首一字标宗也。可道者，言此妙本通生万物，是万物之由径，可称为道，故云可道。非常道者，妙本生化，用无定方，强为之名，不可遍举，故或大或逝，或远或近，是不常于一道也。故云非常道。名者，称谓，既物得道用之名。首一字亦标宗也。可名者，言名生于用，可与立名也。非常名者，在天则曰清，在地则曰宁，在神则曰灵，在谷则曰盈，得一虽不殊，约用则名异，是不常于一名也，故云非常名。②

　　尹志华先生之外，如董恩林先生、郭永秉先生等也都认为这表明李荣等认为"道"是可以言说的③。但是有学者却早已考证，李荣是认为"道"不可言的。李刚先生《李荣重玄思想管窥》：

　　在李荣看来，"道"是不可认知，不可言说的。这也与成玄英完全一致。他讲，"不可以言言，言之者非道；不可以识识，识之者乖真"④；"天道者，自然之理也，不假筌蹄得鱼兔，无劳言教悟至理"⑤；"多言则丧道，执教则失真"，"得意忘言，悟理遗教，言者不知"⑥。因此，道"绝于称谓，故曰无名"⑦。"道"是否可以言象诠是魏晋玄学"言意之辩"的主要论题之一。玄学家常讲得鱼忘筌，得兔忘蹄，得意忘象，得象忘言。李荣的"道"不可以言象诠的思

① （唐）李荣：《道德真经注》，载《蒙文通文集》第六卷《道书辑校十种》，巴蜀书社2001年版，第564—565页。
② （唐）唐玄宗李隆基：《御制道德真经疏》，载《道藏》，文物出版社、上海书店、天津古籍出版社1988年版，第11册，第750页。
③ 董恩林：《唐代老学：重玄思辨中的理身理国之道》，中国社会科学出版社2002年版，第40页；董恩林：《唐代〈老子〉诠释文献研究》，齐鲁书社2003年版，第112—113页；郭永秉：《关于〈老子〉第一章"道可道"、"名可名"两句的解释》，载刘钊主编：《出土文献与古文字研究》，第五辑，上海古籍出版社2013年版，第608页。
④ 原注：李荣《老子注》卷上第21页。
⑤ 原注：李荣《老子注》卷上第16页。
⑥ 原注：李荣《老子注》卷上第28页。
⑦ 原注：李荣《老子注》卷上第8页。

想即承此而来，即认为"道"不能用语言和形象来表征，以此进一步证明"道"是抽象的虚寂本体。这一点，李荣与沙门灵辩对论时曾再三强调，"道玄，不可以言象诠"；"玄道实绝言，假言以诠玄。玄道或有说，玄道或无说，微妙至道中，无说无不说"①。这又体现了中道精神，或有说，或无说，"无说无不说"，不着两边。由此，认识道的真髓在于"绝言""体道忘言"。这与佛教所谓"若有所说，皆是可破，可破故空。所见既空，见主亦空，是名毕竟空"一样②都是要破人类思维活动赖以实现的语言，以体证"道"的虚寂。既然虚极之道不能用知觉验证，也无法用语言表称，那么对"道"的语言诠释将会陷入越说得多离之越远的泥潭，因之对"道"的体认在于"得意"、"悟理"，即神秘的直觉。③

细审尹氏等所据李荣原文，可以视为"道"可言说的，仅这此二句："圣人欲坦兹玄路，开以教门，借圆通之名，目虚极之理。以理可名，称之可道，故曰吾不知其名，字之曰道"；"遂以大道之名，诏于大道之体，令物晓之，故曰名可名也"。可以注意，李荣在此并未使用"言"或"说"之类表示语言叙述的词语，而是使用的"名""称"。"名"显然出自《老子》原文，"称"初看似来自河上公注的"不可称道"。但"称之可道"无疑与"不可称道"相反，所以其义当别有所本。检王弼《老子指略》有云：

> 名也者，定彼者也；称也者，从谓者也。名生乎彼，称出乎我。故涉之乎无物而不由，则称之曰道；求之乎无妙而不出，则谓之曰玄。妙出乎玄，众由乎道。故"生之畜之"，不壅不塞，通物之性，道之谓也。"生而不有，为而不恃，长而不宰"，有德而无生，玄之德也。"玄"谓之深者也；"道"称之大者也。名号生乎形状，称谓

① 原注：《集古今佛道论衡》卷丁《大慈恩寺沙门灵辩与道士对论》，《大正藏》第五十二卷第394页。

② 原注：《大智度论》卷三十一，《大正藏》第二十五卷第290页。

③ 李刚：《李荣重玄思想管窥》，载李刚：《重玄之道开启众妙之门——道教哲学论稿》，巴蜀书社2005年版，第319—320页。又见卿希泰主编：《中国道教思想史》，第二卷，人民出版社2009年版，第77—78页。此节亦李刚先生撰稿，文字内容基本相同。

出乎涉求。名号不虚生，称谓不虚出。故名号则大失其旨，称谓则未尽其极。是以谓玄则"玄之又玄"，称道则"域中有四大"也。①

所以，李荣之注首云"道者，虚极之理也"，又云"以理可名"，是以"理"为"大道之名"，而以"道"为"称"。《韩非子·解老》曰："万物各异理，而道尽稽万物之理。"② "虚极"为"道"之理，故可"名"。而此"名"实为"理"之"名"，非"道"之"名"，故只能"称之可道"。斯即"借圆通之名，目虚极之理"。下文"遂以大道之名，诏于大道之体"，"大道之名"也并非"道"，而是"理"。对"道"而言，实有"称"而无"名"，所以下即言"绝于称谓，故曰无名"。可见此处并无"道"可言说之意，只是在交代"名""称"。而交代"名""称"，正是为了避免读者误以"道"可"名"可言。再看玄宗《疏》，其言"可道者，言此妙本通生万物，是万物之由径，可称为道，故云可道"，"名者，称谓，即物得道用之名"，毫无疑义，也是在交待"名""称"。因此，在《老子》注中，最早提出"道"可言说的，应该还是司马光。郭永秉先生批评詹剑峰先生"相关论述不够全面（比如他没有注意到更早的李荣的见解）"③，实则詹书参考书目赫然列有"唐玄宗《御制道德真经疏》（十卷）、唐玄宗《御制道德真经疏》（四卷）"、"李荣《道德真经注》（四卷）"，其书目并有说明道："这个书目，只就我个人所曾阅读者为限。"④ 是则詹氏曾读过李注玄疏，其所以仍将"道"可言说的发明权归于司马光，最合理的解释就是，这正说明詹氏不认为李注玄疏表达了"道"可言说之意。

<h1 style="text-align:center">二</h1>

就现存《老子》注释而言，最早认为"道"可言说的虽然是司马光，

---

① （三国·魏）王弼：《老子指略》，载楼宇烈校释：《老子道德经注校释》，中华书局2008年版，第197—198页。

② 张觉：《韩非子校疏》，上海古籍出版社2010年版，上册，第388页。

③ 郭永秉：《关于〈老子〉第一章"道可道""名可名"两句的解释》，载刘钊主编：《出土文献与古文字研究》，第五辑，上海古籍出版社2013年版，第606页。

④ 詹剑峰：《老子其人其书及其道论》，华中师范大学出版社2006年版，第325、327、325页。

但是在《老子》注释之外，道教徒早已提出过这一观点。据信是隋代道士刘进喜造前五卷，李仲卿续后五卷的《太玄真一本际经》卷二《付嘱品》：

> 天尊告曰：法本无言，亦无文字，但为世间无明众生愚痴触壁，悬心冥道无由悟解，故立世典，渐启瞳矇，乃寄语言，宣示正道，假借文字，著述图经，语字乃同，非复凡俗。①

《本际经》虽非依傍《老子》之文立论，但却对后世解释《老子》文义发生影响：启司马光释"道可道"为"道亦可言道耳"②，"非复凡俗"则当为李荣"非是人间常俗之道也"所本③。

实则《本际经》之前，《刘子·崇学》已谓：

> 至道无言，非立言无以明其理；大象无形，非立形无以测其奥。道象之妙，非言不传；传言之妙，非学不精。④

原其始则出于佛门。僧肇《肇论》三《般若有无论》：

> 《经》云：般若义者，无名无说，非有非无，非实非虚。虚不失照，照不失虚。斯则无名之法，故非言所能言也。言虽不能言，然非言无以传。是以圣人终日言，而未尝言也。⑤

---

① 叶贵良：《敦煌本〈太玄真一本际经〉辑校》，巴蜀书社 2010 年版，第 51 页。当然，《本际经》所言乃"法本无言"，而非"道"。不过，敦煌写卷 BD14677 佚名《道德真经义疏》于"道可道章"曰："道者，法也。"录文见朱大星：《敦煌本〈老子〉研究》，中华书局 2007 年版，第 354 页。

② （北宋）司马光：《道德真经论》，载《道藏》，文物出版社、上海书店、天津古籍出版社 1988 年版，第 12 册，第 262 页。

③ 但《本际经》本身对"常道"的理解仍是传统的。其卷九《秘密藏品》："生死之法，有因果故，故是无常，不名道果。常道之体，非因果故，是故为常，体是果故，故名道果。"叶贵良《辑校》本，巴蜀书社 2010 年版，第 217 页。

④ 傅亚庶：《刘子校释》，中华书局 1998 年版，第 36 页。

⑤ 张春波：《肇论校释》，中华书局 2010 年版，第 84 页。

肇公则系连缀释典，并非自出新意①。若然，可知肇公之先，中土仅有"道"之强名，而无"道"之强言。

事情还不这么简单，因为《本际经》所谓"乃寄语言"，是在重玄学框架中立意：②

> 太极真人曰：正观之人前空诸有，于有无著；次遣于空，空心亦净，乃曰兼忘。而有既遣，遣空有故，心未纯净，有对治故。所言玄者，四方无著，乃尽玄义。如是行者，于空于有，无所滞者，名之为玄。又遣此玄，都无所得，故名重玄，众妙之门。③

卢国龙先生释曰："根据《本际经》的看法，世俗之人执滞于物质幻相，认为世间万物万象都是有，所以虽或勤苦地积功累德，但终归还是滞溺于物质幻相，不能体合玄道，于是需要修空观，即勘破物质幻相为无。但这种空观是与有相对待的，还没有达到真正的清净，所以空观也须遣除。这样心中既不存着有物的想法，也不存着空无的念头，就达到了兼忘的修养境界，兼忘即'玄'，再将兼忘的意图遣除开，使心中彻底无所执滞，便是重玄之境了。"④ 李荣于《老子》第一章"玄之又玄"下之注语就是对《本际经》以重玄双遣言诠的最好诠释⑤：

> 道德杳冥，理超于言象；真宗虚湛，事绝于有无。寄言象之外，托有无之表，以通幽路，故曰玄之。犹恐迷方者胶柱，失理者守株，即滞此玄以为真道，故极言之非有非无之表，定名曰玄。借玄以遣无，有无既遣，玄亦自散，故曰又玄。⑥

---

① 参张春波：《肇论校释》，中华书局 2010 年版，第 84—85 页。
② 傅亚庶：《刘子校释》，中华书局 1998 年版，第 36 页。
③ 《本际经》卷八《最胜品》，叶贵良《辑校》本，巴蜀书社 2010 年版，第 208—209 页。
④ 卢国龙：《中国重玄学》，人民出版社 1993 年版，第 258—281 页。
⑤ 李荣深于重玄之学，参卢国龙：《中国重玄学》，人民出版社 1993 年版，第 232 页；董恩林：《唐代〈老子〉诠释文献研究》，齐鲁书社 2003 年版，第 100—141 页；李刚：《李荣重玄思想管窥》，载李刚：《重玄之道开启众妙之门——道教哲学论稿》，巴蜀书社 2005 年版，第 302—320 页；刘固盛：《道教老学史》，华中师范大学出版社 2008 年版，第 124—130 页。
⑥ （唐）李荣：《道德真经注》，载《蒙文通文集》第六卷《道书辑校十种》，巴蜀书社 2001 年版，第 566 页。

至宋，中观重玄之学俱衰，温公复以儒者不谙二氏道论，如其释"始制有名"曰："圣人得道，必制而用之，不能无言。"而"道"之内涵则为："道者，涵仁义以为体，行之以诚，不形于外。"① 由是遂开"道"可言说之先河，可堪一叹！

三

马王堆汉墓帛书《老子》甲本《道篇》首句作：

道，可道也，非恒道也；名，可名也，非恒名也。②

较传世本多出 4 个"也"字。近年有学者据此重论"道"可言说义。周生春先生《帛书老子道论试探》：

此二"也"字（引者按：指"可道也"、"非恒道也"之二"也"字）是位于句末的语气词，"非"字则是否定副词。在古代汉语中，判断句不用系词，而是在句末及谓语后用"也"字来表示判断和肯定，否定判断句则是在谓语前用副词"非"字表示否定。"道，可道也，非恒道也"，是由一句肯定判断句和一句否定判断句所组成的复合句。这种由句末的"也"字和"非"字构成的复句，是帛书老子常用的一种句式。如"名，可名也，非恒名也；"（通行本第一章）"夫天下，神器也，非可为者也；"（通行本第二十九章）以及"非其鬼不神也，其神不伤人也；非其神不伤人也，圣人亦弗伤也"（通行本第六十章）之类即是。而按通行本的文字和《韩非子》的解释，"道，可道，非常道"只是一条件复句。上述文字上的差异和对句子性质的不同理解，势必道致对原文含义的不同诠释。

---

① （北宋）司马光：《道德真经论》，载《道藏》，文物出版社、上海书店、天津古籍出版社 1988 年版，第 12 册，第 266、264 页。参见刘固盛：《宋元时期的老学与理学》，陕西人民出版社 2002 年版，第 113—117 页。

② 马王堆汉墓帛书整理小组：《马王堆汉墓帛书》［壹］，文物出版社 1980 年版，图版第 93 行，释文第 10 页。乙本残"非恒道也名可名也非"9 字，余同甲本，图版第 218 行上，释文第 95 页。

又，在先秦和秦汉时，"恒"字除有长久、固定不变之义外，还可作平常、一般、普通解。……据此，上述"道，可道也，非恒道也"可以译作：道是可以道的，它不是一般的道。再就帛书《老子》的内容而言，综观《老子》上下五千言，我们找不到一条可以确凿无疑地说明道不可道的证据。相反，我们却能找到许多例证，表明道是可以言说的。例如除"道，可道也"外，《老子》书中又有"道之出言也，曰：淡呵！其无味也，"（通行本第三十五章）以及"吾言甚易知也，甚易行也，……言有宗，事有君"之语（通行本第七十章）。这明确指出道是可以言说和表述的。……《老子》不仅认为道可言说，而且对道进行了多次反复的描述。例如它详细而具体地描述说："道之物，唯望唯物。……中有象呵！……中有物呵！幽呵！冥呵！中有请呵！其请甚真，其中有信。自今及古，其名不去，以顺众父。"（通行本第二十一章）……《老子》一书通篇说的就是道。在该书的作者看来，道虽因其玄妙而存在难以描述的困难，但并非不可道。如若不可言传，那么他也就不会撰作此书，反复向人阐述他的道了。①

周氏所论皆不可信。

其一，关于判断句问题，周氏所举三例，第一例的句式与释义方式必须同于被释句，所以先自行判定其句式与释义再用以论证被释句的句式与释义，属于循环论证。第二例恰恰是条件句式，亦即"神器也"是"非可为者也"的条件。第三例则是陈述句，而非判断句。

其二，近日为训诂者的常见弊病，即是仅言某词有某义，却并不就所释文献词语必为某义做进一步论证。周氏此处亦然。即便"恒"有一般义，我们还是可以问，为什么这里必须释为"一般"，而不能是"恒久"呢？

其三，如果将此点视为第二点的补充论证，亦即为什么"恒"必须取一般义，那么周氏的论证也是失败的。"道之出言"的"淡"与"无味"仍是以"无"来描述"道"。"道之物，唯望唯物"其意同于第二十五章之"有物混成"，其逻辑推论当为"道"无形，因此无名。至于"吾

---

①　周生春：《帛书老子道论试探》，载《哲学研究》，1992 年第 6 期，第 37 页。

言甚易知",除非我们同意《老子想尔注》以"吾"为"道"自称①,或者赞同《老子变化经》以老子与"道"等同②,否则何以知其所言乃"道"?当然,我们也须补充论证,设若《老子》所言非"道",则五千言竟欲何为?我理解"道不可言"包含两层含义:一是道是不可说的,二是道之外的其他东西是可说的。在五千文内,基于道不可言的《老子》主要的言说是什么呢?这个问题可以从另一个视角来考虑——《老子》所言之核心,应该就是《老子》所欲人知者。《老子》所欲人知者为何?曰"和"、曰"常"。可以推知,《老子》五千文的核心内容,即是"和""常"之言③。

最近持论为郭永秉先生《关于老子第一章"道可道"、"名可名"两句的解释》:

> 帛书本比今本多出了四个"也"字,"道可道"、"名可名"下多出的两个"也"字,对文义理解有关键影响,是最重要的差别④。裘〔锡圭〕先生认为,帛书本对传统的理解显然是不利的。按照传统解释(尤其是取河上公注的那一种理解),如要把老子这两句的意思表达得比较清楚一些,应该说"道可道者,非恒道也;名可名者,非恒名也"才是,决不会像帛书本那样在"道可道"、"名可名"之后都用"也"字。从帛书本看,根本无法作出河上公注那类理解。不管按照河上公注的理解,还是按照陈〔鼓应〕氏《老子哲学系统的形成和开展》一文的理解,《老子·道经》第一章开头两句都变成强调作为本体的道的本身是不可讲的,这跟《老子》全书通过各种

---

① 如"吾不知谁子"下想尔注:"吾,道也。"见饶宗颐:《老子想尔注校证》,上海古籍出版社1991年版,第7页。

② 参见屈《敬天与崇道——中古经教道教形成的思想史背景》中篇第三章第三节《敦煌本〈老子变化经〉研究》,中华书局2005年版,第368—423页,尤其第三小节《老子与"道"之等同》,第383—390页。

③ 参李若晖:《老子的"言"与"知"》,载赵保佑主编:《老子与华夏文明传承创新——2012·中国鹿邑国际老子文化论坛文集》,社会科学文献出版社2013年版,上册,第237—242页。

④ 原注:北大西汉简《老子》这两句作"道可道,非恒道殹;名可命,非恒名也"(北京大学出土文献研究所编:《北京大学藏西汉竹书》〔贰〕,上海古籍出版社2012年版,图版第74页;释文注释第144页),"道可道""名可名"下已无"也"字。

方法解释、描述"道",让人接受、遵循"道"是矛盾的①。

吾辈生千载之后,于旧注古义当尽力求其可通。观郭文所言"道可道者,非恒道也",是将此句理解为判断句。但是上引周生春先生文则以此句依传统理解当为条件句。王安石《老子注》言:"道本不可道,若其可道,则是其迹也。有其迹,则非吾之常道也。"② 实以为假设句。条件句与假设句有相通之处,可以不必计较。何乐士女士指出在《左传》中,"也"可以表假设③。如:

> 秦获穿也,获一卿矣。(文 12)
> 君若早自图也,可以无辱。(昭 13)

何氏曰:"'秦获穿也',表假设:秦如果获穿。"④ 秦俘获赵穿正是其"获一卿"的条件。第二例有"若"字,假设句式更为明显。若然,则"道,可道也,非恒道也",上"也"字表假设,义自可通,且此义与河上公以来古注及《庄子》"道不可言"⑤ 之古义相合,是则不必攀附释子新语,致湮中夏旧义。

于是,"道可道也,非常道也"可以理解为:"如果道可以言说,那么就不是恒久之道了。"

郭永秉先生上引文还引用朱谦之、陈鼓应等先生强调道之永恒变化的观点,同时又认为:

> 但是,"恒(常)"在语义上却显然无法表达出永恒变化的意思。对于一般传统解释而言,"恒道"、"恒名"比较合理的解释似乎是"永恒存在"⑥,但是古汉语中"恒"、"常"二字单独连接名词时通

---

① 原注:关于这一点,可参看周生春《帛书老子道论试探》,《哲学研究》1992 年第 6 期。

② 蒙文通:《王介甫〈老子注〉佚文》,载《蒙文通全集》第六卷《道书辑校十种》,巴蜀书社 2001 年版,第 675 页。

③ 杨树达《词诠》谓"也"为"语末助词,表假定",中华书局 1978 年版,第 373 页。

④ 何乐士:《〈左传〉的语气词"也"》,载何乐士:《古汉语语法研究论文集》,商务印书馆 2000 年版,第 280 页。

⑤ (清)郭庆藩:《庄子集释》,中华书局 1961 年版,第 3 册,第 757 页。

⑥ 原注:陈氏《开展》一文即以"永恒存在"释"恒"字。

常并没有"恒久存在"、"永恒存在"的意思，而是表示"恒久如此"、"恒久不变"之义，比如"恒星"（见《左传》等古书）即固定不动的星，"恒"字引申又有"恒心"（即持久不改之心）之义。这都来自"恒"字"不变"之义。而且"恒"字用来表示"永恒如此"的意思也决不会指"永恒变动不居"①。因此，传统的解释对于"恒道""恒名"的理解都是有问题的，陈氏等人的传统理解从古汉语角度是无法成立的。按照陈氏等人描述的这种永恒存在、永恒变动的特征，从古汉语里其实是根本找不出一个恰当的字来修饰"道"的。裘先生指出，根据帛书的"道可道也"句看，"道可道"的前一个"道"，只能是指老子的"道"，"恒道"与之有别。"恒"字在古代修饰名词，往往是表示"平常"、"普通"②的意思，如说"恒物"（《庄子·大宗师》）、"恒士"（《战国策·秦策二》）、"恒民"（《庄子·盗跖》）、"恒言"（《孟子·离娄上》）、"恒医"（《论衡·恢国》）等，因此"恒道"应该解释为"平常的道""普通的道"为好；"恒名"之"恒"亦当作同样理解。从帛书本《老子》看，这两句话应理解为"道（即老子主张的道）是可以说的，但并非一般所说的道；（道之）名是可以命名的，但并非一般所用的名（即其名表示的不是一般用这个字来表示的意义，如'大'、'一'）"。③

"道"是否变化，其实是个伪问题。因为"道"是超出于认识之上的，其不可言正是因为不可知。既不可知，就不能用表述认知范畴的变化或对变化的否定来描述道。这些都是机械套用所谓辩证法带来的恶果。如果一定要用变化来描述道，我们也只能说，万物生存的基本状态就是变化，而"道"是万物生存的总根据，于是相对于"万物时刻变化"来说，道必须是不变的。说得直白一点，就是"万物时刻在变化"这一点恰恰是不变的。如果"万物时刻在变化"这一点也变化了，就意味着万物不

---

① 原注：有学者将"常道""常名"解释为"浑然一体、永恒存在、动动不息的大道"、"浑然一体、永恒存在、动动不息的道之名"（陆玉林：《中华经典精粹解读——老子》，中华书局 2011 年版，第 1 页）。这是要调和恒久跟变动两个意思，给"恒"字在本来并无确据的"永恒存在"义之外又增加了额外的"变动"的意思，更是没有任何语言学根据的。

② 引者按："普通"原作"普遍"，据文义改。

③ 郭永秉：《关于〈老子〉第一章"道可道""名可名"两句的解释》，载刘钊主编：《出土文献与古文字研究》，第五辑，上海古籍出版社 2013 年版，第 599 页。

再变化了。那就是道的寂灭与宇宙的终结。因此，"恒道"、"恒名"之"恒"的语义，正是同于"恒星"、"恒心"之"恒"的长久不变。

我们还是秉持一贯观念，如无确据确证旧说必误，仍然应当尽力求旧说之可通。由本文所论，《老子》之义，仍当为"道"不可言说。

附记：本文写作中曾与复旦大学出土文献与古文字研究中心郭永秉兄往复讨论，获益匪浅，特致谢忱。

魏晋南北朝《老子》的注释与传播

薛瑞泽

（河南科技大学人文学院）

魏晋南北朝是中国社会大动荡的年代，社会的复杂多变对思想领域的影响至为明显，多种社会思潮不断涌现，从魏晋时期的玄学兴起，到南北朝时期佛教昌盛，乃至北魏时期道教进入人们的视野，无不表现出社会思想领域活跃的局面。从对老子《道德经》的注释和传播中，可以看出时代变化对经典的理解渐趋深刻，亦折射出魏晋南北朝思想领域的繁盛景况。

一 魏晋时期《老子》的注释与传播

《老子》作为先秦时期道家的代表著作，两汉时期就受到重视，魏晋南北朝时期因为独特的客观环境，其传播较之于两汉呈现出更加广泛的趋势。不同注家对《老子》的不同注释使《老子》得以为更多的人所接受，同时又因为注入了时代精神，《老子》因而有了更为蓬勃的活力。

东汉末年，《老子》的传播与汉末混乱的社会环境密切相连，有些场合《老子》成为反对东汉政府暴政的思想武器。汉中的张修信奉五斗米道，在修炼方法上，除了与张角的太平道相同外，又"加施静室，使病者处其中思过"。张修"又使人为奸令祭酒，祭酒主以《老子》五千文，使都习，号为奸令"①。在这里《老子》被作为教义来使用。建安十六年，关中战火不断，为了躲避战乱，建安初年客居三辅的安定人石德林辗转到达汉中。石德林在达汉中，"初不治产业，不畜妻孥，常读《老子》

---

① 《三国志》卷八《魏书·张鲁传》裴注引《典略》，中华书局1982年版，第264页。

五千文及诸内书，昼夜吟咏"。建安二十五年，曹操占领汉中后，他随曹操到长安。①　石德林读《老子》显然是为了求得暂时心灵的慰藉。

　　魏晋时期对《老子》的注释与玄学的兴起有着密切的关系。出身名门的何晏，"少以才秀知名，好老、庄言，作《道德论》及诸文赋著述凡数十篇"②。《道德论》显然是对《老子》的阐释与发挥。《隋书》卷三十四《经籍三》云："梁有《老子道德论》二卷，何晏撰……《老子杂论》一卷，何、王等注。"王弼也对《老子》注释精到，"弼好论儒道，辞才逸辩，注《易》及《老子》"。王弼之所以能够完成《老子》的注释，是因为从小就受到良好的训练，"弼幼而察慧，年十余，好《老氏》，通辩能言"。他曾受到当时学界名人的垂青，其父亲王业在汉末为尚书郎，裴徽为吏部郎，裴徽对他评价甚高。当时，还处在弱冠之年的王弼拜访裴徽，裴徽一见王弼就为其神采所折服，问王弼曰："夫无者诚万物之所资也，然圣人莫肯致言，而老子申之无已者何？"王弼答曰："圣人体无，无又不可以训，故不说也。老子是有者也，故恒言无所不足。"尚处在少年的王弼对老子有如此深刻的认识，为其日后注释《老子》奠定了坚实的基础。裴松之描述王弼"注《老子》，为之指略，致有理统。著《道略论》，注《易》，往往有高丽言"。③　《隋书》卷三十四《经籍三》云："《老子道德经》二卷：王弼注。"通过何晏与王弼对老子的注释可以看出，他们均在少年时期就对《老子》有浓厚的兴趣，加之汉魏之际儒家学说和谶纬学说，丝毫解决不了社会的实际问题，一些思想家开始对传统的儒家学说进行新的探讨，于是出现了玄学萌芽。何晏与王弼以《老子》为蓝本，以新的方法阐释《周易》，形成了自己的唯心主义哲学体系，标志着儒学在新形势下的创新。这可以说是《老子》阐释学新的思想体系的重要内容之一。魏晋时期，关于何晏与王弼注释《老子》的优劣亦有记载，《世说新语·文学》云："何平叔注《老子》始成，诣王辅嗣，见王《注》精奇，乃神伏，曰：'若斯人，可与论天人之际矣！'因以所注

---

①　《三国志》卷十一《魏书·管宁传附胡昭传》裴注引《魏略》，第365页。

②　《三国志》卷九《魏书·曹真传附桓范传》，第292页。

③　《三国志》卷二十八《魏书·钟会传附王弼传》，第796页。《世说新语·文学》云："王辅嗣弱冠诣裴徽，徽问曰：'夫无者，诚万物之所资，圣人莫肯致言，而老子申之无已，何邪？'弼曰：'圣人体无，无又不可以训，故言必及有；老、庄未免于有，恒训其所不足。'"（宋）刘义庆撰、徐震堮校笺《世说新语校笺》，中华书局1984年版，第107页。

为《道》、《德》二论。""何晏注《老子》未毕，见王弼自说注《老子》旨，何意多所短，不复得作声，但应诺诺，遂不复注，因作《道德论》。"何晏著《老子道德论》二卷，王弼有《老子注》二卷。这就是说何晏所注的《老子》水平不如王弼，但在其他方面则超过王弼，《魏氏春秋》曰："弼论道约美不如晏，自然出拔过之。"宋元时期，还留存有《老子略论》一卷，对此书的评价："晁氏曰：魏王弼撰。凡十有八章。景迂云，弼有得于《老子》，而无得于《易》，注《易》资于《老子》，而《老子论》无资于《易》，则其浅深之效可见矣。""陈氏曰：魏、晋之世，元学盛行，弼之谈元，冠于流辈，故其注《易》亦多元义。晁以道言弼注《易》亦假《老子》之旨。世所行《老子》，分《道德经》为上、下卷。此本《道德经》且无章目，当是古本。"①

魏明帝时，大司农弘农人董遇等人，对传统的经典多有注释，董遇"善治《老子》，为《老子》作训注"，相传"人有从学者，遇不肯教，而云'必当先读百遍'。言'读书百遍而义自见'。从学者云：'苦渴无日。'遇言'当以三余'。或问三余之意，遇言'冬者岁之余，夜者日之余，阴雨者时之余也'"。② 正因为有了利用"三余"读书的精神，董遇留下了《老子训注》二卷。董遇传播以《老子》为代表的经典方法虽然原始，但无疑是具有积极的意义。安平广宗人孟康著有《老子注》二卷，《隋书》卷三十四《经籍三》云："《老子》二卷，孟氏注。"再如钟会的母亲"雅好书籍，涉历众书，特好《易》《老子》"，并教授钟会众多儒家经典。③ 这是母亲教授儿子《老子》的学问。钟会在母亲的教诲下，著有《老子注》二卷。《隋书》卷三十四《经籍三》记载："《老子道德经》二卷：钟会注。"而在魏晋时期流传的关于老子出关入天竺的记载，则显现出中印文化交流的印迹。《魏略·西戎传》云："《浮屠》所载与中国《老子经》相出入，盖以为老子西出关，过西域之天竺，教胡。"④《文献通考》卷二百二十四《经籍考五十一·子》记载有《老子化胡经》十卷，"晁氏曰：魏明帝为之序。经言老子归昆仑化胡，次授罽宾，后及天竺。按裴松之《三国志注》言'世称老子西入流沙，化胡成佛'，其说盖起于

----

① （元）马端临撰《文献通考》卷二百十一《经籍考三十八·子》。
② 《三国志》卷十三《魏书·王郎传附董遇传》裴注引《魏略》，第 420 页。
③ 《三国志》卷二十八《魏书·钟会传》裴注引，第 785 页。
④ 《三国志》卷三十《魏书·东夷传附倭传》裴注引，第 859—860 页。

此。《议化胡经八状》附于后。《唐志》云：'万岁通天元年，僧惠澄上言，乞毁《老子化胡经》，秋官侍郎刘如璿等议状'。证其非伪，此是也。"可见在魏晋时期流传有《老子》传入印度的说法，这其实是佛教某些教义传入中国后与《老子》所记载的内容相通的缘故。远在江南地区孙权所控制的交州，也有虞翻聚集门徒，传授《老子》。虞翻因得罪孙权，被迁徙到交州，"虽处罪放，而讲学不倦，门徒常数百人"。在传授门徒的同时，虞翻"又为《老子》《论语》《国语》训注，皆传于世"。①虞翻完成了《老子注》二卷。《隋书》卷三十四《经籍三》云："虞翻注《老子》二卷，亡。"虞翻以自己的方式传播《老子》，对后世颇有影响。

西晋时期，《老子》引起了更多学人的关注。阮籍《老子赞》云："阴阳不测，变化无伦。飘遥太素，归虚反真。"② 嵇康《与山巨源绝交书》云："老子、庄周，吾之师也，亲居贱职。"③ 赞美老子的学说，他又评价老子曰："良贾深藏，外形若虚。君子盛德，容貌若不足。"④ 阮籍、嵇康赞美老子评价老子的学说，表明了其对老子的认同。牵秀《老子颂》云："深哉伯阳，诞此灵姿。研精玄奥，幽赞神微。抱质怀素，蕴宝藏辉。述而好古，仪圣作师。周衰道废，厥猷匪宣。龙潜初九，亢志皓然。于邈高风，徽音永传。"⑤ 此颂应当是他深谙西晋官场的黑暗而表露自己的心迹。还有一些学者因为独特的经历对玄学推崇有加，如陆云曾经夜行迷路，借宿人家，"见一年少，美风姿，共谈老子，辞致深远。向晓辞去，行十许里，至故人家，云此数十里中无人居，云意始悟。却寻昨宿处，乃王弼冢。云本无玄学，自此谈老殊进"⑥。陆云迷路而遇王弼的鬼魂，不过是他最终改弦易张的借口罢了。羊祜所著文章及其《老子传》并行于世。⑦《隋书》卷三十四《经籍三》云："梁有《老子道德经》二卷，晋太傅羊祜解释。"孙楚的后人孙登，"少善名理，注《老子》，行于

① 《三国志》卷五十七《吴书·虞翻传》，第 1322 页。

② （宋）李昉等撰《太平御览》卷一《天部一·太素》，中华书局 1960 年版，第 3 页。

③ 《晋书》卷四十九《嵇康传》，中华书局 1974 年版，第 1371 页。

④ 《史记》卷六十三《老子韩非列传》索隐引嵇康《高士传》，中华书局 1982 年版，第 2140 页。

⑤ （唐）欧阳询撰《艺文类聚》卷七十八《灵异部上·仙道》，上海古籍出版社 1982 年版，第 1339 页。

⑥ 《晋书》卷五十四《陆云传》，第 1485 页。

⑦ 《晋书》卷三十四《羊祜传》，第 1022 页。

世"①。前揭《隋书》亦载:"《老子道德经》二卷、音一卷,晋尚书郎孙登注。"

东晋时期,《老子》的传播更加盛行。晋成帝时,武昌人郭翻去世前,"遗令俭葬,惟以两卷《老子》,示存道德。"② 可见《老子》在其心目中具有崇高的地位,注释《老子》者更是对其传播起了重要作用。刘劭族子刘黄老,"太元中,为尚书郎,有义学,注《慎子》、《老子》,并传于世"③。长沙人邓粲曾应荆州刺史桓冲征辟,晚年又"以父骞有忠信言而世无知者,著《元明纪》十篇,注《老子》,并行于世"④。除了上述所列材料外,《隋书》卷三十四《经籍三》又记载:"《老子道德经》二卷,晋西中郎将袁真注;《老子道德经》二卷,张凭注。""梁有《老子音》一卷,晋散骑常侍戴逵撰,亡。""《老子玄谱》一卷,晋柴桑令刘遗民撰。""《老子经》二卷,东晋江州刺史王尚述注;《老子》二卷,晋郎中程韶集解。"对于《老子》的理论和赞美之声更是不绝于耳。孙绰《列仙传赞·老子》云:"李老无为,而无不为。道一尧孔,迹又灵奇。塞关内境,冥神绝涯。永合元气,长契两仪。"⑤ 郭元祖《列仙传赞·老子》云:"老子无为,而无不为。道一生死,迹入灵奇,塞兑内镜,冥神绝涯。德合元气,寿同两仪。"湛方生《老子赞》云:"教由严宗,化必有资。深矣若人,乃作皇师。亦参儒训,道实希夷。恂恂孔父,是敬是只。"⑥ 湛方生还有《诸人共讲〈老子〉诗》云:"吾生幸凝湛,智浪纷竞结。流宕失真宗,遂之弱丧辙。虽欲反故乡,埋翳归途绝。涤除非玄风。垢心焉能歇。大矣五千鸣。特为道丧设。鉴之诚水镜。尘秽皆朗彻。"⑦ 葛玄《道德经序》也对《老子》赞美有加。《隋书》卷三十四《经籍三》云:"《老子序决》一卷,葛仙公撰。"葛仙公为葛洪的祖父,葛仙公以炼丹秘术传于弟子郑隐,葛洪又向郑隐学习,其推崇《老子》渊源有自。东晋时期,王羲之非常喜爱鹅,山阴有一道士善于养鹅,王羲之前往观看,心中喜悦,要求买鹅,道士为了求得王羲之的字,遂云:

---

① 《晋书》卷五十六《孙楚传附孙统传》,第 1544 页。
② 《太平御览》卷五百五十五《礼仪部三十四·葬送三》引《郭翻别传》,第 2513 页。
③ 《晋书》卷六十九《刘隗传附讷子畴传》,第 1842 页。
④ 《晋书》卷八十二《邓粲传》,第 2151 页。
⑤ 《初学记》卷二十三《道释部·道第一》,中华书局 1962 年版,第 549 页。
⑥ 《艺文类聚》卷七十八《灵异部上·仙道》,第 1340 页。
⑦ 《先秦汉魏晋南北朝诗·晋诗》卷十五。

"为写《道德经》,当举群相赠耳。"王羲之欣然提笔写就。道士也不食言,王羲之"笼鹅而归,甚以为乐"。① 殷仲堪云:"三日不读《道德经》,便觉舌本间强。"② 表明《老子》在其修身修行中有着非同寻常的作用。《世说新语·排调》云:"桓南郡与道曜讲《老子》,王侍中为主簿,在坐。桓曰:'王主簿,可顾名思义。'王未答,且大笑。桓曰:'王思道能作大家儿笑。'"思道为王祯之的小字,《老子》明道,王祯之字思道,故曰"顾名思义"。此虽然有调笑的因素在内,但无疑可以证明《老子》在士人中的影响。

老子的学说虽然赢得了许多人的关注,但魏晋玄学昌盛时期仍然有人对其加以批评,并因此涉及到《老子》的不足之处。裴颁"深患时俗放荡,不尊儒术",不满阮籍、嵇康的"素有高名于世,口谈浮虚,不遵礼法,尸禄耽宠,仕不事事",王衍"声誉太盛,位高势重,不以物务自婴,遂相放效,风教陵迟"。于是著崇有之论阐释名教的弊病。他在文章中说:"老子既著五千之文,表撝秽杂之弊,甄举静一之义,有以令人释然自夷,合于《易》之《损》《谦》《艮》《节》之旨。而静一守本,无虚无之谓也;《损》《艮》之属,盖君子之一道,非《易》之所以为体守本无也。观老子之书虽博有所经,而云'有生于无',以虚为主,偏立一家之辞,岂有以而然哉!"③ 批评老子的学说。孙盛《老子疑问反讯》也对《老子》加以评说。④《世说新语·谗险》记载,袁悦本来非常善于游说,受到朝廷的重视,但在父母去世后,除服回到京城,只带了一本《战国策》,他对人说:"少年时读《论语》《老子》,又看《庄》、《易》,此皆是病痛事,当何所益邪?天下要物,正有《战国策》。"这可能与袁悦对魏晋以来的形势认识有关,但他本人也因用《战国策》的计谋游说,"说司马孝文王,大见亲待,几乱机轴,俄而见诛",殊为可悲。

二 南北朝时期《老子》注释与传播

南北朝时期的南北对峙固然在政治上造成了分裂,但在思想文化领域

① 《晋书》卷八十《王羲之传》,第2100页。
② (宋)刘义庆撰、徐震堮校笺《世说新语校笺·文学》,第133页。
③ 《晋书》卷三十五《裴秀传附子颁传》,第1045页。
④ 《广弘明集》卷五。

并未造成隔阂。一些传统的思想适应当时政治形势，在中国南北方不同的政治集团中都有存在的社会环境，《老子》及其思想就因适应这种特殊环境而得以广泛传播。

从南朝刘宋时期开始，社会上就有一些人以《老子》作为研究的对象，并做出了一些成绩。吴兴武康人沈演之起家本为武将出身，但他在11岁时，"折节好学，读《老子》日百遍，以义理业尚知名"①。刘宋初年，林子著有包括《老子》颂诗在内的诗文颇受时人的称赞。《隋书》卷三十四《经籍三》记载，刘宋时期，"《老子道德经》二卷，释惠琳注；《老子道德经》二卷，释惠严注"。吴郡吴人张融对儒释道都颇为融通，他在临死之前遗言，"左手执《孝经》《老子》，右手执小品《法华经》"，②展现出佛道兼通的学术修养。这其中应当关注梁朝诸帝，梁武帝对儒释道都颇有研究，除了撰写阐释儒家经典的著作外，他还撰写有《老子讲疏》。③梁简文帝也著有《老子义》二十卷。《隋书》卷三十四《经籍三》记载："《老子私记》十卷，梁简文帝撰。"大同六年，朱异"启于仪贤堂奉述高祖《老子义》，敕许之。及就讲，朝士及道俗听者千余人，为一时之盛"④。承圣三年九月，梁元帝"于龙光殿述《老子》义，尚书左仆射王褒为执经"⑤。《南史》卷八《梁本纪下·元帝纪》记载，梁元帝著有《老子讲疏》四卷。侯景之乱发生后，大宝二年八月，侯景将害哀太子萧大器，"时贼党称景命召太子，太子方讲《老子》，将欲下床，而刑人掩至"，最后被侯景所派的人处死。⑥颍川鄢陵人庾承先"玄经释典，靡不该悉"，他曾"与道士王僧镇同游衡岳"。晚年回到故乡，"鄱阳忠烈王在州，钦其风味，要与游处。又令讲《老子》，远近名僧，咸来赴集，论难锋起，异端竞至，承先徐相酬答，皆得所未闻"。"中大通三年，庐山刘慧斐至荆州，承先与之有旧，往从之。荆陕学徒，因请承先讲《老子》。湘东王亲命驾临听，论议终日，深相赏接。留连月

① 《宋书》卷六十三《沈演之传》，第1685页。
② 《南齐书》卷四十一《张融传》，中华书局1972年版，第729页。
③ 《梁书》卷三《武帝本纪下》，中华书局1973年版，第96页。
④ 《梁书》卷三十八《朱异传》，第538页。
⑤ 《梁书》卷五《元帝本纪》。《太平御览》卷六百一十五《学部九·讲说》引《梁书》曰："中宗于敬贤殿讲《老子》，仆射王褒执经，百僚皆预讲席。中宗谈折捷辩，间以嘲谑，在座者相顾解颐。"第2765页。
⑥ 《梁书》卷八《哀太子传》，第753页。

余日，乃还山。王亲祖道，并赠篇什，隐者美之。"① 扶风郿人马枢，"六岁，能诵《孝经》《论语》《老子》。及长，博极经史，尤善佛经及《周易》《老子》义。梁邵陵王纶为南徐州刺史，素闻其名，引为学士。纶时自讲《大品经》，令枢讲《维摩》、《老子》、《周易》，同日发题，道俗听者二千人。王欲极观优劣，乃谓众曰：'与马学士论义，必使屈伏，不得空立主客。'于是数家学者各起问端，枢乃依次剖判，开其宗旨，然后枝分流别，转变无穷，论者拱默听受而已"②。汝南安城人周弘正早孤，与弟弟弘让、弘直为伯父周舍所养，"年十岁，通《老子》、《周易》，舍每与谈论，辄异之"。他著有《老子疏》五卷。③ 清河武城人张讥"及侯景寇逆，于围城之中，犹侍哀太子于武德后殿讲《老》《庄》"。陈高宗在位期间，"仍令于温文殿讲《庄》《老》，高宗幸宫临听，赐御所服衣一袭"，他著有《老子义》十一卷。④ 吴郡盐官人顾越"特善《庄》、《老》，尤长论难，兼工缀文，闲尺牍"。梁武帝"尝于重云殿自讲《老子》，仆射徐勉举越论义。越抗首而请，音响若钟，容止可观，帝深赞美之"。顾越还著有《老子》义疏四十余卷。⑤ 南阳涅阳人宗少文孙宗测欲退隐，"宦在都，知父此旨，便求禄还，为南郡丞，付以家事。刺史安陆王子敬、长史刘寅以下皆赠送之，测无所受，赍《老子》，《庄子》二书自随"⑥。南齐吴兴武康人沈麟士著有《老子要略》数十卷。⑦ 庾曼倩著有《老子义疏》。梁代对《老子》注释更加丰富。《隋书》卷三十四《经籍三》云："梁有《老子道德经》二卷，张嗣注；《老子道德经》二卷，蜀才注。亡。""梁有《老子道德经》二卷，巨生解。""梁有《老子义疏》一卷，释慧观撰，亡。"此外，以《老子义疏》为名的还有孟智周、韦处玄、梁武帝和戴诜，还有不署名的《老子节解》、《老子章门》等。

佛教自从传入中国后，与本土的道教不断发生龃龉，针对"佛道二

---

① 《梁书》卷五十一《处士·庾承先传》。《陈书》卷十九《马枢传》云："六岁，能诵《孝经》《论语》《老子》。及长，博极经史，尤善佛经及《周易》《老子》义。梁邵陵王纶为南徐州刺史，素闻其名，引为学士。纶时自讲《大品经》，令枢讲《维摩》、《老子》、《周易》，同日发题，道俗听者二千人。"1972 年版，第 264 页。

② 《太平御览》卷六百五十四《释部二·奉佛》引《梁书》，第 2922 页。

③ 《陈书》卷二十四《周弘正传》，第 305 页。

④ 《陈书》卷三十三《儒林·张讥传》，第 443 页。

⑤ 《南史》卷七十一《儒林·顾越传》，中华书局 1975 年版，第 1753 页。

⑥ 《南史》卷七十五《隐逸传上·宗少文传附孙测传》，第 1861 页。

⑦ 《南史》卷七十六《隐逸下·沈麟士传》，第 1892 页。

家，立教既异，学者互相非毁”的现象，南齐永明年间，吴郡盐官人顾欢著《夷夏论》论述佛道之间的关系，他首先论述了佛道之间的渊源关系，关于佛教的起源，他引述《道经》云：“老子入关之天竺维卫国，国王夫人名曰净妙，老子因其昼寝，乘日精入净妙口中，后年四月八日夜半时，剖左腋而生，坠地即行七步，于是佛道兴焉。”他甚至提出了“若孔、老非佛，谁则当之”的见解，因而得出了“道则佛也，佛则道也”的论断。① 相传顾欢弟子鲍灵绥门前有一株树，“本十余围，上有精魅，数见影动，印树即枯死。山阴白石村多邪病，村人告诉求哀，欢住村中为讲《老子》，规地作狱，顷见狐狸鼋龟自人狱中者甚多，即命煞之，病者皆愈”。②

北朝作为少数民族所建立的几个封建政权，对于来自汉族的传统经典所采取的态度各有不同。北魏道武帝拓跋珪对《老子》极为推崇，“太祖好老子之言，诵咏不倦”。到太武帝即位后，对以老子为始祖的道教仍然重视，他以寇谦之为天师，对道士优容备至。③ 一些文人对《老子》等典籍的认识并不相同。崔浩在太武帝时期备受重视，但他“性不好《老》、《庄》之书，每读不过数十行，辄弃之”。他曾经谈及自己不喜好老庄的原因，“此矫诬之说，不近人情，必非老子所作。老聃习礼，仲尼所师，岂设败法之书，以乱先王之教。袁生所谓家人筐箧中物，不可扬于王庭也”④。崔浩从孔子曾向老子学习的角度出发，认为《老子》为“矫诬之说，不近人情”，故而肯定其“必非老子所作”。这其实是完全从个人好恶出发而得出的结论，显然是不切实际的。西凉的刘昞曾收程骏为徒，程骏“师事刘昞，性机敏好学，昼夜无倦”。程骏对刘昞说：“今世名教之儒，咸谓老庄其言虚诞，不切实要，弗可以经世，骏意以为不然。夫老子著抱一之言，庄生申性本之旨；若斯者，可谓至顺矣。人若乖一则烦伪生，若爽性则冲真丧。”⑤ 程骏从《老子》的经世致用谈了自己对《老子》的看法，与崔浩的观点截然相反。不仅在男性中有许多注释《老子》的，也有一些女性对传播《老子》亦多有贡献。北魏末年，卢道虔赶走

---

① 《南齐书》卷五十四《高逸·顾欢传》，第 931 页。
② 《太平御览》卷七百三十七《方术部十八·禁》引萧子显《齐书》，第 3267 页。
③ 《魏书》卷一百一十四《释老志》，中华书局 1974 年版，第 3049—3051 页。
④ 《魏书》卷三十五《崔浩传》，第 812 页。
⑤ 《魏书》卷六十《程骏传》，第 1345 页。

第二任妻子司马氏，娶第三任妻子元氏，元氏"甚聪悟，常升高座讲《老子》。道虔从弟元明隔纱帷以听焉"。① 元氏作为女性对《老子》的理解应当达到了较高的水平，否则卢道虔的从弟不会亲临聆听。

北朝对于《老子》的注释虽不及南朝，但仍然有不少学者关注《老子》。范阳涿人卢景裕曾注《老子》。东魏高欢执政期间，中山曲阳人杜弼注老子《道德经》二卷，呈给魏孝静帝，对《老子》赞美有加，"窃惟《道》、《德》二经，阐明幽极，旨冥动寂，用周凡圣。论行也清净柔弱，语迹也成功致治。实众流之江海，乃群艺之本根"。他本人曾对自己的创见也有所披露，"钻味既久，斐亹如有所见，比之前注，微谓异于旧说"。杜弼所注《老子》受到孝静帝的称赞，为了获得高欢的重视，他"上一本于高祖，一本于世宗"②。北周时期，卢光"撰《道德经章句》，行于世"③。周隋之际，河间鄚人张暠曾"撰《老子》、《庄子》义，名《道言》，五十二篇"④。

魏晋南北朝时期注释《老子》的流行，对《老子》的传播有着举足轻重的作用。《老子》的思想内涵经过几代人的反复阐释，适应时代的变化而愈加丰富多彩。这些注释的《老子》都是站在注家的立场之上，用贴近时代的精神内涵来发扬和丰富其文化内涵。特别是在魏晋时期因为独特的社会环境，《老子》被玄学家用来注释《周易》，开启了一个新的思想流派，而到南北朝时期，佛道共同盛行，《老子》注释则为本土宗教的传播拓展了一个新的天地。

---

① 《北史》卷三十《卢玄传附道将弟道虔传》，中华书局1974年版，第1078页。
② 《北齐书》卷二十四《杜弼传》，中华书局1972年版，第349页。
③ 《周书》卷四十五《儒林·卢光传》，中华书局1971年版，第808页。
④ 《隋书》卷四十六《张暠传》，中华书局1974年版，第1262页。

道家"无为而治"执政理念的廉政观审视

白 奚

（首都师范大学哲学系）

自古至今，为政清廉都是对执政者的一项基本要求，也是一个政权能够长期执政的必要条件。先秦时期的各家各派，无论其学说有何理论偏重，无论其是否对形上的哲学思辨感兴趣，对政治问题的高度关注都是他们的共同特征，在为政必须清廉这一问题上，诸子百家有着高度的共识。先秦诸子虽然大多只是一些思想家、理论家，而不是实际的执政者，他们并不直接讲或很少讲廉政，但他们的思想主张都与廉政问题间接有关，都可以从廉政的视角来审视和解读。探讨先秦各家学派的廉政思想，对于我们今天十分关注的廉政建设具有一定的参考价值和借鉴意义。

一

本文首先以政治理论最为丰富的法家、墨家和儒家学说为例，简要分析这几家的廉政思想，以便引出道家无为而治的廉政理念并通过对照来彰显其独特的理论价值。

法家认定自私自利、趋利避害是人的普遍本性。他们认为，人皆有追逐利益的本能，就好比水往低处流一样确定不疑且毫无例外，对此法家多有论述。《商君书·君臣》曰："民之于利也，若水之于下也，四旁无择也。"《管子·形势解》亦曰："民，利之则来，害之则去。民之从利也，如水之走下，于四方无择也。"由于这一自然本性的驱动，就如同哪里地势低水就会流向哪里一样，只要是有利可图，人就会奋不顾身去追逐，任何艰险都无法阻挡。《韩非子·说林下》对此有极为形象而精准的阐述："鳝似蛇，蚕似蠋。人见蛇，则惊骇；见蠋则毛起。渔者持鳝，妇人拾蚕，利之所在，皆为贲、诸。"鳝鱼（"鳣"）很像蛇，人人见了都很惊恐；蚕很像毛毛虫（"蠋"），人人见了汗毛都会竖起来，但是打鱼的人手握鳝鱼，养蚕的妇女用手捉蚕，却丝毫也不恐惧，这是因为求利的缘故，所以个个都像著名的勇士孟贲、专诸一样勇敢。《管子·禁藏》亦曰："夫凡人之情，见利莫能勿就，见害莫能勿避。其商人通贾，倍道兼行，夜以续日，千里而不远者，利在前也。渔人之入海，海深万仞，就波逆流乘危百里，宿夜不出者，利在水也。故利之所在，虽千仞之山，无所不上，深源之下，无所不入焉。"这些认识无疑是清醒而深刻的。既然自私自利、趋利避害是人皆有之的本性，手握大大小小权力的官吏们自然也不能例外，因而指望他们没有贪欲之心是不可能的，更何况他们有着利用权力谋取私利的便利条件。与普通人求利的行为是为生活所迫不同，他们获得额外的利益要容易得多，所以他们很难抵挡得住贪腐的诱惑。那么，如何才能遏制乃至杜绝贪腐呢？法家认为，问题既然出在人的自然本性上，解决问题的方法也出在人的自然本性上，遏制、杜绝贪腐的要诀就在于顺应人的本性加以利用。在法家看来，人皆趋利避害的本性对于君主来说乃是求之不得的好事，正好可以用来作为实施刑赏"二柄"的人性论根据。根据人性中"趋利"的一面，用赏赐来调动人的积极性为统治者所用；根据人性中"避害"的一面，用刑罚来迫使人们服从统治者的意志。实现廉政依据的是同样的道理，要使官吏清廉，要诀也在于顺应和利用人皆趋利避害的自然本性，因其恶害而对贪腐者威之以刑罚，因其好利而对清廉者劝之以庆赏。在刑和赏这"二柄"中，刑的威慑力对于实现廉政显然更为重要，法家对此更为强调。《韩非子·奸劫弑臣》曰："百官之吏亦知为奸利之不可以得安也，必曰：'我不以清廉方正奉法，乃以贪污之心枉法以取私利，是犹上高陵之巅，坠峻溪之下而求生，必不几矣。'安危之道若此其明也，左右安能以虚言惑主，而百官安敢以贪渔下？是以臣得陈其忠而不弊，下得守其职而不怨。此管仲之所以治齐，而商君之所以强秦也。"刑的威慑力量会使官吏们视贪腐为畏途，不敢铤而走险，使贪腐的官吏坐立不安，这是法家实现廉政的关键。在法家的法治体系中，为官吏者是一个高危职业，贪腐者要冒极大的风险。要言之，就是用刑法的威慑作用来使得官吏不敢贪腐，不肯用前途和生命为代价去以身试法。法家强调的严刑峻法、有罪必罚、轻罪重罚、以刑去刑、刑无等级、法不阿贵等主张，不仅适用于治民，同样也适用于治吏。应当承认，法家主张利用人的动物本能，以暴力手段保证廉政，这种是行之有效的，其弊在于手段单一，简单粗暴。

　　墨家的最高宗旨是实现"国家百姓人民之利"，为此他们主张维持生活的最低标准，"以裘褐为衣，以跂𫏋为服，日夜不休，以自苦为极。"（《庄子·天下》）其"节用""节葬""非乐"等主张无不是要把人的各种欲望降到最低水平，住房只求能够遮风挡雨，器物只求能够坚固实用，穿衣只求能够遮丑御寒，吃饭只求能够维持生存，超过这些最低标准都被看作是"无用之费"。后期墨家宋钘还提出了"情欲寡浅"的理论，认为人的本性本来就是欲寡不欲多，"情欲固寡，五升之饭足矣，先生恐不得饱，弟子虽饥，不忘天下"（同上），从人性论上论证了墨家维持生活最低标准的主张。墨家这样的主张不单是对墨者自身提出的要求，也是对天下所有人提出的要求，其实也不难看出他们针对的主要是统治者及其官吏集团的贪得无厌。墨家主张的是贤人政治，在他们的构想中，各级权力的执掌者都必须是所在范围内的"最贤者"，活着的时候以身作则当公仆，死后也不能搞特殊化。显然，如果统治者们能够接受并践行墨家的这些主张，廉政的实现自然是不在话下的。但可惜的是，墨家的这些主张违背了人之常情，"反天下之心，天下不堪，墨子虽能独任，奈天下何？"（同上）他们把廉政的希望寄托在这些违背人的自然本性的主张上，不免带有浓重的空想意味，其实际效果必然是极为有限的，他们的主张既奈何不了天下人，更限制不了为政的君主和构成其统治集团主体的各级官吏。更令人匪夷所思的是，在墨家那里，廉政的监督者既不是制度法令，也不是官府，更不是民众，而居然是鬼神。《墨子·明鬼下》曰："是故子墨子曰：当若鬼神之能赏贤如罚暴也，盖本施之国家，施之万民，实所以治国家、利万民之道也。若以为不然，是以吏治官府之不洁廉，男女之为无别者，鬼神见之。民之为淫暴寇乱盗贼，以兵刃、毒药、水火退无罪人乎道路，夺人车马、衣裘以自利者，有鬼神见之。是以吏治官府不敢不洁廉，见善不敢不赏，见暴不敢不罪。民之为淫暴寇乱盗贼，以兵刃、毒药、水火，退无罪人乎道路，夺人车马、衣裘以自利者由此止，是以莫放幽间，拟乎鬼神之明，显明有一人，畏上诛罚，是以天下治。"墨子指出，贪腐之事若发生在"显明"之处就会被发现而受到诛罚，那么如果发生在"幽间"之处是不是就不会被发现了呢？墨子认为"鬼神之明"就在暗处，所以，即使是在"幽间"之处也不能放肆（"莫放幽间"），"吏治官府"做了"不洁廉"的事情，莫要以为做得天衣无缝无人知晓，其实早有"鬼神见之"，鬼神能够代替人来"赏贤罚暴"。墨子天真地认为，有了无处不在的鬼神暗中监督，就可以保证"吏治官府不敢不洁廉"，这种监督作用显然是很不靠谱的。

儒家对人的本性的看法与法家大相径庭。他们认定人人皆有与生俱来的道德属性，这种道德属性是人之为人的本质所在，也是人与动物的本质区别。孟子称此种先天的道德属性为性善，他也用水向下流的现象比喻人之性善："人性之善也，犹水之就下也。人无有不善，水无有不下。"（《孟子·告子上》）这种人皆有之的善性，就是儒家主张道德教化的可行性根据。"人无有不善"这样一种对人性的基本判断使得儒家相信道德的力量和教化的作用，主张提高全民特别是执政者的道德水平，靠道德自觉来防止贪腐，实现廉政。儒家并不否认人有追求物质利益的欲望，他们认为正常的欲望是合理的，应该得到满足，但他们坚持主张对欲望加以限制，以防止合理的欲望变成贪欲。孔子曰："君子欲而不贪"（《论语·尧曰》），就是这一态度的简单明了的表达。怎样才能使人"欲而不贪"呢？他们主张将求利的欲望置于道义的制约之下，这就是著名的"重义轻利"、"以义制利"的儒家义利观。孔子提出"见利思义"（《论语·宪问》）的原则，在物质利益面前，首先要考虑的是它是否符合道义，不符合道义的就应该坚决弃之不取。孔子对此多有论述，如："富与贵，是人之所欲也，不以其道得之，不处也。贫与贱，是人之所恶也，不以其道得之，不去也。"（《论语·里仁》）又曰："不义而富且贵，于我如浮云。"（《论语·述而》）如果说孔子是用道义来限制欲望，那么孟子就是用"寡欲"来存养道义，他说："养心莫善于寡欲。其为人也寡欲，虽有不存焉者，寡矣；其为人也多欲，虽有存焉者，寡矣。"（《孟子·尽心下》）这里的"存"说的是"存心"，即道德心的存养，在孟子看来，道德心的多寡同欲望的多寡是成反比的，能"寡欲"的人，道德心即使有所流失也不会流失得太多，不能"寡欲"的人，道德心即使有所存留也不会存留多少。因而孟子主张通过存养（"存心"、"养心"）和扩充道德心（"尽心"）的途径来实现"浩然之气"的"大丈夫"人格，"寡欲"作为下手处在这里充当了一种重要的方法。孔子和孟子这里所说的虽然是一种普遍的道德修养和君子人格，是做人的一般道理，但同样也是君子出仕为政后必须遵循的道德原则。在儒家那里，修身与为政是一个一致而连续的过程，为政者只有成为道德榜样才能够保证令行禁止，因而为政者自身的"正"与"不正"就成了政治成败的关键。孔子曰："政者，正也。子帅以正，孰敢不正？"（《论语·颜渊》）又曰："其身正，不令而行；其身不正，虽令不从。"（《论语·子路》）又曰："苟正其身矣，于从政乎何有？不能正其身，如正人何？"（同上）孔子心目中的理想人格是"仁者"，"仁者"的境界在孟子那里表现为"浩然之气"，拥有此种人格的人在道德修养上达到了最高的境界，这样的人如果被赋予政治权力，当然是决不可能贪腐的。即使是尚未达到此种道德境界的"君子"、"贤者"，为政也必定是清廉的，因为他们的道德水平远远高于做一个清官的道德底线。儒家用道德的力量来防止腐败实现廉政的主张，至今仍不失为一种值得重视的廉政措施，值得现代人借鉴吸取，应该成为当代廉政建设中常抓不懈的内容。但也应该看到，如果不能建立起有效的制度保障体系，仅仅依靠道德来遏止贪腐，其力量和作用还是有限的，它只是对于君子有效用，对于道德堕落、见利忘义的小人是起不到什么作用的，谁也不能保证大大小小的官吏都具有足够高的道德水平，因而加强道德教育充其量只能作为廉政的一种辅助措施，而不能从根本上保证廉政。

二

道家在先秦时期的各个学派中以擅长哲学思维而著称，提出了很多充满哲学智慧的卓异主张。道家虽然同其他学派一样，并没有直接讲廉政问题，但从廉政的视角来看，道家"无为而治"的施政理念，其中包含着独特而丰富的廉政思想，可以在更高的哲学层面上为我们提供有益的启示。

在上面提到的几家学派那里，实现廉政依赖的都是各种各样的监督和惩治，法家靠的是强制性法令的监督和威慑，儒家靠的是实际上可以归为道德自觉的防范和监督作用，墨家靠的则是鬼神的监督和惩治。而在道家看来，任何监督和惩治的作用都是有限的，都只是治标，都不能从根本上和源头处防范和遏止贪腐。道家通过对各家学派廉政理念的反思，不再从监督和惩治着眼和入手，而是力图实现无为而治，通过转变执政理念和执政方式来实现一种自然而然的廉政，从而降低对各种各样的监督和惩治的依赖程度，甚至使其成为不必要。应该说，这是一种独特的政治智慧，是一种更深层次的廉政理念。

无为而治的思想是一种独特的执政理念，是对当时社会上各种各样的有为政治的反思。在老子看来，世俗的有为政治的背后往往隐藏着君主的政治野心和统治集团的贪欲，这是导致贪腐的深层根源。无为而治就是要根据"自然"这一道家的核心价值，转变政府的执政理念和执政方式，实行清静自然的政治。应该承认，在清静自然无为的执政理念治理下，政府清廉的可能性应该是相对比较高的。

"无为而治"语出《论语·卫灵公》，"子曰：'无为而治者，其舜也与！夫何为哉？恭己正南面而已矣。'"《老子》、《庄子》中都没有出现这个命题，但谁也不能否认无为而治是道家的重要思想。《老子》中"无为"一词出现了13次，含义一以贯之。"无为"的含义需要准确地加以把握，不能仅从字面上把它理解为什么事情都不做。老子的无为，是指排除不必要、不适当的作为或反对强作妄为，顺任事物之自然而为。在老子看来，万物的存在和变化是一个自然而然的过程，任何外力的参与和干预都是不必要的。对于一个自然的过程来说，任何不必要的外在作用都是强加的，都是妄为，不但无助于事物的存在和发展，反而会破坏事物发展的自然过程。只有不妄为，顺其自然地为，才是唯一合理的态度。顺其自然不妄为，实际上也是"为"，是一种独到的、有深刻意蕴的"为"，这就是《老子》第六十三章所说的"为无为，事无事"，即以"无为"的态度去"为"，以清静无事的方式去"事"。老子的"无为"，虽然不去勉强地"为"，刻意地"为"，努力地"为"，而是顺其自然地去"为"，但由于排除了不必要的、不适当的作为，排除了主观意志和强制性行为的负面作用，反而可以收到"无不为"的实效，此即《老子》第三十七章和四十八章所说的"无为而无不为"。这个"无不为"，其一是指没有任何遗漏，其二是指"为"得最好，达到了最佳的效果，这个最佳的效果就是通过"无为"的方式获得的，也只有通过"无为"的方式才能获得。这样的方式和效果，即《老子》第三章所说的"为无为，则无不治。"可见，用"无为"的方式实现"无不为"的目的，达到最佳的治国效果，这就是道家"无为而治"的治国理念。

无为而治的实践效果，《老子》第五十七章是这样表述的："我无为而民自化，我好静而民自正，我无事而民自富，我无欲而民自朴。"事实上，"好静"、"无事"、"无欲"都是对"无为"的不同描述，都是"无为"的内涵。"好静"是针对统治者的想法太多、轻举妄动而提出的，"无事"是针对统治者的烦苛政治、好大喜功、劳民伤财而提出的，"无欲"是针对统治者的贪得无厌而提出的。老子认为，如果统治者为政能够做到"无为"，放弃控制的欲望，让人民自我化育，自我发展，自我完成，那么人民自然就能够安平富足，社会自然就能够和谐稳定，这就是"无不为"了。反之，如果不是"无为"，而是不断地扩张自己的私欲，强化自己的意志，不停地滋事搅扰，就不可能收到良好的政治效果，反而不能"无不为"了。

从廉政的视角来看，无为而治既是对政府执政理念的宏观建言，也是对各级执政者个人的具体建言。从政府的角度看，根据无为而治的理念，在缺乏有效监督的情况下，政府的权力越大，职能越强，官员贪腐的机会就越多，行政失误的风险就越高。老子提出无为而治的政治理念，旨在达到最佳的施政效果，同时也可以最大限度地降低贪腐的可能性。根据以上对无为而治思想意涵的分析，无为而治既不是不要政府，也不是鼓励政府撒手不管不作为，而是主张政府在施政时淡化政府本位的理念，顺任自然，排除妄为，避免利用权力强势推行政府的意志，尽量减少勉强的、刻意的、不必要的作为，即采取不干涉的态度，让万物和百姓"自化""自均""自正""自定""自宾""自富"自成其功。老子相信，如能采取"无为"的态度，"辅万物之自然而不敢为"（《老子》第六十四章），尽可能地减少不适当的、不必要的作为，就会收到最好的治国效果。可见，老子的"无为"包含着高超的政治智慧。从廉政的视角看，无为而治思想中最为深刻的含义，就是主张降低政府的控制欲望，弱化政府的集体意志，淡化政府的职能，限制政府的权力，减少政府对民众生活的干预，让民众尽可能自主、自然地安排自己的生活，政府也就在这一相对自然的过程中实现了自己的政治目标。这种政府和民众双赢的局面，老子称为"功成事遂，百姓皆谓我自然。"（《老子》第十七章）可见，根据道家的理念，无为而治并不是排除任何政府行为和社会控制，而是要把握好政府行为和社会控制的性质、程度和方式，排除不必要的、不适当的、勉强的、强制性的、破坏性的、违反常规的政府行为，避免过多过滥的指令和干预。显然，实行无为而治的社会，政府从整体上应该是清静寡欲的，贪腐的可能应该是较低的。

从执政者个人的角度看，君主和各级官吏的欲望越多、野心越大、政绩观越强，贪腐的机会就越大，民众的负担就越重。道家的无为而治则可以通过执政理念的转变而有效地淡化和遏制执政者的贪欲、野心和对政绩的追求，有助于实现廉政的目标。老子曰："圣人无常心，以百姓心为心"（《老子》第四十九章），"百姓心"就是民众的意愿和利益，老百姓最希望的莫过于不受干涉和控制，自由自在地过自己的日子，因而道家式的圣人在执政时首先考虑的就是"百姓心"，让自己的意志服从于民众的意志，而不是凌驾于民众之上，把自己的意志强加给民众。根据道家的理念，最好的执政者实行无为而治，没有政治野心和贪欲，他们在执政时淡化个人的意志，尽量不表现自己，尽量不出风头，尽量减少自己的控制欲，尽量不发号施令、指手画脚，不轻易干涉老百姓的生活，这样才能防止各级执政者个人意志的膨胀而凌驾于民众意志之上。这样的执政者，民众甚至感觉不到他的存在（"太上不知有之"《老子》第十七章）；这样的执政者，"处上而民不重，处前而民不害。是以天下乐推而不厌。"（《老子》第六十六章）民众感受不到来自他的压力，都乐于推戴他。以今观之，道家的"无为而治"并不是主张政府官员不作为、撒手不管，而是只保留最必要、最有效的政府功能，而将不必要、不适当的行政干预和控制行为减少到最低限度，让社会依靠本身具有的创造能力和调谐功能而自发地达到最佳状态。这样的执政理念和执政方式，有管理却看似没有管理，就如同童子牧羊，让羊儿自由自在地吃草，而不是赶着羊儿不停地跑，这样才能很好地实现执政的目标。显然，这样的执政方式有助于有效地降低执政者贪腐的机会，减轻民众的负担，它不是想方设法去压制那升腾起来的种种欲望和野心，而是让欲望和野心在清静无为的施政方式中自我消解无由产生，无须去压制。

实行无为而治，还可以有效地防止打着为民众办事的幌子行贪腐之实，有效地减少贪腐的发生。应该看到贪和腐之间的复杂性，贪污必腐败，不贪污也可能腐败，那些不惜耗费民力民财，不计成本代价，不考虑后果，滥用权力去谋求个人升迁实现个人野心，为追逐政绩和虚荣而无端浪费国家财富的政府官员，即使没有中饱私囊，其行为也构成了另一种形式的腐败。再退一步说，即使是真心实意地为民众办事，作为过多、过度和不当，反而会增加民众的负担，也不符合廉政的目标和原则。君不见，充斥于当今社会，引起人民群众极大不满的各种政绩工程、首长工程、献礼工程、形象工程、面子工程等等，过多过滥而又劳民伤财的种种不顾民众的意愿和接受程度以及可能造成生态灾难的项目、规划等等，无不打着群众利益的招牌和发展、开发之类的幌子，掩藏在背后的往往是执政者的"政绩"和个人前程，甚至是野心、私欲和腐败。这样的"有为"最终损害的只能是人民群众的根本利益，违背了执政为民的宗旨，也为贪腐者增加了机会，提供了条件。而在道家无为而治的执政理念下，以上种种情况都可以得到避免和有效的遏制。

由此可见，无为而治虽然不是直接讲廉政，但却应该能达到较好的廉政效果。从廉政观的角度来审视，道家的无为而治是一种深层次的廉政理念，是通过转变执政理念和执政方式来防止贪腐的滋生，实现廉政。这种防患于未然的有效方式，用老子自己的话来说就是"为之于未有，治之于未乱。"（《老子》第六十四章）在无为而治的执政理念和执政方式下，政府和执政者个人应该是相对清廉的，贪腐发生的概率应该是比较低的。

同法家、儒家和墨家的廉政理念相比，道家式的无为而治，其廉政目标的实现靠的不是各种各样的监督或惩治，而是靠的符合"自然"这一道家最高价值的社会政治运作模式来保障。当然，道家的无为而治并不排斥和放弃监督和惩治，而是更深入一步，寻求如何才能不过度依赖监督和惩治就能实现廉政的更有效、更合理的执政理念和施政方式，这样的理念和方式比起单纯地依赖监督和惩治，显然更为治本。这种道家式的廉政是在自然而然、不知不觉中实现的，比起各种各样的监督和惩治，无为而治实现廉政的社会成本显然更低，代价也更小，其作用也更长效。从哲学的视角来看，无为而治的理念符合"自然"这一道家的核心价值，可谓棋高一着，包含着独特的政治智慧，有着值得重视和借鉴的合理因素，需要我们认真对待。

道家的无为而治是一个很高的政治目标，是对世俗上各种有为政治的超越，旨在用自然无为的方式来实现"无不为"、"无不治"，即达到最佳的治国效果。对这个最佳的治国效果来说，廉政乃是其题中本有之义，并且不过是包含于其中的一个较低标准的目标。也就是说，无为而治的目标要明显地高于廉政的目标，倘若能够实行无为而治，实现廉政是不在话下的。这也就是我们从廉政观的角度审视道家无为而治执政理念的可行性和意义之所在。

应当承认，廉政的实现是一个综合性很强的系统工程，涉及到法律、制度设计、道德、信仰等诸多领域，任何单一的方式和手段都无法保证从根本上杜绝贪腐，这在古今中外都是一样的。我们说道家的无为而治是一种深层次的廉政理念，并不是说它可以确保实现廉政，足以解决一切问题。道家的无为而治同儒家、法家、墨家的廉政理念都各有其独到的价值，都可以在现代民主政治的条件下，为当今社会的廉政建设提供传统的思想资源，因而都值得认真研究和吸取借鉴。

从巫文化衍变的视角谈道教与道家的关系

——兼论王屋山在道教神仙体系中的地位

张纯俭　李利欣

（张纯俭，洛阳文物考古研究院；李利欣，洛阳老子学会）

春秋战国时期，为我国思想史上的一个光辉灿烂的爆发期。这一时期远古的原始宗教巫祝文化，被人文主义的理性精神筛分出多个层面，从而形成了"百家争鸣"的思想潮流。思想的大争鸣，既有列国纷争这一现实社会政治变革的驱动力，更有深层的思想渊源所在。从儒、墨之争，到老子"道法自然"思想对孔子人文主义理性的批判，反映出的是对原本更深层面的"道术"不同视角的体认和解读。这在战国中后期的《庄子·天下篇》中有着极为精彩的论述："天下大乱，贤圣不明，道德不一，天下多得一察焉以自好。……悲夫，百家往而不反，必不合矣！后世之学者，不幸不见天地之纯，古人之大体，道术将为天下裂。"然而，古道术究竟何为？对古道术的究问，可以追溯到颛顼帝时期的一次思想变革——绝地天通。

一　"绝地天通"是道教形成的原始动力

对于这一思想史重大变革，《国语·楚语下》有着较为详细的描述："昭王问于观射父，曰：'《周书》所谓重、黎寔使天地不通者，何也？若无然，民将能登天乎？'对曰：'非此之谓也。古者民神不杂。民之精爽不携贰者，而又能齐肃衷正，其智能上下比义，其圣能光远宣朗，其明能光照之，其聪能月彻之，如是则明神降之，在男曰觋，在女曰巫……及少皞之衰也，九黎乱德，民神杂糅，不可方物。夫人作享，家为巫史，无有要质……颛顼受之，乃命南正重司天以属神，命火正黎司地以属民，使复旧常，无相侵渎，是谓绝地天通……'"从中，我们可以得出"绝地天通"的思想史意义之关键在于：天地相分，人神不扰。在之后的天人秩序进一步有序化、制度化重建的过程中，春秋战国时期形成的儒家有了礼制再造的依据，法家的治国方略试图从中找寻根基，神仙家则试图从中构建神仙体系——这为后来道家到道教的衍变提供了原始动力。

巫（觋）在巫文化的历史场景中所担当的使命，可以凝练为两句话，即司马迁所说的：究天人之际，通古今之变。前者，从精神旨趣方面遵循自然法则，以"究天理"，沟通天地；后者，所担当的是历史社会认知主体的角色，从而构建出有序化、制度化的社会人文秩序。这两者是一体两面的，总的来说就是构建良性的"天人秩序"。

到了春秋战国阶段，随着人类理性的觉悟，史家、医家、神仙家、经方家等从巫文化中分化出来。主要分化形成了两个层面：第一层面为儒、墨、道、法、阴阳家等渐成体系的学术流派；第二层面为天文、历谱、五行、占卜、形法（相面）等术数派。老子其祖先作为掌史就兼具"通古今之变"与"究天人之际"这两种使命，分别表现在《道德经》中的《德篇》和《道篇》这两部分内容；而从掌史中分化出的礼官，更多地从社会历史认知主体的角色去构建人文秩序，并演变为孔子儒家。

战国末期，新生学派与百家之学融合涤荡，产生了黄老之学；黄老之学中的杨朱派，崇尚"尊生全性"，至西汉演化成修身养性之学；发展到东汉时期，黄老学进一步融合了神仙家、五行家、阴阳家、术数家以及方技家等思想，加上儒家的伦理道德，消化融合并演变成了黄老道。

黄老道的形成为道教的成立架设了不可或缺的桥梁，但真正促使其以宗教形式成立教派，主要有两方面的原因：一是思想史方面的原因，佛教传入中国一百多年来传教规模与能力的不断扩张，刺激了早期道教自觉地汲取佛教较为完备的教理、教义、组织形式以及修持方法，并逐步形成了宗教形式的道教——天师道，从而加强了民族文化对外来佛教的对抗能力；二是东汉末年社会政治动荡、民不聊生等因素，成为促使道教以独立的宗教形式发展成宫观道教的现实原因。然而，成为宗教形式的道教，除了在思想渊源上与老庄所开创的道家都源自于巫文化的衍变之外，且在后期的发展中，继承并发展道家学说的同时，积极借鉴外来学说，推动了中国思想史的发展①。

二　王屋山在道教神仙体系中的地位

前边我们论述了在颛顼帝时期，为了构建和谐、有序的天人秩序，以免人神杂糅，他发动了一场思想革命——"绝地天通"，但"天人沟通"的理路、通道并未堵死——作为中国思想史的两个维度之一，也不可能堵死。而在"绝地天通"之后，天地间的通道，除了昆仑天梯，都被禁绝。那么"昆仑"究竟在何处？现代意义上对昆仑山方位最权威的解释莫过于《辞海》："西起帕米尔高原，横贯新疆、西藏间，东延青海境内。"然而，作为中国巫文化"圣山"的古昆仑在哪里，则争讼已久，众说纷纭。

本文我们采纳的观点主要依据于济源文史专家姚景强先生的《王屋山即古昆仑考辨》一文②：他在文中从神话传说、典籍佐证以及山岳形胜三个方面做了极为严谨的考证。这里，笔者欲基于文章的需要再略作几点思考：王屋山即古昆仑对于王屋山在道教神仙体系中地位的重要性，以及仙道文化何以能成为王屋山文化的灵魂。

王屋山的发现与炎黄二帝有着必然内在关联，书载：黄帝联合炎帝击蚩尤，登王屋山设坛祭天，"黄帝于此告天，遂感九天玄女、西王母降授《九鼎神丹经》《阴符策》，遂乃克伏蚩尤之党，自此天坛之始也"，故王屋山又称天坛山，奠定了王屋山"华夏第一祭坛"的重要地位。春秋末年，老子从洛阳辞官入王屋山修炼三年，而后西出函谷关留下《道德经》，即是他对当时人文理性思潮的一个回应，更是老子对"道"的一个纲领性论述。所谓"道德经"，经熊春锦先生的广泛考证，《老子》"德经"为上"道经"为下的原旨，指明"以德进道"是研修老子哲学的必

---

① ［法］康德谟：《中国文化新论》，台湾联经出版公司1983年版。他于文中论述道："道家和道教彼此来自同一种极古老的宗教的根源，两者关系极为密切，纵使道家和道教真的有显著的不同点，但是这些不同并不足以使我们认为它们代表着两股截然不同的思潮，相反地，我们以为道教是道家思想的延续。"

② 姚景强：《王屋山即古昆仑考辨》，《济源职业技术学院学报》2007年第6卷第2期。

经阶梯①。"德"者，"得"也，"德道"也就是"得道"的意思，后世道教真人"得道成仙"，正是基于这一理论之上。

老子之后的关尹子、列御寇、庄子等致力于对"道"的体悟及丰富，列子修道九年而能"泠然御风"；《庄子·天地》篇云："千岁厌世，去而上仙。乘彼白云，至于帝乡，……"然而，如何成仙？帝乡又何在？神仙的"仙"字本义就是升山者，闻一多曾解释"仙"字说："仙字本作僊，《说文》'僊，升高也'，仙即僊字。……升去谓之迁，动词名化，则升去了的人亦谓之僊。西方人相信天就在他们那昆仑山上，升天就是升山，所以僊字别体作仙，正是依照西方人的观念所造的字。"② 这一解释，极为精当地吻合于战国秦汉的帝仙神灵系统："能登山不死者则谓仙，再登高而能呼风唤雨者则谓神灵，能登至高之处则谓天帝；《淮南子·地形训》曰：'昆仑之丘，或上倍之，是为凉风之山，登之而不死；或上倍之，是为县圃，登之乃灵，能使风雨；或上倍之，乃维上天，登之乃神，是为太帝之居。'可见，随着昆仑山的不断升高，也形成了天神的三个阶层：'不死'的神仙→'能使风雨'的神仙→神仙中的主神'太帝'。"③

在前面我们引证姚景强先生的《王屋山即古昆仑考辨》时说道：他于山岳形胜等三个方面方面论证了王屋山即古昆仑。王屋山之形胜完全符合典籍之中对古昆仑的描述：王屋山有三重，王屋山为第一重；与王屋一脉所接的析城山，山顶的圣王坪，即天帝所居的昆仑山之大花园——玄（玄、县互通，皆为"悬"之意）圃，是第二重；而第三重叫增城，也叫天庭。④ 因此，作为古昆仑山的王屋山，其成为历代仙家"得道成仙"之地，即吻合于上古时期的巫文化衍变——除昆仑天梯之外，其余天地之间的通道都被禁绝，那么要想"得道成仙"以沟通天人，首选之地自然非王屋山莫属了。

当古昆仑即王屋山这一结论成立，对道教的神仙体系而言有两个方面

① 熊春锦：《老子道德经》帛书校注本，中央编译出版社 2006 年版。（熊春锦先生以马王堆汉墓帛书甲本为底本，以帛书乙本和郭店楚简出土的竹简本为校本，广泛考证石刻本、河上公本、龙兴碑本、王弼本等之优劣，查证原貌，澄清流弊，恢复了《老子》"德经"为上、"道经"为下的原旨，指明"以德进道"为研修老子的必经阶梯。）

② 闻一多：《神话与诗·神仙考》，华东师范大学出版社 1997 年版，第 17 页。

③ 引自《山岳与象征》中王晖《周代的天神和山神崇拜》一文，游琪、刘锡城主编，商务印书馆 2004 年版，第 78 页。

④ 姚景强：《王屋山即古昆仑考辨》，《济源职业技术学院学报》2007 年第 6 卷第 2 期。

的重要意义：首先，"修道成仙"从"天人沟通"维度是能够成立的，即"昆仑天梯"的确存在，人可以通过"修道"并"得道成仙"，这一点上文已进行了简单探讨；其次，于王屋山这一神仙洞府"修道成仙"，从"通古今之变"这一社会历史维度而言，既具有可行性、可操作性，同时也在后世修道者的继承传播过程中，推进着道教甚至整个中国思想史的变革，这是本文接下来着重探讨的。

三　王屋山道教的兴衰是中国道教史的缩影

王屋山仙道文化的兴衰，实则就是中国道教史的缩影。自巫文化时期黄帝于王屋山祭天并一统华夏，到颛顼帝的"绝地天通"；巫文化的衍变为道家提供理论依据的同时，也为仙道文化的发展打开了一道"沟通天人"的"昆仑天梯"。东汉末年，随着教团性质道教的创立，"修道成仙"就成了道教的终极目标，王屋山道教的兴衰也成了中国道教兴衰的缩影。

1. "修道成仙"这一终极目标，在汉魏晋时期修道者以更多地符箓禁咒以及炼丹、方药等神仙方术来实现。在宗教性质的道教创立之前，东汉著名的炼丹家魏伯阳就隐居王屋山中，著《周易参同契》，被誉为丹经之祖，为后世道教所宗。前文我们论述了东汉末年天师道的创立，标志着宗教化组织团体性质的道教正式形成。其开创者张道陵得《黄帝九鼎神丹经》及长生之术，晚年辞官隐居在王屋山余脉——北邙山潜心研修长生之道，悟道后于汉顺帝年间入蜀创立五斗米道，即天师道，作《老子想尔注》，尊老子为太上老君，自称教主。魏晋时期的著名炼丹家葛洪，辞官入王屋山抱朴坪炼丹，在《抱朴子内篇》中称王屋山"正神在其中……上皆生芝草，可以避大难……有道者登之，则山神必助之。"这一时期的修道者，多以炼丹、方药等方式去实现"得道成仙"的终极目标。而同一时期的魏华存曾在长期居住阳洛山，撰写道教经典《黄庭经》，一改过去的符箓禁咒和炼丹，而为专炼人体精、气、神以求长生之道，综合医家、仙道以及巫术为一体，开创了以炼神为主的上清派，被后世尊为上清派的创始人。其师太素清虚真人王褒得道成仙后，授为"清虚真人"，统领小有天，治理王屋山洞天。

2. 唐代皇室崇道之风与王屋山道教的鼎盛

随着隋唐统一，南北方道教增进了交流和发展，李唐皇族尊奉老子为先祖，以制造"君权神授"舆论，这是一种政治需要。成为国家宗教的道教，备受推崇的同时，在理论上也有着大变革和大发展。

王屋山在中国道教界的中心地位就是在这样一个背景下奠定的。有唐一代最负盛名的道士上清派茅山宗十二代宗师司马承祯，就是在这样一种崇道社会背景下入主王屋山修道建庙，建阳台观以居，唐玄宗御书"廖阳殿"榜。开元十五年，唐玄宗命胞妹玉真公主入王屋山师从司马承祯学道，一时朝野震动。司马承祯受玄宗之命，册封天宫地府，他完整地提出"洞天福地说"，把天下名山大川封为"十大洞天、三十六小洞天、七十二福地"，王屋山以其"周回万里，号曰小有清虚之洞天。……属西城王君治之。"① 有人以王屋山为上清派创始人魏华存之师王褒统领，因此作为上清派茅山宗师的司马承祯把王屋山作为"十大洞天"之首，是"情理之中"。但事实上，根据我们上文的论证，王屋山实则为古昆仑山，乃天人沟通之"昆仑天梯"所在，司马承祯封王屋山为"天下第一洞天"应是基于天人沟通的"理所当然"，而非教派原因的"情理之中"，否则王屋山在道教神仙体系中的核心地位就大大减弱了。

有唐一代道教在义理方面的发展，由唐初偏重精神修习的"重玄学"，发展为"性命"双修之学，并进而过渡到内丹学。从思想资源看，可以大体认为"重玄学"是"老子"思想在依庄子与佛学中观论而做出的解释，即从"有无双遣"到"玄之又玄"，但有偏离道教原有思想特色之嫌；司马承祯（代表作《玄纲论》）及吴筠（代表作《玄纲论》、《神仙可学论》）的"性命双修"理论，皆认为凝神收心的"性"学是修道成仙的基本前提，这种内在性的精神操守与心理体验，是修身续命的基本途径，从而直接促使道教神仙学由外丹学走向内丹学，入宋之后，遂成道教仙学的一大主流。② "性命双修"学为道教神仙学的理论化打下了坚定的基础，从而能在思想理论上抗衡佛学，这在思想史上意义重大，对此陈寅恪有着高度评价：道教"对输入之思想，如佛教、摩尼教等，无不尽量吸收。仍不忘去本来民族之地位。既融成一家之说以后，则坚持夷夏之

---

① 张君房：《云笈七签》（卷27），司马承祯，《天地宫府图并序》，四部丛刊本。
② 冯达文、郭齐勇主编：《新编中国哲学史》（上册），人民出版社2004年版，第391—394页。

论，以排斥外来之教义。……从来新儒家即继承此种遗业而能大成者。"①
因此，可以说有唐一代道教理论的发展，在哲学上继承和发展了道家学说，而隋唐以后道家的思想也依托道教从而得以继承和发展。

　　3. 金元时期王屋山道教的偏安一隅到明清时期的衰微

　　金元之际，中原战乱不断，国家南北分治。受政治社会动荡的影响，这一时期的王屋山道教有早期的上方真元派，以及由王重阳创立的全真道。全真道"以修真悟性为正道，以识心见性、除情去欲、忍耻含垢、苦己利人"为宗旨。金大定九年，王重阳携全真七子到王屋山，创重阳庵、长春观栖住，开创了全真道士"初跻道位，皆谐阳台受戒"的教规，王屋山遂成为早期全真教在北方的受戒圣地。

　　有元一代，丘处机融合"儒、释、道"三教，受元太祖成吉思汗的恩遇，总领天下道教，后开创龙门派，王屋山道教由龙门派独占，道教活动时盛时衰。明朝建立之后，朱元璋对道教采取既尊崇又限制的政策，并特封湖北武当山为真武大帝道场，道教活动中心随之南移，王屋山在全国道教中的地位日趋下降，但仍与湖北武当山相呼应，名曰北武当山。有清一代，王屋山道教日趋衰微，被全真道龙门派尊为"中兴之祖"的道羽王常月，为提高全真道龙门派的地位和扩大影响，走出王屋山布道，度弟子千余人，遍布江河南北。

　　在金元明清时期，王屋山的道教文化随中国道教文化的发展而兴衰起伏，地位也时升时降，但道教文化的传承与发展并无间断，千余年来中国道教文化发展兴衰的整个历史过程都可以反映于王屋山道教的兴衰历程，可以说它是中国道教文化发展的一个缩影。

---

　　① 转引自陈寅恪《冯友兰〈中国哲学史〉下册审查报告》，冯友兰：《中国哲学史》，中华书局 1961 年版。

文本·语境·心态:王船山的老庄异同论

邓联合

（山东大学易学与中国古代哲学研究中心）

作为与儒家对立的异端，道家的两大代表人物老子和庄子，连同佛教、申韩，是王船山时常在著述中主动与之展开思想交锋，并不厌其烦地加以批驳的对象。但通观其全部作品，可发现船山对老庄的态度实际上是颇为矛盾的。其中一个重要表现是，围绕庄子与老子之学究竟相同还是相异的问题，他在不同文本和不同语境中的表述前后并不一致，有些说法甚至完全相反。本文将对这一问题进行梳理探析，以揭示出在此现象背后船山的理论动机和复杂心态。

一 庄高于老而自立一宗

王船山最重要的庄学专书是其晚年（63 岁时）① 撰作的《庄子解》。该书的"外篇序"在对《庄子》的内外篇进行文本比较和义理分析时，又将庄子之学与老子之学做了严格区分。在船山看来，就文本特点而言，"内篇虽参差旁引，而意皆连属；外篇则踌驳而不续。内篇虽洋溢无方，而指归则约；外篇则言穷意尽，徒为繁说而神理不挚。内篇虽极意形容，而自说自扫，无所粘滞；外篇则固执粗说，能死而不能活。"进一步，船山认为内篇与外篇的文本特点之所以反差巨大，是由于二者不同的思想归属和义理旨趣造成的。"外篇序"云：

---

① 参阅王夫之《庄子解》，中华书局 1964 年版，王孝鱼《点校说明》；萧萐父《船山哲学引论》，江西人民出版社 1993 年版，第 244 页。下文凡重引某书，只注作者、书名和页码。

内篇虽轻尧舜,抑孔子,而格外相求,不党邪以丑正;外篇则恣戾诟诽,徒为轻薄以快其喙鸣。内篇虽与老子相近,而别为一宗,以脱卸其矫激权诈之失;外篇则但为老子作训诂,而不能探化理于玄微。

根据文本和义理两方面的分析,船山推断:"外篇非庄子之书,盖为庄子之学者,欲引伸之,而见之弗逮,求肖而不能也。……其可与内篇相发明者,十之二三,而浅薄虚嚚之说,杂出而厌观。"① 概括起来,"外篇序"的老庄相异之论包括两个要点。第一,二者思想旨趣不同:老子陷溺于"矫激权诈之失",庄子则"能探化理于玄微"而已无此失。第二,二者对儒家圣学的态度不同:庄子虽贬抑圣人,但其贬抑却并不是简单地从与圣学("正")对立的相反角度("邪")作出的丑化攻击,毋宁说他是从特殊角度对圣人提出了某种苛刻或更高的要求("格外相求");而由老子之学,则只可能引发出对圣人圣学的无端愤恨、粗浅诟诽,这种徒逞口舌之快的做法无疑是极为轻薄卑劣的。

基于这两条理由,从船山对《庄子》内外篇之文本特点和义理差异的比较中,我们很容易看出他对老子的厌恶和拒斥、对庄子的有所肯定甚至不乏欣赏。作为其"贬老褒庄"之理论取向的落实,对于"外篇序"点名批评为"浅薄虚嚚""尤为悁劣"而至于"不足存"的《骈拇》《马蹄》《胠箧》《至乐》等篇,船山在后文的注解和阐发中或直接指出该篇的老学归属,或具体澄清篇中涉及的庄老思想分野,以免那些"但为老子作训诂"的芜杂篇章湮蔽或玷污了庄子之文和庄学精义。例如《马蹄》和《胠箧》两篇,船山给出的定位是:前者乃"引老子无为自正之说而长言之",② 后者则"引老子'圣人不死,大盗不止'之说,而凿凿言之"。③ 关于《在宥》篇,船山虽承认"此篇言有条理,意亦与内篇相近",但随即又话锋一转,贬之曰:此篇"间杂老子之说,滞而不圆,犹未得乎象外之旨,亦非庄子之书也"。④ 又如关于《至乐》篇,他说:

---

① 王夫之《老子衍・庄子通・庄子解》,中华书局 2009 年版,第 150 页。
② 同上书,第 156 页。
③ 同上书,第 159 页。
④ 同上书,第 164 页。

　　　　庄子曰:"奚暇至于悦生而恶死"……老子曰:"吾有大患,唯
　　吾有身;及吾无身,吾有何患?"……此篇之说,以死为大乐,盖异
　　端偏劣之教多有然者,而庄子尚不屑此。此盖学于老庄,掠其肤说,
　　生狂躁之心者所假托也,文亦庸沓无生气。①

　　通过从文和义两方面对庄老的分疏,进而对庄子之学的维护、肯认,
对老子之学的厌弃以及对那些"但为老子作训诂"之文的不屑一顾,船
山区分庄老且"贬老褒庄"的理论取向表露无遗。
　　追根溯源,早在《庄子解》之前,船山的这一理论取向已显端倪。
譬如在三十七岁写成、五十四岁重定的《老子衍》的"自序"中,船山
就明确表达了他对老子之学的否定和贬斥之意:

　　　　夫之察其悖者久之,乃废诸家,以衍其意;盖入其垒,袭其辎,
　　暴其恃,而见其瑕矣,见其瑕而后道可使复也。夫其所谓瑕者何也?
　　天下之言道者,激俗而故反之,则不公;偶见而乐持之,则不经;凿
　　慧而数扬之,则不祥。三者之失,老子兼之矣。②

　　船山不仅痛斥了老子兼具的三种偏失——"不公""不经""不祥",
而且坦言其衍老之目的是深入老子思想内部,暴其所恃而"见其瑕",最
终从根基处彻底摧破之。与此态度迥异,在六十一岁写成的《庄子通》③
的"叙"中,船山却毫不掩饰自己对庄子的好感甚至认同,他认为:"凡
庄生之说,皆可因以通君子之道","因而通之,可以与心理不背"。④ 两
相对比可见,在船山心目中,老、庄与儒家的关系大为不同:老子与圣学
可谓格格不入、完全对立,庄子与君子之道则是可通的。
　　比较而言,船山的老庄相异之论在其《庄子解·天下》述及庄子的
思想时表达得更周详,也更为全面。在这一部分,他首先对老子与庄子之
学的关系做了总体性的界说:"庄子之学,初亦沿于老子,而'朝彻'

----

① 王夫之《老子衍·庄子通·庄子解》,第223页。
② 同上书,第3页。
③ 船山重要著作的年代顺序,请阅邓辉《王船山道论研究》,湘潭大学出版社2010年版,
第54—57页。
④ 王夫之《老子衍·庄子通·庄子解》,第45页。

'见独'以后，寂寞变化，皆通于一，而两行无碍：其妙可怀也，而不可与众论论是非也；毕罗万物，而无不可逍遥；故又自立一宗，而与老子有异焉。"船山的看法可以概括为一句话：庄出于老而异于老、胜于老。其所以胜于老而"自立一宗"者，在于庄子得道、见道——"朝彻"、"见独"——之后，已然贯通了本体层面的"一"与经验或实践层面的"两行"，从而超越了世俗的是与非、善与恶，在任何境遇下皆可获致逍遥的理想生命。这段话中的"一"，即船山随后提到的庄子自悟所得之"浑天"，① 它兼虚实、无有、幽明、体用、道物、形上形下、无限有限而为一，② 是庄子"自立一宗"的根基所在。

从庄子的圆通以观老子，其思想实质恐只能命以一险侧之"机"字，亦即船山所谓知雄守雌、知白守黑，"知者博大而守者卑弱，……宅于虚以待阴阳人事之挟实而来者，穷而自服；是以机而治天人者也"。反之，由于庄子已通达"浑天"，从根本上排遣掉了二元对待、非此即彼的思维模式，故其"两行"并非基于二元思维的机权之术，而是于两端之中不滞守任何一端，所谓"进不见有雄白，退不屈为雌黑；知止于其所不知，而以不持持者无所守"。船山强调，庄子的"无所守"虽亦可谓之"虚"，但其"虚"却与老子之"虚"有本质的区别：老之"虚"是虚实对待格局中的一端，它以自我为中心，以"致物"或"待物之自服"为最终目的，故此"虚"实为一种机权之术；庄之"虚"则完全消解了物我、虚实的二元对待格局，"丧我而于物无撄者，与天下而休乎天钧"，即我与物、我与世界共融于无尽的大化流行中。③

更进一步，船山不仅坚持庄老异趣，称许庄子拔理于黑白雌雄的老子之上，而且认为二者对后世的影响也极为不同。他指出，由于庄子摆脱了物我二元的思维模式，"故曼衍连犿，无择于溟海枋榆，而皆无待以游，……其高过于老氏，而不启天下险侧之机，故申、韩、孙、吴皆不得窃，不至如老氏之流害于后世。"④ 这段话反过来说就是：老子之学必"启天下险侧之机"而至于寡恩刻薄、权谋巧诈，并终将流为申韩孙吴的

---

① 王夫之《老子衍·庄子通·庄子解》，第358页。

② 《庄子解》所谓"浑天"之含义，请阅邓联合《"逍遥游"释论——庄子的哲学精神及其多元流变》，北京大学出版社2010年版，第373—376页。

③ 王夫之《老子衍·庄子通·庄子解》，第358页。

④ 同上书，第359页。

刑名法术，而以随处皆可道遥为大旨的庄子之学则与刑名法术截然异路，故不至于像老子那样严重流害后世。显然，船山此论是在儒者立场上做出的，因此带有儒家偏见。但撇开这点不论，就思想渊源看，至少申韩与老子之学难脱干系，而船山将庄子与申韩孙吴一路区分开来，无疑更是正确的洞见。换言之，老与庄的历史影响的确不应混为一谈。

二　老庄"未能合圣人之道"

陈来先生认为，就思想的对立面来说，船山"始终都是把佛、老作为'正学'的主要敌人"加以批评。① 曾昭旭先生更具体指出："船山呵斥佛老之言，全书处处可见，其早年所著，如易外传、尚书引义、读四书大全说等，攻之尤烈。及晚年，意气稍平……然大端仍不稍假借……盖义理所在，不容不严也。"② 应当说，在宋明道学的传统中，"排二氏"一直是重要的思想主题，所以船山批评老子丝毫不稀奇。真正令人感到有些费解的是，与《庄子解》、《庄子通》两书对待老与庄的态度迥异，在大量的其他著述中，当船山批评老子时，他常常会遵循儒家的正统立场及其排斥异端的传统套路，屡屡合称"老庄""庄老"，或径直以庄为老之承继者，从而罔顾庄子"高过于老氏"的独特性，不加区分地指斥二者。

如前所述，《庄子解》高度肯定庄子之"浑天"兼虚实、无有、幽明、体用而为一，并强调这是庄异于老的根基所在。但在完成于《庄子解》之后的《周易内传》以及代表其一生思想所归的《张子正蒙注》等著述中，他却又一改其对庄子的积极评价，转而依据张载的"太虚即气"思想，点名或不点名地批评老庄陷于"无""虚""幽"之一偏云：

> 乃异端执天地之体以为心，见其窅然而空、块然而静，谓之自然，谓之虚静……则是执一嗒然交丧、顽而不灵之体以为天地之心，而欲效法之。……乃因其耳目之官有所窘塞，遂不信其妙用之所自生，异端之愚，莫甚于此。③

① 陈来《诠释与重建——王船山的哲学精神》，北京大学出版社2004年版，第14页。
② 曾昭旭《王船山哲学》，台北：远景出版事业公司1996年版，第218页。
③ 王夫之《周易内传》，九州出版社2004年版，第171页。

明有所以为明,幽有所以为幽;其在幽者,耳目见闻之力穷,而非理气之本无也。老庄之徒,于所不能见闻而决言之日无,陋甚矣。①

鬼神者,气之往来屈伸者也,……所以辟释氏幻妄起灭、老庄有生于无之陋说。②

气之与形,相沦贯而为一体,虚者乃实之藏,而特闻见之所不逮尔。庄、老言虚无,言体之无也;浮屠言寂灭,言用之无也;而浮屠所云真空者,则亦销用以归于无体。③

老之虚,释之空,庄生之逍遥,皆自欲弘者;无一实之中道,则心灭而不能贯万化矣。④

且不论张载的“太虚即气”思想,实辗转渊源自庄子“通天下一气耳”(《庄子·知北游》)的气论哲学,严格说来,船山以庄子拘于闻见而不知虚实幽明之理,以至“诬有为无”,⑤ 妄执“有生于无之陋说”,这一指责在学理上既不严谨,亦不符合事实而无法成立,因为庄子早已明确批评过有生于无之说,⑥ 更遑论船山的此类指责与其《庄子解》中的相关表述自相矛盾。

又如,《庄子解》曾肯定庄子已脱卸老子的“矫激权诈之失”,又说其“两行”并不是老子式的黑白雌雄之术,而庄子也绝非机权巧诈之徒。然而,同样也是在其他著述中,船山却又做出了与这些赞许之词相反的表述,笼统地以“机”字并斥老庄。其《周易内传》云:“王弼、何晏师老庄之机械以避祸而瓦全之术,其与圣人知必极高明、礼必尽精微之道,天地悬隔。乾坤纯而德业盛,何尝以处锴用冲为存性之功乎!”⑦ 这显然是把老庄及何王一并视为机权保身、“处锴用冲”之徒了。在《读四书大全

---

① 王夫之《张子正蒙注》,《船山全书》第十二册,岳麓书社2011年版,第272页。
② 同上书,第359页。
③ 同上书,第362页。
④ 同上书,第158页。
⑤ 同上书,第30页。
⑥ 《庄子·齐物论》对有生于无之说提出了质疑和批评:“有有也者,有无也者,有未始有无也者,有未始有夫未始有无也者。俄而有无矣,而未知有无之果孰有孰无也。”王博先生认为,“这段话明显是针对着认为世界有个开始并主张‘有生于无’的老子”(《无的发现与确立——附论道家的形上学与政治哲学》,载《哲学门》第23辑,北京大学出版社2011年版)。
⑦ 王夫之《周易内传》,第436页。

说》中，船山在阐说朱子"曾点未便做老、庄，只怕其流入于老、庄"一语时，同样亦以"机"字斥老庄：

> 庄子直恁说得轻爽快利，风流脱洒；总是一个"机"字，看着有难处便躲闪，……老、庄则有事于明，翻以有所明而丧其诚。……缘曾点明上得力为多，故惧徒明者之且入于机而用其伪，故曰"怕其流入于老、庄"。①

这段话不仅批评庄子以机巧之术逃避社会责任，只求自我之风流逍遥，而且揭示了所谓老庄之"机"的实质和流弊，即：徒有知性之"明"，但却丧其德性之"诚"，学者一旦流于老庄而"入于机"，则极可能在现实生活中发用于"伪"。

由"机"字推衍开去，关于处世方式，船山对老庄另有多处不加区分的批评。例如，《周易外传》："守雌处锌而俟其徐清，为老、庄之旨矣。"②《读通鉴论》："老子曰：'静为躁君。'非至论也。……是术也，老、庄以之处乱世而思济者也。得则驰骋天下之至刚；不得，抑可以缘督而不近于刑。"③ 值得注意的是，船山甚为憎恶《庄子·养生主》所谓的"缘督"，且认定这种苟且圆滑的处世术承袭自老子，如《老子衍·自序》云："庄子曰'为善无近名，为恶无近刑，缘督以为经'，是又庄之为老释矣。"④ 就思想实质来看，在船山的此类批评中，无论"缘督"还是以静制动、以柔克刚等，说到底仍可归为"机"字。这种批评与他赞许庄子已脱出黑白雌雄的看法显然是冲突的。

在历史影响方面，前文提到，船山认为庄子不会像老子之学那样被申韩所窃而流害后世。但在其他著述中，船山却又屡屡打破他本人划出的老庄之间的界限，做出了自相矛盾的论断，如《周易内传》："若何晏、夏侯湛之徒，以老庄之浮明，售其权谋机智，而自谓极深而入神"。⑤《读通鉴论》："有解散纪纲以矜相度者，而后刻核者以兴，老、庄之弊，激为

---

① 王夫之《读四书大全说》，《船山全书》第六册，岳麓书社2011年版，第766页。
② 王夫之《周易外传》，九州出版社2004年版，第32页。
③ 王夫之《读通鉴论》，中华书局1975年版，第373页。
④ 王夫之《老子衍·庄子通·庄子解》，第3页。
⑤ 王夫之《周易内传》，第456页。

申、韩;庸沓之伤,反为躁竞;势也。"① 由此说来,老与庄之间,进而老庄与申韩之间,并不存在绝对不可逾越的界限,在一定的历史条件("势")下,庄子仍可能与老子之学一道,被申韩之流所窃而贻害后世。与"机"相关,谈及庄承自老的"缘督"之术对世道人心的危害,船山说:"唯夫为善不力,为恶不力,漠然于身,漠然于天下,优游淌濼而夷然自适者,则果不仁也……此其为术,老聃、杨朱、庄周倡之,而魏、晋以来,王衍、谢鲲之徒,鼓其狂澜,以荡患孝之心,弃善恶之辨……追原祸始,唯聃、朱、庄、列'守雌''缘督'之教是信,以为仁之贼也。"要言之,老庄的"缘督"之术贼仁,故君子应"恶而等之洪水",② 竭力加以排拒。

　　除了与《庄子解》明显相互矛盾的以上几个方面,船山直接或间接对老庄之学及其流弊的笼统批评还有很多。例如:(1)老庄"于天命求知而反不畏";③ (2)老庄"舍物求自以为道"而撤除天下义理;④ (3)老庄"各取一物以为性,而自诧曰知",但其实他们终不知性为何物;⑤ (4)老庄"贱名法以薪安天下,未能合圣人之道",求合于圣道"而不能,因流于诐";⑥ (5)老庄"不诚无物",不足以"受天下";⑦ (6)老庄的虚无主义身体观"狂不可瘳"、"愚不可疗";⑧ (7)老庄惑于道之"所偶在而与之相逐","岂有能及道者哉"!⑨ (8)老庄不知"敬信为人心之所固有",亦不知"礼义为固结人心之本";⑩ 等等。至于其消极影响,除上文已述外,船山还谈道:"后世老庄之徒,丧我丧耦,逃物以止邪,而邪益甚"。⑪ 政治方面,"夫师老庄以应天下,吾闻之汉文景矣。其终远于圣人之治而不能合者,老庄乱之也。"⑫ 再以晋代为例,王

---

① 王夫之《读通鉴论》,第578—579页。
② 同上书,第543页。
③ 王夫之《读四书大全说》,《船山全书》第六册,第851页。
④ 同上书,第1021页。
⑤ 王夫之《姜斋文集》,《船山全书》第十五册,岳麓书社2011年版,第84页。
⑥ 同上书,第85页。
⑦ 王夫之《周易大象解》,《船山全书》第一册,岳麓书社2011年版,第716页。
⑧ 王夫之《尚书引义》,《船山全书》第二册,岳麓书社2011年版,第355页。
⑨ 王夫之《诗广传》,《船山全书》第三册,岳麓书社2011年版,第405—406页。
⑩ 王夫之《礼记章句》,《船山全书》第四册,岳麓书社2011年版,第278页。
⑪ 王夫之《周易内传》,第334页。
⑫ 王夫之《姜斋文集》,《船山全书》第十五册,第85页。

导和琅玡王所用之术，"老、庄以之处乱世而思济者也。……此以处争乱云扰之日而姑试可也；既安既定而犹用之，则不足以有为而成德业。王与导终始之，斯又晋之所以绝望于中原也。"① 而远在汉晋之前，"柱下之言淫于庄列，而三代之礼教斩。"② "柱下"即老子。这些历史事实都说明，老子思想经由庄、列等道家后学的推阐流布，其对王道政治的危害愈加深重且绵延不绝。正因其为祸如此不堪，船山判定："古今之大害有三：老、庄也，浮屠也，申、韩也。"③ 言辞间，其憎恶之意显而易见。

三　儒者之责与遗臣之心

怎样理解船山在庄老异同问题上表现出的矛盾态度？可能的解释大致有三种。

第一，《庄子解》虽肯定庄子"自立一宗"且"高过于老氏"，但同时却又认为庄对老的超越发生在"朝彻"、"见独"以后，而在此之前，其学"初亦沿于老子"。简言之，高于老的庄子毕竟出于老。这也就意味着庄子之学中可能仍残存着老子的某些痕迹，它们构成了庄老的共同特点，船山正是根据这些共同特点而合称老庄、并斥二者的。据此可说，关于老庄之异同，其态度并不矛盾。不过，从船山对老子之学近乎完全负面的理解——黑白雌雄之术——来看，庄子那里可能残存的老子痕迹只会是与机权巧诈有关的思想，而恰如前文所论，船山亦确曾多次以"机"字责难庄子，视庄与老同为机巧之徒。但与此明显矛盾的是，《庄子解》中却又言之凿凿指出：庄子已脱出黑白雌雄之外，"不启天下险侧之机"。所以，这种解释无法澄清船山在庄老异同问题上的矛盾。

第二，船山据以区分庄老同时也是他最为赞赏的庄子的"浑天""两行"等思想，实质上并不属于庄子，而仅仅属于船山本人。这是因为船山撰《庄子通》《庄子解》的理论意图，乃是要通过以儒解庄、融会庄儒的方式，最终把庄子之学纳入到他所认同的道学思想中去。所以，《庄子解》所谓"浑天"、"两行"云云，其实都是船山借庄学话语所阐发的道

---

① 王夫之《读通鉴论》，第 373 页。
② 王夫之《船山经义》，《船山全书》第十三册，岳麓书社 1996 年版，第 697 页。
③ 王夫之《读通鉴论》，第 580 页。

学观念。由此可推知，船山内心实际并不认为庄异于老且高于老，他的真实态度仍是老庄一路，二者并立而为古今三大害之一。据此亦可说，船山的老庄异同之论并未陷入自相矛盾中。

这种解释的最大问题是没有看到船山以不同方式流露出的其对庄子的好感。在文学上，如前引《庄子解・外篇序》所示，船山对《庄子》尤其是内篇之文赞誉有加，"以文章莫妙于《南华》"。① 在情感上，《庄子通・叙》云："因而通之，可以与心理不背"；② 其诗《闻极丸翁凶问不禁狂哭痛定辄吟二章》有云："何人抱器归张楚，余有《南华》内七篇"。③ 这都说明身处王朝交替之世的船山与战国剧变中的庄子产生了超越时空的心理共鸣。在思想上，《庄子通・叙》云："凡庄生之说，皆可因以通君子之道"；④ 在《庄子解》中，船山甚至肯定庄子的某些思想比"先儒"还要高明——例如关于死亡问题；⑤ 此外，其子王敔《大行府君行述》提到，船山认为"《南华》去其外篇杂篇呵斥圣门之讹妄，其见道尚在狂简之列"。⑥ 或许正是由于船山晚年对庄子颇有好感且"有取于庄"，故后学以"先生现漆园身而为说法"⑦ 来形容他为门人讲论《庄子》的情状。若将如此种种考虑在内，同时兼及其对老子的深恶痛绝，可以说，那种否认船山区分庄老因此其老庄异同论并无矛盾的看法明显欠妥。

第三，撇开以上两种解释，笔者认为，从其全部著述来看，船山在老庄异同问题上确是自相矛盾的。这种矛盾的产生，当归因于其著述的文本类型差异、不同著述所涵涉的思想语境差异，以及船山处于那样一个非常时代中微妙的个人心态。在文本类型上，船山的著述包括儒家经典诠释、子学专书（主要是庄学和老学）、史学批注、社会政治评论、思想文化短札、诗文及注评等。各种著述内中涵涉的思想语境固然各有不同，但其大略应不外乎经学或儒学语境、子学语境、史学或历史语境、社会现实语境几类。船山的老庄异同之论即散见于众多不同类型的著述中，而由于各种

---

① 潘宗洛《船山先生传》，《船山全书》第十六册，岳麓书社 2011 年版，第 88 页。
② 王夫之《老子衍・庄子通・庄子解》，第 45 页。
③ 王夫之《姜斋六十自定稿》，《船山全书》第十五册，第 357 页。
④ 王夫之《老子衍・庄子通・庄子解》，第 45 页。
⑤ 参阅邓联合《"逍遥游"释论——庄子的哲学精神及其多元流变》，第 384—385 页。
⑥ 王敔《大行府君行述》，《船山全书》第十六册，第 74 页。
⑦ 罗瑄《刊王船山庄子解跋》，《船山全书》第十六册，第 397 页。

著述又涵涉着不同的思想语境，这就使得他对老庄异同问题的看法不可避免地表现出了"文本语境化"的显著特征。一方面，在各种文本及其涵涉的不同思想语境中，船山论说老庄的机缘、角度、目的、理据以及所批评的老庄的具体理论主张，亦多有不同，其所涉内容甚为广泛。另一方面，受到不同文本类型和思想语境的影响抑或"干扰"，船山在不同著述中随机写下的某些老庄异同之论，前后难免存在着矛盾之处。

具体来说，在《庄子解》、《庄子通》所涵涉的子学或庄学语境下，基于严格进行学理辨析的必要，船山区分了庄子与老子之学，虽其区分绝非无懈可击，但他能敏锐探察到《庄子》内外杂篇的文本和义理差异，进而指出庄老殊途，其论断仍大可视为正见。事实上，船山对《庄子》文本和老庄之别的分梳，在后世乃至当今学界仍颇有影响。而在庄学专书之外大量的其他类型的文本中，特别是在这些文本所涵涉的需要船山挺立其儒者立场和姿态的经学或儒学语境、历史语境以及社会现实语境下，出于捍卫和阐扬儒家道统之目的，他却又遵循宋明道学"排二氏"的惯常理路，混称老庄并笼统地批评二者。于是我们便看到，对老庄的区分只出现在其庄学专书中，而混同老庄则在除此之外的其他著作中屡见不鲜。

船山对老庄的态度之所以会在不同文本和语境中发生漂移、变异，首先是因为其著述多采取经典诠释的方式，而他所诠释的经典文本，无论哪种类型，也无论属于儒家还是道家，它们自身本有的义理旨趣、话语方式和价值向度皆对进入文本及内中语境的诠释者具有相当的笼罩、限制甚或"裹挟"效应。而船山的著述又比较强调依循诠释对象的固有理路以出己意，譬如《庄子通》的撰述方法是"因而通之"，《庄子解》是"随文申义"，① 而在《周易稗疏》中，借"以配祖考"四字之解释，船山发挥说："凡此类皆顺文求之，斯得其解，不可屈文义以就己说。"② 这种因顺文本的诠释理念无疑容易使船山自身的某些思想主张由于文本和语境之异而产生偏差。

另外，不幸历经王朝兴亡和自我生命的曲折磨难，船山本人的复杂心态也与其老庄异同之论的偏差有重要关系。作为坚定的儒者，船山自当在经典诠释中严守道统，对老庄等异端断然予以拒斥，其《老庄申韩论》

① 萧萐父《船山哲学引论》，第244页。
② 王夫之《周易稗疏》，《船山全书》第一册，第760页。

云:"与圣人之道背驰则峻拒之者,儒者之责,勿容辞也。"① 但如前所论,作为衰乱之世中的遗臣,身心双重孤独的船山却又与庄子产生了强烈的情感共鸣,进而不仅在生死等问题上对庄子深有所取,在应世方式上亦不乏借鉴。《庄子通·叙》云:

> 予以不能言之心,行乎不相涉之世,浮沉其侧者五年弗获已,所以应之者,薄似庄生之术,得无大疚愧? 然而予固非庄生之徒也,有所不可、"两行",不容不出乎此……予之为大瘿、无服,予之居"才不才之间","知我者谓我心忧,不知我者谓我何求",孰为知我者哉! 谓予以庄生之术,祈免于羿之彀中,予亦无容自解,而无能见壶子于"天壤"之示也久矣。②

从中不难读出船山的矛盾心态:"行乎不相涉之世",为了避祸自保,他不得不以"薄似庄生之术""祈免于羿之彀中";但作为纯正的儒者,他随即却又申明"予固非庄生之徒",以划清与异端的界限。对于那种以其应世方式为"庄生之术"甚至有人可能因此术而视其为"庄生之徒"的误解,借由两部庄学专书,船山的自我辩解之道是以儒解庄,将儒家观念融进庄子之学中。经此思想"整容",庄子的形象就从离经叛道的异端一变而为"圣徒",而船山在情感上与庄子产生的共鸣以及对其思想的肯认由此亦可名正言顺、心安理得了。但这样做的前提是必须首先把庄与老严格加以区分,因为在船山那里,老子之学几乎完全是负面的,如若不把庄子从老庄一系的传统窠臼中剥离出来,并凸显庄高于老的独异性。那么,一个仅仅作为老子之信从者、阐扬者的庄子,船山显然既不宜对其抱有个人好感,更难以将其进行儒家化的再造。然而,一旦《庄子解》强调庄老异路,就会与船山在其他著述中混同老庄的惯常做法相互矛盾了。这种矛盾既是船山思想上的内在冲突,又折射出了其醇儒品格和遗民孤困之心的纠结。

---

① 王夫之《姜斋文集》,《船山全书》第十五册,第85页。
② 王夫之《老子衍·庄子通·庄子解》,第45页。

让老子文化走出象牙之塔走近普通百姓

——浅谈《道德经》研究中的六大误区

董延喜

（中国道学论坛；中国道教论坛总编）

笔者从 1986 年到老子故里的一次采访中与老子结缘之后，《道德经》这部经典就一直伴随着我，二十多年间我收藏研读了古今中外二百多个版本的《道德经》。为了弘扬传播老子文化，又在十年间先后创办了《人龙网》、《中国道学网》、《中国道学论坛》、《中国道教论坛》和《道传天下论坛》，如今几大网站已累计拥有注册会员 60 多万，发表各类论文网帖二百三十多万篇，成为中国最大的道学文化传播交流平台和全球最大的道学文化资料库。

然而我也在道学传播中遇到了一个最大的困惑：几乎每天都有网友问我这些同样的问题："在书店买了一本《道德经》，读不懂怎么办？""读《道德经》，哪个版本最好？""有没有通俗易懂的《道德经》版本，给我们介绍一个！"每当此时，我就犯了大难。因为在我所收藏研读的《道德经》版本中，还没有见到一本这样的书。为此我曾多次在全国老子文化道学文化研讨会上呼吁专家学者为老子《道德经》的普及撰写通俗读本、大众读本，让老百姓一看就懂，一学就明白。呼吁让老子文化走出书斋，走出课堂，走出象牙之塔，走进千家万户，走进普通百姓。2005 年 11 月 11 日，人民网记者曾作过专门报道："河南电视台驻周口记者站站长董延喜在《老子文化国际高层论坛》的发言中说，他读过二百多个版本的《道德经》，但没有适合普通老百姓读的大众读本。他呼吁与会专家为老子《道德经》的普及编撰通俗读本、大众读本，让这一道家经典从学者的书斋走进寻常百姓中来，走到现代社会中来，走到我们的日常生活中来。"可是千呼万唤，老子的通俗读本、现代读本、大众读本一直没有出来。

《道德经》成书于2500年前，是中国文化的根脉，中国精神的源头，是中华民族的精气神所在。它虽只短短五千言，却似迷宫、如天书，玄达两千多年。如何对《道德经》进行全面、准确、精到的解读，如何从《道德经》难读、难懂、难入门中超越出来，使之走向通俗化、大众化和现代化之路？本人以为，目前最关键的是要打通精英文化与大众文化之间的阻隔，从《道德经》研究的六大误区中超越出来。

一是致力于从总体上把握《道德经》的精神，超越《道德经》研究中盲人摸象、各行其是的误区。一部《道德经》，古今中外注者如云，难以计数。有关著作，汗牛充栋。各说杂陈，见解不一。这些解读和注释，虽然从某一侧面都有着自己的合理性，但总是难免各有各的片面性。许多学者是从一个角度、一个侧面，抓住一点，不及其余。有的学者一辈子最大的成就就是改变了《道德经》的几个标点符号，有的学者研究几十年研究出了《道德经》不同版本之间有多少字不相同。正所谓观秋毫者不见泰山，觅一斑者难窥全豹。《道德经》的研究需要那种飞越苍穹，高达云端的思维；需要那种"会当凌绝顶，一览众山小"的思维；需要那种从总体上把握事物的思维。现实世界是有限的，而思维的世界是无边的。老子的思维是一种博大无边的思维，是一种从总体上把握整个世界、整个宇宙的思维。那些从一点、一线、一面去理解老子的人，常常钻进自己为自己设定的牛角尖出不来，就是因为他们的站立点太低，很难看到老子思想的全貌，很难看到老子文化的广博性和普世性。老子文化是中华民族的代表文化，也是人类史上最优秀的文化。《道德经》是一篇浑然一体之作，是一部百科全书，老子不仅创立了相当完整的哲学思想体系，而且为人类铸造了体系完整而境界高远的道德精神。《道德经》是中华文化的品牌，老子是中华文化的旗帜。大多数研究者把精力都放在历代流传下来的注解书上，以致误入歧途。思维立足峰巅，文笔气势恢宏，一个在自身狭隘视野的古老磨道里转圈的人，绝对不可能高屋建瓴地把握老子思想。我们需要的是张开思维的翅膀，从宏观大局上去思考问题，从《道德经》所涵盖的宇宙观、世界观、价值观、人生观方面来发掘老子文化的智慧。

二是致力于《道德经》的通俗化解读，超越《道德经》研究中故作玄虚、不能浅出的误区。就目前所出版的《道德经》版本，大致有以下几种状况：有的人只是稍微进入一点就开始著书立说，这叫浅入浅出。

"浅入浅出"中这个"浅"是肤浅之浅、浅薄之浅，自然写不出好的作品。更多的人则是深入深出，他们入得很深，出得也很深，说的让你听不懂，越绕越糊涂。老百姓需要的版本是真正的深入浅出版本，他入得很深，出得很浅，通俗易懂，明白如话。话语是人类全部生活形式和思维形式的"浓缩物"，用来自人民群众的语言给人民群众写书才能受到人民群众的真正欢迎，而要真正让老百姓喜欢，必须增强了老子文化的通俗性、趣味性和可读性。许多时候一句俗语、一句白话、一个精妙的比喻，常常升华出一种崭新的理念，话俗理深，形象生动，易懂易记，比那些所谓的精雅语言、书面语言更天然、更具有穿透力和震撼力。

三是致力于发掘《道德经》的现代意义，超越《道德经》研究中泥古不化、脱离现实的误区。许多《道德经》版本成了天下文章一大抄，从书本到书本，从解释到解释，东摘西抄，不知所云。许多专家一生像蜘蛛结网一样，编织自己的所谓学术体系，创立自己的所谓一家之言，并以此为最终目的、最高标准和最大荣耀，可费尽心力地写出一部书发行500本都卖不出去。许多专家钻进故纸堆里跳不出来，一个名词可以找到几十种、甚至上百种的古人解读，弄到最后也没说明白哪一种解读是正确的。他们这种从书本到书本的研究，往往把学问变成了他们给自己出的一道永远无法解答的难题。你写了一本书，没有人读，没有人看，没有人从中受益，你这个文化有什么意义？老百姓需要的决不是一张张灰色的理论之网，而是立足于现代解读，立足于现代意义，从现代社会生活常青树上采撷的一片片绿叶。老子文化是中国文化的根基，是中华民族的主体文化，是中国道德精神的源头，是中国文化走向世界的主角。它不仅是今天的中国人实现民族复兴的中国梦的制胜法宝，还是未来人类必然践行和共同接受的文化。

四是致力于老子文化的践行，超越《道德经》研究中坐而论道、不知行道的误区。历代老子译注者，大都只把老子当学问来做，他们所写的关于老子的书，像手电筒一样是照别人的，真正按照《道德经》去为人处世的践行者如凤毛麟角。老子说："上士闻道，勤而行之。"庄子说："道行之而成。"《黄帝内经》说："道者，圣人行之，愚者佩之。"圣人会依道而行，愚者把它当成玉佩一样挂着。老子文化通过人的生命实践化作一种人生境界，就不再停留在理论和书面上了。当前最需要的是《道德经》如何践行、如何应用，如何按照大道原理去为人处世，如何用老子文化来破解社会人生中的各种问题，如何把老子文化渗透到老百姓的骨子里，流淌在老百姓的血液中，变成老百姓安身立命的心头灯，为人处世的座右铭，变成一种活生生的精神支撑，变成一种活生生的生命质量。

五是致力于对老子全面精准的解读，超越《道德经》研究中错误推定、曲解误读的误区。从事《道德经》研究的专家学者，解读时多从历代的注解书中寻找依据，然后对字、词、句进行翻译。不少人把自己对《道德经》的曲解误读强加给老子又反过来批评老子。有些所谓的大师们单凭自己的一孔之见而对《道德经》作出错误的推定，对老子作出贬损性评价而误导国人，真是丢尽了专家学者的脸。我们完全可以断定，《道德经》中没有糟粕，一些人说《道德经》中有糟粕，那是因为他们把《道德经》误读了。只有准确解读《道德经》，才能领会到它的真义，才能仰望到老子的真容。一部诞生在 2000 多年以前的经典著作，直到今天仍发现不到它有糟粕、有过时的理念，这在古今中外的经典著作中是很少见的，这正是老子的伟大和高明之处。

六是致力于《道德经》的诗意解读，超越《道德经》研究中语言干巴、空洞无物的误区。老子不仅是一位伟大思想家，而且是一位天才诗人。他的五千言哲理诗，没有一行一句不是生命。他将宇宙、人生一片片切开，把生命放在诗里，又把诗放在生活里。《道德经》是一首昔在、今在、永在的大道之歌。笔者认为，一个不懂诗的人也很难读懂《道德经》。《道德经》中一行行行云流水的文字就是一首首小诗，如山间清泉一样清澈甘醇，如果用诗的语言来解读，不仅流畅优美，而且韵味盎然，就会给人以空灵清明的诗意愉悦与享受。

作为我国古代最杰出的思想家、哲学家，道家学派的创始人，老子早在春秋末期就以学问渊博而名扬天下。以老子为旗帜的中国道学文化，是中国文化软实力中的硬道理，是中华民族精气神的主要体现，是当代和今后中国的主流文化。文化自信必须有与时俱进的自信表达，必须打通精英文化与大众文化之间的阻隔，必须在文化传播与文化弘扬上有所创新。时代呼唤《道德经》的通俗化、大众化、现代化的表述，呼唤展现中华民族精气神的老子文化走出象牙之塔，走近普通百姓！

老子名利思想及其现代价值重估

高建立

（商丘师范学院学报编辑部）

《老子》是道家的代表作，包含有丰富的哲学思想和政治伦理思想。几千年来，其之所以流传不衰，正是因为其所含括的思想具有顽强的生命力。它不但深入研究了自然界的盛衰发展规律，同时也对人类社会的政治人伦思想做了很好的论述，成为历代思想家们争相汲取的宝贵思想和精神营养。《老子》分为《道》《德》两篇，正如北京大学郑开教授所言，道与德不仅是《老子》思想的关键词，"道德之意"也是老子哲学的根本特征（郑开《玄德论——关于老子政治哲学和伦理学的解读与阐释》，《商丘师范学院学报》2013 年第 1 期）。所谓道德之意，自然也含括有老子对世间人伦道德的积极阐发，名利思想即为其一。

一 《老子》名利思想的基本特征

思想是思想者的思想，是思想者对自然界和人类社会进行观察和思考的产物。这一特点就决定了思想对人本身的关注度。老子作为中国先秦时期的伟大思想家，他在关注自然界生成发展规律的同时，更多的是关注人本身，关注人的生存发展问题。在春秋这一动荡时代，老子对社会动荡的深刻原因进行了深入观察和思考，认为列国之间之所以发生战争，根本的原因是出于利益的争夺，所以他提出了名利思想，旨在解决一系列的社会人生问题。老子名利思想概括起来有以下几个方面。

（一）身重于名，轻名薄利

中国传统文化中，儒家重性，佛家重心，道家重生。提起老庄道家哲学，养生应该是道家提倡的重要思想，并且这一思想对后世影响极大，几千年来的重生养身思想无不滥觞于先秦道家。老子生活于春秋时期，这一时期，"王纲解纽，周礼不张"，弃王道而尚霸道。残酷的社会现实，使得道家对宇宙人生进行了深入思考，茫茫宇宙，滚滚红尘，自然界和人类社会到底该如何走，该向何处去？特别是老子看到人世间的争权夺利、尔虞我诈，在痛定思痛的同时，老子提出了"名与身孰轻"的追问。在老子看来，周礼笼罩下的人伦社会，并没有因为礼的张扬而使社会人生走向和谐，相反却走向了更加的动荡不安。根本原因就在于人们的轻身重利。所以，老子提倡养生薄名，因为在老子看来，身不仅是现实个体的本体论前提，也是社会角色和身份的最终承担者，同时也承载了个体品格和德性的恒常。生活于"霸道"时期的老子，在残酷的社会现实面前，他思索更多的是个体自身的保存和人类的生存问题，他说："宠辱若惊，贵大患若身。宠为上，辱为下，得之若惊，失之若惊，是谓宠辱若惊。何谓贵大患若身？吾所以有大患者，为吾有身；及吾无身，吾有何患。"因此说："故贵以身为天下者，则可以寄于天下，爱以身为天下者，乃可以托天下。"（《老子》13 章）认为只有重身养生、节制私欲才可以更多地奉献社会，实现自己的人生理想，才可托之于天下。他还说："名与身孰轻？身与货孰多？得与亡孰病，甚爱必大费，多藏必厚亡，故知足不辱，知止不殆，可以长久。"（《老子》44 章）一个注意道德修养之人，应当摈弃物质生活的迷惑，既不甚爱，亦不多藏，始终保持一种无欲淡泊的心态。唯其如此，才可长久。老子在这里明确告诉我们要珍惜人自身的价值与尊严，不要贪图虚荣与名利，不以名利而弃其身。老子重身，但何以固身？他认为，身心欲望的平衡是固身的基本途径。"五色令人目盲，五音令人耳聋，五味令人口爽，驰骋畋猎令人心发狂"（《老子》13 章）。在老子看来，人心的过度欲望是固身的障碍，只有平和人心，使人不过度追求享受和纵欲，才是固身之本。人的欲望有两个极端，即禁欲和纵欲，无论禁欲或纵欲，都是人心欲望失衡的表现，都是对"身"的一种严重损害，所以老子主张一种平衡的欲望，提出以欲望的平衡来养身。他认为，名利只能驱使人们去更多地追求，更多地奢望，而奢望和过度追求则只会带来对自身的损害。故而老子主张应重身轻名，薄名弃利。这才是人生价值之所在，否则会束缚于名缰利锁而不能自拔，到头来只能是身败名裂。而要想做到轻名薄利，就需要少私寡欲、致虚守静，回归到人的自然本性上来。其具体途径为：一方面要消除"欲"的作用；另一方面要达到"婴儿"境界。老子认为，人之所以要有"为"，是因为有"欲"，如果摈弃掉"欲"，就消除了"为"的动机，自然至于"无为"。这种功夫换而言之即为"致虚极，守静笃"（《老子》16 章）。所谓"致虚"即是对自己心智作用的消解，老子称之为"为道日损，损之又损，以至于无为。"（《老子》48 章）；而所谓"守静"，老子认为是"归根曰静，静曰复命"（《老子》16 章）。"根"是指一切存在的根源，归根即是从"欲"中超脱出来，回到生所自来；而所谓"守静"，乃是由寡欲而至于无欲。"欲"从"身"来，身是欲的根源，要彻底无欲，则必然要求无身，所以老子说："吾所以有患者，为吾有身。及吾无身，吾有何患"。所谓"无身"，是不为自身所羁绊，达到与万物同体的精神状态。当然，我们应该看到，老子所要求的无知无欲，绝不是对基本的生理欲望的简单否定，而是要求人的欲望应以纯生理的本能而存在。在老子看来，人如果任其生理机能自然运行，就会达到一种纯生理的混浑状态，老子将之比为婴儿或圣人。圣人即是去除了各种贪欲而与自然为一的高尚人格，是效法自然之道、遵循自然天道的楷模。要想达到圣人人格或"婴儿"之境界，最重要的要少私寡欲。如老子说："见素抱朴，少私寡欲"（《老子》19 章）"无名之朴，夫亦将无欲"（《老子》37 章）；同时还要做到知荣守辱。老子认为，荣辱是引起人们相互争斗、倾轧的根源，是一切"恶"之源头，故而老子提出"知其雄，守其雌，为天下溪；为天下溪，常德不离，复归于婴儿；知其白，守其黑，为天下式；为天下式，常德不忒，复归于无极；知其善，守其辱，为天下谷；为天下谷，常德乃足，复归于朴"（《老子》28 章）。前两者做到了，还有不足，老子又提出处虚守静，把私欲荣辱置之度外，在精神上保持虚静状态，复归于自然，从而达到生命的最高境界"道"，完成圣人人格的构建。

（二）知足知止，谦下不争

老子重身轻名，薄名弃利，认为人的过度欲望是固身的障碍，所以主张平和欲望和利益，以求身心的和谐，认为这才是养身之道。那么，如何做到重身轻名、薄名弃利呢？老子开出了知足知止、谦下不争的药方。他说："知足不辱，知止不殆，可以长久。"（《老子》44 章），"知人者智，自知者明。胜人者有力，自胜者强。知足者富。"（《老子》33 章）老子主张人要"知足"、"知止"，要努力去抑制、控制欲望，不能一味贪婪地追求安逸的生活。老子强调"名与身孰亲？身与货孰多？得与亡孰病？甚爱必大费，多藏必厚之，知足不辱，知止不殆，可以长久"（《老子》44章）。在老子看来，"无欲""知足""知止"是与人类的生存密切相关的，也是人应该遵循的自然之道。"知足常乐"和"知止不殆"两者相辅相成，二者的和谐也是人类自然和谐之道。很显然，老子提出"知足"、"知止"、"无欲"，旨在要求人们适当控制自己的行为和欲望，将之约束在一定的范围内，不能超过天地万物的极限。因此，老子说："道之尊，德之贵，夫莫之命而常自然。……故道生之，德畜之；长之育之，亭之毒之，养之覆之。生而不有，为而不恃，长而不宰。"（《老子》51章）最深的德在于"知足""知止""无欲"。这种德，老子称之为"玄德"。老子所谓的"玄"，即是幽昧、深远之意，可以引申为难以捉摸、把握，幽深不明，可与儒家提倡的"明德"相对应。是一种最高意义上的"德"、深远之"德"。《老子》中所谓的"上德""孔德"等即是玄德之谓。老子把"知足""知止""无欲"归之为"玄德"，可见老子对"知足"、"知止"、"无欲"的高度重视和认肯。

如何将人的欲望控制在合理的范围内呢？老子说："上善若水。水善利万物而不争，处众人之所恶，故几于道。居善地，心善渊，与善仁，言善信，政善治，事善能，动善时。夫唯不争，故无尤。"（《老子》8章）老子认为，人只有"知足去欲""顺其自然""为而不争"，才能达到"上善"的理想境界。只有具有"不争"的美德，才能没有怨咎。所以老子说："天之道，利而无害；圣人之道，为而不争。"（《老子》81章）那么，如何才能做到不争呢，老子说："我有三宝，持而保之，一曰慈，二曰俭，三曰不敢为天下先。慈故能勇，俭故能广，不敢为天下先，故能成器长。"（《老子》67章）认为能对"三宝""持而保之"，则可达到不争之境界。

但我们要清楚地认识到，老子所谓不争，绝非是要求人类达到完全绝对的"与世无争"，老子指的"不争"，是指不去争夺不属于自己的东西。老子认为，"不争"是合乎道的行为，是人们所称赞的良好品质。真正做到"不争"，就可以获得人们的尊敬和信任，获得和谐的人际关系，这样就为将来获得更多的利益创造良好的条件，奠定坚实的基础。也正因为如此，老子的"不争"思想被认为是为人处世的一种大智慧。

"为而不争"不但是处理人际关系的原则，也是治国理政的重要法则，是合乎"道"的一种有效方式。如老子说："天下之至柔，驰骋天下之至坚。"（《老子》43 章）"以其不争，故天下莫能与之争"（《老子》66 章），合乎玄德的"不争"，是人们生存发展的有效方式和较佳途径。

那么，如何做到"不争"，到达这种"玄德"之境界呢？老子提出了谦下与自损的方式方法。老子以水为喻，认为"上善若水。水善利万物而不争"（《老子》8 章），水的特征是处下，所以其所预示的品格即谦下，如老子说："江海之所以能成为百谷王者，以其善下之，故能为百谷王。是以圣人欲上民，必以言下之。欲先民，必以身后之。是以圣人处上而民不重，处前而民不害。"（《老子》66 章）很显然，谦下的品质带来的是吃小亏而获大利的人生哲学和处世之道。而"自损"比"谦下"所体现的伦理道德境界更高。老子说："为学日益，为道日损，损之又损，以至于无为。"（《老子》48 章）老子所言的"损"，其一是"损有余而补不足"；其二是为自损。自损的目标是"损之又损"，不求增益。这是一种无与伦比的"玄德"境界。

（三）宠辱不惊，功成身退

中国历史上，关于人生的思考，儒道可谓两途。儒家向来主张"学而优则仕"，认为人生天地之间，当建功立业，以之作为实现个体人自身价值的一种选择；而道家则主张个体自我心灵的自适，在养生的同时，追求更多的是个体人心灵的自由。儒道两家在秦以后都有不同的发展，并且一直占有十分重要的地位。尽管隋唐以后佛学中国化，使得佛教思想深入人心，但儒道依然于社会生活中发挥着重要的作用，特别是对中国传统知识分子影响深远。从魏晋时期第一次儒道思想融合之后，中国传统知识分子从此就深深烙上了儒道兼综的思想和人格印痕。传统士人顺境入儒、逆境从道的境况，就是对儒道影响的最好诠释和注脚。

老子作为道家思想的创始人，他强烈关注社会现实的本身就说明，老子对人生是极为关注的，他不但关注人的生存，还更多关注人的如何生存、如何才能更好地生存。所以他的名利思想中含括了大量对人生关注的思索，并由此提出了薄名轻利、知足知止的一系列名利思想。老子甚至把知足、知止、谦下、不争、自损、自下等归结为"玄德"的表现，认为守此即是人之至德。而把名利等世俗判断视为不屑。老子说："宠辱若惊，……宠为上，辱为下，得之若惊，失之若惊"（《老子》13 章）。老子认为人生在世，难免要与功名利禄、荣辱得失打交道。有些人把追求荣宠和功利名禄作为人生不懈追求的目标和最高理想，以至于把宠辱看作比自身的生命还重要。在老子看来，这种人生追求是有悖于道的。所以老子从"贵身"的角度出发，认为生命远贵于名利荣宠，所谓名利者，实为缰锁。不能因为贪图名利而为缰锁所缚。因此，老子提倡人们应清静寡欲，不为声色货利所动，将荣辱、祸福、生死置之度外。

对名利的淡漠，对玄德的追求，就决定了老子重视"功成身退"的思想。他说："生而不有，为而不恃，功成而不居"（《老子》2 章），"功成而不有"，"功成而不处"，"功成名遂身退，天之道"（《老子》9 章）。老子认为，在一定条件下，事物的发展总是会向着自己的反面转化的，否泰相参、祸福相位。"祸兮福之所倚，福兮祸之所伏"（《老子》58 章），亦即民间常说的"十年河东转河西，莫笑穷人穿破衣"。一切事物的发展都是在不断地变化之中，都会有朝着自己的反向发展的可能，故老子劝人们要功成而不居，急流勇退，不要贪婪权位名利。否则，富贵而骄，便会招来祸患。几千年的中国封建史，居功自傲而招致杀身之祸者不胜枚举。

二　《老子》名利思想的哲学根源

置身于春秋"霸道"时期的老子，面对激烈残酷的社会现实，在倡导重身养生的同时，力求弥合身心二者的和谐，并从中找出一条既能养生又可怡心的路径来，这就是他提出的玄德之论，试图通过玄德的张扬，使人们清新寡欲，知足知止，抛弃世俗的名缰利锁、过度的物欲追求，进入大道玄德之境。这一思想的提出，并非出于偶然，而是老子在对自然人生进行深入思考反省的基础上得出的结论。循着这一道德伦理结论进行反向观察，从中可以看出这一道德伦理思想背后所隐含的深刻的哲学玄思。

（一）唯道是从，知常循道

《老子》对传统中国哲学的最大贡献是提出了"道"这一概念，并把"道"设定为天地万物的总根源和自然人生的总规律。正是因为道总领天地万物之理，所以道就具有了最高的价值地位。老子这样来描述"道"："道可道，非常道。名可名，非常名。无，名天地之始。有，名万物之母。故常无，欲以观其妙。常有，欲以观其徼。此两者同出而异名，同谓之玄。玄之又玄，众妙之门"（《老子》1章）。"道"在这里被表述为宇宙万物赖以生成的最一般规律，是万物生成和存在的根源，是"万物之母"。正是道的至高无上性，决定了人类一切智慧和理性的生成必须要顺从"道"这一自然规律。故曰："孔德之容，惟道是从。"（《老子》21章）孔德即玄德，亦即是说，人类最大的德性智慧就是"唯道是从"，遵守大道的规律，而大道的规律反映在自然界上就是天之道："天之道：不争而善胜，不言而善应，不召而自来，然而善谋。天网恢恢，疏而不失。"（《老子》73章）天之道就像笼罩在普天之上的大网，虽然经纬稀疏却不会有所遗漏。可见天之道的严密无间和统御能力。鉴于天之道的严密无间和强大的统御能力，所以老子提出了顺从天之道的基本伦理原则。老子认为，"道"是高于一切的绝对精神，而"道"的精神实质又是"自然的"，即"道法自然"。所以人类的一切活动都应朝着复归于自然的方向发展，要顺从于自然之"道"和自然之法，这才是道家道德伦理思想的最终目的。

（二）道法自然、含德之厚

老子说："人法地，地法天，天法道，道法自然"（《老子》25章），他认为"道"的本性就是自然，而自然就是要抛弃强制性的作为，就是要自然无为。无为的主旨并非什么也不做，而是强调要遵从事物发展的规律，反对人为的干扰和破坏，在顺应自然发展的基础上达到"无为而无不为"的理想状态。老子说："道常无为而无不为。侯王若能守之，万物将自化。化而欲作，吾将镇之以无名之朴。镇之以无名之朴，夫将不欲。不欲以静，天下将自正。"（《老子》37章）还说："持而盈之，不如其已；揣而锐之，不可长保。金玉满堂，莫之能守；富贵而骄，自遗其咎。"（《老子》9章）"古之善为道者，微妙玄通，深不可识。夫唯不可识，故强为之容；豫兮若冬涉川，犹兮若畏四邻，严兮其若客，涣兮其若凌释，敦兮其若朴，旷兮其若谷，混兮其若浊，淡兮其若海，飂兮若无止。孰能浊以静之徐清；孰能安以动之徐生。保此道者，不欲盈。夫唯不盈，故能蔽而新成。"（《老子》15章）所以，老子认为，只有"致虚极，守静笃"（《老子》16章）、退守于自然，才能真正有所作为，有所成就。

老子重视遵循自然之道，强调人们的活动要依从自然规律，合乎自然大道。这一思想认识反映到人性上，就是强调要依从人的自然本性，做到"见素抱朴，少私寡欲"，这样就可以"含德之厚，比于赤子"，"专气致柔，能如婴儿"，"常德不离，复归如婴儿……，常德乃足，复归于朴"（《老子》28 章）。这里的含德、常德之"德"，即是由道所决定的人之本性，是人类及其他具体事物各自的物质基础及其本性和自然规律。因而《老子》认为，人们必须"尊道而贵德"（《老子》51 章），就是要求人们的德行要符合于道和人性。人们的行为只有符合于道，亦即符合人性之德，做到虚静无为，即无知、无欲、无私、无为，重身轻名，薄名弃利，完全遵循自然规律，才能使天下归于安定，人人各得其所。

在倡导"道法自然"的同时，老子对西周以来的仁、义、礼等道德规范给予了有力的抨击。认为周礼所倡导的"仁、义、礼"等道德规范，是对自然人性的强制改变，是社会的退化。老子说："大道废，有仁义；智慧出，有大伪；六亲不和，有孝慈；国家昏乱，有忠臣"（《老子》18 章），所谓仁义、孝慈、忠臣，都是大道被废弃的表现，是违背自然之道的产物。又说："失道而后德，失德而后仁，失仁而后义，失义而后礼，夫礼者，忠信之薄而乱之首也。"（《老子》38 章）认为人们必须放弃所谓的有为，去追求顺应自然的无为，才能与道为一，顺道而为，人们的活动才更能合乎于道，与道同昌。

三　老子名利思想的现代价值重估

老子以"玄德"树立了其伦理道德思想的标杆，并以此为基础对人类社会的生存法则和人伦理物提出了自己的见解。尤其是面对当时社会的动荡和尘世追名逐利的喧嚣，经过自己的冷静思考和细心观察，提出了与西周以来所宣扬的仁义礼智几乎是相对立的名利观，表达了道家对社会人生的独到看法和担当意识。老子所提倡的重身轻名、薄名弃利、知足知止、谦下不争、宠辱不惊、功成身退的名利思想，不但有其深厚的哲学思想做基础，形成了先秦道家独特的价值观，而且这一思想对中国封建社会产生了深远影响。即使在当代社会仍然有其独特的价值。

司马迁在《史记·货殖列传》中说："天下熙熙皆为利来，天下攘攘皆为利往"。一个"利"字深刻形象地刻画了古今中外的世态万象！马克思也明确说过："人们奋斗所争取的一切，都与他们的利益有关。"追求利益在一定意义上也是人类社会发展的动力之一。如果缺乏利益的动力驱动，社会发展则无从谈起。但是，逐利是要有前提的，它必须被限制在合理的范围内，否则就会陷入歧途，走向反面。老子生活的时代是霸道时代，诸侯国之间的相互倾轧就是争名夺利的一种体现，但这种倾轧是建立在社会动荡和牺牲民众利益的基础之上，所以老子持坚决反对的态度。他之所以提出"玄德"论，并以此衍生出薄名弃利等等一系列名利思想，旨在将人们追名逐利的欲望给予合理的限制，在循道的护翼下实现适当的利益价值，而不是违背自然人伦天性，甚至不惜牺牲自然和人类社会的和谐去追求一种过度的个人利益和价值。

现代社会中，随着科学技术和社会生产力的迅速发展，人类几乎已经达到了无所不能的程度，在人类过度行为的背后，实际上就是人的物欲的过度膨胀。这种过度的物欲膨胀，致使人们开始迷失本性，其结果必然是对自然的过度消耗，对人性的过度销蚀，最终必然是被自然所抛弃。因此，老子在两千多年前就告诫我们要"去甚、去奢、去泰"，并竭力要人们懂得"不为所欲为"，做到"知足不辱，知止不殆，可以长久"，要顺应自然，抛弃过度的欲望，过一种精神安宁、健康满足的自然生活。这种反向的智慧，对于治疗现代人类的疾病是有效且必要的。这一思想对于指导我们在现代社会如何处理发展和环境、生态关系以及人的物质生活和精神生活的协调具有现实意义。在人与自然的关系上，为了人类的共同利益，我们应该控制住人类的不必要的过度欲望，克制个人的私利，以对物欲的节制来实现个体人精神的满足和安慰。

"名者，实之宾也"。现代社会是市场经济社会，市场经济发展的特征之一就是提倡竞争，但往往在竞争当中，由于私欲和名利的诱惑，人们不惜一切代价地争斗，结果往往双方付出高昂的代价，甚至达到身败名裂的地步。实际上，在市场经济条件下，竞争并非是实现发展的唯一手段，合作共赢才是最好的选择。在发展中，我们不仅需要竞争，同样也需要合作。大到国与国之间的关系，小到一集体、一单位、一个人，都需要合作共事，都需要和谐共处，都需要谦让不争，这是解决社会人生问题的重要方法。当然，过度的、一味地谦让也是不可取的，如果以牺牲国家民族利益和个人尊严为代价，那么这种谦让则不成其为谦让，而是怯懦和懦弱了。

老子认为，在人类的发展中，人应当以内在生命的含蓄内敛去体现个人的完美人格，这样才能使个体达到一种较高的生命境界。在当代，伴随着经济的飞速膨胀，在激烈的竞争生存环境中，人们内心日益失去了清宁。因此，用老子的名利思想来冲淡世俗的功利之心，让人们的内心返回到婴儿般的纯真柔和，过一种与自然和谐的生活，这是现代人应该追求的一种生活境界。

老子思想对日本近现代名家的影响

徐水生

（武汉大学哲学学院）

老子思想不仅是中国文化的瑰宝，而且也是世界文明宝库中的明珠，她不仅对中华民族的历史发展做出了重要贡献，而且对东亚诸国尤其是日本的文明进步也产生了积极影响。由于文字所限，本文以日本近现代最具代表性的名家人物为例略以论述。

一 老子思想在日本的传播与积淀

老子思想很早就和汉译的佛教经论一起传入日本，沉淀在日本的历史文化之中。日本最早的著作《古事记》形成于公元712年，它是研究日本古代神话传说、历史和哲学思想萌芽的重要文献资料，其卷首说："夫混元既凝，气象未效；无名，无为，谁知其无形？然乾坤初分，叁神作造化之首，阴阳斯开，二灵为群品之祖。"[①] 古代日本是一文化后进国，其深奥的理论和抽象的概念均来自中国，《古事记》一书反映了这种情况。《老子》二十五章曰："有物混成，先天地生，寂兮寥兮。"《老子》一章曰："无名天地之始，有名万物之母。"《老子》二章曰："圣人处无为之事，行不言之教，万物作焉而不为始。"《老子》四十二章曰："万物负阴而抱阳，冲气以为和。"由此可见，《古事记》卷首语的叙述方式及"无名"、"无为"、"阴阳"等重要概念均来自《老子》。

产生于公元751年的日本最早的汉诗集《怀风藻》，表明日本人关于老子的知识变得更加明确和丰富。如其中的《大友皇子的传记》之诗中，

---

① 《古事记·祝词》，日本岩波书店1958年版，第42页。

有"天道无亲，惟是善辅之"①。古麻吕的《望雪》之诗中，有"无为圣德重寸阴，有道神功轻球琳"②。山前王的《侍宴》之诗中，有"至德洽乾坤，清化朗嘉辰。四海既无为，九域正清淳"③。越智直广江的《述怀》之诗中，有"文藻我所难，庄老我所好。行年已过半，今更为何劳"④。藤原总前的《侍宴》之诗中，有"无为自无事，垂拱匆劳尘"⑤。这里运用了不少的老子哲学范畴（如"无事"、"无为"），《怀风藻》的作者主要是天皇、皇子、官僚公卿、僧侣等人，这说明道家的思想已引起了当时日本社会上层人士的较大兴趣，成了他们的精神食粮。

在江户时代（1603—1867），随着日本社会各阶层对以儒学为代表的中国古代思想文化的学习热潮，以老子为代表的道家思想也在日本得到了空前的普及。如江户时代的著名学者海保青陵（1755—1817）著有《老子国字解》，此书以王弼的注释本为基础，同时吸收了其他各家注释的成果，提出了自己的独到见解。他认为，老子并非生于孔子之前，而是生于孔子之后，老子看到孔子的仁义道德不行于世，于是从侧面进行了思考，老子提出"欲取天下而为之"，应该做到"将欲夺之，必固予之"，这在一定程度上反证了孔子的学说，与孔子思想有一致之处。他的见解当时引来不少赞同者。还有一位叫葛西因是（1764—1823）的学者，著有《老子辑注》、《老子神解》等。他认为，视老庄之教为异端者，是由于受文字所限而不解其意，于是逢人就谈老庄，辩舌颇巧，多有独到见解，每每令人惊叹。此外，还有大田晴轩，他著有《老子全解》，将《庄子》、《列子》等先秦古籍同《老子》对照，试图求得正解。他认为，庄子的"缮性""复初"等思想虽源于《老子》，但二者有异，并细致地说明了《老》《庄》的同异之处。他指出，《老子》学说渊博、精邃，不易理解，故后人从各自角度领会，形成不同学派。在江户时代，日益增多的道家思想研究家带来了丰富的研究成果。据日本著名学者武内义雄统计，仅徂徕学派（日本儒学三大派之一的古学派中的一分支）17 至 18 世纪关于老庄之书的注释就达 29 种之多，其中有

① 《日本古典文学大系》第 69 卷，日本岩波书店 1964 年版，第 70 页。
② 同上书，第 92 页。
③ 同上书，109 页。
④ 同上书，第 123 页。
⑤ 同上书，第 147 页。

《老子特解》、《老子愚读》、《老子、庄子类说》、《老子考》、《老子考注》、《老子解》、《老子摘解》、《校刻王注老子》、《读老子正训》、《老子考文》、《老子古解》、《注老子》等。由此可想而知，当时整个日本学术界关于老子研究的著作会更多。这些成果的出现，表明日本学者关于老子思想的研究日益加深。

值得注意的是，一些思想家将老子哲学融于自己理论体系之中。如江户时代兴起的试图从日本古典中寻求日本民族精神的学派——国学，就是以老子哲学作为其思想内容之一。如贺茂真渊（1697—1769）在其著作《国意考》中说，"老子只言顺天地自然，故能得天下之道。"而儒学主张人为的礼，使人们丧失了朴素的"真心"，失去了符合"天地自然"的古朴生活。所以，日本著名的哲学史家永田广治指出："贺茂真渊的反儒论有着显著的老庄倾向，是同'绝圣弃智，民利百倍，绝仁弃义，民复孝慈'以及'智慧出，有大伪'的老子式见解相一致的。"① 日本著名的中国哲学研究专家福永光司也指出，在一定程度说，"国学和老庄哲学具有共通性"②。

被称为日本古代重要思想家的安藤昌益（1703—1762）与老子哲学也有密切的关系。他将其著作取名为《自然真营道》，其中的"自然""真""道"三范畴均取自于老庄之学，该书的最大特点是对日本封建社会进行了猛烈的批判，但其理论依据主要来自道家。如他说，"故随日月运行之度而进行春生发、夏盛育、秋实收、冬枯藏之耕织时，则五行自然而然之小大进退之妙用之常。在人伦世中，无上无下，无贵无贱，无富无贫，唯自然常安也。"③ 因此，"随日月运行之度而进行"的"耕织"，是人类的自然生活，也是他的社会理想。安藤昌益强调，天地和日月本来是合二为一的，虽然它们包含着差别，但不可分割。所以，他又依据老子哲学对于儒家根据天地、阴阳的差别而推出人类社会的尊卑、上下的思想进行了抨击，指出：儒家"妄自建立天地、日月、男女、君民、佛众、上下、尊卑、善恶等一切二别的教门，盗取二而之一真气之真理，迷惑天下。知自然之道而为之乎？"④

---

① 永田广治：《日本哲学史》，商务印书馆 1983 年版，第 154 页。
② 福永光司：《道教与日本文化》，日本人文书院 1982 年版，第 122 页。
③ 《自然真营道》，转引自永田广治《日本哲学史》，商务印书馆 1983 年版，第 173 页。
④ 《自然真营道》，转引自永田广治《日本哲学史》，商务印书馆 1983 年版，第 174 页。

　　总之，在江户时代，以老子为代表的道家思想从日本社会上层普及到广大民众，由一般的复述、摹仿，渗透到日本思想家的理论体系之中，并经过一定的融合和改造，以至成了日本传统文化中的重要因素。

　　即使在现代，日本的著名学者对老子思想的传播和研究也非常重视。根据日本出版的《思想哲学书全情报》（日外アソシェーツ株式会社 2001年版）统计，1945—2000 年的五十五年期间，日本有《老子》日译本 31种。而且，还出现了若干位学术大家争相翻译一部原典的现象。如对于《老子》的日译，既有中国文学研究专家小川环树的译本（中央公论社1997 年版），又有中国哲学研究专家福永光司的译本（朝日新闻社 1978年版）、东京大学教授阿部吉雄的译本（明治书院 1996 年版）、东北大学教授金谷治的译本（讲谈社 1997 年版），从而高质量且广泛地推进了老子思想在日本的传播。

　　又如，日本著名的中国哲学研究大家、东北大学中国哲学学科的创建人武内义雄博士（1886—1966），其有关老子思想研究的著作就有：《老子原始》（弘文堂，1926 年）、《老子研究》（改造社，1927 年）、《老子和庄子》（岩波书店，1930 年）等。故有日本学者指出："武内义雄的《老子原始》和《老子研究》，在文献学的研究上是非常严谨的，被公认为具有划时代的贡献"①，成了日本现代学人研究老子思想的奠基之作。

二　老子思想与日本的著名文学家

　　1868 年的明治维新，拉开了日本现代化的序幕。但是沉淀在日本传统文化中的以老子思想为代表的中国古代哲学并未被彻底抛弃，而是与涌入的西方思想相融合，为日本新文化的产生和发展起到了重要的思想资源作用。

　　这里仅以"日本近代文学的巨匠"——夏目漱石（1867—1916）为例。夏目漱石一生写过 15 部中、长篇小说和 2 部文学理论著作，此外还创作了大量诗歌。鲁迅对他的文学成就给予过高度评价："夏目的著作以想象丰富、文词精美见称。……是明治文坛上的新江户艺术的主

---

　　①　《亚洲历史研究入门》第 3 卷，日本株式会社同朋舍 1983 年版，第 193 页。

流，当世无与匹者。"① 夏目漱石1893年毕业于东京大学英文专业，1900年赴英国留学三年。尽管如此，他长期保持了对老子思想的喜爱，在大学时期就专门写有《老子的哲学》② 一文，该文用三幅图解（修身、政治、道）展示了老子的整个哲学体系，表现了他对这一问题的整体把握和深刻理解。

请见来自第一手资料——日文原著的图解：

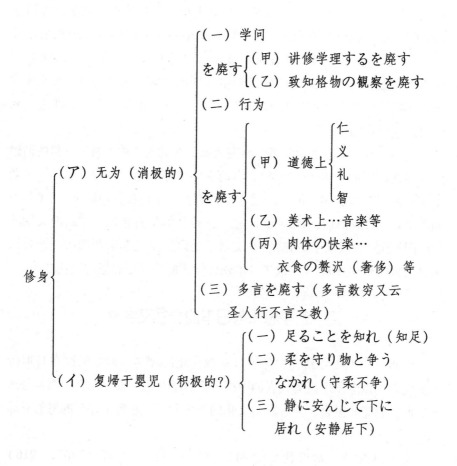

————————————

① 参见《鲁迅全集·现代日本小说集》附录。

② 《夏目漱石全集》第12卷，日本筑摩书房1979年版，第78—90页。

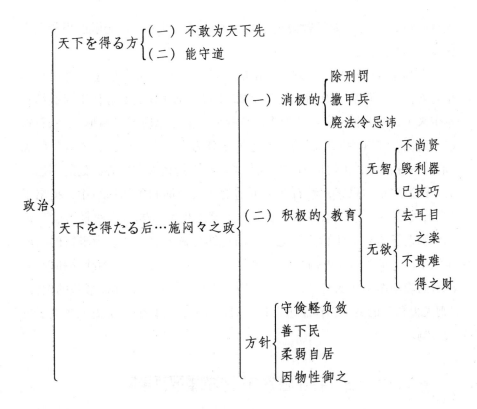

在夏目漱石的文学作品中，多次出现"无为而化"（《我是猫》第11节）、"天网恢恢，疏而不漏"（《少爷》第11节）、"言而不知"（《虞美

人草》第5节）、"老子曾说过"之类的语句，可见他将老子思想与文学作品已融为一体。

　　尤其值得注意的是，漱石提出的"则天去私"文学思想与老庄哲学也有着密切的联系。19世纪初年至20年代，迅速发展的近代工商业给日本带来了繁荣的物质文明，但人的精神生活上却出现了"畸形"。漱石在《三四郎》、《其后》、《门》、《过了秋分为止》、《行人》、《道草》和《心》等作品中，尖锐地揭露与讽刺了隐藏在近代人们内心深处的利己主义。经过多年的思索，漱石在去世前的多次谈话和条幅书写中，提出了"则天去私"①。这一思想综合了法国启蒙思想家卢梭的"回复自然"论和中国老子的"道法自然"观。漱石试图告诫人们，在较为丰富的物质生活中，一定要抛弃虚伪之心、功名之念，保持人们原有的纯朴和善心。漱石的晚期作品《明与暗》就是"则天去私"思想的具体而形象的阐发。"则天去私"的文学创作思想在日本的近代乃至现代的文学史上产生了重大影响。

三　老子思想与日本的重要哲学家

　　西周（1829—1897）是日本近代首位系统地将西方哲学介绍到扶桑诸岛，并创译了许多至今仍在汉字文化圈使用的哲学术语的学者，故被称为"日本近代哲学之父"。（船山信一语）②由于中国传统哲学在他思想深层的影响，也由于西方文化日本化的需要，他往往通过老子的阴阳学说和西方近代自然科学知识相结合来阐述宇宙进化和发展的道理。西周认为自然界发展、进化表现为许多方面，但归根到底是由阴阳两方所组成，他说："物实为阳极，虚为阴极，其于色，白为阳极，黑为阴极，七色为中间之象。其于知觉，热为阳极，寒为阴极，温暖为中间象。其于光，明为阳极，暗为阴极，若太阳之光辉，阳极大甚。其于有机性体，生为阳，死为阴，少则向阳，老则近阴。其于无机性体，金土是阴，火气是阳……凡此皆阴阳罗织为章。"③如仅就"阴阳罗织为章"来看，似乎无多大新意

---

　　①　《夏目漱石全集》别卷，日本筑摩书房1979年版，第391页。
　　②　船山信一：《日本的观念论者》，日本英宝社，第36页。
　　③　《西周全集》第一卷，第213页。

与古代哲学接近，但它是以有机体和无机体等近代自然科学知识为基础，从而为"阴阳"学说注入了时代的新内容，在旧形式下透露了新思想。

老子曾提出："道生一，一生二，二生三，三生万物。万物负阴而抱阳，冲气以为和。"①老子这一解释万物产生的方法，对西周也产生了明显的影响。西周在其50岁时写作的《兵赋论》中认为：世界万物存在着"静力"和"动力"的矛盾斗争，从矿物、植物、动物到人类，都是这类矛盾的相消相克，"矛盾斗争进行时，人们快乐地享受着人生。矛盾斗争结束时，人们在墓石下分解，归于原来的静力。天地万物常在矛盾斗争中形成，不论在智慧、社会里，还是在贸易、战争中，一切生气、活气、壮盛，均因这种动力而形成。这种静力和动力在中国书中称为阴阳，即阴阳相合乃生万物。"②静力、动力本是西方近代物理学家提出的术语，"阴阳相合乃生万物"却是老子哲学的观念，但西周在创建日本近代文化的过程中将二者结合，用人们所熟悉的知识和道理介绍了新的自然观。

中江兆民（1847—1901）被日本学术界称为"近代日本唯物论的创始人"，"日本自由民权运动的理论家"。他16岁时，入著名的土佐藩校文武馆学习汉学，习读过包括《道德经》在内的中国先秦诸子典籍。中江兆民17岁开始接触洋学，学过英、荷、法等国语言。1871年至1874年被政府派往法国留学，他如饥似渴地学习欧洲近代文化。1882年他用汉文译出卢梭的《社会契约论》（即《民约译解》），该书在当时的日本社会产生了极大的反响，因而，中江兆民获得了"东洋卢梭"之美称。

明治时代是日本历史上一个重要的变革时代，作为思想家的中江兆民在哲学和政治上均有一种强烈的图变思想。《老子》辩证法思想十分丰富，自然也成了中江兆民吸收和诠释的对象之一。《老子》六十三章说："图难于其易，为大于其细。天下难事，必作于易；天下大事，必作于细。是以圣人终不为大，故能成其大。"这种关于大与小的辩证论述使兆民极感兴趣，他说："我曾爱读的《老子》说，治大国如烹小鲜。"③中江兆民的兴趣重点是将老子的大与小的辩证思想改造后作方法论运用于政治社会观上，他又说："世人常说，'身材小，其才能不大，因我国不大，

---

① 《道德经》，第42章。

② 植手通有编：《西周·加藤弘之》日本名著第34卷，日本中央公论社1984年版，第168页。

③ 河野健二编：《中江兆民》，日本中央公论社1984年版，第81页。

无奈人材也少'。这是知其一，不知其二。才能之类需学才大，气概靠平日培养。身体小是天命，生在小国又是天命。但人之命只有不安，才能求知，才能创造。如果日常培养，努力不怠，小能变大，薄能变厚。"①中江兆民坚信："大""小"的差异不是绝对的，只要经过人们的努力和创造，身体之"小"必能转化为才能之"大"。他试图以此思想来提高日本民族的自信心，使日本迅速走向现代化，赶上发达的西方各国。

西田几多郎（1870—1945）毕业于东京大学哲学专业，长期任教于京都大学，是著名的"京都学派"的代表性人物，其《全集》达19卷之多。西田几多郎将东方传统哲学理论和西方哲学的思想结合，创造了日本近代最庞大的哲学体系，故日本现代著名哲学家下村寅太郎认为："这不仅具有东方传统思想现代化的意义，而且还具有世界化的意义。"② 西田几多郎将日本近代哲学发展到高峰，无疑在很大程度上得益于西方哲学的思想和方法，但道家思想在其中有何积极影响呢？这是特别值得探讨的重要问题。

西田几多郎从小学习中国古代经典，具有深厚的道家文化的功底；后吸收和钻研了西方哲学，并对东方传统思想文化进行了深刻的反思，形成了颇有见地的系统看法。尤其他是位具有强烈的文化主体意识的日本哲学家，并不满足于对西方哲学的介绍和模仿，决心通过自己思想上的"恶战苦斗"创造出新的"东方哲学"。

西田几多郎在广阔的文化视野中注意到了老子思想的特点和价值，他认为：道家之"天"不同于儒家之"天"。天"在老庄那儿明确是无，无被认为是天地之始。""在礼教的儒教中是难以看到这类关于自然的思考。"③西田还分析了道家在认识论上的局限性，"老庄之教否定人类社会的是非善恶，向自然复归，否定文化这类东西。这不仅否定了类似犹太人的信仰，而且否定了类似希腊人的睿智，如'绝学无忧'。其结果是，后来道家所得到的东西也许是感官的东西。这不仅是一种自然主义，而且含有否定一切并向幽玄天地根源复归之含义"④

西田还比较了老庄思想与佛教思想的同和异，"老庄的思考与佛教的

① 《中江兆民》，第82页。
② 下村寅太郎，"京都学派"学者。
③ 《西田几多郎全集》第7卷，第436、447页。
④ 《西田几多郎全集》第14卷，第435页。

思考很相近。但从知性的雅利安民族产生的印度宗教'无'的思想是知性的，是以知否定知的否定。而中国文化'无'的思想是行的，是以行否定行的否定。""老子的天地之始、有'无'之类思想是绝对的否定，绝对的否定应该是绝对的肯定。在大乘佛教中有柳绿花红思想，在老庄那儿有崇尚自然、无为而化的思想。'无'的思想有一面变为遁世主义，一面变为感官主义的倾向。"尤其值得注意的是，西田还充分肯定了道家哲学文化的历史地位，他说："老庄之教与儒教并驾齐驱，它也是中国文化的一大源流。"①在当时的日本，只要一谈到中国传统文化，皆以儒家文化代表之，几乎不提道家文化。西田之所以提出如此深刻观点，除了其所处的京都大学有着良好的中国文化氛围外，还与其少时对老庄著作的喜爱和平时对道家思想乃至整个中国古代哲学文化的认真研究不无关系。

四　老子思想与日本的自然科学家

汤川秀树（1907—1981）是日本首位诺贝尔奖获得者，1927 年毕业于京都帝大理学部物理学科，历任大阪大学副教授、京都大学教授，1948年至 1953 年任美国普林斯顿、哥伦比亚等大学客座教授，1949 年因提出介子理论获诺贝尔物理学奖。

在中国传统哲学中，汤川秀树最喜欢的是老庄思想。他说："大约在刚刚上中学的时候，我开始考虑中国的古典著作中会不会包括一些更加有趣的、思维方式不同的其他作品。而且，我怀着这样的心情查找了父亲的书房，找出了《老子》和《庄子》并开始阅读。""今天如同我的中学时代那样，老子和庄子仍然是我最感兴趣和最为喜爱的两位古代中国的思想家。"②

老子观察到天地间万事万物存在着互相矛盾的两个对立面，对立面不是一成不变的。庄子认为天道犹如"大块噫气"的交响乐，瞬息万变。"道无终始，物有死生，不持其成。一虚一满，不位乎其形。"认为事物无时无刻不在变移，虚满、生死都只是一时的现象，其形态绝不固定。汤

---

① 《西田几多郎全集》第 14 卷，第 437、449、435 页。

② 汤川秀树著、周林东译：《创造力与直觉》，复旦大学出版社 1987 年版，第 48—49、51 页。

川秀树说，"老庄的思想，既不是宗教，又不是伦理。其特点可用不同于
'到达'的'通过'或'一时停止'来表达。所谓'到达'与目标、终
点相联系。相对来说，'通过'有通过某点，在某点停止一时之意，有不
是终点而是中间站的细微差别。就是在这种意义上使用'到达'和'通
过'的说法。"①19世纪末20世纪初，物理学界发生了一次革命性的飞
跃。以前，物理学主要研究两种基本相互作用——引力作用和电磁作用，
并且看来已经达到相当完善的地步，一般物理现象似乎都可以从相应的理
论中得到说明。牛顿力学概括了低速宏观物体的运动规律；电磁现象的规
律被总结为麦克斯韦方程组；热现象的理论是热力学。许多人认为物理学
的主要框架已经构成，剩下的工作只是把一些物理常数测得更准确些，把
一些基本规律应用到各种具体问题上去而已。随着生产与实验技术的不断
发展，物理学遇到大量新课题，迫使人们认识到旧理论不是那么完善，因
为它并不能圆满地解释新发现的一些现象。黑体辐射与迈克尔的实验使经
典物理学理论碰到了巨大的困难，微观粒子的发现也提出了新问题，这一
切导致物理学理论新的突破。20世纪以来，相对论、量子论、原子物理
学、粒子物理学以及凝聚态物理学等应运而生。新的研究领域不断开拓，
物理学的面貌有了根本性的变化。因而，汤川秀树立足于近、现代物理学
发展史，进一步解释了为何喜欢具有"通过"特点的老庄思想。他说，
在学问上，不可能有"到达"的终点。"普朗克、爱因斯坦几位伟大的物
理学家，推翻了牛顿力学。这可能说得有点过头，但总之牛顿不是终点，
到达点。似乎应长时间停车，但结果只是应通过的途中一站。至今我还不
知哪儿有终点？""在《老子》《庄子》那儿，没有明显的到达点。它们
是非常独创、有趣的思想。仅此而已，绝无终点的看法是正确的。"② 从
此意义上来说，老庄关于变化、发展的思想与自然科学上的没有绝对不变
的认识或定理，只有不断发现、不断创新、才能寻得新真理的精神是一致
的，这可能是汤川在中国传统哲学中最喜欢老庄思想的深层原因。

　　汤川秀树在回顾老庄思想与他的科学研究生涯的关系时指出："在我
一生的某个阶段，我曾离开老子与庄子的世界而转入了物理学的世界，但

① 汤川秀树：《汤川秀树著作集》第4卷《科学文明と创造性》，日本岩波书店，1989年版，第318、319页。
② 《汤川秀树著作集》第4卷，第320页。

自从我进入中年时期以来，老庄思想已经毫不含糊地又在我的心中获得了新的生命。"①也就是说，汤川秀树与老庄哲学相遇的经历可呈现为感兴趣—离开—回归这一过程。然而从思想实质上看，"感兴趣"是他少时对老庄哲学的朴素新鲜感；"离开"不是抛弃老庄哲学，而是兴趣重点的暂时转移，是努力学习和吸收西方文化（包括现代物理学、科学方法论和人文科学）时期；"回归"不是简单的回复，而是在艰辛的科学研究实践中，发现西方传统的科学方法论（如逻辑方法和实验方法）有其局限，便用消化了的现代物理学理论对老庄哲学重新认识、重新发掘、重新诠释，使其"获得了新的生命"。所以，汤川秀树又就自己中年以后的情况而言："和其他物理学家不同，对我来说，长年累月吸引我，给我最深影响的是老、庄等人的思想。它虽是一种东方思想，但在我思考有关物理学问题时，它仍不知不觉地进入其中。"②那么老庄思想对汤川秀树从事物理学研究产生了哪些具体影响呢？

第一，关于概念的相对性思想。《老子》开卷指出："道可道。非常道，名可名，非常名。"汤川指出，我是这样解释的，"真正的道，即自然法则，不是惯例之道，常识之理。真正的名或概念，不是常见之名、常识性概念。""变成如此的解释，也许我是物理学家。到 17 世纪伽利略、牛顿发现新物理学的道之前，亚里士多德的物理学是'常道'。牛顿力学确立，并被称为正确的道之时，它便成了物理学上唯一的道。'质心'这种'新名'，不久成了'常名'。20 世纪的物理学是从超越'常道'，发现新道开始的。在今天，狭义相对论、量子力学等形式的新道已成了常道，'四维时空世界''几率幅'这类奇妙之名，几乎成了'常名'。因而必须再寻找不是常道之道，不是常名之名。如那样思考的话，两千多年前的老子话使人能获得非凡的新意。"③关于老子的"道可道，非常道。名可名，非常名"，哲学史界通常是这样解释的："可以言说的道，就不是恒常的道，可以称呼的名，就不是恒常的名。"汤川秀树的文字解释与此不同，但从思想实质上来说还是与老子哲学精神相通的。如老子说："反者道之动"，"道常无名"④。老子认为名称或概念不是绝对的，具有相对

---

①　《创造力与直觉》，第 75、76 页。

②　《汤川秀树著作集》第 7 卷《回想·和歌》，日本岩波书店 1989 年版，第 20—21 页。

③　《汤川秀树自选集》第 3 卷，第 375 页。

④　《道德经》，40、32 章。

性。自然科学就是在不断淘汰旧概念、旧理论，创造新概念，新理论中发展、前进的，因而二者确有一致性。

第二，关于整体思维。汤川秀树指出："在老子和庄子那儿，自然界却一直占据着他们思维的中心。他们论证说，脱离了自然的人不可能是幸福的。"并由此引申出，"对于东方人来说，自身和世界是同一事物。东方人几乎是不自觉的相信，在人和自然界之间存在着一种天然的和谐。"① 这实际上以老庄哲学为例，肯定了中国哲学的整体思维方式。老子提出"人法地，地法天，天法道，道法自然"② 认为人在自然之中。庄子讲，"天地与我并生，万物与我为一"，也强调个人与世界是一个整体。"天人合一"观点是中国古代哲学整体思维的集中概括，毋庸讳言，它也有忽视分析的缺点，但它不论对于观察宏观宇宙，还是对于研究微观世界，都有一定的适用性。汤川并没有由此任意抬高以老庄哲学为代表的整体思维，而贬低西方注重形式逻辑的思维方法。他作为一位态度严谨的科学家认为，只有融合东西两种思维方式才能有助于现代科学的发展。"对科学家来说，非常明确的肯定或否定的思维方式和将各种事物联系在一起的整体思维方式自古就有，二者都需要，这里越来越变得明确。二者只有互补，才能成为科学的思维方式。"③

第三，关于"天地不仁"的观点。自然科学靠人去发现和创造，也靠人去运用和推广，但社会的人是有政治倾向的。如果自然科学成果合理地使用，就会为人们带来巨大的利益和无比的幸福。反之，如将那些成果胡乱地运用，那又会给人类造成巨大的灾难和无比的痛苦。第二次世界大战中原子弹的使用就是典型一例。所以汤川又指出，从成年初期起，我就非常厌恶关于人无能的理论以及关于人应当自愿顺从自然界的想法。"然而，随着原子弹的出现，我的想法被迫再次发生了很大的变化。……我们现在不得不担忧人类会不会沉没到科学文明这种人类自造的第二个自然界中去了。老子的'天地不仁，以万物为刍狗'的声明获得了新的威胁性的意义，如果我们把'天地'看作包括第二自然界在内的自然界，并把'万物'看作包括人本身在内的话。"④汤川秀树在这里运用老子的哲学观

---

① 《创造力与直觉》，第47、37页。
② 《道德经》，第25章。
③ 《汤川秀树著作集》第6卷，第11页。
④ 《创造力与直觉》，第48页。

点，告诫人们要正确地运用科学成果，为人类的共同利益和世界和平服务。否则，就会反遭"第二自然"的惩罚。

当然，汤川秀树对老庄哲学的把握和运用，是以接受消化现代物理学理论和西方合理的逻辑方法为基础的，是在粒子物理学的艰辛研究和放眼现代世界的认真思考中的积极改造，绝不是一种简单的套用。

"芒"与"明"——浅论《齐物论》所述"自我"世界的两重境界

朱小略

（中国人民大学哲学院）

就《庄子》的哲学成就而言，庄子对"自我"的深入反思，堪称其理论的贡献之一——无论就先秦哲思中人生修养论的发端，还是天人关系的阐释，《庄子》之学对"我"的概念的界定，及其密切相关的修养论方法，都提出了切中肯綮的意见。

"芒"，亦即日常世界中的"自我"。庄子对"芒"这一现象的总结和分析，使得失于明达的日常"小我"跃然纸上。而对这一窘境悬解的思考，使得庄子的哲学在鞭辟入里地剖析小我种种情状同时，自然而然地过渡到对"真我"这一人生境界的追求，"一受其成形，不亡以待尽，可不哀邪？"这是对常我窘态淋漓尽致地摹刻和反思，而其在"明"这一概念上的点题，则更赋予"丧我"一词以哲学的内涵。

一 "常我"与"真我"：庄子齐物思想的基点

在《齐物论》中，有一个立足点，即"自我"，是为庄子所一再提及的。从《齐物论》开篇的文辞上看，南郭子綦与颜成子游的第一段对话，就说道：

> 南郭子綦隐机而坐，仰天而嘘，荅焉似丧其耦。颜成子游立侍乎前，曰："何居乎？形固可使如槁木，而心固可使如死灰乎？今之隐机者，非昔之隐机者也。"子綦曰："偃，不亦善乎，而问之也？今者吾丧我，汝知之乎？女闻人籁而未闻地籁，女闻地籁而未闻天

籁夫!"

在此处，"吾"与"我"各自指代什么？注家和学者众说纷纭，意见不一。① 但是，作为《齐物论》一文的题眼，"丧我"之"我"，必然与《齐物论》主旨息息相关。陈静先生虽然认为"吾"与"我"并不等同"真我"与"常我"，但他仍特别指出："'吾丧我'提示着庄子对'吾''我'进行的分别，而这一分别是建立'因是因非'的超是非立场的前提，三籁之说一方面为理解吾、我的分别作铺垫；另一方面又提示'是非'产生的缘由……我认为，《齐物论》无论从思路上看还是从文气上看，都是一篇相当完整的论文，而解读它的关键，就是'吾丧我'。"② 应该说，这一看法是非常独到的。③

综上所述，"吾"与"我"未能在语篇中发挥预期的语用功能，但这并不代表庄子没有在文中对日常的"自我"和得道的"真我"加以区分。这其实仅是一个指代的置换。在《齐物论》的文篇里，有一名词，特指日常的自我：

> 一受其成形，不亡以待尽。与物相刃相靡，其行尽如驰，而莫之能止，不亦悲乎! 终身役役而不见其成功，苶然疲役而不知其所归，可不哀邪! 人谓之不死，奚益! 其形化，其心与之然，可不谓大哀乎? 人之生也，固若是芒乎? 其我独芒，而人亦有不芒者乎?

在这里可以看出，"我"作为与"人"相对的概念，实指"自身"，

---

① 论文记有陈静《吾丧我——〈庄子齐物论解读〉》，载于《哲学研究》2001 年第 5 期；高予远《对"吾丧我"的思考》，载于《中国哲学史》2005 年第 4 期；陈清春《庄子"吾丧我"的现代诠释》载于《中国哲学史》2005 年第 4 期及陈少明《自我、他人与世界》载于《学术月刊》2002 年第 1 期等。

② 陈静：《吾丧我——〈庄子齐物论解读〉》，载于《哲学研究》2001 年第 5 期。

③ 从文本分析的角度上看："我"字在《齐物论》中出现了 26 次，与"吾"相对 1 次，并举 2 次，与"彼"相对 2 次，与"人"相对 2 次，与"物"相对 3 次，与"是"相对 1 次，与"若"相对 14 次，单列 1 次；"吾"字在《齐物论》中出现 18 次，与"我"对举 1 次，并举 1 次，与"汝"对举 13 次，纯作为发语词的自称 3 次。除了"吾丧我"是对举，其他皆为并举，在语用功能上可以互相替代，这种对用词分布的分析，指出并说明《齐物论》中的"吾"与"我"并非严格对立的一对"冤家"，更多的时候是可以互换的。从"吾"和"我"二字的字源看，它们有一些朴素的区分，但从《齐物论》所举的诸例上看，除了点题的两字之外，"吾""我"尚未被庄子赋予过多的哲学意蕴。

而与"我"紧密相关的"芒",才真正起到了囊括总结"狭隘的自我"这一含义的作用：无论是"行尽如驰",抑或"茶然疲役",在描摹人世间种种不幸的情状之时,庄子都是采用了"芒"来这个词来加以指代。他指出：人的形体随着生而不断地消磨与转化,心也就沉瀣于种种情态而不能自拔,从而失去了自己的本位,这是莫大的哀情。这既是庄子对"芒"的解释,又是对"常我"的一种直观而交感的描述。

"真我"这个词,在《齐物论》中,尚没有专属的术语对应,与之相近的,只有王倪在回答啮缺之问时所解释的"至人"："至人神矣！大泽焚而不能热,河汉沍而不能寒,疾雷破山飘风振海而不能惊。若然者,乘云气,骑日月,而游乎四海之外。死生无变于己,而况利害之端乎！"然而,至人的核心是什么,庄子并没有在《齐物论》中进一步加以说明。唯有与芒对举时,他以《老子》文篇中即可见的"明"一概念,加以拓展,作为庄子理想的"真我"的摹描。

二 "芒"：日常生活中的"常我"之情

"芒"之一字在内篇中,除在《齐物论》中出现 3 次,只在《大宗师》篇中出现 1 次,即"假于异物,托于同体；忘其肝胆,遗其耳目……芒然彷徨乎尘垢之外,逍遥乎无为之业。"然后便在外杂篇中出现了 13 次。依据这一统计数据,"芒"大概有四种含义：

1. 通"荒",《至乐》中有"芒兮芴兮,而无从所出乎",《天下》也有"神明往与？芒乎何之？忽乎何适？万物毕罗,莫足以归"的说法。这里的"芒"即通"荒",并同《尔雅》"芒作荒"所言相符,这一义在《庄子》中也最为常见。

2. 同"眛",《盗跖》有所谓"目芒然无见",《说剑》有所谓"文王芒然自失"。都是盲昧的意思。

3. "淳芒",即人名。

4. "锋芒",生气,《知北游》有"大马之捶钩者,年八十矣,而不失豪芒"之说。

应该说,上述几重含义,既有对《老子》的经典范畴加以沿袭的地方,又有承袭"芒"字本义的用法,还有别抒机杼的精彩之处。尤其是《齐物论》中所出现的 3 次"芒",应该说,这一处出现的"芒"字有着非常鲜明的特点,其在含义上的自成一体,显然足以作为一个独立的范畴来加以理解。①

从字义上看,"芒"字的本义是草尖。《说文》注"芒"为"草耑",也就是草端;《玉篇》解为"稻麦芒",《周礼·地官·稻人》则解为"泽草所生",《白虎通·五行》解为"其神勾芒者,物之始生,其精青龙,芒之为言萌也",这里都强调作为形符的"草"的意义。而随着词义的拓展和转移,"芒"又用来指"光芒",也就是强光最耀眼的部分,这也是词义的有机引申。《晏子·谏上篇》说到的"列舍无次,变星无芒",就是指的"光芒"一义。至于近代马叙伦考证"芒"义为"懵",若从字源上探究,脉络也就在此。马说:"伦按注借为懵,微纽双声。说文曰:懵不明也。周礼遂人注曰,甿犹懵懵,无知貌,可为例证。"② 在《说文》中,"懵"通"㤨",在意义上与"茫"相似,读音也接近,至于"茫"与"芒",《康熙字典》说道;"(芒)又通慌。《韩愈诗》茫惚使人愁。《注》古慌通茫,许往切。亦作芒、汇,义同。"也差不多同义,这样就成功地将"芒"、"茫"、"懵"几个释义联系起来了。

将"芒"解为"昏昧",应该来说是有理有据的,但其又不能一概而论:"芒"和"茫"字在《庄子》中都有出现,"芒"出现了18次,而"茫"出现了1次。《秋水》篇有"吾以为至达己,今吾闻庄子之言,茫然异之,不知论之不及与"的说法,而《大宗师》则有"芒然彷徨乎尘垢之外,逍遥乎无为之业"的说法。同时"芒(茫)然",这两处的含义并不一致,不能任意通假换用。因此,以"芒"和"茫"通假,认为"芒"的含义就是"茫然",还是不精确的。

《齐物论》的"芒",用法相对来说自成一体,至于它确切的含义,也是要从前后文中总结绅绎出来。简单地说:"芒"是什么?是"不明"。然而"不明"又是什么呢?从前后文的角度上看,指的应当是"有成心"和"有是非"——《齐物论》中,"芒"的前文是对其的详述;而后文

---

① 《齐物论》中所出现的"芒"与《大宗师》的"芒",在含义上是不同的。《大宗师》所列"芒"字,脱胎于《老子》十四章和二十一章的"恍惚",《天下篇》在总评庄子之学时,也特别用到这一词。《康熙字典》注这一芒为呼光切,读作荒,应是"荒"的通假。而《齐物论》中心之"芒"状,呼应的是《盗跖》篇所叙"目芒然无见"同《说剑》篇的"文王芒然自失"。

② 马叙伦:《庄子义证》,商务印书馆1930年版,第18页。

则是对其的引申。在语境中该篇共列举了十二情、六问，作为对"芒"的内容的注解；此外，在提出了"芒"之后，语篇即将"成心"和"是非"二者续貂在后，以在合理地引申中，逐渐引出了《齐物论》的主旨。

"芒"字从"草"，纵观《庄子》，首篇的《逍遥游》和《齐物论》都对这一意象有所引申。《逍遥游》中庄子与惠施之论大瓠："今子有五石之瓠，何不虑以为大樽而浮乎江湖，而忧其瓠落无所容？则夫子犹有蓬之心也夫！"有蓬之心，就是说本应中空却塞满茅草（意喻浅见与杂欲）的人心。这样的人不通达，不明理，内心有如塞满乱蓬蓬的杂草，这既是不能明达至理的表现，也是对内心先有成见的隐喻。譬如"有用、无用"：惠施正是以有用无用来评判大斛，才忘却了它逍遥的本性。这映射了"成心"与"不明"如何构陷日常生活中的"常我"，以至苶然疲役而不知归的悲惨境遇。应该说，庄子在这里对日常的"小我"的刻画，是入木三分的。

除此之外，庄子的"芒"在谋篇布局上还有进一步的深意——"芒"在极好地呼应了前文中的"有蓬之心"后，又在《齐物论》中延续了这一思路。《齐物论》说道："夫随其成心而师之，谁独且无师乎？奚必知代而心自取者有之？愚者与有焉。未成乎心而有是非，是今日适越而昔至也。是以无有为有。无有为有，虽有神禹且不能知，吾独且奈何哉！"这一段可看作对燕雀与鲲鹏之辩思考的引申。的确，对"成心"的反思，着眼的不是小大的对比，而是对小大之辩产生的理由进行更深一步的思索：试想，随成心而动的人，即便是愚者，也可自命从师于智。他们若以自己的目光打量清明的世界和矢志从道的人，所得出的未必不是坐井观天的谬论；这就好像鹖雀不但无法包容理解与己不同的鲲鹏，还要嘲笑大鹏的徒劳，然而鹖雀并不比鲲鹏更近"道"。什么是"成心"？"成心"就是人心满载的一种状态，在成心中，以"用"和"利"为标准的目的，与自鸣得意的态度和纷至沓来的情态是互为表里的。狸狌、鹖雀自负于自己灵巧的才能，寄希望于施展才华，博取成就，而无成心的人，则不会以"用"和"利"为取舍的标准，更不会表现出悭吝和自负的心思。尤其在内心的种种情态上，有成心所碍的常我，和悟道的真我，截然不同。关于真我，《大宗师》说："古之真人，不知说生，不知恶死。其出不欣，其入不距。翛然而往，翛然而来而已矣。不忘其所始，不求其所终。受而喜之，忘而复之。是之谓不以心捐道，不以人助天，是之谓真人。"真人，从自我修养的角度上看也就是"真我",而与此相对,《齐物论》囿于"成心"的众人与"真我"的表现截然相反。他们不仅不能做到不悦生,不恶死,面对蝇营狗苟的得失,反而大动干戈,《齐物论》在论"十二情"中说道:"大知闲闲,小知间间,大言炎炎,小言詹詹。其寐也魂交,其觉也形开;与接为构,日以心斗:缦者,窖者,密者。小恐惴惴,大恐缦缦。其发若机栝,其司是非之谓也;其留如诅盟,其守胜之谓也。其杀若秋冬,以言其日消也;其溺之所为之,不可使复之也;其厌也如缄,以言其老洫也;近死之心,莫使复阳也。喜怒哀乐,虑叹变慹,姚佚启态。乐出虚,蒸成菌。日夜相代乎前,而莫知其所萌。已乎,已乎!旦暮得此,其所由以生乎!"这段议论较为详尽论述了日常生活中人心的种种情状。迷于知、情、言等种种陷阱之中的常我,在寐觉缦窖、小恐大恐等心理状态中沉浮不已。"喜怒哀乐,虑叹变慹,姚佚启态"。《庄子》以十二字概括了成心的种种情态,简明扼要,切中肯綮。而为其作疏的成玄英以修道升仙的态度,对此十二字再有论述:

> 凡品愚迷,(则)〔耽〕执违顺,顺则喜乐,违则哀怒。然哀乐则重,喜怒则轻。故喜则心生欢悦,乐则形于舞忭。怒则当时嗔恨,哀则举体悲号,虑则抑度未来,叹则咨嗟已往,变则改易旧事,慹则屈服不伸,姚则轻浮躁动,佚则奢华纵放,启则开张情欲,态则娇淫妖冶。众生心识,变转无穷,略而言之,有此十二。审而察之,物情斯见矣。①

成玄英以顺违等情状来囊括人内心的种种情态变化,这十二情萌发而生,或生于成见,或催生成见。但成见一旦形成,天机就泯灭了。对一切事无偏狭,无私营的美德,也就泯灭在随之而来的私心之中了。生灭,是自然的现象,无所谓好坏是非,然而对生灭抱有好恶喜怒,就是个人的偏狭和狂妄。屈复在《南华通》中对此特别阐发道:"无始之初,本无有物,俄而气蒸成形,方生方死,俄而气吹出声,唱于唱喁,自无而之,有亦方有而忽无。必欲于此石火电光之中,妄生分别,真天下之至愚也。自大知闲闲以至姚佚启态,皆极状人情之万有,不齐与激者謞者一段相配,

---

① 郭庆藩:《庄子集释》,中华书局 1961 年版,第 54 页。

而必以此二语为晨钟发声，令人深省者；应前风作则怒风济，则虚之意也。"① 钟泰对此也有类似的看法。② 可以说，集成了种种情态的"成心"，就是"芒"重要一面，陈鼓应先生将"非彼无我"数语解为"没有以上种种情态，就没有我"，应该是非常妥帖的。③ "我"是由人情所呈现的，这便是所谓的"独于人"；而不由人情所局限的人，则可以说到达了"侔于天"的境界。《德充符》篇对此有一呼应："死生、存亡、穷达、贫富、贤与不肖、毁誉、饥渴、寒暑，是事之变、命之行也。日夜相代乎前，而知不能规乎其始者也。故不足以滑和，不可入于灵府。使之和豫，通而不失于兑。使日夜无隙，而与物为春，是接而生时于心者也。是之谓才全。"种种苦难，不入于心，这就是所谓的才全；那么入于心，便是才不全，也就是常我了。常我即成心，成心即有好恶，流连于外而迷失于内。至于求学于伯昏无人门下的子产，因叔山无趾受刑，而不能保持平和之心的仲尼，都是寓言借以点醒读者的例子。可以说，"芒"的一个基本内涵，即是以好恶内伤其身，茶然疲役，不知所归，从而使得"真我"转而为日常世界中沉沦的"常我"的成心。

"芒"还有一个极其重要的内涵，那就是"是非"。"成心"并不是天生的，《老子》的五十五章说道："含'德'之厚，比于赤子。毒虫不螫，猛兽不据，攫鸟不搏。骨弱筋柔而握固。未知牝牡之合而朘作，精之至也。终日号而不嗄，和之至也。"就是说，德行的极致，就如同婴儿一般，精聚德充，身存性全。而人们是在逐渐成长的过程中失去这种德行的。庄子以世界的本原为例，重现了这一过程。他说："古之人，其知有所至矣。恶乎至？有以为未始有物者，至矣，尽矣，不可以加矣！其次以为有物矣，而未始有封也。其次以为有封焉，而未始有是非也。是非之彰也，道之所以亏也。道之所以亏，爱之所以成。果且有成与亏乎哉？果且无成与亏乎哉？"没有成心的真人，在修养上已达到了至高的境界，甚于内心通达，毫无分野。在这样的真我中，万物是没有分隔，混而为一的。直到德行的衰落，内心逐渐有了分隔，对世界的认识也就越来越明晰而琐碎，而对外物的知识也就随之详尽起来。

---

① 屈复：《南华通》，第44页。
② 钟泰：《庄子发微》，上海古籍出版社1988年版，第33页。
③ 陈鼓应：《庄子今注今译》，商务印书馆2007年版，第58页。

"人我"的概念一旦建立，"是非"也就顺理成章地随之而来。而"是非"一俟成形，"成心"也就因而成形了。成玄英举了一个惨痛的例子：

> 昔有郑人名缓，学于裘氏之地，三年艺成而化为儒。儒者祖述尧舜，宪章文物，行仁义之道，辨尊卑之位，故谓之儒也。缓化其弟，遂成于墨。墨者，禹道也。尚贤崇礼，俭以兼爱，摩顶放踵以救苍生，此谓之墨也。而缓翟二人，亲则兄弟，各执一教，更相是非。缓恨其弟，感激而死。然彼我是非，其来久矣。争竞之甚，其自二贤，故指此二贤为乱群之帅。是知道丧言隐，而未始出其方矣。①

"是非"本身是好是坏，这点很难回答；但它的产生的土壤却是一目了然的。在"真我"的世界中没有"成心"。所谓"成心"，只能建立在"人我二分"的基础上。有了人我，自然就会有不同的视角，当不同的视角起了冲突，那么评判对错的标准也必然随之树立。"道隐于小成，言隐于荣华。故有儒墨之是非，以是其所非而非其所是。欲是其所非而非其所是"。"是非"是对常我对世界认知的必然产物，而相比后文"物固有所然，物固有所可。无物不然，无物不可。故为是举莛与楹，厉与西施，恢诡谲怪，道通为一"的大知，它的狭促不言自明。②

"是非"是对人们观念的评判，本是对命题和事实相符关系的判断。然而，由于判断的对象几乎无所不包，基于对不同事物的偏好，人们针对同一事件的不同层面与针对同一方面的不同评价，使得对事实的判断越来越繁杂和多样。"未成乎心而有是非"，这一句几乎是庄子对是非观念最提纲挈领的点睛之笔。儒墨之是非，天下之是非，不过己是而彼非的文字争论罢了。吕惠卿注释道："天下之所谓是非者，不过我是若非、若非我是，或是或非，俱是俱非，四者皆出于我与若，而我与若俱不能相知，则所谓是非者，卒不明。"③ 应该说这个总结是非常到位的。

由心的角度来看，"是非"是与"道"相对的存在——由于"道"

---

① 《庄子集释》，第 65 页。

② 至于《逍遥游》所举"小知不及大知"，《齐物论》所举"大知闲闲，小知间间"，《外物》所举"去小知而大知明，去善而自善"，更是如此。

③ 褚伯秀：《南华真经义海纂微》，华夏出版社 2004 年版，第 22 页。

隐，"是非"便相应而生了，而"是非"与"道"的对立，与其说，这是关于哲学宇宙论的思考，倒不如说是逻辑上的先后呼应。《逍遥游》中燕雀与鲲鹏的"小大之辩"，不仅出于二者能力及眼界的差异，也出于燕雀"彼且奚适也？我腾跃而上，不过数仞而下，翱翔蓬蒿之间，此亦飞之至也，而彼且奚适也"的狭隘眼光。庄子以一连串的设问为引文，对是非作出了深刻的反思，并敏锐地抓住了个中关节。林疑独注说："人生芒昧之中，无非不芒之真性也，为物所蔽而不自知耳。圣人则不由是非之涂，忘怀息虑，照之于天，然吾之所照特因世有是非者耳。故曰：'亦因是也，亦为彼所彼；以彼为非，彼亦自以为是。彼之与此，各有一是一非，庄子欲明其无不是而不定其所以然。故托以果且有无之语。'"① 他的态度是非常具有代表性的。"是非"是专属于人的，也是非天的。人与天的区别，不在于饮食日用，而在于人心。喜怒哀乐的好恶和是非之争，使人在未有特定的言论中坚持是非，从而导致了无意义的论争。

三 "明"：庄子心灵世界中的应然之境

前段文字已经对"芒"做了一个简易的描摹，而在生活中沉沦的"常我"，就是一出悲剧，然而值得称道的是，庄子的寓意并非仅在为人类指出某个绝望的不可更移的事实，在对日常世界中沉沦的"芒"无不惋惜地加以批评之后，庄子又更进一步指出了"自我"的理想人格："化"。

"明"这个词，在《庄子》中颇有来头：一方面它沿袭了《老子》一书中的核心观念；另一方面又为《庄子》所进一步地诠释。从字源上看，"明"这个词的本义为"照"，即光照四方。本写作"朙"，从囧从月。后来逐渐引申"目明"。从范畴史的角度上看，"四书"和"五经"都很重视"明"的含义。② 从其在先秦典籍中的出现频率上看，《论语》

---

① 《南华真经义海纂微》，第22页。

② 段玉裁记：《大雅·皇矣》传曰：照临四方曰明。凡明之至则曰明明。明明尤昭昭也。《大雅·大明》《常武》传皆云：明明，察也。诗言：明明者五。《尧典》言：明明者一。《礼记·大学篇》曰：大学之道，在明明德。郑云：明明德，谓显明其至德也。有驳。在公明明。郑笺云：在于公之所但明明德也。引《礼记》"大学之道，在明明德"，夫由微而著，由著而极，光被四表，是谓明明德于天下，自孔颖达不得其读而经义隐矣。"这里较为简略地引述了"明"在先秦典籍中出现的频次。

中"明"出现了 13 次①，《尚书》约 108 次，《左传》约 156 次，②《周易》约 71 次，《孟子》约 26 次，《礼记》约 200 次。而在道家的典籍中，"明"也是一个非常重要的概念。在《道德经》中它出现了 13 次，《列子》出现了约 22 次，《庄子》中则出现了 122 次。从各种意义上来说，"明"都是先秦儒道两家哲学思想的高频词。

在典籍中，"明"作为哲学概念，按意义来划分，也可分有效使用和其他使用。以《左传》为例，在《左传》中出现的 156 次"明"，也包括了副词（"明日""明年"）、人名（"孟明""伯明""子明""崔明""然明""公孙明"）和文章名（《大明》《明夷》）等，在"明"字的有效使用中，如下两重含义表现得较为突出：

1. 照临四方：这一意义源出于"明"之本义，在《说文》中著述得尤为明显，而《易经》特别注重这一方面的释意。《系辞传》说："日月相推，而明生焉。"《易·乾卦》中说："乾龙勿用，阳气潜藏；见龙在田，天下文明。"都是这个意思；

2. 明察秋毫：这一意义是由"明"之本义引申出来的。《尚书》中常见此义，《尧典》篇曰："昔在帝尧，聪明文思，光宅天下。"《舜典》曰："虞舜则微，尧闻之聪明，将使嗣位。"都是这个意思，由这一义出发，又引申出了"明德"和"明是非"等意义。

那么，在《庄子》中出现的"明"，是否也是这个意思呢？应该说，它们之间有联系也有区别。圣人，圣知，在五经和《庄子》中的含义是不同的。仁义礼智信等圣王的美德，在庄子的视野中，也不是第一位的。《庄子》说：

> 阳子居见老聃，曰："有人于此，向疾强梁，物彻疏明，学道不倦，如是者，可比明王乎？"老聃曰："是于圣人也，胥易技系，劳形怵心者也。且也虎豹之文来田，猨狙之便执斄之狗来借。如是者，可比明王乎？"阳子居蹴然曰："敢问明王之治。"老聃曰："明王之治：功盖天下而似不自己，化贷万物而民弗恃。有莫举名，使物自

---

① 值得注意的是，这 13 次记录中，以人名和副词用法居多。

② 其中，"明日""孟明""公孙明"等副词和专有人名也加以记录，但"天明""神明""克明"等核心用法，在《左传》中也颇有述录。

喜。立乎不测，而游于无有者也。"

明辨是非，明察秋毫，在庄子的思想中都不是首要的。德行的昭明，依赖的不是君王的表现与臣民的赞颂，正好相反，这种驱使躯体，悖离天性，劳苦于案牍以成全明王的德行的行为，是庄子不认可的。身为明王，首先就应抛开"有我"的求名观，道法自然地管辖天下。在这里，儒道两家在政治理想的分歧表现得最为明显。庄子之"明"，与其说"明德"，不如说是"明道"，是通晓大道的境界。

然而，直接将"明"解为"明道"，又有粗疏之嫌。什么样的"明"才是明道，要回答这个问题，就要对《庄子》中的明作一范畴行的梳理。《庄子》之明，直接的来源是《老子》。它继承了《老子》中关于"明"的主要思想——"明"在《老子》中出现了13次，分为5种主要含义：(1)知常曰明，(2)自知者明，(3)不见曰明，(4)见小曰明，(5)所谓"微明"。这其中自知之明说的是了解自身，对自我看得透彻；不(自)见曰明，意思就是不自以为是，不矜夸于自己的长处；见小曰明，就是指见微知著，"微明"，则是指反者道之动式的奥秘。知常曰"明"，就是说知"道"之明，也就是《庄子》中所特别沿袭的"明"。知道就是"明"，那么它有哪些具体的内容呢？应该说，从《齐物论》中所提供的材料来看，"明"至少具有两个鲜明的特征：别是非，一成毁。

什么是"别是非"？"明"这个词的意象，是与"芒"针锋相对的。如前所述，"芒"所指代的，是晦暗不明的常我。那么"明"呢？"明"所代表的是光照四方的真知。庄子两相对比的方式引出结论："道隐于小成，言隐于荣华。故有儒墨之是非，以是其所非而非其所是。欲是其所非而非其所是，则莫若以明。"首先，"明"在这里是与"是非"相对的认知，在《庄子》的世界中，"是非"诞生于"人我"的区别。而"人我"又是由何诞生的呢？这是对"道"的偏离而造成的。第一等的认识，是未始有物，次之的认识，就是未始有分。凡此种种，直到"是非"的彰明，德行的支离，都使得原本"明"的人昏昧起来。"是非"与"明"与其说是世界形成的过程，不如说是人心的转换。正是人的"心"，在"明道"和"知是非"的两重境界中转换。

除弥合"是非"，归心于道之外，"明"还是与"常我"所对立的"真我"所能达到的那一重通晓道体的境界。那么，什么是"去成心"

呢？结合前文，"芒"若是常我之心，那么明便是真我之心，《齐物论》以为，有"是非"，便有"成心"。成心是什么？是对世界和外物的成见。生死、利害，都是成心的一种表现，而"明"就是对成心的解构，在"明"的境界中，什么是"生"？什么是"死"？什么是"可"？什么是"不可"？由于先入为主地认定"可"，人们就会嫌恶"不可"的东西，挑剔不善的东西，怀疑不明的东西，这便是成心。成心由是非而出，而取消"人我"（所谓"彼是"）和"是非"的区别，相对而生的认识便随之消弭。什么是"照之于天"？这就是一切因循人我的天性，而不作评判。高下便还原为物理间的现象，只有"是什么"，而不受"应当什么"来拘束。这就是"明"的第二重含义。

"是非"和"成心"交织而生，它们之间的因果联系是逻辑性的；在现实的生活中它们是极其紧密地交织在一起的。然而，也正由于二者如此复杂的关系，"芒"才会成为易知难解的困境。从理论上看，"困顿"遵循的或许是一条主线，但这条主线却缠绕成难解的线团。庄子说道：

> 既使我与若辩矣，若胜我，我不若胜，若果是也？我果非也邪？我胜若，若不吾胜，我果是也？而果非也邪？其或是也？其或非也邪？其俱是也？其俱非也邪？我与若不能相知也。则人固受其黯暗，吾谁使正之？使同乎若者正之，既与若同矣，恶能正之？使同乎我者正之，既同乎我矣，恶能正之？使异乎我与若者正之，既异乎我与若矣，恶能正之？使同乎我与若者正之，既同乎我与若矣，恶能正之？然则我与若与人俱不能相知也，而待彼也邪？

这一段论述入情入理，丝丝入扣。论辩的诱因是有"是非"，有"人我"。因"是非"和"人我"的不同，争论就此而诱发了，争论的后果，又在分歧中扭曲了世界原有的形象。既然实际存在的世界，不会因人心的生灭而发生变化。那么，实际变化的只有人心中的"成见"和"是非"。这使使得人距离真实的世界越来越远。这就是"梦"。"梦"是对真实的悖离，梦里不知身是客。即便逻辑严密，组织精巧，论证宏大的论证，只要建立在成心和是非上，就仍然是虚幻和徒劳。而"明"，才是对这样世界的导正。唯有将"成心"与"是非"置之度外，归复本然澄明的心境，才是《齐物论》的"明"所要表达的含义。在文中第三次，也是最后一次出现"明"的叙录,《齐物论》以总结的口吻为"芒"与"明"作出总结:"唯其好之也以异于彼,其好之也欲以明之。彼非所明而明之,故以坚白之昧终。而其子又以文之纶终,终身无成。若是而可谓成乎,虽我亦成也;若是而不可谓成乎,物与我无成也。是故滑疑之耀,圣人之所图也。为是不用而寓诸庸,此之谓'以明'。"撤除主观的是非,乃至于撤除"人我"于心中的对立,就可以使人进入无成毁,无是非,甚至于无物无分的世界。了然于道,而照之以天性,顺其自然而不妄动,这就是"明"。

综上所述,"芒"与"明"两境界,可以说是《庄子》全书关于日常世界"常我"与"真我"两重自我所思考的成就。"芒"所蕴含的"成心"与"是非",与"明"所包含的"无是非"与"去成心",各自对应着沉沦的常我与超拔的真我。梳理清了这两个概念,不仅有助于《庄子》文本篇章之间对应关系及逻辑主线的梳理,更有助于厘清庄子哲学修养论中的焦点对象及理论成就,从而有助于更深地理解庄子思想的本质,从而推进对庄子思想的研究。

老子的自然世界

陆建华

（安徽大学哲学系）

自然与人类相对，乃人类生存和发展的物质基础，也是人类思想和智慧的源泉，对自然的认知是人类生存和发展的永恒的主题。对自然的认知，无论是宗教的、哲学的，还是科学的、艺术的，都构成人类的自然"观"、人类视界中的自然世界。人类恰是凭依其自然"观"、其视界中的自然世界来解决人类生存和发展问题，应对人类和自然的关系问题，甚或据此反观人类自身的本质和状态。老子的自然世界是其哲学视域中的自然世界，是其以哲学方式对自然的"观"，它包括自然世界的成因、自然世界的状况以及人类对待自然世界的方式等多方面的内容。

一

自然世界由天地以及生存于天地之间的风雨、河谷、江海等万物所构成。可是，自然世界从何而来、如何形成？或者说，构成自然世界的天地万物从何而来、如何产生？老子认为自然世界源于道，天地万物皆由道所生。即是说，道是自然世界的本原。所以，老子说："道生一，一生二，二生三，三生万物"（《老子·四十二章》），"天下万物生于有，有生于无"（《老子·四十章》）。从老子上述所言又可知，道创生自然世界有其复杂过程和不同阶段，构成自然世界的天地万物从逻辑上讲不是同时产生的，而是有其先后次序。这样，自然世界就不是一次性生成的，而是随着天地万物的不断降生而逐渐形成并完善的。

天地万物的产生有先后。老子认为道是先创生天地，然后才创生万物。老子的"道生一，一生二，二生三，三生万物"（《老子·四十二章》），虽未明言道以创生天地为开始，但是，却明言道以创生"万物"为终止。道既然以创生"万物"为终止，那么，天地当然在"万物"之前即被创生。老子的"天下万物生于有，有生于无"（《老子·四十章》），认为先有"天下"，然后才有天之"下"的万物，也即认为先有天地，然后才有生存于天地之间的万物，既明言道以创生天地为开始，又明言道以创生万物为终止。老子类似的说法还有："天下有始，以为天下母"（《老子·五十二章》）。另外，老子说：道乃"有物混成，先天地生"（《老子·二十五章》），认定道在天地之先，暗含道与天地之间没有他物，天地在万物之前被创生；老子说："谷神不死，是谓玄牝。玄牝之门，是谓天地根"（《老子·六章》），以谷神、玄牝喻道以及道的创造力，又以道为天地之"根"，也说明天地最接近于道；老子说："无，名天地之始；有，名万物之母"（《老子·一章》），而"有生于无"（《老子·四十章》），意味无在先，有在后，相应地，天地应在先，万物应在后。这些，都说明道生天地万物有先后，道先生出天地，然后生出万物。

道为什么先生天地，而后才生出万物？老子认为原因在于道生万物需要天地的协助，正是借助于天地的协助，道才能产生万物。老子以万物中的甘露为例说："天地相合，以降甘露"（《老子·三十二章》），说明道生甘露等万物需要天地的配合。关于道凭借天地的辅助创生万物，老子还有非常形象的说法："天地之间，其犹橐籥乎？虚而不屈，动而愈出"（《老子·五章》），谓道在创生万物的过程中，天地所构成的"天地之间"的广阔空间犹如巨大的风箱，风箱使静止的空气（无）转化成流动的空气，也即风（有），天地所构成的"天地之间"的广阔空间使道（无）生成"物"（有）。此外，老子还说："天长地久[①]。天地所以能长且久者，以其不自生，故能长生"（《老子·七章》），虽是在解释天地生存的时间超越于万物的生存时间，但天地"不自生"，还是透露了以下信息：天地之生乃为了"万物"，一方面，天地协助道而使道生出万物；另一方面，天地为万物的生存提供了"场所"。这样，道先生天地、后生万物，除了道需要天地协助方能生出万物的原因之外，还有天地为万物提供生存"场所"、生存空间的原因。试想，如果没有天地，万物将存身

---

① 《老子·二十三章》云："天地尚不能久"，不可孤立解读，联系上下文来看，是指天地不能使"飘风""骤雨"持久，而不是指天地本身不能长久存在。

何处？

　　如此，老子所言的自然世界的生成过程："道生一，一生二，二生三，三生万物"（《老子·四十二章》），则是指道生成混沌之"物"（一），混沌之物分而为天、地（二），由天地而有天、地以及"天地之间"（三），道在天地的作用下生出生存于天地之间的"万物"。这样，道生出天地，自然世界得以"生"，道在生出万物之后，由天地和万物所构成的自然世界才最终形成。

　　由于天地万物相对于道都是有限的存在，有其生必有其死，那么，自然世界中的天地万物在其生命终结时将归向何处？老子认为归向道。他说："夫物芸芸，各复归其根"（《老子·十六章》）、"大道泛兮，其可左右，……万物归焉而不为主"（《老子·三十四章》），即是言明万物以道为最后的归宿，道是万物最后的家园。这样，道不仅是自然世界的本原、自然世界的发生处，还是构成自然世界的天地万物的归宿处。

　　天地万物是有限的存在，由天地万物所构成的自然世界是否也是有限的存在？天地万物有生有死，由天地万物所构成的自然世界是否也有生有死？按照老子的观点，自然世界是无限的存在，自然世界有其生而无其死。因为天地万物的生存时间有长有短，而且，天地万物之"死"同天地万物之"生"一样，不是同时的，更为重要、更为本质的是，道生天地、生万物是持续不断的，道所生出的物也是层出不穷的，这样，构成自然世界的旧的物消亡了，新的物又不断产生，自然世界只会随着天地万物的生生死死、随着新的物的不断出现而不断变化，实现其新陈代谢，自身却不会灭亡。

二

　　自然世界由道而生成，自然世界的本质属性也由道所赋予。老子举例说："天得一以清，地得一以宁"，"谷得一以盈"（《老子·三十九章》），谓自然世界中的天、地、河谷等的本质属性"清"、"宁"、"盈"等皆来源于道，也即谓自然世界中天地万物的本质属性、自然世界的本质属性来源于道。相反，如果道不赋予天、地、谷等以"清"、"宁"、"盈"等本质属性，天、地、谷等将因失去其本质属性而最终毁灭："天无以清，将恐裂；地无以宁，将恐发"；"谷无以盈，将恐竭"（《老子·三十九章》)。构成自然世界的天、地、谷等失去其本质属性并因而走向毁灭，自然世界也将随之失去其本质属性并灭亡。

自然世界由道所生成、由天地万物所构成。那么，自然世界在宇宙中处于何种地位？自然世界中的天地和万物在自然世界中又处于何种地位？老子对此有明确的回答。他说："道大，天大，地大，人亦大。域中有四大，而人居其一焉。人法地，地法天，天法道，道法自然"(《老子·二十五章》)。这表明自然世界中的天地和道以及道所创生的人是宇宙中最为高贵的存在，天、地、人优越于道所创生的其他万物。而在道和天、地、人这四者之间，道处于最高地位，天地次之，人的地位最低；而在自然世界中的天地之间以及天地与万物之间，天的地位高于地，天地的地位高于万物。在此，如果天地代表自然世界，人代表人类社会、人文世界的话，就意味着形上世界（道）处于至高的地位，高于自然世界和人类社会；自然世界处于形上世界和人类社会之间，低于形上世界而高于人类社会，人类社会的地位则最为低下。果真如此的话，自然世界将优越于人文世界，并且成为人类社会效法和遵从的对象。

由于道位居宇宙中最高的地位，具有无上的威力，"无为而无不为"(《老子·三十七章》)，所以，老子要求自然世界中的天、地效法和遵从道。自然世界中最先诞生也最为强大的天地都必须效法和遵从道，自然世界中的万物理所当然也必须效法和遵从道，这就是老子所说的"万物莫不遵道而贵德"(《老子·五十一章》)。

自然世界中，只有天地能与道并列，而成为宇宙中最为高贵的存在，其相对于自然世界中的万物当然具有优越性，当然是伟大的存在。为此老子还特意研究天地。他发现"天长地久"(《老子·七章》)，天地和万物虽然都是有限的存在，都最终会走向死亡，但是，天地和万物相比，其生命的有限性中包藏着长久性，而万物的生命的有限性则表露为暂时性。天地为何能够长久？老子的理解是："天地所以能长且久者，以其不自生，故能长生"(《老子·七章》)。此是说，天地"不自生"，不仅仅为自身而生存，主要是为了生长于天地之间的其他事物而生存，因而不会受到其他事物的伤害，再说，其他事物即便纯粹是为了自身而生存，也要保护天地。如此，天地才得以"长生"。天地为其他事物而生存，最明显的即是为其他事物提供生存所必需的场所、家园。在为其他事物而生存时，老子认为天地对其他事物是平等的，不存在任何"偏爱"，因而对其他事物不会有亲疏、尊卑的分别。这便是老子所说的"天地不仁，以万物为刍狗"（《老子·五章》）。

在自然世界中，除了天地之外，万物的地位是相同的。一方面，道"衣养万物"（《老子·三十四章》），不仅给予万物以生命，而且还养育万物、呵护万物；另一方面，"夫物芸芸"、"万物并作"（《老子·十六章》），生机蓬勃，形态万千，按其本性而发展，不受任何外界因素所干扰。这种"芸芸"、"并作"呈现为"物或行或随，或嘘或吹，或强或羸，或载或隳"（《老子·二十九章》）的繁多式样。

自然世界中的万物变化万千、情状不同，且各有其本质特征，这是万物的不同、万物的特殊性。但是，千变万化、个性鲜明的万物都是有限的存在，都有生有死，这是万物的相同的、普遍的一面。老子认为不仅万物均有生有死，而且，其生和死均有共同的特征："万物①草木之生也柔脆，其死也枯槁。故坚强者死之徒，柔弱者生之徒"（《老子·七十六章》）。这是说，自然世界中的万物之"生"的共同特征是"柔弱"，自然世界中的万物之"死"的共同特征是"坚强"。由于构成自然世界的万物是以"生"的方式而存在的，构成自然世界的万物在其"死"之后即回归于道，不再是自然世界的组成部分，那么，万物之"生"的共同特征，其实也就是"活着的"万物的共同的特征，也就是自然世界的特征。在此意义上，"柔弱"既是万物的特征，也是自然世界的特征。

在自然世界的万物中，老子认为最能体现万物的"柔弱"特征的是水，他说："天下莫柔弱于水"（《老子·七十八章》）。正因为水最能体现万物的"生"的特征"柔弱"，同时，水还能协助道滋养万物，并且，在空间位置上甘愿居于最低下的位置，老子以道喻水，称赞水的德性接近道的属性："水善利万物而不争，处众人之所恶，故几于道"（《老子·八章》）。由于水存身于江海、河流，江海、河流与其他事物相比居于最下的位置，而在江海和河流之间，江海又居于河流之下，是水之中最下的位置，老子又特别称赞江海："江海之所以能为百谷王者，以其善下之，故能为百谷王"（《老子·六十六章》），认为江海乃河流之水汇聚的地方，乃水最终栖居的地方，江海比河流更高贵、更伟大。

---

① 王弼本有"万物"二字，傅奕本、严遵本等无此二字。

三

　　自然世界由天地万物所构成，天地万物在遵从道的前提下，按其本性
而生长，任何外在的力量都无法改变其本性、阻碍其生长，因此，老子
说："物，或损之而益，或益之而损"（《老子·四十二章》）。表面上看，
人类欲按照自己的愿望和需要"损"（减损）物，物却不但不"损"，反
而"益"（增加）；人类欲按照自己的愿望和需要"益"物，物却不但不
"益"，反而"损"，总是抗拒人类的改造。事实是，物本来要"益"时，
损之也"益"；物本来要"损"时，益之也"损"，其"损"其"益"完
全取决于其自身的内在本性和内在需求，而不取决于人类或"损"之或
"益"之的愿望和行为。这表明，自然世界是人类所无力改变的。老子还
举例说："飘风不终朝，骤雨不终日。孰为此者？天地。天地尚不能久，
而况于人乎"（《老子·二十三章》）。这是说，道在天地的协助之下产生
风雨，天地却无力让狂风暴雨持续不止，狂风暴雨按其本性很快停息。既
然天地都无力操纵风雨，更何况位居天地之下的人类呢？人类更不可能左
右风雨。不唯如此，老子认为人类与自然世界中的天地相比，地位低下，
因而不但不能改造自然世界中的天地，反而要效法天地、遵从天地的旨
意："人法地，地法天"（《老子·二十五章》）。

　　既然如此，人类面对自然世界所能够做的就只有顺应自然世界而无所
为、效法自然世界而获得生存智慧。[①] 关于顺应自然世界而无所为，老子
以"辅万物之自然而不敢为"（《老子·六十四章》）加以表达，也即尊
重、依顺自然世界以及自然世界中的天地万物的本性，任凭自然世界以及
自然世界中的天地万物自由发展，并为其做好"服务"，决不试图改变自
然世界以及自然世界中的天地万物的本性、决不阻挠自然世界以及自然世
界中的天地万物的自由发展。关于效法自然世界而获得生存智慧，老子主
要以举例的方式加以论说。由于天地为自然世界中最伟大的存在、水是万
物中最具"柔弱"特征的存在，老子以效法天地为例说："天长地久。天
地所以能长且久者，以其不自生，故能长生。是以圣人后其身而身先，外

---

　　① 陆建华：《无为而法自然——老子生存论的一个侧面》，《安徽大学学报》2004 年第
4 期。

其身而身存"（《老子·七章》），谓天地生不为己、生而利他，为存身于天地间的万物提供生存场所、生存基础，从而不被万物伤害，获得长生，人类应从中得到启发，置身于后、放下私利，从而不因争名夺利而被伤害，最终获得长生；老子以效法江海为例说："江海之所以能为百谷王者，以其善下之，故能为百谷王。是以欲上民，必以言下之；欲先民，必以身后之。是以圣人处上而民不重，处前而民不害。是以天下乐推而不厌。以其不争，故天下莫能与之争"（《老子·六十六章》），谓江海因为居于百川之下，因而能汇聚、容纳百川之水，成为河流之"王"，君王只有无为谦下，顺从民意，身居民众之后，才能得到民众的拥护，成就统治天下的伟业；老子还以效法水为例说："天下莫柔弱于水，而攻坚强者莫之能胜，其无以易之。弱之胜强，柔之胜刚，天下莫不知，莫能行。是以圣人云：受国之垢，是谓社稷主；受国不祥，是为天下王"（《老子·七十八章》），谓水柔弱无比，似最为卑下，却能无坚不摧，战胜刚强者，圣人守柔示弱，谦卑居下，承担国家的屈辱和苦难，方可雄霸天下。这些，表明人类无论是个体生命的长存，还是君王成就事业，都要效法自然世界，从自然世界中天地万物的本性和生存方式中获得启示。

　　人类无力改变自然世界，只能顺应自然世界，并从自然世界中获得生存智慧，并不意味人类在自然世界中的生存是悲剧性的。老子认为人类虽然无力改变自然世界，其实，也不需要改变自然世界，因为自然世界中的天地万物的本性对于人类来说本来就是最佳的。自然世界中的天地万物不仅为人类提供"服务"，而且所提供的已是最好的"服务"。例如，人类生活于自然世界之中、生活于天地之间，对于天地的要求是天"清"（清明）、地"宁"（稳定），而"天得一以清，地得一以宁"（《老子·三十九章》），道已经赋予了天、地"清"、"宁"的本质属性。再如，人类希望甘露的分布是均匀的，而道在天地的协助下生出甘露，甘露的分布本来就是均匀的："天地相合，以降甘露，民莫之令而自均"（《老子·三十二章》）。天地万物的本性与人类的需求完全一致，自然世界为人类视域中最完美的世界，人类应该是幸运的。

　　以上表明，老子的自然世界根源于道，由道而降生；自然世界由天地万物所构成，道先生出天地，然后在天地的协助之下出生万物；天地万物不仅来源于道，而且还归向道，以道为最后归宿处；天地万物虽然有生有灭，但是，自然世界却生而不灭；自然世界中天地万物的本质属性决定于道，自然世界的本质属性因而也决定于道；自然世界中的天、地与道、人共同组成宇宙中四种伟大的存在，其中，天地的地位低于道而高于人类，当然更高于万物，天地的生存时间远远长于万物的生存时间；自然世界中的天地万物在遵从道的前提下按其本性而发展，不被其他任何存在所左右，因此，人类面对自然世界只能"无为"而不可盲动；自然世界中万物的最普遍的特征是"柔弱"，其中水最能体现万物的柔弱的特征；人类面对自然世界虽然只能"无为"，但是，也不需要"有为"，因为自然世界的本性对于人类来说本来就是最为美好的。此外，由于自然世界是人类生存的最好的场所，人类本身也来自于自然世界。因此，自然世界也是人类生存和发展所效法的对象。

"执大象"之"道":《道德经》中的意象分析

德安博

（华东师范大学）

前　言

中国哲学中"道"的含义向来模糊不定，关键是在《道德经》中也无法找到明确的解释，这使得一些学者采取了宗教式的解读。他们发现很难给"道"下一个准确的定义，并且认为不可能通过语言来解释"道"的含义，于是试图去寻求某种个人的改变。但这样的解读忽略了《道德经》中重要的哲学元素，有可能会将对道的理解带向一种宗教性的层面（也就是基于某种信仰）。笔者认为，无法用语言表述"道"的含义只能说明言语无法穷尽其中深意，但是并没有否定所有对"道"的解读。本文将通过使用大量的意象来做进一步的尝试。为此，我采用一种"跨文化的意象分析法"。用西方认知科学中的象征解释法来考察《道德经》中列举出的意象，并揭示其相互联系，并由此引向对"道"的理解。我使用了 Gilles Fauconnier 和 Mark Turner 提出的"多元复合"象征分析法，这一个用来解释一系列象征如何相互作用来产生出信的理解领域的模板。当 Gilles Fauconnier 和 Mark Turner 最初使用这一方法时是为了解释人类心智的作用机智（2003，17—18）。本文中所使用的"多元复合分析"和原意略有不用，这里主要是用来考察《道德经》中的意象。

《道德经》第一章写道：

> 道可道，非常道；名可名，非常名。
> 无名天地之始；有名万物之母。
> 故常无欲，以观其妙；常有欲，以观其徼。

此两者同出而异名，同谓之玄，玄之又玄，众妙之门。

但是这并没有否定所有对"道"的理解方式。一些学者认为"道"只能通过个人的修养来体悟，无法诉诸于语言。例如，Arthur Danto 在他的《语言与道》一文中便写道："提到妙不可言的道……（人们）最终只能沉默不语。"（1973，54）Danto 认为《道德经》中"宗教性"的语言几乎挑战了人类理解的极限，而且到了"除非改变我们的生活，否则便不能前进"（1973，55）的地步。我不同意 Danto"宗教性"的解读，以及其他与此相类似的解读。并且我也不同意他认为道根本无法言说，人们对此只能保持沉默的观点；以及他认为道不能诉诸语言，而需要人们作出某种"改变"也是值得怀疑的。笔者认为像 Danto 那样忽视《道德经》中重要的哲学意象将会导致一种宗教性的神秘主义。根据我的理解，道不能用语言描述并没有否定所有对道的解读；而只是告诉读者，语言不能穷尽道的含义。事实上，对道的描述，更多的是与意象有关，这似乎也正是《道德经》的主要工作。

虽然开篇第一句便指出"道可道，非常道。"但是，《道德经》并没有就此对"道"保持沉默，相反，解释"道"的含义正是它的主要内容。表面上看来，《道德经》并未给道下一个明确的定义，但是它一再将道与不同的意象相联系。A. C. Graham 建议学者们可以通过这些意象或隐喻来理解"道"。类似地，Hans-Georg Moeller 也建议用这些意象及其相关性来描述"道"以及道家哲学的其他方面。我采纳了 Graham 的建议，并将其与 Moeller 的建议相结合。在此基础上，我将用西方认知科学中意象解释的方法来揭示《道德经》中的意象及其与"道"的关系。具体来说，是 Gilles Fauconnier 和 Mark Turner 所提出的，用来解释一系列意象及其相互作用并由此产生出新的理解领域的意象分析法。

为了能够详细构建意象之间的联系，我提出一种"跨文化的意象分析法"。也就是说，我将运用西方认知科学中的比喻解释来考察《道德经》中的意象，并揭示出它们之间的联系以及对道的解释。这种分析并没有违背"道可道，非常道"的本性。相反，它通过一种非神秘的理解这些意象的方式，进而揭示出道的内涵。

一　意象与模糊性

《道德经》中包含着极大的模糊性，可以在许多不同的语境下解读。对它的理解既可以通往基督教也能走向当代商业。《道德经》的灵活性在于它的意象可以放在不同的语境下来理解。这使读者常常感到困惑。理解道的最难点之一便是"无名"（Fung 1948，94）或"妙不可言"（Moeller 2004，141），大多数的学者都评论说道无法用语言来表达。但是，也许它可以用意象来诠释。

幸运的是，《道德经》在描述道时使用了大量的意象，这些都有助于我们理解道的含义。因为它们都诠释了道的某些不同的特性或品质。但是，它们彼此的关系以及与道的关系都十分的模糊不明。作为一种非现存（non-present），道不具有任何基本的属性或本质，因此人们也不可能找到任何相关的描述。我们所看到的只是道像什么，而不是它是什么。

《道德经》中用来描述道的意象很多，其中主要有：未经雕刻的木头、水、母亲、门、根、山谷、车轮、空器皿、婴儿，以及道路等。并且很多意象在文本中多次出现。现在我举几个例子：

敦兮其若朴，旷兮其若谷，混兮其若浊。（第十五章）

天下有始，以为天下母。（第五十二章）

谷神不死，是谓玄牝。玄牝之门，是谓天下根。（第六章）

三十辐共一毂，当其无，有车之用。（第十一章）

道冲而用之或不盈，渊兮似万物之宗：挫其锐，解其纷；和其光，同其尘。湛兮似或存，吾不知谁之子，象帝之先。（第四章）

众妙之门。（第一章）

是谓玄同。（第五十六章）

是谓无状之状，无物之象，是谓惚恍。（第十四章）

显然，这些意象都表现了道的某些方面，但是它们的具体功能还是模糊不清。它们在文本中反复出现，足以证明其重要性，但到目前还没有人就此给出系统的分析。因为，对于这些意象的系统分析可能有助于理解道的含义，并且也可以将这些品质与其他所有的意象以及道本身联系起来。

Hans-Georg Moeller 建议，我们可以将《道德经》中八十一个章节的内容看作是一个"超链接"。这依赖于他对这些意象所具有的相似特征的论证。根据这一建议，我在考察这些意象时将它们看成是相互联系的，不仅多次出现的同一个意象之间相互联系，并且不同意象的特征之间也是互相联系的。更进一步说，我认为对这些意象间的"相关性"或相似性的系统分析为深入理解不可言说的道提供了一个新的方法。为了更好地完成这项工作，我使用了当代"多元复合"的分析方法来处理这些意象及其与道的关系，并力图进一步理解道的含义。

二 重要的意象

1. 未经雕刻的木头

《道德经》中提供的第一个意象是未经雕刻的木头。它有几个方面的含义：首先它是一个整体，没有被分裂，也没有特定的形状。只有当人们赋予其某种"特征"或加以雕刻时，它才具有了某种形状。语言无法描述雕刻之前的木头，因为它没有任何特征或形状，道也是如此。A. C. Graham 在提到道与未经雕刻的木头时，认为它们都"不同于所有被雕琢的事物"(1989, 223)。换句话说，只有经过雕刻，事物才能被赋予某种形状而成为某物。所以说未经雕刻的木头只是一个特定存在之前的状态。在雕刻之前，木头只是作为其本身而存在，只有在经过雕琢之后，它才成为某种具体的物品（因而也可以被命名）。另外，这个无名的木头也可以被看作是一个无用之物。虽然它是具有某种潜质，即一旦被雕刻便获得改变而成为某物，但是木头本身并不"在乎"被雕刻成什么。显然，它是完全中立的。

当将道与未经雕刻的木头相联系时，我们发现这项工作的首要问题，即道的不可言说，开始变得清晰起来。道不能用语言表达是因为它不具有任何清晰明确的特征、属性，或是其他可以言说的方面。Danto 的解释，似乎将道看作是某种超越于语言而无法言说的东西。然而，通过将道与未经雕刻的木头相联系，我们清楚地发现，道并不是超越于语言，恰恰相反的是，它是在语言之下，是先于语言的。与基督教的上帝不同，道并不包含有"超级的"特征或属性。它并不是因为太伟大而成为一种超越于语言的存在，实际上是正好相反。根据 Graham 的解释，还没有具体的事物从道中产生出来，人们如何用语言描述这个没有任何特征的道呢？道和未经雕刻的木头都是因为不具有任何特征或属性而无法诉诸于语言。"道生一，一生二，二生三，三生万物。"（第四十二章）显然，道本身并无任何明确的特征，因此无法加以规定。道似乎只是来源，而本身并不是某个具体的事物。

2. 母亲

事物的来源也是第二个意象——母亲的重要特征。"天下有始，以为天下母。"（第五十二章）这段文字与上面四十二章的引文密切相关。在这两段中，道都与事物产生之前的状态相联系。世界万物源出于道，而这也正是母亲的所具有的特征。扩展这个意象，并且将道看作是一位母亲，而不仅仅只是某种未经雕刻的木头，我们便可以发现道的新特征。首先这个意象具有女性气质。此处以及其他地方，女性气质也是被看作是与道直接相关的。其中的一个方面，尤其是对于母亲来说（与未经雕刻的木头的意象所不同），她们对自己所抚养的孩子负有责任。作为孩子的抚养人，母亲需要去养育和照顾小孩。某种意义上，也可以说小孩是由母亲所产生的。

虽然对这两个意象的分析体现出了不同特征。母亲关心她的孩子，而未经雕刻的木头则完全不关注它将被雕刻为什么样子。为了解决这一矛盾，以及这些特征之间的其他矛盾，我们需要返回到原始文本。

3. 山谷、水、车轮

第三个意象是山谷，如上述引文中所提到，它被形容为十分广阔。但是，与母亲和孩子的关系，也与未经雕刻的木头和由它所雕刻的物品之间的关系所不同，山谷并不是无所不在的。正如 Moeller 所描述的，它被看作是与山相对（Moeller 2006，9）。山峰直指云霄，看起来高大而"完满"，相形之下，山谷便显得既低且空。然而，山谷仍然可以成为生命的源头并且抚育它们。动物和植物在山谷中繁衍生息，欣欣向荣。山谷的另一个特征，也即用来解决上文中出现的问题的那一点，即它的漠视态度。山谷并不在意依赖它生存的动物和植物。这种对自己抚育之物的漠不关心的态度在第四个意象——水中也有所体现。

水与山谷的特征在很多方面都有相似之处。Moeller 从四个方面描述了水的特征："水就像流动着的'道'，是抚育的源泉，它身居低处，能以柔克刚。"（2006，36）山谷也有这四个方面的特征，并且，还可以再加一点，即刚刚提到的——毫无私心。由于山谷并不"关注"它所抚育的事物，同样，水也是如此。另外水还无形，它的形状随容器不同而改变。它这样做因为它经常处于低处，并因此可以充满容器，并且获得形状。在某种意义上，水也是无处不在的；它是生命之源。同时水还极其柔弱，通常情况下，水并不被看作与力量相关，但是它却可以冲击山谷，摧毁城市。正如 Moeller 所描述的，"以柔克刚"。

车轮是最复杂的意象之一。对它的解释很多不同的版本，也许这正好证明了它的价值所在。实际上，我们可以认为，就车轮本身而言，它体现了道家政治哲学的整体，也可以被看作是《道德经》的目标之一（参见 Moeller 2004, 26—36）。车轮是由好几个部分所组成，这些也都可以被重新拆分。而赋予整个车轮以功用的毂则是空的。如果没有空的中心，车轮便不能被连接起来形成车子。而正是由于这个空的并且固定的毂使车轮最终得以旋转。此处，老子用毂来描述道的特征。再强调一下上面的问题，车轮在转动时，辐也跟着移动，而毂的位置则相对不动。于是，有和无，稳定和变化之间的矛盾关系便以这样一种有趣的方式得到了解决。

4. 门和小孩

门这个意象在《道德经》中常被用来与母亲或女性相联系（参见 Dor 2013）。这使门具有了一种奇怪的女性特征。门的这种女性特质与事物出现的思想相联系。再回到第四十二章的内容——"道生一"，此处道便被看作是事物的出处。门是矗立不动，允许不同的事物通过。因此，门也可以被看作是具有某种存在之先的特征。不同是事物都可以从门中通过，但是这个门却是在这些不同的事物以及它们的区别之前而存在着。

下一个意象是婴儿，从某种意义上看，这个意象也是在事物的差别之前。在孩子那里没有是非之别，所有的事物都处于平等状态。而当小孩子慢慢长大，越来越多的差别便也出现了。伴随着这些差别，语言也出现了。《道德经》中所提到的婴儿还没有学会说话，由此，他也可以被看成是无法诉诸于语言的，是在语言的交流和区别之前。并且，这么小的孩子也是十分"无用"的。小孩子什么事情都不能做，甚至也不能走路或爬行。他是如此的柔弱和温和。尽管有这么多的局限，但是他却充满了生命力，因此，我们甚至都可以说生命源始于婴儿。

5. 女性、空器皿

女性与孩子有着相似的特征，正如孩子被认为是非常年轻，女性的许多特征则与性别相联系，与小孩相类似，她也是温和并且柔弱的，而且处于低位。但是女性并不局限于这些性别的特征，她还被赋予神秘性。这种神秘的本性也是妙不可言的。

下一个意象是空器皿。其中没用盛放东西，因此可以被认为是无。也正是由于这个空，它既可以是非常有用也可以是完全无用。说其无用是因为它不包含任何可以被使用的东西，而说其有用则是因为它可以被用来盛放许多不同的东西。现在，又出现了另一个明显的矛盾。老子不仅将道描述为可以用容器来盛放的水，同时也将它描述为容器本身。这的确十分奇妙而需要更好的理解，下面的内容将会就此作出解答。

6. 无形

最后一个意象是无。让我们觉得矛盾的是，前面已经有很多的特征都涉及到了这一点。显然，事物正是因为无这个特点才变得妙不可言。因为没有任何语言可以真正描述无，因为没有任何可描述的事物或特征。没有内容的神秘和不可知的无都是在存在之前或之外。根据《道德经》中的许多章节，例如四十章和四十二章，用存在之前来描述无的特征似乎再合适不过了。这也意味着生命来源于无。无没有任何的内容，也没有变化，并且处在事物差别之前。

这些意象都试图在自己有限的范围内描述道的特征。如果将上面提到的意象综合起来考察，我们便发现，所有这些意象以及它们的特征都直接与"道"相关。因此，我们需要考察这些意象和特征之间的相似性，它们都直接体现了道的某一方面。这 13 个意象及其特征可以概括如下（图）：

虽然这些意象的特征相互之间联系密切，但是如果稍加修改，它们可以联系得更好。因此，我将其中一些进行了调整。例如，山谷是广阔的，而水是无处不在的。这两个特征并不相同，但是山谷的广阔在多元复合的语境中也可以被理解为无处不在。而"事物的源头"与"生命的来源"在此处也可以等同来对待（参见 Chan 1989, 164）。

当然，使用这一"多元复合"模型存在很多的风险。为了避免在真正分析意象之前被误读，准确理解文中所描述的每一个意象十分重要。即使微小的误解都有可能导致极大误解。例如，当我在描述"母亲"这个意象所具有的"滋养"的特征时，我没有使用"照顾"。事实上，我认为如果将后者与道相联系的话，那将是极大的错误。我们当然可以将"照

水	无	未经雕刻的木头	女性	山谷
滋养生命	无形	无形	毫无私心	充满生机
柔弱	毫无私心	无用	神秘性	居于低位
无形	神秘性	存在之前	柔弱	空
生命之源	不可知	无别	居于低位	滋养生命
无处不在	存在之前			广阔
毫无私心	空			无别
无别	不变			
居于低位	生命之源			
	无别			

婴儿	车轮	门	母亲	
充满生机	无用	事物之源	滋养生命	
无用	完满	无变	生命之源	
柔弱	不变	存在之前	无处不在	
毫无私心	变化	无别	毫无私心	
无别				

顾"归于母亲对自己孩子的感情,但是,这完全是人性化的思想,这与老子用母亲这一意象来描述的道的意图不相符。

在理解了道就像一个养育小孩的母亲之后,人们(尤其在西方)便很容易陷入将道与基督教的上帝相联系的思维之中。我们必须非常小心避免犯这样的错误。这样的理解可能将人们引向一种思想,类似于基督教的上帝,道也被认为是"照顾"着由它所产生的孩子或事物。然而,事实上《道德经》似乎是完全拒绝"照顾",而是更倾向于其反面,即毫无私心。道的方式是对一切事物(包括人类)都毫无私心的。

"天地不仁,以万物为刍狗。"(第五章)显然,道对所有的事物都是一视同仁的,其中也包括人类。人类并没有被当作是一个特殊的事物而被区别对待。人类和其他事物都被同等对待,并且他们都可以被归入同样无差别对待的范围之中。

道仍然保持着它的"养育"的特征,但是相对于母亲这个意象来说,如果将其理解为是水或山谷的特征将会更加合适。水和山谷都有养育的特征,但是这并不是它们自身的目的。也没有任何事物要求它们去养育生命。与基督教的上帝不同,水和山谷也不会去选择和判断自己所养育的对象。反而,道也应该被看成是具有养育生命的特征,当然它并不是有意要这样做的。事实上,毫无私心似乎是道的另一个,也可能是最基本的一个特征。

理解道的毫无私心的特征对于正确理解该模型中道的其他特征具有很重要的意义。正如上文中所提到的，虽然万物生于道，但是道本身并不创造事物。创造这个思想也是和基督教的上帝相关的，但是不适用于道。另外，母亲这个意象在这里也可能被误读，但是最主要的特征不是创造，而是允许事物出现。例如，门和未经雕刻的木头这两个意象，事物都只是由其通过或由此产生，而并不是它们自己创造出了某物。没有什么目的，事物可以顺应自然而发展变化。

道并不是有目的地作用于万物，即"无使"。与此形成鲜明对比，与基督教上帝相关的"创造"一词则具有鲜明的目的性。在创造某种事物时，总会存在某种目的和意图，但是道却从来不具有任何的目的、意图或者说是计划。相反，道已经被描述为是毫无私心的，它甚至不会去关心创造任何东西。道的毫无私心的特征与没有创造事物的意图有着直接的联系。

"无为"是道家哲学中十分重要也经常被误解的一个概念。比较准确地说来，它可以被解释为是没有特定目的地去做某件事情。道家经典中用无为来描述道家的圣人，而且它也是道的一个重要特征。根据上面的描述，我们已经十分清楚道是毫无私心的，它不会去主动地照顾或养育事物。由此我们便可以理解道的"无为"。如果道是真的毫无私心，那么它从来不会主张任何观点便一点都不奇怪了。任何可以归根于道的行为都只是巧合并且完全是无目的的。万物由道而生，随后又由道而养，但是道本身却并没有选择和目的，事物就是这样自然而然地发生了。因此，虽然并没有某个具体的意象来表现，但是毫无私心或无为也可以被看作是道的特征。它们蕴含在文本之中，因此可以被归于"多元复合"的模型之中。

三　多元复合分析

多元复合的道有选择性地与上述意象的某些特征相联系。根据《道德经》，只有当这些特征分别与至少两个意象相联系时我们才选择这些特征。因此，关于道的特征我们可以总结如下：一，空，无，柔弱，处下，无形，无为，无用，无变，无别，神秘性，隐藏性，灵活性，毫无私心，充满生机，滋养生命，无处不在，不可言喻，万物之源，存在之先等等。

这些特征，意象以及与道的关系可以通过下图来体现：

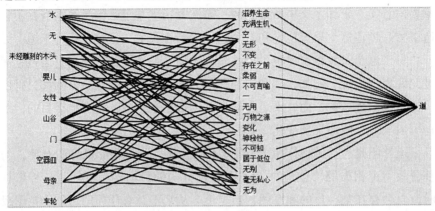

于是，道被理解为一个"执大象"（第三十五章）者，由许多意象的不同方面所构成。每一个意象又直接与道相关。这些都表明道的特征都是来自于《道德经》中。能够从《道德经》中找到这些特征的原文很重要，这便可以证明这个"多元复合"的模型对于正确理解原文来说是有效的。

四 总结

鉴于本文所做的努力，很多学者可能会误解这是在试图为不可言说的道寻找确切的解释。与许多先辈学者一样，我并没有试图将这种多元复合模型作为对道的特征或本性的最终解释。最多可以认为，这项工作为理解妙不可言的道做了进一步的努力。西方的思维常常关注于寻找事物的确定本质，描述出每一个可能的特征，然后大胆地宣称事物已经被最终理解。现在我所使用的这个方法可能更接近中国的思维方式。这种对道的解释当然并不是最终的，并且它也不是对道的本质的一种逻辑解读。这个模型仅仅只是将与道相关的许多方面以一种比较系统的结构表现出来。这可能非常适合西方思想尤其是西方哲学的思维方式。这种方法对于解释古老概念是一个新的尝试。

在此之前的人们常常是通过这个多元复合模型中的一些松散的意象来理解道的含义。特别是在《道德经》第一章思想的指导之下，许多人从来也不十分确定道有哪些方面。对于道的理解，《道德经》中的意象起到了十分重要的作用。A. C. Graham 将道描述为是一个"粗糙的，事物未经雕琢的状态。"Moeller 也有几种意象来描述道的含义（2004，27—43）。其他的学者，像王博、安乐哲以及 Ivanhoe 和 Van Nodran，在理解道的含义时也都提到了这些意象。每一个学者都选取了某些意象的某些方面。而本文对于《道德经》中道的多元复合系统性的分析将这一传统向前推进了一步。

　　通过将道理解为一个意象的复合，人们便可以在第一时间透过一个系统的结构来看道的基本特征。这种方式使人们通过一种象征性的，而非字义性的方式来理解道的含义。这种象征性的解释并没有违反道的不可言说性，并且也为《道德经》中所包含的矛盾和悖论留下了空间。这种方式也没有贬低以前学者的解释。使用"多元复合"的提法也只是许多解释中的其中一种。"多元复合"的模型只是通过一种比较系统的方式尝试去解释（不是描述）道所包含的一些（而不是全部）因素。这种"多元复合"允许矛盾、悖论、模糊的存在，它提供了一种对道的理解，但是对于是否能够找到确定含义不做评论。

> 孔德之容，惟道是从。
>
> 道之为物，惟恍惟惚。
>
> 惚兮恍兮，其中有象；
>
> 恍兮惚兮，其中有物。
>
> 窈兮冥兮，其中有精；
>
> 其精甚真，其中有信。
>
> 自古及今，其名不去，以阅众甫。
>
> 吾何以知众甫之状哉？以此。（第二十一章）

参考文献

王弼：《老子道德经注》，中华书局 2011 年版。

陈鼓应：《老子注译及评介》，中华书局 1984 年版。

严遵：《老子指归》，中华书局 1994 年版。

Ames, Roger T. , and David L. Hall. 2004. Dao de jing: "Making this Life Significant". New York: Ballantine Books.

Autry, James, and Stephen Mitchell. 1999. Real Power: Business lesions from the Tao Te Ching. New York: Penguin Putnam.

Chan, Wing-Tsit. 1989. A Source Book in Chinese Philosophy. Princeton: Princeton University

Press.

Danto, Arthur C. 1974. "Language and the Tao." Journal of Chinese Philosophy X X.

DeBary, Wm. Th., and Irene Bloom, eds. 1999. Sources of Chinese Tradition: From Earliest Times to 1600. New York: Columbia Press.

Dor, Galia. 2013. "The Chinese Gate: A Unique Void for Inner Transformation." Journal of Daoist Studies 6: 1 –28.

Fauconnier, Gilles, and Mark Turner. 2003. The Way We Think: Conceptual Blending and the Mind's Hidden Complexities. New York: Basic Books.

Fung, Yu-lan. 1948. A Short History of Chinese Philosophy: A Systematic Account of Chinese Thought from its Origins to the Present Day. New York: The Free Press.

Graham, A. C. 1989. Disputers of the Tao: Philosophical Argument in Ancient China. LaSalle, Ill: Open Court.

Ivanhoe, Philip J., and Bryan W. Van Norden. 2001. New York: Seven Bridges Press.

Lakoff, George and Mark Johnson. 1999. Philosophy in the Flesh. New York: Basic Books.

Moeller, Hans-Georg. 2004. Daoism Explained: From the Dream of the Butterfly to the Fishnet Allegory, LaSalles, Ill. : Carus.

Moeller, Hans-Georg. 2006. The Philosophy of Dao de Jing. New York: Columbia University Press.

Wagner, Rudolf. 2003. Language, Ontology and Political Philosophy in China: Wang Bi's Scholarly Exploration of the Dark (Xuanxue). Albany: State University of New York Press.

（赵峰芳译，上海社会科学院）

道家关于生态文明的智慧

罗安宪

（中国人民大学哲学院）

道家之基本理论，虽非直接针对于生态以及生态文明而发、而论、而议，但以今人之立场来看，道家是有关于生态及生态文明的理论。道家关于生态文明的理论与智慧主要包括三个方面的内容。第一，道生物，万物平等的生态观念；第二，法地、法天、法道，利而不害的生态伦理；第三，知常、知止、知足，为而不争的人生态度。

一　道生物，万物平等的生态观念

天下万事万物从何而来，道家认为从道而来。道是万事万物的本根、本原。《老子》第二十五章讲：

> 有物混成，先天地生。寂兮寥兮，独立而不改，周行而不殆。吾不知其名，字之曰道，强为之名曰大。

有一个先于天地之前就已经存在的东西。它是天地得以产生、得以形成的原始的存在，是先于天地而在的存在，这个存在就是所谓的"道"。道不是一般的存在，更不是具体物的存在，道的基本品性是"大"。这里所谓的"大"，不是大小的"大"，而是无以复加的大，是无限之大，是无以类比的大。这样的大，其实也就是"太"，太就是无以复加。老子之后有了"太极"的概念。"极"本来就是到了极限，到了极处，在"极"之上再加上一个"太"字，那就是极之极了。但道不是太，也不是极，也不是太极，道更在太极之上。庄子就曾说，道"在太极之上而不为高"。太极是可以言说的极限，而道更在太极之上。人们只有领会太极，才可能领会道；人们只有站在太极处，才可以知晓道。而道之上什么都没有，道之先什么都不存在。

道如何演化成为天地万物？《老子》第四十二章讲：

> 道生一，一生二，二生三，三生万物。万物负阴而抱阳，冲气以为和。

"道生一"，一者，太极也。太极分而为阴阳，此即所谓"一生二"；阴阳交互感应而形成既阴既阳的和，由此而有阴、阳、和，此即所谓"二生三"；万物就是由阴、阳、和三者交互感应和合而成的，此即所谓"三生万物"。所以，《淮南子》曰："道始于一，一而不生，故分而为阴阳，阴阳合和而万物生。"（《天文训》）天地万物都是由道而生的，人也是万物中的一物，这是道家关于宇宙演化的基本观点。

既然天地万物都是由道而生的，所以物与物之间本无高低贵贱的差分。庄子即明确表示："以道观之，物无贵贱；以物观之，自贵而相贱；以俗观之，贵贱不在己。"（《庄子·秋水》）物是物，人也是物，人只是天下万物中的一物。既是物，人并不比其他任何物更为高贵。庄子说："万物一齐"。（同上）从道家的观点看，万物天然齐一，万物天然平等，每一物有每一物存在的意义，每一物有每一物存在的价值，任何一物并非因为有利于他物或有利于人才有存在的价值和意义。《列子·说符》记曰：

> 齐田氏祖于庭，食客千人。中坐有献鱼雁者。田氏视之，乃叹曰："天之于民厚矣！殖五谷，生鱼鸟，以为之用。"众客和之如响。鲍氏之子年十二，预于次，进曰："不如君言。天地万物，与我并生，类也。类无贵贱，徒以小大智力而相制，迭相食；非相为而生之。人取可食者而食之，岂天本为人生？且蚊蚋噆肤，虎狼食肉，非天本为蚊蚋生人、虎狼生肉者哉？"

天地万物，与人并生，非相为而生之。人因为生存，取可食之物而食之，取可用之物而用之，但可食之物、可用之物并非为人而生，且如蚊蚋啮人肌肤，吸人血汗，不可谓人为蚊蚋而生一样。

人可以利用天下之物，但人不可以任意残害天下之物，人不能认为任意利用天下之物为理所当然，更不可认为天下之物本来就是供人使用的。因为人只是天下万物中之一物，没有什么力量授予人任意役使天下他物的权力，人没有得到这样的授权，任何事物、任何机构也没有给人颁布这样的授权。人只是天下万物中之一物，不仅不是天下的主人，不是天下万物的主人，甚至也不是天下的管家，不是天下万物的管家。人在对待他物（包括资源和环境）的态度上，应当心存敬畏，应当心存忌惮。人与天下万物的关系不是统治与被统治、奴役与被奴役、征服与被征服的关系，而是兄弟般亲善、友爱、和谐相处的关系。

如果说，人在天下万物之中能力最强，而能力最强却不能成为役使他物的理由，能力最强者更应当为天下和谐、和平做出最大的贡献，并因此而承担最大的责任。但不容否认的事实却是：人类并没有真正承担起自己应有的责任，而是为这个世界带来了深重而巨大的破坏以至于灾难。环境污染、空气污染、水质污染、水土流失、物种灭绝等等，人类为这个世界带来的灾难还少吗？

不仅如此，工业化更加剧了人与他物之间的紧张关系。牛不再被当作牛，而是被当作牛肉或牛奶的承载者而被制造出来的；鸡不再被当作鸡，而是被当作鸡肉或鸡蛋的承载者而被制造出来的。一头牛从出生到被宰杀，从来没有见过蓝天。它们一个挤着一个，没有转身的余地，在不见天日的牛棚里为牛场主生长牛肉，它们唯一的使命就是为牛场主生长更多更好的牛肉。奶牛的生长环境与状态并不比肉牛的生长环境与状态更好。肉牛的使命是长肉，奶牛的使命是产奶。在奶牛场里，奶牛由于没有空间做充足的运动，已经不能站立，而必须依靠吊带把它们吊起来。这样的牛还是牛吗？确实，在养牛场主的心目中，不管是肉牛还是奶牛，它们只是产肉或产奶的机器，它们根本就不是牛，它们从来也没有被当作牛看待。人有人道，牛有没有牛道？如此对待牛，是不是太不人道了。人不能正确地对待牛，不能友善地对待其他生物，不仅没有尽到自己应有的责任，也因此而不能正确地认识和对待人类自己。只有当人把牛真正当成牛，对牛尽牛道，对一切生命心存敬畏，充分认识生命的神奇与伟大，人类才有可能找到自己在宇宙间的正确位置。佛教戒学第一戒即是"不杀生"，其深层根源正在这里。人只是自然界的普通的一物，人类没有凌驾他物之上、欺凌他物的权利。

　　人类曾经不无自负地说："人是世界上最高贵的动物""人是理性的动物""人是会说话的动物""人是制造并使用工具的动物""人是社会的动物""人是符号的动物"，但是不容否认的是："人是最为残忍的动物""人是制造垃圾的动物"。人真的是最为残忍的动物，人真的为这个世界制造了太多的垃圾，人真的为这个世界带来了太多的灾难，这是人类全体应当深刻反省的。

　　确实，人在世界上能力最强。但是，能力最强不能成为役使他物、破坏世界的理由，相反，能力最强因此而应当承担更大的责任，并且，人类也应当为自己所制造的垃圾、所制造的破坏承担应有的责任。地球生物共同体应当通过一项宣言，对人类的行为做出谴责，并要求人类做出应有的补偿。这是当今人类所应当具有的意识，也是从道家思想中所开发出来的意识。有了这种意识，才可能维持、维护天下长久的和谐与和平。其实，庄子所向往的正是这样一种人与万物和谐共处的和平景象：

> 　　至德之世，其行填填，其视颠颠。当是时也，山无蹊隧，泽无舟梁；万物群生，连属其乡；禽兽成群，草木遂长。是故禽兽可系羁而游，鸟鹊之巢可攀援而窥。夫至德之世，同与禽兽居，族与万物并。（《庄子·马蹄》）

　　万物群生，禽兽成群，人与禽兽同居，禽兽可系羁而游，鸟鹊之巢可攀援而窥。天地万物皆由道而化生，"万物负阴而抱阳，冲气以为和。"人与他物天然和平共处，自然界本来是如此和谐而和睦的，只是由于人类过分使用暴力，方才破坏了自然界的和谐与和睦。人类不是要对人类自己说："我们只有一个地球，地球是我们唯一的家，让我们来爱护自己的家园，为了我们的子孙，而爱护我们的家园。"应当从道家思想中开发出一种意识：人只是万物中的一物，人对待他物应当心存敬畏、心存忌惮，人类不只是为了人类自身着想，而是要为天下万物的和谐与和睦着想，而是要为自然界的和谐与和平承担最大的责任。

二 法地、法天、法道,利而不害的生态伦理

天地万物由道而化生。对于人而言,既由道而化生,既与天下诸物和处共在,也就要自觉遵守道的原则,遵守自然界的生态法则,遵守自然界的生态伦理。自然界最高、最根本的生态伦理是什么?以道家的观点看,就是道。老子讲:

> 人法地,地法天,天法道,道法自然。(第二十五章)

人法地,而地法天,天更法道,所以人不仅要法地、法天,而且理所当然,也要法道。

"人法地"。地者为何?作为与天相对的存在,地当是指地球、地理以及地理环境。《老子》一书讲地的文字并不多。第三十九章讲:"地得一以宁"。宁是地的基本特性,"人法地",当然也要效法地的宁,亦即地的宁静、坦然。然而老子亦讲到水:

> 上善若水,水善利万物而不争,处众人之所恶,故几于道。(第八章)

水有两个特点,一是"利万物",即给万物带来好处;二是"不争"、处低。在老子看来,水因为有这样两个特点,故最接近于道。水离不开地,水同时也是地的最主要、亦最重要的因素。水的利万物而不争的特性可以看作地之理。"人法地",也就要效法地利万物而不争的品性。

"地法天"。天者何若?天不只是头顶上的天空,也包括一切天然现成的事物。与少言地不同,老子多言及天。《老子》一书言"地"者有19次,而言"天"者达92次之多,其中言"天下"者60次,言"天道"、"天之道"者有7次。"天下"谓天下之物、天下之人。而天道如何?老子讲:

> 天之道,不争而善胜,不言而善应,不召而自来,繟然而善谋。(第七十三章)

> 天之道，损有余而补不足。（第七十七章）
> 天之道，利而不害。（第八十一章）

"天之道"，是天地间最根本的准则、法则，而这一最根本的法则，在老子看来就是"不争"，就是"不言"，就是"损有余而补不足"，就是"利而不害"，就是利万物而不是害万物。"人法地"，而"地法天"，人不仅应以地为法，亦当以天为法，亦当"法天"。人以"法天"的态度对待自然界，所应当具有的基本操守，就是"利而不害"，就是利万物而不是害万物。

"天法道"。道是万事万物的本根、本原，也是万事万物所应遵守、所应维护的根本。老子说："道者，万物之奥，善人之宝，不善人之所保。"（第六十二章）"奥"既是含藏，也是蔽护。道是万事万物得以生养的根本，也是万事万物所应守护的根本。庄子说：

> 夫道，有情有信，无为无形；可传而不可受，可得而不可见；自本自根，未有天地，自古以固存；神鬼神帝，生天生地；在太极之上而不为高，在六极之下而不为深，先天地生而不为久，长于上古而不为老。（《大宗师》）

道最为高深、最为极端，因而不可明言，亦不可细言。老子说："道可道，非常道。"（第一章）可道之道，并非常道，常道不可道。"天法道"，而道不可道，道不可见、不可言。但道又体现于、显现于万事万物之中，体现于、显现于事事物物的兴、盛、衰、毁的变化之中，并且天之道、地之道、一物之为一物之道均是道的具体的显现，所以，遵道、守道、法道，首先即要遵天之道、遵地之道，首先即要法天之道、法地之道。所以，道教经典《阴符经》曰："观天之道，执天之行，尽矣。"

"法道"一方面可以通过法地之道、法天之道得到彰明；另一方面也可以通过"道法自然"而得到彰明。"道法自然"，即道以自然为法。但在老子哲学中，"自然"并非一实存的事物，并非一实体性存在。"自"为自己，"然"为样态。"自然"亦即自生、自化、自成、自本自根。"自然"一词在中国古代，并不具有自然界之自然之义，而是自以为然、自得其然、自己使自己成其为如此，而无外力强迫之义。老子讲：

> 天长地久。天地所以能长且久者，以其不自生，故能长生。（第
> 七章）

天地所以能长久存在，就是因为它们不自私其生。不自私其生，就是
"自然"。相反，自私自利，就是不自然。"不自生"，不自私其生，是天
地的品格，是天地"自然"的表现。人以天地为法，就应当效法这种品
格，就应当效法这种精神。庄子曰：

> 牛马四足，是谓天；落马首，穿牛鼻，是谓人。故曰：无以人灭
> 天，无以故灭命，无以得殉名。谨守而勿失，是谓反其真。（《秋
> 水》）

"无以人灭天"，人类不应该为所欲为，应当切实遵守自然界的法则，
应当切实遵守"道"所昭示的法则，应当"谨守"自己的道。

自然界的一切本来是自然而天成的，人类为了自身狭隘的利益，而破
坏了自然界本来的秩序，破坏了自然界本来的生态平衡与生态和谐，这是
人类应当彻底反省的。人类对待自然界、对待自然物应当从"自私其生"
的态度转化为"利而不害"的态度。人类应当认真地向自己提出一个问
题：我们人类到底为宇宙、为自然界的一切事物带来了什么？如今人类面
对自然界，所需要做的正是真切而真正地爱护自然界的一山一水、一草一
木，并且不是出于人类自身利益的考虑，不是以占有者的身份和姿态，而
是作为自然界事物兄长的身份和姿态，真诚无私地爱护自然界的事事
物物。

三　知常、知止、知足，为而不争的人生态度

人类何以会对他物、对自然界的其他事物采取占有、征服以至于毁坏
的做法和态度？此主要源于人类自身欲望的极度膨胀，源于人类的贪欲与
不知足。老子针对此种情况，提出人类应当知常、知止、知足，应当
"为而不争"。

"知常"即了解、把握、守住事物的根本、事物的真、事物的常。老

子曰：

> 致虚极，守静笃。万物并作，吾以观复。夫物芸芸，各复归其根。归根曰静，静曰复命。复命曰常，知常曰明。不知常，妄作凶。（第十六章）

事事物物样态各异，随时而变，顺时而枯、而荣、而盛、而衰，然其根本则是静而常安的。静而常安不仅是万事万物的根本，亦是万事万物的命。因为有这一根本，因为有如此的命，事物才得以存在，得以生发，得以成长，得以繁荣。所以万物都要"归其根"，都要"复命"。"归根"即回归至生命的本根，"复命"即复归性命的本真。而性命的本真则是静，"静曰复命"。能够守护住性命的本真，即是"知常"。"复命曰常，知常曰明"。守护住自身性命的本真（亦即静），是谓"知常"。"知常"即是"守静"，"守静"即是"知常"，"知常"为"明"。"明"谓明了、明白、明达。相反，"不知常，妄作凶。"不"知常"，不能"守静"，任意作为，那一定是非常凶险的。

老子接着说：

> 知常容，容乃公，公乃全，全乃天，天乃道，道乃久，没身不殆。（第十六章）

"知常"则包容，包容则公正，公正则周全，周全则同乎天，同乎天则同乎道，同乎道则可以维持久远，并且永远没有危害、没有危险。殆，即危险、危害，"没身不殆"，即永生永世没有危险、没有危害。人们追求"没身不殆"，追求永世安详，然而，"没身不殆"的关键是"知常"，而"知常"即是"守静"。

庄子进一步发挥了老子的思想，在庄子看来：

> 夫虚静恬淡寂漠无为者，天地之本，而道德之至。（《天道》）

虚静恬淡，是天地的根本，也是道德修为所要达到的终极之境。人首先要守住这一根本，没有守住这一根本，则要通过修为抵达这一根本。

在道家看来，人的心性本来是虚静恬淡的。《淮南子》说："人生而静，天之性也；感而后动，性之害也。"（《原道训》）又说："水之性真清，而土汩之；人性安静，而嗜欲乱之。"（《俶真训》）人之天性本来清静，外在之物，引发了人的欲望，使人产生过分的追求，从而迷失了自己的本性。老子讲：

> 五色令人目盲；五音令人耳聋；五味令人口爽；驰骋畋猎，令人心发狂；难得之货，令人行妨。（第十二章）

庄子也讲：

> 且夫失性有五：一曰五色乱目，使目不明；二曰五声乱耳，使耳不聪；三曰五臭熏鼻，困㥅中颡；四曰五味浊口，使口厉爽；五曰趣舍滑心，使性飞扬。此五者，皆生之害也。（《天地》）

人类对于外物的追求，应当有一限度，应当适可而止。对于个体而言，是如此；对于人类总体而言，也是如此。放纵欲望，任意作为，不仅使人"行妨"，使人"心发狂"，而且一定给人带来巨大的危害。正因为如此，《文子》曰："古之为道者，理性情，治心术，养以和，持以适。"（《九守·守易》）"养以和"，即保持心性的平和；"持以适"，即维持心性的中和与调适。

保持心性的平和、中和与调适，是道家对于身心性命的基本态度。这一基本态度固然基于道家对于道的基本理解，即道本来就是"虚静恬淡寂漠无为"的，但同时也体现了道家对于人生的基本态度。在道家看来，保持这一人生态度本不是一个问题，因为人生本来就是如此，本来就应当如此。人所应遵守的根本原则是道，而道所昭示的就是如此。所以，为何如此不是问题，如何如此才是问题。如何才能保持心性的平和、中和与调适？道家的基本态度是"知止"、"知足"。保持心性的虚静、平和、和适，是谓"知常"；如何保持心性的虚静、平和、和适，则需要有"知止"、"知足"的态度。所以，道家在"知常"之外，又提倡"知止"与"知足"。

"知止"即知人的认识以至于人的能力、人的行为的界限、限度。老子说："知止不殆"（第四十四章），又说："知止可以不殆"（第三十二章）庄子更为明确地指出："吾生也有涯，而知也无涯。以有涯随无涯，殆已！"（《养生主》）人要不使自己入于危险之境，即要知晓自己行为的限度，即要为自己的行为划定一个限度。

"知止"之外，道家还讲到"知足"。"知足"，即知晓满足。"知足"的反面是贪，是永不满足的贪得无厌。贪是人类最大的弱点，也是人类罪恶最大的根源。佛教将贪当作"三毒"之首。贪是从负面讲的，"知足"是从正面讲的。要克服贪，就要"知足"。老子说："祸莫大于不知足，咎莫大于欲得。"（第四十六章）人因为行为不当，而会招致各种各样的祸，但各种祸中最大的祸则在于"不知足"。因为"不知足"不仅是祸，并且必然招致其他的祸，如佛教所讲"三毒"的其他二毒：痴与嗔，都是由贪所引发的。因为"祸莫大于不知足"，所以，老子讲："知足不辱"（第四十四章），"知足"者不会陷于屈辱。又讲："知足者富"（第三十三章）懂得"知足"，才是一个富人。富人并非一定非常富有，而是有一种"知足"的态度。《论语》中孔子称赞卫公子荆，就是因为其知足：

> 子谓卫公子荆，"善居室。始有，曰：'苟合矣。'少有，曰：'苟完矣。'富有，曰：'苟美矣。'"（《子路》）

卫国公子荆很懂得知足，家始富有，感觉甚是良好；后有增加，感觉生活原来如此丰富；再有增加，感觉生活竟是这般美好。真正富有的人，是因为他们总是很知足。其实，富有不在将来，不在明天，就在当下。人在任何时候，都要有一种知足的感觉。

知止、知足而外，老子提倡"为而不争"。"圣人之道，为而不争。"（第八十一章）"争"即是争夺。争夺是千方百计、施出一切手段，将他人的东西或所有权未明的东西据为己有，是贪得无厌的具体表现；而"为"则是依靠自己的努力，获得自己所应该得到的。老子反对"争"，但老子并不反对"为"。老子赞扬水："水善利万物而不争"。水有两种品质，一是利万物，二是不争。人向水学习，就应当"利而不害"，"为而不争"。《老子》一书最后一章第八十一章最后的两句话是："天之道，利而不害；圣人之道，为而不争。""利而不害"，"为而不争"，是老子哲学的根本，是老子哲学的最后归宿。而此两者都是水德的具体表现。"上善若水，水善利万物而不争，处众人之所恶，故几于道。"（第八章）人们以道为法，而道不可见，水则"几于道"，最接近于道，所以，人们以道为法，首先应当以水为法，首先应当向水学习。以水为法，向水学习，就应当"利而不害"，就应当"为而不争"。

人以知常、知止、知足、"为而不争"为基本的人生态度，自然可以处理好与万物的关系，自然不会以征服、占有、毁灭的态度对待其他物类。所以，人类首先应当守住自己的"道"，人类首先应当端正自己的人生态度，这是生态文明的基础，也是处理人与自然关系的前提。

21 世纪韩国新道学的出路看老子的道

金白铉

（国立江陵原州大学校哲学科，神明文化研究所长）

中国的道家、道教文化和韩国的仙教文化以及日本的神教文化都源于古代东方的巫教（萨满）文化，因而其中相近的地方太多，吾人把它们称之为道学文化，又进一步主张道学文化为东方文化生命之母根。

20 世纪学习西方（西化）的时候，现代新儒学有贡献，但他们通过现代主义哲学来解释中国传统哲学，因此有其局限。21 世纪是生态信息化社会，是发扬光大道学的最好时代，尤其是以无为自然为道的道学。本论文解释说，神明境界与气化世界的妙合之道可以开出适应于 21 世纪生态信息化社会的新道学出路。

一　道学与韩国传统

文化是有生命的，因此称之为文化生命。单元的、孤立的生命是不能生存下去的，必须与别的生命交流才能生存、才是繁荣的。具有多元文化和混种文化的民族才是有生命力的，中、日、韩的民族和文化都是如此。在韩国，韩国的仙教文化与中国的道家、道教文化混成为韩国的仙道文化。在日本，日本的神教文化与中国的道家、道教文化混成为日本的神道文化。并且中国的道家、道教文化和韩国的仙教文化以及日本的神教文化都源于古代东方的巫教（萨满）文化，因而其中相近的地方很多。

陈鼓应先生说："中国哲学史实际上是一系列以道家思想为主干，道、儒、墨、法诸家互补发展的历史，而绝不是像一些学者所描述的主要是一部儒家思想发展的历史。"①如此，他主张道家思想为中国哲学的主干。吾人在此尽量努力展现消除国家观念的东方历史文化，然后不是儒家、儒教为中心的东方文化，也不是佛教文化为中心的东方文化，而是中国的道家、道教文化与韩国的仙道文化以及日本的神道文化为中心的文化，我把它称之为道学文化，又进一步主张道学文化为东方文化生命之母根。②

近人李能和辑述的《朝鲜道教史》可谓韩国道教研究的典范，此书第二章的章名为"朝鲜檀君神话最近于道家说"，而且说"以新罗政体观之，则颇得老庄无为之真髓。"又推尊为东国文宗的崔致远（新罗人）作品中有《鸾郎碑序》，他在此处说：

"国有玄妙之道，曰风流，设教之源，备详仙史。实乃包含三教，接化群生。且如入则孝于家，出则忠于国，鲁司寇之旨也。处无为之事，行不言之教，周柱史之宗也。诸恶莫作，诸善奉行，竺干太子之化也。"③

吾人认为韩国东学（1860年设教）思想虽然似儒似佛似道，也非儒非佛非道，但实乃包含三教。就是说，东学的核心思想就是"玄妙之道"的妙合思想。并且"国有玄妙之道，曰风流，设教之源，备详仙史。"由此可知，中国的道家思想与韩国的仙家思想之间应当有亲缘性的渊源关系。

二　20世纪新儒学与21世纪新道学

1840年的鸦片战争不只是中国与英国之间的冲突，而且是西方基督教世界与东方儒教世界的冲突。战争的结果，西方基督教世界就成为世界中心，而东方儒教世界变成了世界的边缘。所以东方人学了西方的现代工业文明文化，就是学西方的现代主义，④就是西化、现代化。但是，现代主义文化——成为新的霸权的普遍化的技术理性与无所不为的人本主义——在20世纪的确经历了深刻的危机，暴露出自身的一些严重的弊端。

---

① 陈鼓应：《老庄新论》，上海古籍出版社，第320页。
② 金白铉：《神明文化序说》，《神明文化研究》第1辑，韩国神明文化研究所出版，第10页。
③ 金富轼：《三国史记》卷第四、新罗本纪、真兴王。
④ 金白铉：《神明文化序说》，《神明文化研究》第1辑，韩国神明文化研究所出版，第10页。

20 世纪研究东方哲学的人也大体用西方哲学，尤其是用现代主义哲学的方法与范畴来研究东方哲学，因而大部分的人漏掉或歪曲东方哲学的精髓。换言之，20 世纪中国哲学家通过现代主义哲学来解释中国传统哲学，如冯友兰先生借新实在论哲学，牟宗三先生借康德哲学。但他们的哲学与现代主义哲学一样都有其局限。

有的学者认为宋明理学才是真正的道学，因此，有周廉溪为道学宗主的说法，并且在韩国有的儒学者认为朝鲜朝的朱子学就是道学。就是说，他们认为宋明理学正是永远不变的经学。方勇教授说："整个经学的学术思维根本上深受权威主义影响，不免具有封闭和固化的特征，这就使经学在一定程度上具有了形式僵化、思想创新不足、理念转展相对乏力的病症。"①因此，吾人认为儒学就是儒学，道学就是道学，儒学不能强夺"道学"这一概念，并且当今东方人要继承充满原创性、多元性的"子学精神"，这就是 21 世纪新道学必须要走出来的路。

有的学者用后现代主义哲学来解释东亚儒学试图找出 21 世纪新儒学的出路，就是所谓身体哲学。后现代主义反对文化优越主义而主张互为文化主体性。但是儒学很难脱离与基督教思想一样的文化优越主义，就是说儒教思想可算是与基督教思想一样具有典范性的现代主义性思想。吾人认为找到 21 世纪新儒学的出路是比较困难的。

针对周文的疲弊而发的老庄思想与针对西方的现代工业文明文化而提出的后现代主义之间有很多的类似性。因此，有的韩国学者以后现代主义来解释老庄思想，吾人认为如此的解释有断章取义的嫌疑。老庄的玄理与后现代主义之间的类似点不如惠施的名理与后现代主义之间的类似点。所以用后现代主义来解释和说明老庄思想的时候，容易丢掉老庄思想的精髓。

21 世纪新道学也继承继往开来、法古创新的精神，顺其自然地进入 21 世纪生态信息化社会。众所周知，道家所说的道是无为自然之道，这就是道学当中永远不变的道的含义，但随着时代的变化，道学所说的道强调的地方也要变。21 世纪是生态信息化社会，是发扬光大道学的最好时代，尤其是以无为自然为道的道学。吾人认为，神明境界与气化世界的妙合之道可以开出适应于 21 世纪生态信息化社会的新道学出路。

---

① 方勇："新子学"构想，2012 - 10 - 22 10：11：19 来源：光明网 -《光明日报》。

　　21 世纪哲学主体不在于贵族或士大夫，而是在于老百姓。就是说，21 世纪哲学应当是民间哲学，就是民间生活文化哲学。这就是 21 世纪新道学应当开拓的哲学。21 世纪东方人的口号应当是妙合东西哲学、文化。就是以东西方的哲学、文化精髓的妙合来可以开展迈向 21 世纪的新道学。

三　神明与气化

　　吾人通过在中国现代哲学家当中具有代表性的两位教授而分为两个系统，就是把老子的"道"诠释为客观实有的冯友兰教授系统与把老子的"道"诠释为主观境界的牟宗三教授系统。冯友兰教授将"道"理解为"万物所以生之总原理"，就是以道为客观实有。所谓客观实有的诠释形态，也就是将道的形上意义理解作独立在人类心灵之外、客观自存的超越实有。牟宗三教授将"道"理解为主体修养所证的"主观心境"，就是以道为主观境界。① 由此，可以理解冯友兰教授喜欢朱熹的理学，牟宗三教授喜欢阳明的心学之原因。

　　无论如何，老子思想对于一个当代的研究者而言，有着许多难以克服的困难。吾人认为，如果老子的道具有客观实有的层面与主观境界的层面的话，那庄子的道具有倾向于主观境界层面，黄老学的道具有倾向于客观实有的层面。并且可以说，"河上公注"解释的道具有倾向于客观实有的层面，"王弼注"解释的道具有倾向于主观境界的层面。在此，如果说吾人自己的观点的话，吾人简单而笼统地先说，老子的道具有主观境界所说的绝对的主观性与客观实有所说的绝对的客观性，就是"物我双忘""主客合一"的道。吾人试想通过韩国的"东学"所说的"天主"来理解老庄的道。

　　韩国东学创始人水云崔济愚（1824—1864）说："侍者，内有神灵，外有气化，一世之人，各知不移者也。"②如果通过水云崔济愚的思想，吾人理解老子的道具有的客观实有层面与主观境界层面的话，水云崔济愚以"内有神灵"来说主观境界层面，也以"外有气化"来说客观实有层面。水云崔济愚的弟子海月崔时亨解说："内有神灵者，落地初赤子之心。外

---

① 袁保新：《老子哲学之诠释与重建》，台湾文津出版社，第 134—135 页。

② 崔济愚：《东经大全、论学文》。

有气化者，胞胎时，理气应质而成体也。"① 又详细地解说："吾人之化生，侍天灵气而化生。吾人之生活，亦侍天灵气而生活。何必斯人也，独谓侍天主。天地万物皆莫非侍天主也。彼鸟声亦是侍天主之声也。万物生生，禀此心此气以后，得其生成。宇宙万物总贯一气一心也。"② 如此可知，水云崔济愚所说的"内有神灵"与海月崔时亨解说的"天灵、一心"概念使吾人帮助理解老子的道具有的主观境界层面，水云崔济愚所说的"外有气化"与海月崔时亨解说的"天气、一气"概念使吾人帮助理解老子的道具有的客观实有层面。

吾人认为老子的道一面是绝对性的客观实有，一面是绝对性的主观境界，就是说老子的道具有绝对性的主客合一性。如此，东学所说的天主也是具有绝对性的主客合一性的。因此，通过客观实在与主观境界的妙合，换言之，通过主观性的神明境界与客观性的气化世界的妙合，需要新解释21 世纪新道学所说的道的新含义。

四　神明境界

许抗生先生说："'神明'这一概念在道家创始人老子的《道德经》著作中尚未出现，但'神明'这一概念在道家思想中所具有的含义已经有了一定的阐说。在老子的著作中神与明两者是分开来加以论说的。"③ 又说："老子认为'道'是无为无欲无意志的自然存在物，所以它并不是神灵，然而它却能产生天地万物，就其具有产生天地万物的能力，是天地万物的根本而言，老子也把'道'称之为神。"④ 又再说："老子是以宇宙万物的最高本原'道'视作为'神'（谷神）以知道得道而获得最高智慧称作为'明'的。"⑤

到了庄子明确地说"神明"第一概念。"古之所谓道术者，果恶乎在？曰：无乎不在。曰：神何由降？明何有出？圣有所生，王有所成，皆原于一。"（《天下篇》）又接下来说"配神明而其运无乎不在"的古之

---

① 崔时亨：《海月神师法说、灵符咒文》。
② 崔时亨：《海月神师法说、灵符咒文》。
③ 许抗生：《道家的神明文化》，《神明文化研究》，2009 年第 1 辑，第 48 页。
④ 同上书，第 49 页。
⑤ 同上书，第 50 页。

人。就是说："古之人其备乎! 配神明，醇天地，育万物，和天下。泽及百姓，明于本数，系于末度，六通四辟，小大精粗，其运无乎不在。"（《天下篇》）蒋锡昌注说："神明者，即自然之称。言古之道人与自然为配合，与天地为一体。"

《天下篇》进一步说明神明与古之道术而说："以本为精，以物为粗，以有积为不足，淡然独与神明居，古之道术有在于是者，关尹老聃闻其风而悦之。""勿漠无形，变化无常，死与生与，天地并与，神明往与! 芒乎何之，忽乎何适，万物毕罗，莫足以归，古之道术有在于是者，庄周闻其风而悦之。"如此可知，老庄心目中的古之人的古之道术可说是神明之道，也是内神外明之道。

许抗生先生说："除了'神明'原指的神祇之外，在道家著作中其含义较为丰富，概括起来说主要有这样两方面的内容：一是指宇宙本原的神妙作用，因此也有的道家著作直接把'神明'解释作宇宙本原'道'的；二是指人的精神作用与智慧，当然人之所以有这样的智慧也是体现了'道'的神妙作用的。"[1]郑开教授说："体悟道的存在把握道的真理于是等价为焕发神明，可知神明乃是道的同义语，或另一种表述。"[2]郑开教授又说："'神明'一词包含了丰富的文化意涵，由原初的鬼神引申出了哲学意义：既可以描述自然宇宙过程的神妙不测，又提示了超乎一般知识（感性和理性知识）之上理性直觉（觉解和证悟），还用以表示'道高物外'的精神境界，同时也显示了作为自由实践的艺术的本质。而这种哲学意义又反过来深刻地影响了道教理论的形成及其特征。由此可见，'神明'观念及其文化意涵十分重要，甚至可以说它在某种程度上代表中国乃至整个东亚文化圈的文化基层和根本特征，所以值得深入而彻底的研究探讨。"[3]

五　妙合之道

西方传统形上学喜欢说单一性、纯一性以及全一性，因此，强调普遍

---

①　许抗生：《道家的神明文化》，《神明文化研究》，2009 年第 1 辑，第 48 页。

②　郑开：《道家形而上学研究》，宗教文化出版社 2003 年版，第 143 页。

③　郑开：《道家心性论示野中的"神明"》，《神明文化研究》，2011 年第 2 辑，第 49 页。

性而容易抹杀多样性。浑然一体性指称自然而然地普遍性与特殊性之间的和谐统一之道。混一、混成、浑化、混沌等等都是表现浑然一体性。由此开展无秩序的秩序、多样而统一性的文化。浑然一体性可以把主体与客体、体与用、形而上与形而下、先天与后天等二元对待的范畴有机地妙合在一起。

老庄著作中没有妙合这一词，但是混一、混成、浑化、混沌等等都表现浑然一体性，同时可算意味着妙合。因此，老子所说的"众妙之门"就意味着有与无、无欲与有欲等等的妙合。又说"古之善为士者，微妙玄通，深不可识。"（第15章）"微妙玄通"就表现妙合作用。"玄妙""神妙""奥妙"等等表现"妙道"的作用。因此，"妙合之道"可成为"道学"传统的特质。并且这就是21世纪生态信息化社会最适合的道。老子的"妙合之道"具有如下的特质。

（1）玄览：后现代主义批判工具性的理性而主张身体哲学。新道学为了克服工具性理性的界限而主张玄览。老子说："涤除玄览，能无疵乎？"（10章）玄览就是认识主体与认识对象成为妙合的主客合一的直觉。老子说："知常曰明"（16章），"自知者明"（33章），"见小曰明……复归其明"（52章）。如此可知，"明即智慧，是则由虚静而生者……在虚静中，观复以归根，复命，知常，即是明照万物之各在其自己也。"①

（2）正言若反：为了突破西方传统哲学具有的思辨理性的界限，继承老子的"正言若反"的思维方式，就是辩证性的逆说表现方法。老子曰："为学日益，为道日损。损之又损，以至于无为，无为而无不为。"（48章）。老子通过无为的功夫而体认无不为的功效。如此，老子体会到了实践性的辩证逻辑，在此，"无"不具有"non"、"一"、"非"的意义，而有超越性的意义。这就是正言若反式的妙合逻辑。如此的辩证妙合逻辑就是创造性的思维方式。

老子曰："明道若昧，进道若退，夷道若类，上德若谷，大白若辱，广德若不足，建德若偷，质真若渝，大方无隅，大器晚成，大音希声，大象无形，道隐无名。"（41章）"大成若缺，其用不弊，大盈若冲，其用不穷，大直若屈，大巧若拙，大辩若讷。"（45章）"曲则全，枉则直，洼则盈，敝则新，少则多，多则惑。是以圣人抱一为天下式。不自见故明；不

① 牟宗三：《现象与物自身》，台北学生书局1975年版，第430页。

自是故彰；不自伐故有功；不自矜故长；夫唯不争，故天下莫能与之争。古之谓：'曲则全者'岂虚言哉！成全而归之。"（22 章）"天地之所以能长且久者，以其不自生，故能长生。是以圣人后其身而身先，外其身而身存，非以其无私耶？故能成其私。"（7 章）

如此的正言若反式辩证逻辑成为超越二元对立矛盾的抱越性的妙合逻辑。所以如此的实践性而体认性的"正言若反式妙合逻辑"可以克服理论性而思辨性的西方传统形式逻辑以及辩证逻辑具有的界限。这就是在"道学"当中"妙合之道"具有的传统性的特质。

如果神明为妙道的内在表现，那气化就是妙道的外在表现。就算是说，神明与气化在玄妙的妙道中开展妙合作用。吾人用可称之为"主客合一""物我双亡"的老子哲学的基制来理解时，神明境界开展妙合作用，那可以考察气化世界开展的妙合作用。

六　气化世界

21 世纪新道学的哲学主体为民间生活文化哲学。其哲学的最重要的两个主题就是"道法自然"与"生态气化"。道法自然思想为了治愈现代工业文明具有的无所不为的人本主义的后遗症，止扬人为造作，开展自然而然，自然和谐的生活态度。生态气化思想为了治愈现代工业文明具有的物神崇拜思想，外在的气化世界为生命流变的有机性世界。生命交流的生活文化上重视如慈爱俭朴节约等等的生活态度。

"道法自然思想"与"生态气化思想"为基础，为了创出在气化世界中的民间生活文化，需要更深度而更具体地研究的内容如下。

（1）清净生态：人类在什么样的空间生活才好？众所周知，现代工业文明带来了环境污染与生态界破坏。为了克服这些，新道学应当妙合与新科学，而创出新风水文化。就是说，创出流行自然生命之气的空间文化。并且一方面实践环保运动，而阻止乱开发；另一方面努力研究与自然可以呼吸的园林艺术与室内装修。

（2）健康养生：人类如何健康地生活？周知现代工业文明带来了人造食品与精神疾患（包括自杀）问题。为了克服，而且治疗不如预防的观点之下，排除政治性与商业性而开展道学所说的"性命双修"的现代化与民间化运动。积极开发重视生态界循环的自然农法，如传统发酵食品等等的安全食品的现代化，进一步通过传统医学现代化而建立预防医学系统。

（3）创新艺术：新道学的艺术活动不能脱离健康养生。艺术活动本身应当成为一种体会道的功夫。因此表现出神明的妙合，逍遥自在的精神境界上，通过思维的转化与破格性的想象以及反转性的妙味等等来创新新艺术并且用仙话等等的素材可以发挥新的创造性与想象力网络空间就是新道学可以开展丰富而新艺术活动的最好的空间。

（4）休闲仙游：为了超脱政治社会体制之下的方内活动，建立亲自然的休闲活动，建立新洞天福地、创建新仙院或新仙居，然后创出 21 世纪仙游。

（5）玄德寿福："生而不有""长而不宰"等为最高品德的生活，因而可以寿比南山、福如东海似的民间生活文化。

（6）小国寡民："壮大不道"，所以 21 世纪新道学追求不同的小而多的社团、社区之间和谐共存的民间生活文化。

（7）互为文化：现代工业文明之下产生了西方殖民帝国主义，也强化了基督教文化优越主义与霸权主义。文化优越主义认为对方文化是野蛮性的、异端性的、恶魔性的文化，所以容易消灭或毁损对方文化。道学认为所有万物都有自己本身的价值。如此，新道学也主张互为文化主体性，所以需要开展开放性而尊重对方文化的思维方式，换言之，不同而和的原则之下应当主张多样性的文化。

七　结语

21 世纪是生态信息化社会，也是世界化—地方化（Glocalization.）时代。吾人认为 21 世纪韩国新道学的出路如下：

（1）中国的道家、道教文化与韩国的仙道文化以及日本的神道文化为中心的文化，吾人把它称之为道学文化，又进一步主张道学文化为东方文化生命之母根。

（2）中国的道家、道教文化和韩国的仙教文化以及日本的神教文化都源于古代东方的巫教（萨满）文化，因而其中相近的地方很多。

（3）20 世纪东方人学了西方的现代工业文明文化，就是学西方的现代主义文化，就是西化、现代化。但是，现代主义文化在 20 世纪的确经历了深刻的危机，暴露出自身的一些严重的弊端。

（4）20 世纪研究东方哲学的人也大体说用西方哲学，尤其是用现代主义哲学的方法与范畴来研究东方哲学，因而大部分的人漏掉或歪曲东方哲学的精髓。换言之，20 世纪中国哲学家通过现代主义哲学来解释中国传统哲学。因此，20 世纪新儒学有很大的贡献，但有其界限。

（5）21 世纪是生态信息化社会，是发扬光大道道学的最好时代，尤其是无为自然为道的道学。吾人在此说，神明境界与气化世界的妙合之道可以开出适应于 21 世纪生态信息化社会的新道学出路。21 世纪哲学主体不在于贵族或士大夫，而在于老百姓。就是说，21 世纪哲学应当是民间哲学，就是民间生活文化哲学，也是 21 世纪新道学应当开拓的哲学。

（6）吾人认为老子的道一面是绝对性的客观实有，一面也是绝对性的主观境界，就是说老子的道具有绝对性的主客合一性。如此，韩国东学所说的天主也是具有绝对性的主客合一性的。因此，通过客观实在与主观境界的妙合，换言之，通过主观性的神明境界与客观性的气化世界的妙合，需要新解释 21 世纪新道学所说的道的新含义。

（7）老子的正言若反式辩证逻辑成为超越二元对立矛盾的抱越性的妙合逻辑。所以如此的实践性而体认性的"正言若反式妙合逻辑"可以克服理论性而思辨性的西方传统形式逻辑以及辩证逻辑具有的局限。这就是在"道学"当中"妙合之道"具有的传统性的特质。

（8）如果神明为妙道的内在表现，那气化就是妙道的外在表现。就是说，神明与气化在玄妙的妙道中开展妙合作用。吾人用可称之为"主客合一"的老子哲学的机制来理解时，神明境界开展妙合作用，可以考察气化世界开展的妙合作用。

（9）以"道法自然思想"与"生态气化思想"为基础，为了创出在生态气化世界中的民间生活文化，需要更深度而更具体地研究的就是①清净生态②健康养生③创新艺术④休闲仙游⑤玄德寿福⑥小国寡民⑦互为文化主体性。

老子思想启示的四大人文理性精神要旨

袁永飞

（河南省社会科学院哲学与宗教研究所）

王博先生有篇论文叫《道家与人文精神》①，他指出"人文"这个词
是西方文化思想的"舶来品"，相对"以上帝为中心"的"神本主义"
而高扬"以人为中心"的"人文主义"，就此意义说"道家的'反人文'
中"包含"丰富的人文精神"，可从"政治秩序和生命意义"来了解其
"人文理想"，这有助从"传统中发掘更多地可以转化为现代精神的资
源"。最近一关于老子思想研究的论文集②中，李存山先生的《老子哲学
与中华精神》讲解"老子的伟大就在于'原创性'地建构了一种'性与
天道'的形而上学，这种形而上学'同中国的精神结合在一起'，成为
儒、道两家共同的'推天道以明人事'的普遍架构"；刘惠文先生的《试
论老子的文化批判精神》从中国思想发展史角度出发，他对"观念文化"
"物质文化""社会文化""人文文化""方法论"作了有力批判，肯定老
子"道法自然"、"否定的辩证法则"和"静观、玄览的认知方法"等理
论贡献。无论从老子道家思想的正面解读，还是侧面对照或反面思考，他
们都在各自的理论根据和表达方式上认同老子的人文精神价值。相对而
言，王先生基于人神本位设定而从政治建构与生命诉求来阐述其人文理
想，李先生基于儒道精神互补而从天道的形上建构与人事的形下说明来理
解中国精神内涵，刘先生基于思想辩证运动而从各种文化形态表现来判定
其理论价值。他们都笼统、简略、大体阐释了老子思想的人文精神内涵，

---

① 参阅杨廷俊主编：《老子故里论老子——道论卷》，社会科学文献出版社 2010 年版，第
89、91、105 页。

② 赵保佑主编：《老子与华夏文明传承创新——2012·中国鹿邑国际老子文化论坛文集》
（上册），社会科学文献出版社 2013 年版，第 4、357—365 页。

尚未明确区分、深入检讨和高度发挥其人文理性精神①的要旨。基于这些年长期从事老学研究与理论思考的心得体会，我认为老子思想蕴含中国传统社会原初、丰润、深刻的人文理性精神，既有"道法自然"的人文自然理性精神，又有"道生之，德畜之，物形之，势成之"的人文道德理性精神，还有"天道无亲，常与善人"的人文宗教理性精神，更有"道，可道，非常道"的人文科学理性精神，长期引领中国文化生命的历史进程与现实拓展。

一　人文自然理性精神要旨即"人文范导人为"

1. "人文自然"的理论诉求

老子的"自然"意蕴解读众多，不乏有理论大家的经典阐释，古代以河上公"道性自然""无所法"本来如此的事实判断和王弼的道以自然为法则应当如此的价值判断为代表，现以刘笑敢"人文自然"的中心价值的总体和谐为特色。在此认知基础上，我曾解释"自然"为"当然"而寻其政治哲学的正当启示智慧，近来解为"实然"的事实判断、"应

---

①　以"人文理性精神"为题的论文，有高长江：《神圣的价值——迈向21世纪的人文理性精神之沉思》，《宁夏社会科学》1998年第2期；朱德发：《现代文学创造：人文理性精神与主体人本艺术思维》，《山东社会科学》2003年第4期；中国社会科学院邓小平理论和"三个代表"重要思想研究中心：《高扬人文理性精神　破除迷信蒙昧意识》，《光明日报》2004年2月10日；张翼：《文艺传播亟须强化人文理性精神》，《太原师范学院学报（社会科学版）》2004年第4期；刘晗：《论政治儒学的历史演化与人文理性精神》，《管子学刊》2006年第1期。他们都以人文理性精神为价值判断标准来评析各自关注的问题领域的意义诉求，并没有对这个标准本身进行检讨、反思、界定和推演，唯一对此有深度说明的是关于"人文理性"的内涵分析。如"人文理性是认知理性、实践理性、价值理性、工具理性、历史理性和交往理性的总称。人文理性是人文知识与人文精神的中间环节，是人们认知、批判、选择和创造人文价值观的能力。"（见邓周平：《论人文理性》，"摘要"，《社会科学》2003年第9期）也有解析中国早期人文理性内涵为："提倡宽容、反对暴力，张扬人的理性思维，重视人的精神提升，强调人的责任感。"（见吕方：《西周德观念与早期人文理性》，"摘要"，《史学月刊》2011年第5期）还有对"科学发展观的价值内涵"理解为"科学理性、人文理性、生态理性、民族理性四位一体"，实际蕴含"理性思维指导下""以人文本"、"保护生态"和"独立自主"的发展理念。（参见周杨《论科学发展观的价值内涵——科学理性、人文理性、生态理性、民族理性四位一体》，"摘要"，《学术论坛》2013年第8期）总之，人文理性的内涵十分丰富而包含其相应的价值判断能力分析，其精神反映在中国古代传统文化是人的宽容、非暴力、理性思维、精神修养和责任感，交融在现代文明社会建设是科学、人文、生态和民族的理性能力的整体创构与综合表现。

然"的价值选择和"超然"的理想追求而总结为"全然"。① 由此对刘先生著作、论文中解证的"人文自然",作一点理论澄清。他"强调老子之自然本质上或其核心意义是人文自然","从本质上揭示和强调老子之自然的最基本的思想精神",为其"在现代社会的应用和发展开辟一条可能的途径",它并非"人类社会负面状态的假设"而是"对正面价值的追求",总体表达为"对人类群体内外生存状态的理想和追求",即是"对自然的和谐、自然的秩序的向往"。② 他先从应然层面判析其人文本质内涵或精神价值,然后在实然层面开辟其人文价值应用途径,最后归结在超然层面为人类理想追求的和谐秩序,可看作从全然的人文精神整体来表达老子的自然理性诉求。他基于应然判断的人文价值诉求,进行实然认定的路径选择与超然求证的精神把握,更多个人主观意义的特殊发挥而缺乏社会客观背景的普遍约束。因而,对其理性精神的认知分析局限在现实生活环境,未深入到历史文化传统中体会其文化生命意蕴。

2. 人文自然的理性根据

或许刘先生对传统也思考探讨过,但现实社会感性因素太重而转入传统文本经典诠释,未像现代新儒家牟宗三先生那样从文化生命本身立论,喜欢从学术研究与学科建设角度来阐述其理论价值,因而其人文自然的精神旨趣更多是西方自然科学理性对照下的历史文化关怀,不是人文历史理性的内在根源流淌的现实生命成果。于是,依据老子经典文本《道德经》可确认其"自然"的人文理性母体是"道",即:"有物混成,先天地生。寂兮寥兮,独立而不改,周行而不殆,可以为天下母。吾不知其名,字之曰道,强为之名曰大……人法地,地法天,天法道,道法自然。"③ 前段用创生天地万物特立独行且不间断的生命母体来标识"道"的实际内涵,文化理想诉求(即名)"大";后段用"天、地、人"之"道"取法"自然"而构成内在价值关联,以此推证前段预设之道的必然理路应怎样落

---

① 可参见笔者硕士论文《先秦"道法自然"新见——政治哲学探析》(2008 年),拙文《〈老子〉的社会管理原则与制度建设要求——"道法"制度生命观》(赵保佑、高秀昌主编:《老子思想与现代管理》,社会科学文献出版社 2013 年版)。

② 刘笑敢:《诠释与定向——中国哲学研究方法之探究》,商务印书馆 2009 年版,第285—286、289 页。

③ 摘自袁永飞:《哲思·诗化·图示:〈道德经〉问题研究启示录》(附录一),河海大学出版社 2013 年版,第 220 页。此为二十五章,其后所引《道德经》章节文字资料皆用该书,只表章名,不讨论其他。

实人间。此为一周延的生命逻辑论证体系，统摄所有变化过程和期望结果。其后传统①以天道的"阴阳"、地道的"刚柔"和人道的"仁义"通解来融贯天地人三道，重点在仁义之道的儒家文化精神以统领天地之道的自然万物演变，这在汉儒董仲舒"天人感应"、"天人三策"和"仁义法"中有充分论证（见其《春秋繁露》）。现代学人以道的生命本根、实践本体与认识本质来分析其思想本身应有的文化内涵，较关注其逻辑设定的起点与终点、存在主体与发展过程、经验认知形式与内容的理论探索，从当代新道家学者刘笑敢研究对接科学实验成果的诸多尝试可体现其意义诉求。若要走出传统儒家文化的仁义之道的基本精神"定位"和现代西方哲学的科学逻辑推证的现实生活"定量"，需根据人类理性认知总体来直接面对历史文化世界，重塑天地万物的宇宙生命大道而"定性"说解其人文自然理性精神的内核。所以，立足宇宙生命的实然原初理解，进行文化社会的应然价值判断，可得人文理性精神的超然理想追求，这是人文自然理性精神的大体思路。

3. 人文自然理性精神要旨推证

沿此思路拟定其要旨是"'人文'范导'人为'"，论证如下：(1)"道法"即"道纪"。道法自然，可由中国古代文化"者……也"常用句式，解"道法"者即"自然"也，人文根本大法是"自然"，人文自然的理性根据在"道"。老子说："执古之道，以御今之有。能知古始，是谓道纪。"（十四章）"道纪"即"道法"，可执"古道"为"名"而成"人文"历史法则，统御"今有"为"实"而作"人为"现实活动，对此二者进行理论把握而有指导作用的认知系统是"道纪"。道纪，集中展示人文自然理性精神的历史发展过程的现实关键诉求，即人文的生命道理能具体指导人为的生活道路前进。(2)"道隐无名"（四十一章）与"道常无名"（三十二章）。生活道路上的作为是"显"和"变"，表现了特殊的"名"和"利"的不确定索取，而生命道理中的法则是"隐"与"常"，只有普遍的"在"与"用"的确定效力。生活道路与生命道理都内隐于"道"而恒定其理路，在"无名"的认知状态下自然实行或变化，这就是缺乏"名义"指导的实行而出现孔子所谓的"名不正""言不

---

① 《周易·说卦》："昔者圣人之作《易》也，将以顺性命之理。是以立天之道，曰阴与阳。立地之道，曰柔与刚。立人之道，曰仁与义。"

顺"、"事不成"（《论语·子路》）的境况。（3）"无名"与"有名"。无名与有名，并无绝对的内涵分界，只有相对的形式说明。老子说："道，可道，非常道；名，可名，非常名。无名，天地之始；有名，万物之母。"（一章）在人文的表达形式上，道与名是一致的，适当（即"可"）并非永恒（即"常"），正当（对"可"进行规范）才能持久（对"常"进行化解）；而在自然的生命发展中，无名与有名处于同一个生活临界点上，前者是天地存在的大前提，后者是万物变化的主根据，二者的紧密合作才可在设定的文化圈内（即天地），不断繁衍生息其对象物（即万物）的意义诉求。这是无名的宇宙生命，变成有名的天地万物的根据（即道），有名（即人文）的天地万物，引导有为（即人为）的社会生活的根据（即名）。（4）"始制有名"与"知止"。老子对此有清醒的认识，即："始制有名，名亦既有，夫亦将知止。"（三十二章）在无名的天地开端，创生万物的生命根源，制作成人类文化生命的根据（即名），好好利用此根据，能明察人们的言行举止，这就是"人文"依据"自然"生命法则给"人为"拟定活动限度，为了使其不越界而干违反人文自然理性要求的事。（5）古今"名不去""以阅众父"。正是在这种人文意义诉求下，老子才说："自古及今，其名不去，以阅众父。"（二十一章）这是对"道法"或道纪论证的历史与现实呼应，也是把人文的生命母体（即文化生命）变作人为的生活父体（即社会事务），以此指导人间的文化子女（即理想追求）正当成长。一个"阅"字，将人文的"名"的形式特征全部呈现，进而范导人为的"实"的内涵要求正当作业。（6）"名与身，孰亲"（四十四章）。因而，人在这种文化精神实体（即名）和自然生命实体（即身）的社会生活价值诉求中，更喜欢用名义上的"心灵"（如孟子的"仁"）来调节实际的"欲身"（如荀子的"性恶"）以遵循"义"或"礼"（皆指"理"，一个内在，一个外在）的规范，这可能是老庄道家与孔孟荀儒家在人文自然理性诉求上一致地方。虽然有些学者以此解读老子思想的"惜身"之实远超过"重名"之虚，以体现"养生"或"长生"的道教精神旨趣，但如果从心灵情感上来诉说其亲近度，那么应承认儒道两家的原初人文精神诉求是较接近的。或许，老庄突出了"自然"的合理性而遮蔽"人文"的合法性，孔孟荀突出了"人文"的合理性而淡化"自然"的合法性，前者恰好以此分界而启发、开导后者理论探索。总之，从人类社会发展的"古今名实"、生活道路体现的"隐显常变"、文化思想设定的"有无"形式、认识范围确立的具体限度、考察对象指称的实际内涵和价值诉求判断的亲疏关系，得老子思想的人文自然理性精神要旨是"人文范导人为"而作为社会生活的根本法则。

二　人文道德理性精神要旨即"道德升华道理"

1. 人文道德理性说明

"人文道德"这个词，在我接触的文献资料中尚无专文专著论述其思想内涵，仅有用象征性点题方式嵌入小学编写教材中作为人文素养理解。我这里所讨论的"人文道德理性"，主要取决于胡塞尔回应西方欧洲现代科学现象危机时彰显的人文理性价值和牟宗三应对西方强势文明精神内核"科学理性"时推扬的中国传统"道德理性"。胡塞尔认为，科学"实证主义"导致了"西方人性的危机"，哲学"现象学"可提供其救治方案，他把"科学定义为'理性的启示'"，说"哲学、科学、理性、人性、存在是互相统一的，哲学是普遍的科学，理性是人的真正的本性，人性是在追求一个普遍的科学的观念中形成和发展起来的，而真正的存有是追求普遍的科学的一个观念的目标"[①]。他站在科学理性的普遍作用范围来从事人文理性的哲学思考，对经验限定的实证主义科学成果的不良表现进行超验演绎的现象学还原，试图在西方理性范围统一人文理性与科学理性的矛盾分歧。牟宗三企图用孔子的"仁智全体"文化理想来统摄中国文化生命发展，却发现其"道德理性封闭在个人道德实践中通不出来"而"知性转不出"，社会客观实践方面"近代化的国家政治法律转不出"而难发挥其理性的积极作用，需要"良知坎陷"在康德的"实践理性"中把"科学"和"民主"新外王开显。[②]他立足于科学民主理念指导下的社会革命大环境，检讨传统中国文化生命的精神风貌，相信其思想价值存在和发挥可全融入新时代发展的主旋律与主潮流，只要把内在超越的道德理性积极阐发为外在适用的科学理性即可。他们差不多处在科学实证主义泛滥的时代危机风暴中，对人性和民族的历史命运作了哲学深度阐释，从各自

---

① ［德］埃德蒙德·胡塞尔著，张庆熊译：《欧洲科学危机和超验现象学》，"译者的话"，上海译文出版社 1988 年版，第 9、15 页。

② 牟宗三：《历史哲学》，"新版序"（郭齐勇写），广西师范大学出版社 2007 年版，第 6、8、9 页。

文化传统的内部精神理念对其外现功能作了矫正，希望人有力量和智慧解决社会的发展问题而不拘限技术工具层面的发明成就。如何有效对接科学理性与人文理性、道德理性成一合理价值存在实体，仍在长期的学术摸索中无定解，需要后学跟进研究。正是基于这种人文道德理性认知考量，我打算从老子原创思想的精神旨趣中抽绎传统文化观念的启示。

2. "道德"与"道理"的内在关联

"道德"是人文道德理性精神的中心词，中国传统文化语境中一般都解读为孔孟荀的人伦道德。如唐代韩愈在《原道》中构建儒家"道统"体系时，认为此"道德"内涵"仁义"而区别佛老思想的道德"虚名"；现代新儒家用西学的知识谱系来整理和阐发孔孟的基本观点，认为其"仁智全体"（或孔子的"仁、勇、智"，或孟子的"仁义礼智"）是家庭伦理道德推扩到政治社会规范的核心依据。实际上按司马迁《史记》说明，汉初黄老道家又称"道德家"而集合儒、墨、名、法、阴阳五家的认知优长，老子的"道德之意（旨）"为稷下黄老学者和庄韩全面继承、高度发挥。后来道教文献喜欢把《老子》叫作《道德真经》，近来出土的黄老帛书也是把《老子》分为《德经》与《道经》，就是现代学者刘笑敢的大作《庄子哲学及其演变》总结先秦诸子的"道德"用词也发现道家后期作品多（荀子除外）。更直接、重要的学术证据是韩非子《解老》，以老子的"德篇"（今本三十八章大部分）详解其"道、德、仁、义、礼、法"的内在关联①，归因到他的"道篇"（今本第一章首句）而提出"道即理"的基本原则，倡导圣王"缘道理以从事"无不成就其政治伟业。这从自然事物中阐发普遍的"道理"，经过人为社会的"道德"精神高度升华，推证得圣人范导政治建设的"道法"，确立王者统领天下众生的"君法"。这应是由老子思想启发的"道德"文化精神原则，具体凝聚"道理"自然生命事物的认知进路。其"道理"是天地万物的理性呈现，"道德"是人文圣王的理性塑造，内在贯通成生命，从宇宙命运凸显人类作为而建构社会体系的生命发展历程。这是普遍实在的宇宙生命，化作特定融合的人类生命，铸就主观虚拟的文化生命的基本理路。

---

① 《韩非子·解老》："道有积而德有功，德者道之功。功有实而实有光，仁者德之光。光有泽而泽有事，义者仁之事也。事有礼而礼有文，礼者义之文也。"补一句：文有法而法有制，法者，礼之制也。

3. 人文道德理性精神要旨分析

如果说，前述部分论证，人文自然理性精神的基本命题是"道法自然"，其"自然"反对"人为"的胡乱作为而调制正当作为，要求"人文"历史的日常性生活习惯，成"人为"现实的法则性生命自然，进而得其要旨"人文范导人为"。① 那么，从老子思想中"道德"与"道理"的内在关联可知，人文道德理性精神的基本命题是"道理真德"，在韩非子所谓万物之理同于"道"而"修之于身，其德乃真"（五十四章），以此（其"之"为"道"）"道身"成就"真德"而反对"假德"、校对"事理"，其"道理"的普遍认知形式需要"道德"的特殊精神诉求，提纯成社会生活准则以约束大众文化活动，因而可得其要旨是人生的"道德"提炼社会的"道理"而成精神典范。有研究认为，"老子自然主义伦理道德观"来自"道"的"宇宙本体说""人性和社会的深入观察和认识"以及对"儒家正统伦理道德思想的揭露批判"；老子思想中"道德崇拜是天道崇拜在人间的进一步延伸并包含了向人伦道德迁变的可能性"；"老子的道德观是以决定论为基础"而"限制人的主观能动性"发挥，"孔子的道德观是以方法论为基础"而"强调人的主观能动性"运用；老子从"从德非道、德不离道、德是道之功"等方面，探讨了"道与德"对立统一的辩证关系；"老子的'道德论'是一个涵摄宇宙论、人论、社会论、认识论在内的结构严谨的理论系统"，在宇宙论中"道向德的嬗变即是天地万物（包括人类及其社会）的发生与发展"，等等。② 他们从老子道德的思想来源、可能意蕴、理论特征、辩证关系及其系统把握，阐述其宇宙本体、人性基础、社会环境、批判对象、理论演变、内涵特色、认知形式、完整结构与功能转向，但对其精神主旨未概括分析。我认为，真

---

① 可参阅吴瑾菁，冉晔：《"人为"的伦理限度——老子自然主义价值观探析》，《玉溪师范学院学报》2008年第6期，其"摘要"讲这种自然主义价值观的哲学基础是"道法自然"，它"在政治上要求'无为'、在经济上表现为'少私寡欲'、在人生活动中提倡'返璞归真'、在自然实践中强调'知常循道'，其核心思想就是强调人类不能有过度的行为，而是要在有限的范围内进行人类的活动"。可推老子思想"人为"的社会活动依据是"人文"的自然根本法则。

② 依次参见陈学凯，曹秀君《老子自然主义道德伦理观简论》，《西安交通大学学报（社会科学版）》2000年第4期，第76页；唐辉：《老子道德观及其自然精神》，《中国宗教》2005年第11期，第39页；樊东光：《孔子道德观与老子道德观的异同》，《沈阳师范大学学报（社会科学版）》2010年第6期，第5—6页；杨俊彩：《老子道德观管窥》，《天津大学学报（社会科学版）》2002年第4期，第371页；肖汉明：《老子道德论中的宇宙发生与演化学说》，《湖南大学学报（社会科学版）》2001年第3期，第3页。

正体现其人文道德理性精神的关键是"玄德"，在《道德经》文本五十一章（包括十章）和六十五章中有大体说明①。首先从"道生、德畜、物形、势成"论证万物"尊道贵德"以因循"自然"，然后在"自然"的生命成长、成熟、成就或成功的过程中体悟"玄德"的生活真谛，接着转入社会治理的智识层面以把控大众作为而明察治国"稽式"，最后由此"稽式"深入"玄德"核心理解而求天下"大顺"。这两章，从"自然"事物的生命道理的贯通解释，明达"人为"社会的生活道德的意义诉求，进而把普适的道德原理（玄德）落实到局促的文化智识中彰显其精神指导意义，这是"道德"精神升华"道理"智识的人文努力所通达的理性文明。

三　人文宗教理性精神要旨即"宗教超越宗法"

1. 人文宗教内涵把握

"人文宗教"说法，李四龙主编《人文宗教研究》（现有第 1 辑 2010年卷、2011 年版，第 2 辑 2011 年卷、2012 年版，第 3 辑 2012 年卷、2013 年版，宗教文化出版社）的目录内容涉及了佛教、道教、伊斯兰教、基督教等诸多不同学术思想表达形式的相关意涵，但没有一个论题直接探讨这概念的深层意蕴与精神诉求。而北京师范大学专门成立"人文宗教高等研究院"，其"首届高端论坛文集"《固本强身 走向世界》（2011 年版）中，里面有陈鼓应先生讲"从老庄谈宗教的人文精神"，可惜未能阅读到实际的内容材料；其后《相克相生 共进共荣——"京师人文宗教讲堂"讲演集（2011）》（中国社会科学出版社 2012 年版），提供儒学、佛学、道学、中医四个系列 14 篇论文，也没有涉及此概念的专题讨论与深度说明。这里以研究庄学与儒学闻名的学者崔大华的概念界定为原始点，即"宗教是人对某种在人类与自然之上的超越性实体（或实在）表达的

---

① 五十一章："道生之，德畜之，物形之，势成之。是以万物莫不尊道而贵德。道之尊，德之贵，夫莫之命而常自然。故道生之畜之，长之育之，亭之毒之，养之覆之。生而不有，为而不恃，长而不宰，是谓玄德。"六十五章："古之善为道者，非以明民，将以愚之。民之难治，以其智多。故以智治国，国之贼；不以智治国，国之福。知此两者，亦稽式。常知稽式，是谓玄德。玄德深矣远矣，与物反矣，乃至大顺。"

情感和由此而形成的心理状态或精神境界"①，在人文历史背景下对宗教文化现象在现实社会中的生活情感诉求与生命精神追求，作一总体观念把握。也就是说，人文宗教具有某种超越世俗生活的神圣情感或信念，和对这种信念进行理性思考或探索的精神努力，因而它以非理性的超验存在，自觉融入理性的经验说明，获得文化教育的特殊价值。由此可说在人文的认知视域里，宗教需要荒谬的情感来培育其绝对信仰，也需要理智的活动来传播相对真诚，不能因其绝对信仰而否定相对真诚并完全排除在理性范围外，理性与信仰是一对生活矛盾体，在不断完善义化社会。这是人文宗教具有一定理性成分的社会生活依据。或许不可否认，它在终极诉求上不是以理性为主导来教化众生，而是用非理性为主宰来垄断任何意念决定，仍不得不承认它在日常生活中挣扎在理性与非理性之间而推崇理性证明。②

2. 人文宗教理性精神诉求

且不管人文宗教的超理性与非理性如何影响着人类历史发展，它同样具有人文自然、人文道德的理性因素和力量而作用现实社会，因而有必要对其人文宗教理性精神诉求作一点解析。曾对老子代表的道教理念、孔子代表的儒教理念和耶稣代表的基督教理念，进行过非正式的不成熟的理论总结而分"自然神"、"人文神"和"人格神"，自然神是"谷神"而为"天地根"、它"绵绵若存，用之不勤"（六章），人文神是人文历史创造以来产生的祖先崇拜、它"为仁由己"（《论语·颜渊》）并且"所过者化，所存者神"（《孟子·尽心上》），人格神是人文集体塑造的权威领导形象而拥有独断一切命运的权力、它是唯一绝对和无限自由及博爱众生的。自然神是现在所谓绵延不断的生命实体，它并不是盘古开天辟地才立起来的历史英雄人物，它一直在现实生活中与生命骨子里默默地支持共同

---

① 崔大华：《儒学的现代命运——儒家传统的现代阐释》，人民出版社 2012 年版，第 4 页。

② 康德说"最高存在者的客观实在性既不能由思辨理性证明之，亦不能被否证之"，这里是"为信仰留地盘，则必须否定知识。"（康德：《纯粹理性批判》，蓝公武译，商务印书馆 1960 年版，第 456、19 页）一位现代新正统派神学家讲述："我们绝不'因为'什么而信，我们是由于领悟而信、而不顾一切。请想一下《圣经》里的那些人物，他们并不是因为有某种证据的理由才信，而只是因为有一天他们被放在能信、但必须不顾一切来信的地位上而已。"（K. 巴特：《论基督教信仰》，胡簪云译，载刘小枫主编：《20 世纪西方宗教哲学文选》上卷，上海三联书店 1991 年版，第 491 页）摘自崔大华：《儒家社会生活中的宗教宽容》，"脚注"，见方勇主编《诸子学刊·第一辑》，上海古籍出版社 2007 年版。

诉求的希望事业，它是人类最富有理性的存在而作为理性生长的根基。人文神和人格神，却是文化历史创造的圆满理想成果，一个是建立在中国血亲社会上统摄人类生命各种情感关系的道德典范（即圣神），一个是构建在西方契约社会上统摄人类生活各种权力、利益的宗教典范（即上帝等），它们借助理性的文明翅膀飞向非理性的神圣境地而树立绝对典范，因而常针对感性的经验存在以引导其进入理性的超验诉求（如康德所说的"自由意志、灵魂不朽、上帝"）。所以，生命永恒发展的自然神与人类永远存在的人文神、人格神，都具有人文宗教理性精神的崇高目标，要求人的生命或生活得到无限升华以抵达愿景或完成事业。

3. 人文宗教理性精神要旨阐述

老子思想的人文宗教理性精神诉求主要体现在东汉末道教实践中，虽然后来道教实践未完全取代政治儒教（或"名教"）成唯一国教，反而促成儒释道三教合一为传统政治社会发展保驾护航。韦政通认为道教驳杂而"集中国民间迷信的大成"，具体表现在思想来源、祖师名称、教名、神仙人物和《道藏》典籍，但它的"内丹之学"由"老子的玄学"经河上公"自由联想"而"求长生不死"。① 可见，道教理论在儒佛二教的思想夹缝中艰难生存，更多影响底层民众相对零散的社会生活感受来体验长生诉求，这是老子"自然神"信念的生命愿景的具体反映，即："夫物芸芸，各复归其根。归根曰静，静曰复命，复命曰常。"（十六章）人类个体生命在纷纷扰扰的生活乱象中"归根"、得"常"（即永恒），理论推演成社会群体文化历史的"归宗""事君"，即老子说："言有宗，事有君。"（七十章）也就是说，老子思想阐发人文宗教理性精神的基本命题是"道教归宗"，其"归宗"相对儒释二教的"归因"而寻求连续无限的生命整体超越，不是儒教"因亲"而止于父母尤其突出父权和君权，也不是佛教"因果"而类似古希腊哲人亚里士多德寻求"第一推动因"并看重"因缘"，它走出儒教血亲关联的人类生命局限和佛教因果联系的文化思维束缚，基于自然本身具有的生命根源来开发个体的生命潜能。如老子说："天道无亲，常与善人。"（七十九章）"天道"理念这种"无亲"式的"恒善"恩泽，通过圣人"行不言之教，处无为之事"（二章）而作用于众生。或许，中国土生土长的这种"自然神"宗教（即道教），

---

① 参阅韦政通《中国文化概论》，吉林出版集团有限责任公司2008年版，第84—86页。

在实际文化生活不得不依托儒教的政治权威提携和佛教的知识谱系完善，它将个体生命诉求永恒事业发展的妄想终久会破灭，但其表达无限连贯的生命整体超越的人文理性精神，确实比儒教热衷推广"宗法"血亲维系的人文道德理性精神，更有信仰的绝对诉求和理性的相对考量来维护个体身心健康和谐。因而针对中国传统文化社会语境，老子思想启示的人文宗教理性精神要旨是"宗教超越宗法"，它使道教比儒教更像宗教具有终极信念优势与日常养生要求，更好接洽印度佛教、西方基督教和阿拉伯伊斯兰教，来中国本土生根发芽和发展壮大。

四　人文科学理性精神要旨即"科学实证科幻"

1. 人文科学思想认知

人文科学研究已相当成熟，其内涵界定很清楚，狄尔泰认为其是与"自然科学"相对独立的"基础科学"而作了"系统概观"，卡西尔解为"自然主义和人文主义的文化哲学"，福柯相信其 19 世纪初"话语"在古典知识里权力变小时它才产生，中国学者把它解为"追求智慧的哲学"、"聚焦道德"的伦理学、"超越日常美学"和"沟通古今的历史学"等。①当前研究专家把科学知识体系一分为三，即"数理化"式的自然科学、"政经法"式的社会科学和"文史哲"式的人文科学，虽然数理化、政经法、文史哲的论述仅是这些学科体系里基础学科的简称，而且在中国文化传统特别突出并一直居于主导地位的是文史哲的人文科学。但在西方文化传统里早期是文史哲的人文学科引领，有古希腊神话与柏拉图的理念世界；近现代是数理化的自然科学占据核心地位，有哥白尼的"太阳中心说"与牛顿的经典力学、爱因斯坦的相对论；当代是政经法的社会科学拥有顶层设计，有马克思主义者的"共产主义社会"与罗尔斯的"正义论"、哈耶克的"自由秩序原理"。也就是说，人文科学在中国思想领域始终处于强势地位，直到近现代"西学东渐"后把其人文理性危机移植

---

① 参阅［德］狄尔泰著：《人文科学导论》，赵稀方译，"目录"，华夏出版社 2004 年版；［德］卡西尔著：《人文科学的逻辑》，沉晖等译，"目录"，中国人民大学出版社 1991 年版；［法］福柯著：《词与物：人文科学考古学》，莫伟民译，"译者引语"，上海三联书店 2002 年版，第 8 页；唐英等编著：《人文科学与人文素质导论》，西南交通大学出版社 2004 年版；刘鸿武：《人文科学引论》，中国社会科学出版社 2002 年版，等等。

过来蓬勃发展，我们才在传统经典阐释与现代理论创新中举步维艰而茫然失措。这意味着当今中国的人文科学研究在社会功利思想指导下，已丧失传统文化思想的道德理性诉求而游离在科学理性要求中。因此，有必要在文化复兴"中国梦"的同时努力发掘传统优质思想资源，其中老子思想是一个有效的理论创新突破口。

2. 人文科学理性精神旨趣

老子思想包含着丰富的人文理性因素，通过其人文自然理性精神、人文道德理性精神和人文宗教理性精神得以证明。它也蕴含科学理性精神的根源性依据，如黑格尔总结前贤解读老子的观点①是："道"就是"理性"，"道德经"就是"关于理性与道德的书"，"道就是道路、方向、事物的进程、一切事物存在的理性与基础"。有人引用李约瑟的《中国古代科学思想史》论述②，说老子道家"蕴含着丰富的科学思想"而能实践其理论，它是"东亚的化学、矿物学、植物学、动物学和药物学"的鼻祖，并且对当代新道家李约瑟、汤川秀树、卡普拉等影响具有重要意义。更有人"再论道学文化的新科学观"③ 时，由老子思想阐发"物质、能量和人的意识之间存在同一性""道的宇宙创生模式和场论""灵子和灵子场""意识场和意识的结构与功能""多次元宇宙的生态观""人与灵系生命的通信"等科学的前沿发展构想。当然还有董作民阐释"老子'道'的自然科学意义""比经典力学与量子力学更高层次"，李惠生认为老子"道生万物说"是"既古老又新颖的物质结构学与宇宙演化学理论"，王天倪说老子道论"与现代科学相互启发相互印证"而揭示"宇宙诞生和生命起源的原理"④；陈红相信"老子科技思想实现了""经典科学还原论与系统科学整体论"以及"人和自然"的综合⑤，朱亚宗感叹

---

① ［德］黑格尔著：《哲学史讲演录》（第一卷），贺麟等译，上海人民出版社 2013 年版，第 124 页。

② 崔大华等著：《道家与中国文化精神》，河南人民出版社 2003 年版，第 431 页。李约瑟论述又见于文建奇：《老子科学之境与自然境域的科学方法》，《求索》2011 年第 1 期；其摘自孙慕天：《自由的智力和自由的科学》，《自然辩证法研究》，2010 年第 2 期。

③ 杨廷俊主编：《老子故里论老子》（修为卷），社会科学文献出版社 2009 年版，第 1—12 页。

④ 杨廷俊主编：《老子故里论老子》（道论卷），社会科学文献出版社 2010 年版，第 197、245、260 页。

⑤ 陈红：《老子科学技术思想研究探微》，《江苏科技大学学报（社会科学版）》2011 年第 3 期，第 20 页。

"老子主张科技与社会的协调发展"是"以否定性为基本特征的文化保守主义"、"迄今为止所有的老子研究者"忽略他"人类早期最深刻的科学社会学家的重要角色和突出地位"①。不管是过分吹嘘老子思想的科学理论如何深刻、超前，还是极力贬损其科学认知怎样肤浅、模糊，或泛泛而论其与现代科学的血缘纽带，或具体说明其思维科学的现代功效，都从一定意义和程度上阐释了老子思想有丰厚的科学理性资源值得发掘。有人颇具胆识指出老子是"人类早期最深刻的科学社会学家"，这让我对其人文科学理性精神诉求的内在依据作进一步思考。它有效结合人文理性与科学理性的正当诉求而体现在人类社会发展，并非后来单一突出道德理性和科学理性的极端诉求而绝对主宰人类文明进步。因此，它诉求人类现实生命的整体协调发展而决非历史文化的局部极致发挥。

3. 人文科学理性精神主旨提炼

老子这种生命整体协调发展的人文科学理性观，可用前述"道，可道，非常道"来说明。据现有老子出土早期权威文献资料如楚简和汉帛记载，此断句是"道者，可道也，非恒道也"，其"可"以"不见可欲，使民心不乱"（三章）理解为美善或满意的标准，正如孟子说"可欲之谓善"（《孟子·尽心下》），具有"人为"强求而非"自然"呈现，也就是荀子所讲"善者伪也"（《荀子·性恶》）。老子是基于社会生活美善的大道来推证人类生命神往的恒道的，因而他认为这种恒道不在人文形式（即"名"）上，在宇宙事物的实际内涵（即"物"）里，这是庄子讲的"名者实之宾也"（《庄子·逍遥游》）。可惜许多学者迷恋于文字符号的意义诉求和文化思想的逻辑推理，总喜欢用概念哲学与理想追求来表达其用意，如黑格尔引用的译文是："那可以理论的（或可以用言语表达的）原始的理性，却是超自然的理性。"② 从老子人文自然理性精神的基本命题"道法自然"来看，他没有"超自然的理性"诉求而恰恰是根系自然，怎么"原始的理性"经过"可以理论或言语"后超越自然本身而成人为作品？我认为，它刚好是不可以理论或言语的原始理性，正是自然科学的理性而求实、求真，决非现代版人文科学理性而求善、求美，流于形式的

---

① 朱亚宗：《老子科技观述评兼与李约瑟先生商榷》，《船山学刊》1995 年第 1 期，第 108—110 页。

② ［德］黑格尔著：《哲学史讲演录》（第一卷），贺麟等译，上海人民出版社 2013 年版，第 125 页。

绝对诉求而遗忘内涵的真实要求。因此我认为，老子人文科学理性精神的
基本命题是"道学求实"，其"道学"是人文科学体系而"求实"、针对
"求虚"阐发。它不在虚拟的美好与完善中更正实际的丑恶与伪装，而在
"实验"的生命正道与公德上修正其虚妄，若借用自然科学的理性诉求来
表达其主旨是"科学实证科幻"。还可用其"为学日益，为道日损。损之
又损，以至于无为。无为而无不为"（四十八章）来进一步论证，其"道
学"的"损益"不是文化知识的积累增多和生命智慧的领悟减少，而是
减损那些"为"（或伪）的过分做法、说法和想法，回归原本自然纯真的
表现来激活生命内动力与非凡胆识。毕竟，人为的"美善"标准是相对
的彼此判断而非绝对的价值诉求，即"天下皆知，美之为美其恶矣，善
之为善其不善矣"（二章），人们只有在生命恒真的基础上才能解决好生
活的美善问题而不是相反。这是老子人文科学理性精神诉求的主旨即
"求真"高于"求善"，也就是要恒真的生命"科学"证实完善的生活
"科幻"而回归自然生命本色或本质。

　　如果人文理性在文化思想的现实截面上，可有"认知理性、实践理
性、价值理性、工具理性、历史理性和交往理性"（见前述注释）内
涵，那么据老子思想启示在其历史纵向线上，可推引原生的人文自然理
性、早期的人文道德理性、中期的人文宗教理性和近期的人文科学理
性。这四种人文理性相互涵摄与共同作用，不能替代彼此、独立存在和
绝对发挥。通常在主流文化语境中，自然是人文理性的对象存在物而需
要进行实验分析、有人为因素，道德是它的核心意义诉求而需要内在建
构、有虚拟成分，宗教是它的绝对支撑本体而需要外在超越、有无限愿
望，科学是它的有效表达形式而需要合理把握、有限定范围。这种传统
人文理性常以道德为精神内涵，以科学为规范表达，忽视自然和宗教的
理性诉求。在老子思想中，自然是人文理性的生命基础支撑而可创建文
化体系、得无限可能，道德是它的生活本质要求而可树立社会典范、得
重点扶持，宗教是它的神圣理想追求而可丰润人类精神、得虚设圆满，
科学是它的世俗得力手段而可界分万物形质、得实际功效。如此建构人
文理性，以自然为根系，在道德中养育、宗教中成长、科学中定型。由
此阐发人文自然理性精神的基本命题是"道法自然"，主旨诉求是"人
文范导人为"；人文道德理性精神的基本命题是"道理真德"，主旨诉
求是"道德升华道理"；人文宗教理性精神的基本命题是"道教归宗"，

主旨诉求是"宗教超越宗法";人文科学理性精神的基本命题是"道学求实",主旨诉求是"科学实证科幻"。若将其基本命题中核心名词"法、理、教、学"提前作为动词,就更加突出其"道"的理性功能,明达其主旨诉求的内在联系。

从老子到韩非:浅论道法渊源的几个方面

吴　涛

（洛阳师范学院历史文化学院）

　　道家思想①和法家思想这两种看似差别很大的学派之间本来就有着十分深厚的渊源，司马迁在《史记·老子韩非列传》中说："申子之学本于黄老而主刑名。""申子卑卑，施之于名实。韩子引绳墨，切事情，明是非，其极惨礉少恩。皆原于道德之意，而老子深远矣。"从道家到法家的发展是先秦思想史上的一个重大转折，但过去我们对这一点似乎重视得不够，这里仅就以下几个方面提出一点浅见。

　　第一，道家思想为法家思想提供了哲学基础。道家思想尤其是老子把"道"当作万物的本原和规律。老子认为天下万物都是由道产生的，即所谓"道生一，一生二，二生三，三生万物"（以下引《老子》只标注篇章数）。"道"也是天下万物的总规律，老子说道是"独立而不改，周行而不殆"（二十五章）地高悬于社会之上对社会生活起着根本的指导作用，"人法地，地法天，天法道，道法自然"（二十五章）。老子的"道"简直成了万物的主宰，"吾不知其谁之子，象帝之先"（第四章）超越了传统思想中至上神的地位。"道"的作用是无处不在的，"昔之得一者，天得一以清；地得一以宁；神得一以灵；谷得一以生；侯王得一以为天下正"。（三十九章）从老子对"道"的这些描述可以看出道实际具有自然规范的意义，这种规范是客观存在的绝对权威，而人类社会作为自然的一个组成部分也要服从"道"的规范。在道家看来人是只能服从于这样的

---

　　① 道家中老庄并称，而老子思想和法家思想之间的渊源较庄子为近，但庄子思想也并非与法家思想毫无关系。钱穆先生认为庄子无意于政治所以"韩非断不能从庄子书中引出也"，似乎话并不能说得那么绝对。见《庄老通辨·道家政治思想》。

外在规律的,《庄子》[①] 中说:"天有六极五常,帝王顺之则治,逆之则忘"(《天运》)。这种对外在的自然规范的强调的进一步发展必然会导致纯任法治思想的产生。葛兆光先生认为道家"对'道'的超越性理解和普遍性解释,正好为权势主义者所强调的君主权势至高无上而又广大普施,提供了宇宙依据"。范文澜先生也在《中国通史》第一册中指出老子思想认为"人对自然只能任(顺从)和法(效法),不能违背它。""后来法家引申这种思想为极端的专制主义,就是君主制定法令,臣民绝对服从,像服从自然规律一样。"

韩非子继承了老子关于"道"的思想,他把"道"看成万物的根本,"道者,万物之始,是非之纪也"(《主道》,以下引《韩非子》只标注篇名),"道者,万物之所以然也",他把"道"作为万物之所以成为该事物的根本依据:"天得之以高,地得之以藏,维斗得之以成其威,日月得之以恒其光,五常得之以常其位,列星得之以端其行,四时得之以御变气,轩辕得之以擅四方,赤松得之与天地统,圣人得之以成文章"(《解老》)[②],这和《老子》第三十九章的话如出一辙。韩非子还把"道"看作是事物发展变化的规律,"凡道之情,不制不形,柔弱随时,与理相应","是以死生气禀焉,万物斟酌焉,万事兴废焉"(《解老》)。这样的"道"是宏大无边无所不在的,"夫道者,弘大而无形"(《扬权》)。当然韩非子对老子的"道"并不仅是继承,也有所发展。韩非子明确区分了"道"和"德",他认为"道"的实际功用就是"德","道有积,而积有功;德者,道之功"(《解老》),他还提出了"理"的范畴,即万物各自的"道"的特殊性规定,他说:"万物各异理而道尽稽万物之理","理"和"道"的关系就是一般和特殊的关系,"短长、大小、方圆、坚脆、轻重、黑白之谓理,理定而物易割也","道者,万物之所以然也,万理之所稽也。理者,成物之文也,道者,万物之所以然也,故曰:道,理之者也"(《解老》)。

韩非子之所以要继承老子的"道"是因为他要把"道"作为自己社会哲学的依据。韩非子在分析了"道"对万物的控制能力之后,把道引

---

① 一般认为《庄子》外杂篇是庄子后学所作,为行文方便本文一概称之为庄子。
② 关于《韩非子》中的《解老》和《喻老》两篇的作者,后人颇有些争议,比如陈鼓应先生认为《喻老》非韩非所作,而郭沫若先生则认为《解老》非韩非所作,在这里本文采用传统的说法认为这两篇都是韩非所作。

向人类社会，他指出人也要依"道"而行，"夫缘道理以从事者，无不能成。无不能成者，大能成天子之势尊，而小易得卿相将军之赏禄。夫弃道理而妄动者，虽上有天子诸侯之势尊，而下有猗顿、陶朱、卜祝之富，犹失其人民而亡其资财也。众人之轻弃道理而易妄举动者，不知其祸福之深大而道阔远若是也"（《解老》），所以他念念不忘要人们从失败中汲取教训"今众人之所以欲成功而反为败者，生于不知道理而不肯问知而听能"（同上），他心目中的圣人就是能"从于道而服于理者也"（同上）。这样的"道"已经由绝对的规律性引申为外在的规定性，由"道"引出法是很自然的事。韩非子进一步把"道"扩展到治理国家上来，把"道"看成一个国家能够生存的根本，他说："所谓有国之母，母者道也。道也者，生于所以有国之术"（同上）。不仅如此，他还把"道"的绝对独尊地位引申为君主的独尊，而为独裁找到依据，他说："道无双，故曰一，是故明君贵独道之容"（《扬权》），这样的明君也就是道在人间的体现者，是活生生的"道"。

第二，道家为法家提供了辩证法的方法论依据。关于这一点我们又要分成几个方面来论述，首先是术。道家思想，尤其是老子思想中拥有丰富的辩证法内容，老子认识到事物是相互依存的，他说："有无相生，难易相成，长短相形，高下相倾，前后相随"（第二章），他也认识到事物有相反相成的向对立面转化的规律，"祸兮，福之所倚；福兮，祸之所伏。孰知其极？其无正邪。正复为奇。善复为妖"（五十八章），所以从中总结出"反者道之动也"（四十章）。老子也看到新生事物虽弱小但具有强大的生命力并能最终战胜旧事物，"物壮则老，是谓不道，不道早已"（三十章），"草木之生也柔脆，其死也枯槁"（七十六章），由此他得出了"柔弱胜刚强"的结论。老子把他的朴素的辩证法体现于政治思想，就已经可以看出一些运用权谋的影子。《汉书·艺文志》说："道家者流，盖出史官，历记成败、存亡、祸福、古今之道，然后知秉要执本，清虚自守，卑弱以自持，此君人南面之术也。"相传老子本人曾经做过周的柱下史，他通过对历史经验的考察总结出一整套以弱胜强欲擒故纵的统治术。他说："使以圣人抱一为天下式。不自见，故明；不自是，故彰；不自伐，故有功；不自矜，故长。夫唯不争，故天下莫能与之争"（二十二章）"将于歙之，必固张之；将欲弱之，必固强之；将欲废之，必固兴之;将欲取之,必固与之"(三十六章)①,"古之所以贵此道者何? 不曰:求以得,有罪以免邪? 故为天下贵。"(六十二章)从中不难看出一些权诈的色彩。老子是非常注重实际功利的,他说:"圣人为腹不为目"(十二章),"是以丈夫处其厚,不居其薄;处其实,不居其华"(三十八章)。但是为了实现实际的功利目的又不能不采取必要的手段。所以他说"是以圣人后其身而身先,外其身而身存。非以其无私耶,故能成其私"(第七章),可以看出"私"是目的,而"无私"只是手段。同样"无为"也只是手段,而"有为"才是目的,所以他说"道常无为而无不为"(三十七章),重点是"无不为"而不是"无为","为无为,则无不治"(第三章),可以看出无为就是有为。他又说"不敢为天下先"(六十七章),值得注意的是他不是不愿而是不敢,因为他认为"为天下先"将会得不偿失。又曰:"以正治国,以奇用兵,以无事取天下"(五十七章),说明老子心中所念念不忘的正是"取天下"。所以李泽厚先生说:"《老子》把兵家的军事斗争学②上升为政治层次的'君人南面之术',以为统治者的侯王圣人服务",而钱穆先生更是以富有感情色彩的笔调写道:"而《老子》书中之政治,则成为权谋术数,为一套高明手法之玩弄,政治成为统御,其意态已转为积极,而实际意味,则落在黑暗之阴面"。

老子的这套统治术被法家所继承并改造成为"法术势"的有机组成部分。韩非子也讲无为,但他所说的无为也决不是无所作为,而国君的所作所为让臣下捉摸不透,他说:"明君无为于上,群臣竦乎下",表面上似乎是无为,关键的功夫在暗地里进行,"道在不可见,用在不可知,虚静无事,以暗见疵"(《主道》),"术者,藏之于胸中,以偶众端,而潜御群臣者也,故法莫如显而术不欲见"(《难三》)。国君行术是要有势作为基础的,"抱法处势则治"(《难势》)。所以关于老子所说的"鱼不可脱于渊,国之利器不可示人"(三十六章),韩非子更是做了精到的阐释:"势重者,人君之渊也。君人者势重于人臣之间,失则不可复得也。简公失之于田成,晋公失之于六卿,而邦亡身死。故曰:'鱼不可脱于渊。'赏罚者邦之利器也,在君则制臣,在臣则制君。君见赏,臣则损之以为

---

　　① 陈鼓应先生对这几句话有不同的解释,笔者认为未免是在为老子开脱。即便是老子原意中没有权谋的意思,那么他的这些话也在无意中给后世的权谋家以启迪。

　　② 李泽厚先生认为:"《老子》哲学的基本观念可能与先秦的兵家思潮有关系。"

德；君见罚，臣则益之以为威。人君见赏而人臣用其势，人君见罚而人臣用其威。故曰：'邦之利器，不可以示人。'"（《喻老》），老子的哲学在这里彻底成了卑鄙阴险的帝王术。所以宋人晁公武在《郡斋读书志》论及《韩非子》时说："（韩非子）书凡五十五篇，其极刻核无诚，恫谓夫妇父子举不足相信，而有解老喻老篇，故太史公以为大要皆源于道德之意。夫老子之言高矣，世皆怪其流裔何至于是殊？不知老子之书有'将于歙之，必固张之；将欲弱之，必固强之；将欲废之，必固兴之；将欲取之，必固与之'及'欲上人者必以其言下之，于先人者必以其身后之'之言乃诈也，此所以一传而为非欤？"

第三，道家对社会人性的认识与法家极端性恶论之间有一定的渊源关系。道家认为存在着一个上古的至德之世，而文明智能的发展则破坏了原始的宁静平和，正如老子所说："大道废，有仁义；智能出，有大伪；六亲不和，有孝慈；国家混乱，有忠臣"（十八章）。《庄子》讲了这样的一个故事："南海之帝为倏，北海之帝为忽，中央之帝为混沌。倏与忽时相与遇于混沌之地，混沌待之甚善。倏与忽谋报混沌之德，曰：'人皆有七窍以视听食息，此独无有，尝试凿之。'日凿一窍，七日而混沌死"（《应帝王》），社会文化的发展使人类更加聪明，但是人类社会的种种罪恶却日益增加。庄子对当世也是十分不满，他看到"民之于利甚勤，子有杀父，臣有杀君，正昼为盗，日中穴阫"，他对未来更是没有信心，"千世之后，其必有人与人相食者也"（《桑庚楚》）。所以道家从"全生保真"的观点出发，在处理人与人之间的关系时采取了保守的以自我为本位的个人主义立场，这种立场很容易发展成为利己主义。《庄子·养生主》中说："为善无近名，为恶无近刑，缘督以为经，可以保身，可以全生，可以养亲，可以尽年。"《庄子·盗跖》篇在强烈抨击了儒家的仁义忠信之后说："天与地无穷，人死者有时，操有时之具而托于无穷之间，忽然无异麒骥之过隙也。不能说其志意，养其寿命者，皆非信道者也。"已经表现出了利己主义的倾向。同时道家看到人性在文明的发展过程中堕落了，这种深刻而激烈的抨击在一定程度上反映了处于长期混乱中的人们对秩序的向往，而这种向往也给法治专制思想的发展提供了市场。正如葛兆光先生所说："对于人性堕落与社会混乱的极力抨击，正好是以法令刑律治理社会的最好依据。"（《中国思想史》）而法家思想家尤其是韩非子是极端的性恶论者，他认为人天生具有谋求自己利益最大化的本性，所以他认为只能用刑、赏二柄来对人们进行控制。

韩非继承了道家抨击仁义的传统和利己主义的倾向。他抨击了儒墨试图通过仁德治国的主张,他说:"夫严家无悍虏,而慈母有败子。吾以此知威势可以禁暴而厚德之不足以止乱也。"(《显学》)进而把人与人之间的关系说成赤裸裸的利害关系,"故舆人成舆则欲人之富贵,匠人成棺则欲人之夭死也,非舆人仁而匠人贼也,人不贵则舆不售,人不死则棺不买,情非憎人也,利在人之死也。"(《备内》)从极端的利己主义出发,他认为即便是人们认为最为亲密的君臣、父子、夫妇、兄弟之间也是单纯的利害关系,人与人之间必然将因为这种利害关系而争斗不休。他进而由这种绝对利己主义发展出刻薄少恩的法治理论。看他有些对人性的冷静分析,真让人有不寒而栗的感觉。

第四,法家继承了道家反文化主义倾向,并发展为摧残文化的政治实践。道家绝圣弃智的主张的具体应用必然导致法家的极端举措。老子把人类社会的文化创造看成完全多余而且有害的事情,而主张完全的抛弃。他认为求学和求道是完全不兼容的事情,他说:"为学日益,为道日损。"(四十八章)老子认为导致社会混乱的原因就是因为人民拥有太多的心机技巧,他说:"民之难治,以其智多。"(五十六章)所以他认为应该做到"绝圣弃智""绝仁弃义""绝巧弃利""绝学无忧"(十九章),具体讲就是"圣人之治,虚其心,实其腹,弱其志,强其骨。常使民无知无欲"(第四章)。使人民无知无虑,使百姓成为唯上是从的顺民。《庄子》书中对文化的批判也比比皆是,他认为文化的进步是社会退步的表现,"赫胥氏之时,民居不知所为,行不知所之,含哺而熙,鼓腹而游,民能以此矣。及至圣人,屈折礼乐以匡天下之形,县跂仁义以慰天下之心,而民乃踶跂好知,争归于利,不可止也。此亦圣人之过"(《马蹄》)。他也认为应该彻底地放弃文化重归于混沌的状态,"殚残天下之圣法,而民始可与议论。擢乱六律,铄绝竽瑟,塞师旷之耳,而天下始人含其聪矣;灭文章,散五采,胶离朱之目,而天下始人含其明矣;毁绝钩绳而弃规矩,攦工倕之指,而天下始人含其巧矣。削曾史之行,钳杨墨之口,攘弃仁义,而天下之德始玄同矣"(《胠箧》)。韩非完全继承了道家的这一反文化倾向并将它推向极致。他把文化的主要承载者儒生说成扰乱国家的"五蠹"之一,他说:"儒以文乱法,侠以武犯禁",他把国家难于治理的原因归结为"游学者日众,是世之所以乱也","是故乱国之俗:其学者称先王之道以籍仁义,盛容服而饰辩说,以疑当世之法,而贰人主之心",他为这一问题所开出的处方是"故明主之国，无书简之文，以法为教；无先王之语，以吏为师"（《五蠹》）。他的这一主张最终在秦王朝成为现实，从这个意义上说秦始皇焚书坑儒的暴行和老子的愚民思想是有一定的关系的。只不过老子提出的措施是让人民回到小国寡民结绳而用的混沌状态中，秦始皇是通过强制措施把这些承载着知识的书籍和知识分子直接予以消灭。

此外，我们可以看到道家贵变和法家贵今之间的关系、道家对商贾的批评与法家的抑商政策之间也有一定的关系，这里就不再展开了。

从上面的分析可以看出，法家正是把老子的以"无为"为特点的统治术改造为以赤裸裸的压迫为特点的法家政治理论。但是代表大地主的法家和代表中小地主私有者的道家却有着重大的区别，道家更希望能够在宽松的环境中自由地发展，不断地增加自己的财富；而法家则是希望能够借助强权进行最大无休止地剥削。道家希望在别人都无知无欲而自己却独得大道而狡诈地获得发展，所以道家更看重术；而法家却认为广大民众是愚昧的而且天生就具有恶性所以可以对民众进行毫不掩饰的宰割，秦始皇在建立不世之功后凭借其千古一帝之威在具体的政治实践中更多地采用了法而较少运用术。从道家思想和法家思想的演变渊源中可以看出法家思想从道家思想中吸取了许多思想资源，使这两种看似截然相反的思想有着结合的可能。这种结合的趋势在战国末年就已经存在了，而这两种思想的真正结合却是在西汉初年实现的。

参考文献

[1] 陈鼓应：《老子译注及评介》，中华书局1984年版。

[2] 陈其猷：《韩非子集释》，上海人民出版社1974年版。

[3] 葛兆光：《中国思想史》，复旦大学出版社2001年版。

[4] 钱穆：《庄老通辨》，上海三联书店2002年版。

[5] 李泽厚：《中国古代思想史论》，安徽文艺出版社1994年版。

[6] 郭沫若：《十批判书》，科学出版社1956年版。

[7] 范文澜：《中国通史》，人民出版社1994年版。

不争之观——老子"善"论发微

李晓英

（商丘师范学院）

在老子文本中，"善"出现于 18 个章节，其中通行本十五、二十、三十、四十一、五十、五十八、六十五、六十六章各 1 处，五十四章、七十九章、八十一章各 2 处，二章 3 处，六十二章 3 处，七十三章 3 处，六十八章 4 处，四十九章 5 处，八章 9 处，二十七章 11 处，共 52 处，涉及五分之一的篇目。"善"如此高频率地出现，不能不让人想到它是理解老子思想的重要途径。"善"在老子文本中有何意义？直接的界定是什么呢？隐含的意义又是什么？善与道、德、自然、无为等概念有什么关系？学界对这些问题分析较少。王志宏曾专文讨论老子之善，认为善主要是修饰动词的，有"善于"之意，并认为"学界普遍地从伦理学角度解释老子之善妨害了对老子的认识"①。王文此解符合老子深意。但老子提出"善于"的主旨究竟在于"善于"一词的本身，还是"善于"的对象内容？除了那些看似"善于"的意思，老子善还有没有别的更恰切的解读？学界普遍从伦理学的角度解读"善"怎么妨害了对老子的认识？王文则语焉不详。王顺撰文指出，老子之善是指向道的，合于道的，具有终极目标的追求②。老子善与道究竟有什么关联呢？凭什么说善指向道？老子每一处"善"究竟意指为何？这些不同层面的意义有何关联？这些重要的问题并没有在王顺文章中得到解决。循着这些思路，笔者试图论证"善"所蕴含的不争与老子认知论、心性论、伦理学、社会观的关联。儒家"善"从人性出发，侧重"善"所体现的人物相分和人际分疏之不同。老

---

① 王志宏：《也论老子的善》，《南昌大学学报（人文社会科学版）》，2002 年 1 期。

② 王顺：《老子之"善"考辨》，《广西社会主义学院学报》，2012 年 4 期。

子"善"从道性出发,凸显人物及人际的相通相合。利物不争是老子善的根本观点:利物不争具有正面价值判断;利物不争体现了行为者工巧、高明的特征和所具有的幽深玄远、神秘神奇的精神境界。老子推崇和追求"不争",赋予"善"动词的表达,善待、包容那些尚未达到不争境界的人,不对人进行价值等第的分疏。

一 "善"在老子文本中是一个可以分析的概念

首先需要讨论的问题是"善"在老子中是否已经具备了哲学概念的地位。刘笑敢先生曾经对此提出如下标准。第一,具有普遍意义。第二,具有固定的语言形式。第三,具有名词的属性。第四,被用作判断的主词和宾词 ①。刘先生强调,一个概念能否作为判断的主词或宾词,是该概念作为哲学概念来使用的重要标准。由于学界对哲学概念的标准问题还没有专门讨论,我们暂时依据上述四个标准来考察老子的"善"是否具备哲学概念的意义。

在文本中,"善"(包括"善者""善人")作为名词可以用作判断的主词和宾词。先看下面的例子:

> 天下皆知美之为美,斯恶已;皆知善之为善(帛书本"皆知善"),斯不善已。(2章)
> 上善若水。(8章)
> 唯之与阿,相去几何?善之与恶,相去若何?人之所畏,不可不畏。(20章)
> 故善人者不善人之师,不善人者善人之资。不贵其师,不爱其资,虽智大迷,是谓要妙。(27章)
> 正复为奇,善复为妖。人之迷,其日固久。(58章)
> 道者,万物之奥,善人之宝,不善人之所保。……人之不善,何弃之有?(62章)
> 和大怨,必有余怨。安可以为善?是以圣人执左契,而不责于人。……天道无亲,常与善人。(79)

---

① 刘笑敢:《庄子哲学及其演变》(修订本),中国人民大学出版社 2010 年版,第 139 页。

善者果而已矣。(30 章　王弼本"善有果而已")

善者，吾善之；不善者，吾亦善之，德善。(49 章)

善者不辩，辩者不善。(81 章)

以上 10 个章节中，"善"出现 23 处，其中"善者"（"人"）7 次，"不善者"（"人"）3 次，"不善"3 次，"恶"1 次，"妖"1 次，具有独立意义的"善"有 8 处，我们进行具体分析。

在这 10 个章节中，对"善"有明确界定和直接判断的有 8 章、49 章、30 章、81 章。8 章中"上善"是主语，"若水"是谓语，它和后面的句子"水善利万物而不争，处众人之所恶，故几于道"对"上善"进行界定。可以看出"善"指的是人身上的一种属性，像水一样的特性，接近于"道"的特性。49 章"善"作为宾语，是对吾（圣人）之"德"的判断和评定，将"吾"之"善待不善者"这种"德"定为"善"。"善"是针对圣人之属性而言的。30 章和 81 章是对"善者"的解释，主语既可以理解为"善"，"者"是判断句式的标志；也可以理解为"善者"，指作为具有"善"性、"善"德之人。这两章分别对"善"做了概念性的解释，以"果而已"和"不辩"对"善"进行了明确界定。30 章把"果而已"视为"以道佐人主者"治天下的价值原则和行为方式。81 章将"不辩"视为天之道"利而不害"和圣人之道"为而不争"特征的体现，"不辩"乃道之特性，不辩争之性为善。这是老子从本体论的高度对"善"进行的论证，作为宇宙本体的道即是道德的最高准则和基本根源，"道"为"善"赋予了形而上的价值基础。这是"善"可以作为哲学概念的直接材料。

在 10 个章节中，老子除了对"善"进行明确界定外，还对"不善"有明确所指，对"不善""恶""妖"分别有不同的态度。2 章中明确指出"不善"是"天下皆知善之为善"。79 章"和大怨，必有余怨，安可以为善？"明确指出"善"是"不结怨"。81 章直接说"辩者不善"，将"不善"确定为"辩"。

在 10 个章节中有三章谈到了"善"向"恶"的极易转化，并提出了如何对此进行避免。2 章中谈到以"圣人处无为之事，行不言之教"来避免"善"向"不善"的转化。20 章中以"人之所畏，不可不畏"避免"善"向"恶"的转化。58 章中以"圣人方而不割，廉而不列，直而不肆，光而不耀"避免"善"向"妖"的转化。

在10个章节中有3章老子提出了对"不善人"（"者"）的包容和体谅。27章中说"善人"是"不善人"的老师，"不善人"是"善人"的学生，将"善人"和"不善人"纳入到亲密的师生情谊中，可见"不善人"所受到的体谅。49章中说"善者，吾善之；不善者，吾亦善之"。"不善者"和"善者"简直是平等的，都应该受到"吾"的善待。62章说"道"创生万物，既是善人的法宝，也是不善人所产生的依据，把"不善人"拉进"道"的庇护处所中，"不善人"亦为道了。"人之不善，何弃之有？"不善人不应该受到舍弃和放弃。

通过以上分析，可以看出"善"在老子文本中符合刘笑敢先生所提出的有关哲学概念的四个标准。因此，我们可以将"善"视为老子文本中的一个概念。由于"善"和"道"有密切关联，"善""几于道"，"道"为"不善人之所保"。"善"在老子价值谱系中占据非常重要的地位，在老子文本中是个重要概念。

下面具体分析老子文本中"善"的含义。

二 "善"具有伦理层面好、美好的意思

1. "善"指代老子明确的价值判断

以下材料中的"善"首先具有好的、美好的、值得称道的意思；另外，这些"善"分别指陈一定具体的内容，即老子明确界定了"善"是什么或何为"善"的问题。在解决以上问题的时候，老子对世俗之善作出批判。老子之"善"是对世俗之善的否定和超越。

> 天下皆知美之为美，斯恶已。皆知善之为善，斯不善矣。（2章）

天下"皆知善之为善"，其中第一个善为名词，第二个善为形容词，意为好的。"斯不善"中的"善"也是形容词，好的意思。此句意为天下人普遍所坚持的好，老子则认为是不好。天下人普遍坚持的善，老子则认为不善。

本章中老子所认为的"不善"是什么呢？是"天下皆知善之为善"。"皆"有全、都的意思，体现出天下人奔趋竞逐的意思。先贤将此注为相

争之意。

第一，认为有争功名的意思。如河上公注"皆知善之为善"为"有功名也"，认为"斯不善矣"为"有所争也"①。顾欢《道德真经注疏》："人之受形，皆知爱形而贪名。其所贪惜，无非名善，此善无善，不免诸苦。名虽称遂，无益于己。"② 强调天下皆知善的目的在于贪名。魏源注："盖至美无美，至善无善。苟美善而使天下皆知其为美善，则将相与市之讬之，而不可常矣。"③ 看出"皆"隐含的求回报、重功利之意。

第二，"皆"有一种行善的自觉刻意，还没有达到自然的状态。范应元："自古圣人体此道而行乎事物之间，其所以全美尽善而人不知为美善者，盖事物莫不自然，各有当行之路，故胜任循其自然之理，行而中皆，不自矜伐，以为美善也。儌（傥）矜之以为美，伐之以为善，使天下皆知者，则必有恶与不善继之者。"④ 矜、伐具有标榜、炫耀、刻意，有相争之意。"皆知善之为善"意为行善要扬名于世间。不仅是功利相争，更是刻意为之。林希逸注"美而不知其美，善而不知其善，则无恶无不善矣，……'夫唯不居，是以不去'言有其有着不能有，而无其有者则能有之，此八字最有味，《书》曰：'有其善，丧厥善'。⑤ 便是此意。"严遵对此注"世人所谓美善者，非至美至善也。夫至美，非世所能见；至善，非世所能知也。"⑥ 老子之善具有非世俗性、非雷同性，世人竞趋奔逐于某类事情，恰为不善。一个人努力行善，孜孜为善，就是不善。自己没有善不善的观念区分，自己都不知道自己行善，更不企图别人知道。

本章老子之"善"指的是有不争功名、不刻意为善之意思，世俗之善有争求功名、刻意为善之意。

上善若水。水善利万物而不争，处众人之所恶，故几于道。（8章）

① 王卡点校：《老子道德经河上公章句》，中华书局 1993 年版，第 6 页。
② 蒙文通：《道书辑校十种》，巴蜀书社 2001 年版，第 148 页。
③ 魏源：《老子本义》，中华书局 1955 年版，第 3 页。
④ 范应元：《老子道德经古本集注》，黄曙光点校，华东师范大学 2010 年版，第 5—6 页。
⑤ 林希逸：《老子鬳斋口义》，黄曙光点校，华东师范大学 2010 年版，第 3 页。
⑥ 严遵撰：《老子指归》，王德有点校，中华书局 1994 年版，第 369 页。

　　蒋锡昌认为"上善之人，即圣人也。"① 但有学者认为"上善"中的"善"有伦理层面"好"的意思，具有价值意味。如吴澄"上善，谓第一等至极之善。有道者之善也。其若水者，何也？盖水之善以其灌溉浣，有利万物之功而不争处告诚，迁处众人所恶卑（左水右于）之地，故几于道者之善。"② 林希逸认为"上善者，至善也。谓世间至善之理，与水一同。水之为善，能利万物，而何尝自以为能。顺流而不逆不争也，就卑就湿，不以人之所恶为恶也。"③ 苏辙说"水者，自然而始成形，故理其同。道无所不在，无所不利，而水亦然。然而既已丽于形，则与道有间矣。故曰：几于道。然而可名之善未有若此者也。故曰：上善。"④

　　本章老子将善界定为像水一样的利物不争之属性。老子肯定利物不争之属性为上善，具有价值判断意味。更重要的是老子以道强化了善的伦理判断意味，认为善接近于道，道为善提供了形而上价值基础。善接近于道，善为道之属性。善和道的关系是属性和实体，呈现和根据，从属和主导的关系。

　　　　唯之与阿，相去几何？善之与恶，相去若何？人之所畏，不可不畏。（20 章）

　　对于"善之与恶，相去若何"，学界一般的解释为善恶无甚区别⑤。其实，老子实以善恶之别凸显避免善向恶转化的前提，如《老子翼》息斋注："且唯之为恭，阿之为慢，方其唯阿之间，其相去几何。及其恭与慢，则相去远矣。向理为善，背理为恶。方其向背之间，相去几何。及其为善与恶，则相去远矣。圣人尝观其始，知其本同，故反慢而为恭，反恶而为善，在俄顷之间耳。"⑥释德清认为"斯则忧（指一般人有学则有忧）与无忧（圣人绝学无忧），端在用智与不用智之间而已，相去不远。譬夫唯之与阿，皆应大之声也，相去能几何哉？以唯敬而阿慢，忧与无忧，皆

　　① 蒋锡昌：《老子校诂》，成都古籍出版社 1988 年版，第 45 页。
　　② 吴澄：《道德真经吴澄注》，黄曙光点校，华东师范大学出版社 2010 年版，第 10 页。
　　③ 林希逸：《老子鬳斋口义》，第 10 页。
　　④ 苏辙：《道德真经注》，黄曙光点校，华东师范大学出版社 2010 年版，第 81 页。
　　⑤ 如《老子道德经河上公章句》，第 79 页；楼宇烈：《老子道德经注》，中华书局 2011 年版，第 52 页；蒋锡昌：《老子校诂》，成都古籍出版社 1988 年版，第 124 页。
　　⑥ 焦竑：《老子翼》，黄曙光点校，华东师范大学出版社 2011 年，第 51 页。

应物之心也，而圣凡相隔，善恶相反，果何如哉？此所谓'差之毫厘，失之千里。'"① 论及善、恶之不同。

本章对"善"没有直接界定，但有隐约说明，人之所畏之畏能避免善向恶的转化。"人之所畏"之"畏"即治理者的敬畏，即下文所说的愚人之心，不与民相争。此为"善"。

> 善者吾善之，不善者吾亦善之，德善。信者吾信之，不信者吾亦信之，德信。(49 章)

"德善"中的"善"是好的意思。老子明确界定，不仅能够"善者吾善之"，而且能够"不善者吾亦善之"，善待不善者这种属性和特性（德）称为"善"。关于善者和不善者，我们将在下文分析学界两种不同的解释。笔者认为善者和不善者是世俗形名制度下的分疏，是世俗之人纷争的表现。化解善者和不善者的对峙，消弭世俗善者和不善者的分疏，是老子"善"的内容。善待世俗评价中的不善者仍体现出利物不争的主旨。

> 其政闷闷，其民淳淳，其政察察，其民缺缺。祸兮，福之所倚；福兮，祸之所伏。孰知其极？其无正，正复为奇，善复为妖。(58 章)

王弼注"正复为奇，善复为妖""以正治国，则便复以奇用兵矣。立善以和万物，则便复有妖之患也。"② 王弼认为本章之"善"不是老子倡导之善，而是世俗之善。世俗之善即是"其政察察"，但结果却是"其民缺缺"，民众好讼喜争，可谓正变为奇，善变为妖，福变为祸。

吴澄注"则无事者之政；若闷闷无可喜者，而民自化之，乃不浇漓而谆谆。以正治国之政，若察有可观，而下贫上昏，物伪人乱，而缺缺然或得或失。相反如此，则人之行使，所谓祸者，其终未必非福。所谓福者，其终未必非祸，孰则知其终之所极何如哉？"③

---

① 释德清：《道德经解》，黄曙光点校，华东师范大学出版社 2009 年版，第 57 页。
② 楼宇烈：《老子道德经注》，中华书局 2011 年版，第 156 页。
③ 《老子本义》，第 67—68 页。

吕惠卿注"……是故以无事取天下，则其政闷闷，不以察察为快。其民亦谆谆而不浇于薄也。以智治国，以有事取天下，则其政察察而反乎闷闷，故其民亦缺缺而不全于朴也。察察缺缺，故避祸而未必免，求福而未必得。以正且善者，有时而为奇且妖。祸福奇正善妖未知孰在此者，徒令智多而难治耳，民自有知以来，迷而固执已久，奈何重之以察察之政，使不得反朴而全其性乎。故圣人反之，以无为为本。"①

"善复为妖"中的"善"意思为好的，但却是世俗之好，且内容指的是"为政察察"。"为政察察"是奠基于形名的有为而治，导致了"其民缺缺"的恶果。此为妖。

老子之"善"是伴随"其政闷闷"所产生的"其民淳淳"，是君民不争所带来的民众无争。世俗之善则是君民之争和民众相争。

　　和大怨，必有余怨，安可以为善？是以圣人执左契而不责于人。有德司契，无德司彻。（79 章）

本章通过界定何为"不善"即不好来论证何为"善"。"不善"就是等大怨产生之后再去和解，不善是有大怨、和大怨、有余怨。

　　信言不美，美言不信。善言不辩，辩者不善。知者不博，博者不知。圣人不积，既以为人己愈有，既以与人己愈多。天之道利而不害，圣人之道为而不争。（81 章）

本章"辩"有三层含义：言；别；名（即形名制度）。首先"辩"具有言的意思，河上公注："善者，以道修身也。（不辩者），不采文也。""辩者，谓巧言也。不善者，舌致患也。土有玉，掘其山；水有珠，冲其渊；辩口多言，亡其身。"②李荣《辑道德经注》认为"大辩若讷，无劳词费，善者不辩也。偏词过当，多言数穷，辩者不善。"③陈景元《老子注》认为"善于心者贵能行，不辩者本其素朴。辩于口者贵能说，不善

———————————

① 《老子本义》，68 页。
② 《老子道德经河上公章句》，第 307 页。
③ 《道书辑校十种》，第 666 页

者滞于是非。"①辩字面含义为巧辩、辩争。

其次，"辩"具有分疏的意思。如成疏："辩，别也。善体至道之人，指马天地，故无可分别也。儒墨是非，坚执分别者，良由未证善道故也。"②

最后，"辩"具有依靠刑名而实行有为而治的意思。严遵认为"不善之人，分道别德，散朴浇醇，变化文辞，依义讬仁，设物符验，连以地天，因生熊黑，世俗所尊，反指覆意。……朋党以趋主心，开知故知迹，闭忠正之门，操阿顺之术，以倾国家之全，生息暴乱，生育大奸。天下上舍，世浊主昏，拥蔽闭塞，以之危亡者，辩也。……（圣人）去辩去知，去文去言。……辞巧让福，归于无名，为而不恃，为道俱行。"③"辩"的内容是文辞和仁义制度。这导致民众散朴浇醇、知故奸巧的后果。"辩"牵涉到春秋时期激烈的名实论争，老子认为名、辩造成僵化的社会秩序，导致君民之间、民众之间的失信相争。老子既与孔子的正名对立，也反对邓析在辩说上的名言是非④。本章老子之"善"即超越形名、无为而治。

以上材料中的"善"具有在伦理层面上"好"的意思。其意义有二，形式方面使善可以由形容词充当名词，用作可判断的主语和宾语，赋予"善"概念的地位。内容上赋予利物不争尤其是治理者的利物不争即无为获得了最高的正面的价值判断。

在"好"的伦理层面上，老子直接界定了何为"善"的问题。老子也通过对"不善"的解释间接论证了何为善的问题。

> 天下皆知善之为善，斯不善矣。（2 章）
> ……善之于恶，相去若何？……人之所畏，不可不畏。（20 章）
> 正复为奇，善复为妖；（58）章
> 和大怨，必有余怨。安可以为善？（79 章）
> 辩者不善。（81 章）

---

① 《道书辑校十种》，第 875 页。
② 同上书，第 534 页。
③ 《老子指归》，第 358—360 页。
④ 汪奠基：《老子朴素辩证的逻辑思想——无名论》，湖北人民出版社 1958 年版，第 20 页。

2 章中"不善"是天下皆知善，民众的相争。20 章"恶"是人之所畏之不畏，是君主的不知节制即有为之治。58 章"妖"是其政察察，是有为而治带来的民众相争。79 章不善是有大怨，和大怨，是相争。81 章"不善"是治理者基于形名制度而来的有为而治。以上材料表明"不善"是君主依靠刑名进行有为而治，是君民相争和民众的彼此相争。

2. 善与道、德的关系

"善"是对道性或接近于道性的属性的判定，善针对的是道性而非人性。老子文本中具备利物不争属性的载体是水（8 章）、江海（66 章）、圣人（81 章）、天道（73 章）、道（8 章）、为道者（65 章、68 章）、为士者（15 章）这些载体是和善相关联的载体。从这点看老子并没有直接说利物不争是人之本性，没有说善是人之本性。但却直接表述说上善若水，水之利物不争的特性"几于道"。善和道的关系是属性和实体、显现和根据、从属和主导的关系。善是对道的解释和规定，道赋予善形而上的价值基础。

"善"和"德"的关系较为复杂，一般学界认为道家之"德"是万物对道的分有，德是万物之性①，是中性词。从这层含义来讲，德的范围比善要广泛些。善是对道性或接近于道性的判定，那些达不到道性的德、性就不能称为善。只有某一部分"德"可以称得上"善"。"善"在老子文本中与广德、玄德、建德、上德的内涵一致，这些"德"都有利物不争、生而不有、为而不恃的内容。只有利物不争、生而不有这种"德"才能成为"善"。善是对"不善者吾亦善之"这种德的判定，而不是对所有德的判定。

王中江先生认为"德"还担负着替道抚育万物的功效，角色类似为保姆②。如果此说成立的话，那么"善"和道之间的关系也适应于这个层面的德。德也具有玄德、玄德、广德等利物不争的特性。

① 张岱年：《中国哲学大纲》，中国社会科学出版社 2008 年版。
② 王中江：《早期道家的"德性论"和"人情论"——从〈老子〉到〈庄子〉和黄老》，《江南大学学报（人文社会科学版）》，2012 年第 4 期。

三　"善"指的是工巧、高明、高超的状态

现在学者将老子文本中不少"善"解释为副词善于、擅长，修饰动词如言、行、战、应、谋、为，等等①。这种解释不能说不对，但不够精准。究竟有哪些"善"具有善于的意思，而那些不具有善于含义的"善"又具有什么样的含义。这些问题都需要解决。

首先被称为"善于"的"善"具有这样的结构：主语 + 善 + 动词，27 章"圣人常善救人""常善救物"。但符合该结构的还有 8 章"水善利万物而不争"，41 章"道善贷且成"。这两处"善"解读为"好"（音号），似乎更恰切。详见下文解释。

其次有不少"善"具有工巧、高明的含义，句法结构为善 + 名词，如 27 章"善言""善行""善数""善闭"，30 章"善者果而已"（王弼注善用师者），50 章"善摄生者"，54 章"善建者"和"善抱者"，65 章"善为道者"，68 章"善为士者""善战者""善胜敌者"和"善用人者"等。

再次，有些看似善于的"善"则具有幽深玄远、神秘神奇的含义，如 15 章"善为士者，微妙玄通，深不可识"，73 章"天之道，不争而善胜，不言而善应，不召而自来，繟然而善谋"。

最后，有些被误作善于的"善"则有动词追求、推崇、看重，以之为善的意思，如 8 章（水）"居善地、心善渊、与善仁、言善信"等，66 章"江海所以能为百谷王者，以其善下之，故能为百谷王"。

首先看"善"所具有的具有工巧、高明的意思：

> 善行无辙迹。善言无瑕谪。善数不用筹策。善闭无关楗而不可开。善结无绳约而不可解。（27 章）

"善行"、"善言"、"善数"、"善闭"、"善结"中的善为形容词，意

---

① 陈鼓应著《老子注译及评介》，中华书局 2009 年版；许抗生著《帛书老子注译与研究》，浙江人民出版社 1985 年版；还有本文开头提及的王志宏和王顺的文章。

为工巧、高明、高超、神妙的意思①。这种用法出现在《淮南子·说林》:
"入水而憎濡，怀臭而求芳。虽善言弗能为工。"高诱注:"善，或作巧。"
《论衡·逢遇》:"吹籁工为善声，因越王不喜，更为野声，越王大悦。"
善也有巧、高明的意思。河上公将 27 章题目定为《巧用》，突出善的高
超巧妙之意②。

王弼认为"（善言等）此五者皆言不造不施，因物之性，不以形制物
也。"③ 强调工巧、高妙的原因在于"因物之性，不以形制物也"，强调
对形名制度的超越。既包含对无为的倡导，也寓意对自然的向往。辙迹、
瑕 、筹策、关楗、绳约是形名制度的象征，是有为的表现。李贽对此处
"善"的解释更具体，"自谓有法可以救人，是弃人也。圣人无救，是以
善救。然则无关闭者善闭，无约者善结。"④"法"（具体包括"关"、
"约"、"策"），作为"形"是对物之"制"，是对人之"弃"。

> 善者果而已，不敢以取强。果而勿矜，果而勿伐，果而勿骄，
> 果而不得已，果而勿强。物壮则老，是谓不道，不道早已。（30
> 章）

除王弼注"善有果而已"，其他版本则都是"善者果而已"。王弼
注"言善用师者，趣以济难而已矣，不以兵力取强于天下也。"⑤"善用
师者"指的是最高明的用兵者。他们用兵只是济难，并不逞强恃能。苏
辙注"果，决也。德所不能绥，政所不能服。不得已而后以兵决
之耳。"⑥

> 盖闻善摄生者，陆行不遇兕虎，入军不被甲兵。兕无所投其角，
> 虎无所措其爪，兵无所容其刃。夫何故？以其无死地。（50 章）

---

① 徐中舒主编《汉语大字典》第二卷，四川辞书出版社 2010 年版，第 660 页。
② 《老子道德经河上公章句》，第 108 页。
③ 《老子道德经注》，第 72 页。
④ 《老子本义》，第 29 页。
⑤ 《老子道德经注》，第 80 页
⑥ 《道德真经注》，第 39 页。

本章描述了"善摄生者"达到的神秘神奇的境界。这种神秘境界可以用理性清晰说明。《韩非子·解老》："圣人之游世也，无害人之心，则必无人害；无人害，则不（防）备人。故曰：'陆行不遇兕、虎'，入山不恃备以救害；故曰：'入军不被甲兵。'"① 从行为的效果说明善摄生者的神秘。

王弼注"善摄生者，无以生为生，故无死地也。器之害者，莫甚乎（兵戈）；兽之害者，莫甚乎兕虎。而令兵戈无所容其锋刃，虎兕无所措其爪角，斯诚不以欲累其身者也，何死地之有乎！……赤子之可则而贵，信矣"。王弼对 55 章"含德之厚，比于赤子"注解，"赤子无求无欲，……不犯于物，故无物以损其全也。"②从韩非子和王弼的理解，可以看出善摄生者少欲少求，无犯于物，故无物损其全的状态。为什么如此呢？《汉书·艺文志》载："神仙者，所以保性命之真，而游求于其外者也。卿以荡意平心，同死生之域，而无怵惕于胸中。"③ 齐同死生，心意平静，自认没有受到伤害，也无须防备别人，因而真的不会受到伤害。可以结合庄子对真人水火不濡状态的描述理解。"无人害"此为"善"之奥秘。

善建者不拔，善抱者不脱，子孙以祭祀不辍。（54 章）

本章意思为最高明的建树者所建树的东西不会被拔掉，最高明的抱持者所抱持的东西不会被解除。严遵注"故，以己知立，则知夺之；以己巧立，则巧伐之；以己力主，则力威之；唯无所为，莫能败之。……是以，圣人去力、去巧、去贤；建道抱德，摄精畜神，……方圆先后，常与身存，体正神宁，传嗣子孙。"④ 点出善建、善抱的关键是去力、去巧、去贤等，并提出无为的效用：子孙祭祀不绝。

朱谦之案"《淮南子·主术训》引'善建者不拔'，注'言建之无形也。'王念孙云：'此六字乃注文，非正文也故。'故'善建者不拔'也者，释其义也，《文子》正作'故善建者不拔，言建之无形也。'案《老

① 张觉撰《韩非子校疏》（上），上海古籍出版社 2010 年版，第 397—398 页。
② 《老子道德经注》，第 139 页。
③ 《汉书》中华书局点校本，第 1780 页。
④ 《老子指归》，第 53 页。

子》古谊如此。"① 所以称为善建善抱在于"建之无形也",即超越形名制度亦即无为。类似 27 章善行无辙迹等,无形即无辙迹。本章"善建"、"善抱"的表现是无为而治。

> 古之善为道者,非以明民,将以愚之。民之难治,以其多智。故以智治国国之贼,不以智治国国之福。知此两者亦稽式。常知稽式,是谓玄德。玄德深矣远矣,与物反矣,乃至大顺。(65 章)

"善为道者"即最高明的为道者。河上公注"说古之善以道治身及治国者,不以道教民明智巧诈也,将以道德教民,使质朴不诈伪。"② 王弼注"智,犹治也。以智而治国,所以谓之贼者,故谓之智也。民之难治,以其多智也。当务塞兑闭门,会无知无欲,而以智求动民,邪心既动,复以巧求防民之伪,民知其求,(随防)而避之。思维密巧,奸伪益滋,故曰以智治国国之贼也。"③ 为道高明的表现在于使民不诈伪,不相争。

朱谦之案"愚与智对,愚之谓使人心之纯纯,纯纯即沌沌也。20 章'我愚人之心,纯纯。'盖老子所谓古之善为道者,乃率民相安于闷闷淳淳之天,先自全其愚人之心,乃推以自全者全人耳。高延第曰:'道,理也,谓理天下。愚之,谓返朴归厚,革去浇漓之习,即为天下浑其心之义,与秦人燔《诗》、《书》,愚黔首不同。"④ 为道高明的表现在于其政闷闷而产生的其民淳淳。

> 善为士者不武。善战者不怒。善胜敌者不与。善用人者为之下。是谓不争之德,是谓用人之力,是谓配天,古之极也。(68 章)

可以将本章理解为最高明的为士者不武,最高明的战者不怒,最高明的胜敌者不与,最高明的用人者为人之下。高明的表现在于不武、不怒、不与,为之下的否定式行为,此为不争之德之表现。同时这些不争之德又具有最高的正面伦理价值判断,可以称为至善。朱谦之案"《尔雅·释

---

① 朱谦之:《老子校释》,中华书局 1984 年版,第 215 页。
② 《老子道德经河上公章句》,第 254 页。
③ 《老子道德经注》,第 173 页。
④ 《老子校释》,第 264 页。

诂》'极，至也。'""成疏'配，合也。'"那些为士不武、为战不怒、胜敌不与、用人为之下的人具有不争之德，可以合天①，可谓至善、上善。林希逸注"不争之德，可以配天，可以屈群力用天下，自古以来无加于此，故曰'古之极也。'"②高亨注"夫对门而后胜敌，非善也，善胜敌者师旅不与，兵刃不接，而敌降服，故曰善胜敌者不与。"③

以上材料中的"善"并非如学界普遍理解的"善于"之意，而是工巧、高明的意思，修饰后面紧随的名词如言、行、建者、抱者、摄生者、为道者等等。这些名词被称为工巧、高明的原因在于能够建之以无形，超越形名制度，无为而治，与民无争、使民不争。

四　"善"作副词，具有善于、擅长的含义

具备这层含义的善多出现在这样的结构中，主语＋善＋动词，如：

> 是以圣人常善救人，故无弃人；常善救物，故无弃物。是谓袭明。（27章）

本章善是副词，修饰动词救人救物，苏辙注"救人于危难之中，非救人之大者也。方其流转生死，为物所蔽，而推吾至明以与之，使暗者皆如明灯，相传袭而不绝，则可谓善救人矣。"④

圣人有善言、善行、善数等，有工巧、高明的方法，故而才能善于救人救物。此为善人，亦即圣人，否则即为不善人。善于行事的表现在于有工巧、高明的方法，即能够从利物不争的初衷出发，能够建之以无形。工巧高明的方法是善于行事的判断基础。学界对老子善人和不善人的理解有分歧：第一，从道德层面予以分疏。河上公认为"百姓为不善，圣人化之善也。"严遵说"四海之内……善者至于大善，日深以明；恶者性变，浸以平和；信者大信，至于无私；伪者情变，日以至诚；残贼反善，邪伪反真；善恶信否，皆归自然。"释德清说"以圣人

---

① 《老子校释》，第276页。
② 《老子鬳斋口义》，第74页。
③ 《重订老子正诂》，古籍出版社1956年版，第137页。
④ 《道德真经注》，第36页。

复乎性善，而见人性皆善。故善者固已善人，即不善者亦以善遇之。虽彼不善，因我以善遇之，彼将因我之德所感，亦化之而为善矣。故曰'德善'。以圣人至诚待物，而见人性皆诚。故信者固已信之，即不信者亦以信待之。虽彼不信，因我以信遇之，彼将因我之德所感，亦化之而为信矣。故曰'德信'。"吕惠卿对善者和不善者、信者和不信者赋予价值伦理判断意味①。

第二，有学者则认为善者与不善者是世俗相争的借口，是刑名制度下的分疏。苏辙注"如使善信而弃不信（善?），善信而弃不信，岂所谓常善救人，故无弃人哉。天下善恶信伪，方各自是以相非。圣人歙歙然忧之，故浑其善恶信伪而皆一待之，彼注其耳目以观圣人之予夺。而吾一遇以婴儿，于善无所喜，于恶无所疾。夫是以善者不矜、恶者不愠，而释然皆化其争矣。"② 可见老子文本中的善人、不善人是世俗相争的借口，带有各自局限性。圣人如能化释民众的相争，则必须消弭世俗善与不善的割裂，取消善与不善的分疏，则人人尽为善人、信人。林希逸："无常心者，心无所主也。以百姓之心为心，则在我者无心矣。善不善在彼，而我常以善待之，初无分别之心，则善常在我。在我之善，我自得之，故曰'德善'矣。子曰：'苟志于仁矣，无恶也。'与此意同。信不信者在彼，而我常以信待之，初无疑问之心，则信常在我。在我之信，我自得之。故曰'德信'矣。子曰：'不仁。'不信，亦此意也。其曰'吾亦善之'者，非以其不善为善，非以其不信为信也，但应之以无心而已。"③ 无分别之心、无疑问之心这是老子善的核心观点。蔡子晃："以无分别之教，混有分别之心。众心既有善不善，有信不信，有分别二见，圣人皆善皆信，究竟宣统，故云浑。"④

范应元注"善人者，继道之人也，先觉者，非强行善，乃循本理之善也。不善人，未觉者也，非本不善，未明乎善也。师者，人之模范，故先觉者是未觉者之模范也。资，质也，未觉者亦有先觉者之资质也。人皆可以为善人，

---

① 以上所引河上公等四人所注的材料分别见于《老子道德经河上公章句》第189页，《老子指归》第115页，《道德经解》第103页，《老子本义》第55页。

② 《老子本义》，第56页。

③ 《老子鬳斋口义》，第52页。

④ 《道书辑校十种》，第208页。

特其未觉，而借先觉者觉知耳。"① 善人、不善人不是道德的差异，而是境界、眼光、水平、能力的高低。善人善于救人救物，是具有工巧、高明的方法如善行、善言、善结的人，能够建之以无形，超越刑名制度，不与民争，不使民争，实行无为而治的治理者。不善者则是不善于救人救物，依靠刑名制度，主张有为而治的人或治理者。善者和不善者是世俗刑名制度下的分疏，是世俗利欲纷争的表现。"不善人"之划分在老子文本中并不重要，重要的是如何对待"不善人"，善待不善人仍体现出利物不争的主旨。

五　"善"具有"好"（音号）"多""经常"的意思

前文已经分析在老子文本中，并非所有主语＋善＋动词的结构中的"善"都作善于讲，如8章中的"水善利万物而不争"，41章中的"道善贷且成"。这两处善作"好"（音号）较为合适。

蒋锡昌认为"水善利万物而不争"中的善即为"好"（音号）、"经常""如此""嗜好""常常如此"②。蒋的理解似乎更到位，利物不争是水经常呈现的状态，"好"利物不争是对水性的一种客观描述，更符合老子文本之意。蒋的理解并非孤例，在《汉语大字典》对"善"的解释中，就有"多"、"好"（音号）的意思。明杨慎《丹铅杂录·善字训多》："古书'善'字训多：《毛诗》'女子善怀'，《前汉志》'岸善崩'，《后汉纪》'蚕善收'，《晋春秋》'陆云善笑'，皆训多也。《左传·襄公二十八年》：'庆氏之马善惊。士皆释甲束马。'孔颖达疏：'善惊。谓数惊也。古人有此语，今人谓数惊为好（音号）惊。好，亦善之意也。'"③

这里需要对"好"（号）和"善于"作出辨析。"好"表示人或物质天然、本然的状态，表示其生来如此、本来如此的状态，这种状态不是后天训练所致。如水善之利万物不争、马善惊、女子善怀、人多愁善感、善疑、善笑等等。这些都是人、物生来如此的状态，不是后天的人为锤炼所致。善于或擅长多指后天的习行训练所致，如圣人常善救人救物。老子圣人虽有理想化境界，但境界并非生来如此，而是不断习行的结果，41

---

① 《老子道德经古本集注》，第50页。
② 《老子校诂》，第45页。
③ 《汉语大字典》二卷，第661页。

章"上士闻道，勤行不已"即表达此意。

夫唯无名，道善贷且成。(41章)

判断"道善贷且成"的原因在于"隐无名"。王弼注，"物以之成，而不见其（成）形，故隐而无名也。贷之非唯供其乏而已，一贷则足以永终其德，故曰'善贷'也。成之不如机匠之裁，无物而不济其形，故曰善成。"① 严遵注"是知道盛无号，德丰无谥。功高无誉，而天下不以为大；德弥四海，而天下不以为贵；光耀六合，还反芒昧。夫何故哉？道之化也，始于无，终于未；存于不存，贷于不贷；动而万物成，静而天下遂也。"② 吕惠卿注"然则道之实尽隐于无矣，惟其如此。故既已为人，己愈有。既已与人，己愈多；推其由于以贷物之不足，而无赖之一曲成也。"③ 以上先贤解析了"道善贷且成"的本然状态。

六　"善"指的是幽深玄远的境界

老子某些章节中的善则隐喻了主语玄远幽深、神秘神奇的境界。如

古之善为道者，微妙玄通，深不可识。夫唯不可识，故强为之容：豫兮若冬涉川。犹兮若畏四邻。俨兮其若客。涣兮若冰之释。敦兮其若朴。旷兮其若谷。混兮其若浊。孰能浊以以止静之徐清？孰能安以久动之徐生？保此道者不欲盈。夫唯不盈，故能蔽不新成。(15章)

达到什么程度才能说是"善"呢？概言之，即微妙玄通，深不可识。《老子想尔注校证》说"玄，天也；古之仙士，能守信微妙，与天相通，人行道奉诚，微气归之，为气测之深也，故不可识也。"饶宗颐将豫、犹、俨、涣、旷、混、浊以静之徐清、安逸久动之徐生等表现概括为

---

① 《老子道德经注》，第116页。
② 《老子指归》，第47页。
③ 《老子本义》，第49页。

"敬畏"。① 陈景元解释"微妙玄通、深不可识"为"神明妙远、智慧望冥",蒙文通认为"望"应为"睿"字②。神明妙远即是道之状态,又是为士者体道之状态。正如范应元说"善为士者,谓善能体道之人也。惟其善能体道,故其心微妙而与物茗通,渊深而不可测也。"③"善为士者"之微妙玄通之状态表达了老子实现的重要特征——诉诸内在体验的智慧,既代表了知识论意义的最高知识,也具有与道徘徊的体验性味道。徐梵澄据此启用宇宙直觉性,并提出"精神哲学"的概念,概括包括道家在内的中国哲学的特征。④"善"表现出与万物通、与天地通的萨满特征,具有忘我出神沟通天、地、神、人的神秘神奇⑤。

> 勇于敢则杀,勇于不敢则活。此两者或利或害。天之所恶,孰知其故?是以圣人犹难之。天之道,不争而善胜,不言而善应,不召而自来,绰然而善谋。天网恢恢,疏而不失。(73 章)

本章之"善"似乎解释为深远和玄远更合适。吕惠卿从天道幽玄的层面解释勇于不敢的原因,"用其刚强而必于物者,勇于敢者也,则死之徒是也。故曰'用于敢则杀。'致其柔弱而无其所必者,勇于不敢者也,则生之徒是也。故曰'勇于不敢则活。'勇于敢者,人以为利,而害或在其中矣。勇于不敢者,人以为害,而利或在其中矣。然则天之所恶,殆非可以知知而识识也。故曰'此两者,或利或害。天之所恶,孰知其故?'是以圣人之动也,豫若冬涉川,犹若畏四邻。犹难之若此者,以天之恶为不可知也。夫唯不可知,则不识不知,乃所以顺帝之则也。盖天之生物,因其材而笃焉。栽者培之,倾者覆之,则未尝与物争者也。而物莫能违之者。故曰'不争而善胜。'天何言哉,四时行焉,百物生焉,其行其生,未尝差也。故曰'不言而善应。'莫之为而为者天也,莫之致而至者命也。故曰'不召而自来。'易则易知,而其道盈虚。与时消息,而未尝违,故曰'绰然而善

---

① 饶宗颐:《老子想尔注校证》,上海古籍出版社 1991 年版,第 18 页。
② 《道书辑校十种》,第 758 页。
③ 《老子道德经古本集注》,第 24 页。
④ 见徐梵澄著《老子臆解》、《玄理参同》、《陆王学述》等。
⑤ 古代宗教实践中的降神体验与老子"善为士者"神妙之状体相通,诉诸直接的精神体验而非耳目视听和理性认知。海德格尔所标榜的"澄明"岂不也是这种"善"状态。《形而上学导论》,熊伟、王庆节译,商务印书馆 1996 年版,第 102—104 页。

谋'。'天聪明，自我民聪明；天明威，自我民明威。'其聪明明为威未尝自用，而惠吉逆凶犹影响也。故曰'天网恢恢，疏而不失。'夫唯天之道不可知为如此。圣人所以勇于不敢，而不识不知乃所以顺之也。"① 吕注似乎为在"不敢"寻求形上基础，善胜、善应、自来、善谋，这是天道的幽玄所在，而不争、不严、不召、绰然，是天道无为的表现。

魏源案"人之勇不可不慎也。有勇于敢者，则常主于必杀，有勇于不敢者，则常主于活人。此两者，其用勇则同，而一利一害分焉，不可不审也。何则人之勇于敢杀者，岂不自以为顺天之所恶，故毅然行之而无难。然天意深远矣。孰知其果为天所恶之人乎。是以虽奉天讨之圣人，而于刑诛之际，犹兢兢然不敢轻易之。何者？盖天之生万物，犹父母之生众子，生之而不欲杀之者，其本心。及其子趋于死，虽欲宥之而不可得，则亦倾者覆之。此所以恢恢疏阔而自漏网之人也。何待之人代执其咎？是以圣人诛罚，一听诛天之自然，而未尝以己意与之，则虽极好生之德，而未尝有罪之诛。是以网漏吞舟之鱼，而为奇者，吾奉天讨以杀之。孰敢不畏，所谓刑一人而天下征，诛四罪而天下服。盖我不敢者，人亦不敢之也。苟其不然，天以恢恢之网，而吾以察察之网乘之；法网愈密，挂网愈众，而人之不畏死者愈甚，何则？我敢者人亦敢之也。奉天者听命，而代天者专权。敢与不敢，或利或害，可不慎乎？明太祖读民不畏死，奈何以死惧之之语。恻然有感。乃罢极刑而囚役，不逾而心减。仁人之言，其利溥哉。"②

天道的幽玄是人之不敢的基础和前提，人之不敢是对天道不正、不言、不召的效仿，如此能获得善应、善谋、善胜的效果。

七　"善"具有推崇、追求、看重、以之为善的意思

居善地，心善渊，与善仁，言善信，正善治，事善能，动善时。夫唯不争，故无尤。（8章）

"居善地"等7处善为动词，意为喜好、以之为好、以之为善、推

---

① 《老子翼》，第176页。
② 《老子本义》，第86页。

崇、追求、看重。河上公解释"居善地"，"水性善喜于地，草木之上即流而下，有似于牝动而下人也。"①"居善地"的主语定为水能说得过去，但后面6处"善"的主语就不能理解为水了。"心善渊"、"与善仁"等等显然是圣人之行为。王弼注"正善治"，"为政之善，无秽无偏，如水之治，至清至平"②，显然主语是圣人。善的意思也是以之为善、以之为好、推崇，具有伦理价值判断意味。"居善地"，高亨释"地"为"坤"，顺物之意，"居善地"意为"居住以顺物为善"③。蒋锡昌说"居善地言居好下也。居好下者"，即61章"大者宜为下"④。"善"通"宜"，则有以之为善的意思。

　　江海所以能为百谷王者，以其善下之，故能为百谷王。是以欲上民必以言下之，欲先民必以身后之。是以圣人处上，而民不重，处前而民不害。是以天下乐推而不厌。以其不争，故天下莫能与之争。（66章）

本章"善"可理解为推崇、追求、以之为善。河上公注"江海以卑，故众流归之，若民归就王（者），以卑下，故能为百谷王也。"⑤魏源案"惟下乃大，老氏宗旨也。天下归往之谓王，百川归会之谓海。人知王之至尊，而不知所以尊者。有其至大，所以能成其大者。由其能下而无不容也。汝惟不矜，天下莫与汝争能，汝惟不伐，天下莫与汝争功。使天下忘其上且先，而争乐推之使上，推之使先，斯道也可谓大矣。"⑥以处下为"善"的表现在于不争。达到的效果是民不重、民不害及天下乐推而不厌。

以上两条材料中的"善"解释为追求、看重，以之为善较为合适。

---

①　《老子道德经河上公章句》，第29页。
②　《老子道德经注》，第22页。
③　《重订老子正诂》，第20页。
④　《老子校诂》，第46页。
⑤　《老子道德经河上公章句》，第258页。
⑥　《老子本义》，第79页。

八 "善"具有善待、友好、包容、不分疏的意思

> 圣人无常（常无）心，以百姓心为心。善者吾善之，不善者吾亦善之，德善。信者吾信之，不信者吾亦信之，德信。圣人在天下，歙歙为天下浑其心。百姓皆注其耳目，圣人皆孩之。（49章）

"吾亦善之"中的善作动词讲，善待、友好、亲善的意思。《左传·隐公六年》，"亲仁善邻，国之宝也。"《战国策·秦策二》："齐楚之交善，（秦）王患之。"高诱注："善，犹亲也。"老子意为不仅要善待善人，更要善待不善人。

前文已经分析老子中"善者"和"不善者"、"信者"和"不信者"并非道德层面的分疏，而是有无工巧高明行事方法的判别，是对能否利物不争的判别。关键是老子如何对待"不善"。"善"是"几于道"的理想境界，"不善者"指的是达不到那个最高点的凡俗世界。"不善者"并没有伦理价值的批判否定意味，只是在作一种客观的陈述。针对行事方法不够高明、境界不够玄远的群体，究竟该如何对待？不抛弃他们、不歧视排斥他们，不分疏他们，不排斥分疏凡俗之人是老子"善"论的另一个重要的内容。既不与不善者相争，不认定他们是不善者，又不使他们之间相争，这是"不善者吾亦善之"的意蕴所在。苏辙"天下善恶信伪，方各自是以相非相贼，不知所定。圣人忧之，故歙歙然。为天下浑其心，无善恶，无信伪，皆以一待之。彼方注其耳目，以观圣人之予夺。而吾一以婴儿遇之，于善无所恶，于恶无所嫉。夫是以善者不矜，恶者不愠，释然皆化，而天下始定矣。"[1] 显然，圣人不与不善者相争（于善无所恶，于恶无所嫉）是为了使民众不争（善者不矜，恶者不愠，释然皆化），天下始定。

从认识层面，老子并非看不到善和不善的区别。但从实践层面，老子坚持放弃这种区别和分疏。

---

[1] 《道德真经注》，第59页。

道者，万物之奥，善人之宝，不善人之所保。美言可以市尊，美行可以加人，人之不善，何弃之有？故立天子，置三公，虽有拱璧以先驷马，不如坐进此道。古之所以贵此道者何？不曰（有）求以得，有罪以免邪？故为天下贵。（62 章）

严遵注"善人得之，以翕以张；清静柔弱，默默沌沌……凶人得之，以发以张，坚刚以疏，实动以先。"① 凶人具有价值否定意味。但善待不善者才是老子强调的观点。王弼注"善人以为用也。""不善人所以保全也。""人之不善，何弃之有？"释为"不善当保道以免放"②。河上公注"善人以道为身宝，不敢违也。道者，不善人之保倚也，遭患逢急，犹知自悔卑下。"对人之不善解释为"人虽不善，当以道化之。盖三皇之前，无有弃民，德化淳也。"③

吴澄注"宝，人所重，善人向道而进修，可以取重于人。不善人向道而改悔，亦可以自保其身也。"④ 范应元指出"人之未能明善，岂可弃之。天子者，尊事上帝，父事于天，母事于地，法上帝之无欲，则天地之清静。三公者，太师、太傅、太保。……（三者）皆以清静无欲之道启迪天子者也。谓自有生民，不可无道。故立天子以主道，置三公以敌道，则可以化民反善，不善者皆归于善。"⑤ 类似于 49 章中的"不善者吾亦善之，德善"的观点。朱谦之说"美言美行既见重于人，则不善者可以善者为师，而进至于善。故曰：'何弃之有？'"⑥ 仍突显了先知对后知的教育、启蒙、引导、教化，对后进的感染和宽容。

本章之"善"凸显的是通与和，而非分与别。善待不善、不弃不善是实践修行层面的问题，而非理论认识的问题。联系 15 章对善为士者，微妙玄通，深不可识的描述，我们更可看到"善"的奥义⑦。

---

① 《老子指归》，第 215—216 页。
② 《老子道德经注》，第 160 页。
③ 《老子道德经河上公章句》，第 241 页。
④ 《道德真经吴澄注》，第 90 页。
⑤ 《道德真经古本集注》，第 109 页。
⑥ 《老子校释》，第 254 页。
⑦ 卡尔纳普总结哲学家的心理说："一元论的形而上学体系是表达一种和谐平静的生活方式，二元论的体系是把生活堪称永恒斗争的人的情绪状态……"怀特海编《分析的时代——二十世纪的哲学家》，商务印书馆 1984 年版，第 222 页。

以上分析，我们可以看出老子"善"的特点："善"是理想化的境界，利物不争是对道的接近，是道性的展现；"善"最终归于治理者的为政，体现为治理者的利物不争和不与民争；善亦需要修行等行为实现。有些特点似乎和儒家之善相似。但仔细对比，老子之善相比儒家之善还是具有独特性和独到性。

九 老子之"善"与儒家之"善"的比较

儒家"善"立足人性，以此凸显人与物之分及人际之分，由此儒家走向奠基于形名制度的文明礼乐。老子"善"从道性出发，看重人物相通及人际无别，以此归向省思刑名制度的无为而治。

（一）二者的相同点

第一，老子和儒家之善都具有理想性，都是对现实的超越。

儒家善具有理想性，"善人，吾不得而见之矣，得见有恒者斯可矣。"（《论语·述而》）"仁义忠信，乐善不倦，此天爵也。"（《孟子·告子上》）老子"善"是对道性或接近于道性的属性的判定，善针对的是道性而非人性。老子文本中具备利物不争属性的载体是水、江海、圣人、天道、道，为道者、为士者这些载体是和善相关联的载体。老子善具有理想性。

第二，老子和儒家之善都与治天下有关，都反对征伐。

儒家和老子之善都与反对征伐的治天下有关。"善人为邦百年，亦可以胜残去杀矣。"（《论语·子路》）"善人教民七年，亦可以即戎矣。"（《论语·子路》）"以善服人，未有能服人者；以善养人，然后能服天下。天下不心服而王者，未之有也。"（《孟子·离娄下》）"五帝之中无传政，非无善政也，久故也。禹、汤有传政而不若周之察也，非无善政也，久故也。"（《荀子·非相》）"故善附民者，是乃善用兵者也。故兵要在乎善附民而已。"（《荀子·议兵》）儒家善体现的是一种平治秩序，"凡古今天下之所谓善者，正理平治也；所谓恶者，偏险悖乱也。"（《荀子·性恶》）

前文分析可知老子"善"出现 50 多次，不少是对圣人、为道者、为士者等特征的描摹（49 章、15 章、27 章、65 章、68 章等），亦蕴含着治国者治天下的原则（8 章、30 章、66 章、81 章），远离当时了逞强恃能的尚武趋向。

第三，老子和儒家"善"都突显践履和修行。

儒家之"善"和人之道德修身有关，突显践履和修行。"子曰：德之不修，学之不讲，闻义不能从，不善不能改。"（《论语·述而》）"孟子曰：子路，人告之以有过则喜；禹闻善言则拜；大舜有大焉，善与人同，舍己从人，乐取于人以为善。……取诸人以为善，是与人为善者。故君子莫大乎与人为善。"（《孟子·公孙丑上》）"见善，修然必以自存也；见不善，愀然必以自省也。善在身，介然必以自好也；不善在身，菑然必以自恶也。"（《荀子·修身》）儒家之"善"少有单纯的抽象玄理式的集中论述，更多是感性化、日常化、生活化、散淡化的表现，是通过日常践履、日常实践、日常言行来表现其概念的理解。

前文分析老子"善"有善于或擅长的意思，多指后天的习行训练所致，如圣人常善救人救物。圣人虽有理想化境界，但境界并非生来如此，而是不断习行的结果，41 章"上士闻道，勤行不已"即表达此意。老子"善"亦有追求、看重、以之为善的意思，如 8 章中"言善信"中，老子认为，圣人的利物不争的属性不是天赋的，而是一个长期习练、淬炼的过程。老子"善"的多方面含义及其后面的内容，展示了圣人日常生活中的不恃、不争、不有的行为，向我们描摹了圣人之全貌，展示了圣人之"善"之思想。老子"善"的意涵表述就是一本圣人的日志，在日常行为、点滴记录的生活中表现圣人的思想、言论、行为，而且是在日常化和生活化的前提之下而非抽象悬空的论述。圣人如何说？如何做？如何为民？如何治国？如何言论？如何施政？老子文本习惯用善言者如何、善行者如何、善摄生者如何、善战者如何等等这些感性化的语言来描述善的境界和善者的形象。

中国哲学的特色即理论是生活的解说，生活是理论的表现。广大高明不离乎日用，乃是为道之理想境界。此不独是儒家的见解，也为其他各家所坚持①。

---

① 张岱年：《中国哲学大纲》，江苏教育出版社 2006 年版，第 7 页。

（二）二者的不同点

第一，"善"侧重人际的相分还是相合。

儒家尤其孟子之"善"，认为善是对人之为人的最本质表达，孟子之善从人性出发，"乃若其情则可以为善矣，乃所谓善也。若夫为不善，非才之罪也。"（《孟子·告子上》）"可欲之谓善，有诸己之谓信，充实之谓美，充实而有光辉之谓大，大而化之之谓圣，圣而不可知之为神。"（《孟子·尽心下》）。荀子之"善"则是与人密切相关的人文礼义，"善者伪也。"（《荀子·性恶》）"听政之分：以善至者，得之以礼。"（《王制》）儒家"善"都是对人性或人性基础上的人文礼义的表达。

儒家善突显人物、人际之间的相分，突显善与不善之间的不同。"不如乡人之善者好之，其不善者恶之。"（《论语·子路》）"鸡鸣而起，孳孳为善者舜之徒也；鸡鸣而起，孳孳为利者跖之徒也，欲知舜与跖之分，无它，利与善之分也。"（《孟子·尽心上》）"见善如不及，见不善如探汤。"（《论语·季氏》）"听政之分：以善至者，待之以礼；以不善至者，待之以刑。两者分明，则贤不肖不杂，是非不乱。"（《荀子·王制》）儒家突显善与不善的分与别，极力强调不善的消极意义和负面影响，"君子恶居于下流也，天下之恶皆归焉。"（《论语·子张》）"今与不善人处，则所闻者欺诬，诈伪也，所见者污漫，淫邪，贪利之行也，身且加于刑戮而不自知者，靡使然也。"（《荀子·性恶》）

由于极力强调不善的消极意义和负面影响，儒家认同善善恶恶的观点。"夫赏贤使能，赏有功，罚有罪，非独一人为之也，彼先王之道也，一人之本也，善善，恶恶之应也，治必由之，古今一也。"（《荀子·强国》）对德福不一致的社会现象产生质疑，"天地不知，善桀纣，杀贤良。""为恶得福，善者有殃。"（《荀子·尧问》）

老子"善"从道出发，侧重人物、人际的相合。儒家"善"从人性出发，侧重人物、人际的相分。前文分析老子之"善"是对道性或接近于道性的属性的判定，老子"善"针对的是道性而非人性。老子"善"是对道的解释和规定，道赋予"善"形上价值基础。前文分析老子"善"中亦具有包容、善待之意。从认识层面，老子并非看不到善和不善的区别。但从实践层面，老子坚持放弃这种区别和分疏。老子"善"凸显的是人物、人际的通与和。善待不善、不弃不善是实践修行层面的问题，而非理论认识的问题。

第二,"善"与刑名制度的关系。

儒家善奠基刑名制度,对礼乐仁义等刑名制度构成了善的阐释。老子之善省思刑名制度,强调无为而治。

儒家之善是奠基于刑名制度的礼乐仁义。《论语·八佾》中孔子认为韶乐尽美尽善,而武未能尽美尽善,显然禅让为善,征伐为不够善。孔子善是对现行等级制度中君权一定程度的维护。"徒善不足以为政,徒法不能以自行。"(《孟子·离娄上》)"分人以财谓之惠,教人以善谓之忠,为天下得人者谓之仁。"(《孟子·滕文公上》)"故曰:责难于君谓之恭,陈善闭邪谓之敬,吾君不能谓之贼。"(《孟子·离娄上》)孟子之善亦与刑名制度联系在一起。"君者,何也?曰:能群也,能群也者,何也?曰:善生养人者也,善班治人者也,善显设人者也,善藩饰人者也。善省养者,人亲之;善班治人者,人安之;善显设人者,人乐之;善藩饰者,人荣之。四统者具而天下归之,夫是之谓能群。"(《荀子·君道》)"生,人之始也;死,人之终也。终始俱善,人道毕矣。故君子敬始而慎终。终始如一,是君子之道,礼义之文也。"(《荀子·礼论》)"固以为王天下,治万变,材万物、养万民,兼制天下者为莫若仁人之善也夫。"(《荀子·富国》)"善"是君子必须借助刑名制度来实现的,甚至刑名制度是显示君子显示"善"的唯一途径。

儒家之善凸显君子对民众的感化。"善人教民七年,亦可以即戎矣。"(《论语·子路》)"武王始入殷,表商容之闾,释箕子之囚,哭比干之墓,天下乡善矣。"(《荀子·大略》)善以士人为代表,来体现,善不属于民众,"不知选贤人善士托其身焉以为己忧……所谓士者,虽不能尽道术,必有率也;虽不能遍美善,必有处也。"(《荀子·法行》)

老子"善"具有多方面含义,如伦理层面好的意思、工巧高明的状态、幽深玄远的境界、善于擅长、追求看重、包容善待等多层面含义。这些不同含义都是围绕利物不争立论的。老子明确界定利物不争尤其是治理者的利物不争具有正面价值判断;利物不争体现出行为者工巧、高明的特征和所具有的幽深玄远、神秘神奇的精神境界;老子推崇和追求不争,赋予"善"动词的表达,善待、包容那些尚未达到不争境界的人,不对人进行价值等第的分疏。利物不争是老子善的核心观点。不争是老子无为的外在表现①。如何不争呢？或者如何做到不争？对于治理者来说，就是 54 章"善建者不拔，善抱者不脱"。"'故善建者不拔，言建之无形也。'案《老子》古谊如此。"② 所以称为善建善抱在于"建之无形也"，即超越刑名制度亦即无为。类似 27 章善行无辙迹等，无形即无辙迹。本章"善建"、"善抱"的表现是超越具体刑名制度的无为而治。为此，老子对刑名制度的载体仁义礼乐进行了深微反思，亦对儒家进行了深入批判。仁义礼乐所代表的刑名制度是老子"善"要超越和否定的所在。

---

① 刘笑敢：《老子》（修订二版），台湾东大图书公司 1997 年版，第 126 页。
② 朱谦之：《老子校释》，中华书局 1984 年版，第 215 页。

近代老学与疑古思潮

刘固盛

（华中师范大学道家道教研究中心）

胡适曾把整理国故的方法分为历史的观念、疑古的态度、系统的研究、形式和内容的整理①，有学者指出，"疑古"是胡适这一时期关于"整理国故"的中心见解，而作为"整理国故运动"的一个重要分支，"古史辨派"的崛起，其实也正是肇始于胡适对顾颉刚的影响②，这一看法很有道理。"古史辨派"以顾颉刚、钱玄同、罗根泽、刘节、童书业、杨宽等学者为代表，吸收了"整理国故运动"中的怀疑精神，对古书与古史进行广泛的辨伪，由此形成了声势浩大的疑古思潮，在20世纪二三十年代"几乎笼罩了全中国的历史界"③。对于以顾颉刚为中心的"古史辨派"，学术界在相当长的一段时间里持有很深的误解，并被指责批评，近年来则出现了比较理性的评价，如熊铁基先生就指出"顾先生疑古主要是为了发现历史的真相"，纵使在新出土资料日益增多的今天，"在方法论上仍需有点辨疑精神""带着辨疑的态度和精神阅读古书，释读出土古书是很有必要的"④。可见，疑古的目的是为了求真，而不是否定历史，这是我们今天应该加以明确的，自然，顾颉刚及"古史辨派"的学术贡献也应该得到充分肯定。

20世纪二三十年代关于老子其人其书的大讨论，便是在疑古思潮的推动下兴起的。对老子其人其书的疑问，古代已有之，如唐代韩愈、宋代

---

① 胡适：《研究国故的方法》，《胡适文集》第三册，第356—359页，人民文学出版社1998年版。

② 卢毅：《论民国时期"整理国故运动"的高涨》，香港《新亚论丛》2005年第1期。

③ 刘起釪：《顾颉刚先生学述》，中华书局1986年版，第145页。

④ 熊铁基：《重新认识古书辨疑》，《光明日报》2002年12月24日。

叶适、清代毕沅、汪中、崔述等人都提出过自己的看法，进入近代，章太炎、江瑔等学者也有一些重要的见解，但老子其人其书的广泛讨论，则是胡适《中国哲学史大纲》于 1919 年出版后引发的。胡适把老子作为中国第一个哲学家摆在孔子之前，由此引发了学术界的集中争议，并形成两次高潮①。第一次高潮从 1922 年梁启超在北大演讲质疑胡适观点开始，其后有张煦、顾颉刚、马叙伦、支伟成、张寿林、唐兰、黄方刚、钱穆等人参加；第二次高潮从冯友兰《中国哲学史》1931 年出版开始，冯友兰、胡适、张季刚、顾颉刚、马叙伦、钱穆、熊伟、张福庆、高亨、唐兰、罗根泽、吕思勉、叶青、郭沫若、孙次舟、谭其骧等人都在其中。两次讨论的论文收入《古史辨》第四册和第六册，这样的讨论在老学史上是空前的，"这场有众多名流学者参加、声势较大、问题比较集中的讨论之后，有关老子年代问题的讨论作为 20 世纪的一个学术问题，对此的讨论持续了近百年，不断引起人们的关注"。② 随着《老子》出土文献的不断问世，老子其人其书早出已得到确证，而今天我们重新回顾近代老学史上这一著名公案，却仍不失学术史和思想史上的价值。

一　关于老子其人的争论

关于老子其人，司马迁《史记·老庄申韩列传》的记载还是比较清晰的，即："老子者，楚苦县厉乡曲仁里人也，姓李氏，名耳，字聃，周守藏室之史也。孔子适周，将问礼于老子……"老子即李耳，楚国人，在周朝为史官，孔子曾向老子问礼。司马迁对这些事实的陈述都是用肯定的语气，没有什么疑问。也许问题出在司马迁该篇后面的记载："或曰儋即老子，或曰非也，世莫知其然否。老子，隐君子也。"也就是说，在汉代对老子其人已有不同的传说，有人认为"孔子死后百二十九年"去见秦献公的周太史儋就是老子，当然也有人持否定意见，老子是一位隐者，他的踪迹不是十分确定。

既然在汉代就已对老子有不同的看法，那么后人的各种判断，也是在

---

① "两次高潮"的提法及时段划分，采用熊铁基等著《二十世纪中国老学》（福建人民出版社 2002 年版）第三章中的观点。

② 《二十世纪中国老学》，第 109 页。

情理之中了。罗根泽在《古史辨》第六册的"自序"① 中列举了宋代以来关于老子其人其书的 29 种见解，关于老子其人的如：陈师道认为老子在关、杨之后，墨、荀间；叶适认为有两个老子，教孔子的儒家之老子和著书的道家之老子；吴子良认为著书之老子即孔子问礼之老子；毕沅认为孔子问礼之老子，即太史儋；汪中认为，老子即太史儋，在孔子后，不与孔子同时；崔述认为，春秋时有老聃，但孔子并没有向他问礼；牟廷相认为，老子在周时称伯阳父，在春秋称老聃，至战国称太史儋；钱穆认为，向孔子问礼的老子是老莱子；黄方刚认为，老子长于孔子；刘泽民认为，教孔子者是老聃，著《老子》书者为李耳；冯友兰认为，老聃与李耳非一人；胡适认为，孔子确曾向老子问礼；顾颉刚认为老聃是杨朱、宋钘以后的人；郭沫若认为，老聃确是孔子之师；谭戒甫认为，孔子问礼之老子为老莱子，即老彭，著书之老子为老聃，即太史儋；唐兰认为老聃长于孔子，孔子曾学于老聃；熊伟认为老子是战国时人；谭其骧认为老莱子和老彭为一人，老聃和太史儋为一人；罗根泽自己相信老子在孔子之后，老子就是太史儋，等等。在众说纷纭的各种"老子"中，除去一些枝节问题，主要观点归纳起来有两大类，一类认为老子为春秋末年人，长于孔子，孔子曾向老子问礼；一类认为老子为战国时代的人，老子即老莱子或太史儋。持老子春秋说或者战国说的学者都各有理由，下面以唐兰和罗根泽的考证为例，来看看他们是如何证成自己观点的。

　　唐兰先后写了《老聃的姓名和时代考》② 和《老子时代新考》③ 两文，主张老子是春秋末人，与孔子同时，孔子曾问礼于老子。其主要证据有以下数条：其一，《礼记》、《庄子》、《吕氏春秋》等古籍一致记载老子是孔子同时代人。如《礼记·曾子问》，孔子答曾子问丧礼，四次引述老聃的话，并总是说"吾闻诸老聃云"。当曾子问到日食变礼时，他说：

　　　　昔者吾从老聃助葬于巷党，及堩，日有食之。老聃曰："丘！止柩就道右，止哭以听变。"既明反而后行，曰："礼也。"反葬，而丘问之曰："夫柩不可以反者也，日有食之，不知其已之迟数，则岂如

---

① 上海古籍出版社 1982 年版。

② 收入《古史辨》第四册，上海古籍出版社 1982 年版。

③ 收入《古史辨》第六册，上海古籍出版社 1982 年版。

行哉?"老聃曰:"诸侯朝天子,见日而行,逮日而舍奠。大夫使见日而行,逮日而舍。夫柩不早出,不莫宿,见星而行者,唯罪人与奔父母之丧者乎。日有食之,安知其不见星也?且君子行礼,不以人之亲痁患。"吾闻诸老聃云。

　　唐兰认为《曾子问》记载孔子向老子问礼之事是可信的,因为(1)《礼记》全是采撷古书;(2)该篇显然属于儒家,假使是后人伪托,决不会把道家的老聃拉来讲礼;(3)老聃对孔子的语气,和《庄子》记载相合。《庄子》有9处记载孔老关系,可以证明老子和孔子确实是见过面的。其二,从老聃和阳子居的关系看。阳子居是老聃弟子,很可能就是杨朱,杨朱墨翟时代相近,到孟、庄时期已是"徒盈天下",杨、墨和曾子时代相当,由此可证孔老同时。其三,从《史记·老子传》的记载看。该篇尽管有些地方也有疑问,但老子与孔子同时,这点很明确,所以一则说"与孔子同时云",再则说"自孔子死之后",以表明司马迁本人是深信老子和孔子是同时的。根据上述主要理由,唐兰得出了以下四点结论:"(甲)老聃比孔子长,孔子曾学于老聃。(乙)老聃和老子是一人。(丙)老聃住的地方是沛。(丁)老聃就是今世所谓《道德经》的著者。"[1]

　　罗根泽也撰有《老子及老子书的问题》[2]、《再论老子及老子书的问题》[3]两文,唐兰对老子问题是"考"和"新考",罗根泽是"再论",可见他们的学术态度都是十分严谨的。他的主要观点是"老子就是太史儋,在孔子后百余年"。《老子及老子书的问题》一文认为,据《史记·老子传》的材料,基本可以证明老子就是太史儋,另有四个证据可为旁证:其一,聃、儋音同字通,《吕氏春秋·不二篇》作老耽,亦即其人,古声音同则可假借,于人名亦然。其二,老聃为周柱下史,太史儋也是周之史官。其三,老子出函谷关,太史儋入秦也必出函谷关。其四,老子八代孙不能与孔子十三代孙同时,太史儋的八代孙则正可与孔子十三代孙同时。他还认为《曾子问》里孔子问礼于老聃的记载多有可疑,至于《庄

① 唐兰:《老聃的姓名和时代考》,《古史辨》第四册,上海古籍出版社1982年版。
② 收入《古史辨》第四册,上海古籍出版社1982年版。
③ 收入《古史辨》第六册,上海古籍出版社1982年版。

子》"寓言十九"，所载大都"子虚乌有，凭空虚造，固当据研哲理，不能据论史实"。他进而分析，《史记·老子传》的来源，孔子请教老子，取材于道家；太史儋见秦献公，取材于旧史；老子世系取材于老氏家谱或者老子后人的传说。"或曰儋即老子"是旧史或老子后人之说，"或曰非也"是道家之说，两者比较，前者更为可信。在《再论老子及老子书的问题》中，罗根泽又增加了一些新的证据，进一步申论他的观点。例如根据《史记》所载老子的籍贯，老子为"楚苦县厉乡曲仁里人"，后有许多学者主张《史记》原作陈国，因为苦县属陈。但高亨《〈史记·老子传〉笺证》云："下文云：'老莱子亦楚人也。'亦即承此而言，则《史记》原本作楚，不作陈决矣。"这是很有力的论证，可见老子确是楚国人。由于楚灭陈时，孔子已死，这样就可以得出一个推论，老子若是孔子的前辈，死在楚灭陈前，应当说是陈国人；若是生长于楚灭陈后，则应该说是楚国人。如果《史记》记载老子为楚国人属实，则说明老子至少在楚灭陈之后还活了若干年，这就成了老子晚于孔子的证据。该文还从老子子孙、尚贤政治、礼教观念、诸书引老等方面论证老子应该晚出，如从老子的反尚贤来看，应该在孔墨后；从老子的反礼教看，应在儒家拥护礼教之后；《庄子》以前的书籍只引及孔子，未及老子等等，总之，所有证据都支持论者的观点，即老子是战国人，就是太史儋。

唐、罗以外还有多人撰文讨论，但所据材料和论证的思路大抵相似。

二　关于《老子》其书的争论

就老子其书的问题，也是众说纷纭，即使肯定了老子其人的身份，但《老子》书的作者是谁，又有许多不同看法。有持肯定说的学者如胡适，明确指出"孔子确曾向老子问礼，《老子》书确是老子所作"①，张季善、高亨、叶青等人亦赞同胡氏之说。但同时还有许多学者提出了不同的看法，如钱穆认为"《老子》成书于宋钘、公孙龙同时或稍后，作者大概是詹何"②；谭戒甫、罗根泽认为《老子》书为太史儋所著。还有一种观点，那就是把老子其人与其书分开来，如冯友兰认为老聃与李耳非一人，

① 《评论近人考据老子的方法》，《古史辨》第六册，上海古籍出版社1982年版。
② 《再论老子成书年代》，《古史辨》第六册，上海古籍出版社1982年版。

《老子》书在孔、墨、孟之后。郭沫若认为"集成《老子》这部语录的是楚人环渊"①等等。而争论的焦点，主要集中在《老子》成书的时间上，大致有四派意见：第一派《老子》成书早期说，即认为《老子》一书是老聃所作，老聃确在孔子之先，《老子》书完全可以代表春秋时期老子的思想，如胡适；第二派认为《老子》成书于战国中期，如持太史儋说的学者；第三派认为《老子》成书于战国末，如梁启超；第四派认为《老子》成书更晚，在秦汉之间，如顾颉刚等。第二、三、四派合称为《老子》成书晚出说。早出与晚出的争论，可以梁启超与张煦、冯友兰与胡适的各自辩驳为代表。

　　针对胡适的老子早出说，梁启超在评论《中国哲学史大纲》时便不同意，认为《老子》书晚出，并把书评的第五节以专文《论老子书作于战国之末》② 发表出来。梁文共提出了六点可疑之处也就是支持其论点的六条证据：（1）据《史记》记载，前辈的老子八代孙和后辈的孔子十三代孙同时，未免不合情理；（2）别的书不见称道，墨子、孟子好批评他人，也未提及老子；（3）《礼记·曾子问》里的老聃是个拘谨守礼的人，与五千言的精神恰恰相反；（4）《史记》记载老聃的有些史料出自《庄子》，《庄子》很多为寓言，不可据信；（5）《老子》书里的一些话太自由，太激烈，不大像春秋时人说的，在《左传》、《论语》、《墨子》等书里也看不出痕迹；（6）《老子》的一些用语和官名如"侯王"、"万乘之君"、"仁义"、"偏将军"等都是战国的。综合以上六点，梁启超得出了"《老子》这部书或者身份很晚"的结论。对于梁启超的疑问，张煦撰《梁任公提诉老子时代一案判决书》③ 逐条予以反驳。如关于孔老子孙的问题，张煦认为，除了考虑历世若干，还要考察历年多少，从孔子到第十四代，即汉景帝末年，约四百一十年，老子高寿，到第九代历四百年并非没有可能；况且，《老子列传》里"宫玄孙假"之"玄孙"不一定要理解为"曾孙"，玄有"远"的含义，如果把"玄孙"解释为"远孙"，则老子的子孙也不必局限在八代。又如对墨孟不提及老子的疑问，张煦指出，墨子虽未提老子，但其弟子禽滑离本先师老子，后师墨子；孟子不批

①　《老聃·关尹·环渊》，《古史辨》第六册。
②　收入《古史辨》第四册。
③　收入《古史辨》第四册。

评老子，但战国时杨朱为老子一派的代表，批杨朱已兼及老子了；而《论语·述而》"窃比于我老彭"句，老即指老子，《宪问》"或曰以德报怨"，则是直接来自《老子》。至于从思想层面看，老子自由、激烈的话，春秋时也是可以存在的；《老子》的一些用语如"侯王"、"仁义"等也不一定出于战国，如《左传》已"仁"、"义"对称，《史记》引周初谥法"仁义之所往为王"，而"偏将军"等词是注文误入正文。总而言之，张煦判决的结果是："梁任公所提出各节，实不能丝毫证明《老子》一书有战国产品嫌疑。"

　　冯友兰的《中国哲学史》在20世纪30年代问世以后，即备受关注，该书主张《老子》成书于战国。他说："就本书中所述关于上古时代学术界之大概情形观之，亦可见《老子》为战国时之作品。盖一则孔子以前，无私人著述之事，故《老子》不能早于《论语》。二则《老子》之文体，非问答体，故应在《论语》、《孟子》后。三则《老子》之文，为简明之经体，可见其为战国时之作品。此三端及前人所已举之证据，若只任举其一，则不免有为逻辑上所谓'丐词'（begging the question）之嫌。但合而观之，则《老子》之文体、学说及各方面之旁证，皆指明其为战国时之作品，此则必非偶然矣。"① 冯著还未出版时，就以讲义的形式送给胡适阅览，胡适认为他把老子归到战国，所举三项证据不足以推翻自己的老子早出说，遂写了《与冯友兰先生论老子问题书》② 驳之：第一，孔子前无私人著述的说法没有根据。孔子三岁时，叔孙豹已有"三不朽"之论，其中的"立言"应该是指私人著作。第二，《老子》非问答体，故应在《论语》、《孟子》后，也不是通则。《孟子》之前的《墨子》也非问答体，《老子》书韵语居多，若依韵语出现在散文前这一世界性的通则言之，则《老子》正应在《论语》前。第三，《老子》之文为简明之经体，可见其为战国时作品，此条更不可解。什么才是简明之经体？如果是指格言式的文体，那么《论语》也是。在这封信的最后，胡适顺便把梁启超《老子》成书战国末年说的六条证据一一反驳。对于胡适的意见，冯友兰又撰写《老子年代问题》③ 予以回应，但该文主要针对胡适反驳梁启超的

① 《中国哲学史》上册，第210页。
② 收入《古史辨》第四册。
③ 收入《古史辨》第四册。

文字而发，意在维护梁说，至于胡适在信中提出的三条批驳，却并没有作出有力的回答。此后争议继续，而老子晚出说的声音有加强之势，于是胡适又写了《评论近人考据老子年代的方法》① 一文，对梁启超、钱穆、冯友兰、顾颉刚四位主张老子晚出说的著名学者的研究方法进行了评述，指出了其不足。胡适说：

> 近十年来，有好几位我最敬爱的学者很怀疑老子这个人和那部名为《老子》的书的时代，我并不反对这种怀疑的态度；我只盼望怀疑的人能举出充分的证据来，使我们心悦诚服的把老子移后，或把老子书移后。但至今日，我还不能承认他们提出了什么充分的证据。

> 我已说过，我不反对把老子移后，也不反对其它怀疑老子之说，但我总觉这些怀疑的学者都不曾举出充分的证据。我这篇文字只是讨论他们的证据的价值，并且评论他们的方法的危险性。中古基督教会的神学者，每立一论，必须另请一人提出驳论，要使所立之论因反驳而更完备，这个反驳的人就叫做"魔的辩护士"，我今天的责任就是要给我所最敬爱的几个学者做一回"魔的辩护士"。魔高一尺，希望道高一丈，我攻击他们的方法，是希望他们的方法更精密；我批评他们的证据，是希望他们寻出更有力的证据来。至于我自己对于老子年代问题的主张，我今天不能细说了。我只能说，我至今还不曾寻得老子这个人或者《老子》这部书有必须移到战国或战国后期的充分证据。在寻出这种证据之前，我们只能延长侦查的时期，展缓判决的日子。怀疑的态度是值得提倡的，但在证据不充分时肯展缓判断的气度，是更值得提倡的。

胡适首先就冯友兰所谓逻辑上的"丐辞"指出，纵使那些"丐辞"合而观之，也不能成为老子晚出的证据，就像"聚蚊可以成雷，但究竟是蚊不是雷；证人自己已承认了的'丐辞'，究竟是'丐辞'，不是证据"。"丐辞"是把尚待证明的结论预先包含在前提之中，只要你承认了那前提，便不能不承认其结论。胡适通过分析，认为冯友兰用以证明老子晚出的三条证据全是"丐辞"，故不能承认。接着他提醒证明老子晚出的

---

① 收入《古史辨》第六册。

其他几种方法的不可靠，如钱穆根据"思想线索"或"思想系统"的分析，又如梁启超用文字、术语、文体等等来论证《老子》是战国作品，这些方法都是很危险的。胡适希望这些持老子战国说的学者研究方法能够更精密，能够拿出更加有力的证据来，在此之前，老子的年代问题可以"展缓判决"。应该说，胡适的评论很有针对性，逻辑清晰严谨，说理也相当充分。对此，冯友兰发表《读〈评论近人考据老子年代的方法〉答胡适之先生》①，就涉及自己的部分进行了应答。就该文的内容来看，虽然冯友兰仍然坚持自己的看法，但并不完全反对胡适的意见，他道出了自己的苦衷，因为他写《中国哲学史》，总要把老子放在一个地方，如果把《老子》一书放在孔子以前，觉得所需要的说明，比把它放在孔子以后还要多，因为当时对于先秦历史的认识，就与以前大不相同。而就当时对先秦历史的认识程度来说，把老子放在孔子后是最行得通的办法。对《老子》书的考证，他认为自己的贡献在于"指出现在所有证《老子》一书晚出的证据，若一一看起来都是不充分的证据，但合起来却是很强有力的证据。前一段是我与胡先生相同的，后一段是我与胡先生相异的"。至于胡适要求的更充分的证据，他承认除非有考古学的重大发现，否则是举不出来的，这不是由于方法不精密，而是材料的限制。从冯友兰的上述辩解可以看出，其《中国哲学史》中对老子位置的安排，是带有主观性的，但他期待有朝一日能够发现地下新材料为老子问题提供新的证据，这实为他自己的观点留下了一定的余地。

在疑古思潮下的这场关于老子其人其书的大讨论，虽然当时并没有得出一个统一的结论，但从老学本身的发展来看是非常有意义的。就总体情况来说，凡是持《老子》成书早期说的论证都相对合理，而要否定这一点，坚持《老子》晚出的结论，则比较困难。当然，随着马王堆帛书《老子》以及郭店楚简《老子》的出土，关于老子其人其书的问题已有了较清楚的认识，现在再回过头来看，胡适等人的观点即老先于孔、《老子》成书早期说大致是正确的，而晚出的观点则不能成立。②

---

① 收入《古史辨》第六册。
② 参熊铁基等著《二十世纪中国老学》，第513页。

三　老子晚出说在考证上存在的局限

在老子其人其书的大讨论中，持晚出说的学者可谓人多势众，其中包括多位学识渊博的学者，但最终却没有得出令人信服的结论，此固然与材料的不足有关，而他们在考证上存在一定的局限性，也是重要的原因。

其一，思想偏见。

对老子年代问题的讨论，早出或晚出，看似一个纯粹的学术问题，其实不然，两种观点对峙的后面，反映出持论者思想上的分歧，诚如《二十世纪中国老学》所指出的："老子及《老子》书的年代本不是学术史上举足轻重的大事，何以引起如此多的大家关注，学者们人标新解，家擅独诣，纷纷借借，史实讨论的背后，正是思想史在起作用。"① 这一点，胡适在多年以后也悟出来了，他说："二三十年过去了，我多吃了几担米，长了一点经验。有一天，我忽然大觉大悟了！我忽然明白：这个老子年代的问题原来不是一个考据方法的问题，原来只是一个宗教信仰的问题！像冯友兰先生一类的学者，他们诚心相信，中国哲学史当然要认孔子是开山老祖，当然要认孔子是'万世师表'。在这个诚心的宗教信仰里，孔子之前当然不应该有个老子。在这个诚心的信仰里，当然不能承认有一个跟着老聃学礼助葬的孔子。"② 胡适不愧为一个睿智的学者，他说出了问题的实质。冯友兰和钱穆都是儒学的维护者，自然不愿意承认孔子之前还有一位老子，哪怕这是历史的真相。如冯友兰在《中国哲学史》中所言："就其门人所纪录者观之，孔子实有系统的思想。由斯而言，则在中国哲学史中，孔子实占开山之地位。后世尊为惟一师表，虽不对而亦非无由也。以此之故，此哲学史自孔子讲起，盖在孔子以前，无有系统的思想，可以称为哲学也。"③ "虽不对而亦非无由也"这句话透露出了冯友兰写哲学史的倾向性，联系他和胡适关于老子时代问题的几次辩论，他不可能不知道《老子》书有先于孔子的可能性，而在哲学史中视孔子为开山，很大程度上是出于对儒家道统的坚持。在这个问题上，钱穆比他说得更加直接：

---

① 《二十世纪中国老学》，第 122 页。

② 胡适：《中国古代哲学史》"台北版自记"，安徽教育出版社 2006 年版。

③ 冯友兰：《中国哲学史》上册，第 29 页。

"先秦学派，渊源孔门，在前不容复有一为道家宗之老聃。"① 仅从学术的视角而言，这种思想上的偏见自然会影响求真的精神，这也可以解释作为国学大师的钱穆，为何对其他问题大都考证周密，见解精审，唯独在老子时代的考辨上产生盲点。

其二，方法论上的欠缺。

关于老子晚出说的多数论证，如果从方法上考察，大都存在一个先入为主的共同倾向，读之总觉得缺乏史学的坚实度，难怪胡适说这些论证无一让他心服。对于老子晚出说论证方法上的失误，胡适在《评论近人考据老子年代的方法》一文中言之甚详，也言之甚确。主要问题有二，其一是"思想线索"分析的不可靠。对梁启超、钱穆、顾颉刚等人所谓的"思想系统"或"思想线索"分析，胡适认为自己是"始作俑"者，应该负一部分责任，但他最后表示："我现在很诚恳的对我的朋友们说：这个方法是很有危险性的，是不能免除主观的成见的，是一把两面锋利的剑，可以两面割的。你的成见偏向东，这个方法可以帮助你向东；你的成见偏向西，这个方法可以帮助你向西。如果没有严格的自觉的批评，这个方法的使用决不会有证据的价值。"思想演进的分析，其弊在于主观随意性太大。例如钱穆对老后于庄的推理，就是建立在一个假设上，即思想的发展是由简单到复杂、由粗浅到深奥这样一种直线型的演进，其中尚且不说庄子之道是否真的比老子简单。显然，这个假设存在漏洞，所以也遭到了胡适的批评。其二是用文字术语文体等进行证明的不可靠。按胡适的说法，这个方法固然具有一定的作用，但也很危险，这是因为：（1）不容易确定某种文体或术语起于何时；（2）一种文体往往经过很长期的历史，而我们仅知道历史的一部分；（3）文体的评判不免带有主观的成见，容易出错。因此，如果用文辞、文体的标准来断《老子》的时代，误判的可能性是很大的。

其三，对《史记·老子列传》的误读。

对于考证老子其人其书的时代，《史记·老子列传》是绕不开的基本文献。晚出说的学者抓住其中的"或曰儋即老子，或曰非也"大做文章，实是或有意或无意的一种误解。司马迁明确肯定了老子与孔子同时，并著书五千言，孔子曾向老子问过礼。至于老莱子与太史儋的一些

---

① 《古史辨》"钱穆序"，第四册。

传闻，司马迁也记下来了，这正体现出这位史学家"信以传信，疑以传疑"的治史态度，也就是说力求客观真实地再现出历史的本来面貌，"或曰"并不是说司马迁已怀疑老子的身份了，而是把当时的实际情况反映出来。

另外持老子太史儋说的学者有一个重要的证据，那就是《史记》中所记老子的世系，据《老子列传》与《孔子世家》，老子之子为魏将宗，宗的后代假"仕于汉孝文帝"，似乎是七、八代，而孔子之后裔当时已十三代了。汪中、罗根泽、梁启超等学者特别强调孔老世系的差距，以证明《老子》书的作者不可能是老聃而只能是战国时期的太史儋。如罗根泽说"玄孙为孙之孙之专称，战国已经成立"，这样就为他的论证增加了一个重要的证据。实际上，玄孙未必为曾孙的专称，因"玄孙"也可作"远孙"解，例如《左传》僖公二十八年，"王子虎盟诸侯于王廷，要言曰：'皆奖王室，无相害也，有渝此盟，明神殛之，俾队其师，无克祚国及而玄孙，无有老幼。'"这里的玄孙，显然是远孙的意思。又陈景元在《道德真经藏室纂微开题》中引《史记·老子传》这段原文作"宫之远孙假"，可见古本《史记》有作"远孙"者，故陈景元引之如此。如果玄孙解作远孙，老子的世系也就不必限于第八代了①。

其四，疑古过度。

尽管流传至今的先秦文献已非常少，但仍有一些文献如《庄子》、《韩非子》、《礼记》等记载了老子其人其事。以《庄子》中的记载为例，其书称引《老子》者共有 19 处。不少主张老子晚出说的学者，借《庄子》大都为寓言不可信，而否定老子的存在，这显然与事实不符。《庄子》书虽"寓言十九"，但诚如郭象所云，这些寓言，"寄之他人，则十言而九见信"②。而且，老子与孔子，都是庄子所认定的"耆艾"，即"重言"的表达者。庄子借"耆艾"所说之话以增加其思想的真实性和可信程度，所载事实大都是有根据的。持晚出说的学者，不仅不相信庄子的记载，对《史记·老子列传》也动辄谓之是"道家的神话"，进行不必要的怀疑，最后甚至出现了孙次周那样极端的说法，认为老子在历史上根本

---

① 此点詹剑峰辨之甚详，可参《老子其人其书及其道论》第 36 页，湖北人民出版社 1982 年版。

② 《南华真经注疏》卷九，中华书局 1998 年版。

就没有存在过，"老子本无其人，乃庄周之徒所捏造，借敌孔丘者也"①。我们前面已指出，疑古的目的是为了求真，怀疑精神也是进行科学考证不可缺少的，但过度的疑古，则会偏离学术研究的正常轨道，结果往往适得其反。

---

① 收入《古史辨》第六册。

老子的"绝学无忧"新探

梅良勇　古琳

（江苏师范大学）

老子的"绝学无忧"是一种很高的精神境界。对它的内涵的不同理解皆源于对"学"的内容的把握，但更离不开对全文整体内容的理解。笔者认为，对《道德经》整体思想的把握，必须注重文章各句的上下文的连贯性和整体性效果。同样，对"绝学无忧"思想的理解，首先就应从它的出处进行具体的阐发。

一　"绝学无忧"思想的出处位置

"绝学无忧"思想源自老子的《道德经》。对于这一思想出处的具体位置，随着《道德经》不同版本的出现，存在这样两种观点，一种是《老子》通行本和王弼本中，将"绝学无忧"放在第二十章的领句；另一种赞同将"绝学无忧"放在第十九章末句，如归有光、姚鼐、高亨等。笔者根据第十九章和第二十章的内容来具体分析一下这两种观点：

绝圣弃智，民利百倍；绝仁弃义，民复孝慈；绝巧弃利，盗贼无有。此三者，以为文不足。故令有所属：见素抱朴，少思寡欲。（老子《道德经》第十九章王弼本）

绝学无忧。唯之与阿，相去几何？善之与恶，相去若何？人之所畏，不可不畏。

荒兮其未央！众人熙熙，如享太牢，若春登台。我魄未兆，若婴儿未孩。乘乘无所归！众人皆有余，我独若遗。我愚人之心，纯纯。俗人昭昭，我独若昏。俗人察察，我独闷闷。淡若海，漂无所止。众

人皆有以，而我独顽且鄙。我独异于人，而贵食母。（老子《道德经》第二十章王弼本）

　　第一种观点，将"绝学无忧"放在第十九章末句。从结构上看，我们看到前一部分"绝圣弃智，民利百倍；绝仁弃义，民复孝慈；绝巧弃利，盗贼无有"这三句话分别从"圣、智""仁、义""巧、利"三个方面阐述了绝弃的三部分内容，做到这三部分内容，就可以使百姓过上安居乐业的生活了吗？可见不全是这样，紧接着后面，老子讲了"此三者，以为文不足"，那还要做到哪些呢？提出了"故令有所属：见素抱朴，少思寡欲，绝学无忧"。结构上，"圣、智"与"见素抱朴"，"仁、义"与"少私寡欲"，"巧、利"与"绝学无忧"，这三者分别是对应的关系。从具体内容上看，第一句字面意思就是抛弃才能和才智，对百姓的利益而言才会增加百倍；抛弃所谓的"仁义"，百姓的孝心和慈爱之心才能得以恢复；抛弃机巧和私利，就不会有盗贼的出现，所以不要去学习以上的"圣、智""仁、义""巧、利"。第二句讲这三种绝弃做到了还不足以为文，指的就是恢复人的本来的纯真和朴实。第三句指出要回到本真、本来，就应该节俭朴素、减少私欲、拒绝学习以上的三种绝弃，从而达到无忧的状态。

　　第二种观点，将"绝学无忧"放在第二十章的领句。从结构上看，有着统领下文的作用，首先提出"绝学无忧"的命题，进而表明这一思想的精神状态是什么，最终表达自己的苦闷，即无法将"道"的真传授于大家，使人们无忧无虑。从内容上看，第一段老子讲，自己到绝学无忧的状态就是对于无论"唯、阿""善、恶""畏、不畏"，他所看到的与其他人是不同的，他人看到的是区别，而他看到的就好像是本质（其实老子是认为自己把握了"道"，感悟到"道"），其本源是相同的。第二段是老子具体表明自己与他人的不同之处，并指出根本原因就是得"道"。

　　笔者的观点是将"绝学无忧"放在第二十章的领句。这一句对于第十九章与第二十章起着承上启下的作用，第十九章主要讲的是"寡欲说"，通过对"三种绝弃"的强烈反对的态度，强调要使百姓真正的安居乐业，就是使其回到最本真的、最淳朴的状态。而到达到这一状态就需要贯彻"绝学无忧"的思想。这样就开始了第二十章的论述，第二十章具体的讲解了"学道"的最高境界就是"绝学无忧"，老子认为自己就是得

"道"的第一人，就像柏拉图的"洞喻说"中的第一个走出洞穴的人。所以他对万物的把握和感知是本质上的，而这一本质在他看来就是"道"。这一章的"唯之与阿，相去几何？善之与恶，相去若何？人之所畏，不可不畏？"的问句，在他看来在本质上是同质的。正因为自己把握了"道"，就有了与他人不同的感觉，有着想让他人明白"道"，却不知从何向其论道，让其明白的苦闷。在老子心里总是有个心愿，就是将"道"的真谛让所有人都和他一样领会，他提出了"绝学无忧"，方可真正的体会得"道"。

二 "绝学无忧"中的"学"

"绝学无忧"思想出处引起争议的根源，恰好在于对"学"的不同理解。而这也是理解"绝学无忧"思想的关键。"绝学无忧"中的"学"，主要涉及到的是学习的对象（或者内容）和目的。

首先我们探讨一下老子本人的学习思想，老子到底是赞同学习呢，还是反对学习？如果是赞同人们学习，那么他提倡的"学"到底指的什么？如何学？对老子思想的把握，离不开对《道德经》全文的整体把握，全面理解。在《道德经》第四十八章讲"为学日益，为道日损。损之又损，以至于无为，无为而无不为。取天下常以无事，及其有事，不足以取天下。"此处"为学"指的是感性知识的学习，"为道"是指理性知识的学习，即本质和规律的把握，对"为道"的理解，离不开"为学"的积累，通过对感性材料的不断加工、整合和抽象，形成的理性的东西就越来越统一，从数量上来说就是一个减少的过程，对万物解释的统一性的追求。由此可见，老子认为"为学"与"为道"是相互联系的。这样看来老子是赞同学习的，况且老子本人也是一位大学问家嘛。那么老子所谓的"学"又指的是什么？就是"绝学无忧"，即"得道"的学习。"学"而"绝学"，与老子在第三十七章所说"无为而无不为"，有着异曲同工之妙，都讲了得"道"的终极目的。

其次，探讨"绝学无忧"中"学"的内容，我们不能简单笼统地说成"得道"，因为如果说"学"是"得道"，那么"绝学"不就成了"绝道"？因此，对"学"的内容的理解离不开对"知"的把握，我认为"知"不仅仅是指"三种绝弃"，也不能简单地说成我们现代社会的知识

（自然科学知识）和学问，更不能说成是儒家的所谓的"仁义礼智信"。因为如果说"学"是指前章所说的"三种绝弃"，那后面的"此三者以为文不足，故令有所属：见素抱朴，少私寡欲"应不应该也是"学"的内容？文中说做到三绝弃不足以为文，那又如何能无忧呢？如果"学"是指知识和学问，那"绝学"难道就是拒绝知识和学问？显现不符合老子的学习观。如果说"学"是指儒家所谓的"仁义礼智信"，那么老子的思想就是针对儒家吗？此观点有点绝对。那么对"知"的内涵到底应该指什么？我的观点是，"知"是指我们在万事万物中获得的感性的知识，"绝学"不仅不能理解为拒绝学习感性知识，而且是更多地侧重于对感性知识的加工、整合和抽象，也就是思的过程。这一过程的进行，就是使感性知识减少的过程，因此成为"绝学"。

最后，探讨"绝学无忧"中"学"的目的，"学"的目的就是"为道人"，成为得道之人，那么紧接着遇到的问题就是，何为"道"，对于"道"的阐述可以说是在老子的《道德经》中处处可见，从第一章的"道可道，非常道"到第十四章对"道"的属性的表述，如"视之不见，名曰夷，听之不闻，名曰希，搏之不能，名曰微"直到三十五章"道"的表达状态"执大象，天下往。往而不害，安平泰"等，都在讲"道"的相关理论。那么，如何做才算是"得道"？"得道者"如何传播"道"？这些问题就成为我们该去思考和解决的问题。在我看来，"得道"就是达到"绝学无忧"的状态，这也就是"得道"的必经途径。而对于"道"的传播，在于个人对"道"的本真的属性的理解和感悟。"道"是一种追求原本、淳朴和自然的精神状态。

三　"绝学无忧"的内涵解释

从"绝学无忧"出处位置来说，笔者比较赞同王弼本，放在第二十章的领句。因此，对"绝学无忧"思想的理解和把握也就基于这样的一个结构出发。关于"绝学无忧"的解释大概有以下几种观点。

第一种观点就是将其理解为"拒绝一切知识和学问，方可达到无忧愁的状态"，如：任继愈认为就是"抛弃学问，可以使人无忧。"[1] 南怀

---

[1]　任继愈：《老子绎读》，第42页。

瑾认为"绝学无忧"做起来很艰难。绝学就是不要一切学问，什么知识独步执着，人生只凭自然。① 林语堂的观点"知识是一切烦恼的根源，弃绝一切知识，就不会再有忧愁烦恼。"②

第二种观点就是抛弃儒家所谓的"仁义礼智信"就可以使人无忧虑。如：陈鼓应的观点是"抛弃〔圣智礼法的〕学问，没有忧虑"③。饶尚宽的观点是"学，指儒家所提倡的仁义礼制之学"④。

第三种观点就是郭世铭认为"绝学无忧是学不要去追随他人、效仿他人，就不至左右为难。"⑤

第四种观点就是世铭的绝学无忧就是远离《老子》第十九章所说的"三种绝弃"⑥。

通过对以上几种观点的学习和理解，笔者认为"绝学无忧"的解释，不能仅仅局限在字面的含义，对它的理解离不开对老子《道德经》全书的宏观的、全面的和整体的把握。《道德经》全文八十一章内容，分上下两篇，上篇讲道，下篇讲德，老子通过对"道"的属性、状态以及作用表述，揭示出"道"到底是什么？人们又如何去感知和达到"道"的境界？"道"和万事万物的关系是什么等一系列问题的答案。而对"绝学无忧"的解释就在于对这些问题的解答，"道"是什么？在老子看来，"道"就是万物的本源，它是一种恍惚的东西，摸不到，看不着，不可表达的顿悟的精神状态。它具有"夷""希""微"的属性，不可用感官把握，它是一般的，存在的，有不能具体化为有形之物。"道"的最高境界就是"绝学无忧"，去追求人的无忧状态，使百姓的生活真正的快乐。在老子看来，回到人的本真，万事万物的本真就是在趋向于"道"的状态。

四 "绝学无忧"的现代启示

"绝学无忧"是"学道"的最高境界。如何做才能真正地做到"绝学

---

① 南怀瑾：《老子他说》，第 261 页。
② 林语堂：《老子的智慧》，第 69 页。
③ 陈鼓应：《老子注译及评价》，第 138 页。
④ 饶尚宽：《老子》，第 47 页。
⑤ 郭世铭：《老子究竟说什么》，第 77 页。
⑥ 同上书，第 58 页。

无忧"？那么对"绝学无忧"思想的理解和把握，对我们现代社会和人的生活会有什么样的启示呢？这是我们在对"绝学无忧"思考时，应该要解决的问题。

（1）"绝学无忧"的践行

对"绝学无忧"的践行，或者说是如何做才算是达到"绝学无忧"。我们从老子的《道德经》出发，去寻找答案。在老子的思想里，对"道""得道者""圣王"都有过明确的阐述和要求，然而"绝学无忧"又是"学道"的最高境界，那么可以说对"绝学无忧"的践行，就是对"得道"或者说是"学道"的追求。谈起"学道"需要从做人、处事、政治社会、生活态度、人生境界等几方面展开论述。

第一方面做人，对于"学道"，需要成为圣人，对圣人的做人准则最大的一条就是"后其身而身先，外其身而身存"。这是要求圣人做人要学会为他人着想，从他人的角度考虑问题，不要过多地计较自己的得失，要能先服务他人，才能真正的领导他人。此外，"得道者"应具有"玄德"的品质，才算"得道"。第二方面处事，"为而不恃，功成而弗居"就是处事的态度，体现出引导万物生长而不据为己有，不把自己的倾向强加给事物，功成名就了也不居功，保持"低调做事"的态度。第三方面政治社会，"学道"要求"无为而治"，但无为而无不为，无为是不做违反规律的事，不做不可能的事，不做坏的可能的事。使社会百姓的自然之态表现出来，还原人的本真、淳朴和自然的状态。第四方面生活态度，"学道"要做到"知人者智，自知者明"，学会知足者常乐，尽自己的全力去做，得到的才是恒常的，珍惜自己拥有的，再者就是"寡欲少私"的原则，对物质和功利避免过分追求，对于不合理的欲望要学会遏制。第五方面人生境界，总的来说这种人生境界就是"绝学无忧"，其表现在于对善恶，对错，有无的看待态度不同，在"得道者"眼里，此三者"相去几何"？真正的"得道"就应该是这样的人生境界。

（2）"绝学无忧"的现代启示

"绝学无忧"是对"道"的追求，换句话说到达"绝学无忧"就是"得道"。这种"绝学"是建立在对"道"的顿悟基础上而言的，当真正地领悟到"道"的真谛时，之前的知识就不再算是知识，在"道"面前，就不是重要的，可以不需要了，所以说是"绝学"。"得道者"就会真正地获得"无忧"，因为他已经得到了最根本的"道"，其他对他而言，就不再像那些"未得道者"那样,去占有和追求那些非本质的、非根本的存在。那么,"绝学无忧"的思想对现代有什么样的价值和启示?我们依然从做人、处事、政治社会、生活态度、人生境界等几个角度去分析"绝学无忧"思想带给我们的启示和价值。

第一,人们常说,人活在世,最重要的就是先学会做人。正所谓"十年树木,百年树人",可见做人是我们一切的基本。在"绝学无忧"的思想里,它无处不强调着做人的原则、方法和态度。做人的原则,老子常说,"后身身先,处身身存",告诉我们做人要学会为他人考虑,如"人人为我,我为人人"就体现的是这个道理。做人的方法,谈到做人的方法,就离不开对人际关系的处理,要学会"善人者不善人之师,不善人者善人之资,不贵其师,不善其资,虽智大迷"①。与人相处,学会学习和借鉴他人的长处,正确地看待他人的不足,要有包容之心。在更多的时候,不要把人与人之间的关系,尤其竞争对手的关系,看成绝对的敌对关心,应该懂得去共享,去团结,去合作,只有不断地提高自己的水平和实力,才是竞争的核心。此外,与人相处必须避免以自我为中心,不自以为是,学会做好自己的分内的事情,不去干涉他人的选择,做一个默默的台后者。做人的态度,第一点应该是低调的,知足者常乐。"知足"才可以真的恒常,"不知足"就会使最大的祸;第二点就是学会自我保全,讲求适度的追究和欲望,才是正道。(9 章)

第二,"贵以身为天下若可寄天下;爱以身为天下,若可托天下"②讲的就是处事的方法,想做成一番大事业,取得大的成就,就应该先学会付出,并把自己的利益置之身外。那么处事的态度是什么呢?老子这一章也讲过,就是"宠辱不惊"。对待事情,拥有正确处事的心态,比做成功此件事而言,更像是一盏导航的灯,只有航行的方向正确了,才会抵达理想彼岸。否则,看似的前进,实则离目标越来越远,背离目标方向的航行,只会越走越迷茫,失去自我。

第三,对政治社会的启示有三点,一是对政府和人民关系;二是社会的治理原则;三是社会的生态问题。现代社会,一提到政府和人民的关系,就会是这样说的"政府是服务性政府,政府全心全意为人民服务",

① 《道德经》第 27 章。
② 《道德经》第 13 章。

我相信政府的本义就是这样的，关注着民生，改善着民生。但到底怎样才是真正地让人民获得幸福，安居乐业？老子认为，就是"无为而治"。老子所说的无为，可不是指无所作为，治理国家，就应该不要过多地限制百姓本该有的自然的生活发展状态，还原人本就有的淳朴和自然。社会的治理原则应该是"大道"，老子认为社会上出现的矛盾斗争和各种问题，都源于对大道的废除，之后出现的仁义礼智都是反自然的，对仁义礼智的追求，是人的物欲和私欲被膨胀。因此说，治理国家只要让人们回到本来的淳朴的专业，做到"绝学无忧"即可。社会的生态问题，老子提倡适度原则和遵循自然的生长规律，严禁社会对自然的限制和破坏。

第四，"上善若水"的生活态度。人是情感动物，对生活态度的正确把握，对人无论是做人还是做事都有很大的帮助。"绝学无忧"的思想，阐述了与人无争，不得之得的生活态度。人的一生会有很多次的选择，但重要的选择就那么几次，我们做出慎重而重大的选择时，就该明白我们追求的是什么，什么才是对我们重要的。老子教会了我们，生活中，对我们最重要的就是珍惜我们拥有的，努力去付出，并获得能带给我们快乐的。不争之争，就像水一样，看似很柔软，实则像一把宝刀一般，可滴水穿石。不去争夺也是争的最高境界，才会真正的获取。不得之得，才会真的得到，因为拥有一颗平常心，这样也避免了患得患失。其实，人生活在世，最重要的就是活的自然。不去争抢，规范欲望，努力拼搏，一切皆可顺利获得，并真正的恒有，常有。

第五，人生的境界应该是不断地对"道"的追求。在现代社会，就表现在对社会中种种问题的正确认识和解决。现代社会出现的人际关系淡漠问题，官员贪污腐败问题，社会道德问题，食品安全问题，生态污染问题等，这一切问题的根源在于人的本真、淳朴和自然遭到破坏，人们对物质利益的追求超过了对精神的"道"的追求。随着社会经济的不断发展，给人们带来了这样一种误觉，金钱是衡量一个人的社会价值的最重要的尺度。人一定要物质满足了才有幸福快乐的可能，甚而言之，物质的满足才配得上拥有幸福。在这种误觉的规范下，人们日益趋于对自我利益的追求，但这种利益追求的背后，使人失去了本真的自我，原本的淳朴的自我，更甚是那个快乐的自我，同时，利益的不断扩大化带来了人类对自然的无情的和无尺度的征服，更是赤裸裸的掠夺，正如当年资本家对工人的天经地义地剥削一般。老子认为人们追求的正确轨道和方向是对"道"

的追求，成为"得道者"。因为"得道者"对待唯阿，善恶，得失等的看法与其他人是不同的，他们在意的不仅是物质的富有，更是深层次地反思"为什么"。人为什么活着？其答案就是"无忧"。"无忧"是建立在"绝学"的基础之上，"绝学无忧"是对"道"的不懈追求，其宗旨就是回归自然。

弱者生存之道
——老子谋略思想探析

代　云

（河南省社会科学院哲学与宗教研究所）

老子和韩非子，一个是道家创始人，一个是法家思想集大成者，他们的思想本来存在巨大差异，但在司马迁《史记》中，却将他们合传（《史记》卷六十三《老子韩非列传第三》）。这一做法体现出汉代人对老子道家的理解。司马迁的做法和理解对后世影响很大，比如理学大家朱熹，他在评判历史人物和学术发展时一向以客观和卓识见长，但在评价老子时却说："其心都冷冰冰地了，便是杀人也不恤……"（《朱子语类》卷一二五"老氏"）"老子心最毒……"（《朱子语类》卷一三七"战国汉唐诸子"）今天看来，这是很大的误解。客观地说，《老子》书中的谋略思想为这种误解提供了依据，当然这也与战国中期之后老子之学的发展有关。

前人对此误解早有辨析（如萧公权曾论述法家与黄老根本不同，见《中国政治思想史》上册，辽宁教育出版社1998年版，第266—268页。陈鼓应曾专文辩解，见《老子注译及评介》中《误解的澄清》一文，中华书局1984年版，第20—27页），但是我认为还有继续深入探讨的空间。本文试图在概述老子谋略思想的基础上，考察它产生的根源并判断它本质上是弱者生存之道。

一　老子谋略思想概述

老子谋略思想指的是《老子》中"以反求正"的政治斗争和为人处世的方法、策略。它是老子哲学在实际生活中的应用，在书中多有所见。本文以第2章和第36章为例进行概述。

1.　文本与解释：第 2 章

> 天下皆知美之为美，斯恶已；皆知善，斯不善已。有无之相生也，难易之相成也，长短之相形也，高下之相盈也，音声之相和也，先后之相随也，恒也。是以圣人居无为之事，行不言之教。万物作而弗始也，为而弗恃也，成功而弗居也。夫唯弗居，是以弗去。（第 2 章）

通常认为这章体现的是老子的辩证法思想。高亨（《老子注译》，河南人民出版社 1980 年版，第 25 页）评论这一章时说："这是老子的朴素的辩证观点"，任继愈（《老子新译》（修订本），上海古籍出版社 1985 年版，第 63 页）说："这一章前半集中论述了辩证法思想，提出一切事物都有对立面。""这一章的后半，表达了《老子》的'无为'的思想。"张舜徽（《周秦道论发微·老子疏证》卷下，中华书局 1982 年版，第 164 页）说："老子言事物之可名者，如有无、难易、长短、高下、音声、前后之类，皆以相对而存在。且皆相互依赖，彼此转化，包含有朴素辩证法思想。"

这一章"恒也"二字见于帛书甲乙本，不见于郭店简本和传世本，注者对此解释不同，接受度也不同。高明（《帛书老子校注》，"道经校注"，中华书局 1996 年版，第 231 页）在对比各个版本对这章第二节（从"有无之相生也"至"恒也"）的注解后认为："综合上述讨论，足证帛书甲、乙本此节经文远优于今本，尤其是最后有'恒也'二字，今本说漏。它是对前文诸现象的总概述。指明事物矛盾对立统一是永恒存在的。有'恒也'二字则前后语意完整；无此二字则语意未了，似有话待言之感。再如经文韵读，'生''成''形''盈''恒'协韵，语尾无'恒'字，则失韵。"刘笑敢（《老子古今——五种对勘与析评引论》上卷，中国社会科学出版社 2006 年版，第 105 页）解释版本不同时认为："如果我们以多数版本没有'恒也'二字来推测，那么'恒也'有可能是帛书甲乙本的祖本所加，以强调事物正反相依相生的普遍性。"同时又认为："从文义上看，'恒也'并非必要。"对于高明的意见，他说："高明则认为帛书本有'恒也'二字语意完整，且语尾'生''成''形''盈''恒'成韵，无'恒也'则失韵（高明 1996，231）。依此说，竹简本作为最早的古本，在语言形式上不如帛书本考究。如果我们把句式整齐当作一种‘考究’，那么的确是后出的版本更为‘考究’，此为‘语言趋同’之现象。”高明以协韵说明“恒也”二字在此节存在的必要，刘笑敢则以此证明《老子》版本演变中的“语言趋同”现象。

徐梵澄（《老子臆解》，中华书局1988年版，第4页）认为："'恒也'。二字为句，通行本无，此帛书佳处。"高亨（《老子注译》，第24页）注解时说："按此句（指'前后相随'——作者注）之下，帛书甲乙本有'恒也'二字。是总括上文的话，是说美与恶、善与不善，有与无，难与易，长与短，音与声，前与后等等矛盾对立，都是永恒的，即是事物变化的规律。"李零（《人往低处走——〈老子〉天下第一》，第29页）完全接受高明的意见："'恒也'，指永远如此，到处如此的东西。这是总结上文。"张舜徽（《周秦道论发微·老子疏证》卷下，第164页）也同意："'恒也'，乃总结上六句之辞，必不可少，今本夺去久矣。"对于张舜徽的观点，陈鼓应（《老子今注今译》，商务印书馆2003年版，第82页）有不同意见，他在引述张的论断后说："然验之郭店简本与通行本并无，帛本'恒也'二字，或为后人所加。"

任继愈的译本没有提到这一版本的不同，从他的译前提示来看，他把这章分为两个段落，以"是以"一句为界，前面讲辩证法，后面讲"无为"思想。他没有说明这两段之间的关系，高亨（《老子注译》，第25页）明确指出老子这里是"把这个规律运用到政治上"。因此从这章前后两段的内在关系来看，"恒也"是总结前文所列现象，将其上升为永恒不变的规律，并导出下文具体应用的一句话，是重要的和不可缺少的。

这章最后一句："夫唯弗居，是以弗去。"王弼本是："夫唯弗居，是以不去。"关于"弗"与"不"的区别，李零（《人往低处走——〈老子〉天下第一》，生活·读书·新知三联书店2008年版，第30页）解释道："一般认为，'弗'是加在省去宾语的动词前或介词前，'不'是加在带有宾语的动词和介词前；形容词和副词前，也是加'不'而不加'弗'。"根据这个解释，帛书本"居"与"去"都是省去宾语的动词，从上文来看省去的宾语是"功"，所以这句完整的句意应当是："夫唯不居功，是以不去功。"徐梵澄（《老子臆解》，第4页）解释"弗去"，是"不违，亦不离也。"所以这句直接翻译是："正因为不把功劳归于自己，所以功劳不会离开自己。"前一句是圣人主观上的意识与行动上的体现，后一句是客观上的结果，即以不居功而得到功劳。看起来，似乎前者是手段，后者是目的。

从这章前后两段内容来看，前面讲现象，从中总结规律，后面讲对规律的实践，其结果是"不居不去"，从"是以"这个转折词来看，这是圣人自觉运用规律的结果。

2．文本与解释：第36章

第2章前面集中论述辩证法，讲对立面相反相成，相互转化的规律。实际上，《老子》书中有大量的相关论述。据刘笑敢（《老子——年代新考及思想新诠》，台北：东大图书出版公司，1997年版，第149—150页）统计："《老子》八十一章中，将近一半的篇章提到成对或对立的概念，如有无、强弱、损益、巧拙、贵贱、主客、进退、正反、奇正、虚实、宠辱、难易、吉凶等，总计至少有八十多次。"书中除第2章外，包含"以反求正"之术的章节还有：

> 天长地久。天地之所以能长且久者，以其不自生也，故能长生。是以圣人退其身而身先，外其身而身存。不以其无私与，故能成其私？（第7章）

> 曲则全，枉则正；洼则盈，敝则新；少则得，多则惑。是以圣人执一，以为天下牧。不自视，故彰；不自见，故明；不自伐，故有功；弗矜，故能长；夫唯不争，故莫能与之争。古之所谓曲全者，岂语哉？诚全归之。（第22章）

> 大道氾兮，其可左右也。成功遂事而弗名有也。万物归焉而弗为主，则恒无欲也，可名于小。万物归焉而弗为主，可名于大。是以圣人之能成大也，以其不为大也，故能成大。（第34章）

> 为学者日益，闻道者日损，损之又损，以至于无为。无为而无不为。取天下也，恒无事；及其有事也，不足以取天下。（第48章）

> 为无为，事无事，味无味。大小多少，报怨以德。图难乎其易也，为大乎其细也。天下之难作于易；天下大作于细。是以圣人终不为大，故能成其大。夫轻诺必寡信，多易必多难，是以圣人犹难之，故终无难。（第63章）

> 江海之所以能为百谷王者，以其善下之，是以能为百谷王。是以圣人之欲上民也，必以其言下之；其欲先民也，必以其身后之。故居前而民弗害也，居上而民弗重也。天下乐推而弗厌也。非以其无争

与，故天下莫能与争。（第 66 章）

　　而最典型和最为人熟悉的是第 36 章："将欲翕之，必固张之；将欲弱之，必固强之；将欲去之，必固与之；将欲夺之，必固予之。是谓微明，柔弱胜强。鱼不可脱于渊，邦有利器，不可以示人。"学者们对这章的理解各不相同。高亨（《老子注译》，第 84 页）的诠释："这一章是老子相互的辩证观点。老子指出：翕与张，弱与强，废与举，夺与予，都是矛盾对立、互相转化的，必先有张之、强之、举之、予之，而后才有翕之、弱之、废之、夺之。这就说明用柔弱的手段，不仅可以取得胜利，还可以掌握政权。"任继愈（《老子新译》（修订本），第 144 页）说："这一章表达了老子的一些辩证法思想。这里提出了强弱、兴废等互相转化的关系。这也表达了老子的利用权术的思想。"李零（《人往低处走——〈老子〉天下第一》，第 120、121 页）用兵法与法家的"法、术、势"思想来理解这章中老子的治国之术："这是讲以道治国。《老子》讲治国之术，非常阴柔。它有一套奇怪的辩证法，越想干什么，就越不干什么，处处跟'常识'拧着来，装柔示弱，掩盖目标，迷惑敌人，有如老练的兵法。""'鱼不可脱于渊，邦有利器，不可以示人'，政治家离不开"法、术、势"，就像鱼儿离不开水。法是阳谋，术、势是阴谋。法所以御下，是给人拭看的，除外，术、势是藏起来的。后面这两样，是看不见的手。"

　　也有很多学者不赞成这种理解。高明（《帛书老子校注》，第.419 页）说："或者以此数句（指'将欲翕之'至'是谓微明'——作者注）为权谋之术，非也。圣人见造化消息盈虚之运如此，乃知常胜之道是柔弱也。盖物至于壮则老矣。……"这是把老子的以反求正之术视为对客观规律的应用。徐梵澄（《老子臆解》，第 51—52 页）从动机上来理解老子此术，他说："老氏'欲翕固张'之术，为儒林所诟病久矣。恶其机之深也。老氏此言，初未尝教人用此机以陷人，则亦不任其咎。医言堇可以杀人，非教人以饮堇也，教人免于其祸也。观于人类之相贼，操此术者多矣，亦不等老氏之教。"刘笑敢（《老子——年代新考及思想新诠》，第 169 页）与徐梵澄观点类似，论证更加全面和充分："以反求正的辩证方法与阴谋诡计有没有关系呢？我们说，以反求正的方法有可能成为阴谋诡计或被理解运用成狡诈的计谋，但老子以反求正的思想本身决不是阴谋诡计，而只是根据客观事物的辩证运动总结出来的一般性方法，特别是为弱者设计的一般性方法，当然，它也适用于强者，但对于强者来说，这种方法不如对弱者更为重要，更为有意义。老子哲学有可能被利用阴谋诡计，老子要不要对此负责呢？一般说来，我们是不应该为此而责备老子的，正如科学家可以发明原子能并用来发电，战争狂人却可以用原子能来制造大规模毁灭的杀人武器；发明刀子可以用来做饭做手术，歹徒则可以用刀子做谋杀的凶器，我们怎能因此而责备发明家呢？"刘笑敢这段话提出一个重要的观点：老子以反求正之术是特别为弱者设计的一般性方法。但是他没有明确和强化这一观点，而将其泛化为一般性方法，因此在辩解时显得不那么理直气壮。

张舜徽的观点比较独特："老子之意，以为人君如能善用此理以除强去暴，则无往不胜，斯不失为微妙之明智矣。"这个解释忽略了本章中重要的一句话："柔弱胜强。"陈鼓应（《老子注译及评介》，第20页）对《老子》中这个问题非常重视，在《误解的澄清》一文中，在提及三种误解后，专门论说第三种，也就是老子的谋略思想："三十六章这段文字被普遍误解为含有权诈之术。其实老子这些话只在于分析事物发展的规律，他指出事物常依'物极必反'的规律运行，这是自然之理，任何事物都有向它的对立面转换的可能，当事物发展到某一个极限时，它就会向相反的方向运转，所以老子认为：在事物发展中，张开是闭合的一种征兆，强盛是衰弱的一种征兆，这里并没有权诈的思想。"然后他又专节论述这一误解的由来并引用历代学者对此的辩解，为老子进行辩护。

综合以上诸家所论，对《老子》第36章思想的辨析，我认为刘笑敢从观点到论证最有说服力，他不仅从方法上来讨论，还从立场、动机上来判断老子这一容易引发歧解的思想主张，但没有把老子这一主张置于特定历史情境中来考察，所以持之不坚。

二 老子谋略思想产生的根源

将老子谋略思想理解为阴谋权术，这当然是一种误解，而误解的产生，除了读者自身先入为主的原因外，还因为老子思想本身存在一种矛盾，对这一矛盾的深入研究则会导向老子谋略思想产生的根源这个问题。

颜安世（《论老子道论的政治谋略意义——兼论老子道论两种意义的

矛盾》，《南京大学学报》（哲学·人文·社会科学）1997 年第 4 期，第 19—26 页）指出老子道论中存在两重性特征，认为这构成老子思想中的矛盾。他说："从古至今，这样多的人视老子为政治、军事斗争中的权谋大师，这当然是有原因的。《老子》五千言中，一方面具有道的哲学理解，有回归自然的隐者情怀，以及在自然中更新人格的理想主义精神。另一方面，又具有替统治者（侯王、治国者）出谋划策的意向，大谈如何在政治、军事、人生斗争中隐蔽自己，保全自己，克敌制胜的谋略。所以我认为老子道论具有两重性的倾向。一方面，道是指向自然生活的；另一方面，道又是指向政治功利的。"他认为这不合理，令人费解："老子之道的这两种精神取向，或者说两重性特征，我觉得是有些费解的。因为二者彼此矛盾，很难理解为什么同一个人，会同时有这两种价值取向。"

应该说，颜安世提出的这个问题对我们深入和准确地理解老子思想是很有意义的。他说这一问题为学界所忽略，但实际上，对于老子谋略思想在老子思想内部造成的矛盾，崔大华和李泽厚此前曾分别从哲学的和历史的角度进行过阐释。

1. 老子谋略思想的产生根源：哲学的阐释

崔大华在《老庄异同论》一文中从比较的角度分析老子"道"的本体论性质与运动特征，他认为："老子的'道'是具有某种实体性质（并不是'实体'）的实在。庄子认为'道统为一'（《齐物论》），'道无所不在'（《知北游》），也就是说，'道'是某种既内蕴于万物之中，又包容一切事物和状态的世界总体性存在，确切地说，这是一种哲学理念。"（《中州学刊》1990 年第 4 期，第 47—51 页）所谓"实体性质"，指的是老子之道的创生功能，有生就有始，因此老子的宇宙图景中万物是有始的，这与庄子不同。他进一步分析："这样，在老子那里，'道'的存在就表现为万物在'有''无'两极间往返运动的过程，表现为万事万物在任何两个对立的性质间往返运动的过程。老子将'道'的这种存在形式或事物形成过程概括为'反'：'反者道之动……天下万物生于有，有生于无。'（40 章）"他又以庄子为比较对象，认为老子的人生哲学中"目的和手段已经分离"，并认为"在一定的条件下，这种智慧的处世态度，就由'守柔'的求生存，转变为'以柔胜刚'，'欲取固与'（36 章）的以权术求发展，求用世。"他没有分析老子人生哲学与本体论的关系，实际上，以反求正就是老子道的运动特征"反"，即事物总是向对立面转化这一规律的应用。它在实践中表现出手段（"反"）与目的（"正"）分离，如此则存身之道就有可能转变为权谋诈术。这在老子思想的逻辑发展中是有迹可循的。

需要说明的是，这篇文章是崔大华《庄学研究》的部分内容，所以该文的论述重点不在老子而在庄子。因此，本文上述关于老子谋略思想产生根源的分析是在他的研究基础上所作的进一步推导。

2. 老子谋略思想的产生根源：历史的阐释

李泽厚（《中国古代思想史论·孙老韩合说》，人民出版社 1985 年版，第 77—78 页）认为老子突出的辩证法思想渊源于兵家："我的看法是，《老子》本身并不一定就是讲兵的书，但它与兵家有密切关系。这关系主要又不在后世善兵者如何经常运用它，而在它的思想来源可能与兵家有关。《老子》是由兵家的现实经验加上对历史的观察、领悟概括而为政治—哲学理论的。其后更直接衍化为政治统治的权谋策略（韩非）。"他将兵家思维方式概括为"把握整体而具体实用，能动活动而冷静理智"（第 83 页）《老子》则继承这一思想传统，"把用兵的'奇'化为治国的'正'，把军事辩证法提升为'君人南面之术'——统治、管理国家的根本原则和方略。"（第 85 页）

李泽厚在分析过程中提出一个重要的观点："《老子》一书是对当时纷纷扰扰的军事政治斗争，和在这些频繁斗争中大量氏族邦国灭亡倾覆的历史经验的思考和概括。"（第 85 页）基于这个判断，我们可以把颜安世和其他很多学者过于一般的观点（老子思想具有替侯王或者统治者出谋划策的政治谋略意义）具体化为这个观点：老子的谋略思想是为面临亡国绝祀危险的邦国统治者出谋划策的。在那个弱肉强食的险恶环境中，他坚定地站在弱者的一方，取的是弱者立场。

这个判断对于准确理解老子谋略思想至关重要。需要说明的是，李泽厚虽然从老子思想的渊源角度提出上面的观点，但并没有明确指出老子的弱者立场，他说："《老子》辩证法中另一突出特点是，在对立项的列举中，特别重视'柔''弱''贱'的一方。"（第 89 页）但对此他只理解为："这除了教导统治者要谦虚谨慎，重视基础（'圣人无心，以百姓之心为心'）之外，主要是要人们注意到只有处于'柔''弱'的一方，才永远不会被战胜。"（第 89—90 页）李泽厚从《老子》"小国寡民"（第 80 章）的描述中看到老子消极的社会论思想，他说："在《老子》那里，

'无为守雌'是积极的政治哲学，即君主统治方术。但这种积极的政治含义又恰恰是以其消极的社会层含义为基础和根源的。"（第91页）他没有将这一矛盾与老子的弱者立场明确关联起来，并进一步探讨这一矛盾产生的原因。

崔大华与李泽厚在各自探讨的论题内涉及到老子谋略思想的根源问题，分别从哲学的（内部）和历史的（外缘）角度不自觉地对这个问题提供了解释。

三　老子谋略思想的实质

1. 老子谋略思想的哲学基础：反者道之动

老子哲学的最高范畴是道。关于道的含义，历来众说纷纭，难有定论。刘笑敢（《老子——年代新考及思想新诠》，第184页）研究时曾追溯老子之道的诠释历史，将其概括为四类。他说："关于老子的道的概念，目前以中文为媒体的学术界的解释大约可分为四类。（1）本体或原理类，由胡适和冯友兰为开端和代表，绝大多数华人学者的观点属于此类。（2）综合解说类，可以方东美等为代表。（3）主观境界类，仅牟宗三倡之。（4）贯通解释类，可以袁保新为代表，本章（指《老子——年代新考及思想新诠》第六章 道与德：关于自然与无为的超越性论证——作者注）的探索也属于此类。"第一种解释"以西方哲学史概念解说中国哲学史的语词"（第188页）削足适履的结果是"出现了简单化的问题"（第188页），"无法全面把握中国古代哲学概念的真谛"，（第188页）"这样也很容易把中国古代哲学中的精华漏掉丢失，如工夫论或修养论、整体观点和知觉体验等内容。"（第188页）他认为后面三种说法"都可以看作是有意或无意地在纠正或弥补这种偏失。"（第188页）他自己的工作则是在袁保新研究成果基础上的再探索，他认为："老子之道是贯穿于宇宙、世界、社会以及人生的关于一切存在的根源性和统一性概念，是对世界的统一性的根本性解说。"（第183页）他说这是"从其哲学功能的角度为道下一个笼统的描述性定义"（第199页）。（注：他从五个方面对道进行诠释：世界之统一性：解释与诠释，世界根源之道：生成而不占有，世界根据之道：扶持而不主宰，道的实存特性，道的价值内涵）

刘笑敢的定义重文本，以老解老，力图纠前人之偏，但未能突出道的具体内涵。我认为，崔大华（《老庄异同论》）的诠释较为可取，可作补充：老子的道是"世界万物最后根源和具有超验性质"，"从本体论意义上说，是某种产生万物、开始万物的超验的、实体性的实在"，道的存在"表现为万物在'有'、'无'两极间往返运动的过程，表现为万事万物在任何两个对立的性质间往返运动的过程。"这个往返运动（"反"）更具体来说，就是指事物从无到有，从弱到强，盛极而衰，终至灭亡的过程。由于任何事物都包含对立面，总是要向对立面转化，因此他才能提出反常识的论断：柔弱胜刚强，而他的弱者立场才不致沦为消极、顺世，而是具有积极的求生存的一面。这在实践中表现为做事的策略、方法，即他的谋略思想。

2. 老子谋略思想的价值立场：弱者道之用

《老子》第40章首句："反也者，道之动也"，之后紧接着又说："弱也者，道之用也"。根据前面关于老子弱者立场的论述，这两句之间不是平行并列的关系，而是有着内在逻辑关系：第一句讲原理，第二句讲应用。

对这两句话，不同的注者理解不同，并且对第一句的理解直接关系到对第二句的理解。

高亨（《老子注译》，第95页）的注解："反，借为返，去而复回为返，即循环。……另一说：反与正相对，如高下、贵贱、成败、贫富等等，各向相反的一面转化。"两说中他取前者，即循环之意。陈鼓应（《老子今注今译》，第226页）与高亨意见相同："反者道之动：反，通常有两种讲法：一、相反；对立面。二、返；……在老子哲学中，讲到事物的对立面及其相反相成的作用，亦讲到循环往复的规律性。按此处之'反'，即'返'。郭店简本正是，谓'返也者，道僮（动）也'。"

刘笑敢（《老子古今——五种对勘与析评引论》上卷，第421页）辨析道："两者在《老子》中都能找到根据，似乎两种理解都对。然而，反而之反可以容纳返回之返，而返回之返却不可以容纳相反之反。……从老子思想的一般性来说，'反'更能全面反映《老子》的辩证思想。"李零（《人往低处走——〈老子〉天下第一》，第141页）也认为此处应读作"反"而不是"返"。任继愈（《老子新译》修订本，第148页）认为这是老子辩证法的重要原则，这一句他译为："向相反方向变化，是'道'的运动"，因此他也把"反"理解为相反之反。

我赞同刘、李、任的解释，第 40 章中的"反"是相反、反面的意思。它表述的是道的运动特征：总是向相反的方向转化。这样解释，才能理解后面的"弱也者，道之用也"。

正因为道的运动特征是"反"，事物一定要向自己的对立面转化，根据这个原理，在强弱双方对立、斗争时，弱的一方才有自保、取胜的可能，以反求正的策略才是有根据的、可行的。

因为对"反"的理解不同，对后面"弱也者，道之用也"的理解也不尽相同。高亨（《老子注译》，第 95 页）说："柔弱是道的运用。"任继愈（《老子新译》修订本，第 148 页）："柔弱是'道'的作用。"陈鼓应（《老子今注今译》，第 228 页）："道的作用是柔弱的。"从字面上看，三人的注解相同，但从他们进一步的解释中，我们看到高亨与陈鼓应观点相同，与任继愈不同。高亨（《老子注译》，第 95 页）评此章时说："这章是老子的宇宙论。他指出（宇宙本体）的两个特点：第一是循环运行，第二是行动柔和。"陈鼓应（《老子今注今译》，第 228 页）在这章的"引述"中说："道创生万物辅助万物时，万物自身并没有外力降临的感觉，'柔弱'即是形容道在运作时并不带有压力感的意思。"可见高亨与陈鼓应对这两句的理解完全相同，他们都把这两句当作老子道论的两个方面，它们之间是并列平行的，彼此没有意义关联。

任继愈（《老子新译》修订本，第 148 页）没有明确指出它们的关系，但在提示这一章的内容时说："老子把'弱'绝对化，脱离了具体条件，认为一切柔弱的东西都可以胜过刚强的东西，这就成问题了。只有新生的事物，虽然当时看起来柔弱，但是它有无限的生命力；没落的事物，看起来貌似强大，它却没有前途，垂死的阶级，并不能由弱转强。"任继愈将第 40 章第一句看作辩证法一条原则，将后一句理解为这一原则的应用，即柔弱胜强。他是用批判的立场来理解、评论老子这两句话，同时间接指出它们之间的关联：第一句讲原理，第二句讲应用。

刘笑敢（《老子古今——五种对勘与析评引论》上卷，第 422 页）也认为两句是并列的，不过与高、陈不同，他认为这都是体现老子"反"的价值取向。李零的观点最特别："《老子》喜欢讲一正一反。一正一反，才有运动，但矛盾双方，它总是取弱势立场。"（《人往低处走——〈老子〉天下第一》，第 141 页）他在这里明确点出《老子》的"弱势立场"，这与我们前文的结论相同。

　　老子生活的春秋末年，是中国历史上的巨变时代。从政治上来说，权力下移，周天子式微，诸侯争霸，在这过程中无数小邦国亡国灭祀。司马迁在《史记·太史公自序》中说："《春秋》之中，弑君三十六，亡国五十二，诸侯奔走，不得保其社稷者，不可胜数。"老子哲学就诞生在这样的环境中。

　　对于《老子》的辩证法和谋略思想，李泽厚（《中国古代思想史论》，第85页）说这是对"大量氏族邦国灭亡倾覆的历史经验的思考和概括"，李零（《人往低处走——〈老子〉天下第一》，第141页）说《老子》在矛盾双方总是取弱势立场，任继愈（《老子新译》（修订本），第148页）批判老子站在"垂死的阶级"一边。考诸《老子》文本，这些观点提示我们：老子以反求正的谋略思想实际上讲的是当时动荡的历史环境下弱者的生存之道。

　　有人可能会说老子有"取天下"的说法，其谋略思想应当不止于自保自存。事实上《老子》书中"取天下"字样仅三见：

　　　　将欲取天下而为之，吾见其弗得已。夫天下神器也，非可为者也。为者败之，执者失之。物或行或随、或嘘或吹、或培或堕。是以圣人去甚，去泰，去奢。（第29章）

　　　　为学者日益，闻道者日损，损之又损，以至于无为。无为而无不为。取天下也，恒无事；及其有事也，不足以取天下。（第48章）

　　　　以正治邦，以奇用兵，以无事取天下。吾何以知其然也哉？夫天下多忌讳，而民弥贫；民多利器，而邦家滋昏；人多智巧，而奇物滋起；法物滋彰，而盗贼多有。是以圣人之言曰：我无为而民自化，我好静而民自正，我无事而民自富，我欲不欲而民自朴。（第57章）

　　总的来看，三次提到"取天下"都有特定的语境，其中第29章和第48章是从否定的意义上讲"取天下"，第57章的重点是批判现实政治，更像是对强者的警告。因此我认为这并不能推翻本文的结论。

　　明确老子的弱者立场，就可以回应颜安世的问题，即老子不是一般地（如同法家）站在侯王立场上为他们出谋划策，而是站在弱者的立场上为他们的生存、自保找对策。

　　这一立场还可以解决李泽厚提出的老子思想中的矛盾，即积极和政治论与消极的社会论之间的矛盾。老子的政治论有明显的进取之意，老子的社会论具有反文明倾向，两者的矛盾可以这样理解：文明发展过程总是伴随着异化，社会进步往往会牺牲一些人的利益甚至生存，老子对此采取的是批判、拒斥态度，但他并没有听天由命而是用他高超的智慧和理性思辨能力来为弱者找到一条生存之道，在这个基础上，返璞归真，免去文明之累与争夺之苦。

综上所论，我认为老子谋略思想的实质是弱者生存之道，它反映的是老子的弱者立场而不是阴谋诈术，是老子的热心而不是冷静，是老子对现实生活的积极介入而不是冷眼旁观。

只是回望历史，我们也同样看到，老子所同情的弱者最终湮没在了历史长河中，老子本人也出函谷关，在留下五千言后，"莫知其所终"（《史记·老子韩非列传第三》）。这不能不让我们感到，在礼坏乐崩、天下无道的时代，"知其不可而为之"（《论语·宪问》）的不仅有儒家的孔子，还有道家的老子。

"道德生活论"与当代世界危机

仝红星

（河南科技大学；洛阳老子学会）

近代以来，科学技术和市场经济日益发展的同时，生态破坏、战争的威胁、道德的沦丧和复杂的社会冲突令整个世界充满了不安定。解决这些危机不能单纯用"头痛医头，脚痛医脚"的方式，必须有一种治本之策。本文认为，道德经中包含的"道德生活论"可从根本性解决当前世界危机。

一　老子"道德生活论"内涵

在《道德经》中，老子提供了一整套"道德生活"的目标、原则和模式。

1. "道德生活论"的基石——道法自然、天人合一的宇宙生态观。老子认为"道生一，一生二，二生三，三生万物"，既然自然界和人类都是"道"之所生，万物同源，因此整个地球，乃至整个宇宙都是一体的。老子认为人行为应当顺道而行并善待万物。所以老子思想中包含"道法自然、天人合一"或"万物同体"的宇宙生态观。

2. "道德生活论"的总纲——"尊道贵德"的人生观。老子的"道德"是指"道→德"，"道"指的是宇宙本原和规律；"德"则是人类遵循"道"的行为和思想。人类只有遵循大"道"，个体才能长寿快乐，社会才能和谐，否则就会受到惩罚。

3. "道德人格论"——仁慈、节俭、乐生、力行。老子的"道德人格论"是对个体人格的要求，老子在《道德经》67 章集中表达了"慈""俭""不敢为天下先"三种基本伦理。同时，在 9 章、33 章等章中论述了知足节制、知人知己、守本力行等美德。需要说明的是，老子的"慈爱"决非小仁小爱，而是大仁大爱。老子的节俭、知足、节制不仅是伦理要求，而且是理性行为，他认为失去这些伦理会导致灾祸发生。

4. 道德养生论——专气致柔、见素抱朴、少私寡欲

《道德经》认为人体是生理功能和心理功能的统一体，主张人要积聚自己的元气达到婴儿的状态，见素抱朴、少私寡欲，就能实现"长生久视之道"。

5. 道德政治论——无为无争、上善若水、反战和平。老子思想中理想的政治是"圣人之治"，其特点是：（1）无为无争：统治者不乱发号施令，百姓基本生活得到满足，没有过分的欲望。（2）上善若水：最好的统治者应具有"上善"之德：像水一样利万物而不争，心胸开阔，真诚仁义，守信等等。（3）少私寡欲、去甚去泰：百姓内心质朴，统治者不妄动、不极端、不奢侈。（4）反战和平：老子认为必要的武力只要达到合理的目的就行了，反对武力逞强和炫耀武力。

二　"道德生活"是解决世界生态和社会危机的钥匙

1. "道法自然"的思想是解决世界生态危机的哲学观

当前，世界面临深刻的生态危机，在这个背景下，相继催生了一系列国际环保公约和协定，旨在抑制二氧化碳的过度排放，保护大气层。目前这种努力已经部分取得成效，但实施根本"减碳"目标困难重重，根本对策就是推行老子的"道德自然"的生态和消费观。

（1）老子"道德自然"生态观优于人本主义的生态观。近代以来的人本主义认为人是万物之主，把人看作是位于自然之上的"享用者"和"管理者"。老子思想中包含鲜明的"道法自然、天人合一"的宇宙生态观，在这种生态观中，人只是宇宙大家庭平等的一员，人的一切行为必须顺"道"而行，合乎自然。从目前生态保护的角度看，老子的生态观显然优于人本主义的生态观。

（2）老子"万物同体""祸福相倚"的宇宙观有利于解决生态顽症——"环境所有权"的缺失。目前，世界环境的悲剧在于"环境所有权的缺失"，环境，尤其大气环境不属于任何人和国家，同时，在碳排放权即发展权思维的引导下，许多国家都不遗余力地向环境排污，并最终导

致全球生态恶化。为此,从《京都议定书》到"巴厘路线图"、"哥本哈根峰会",国际社会围绕限制碳排放量展开了多轮艰难的谈判,许多国家都想利用各种理由增加排碳量。在老子看来,万物同源,在国际大家庭中,大家都是成员,"福祸相倚",每个成员都有权利和义务享受和谐并奉献于大家庭。如果各个国家都认可这种观点,保护环境不是难题。

(3)老子的节俭和适度消费思想是解决环境难题的根本之策。国际上实施低碳消费的阻力有:第一,传统的"高碳"生产与生活方式具有极大的惯性;第二,低碳经济需要一系列低碳技术作为支撑;第三,从消费领域看,不少人具有极为强烈的高消费欲望,市场机制则推动了这种欲望的实现,把本来属于手段的财富当作目的,人成了奢华消费品的奴隶。美国政府拒绝在《京都议定书》签字令世界舆论大哗。美国拒绝降低排碳量不是技术和资本问题,而是许多美国人不愿意降低消费。在中国,不少群众盲目追求大房子、高档汽车和奢侈性消费品,这些消费大都是"高碳消费"。老子早在2500多年前就注意到消费需要和消费欲望的区别,提出了消费应以"实其腹、强其骨"为限。如果按照老子的思想来建构社会生产和消费系统,则生态危机可从根本上解决。

2. 老子的养生理念是个体健康的"法宝"

当今世界亚健康和疾病状态普遍存在,除了个体遗传的因素之外,主要成因是:(1)生存环境的恶化、大规模城市化导致的"城市病"破坏了人体正常生理机能;(2)运动缺乏或运动量过度或不及损坏人体的健康;(3)身体和心理持续紧张,破坏了人体内环境和心理平衡;(4)不良的生活习惯是造成亚健康和疾病最常见的原因。一句话,违反了"道德"和"自然"是致病主因。老子养生思想主张少私寡欲、贵和尚中、适度运动,内外兼修、促进身体与精神的和谐,这些无疑是预防现代病高发的根本"法宝"。

3. 老子的和谐思想是解决当今社会冲突的良药

有的学者指出:世界经济的一体化和日益严峻的世界冲突迫切需要一种全球文化,这种文化不是一种强势文化,而是一种道德力量,是从不同民族文化的多样性中提升出最具人性的、最赋予生命真谛的人类共性。这种文化扬弃了狭隘、自私、颓废和残忍,洗练出人性中的博大、宽容、进取、温和及谦让,如果依据上述标准,我们不难发现,这种道德力量应来自《道德经》。

第一，《道德经》包含了解决当今社会危机和冲突的良方。以 2008 年以来的严重的经济危机来看，此次危机经济层面的深层原因是"泡沫房地产"和"泡沫金融"综合作用，从心理角度看是部分人的贪婪发作的结果，如果根据老子"节俭""节制""稳健"的思想，把房地产局限于"安其居"（有房住）的限度内，"泡沫房地产"不可能产生，基于泡沫地产的"泡沫金融"也不可能产生。同样，用老子的思想处理国家冲突、民族与宗教冲突，都可以从根本上加以解决。

第二，老子的思想具有超越国界和民族的影响力。老子被誉为"东方巨人""中国和世界的第一哲人"，国外不少哲学家、文学家、管理学家乃至一些政治家都深受老子的思想影响，并给予高度评价，这说明老子思想具有的超越国界和民族的影响力。

第三，《道德经》中包含了"最具人性和最赋予生命真谛的人类共性"。从表面看，《道德经》以"道""德"为核心，但其实质也是以人为核心，它最大限度地满足了人性对"道（真理）"和"德（美德）"的追求。《道德经》包含了"万物共生""仁慈""节俭""见素抱朴""少私少欲""自知知人""自胜力行""反战和平"等一系列人类最优秀的美德，扬弃了人性的劣质成分，可以作为全人类的指导思想。

三　历史和现实证实了老子思想的实用性

中国历史的黄金时代如"文景之治""贞观之治"和"开元之治"都深深地打上了老子思想的印记。在西方社会中，不少人已经对过度消费倾向进行了自觉的"反思""抵制"或"逃避"。有的学者长期生活在乡间，过着简朴的生活，有不少普通的民众在节假日像逃避"瘟疫"一样离开城市，走向乡间。又如，20 世纪 90 年代欧洲出现了"生活方式小组"，成员严格区分必要消费与享受型消费，自觉限制对肉类、能源、汽油、建筑物和包装物的消耗，使其节余的部分收入用于政治、社会活动。他们发现自己的生活质量不仅没有下降，相反身体更健康，精神更充实与愉悦。同期成立于美国佛罗里达州的罗门哈斯公司，以推广"健康而可持续的生活方式"为宗旨，公司不仅生产舒适的自行车、环保的手提包和筷子等，而且推广关爱环境和健康的生活方式、轻松愉快的人际关系、肉体和精神上的替代医疗、健康的自我开发方法。目前已形成了较大规模的消费市场。这些行为和现象在客观上与老子思想是一致的。

在养生的层面上，世界范围内越来越多的人开始拒绝反季节蔬菜水果，用自行车代替汽车，步行上下楼代替电梯，也有不少人提出和实施"简单生活"计划：尽量"日出而作，日没而息"，开始在阳光和风雨中感悟季节变换，以一种平淡的生活态度面对生活中的各种物质诱惑，以简单面对复杂，虽然少了一些物质的享受和精神上的亢奋，但获得了更多的健康、心灵的清静，这些都可以理解为老子道德生活论的实践。

结　语

老子的"道德生活论"在世界范围的总体实现还较远，这个问题老子早就预料到了，老子叹道："吾言甚易知，甚易行。天下莫能知，莫能行。"（77 章）原因之一在于"知我者希"。为了宣传老子的思想，在老子思想的诞生地洛阳，一部分企业家和学者团结起来，组成老子学会，以有限的力量宣传和践行老子思想，取得了良好效果，有的企业难题少了，不少成员也从中获得了健康，有的八十老翁耳聪目明，有的甚至冬穿单衣，家庭也有了更多的和谐和幸福。如果世界有识之士团结起来，大力宣传老子的思想，国际组织、政府组织和民间组织对老子的思想有更多的认同感并付诸实践，全人类、每个国家乃至每个人一定有幸福和美好的生活！

王羲之"老子书道观"与老子道德观

王羲之（公元 303—361），字逸少，是东晋杰出的书法家和书学理论家。王羲之学书最早始于卫铄，之后书师于钟繇，草书又学张芝。因为他敢于推陈出新，将汉魏质朴之风化变为劲秀飘逸的书体，对后世影响尤为广博深远。王羲之的《兰亭序》被誉为"天下第一行书"，号为万世楷模。王羲之因为"兼撮众法，备成一家"，渐而取代钟繇书而风行于南朝，盛极于隋唐，世称之为"书圣"。

一　王羲之"老子书道观"

书法这门学科，古人称之为"书学"。又因为史上书家不断发现老子的"道学"可用来作为书法的理论基础，王羲之曾称书学为"书道"。

1.《笔阵图》中最早提出"书道"

王羲之的启蒙老师卫铄，即卫夫人（公元 272—349），字茂漪，河东安邑（今山西夏县）人。她是当时著名书家卫恒的侄女，在书法上擅长隶、正、行三体。王羲之从卫夫人处接受的书法理论便是《笔阵图》。《笔阵图》有说是王羲之根据卫夫人传授他的书学理论而整理的。因《笔阵图》后有"永和四年，上虞制记"之语，《书苑菁华》下断语说：《笔阵图》为"王逸少书论"。《笔阵图》中曾多次提到"道"字。如"近代以来，殊不师古，而缘情弃道""自非通灵感物，不可与谈斯道矣。"不仅如此，《笔阵图》最早提出了"书道"之义，意义深远。是说书法不仅是汉字书写艺术，而且其中的内涵包罗万象，既有"利而不害"的"天之道"；亦有"为而不争"的"圣人之道"；还有诸如"有无混成，先天地生"的混元气之道等等。

2.《笔阵图》与老子之道

《笔阵图》中说:"善鉴者不写,善写者不鉴。善笔力者多骨,不善笔力者多肉。多力丰筋者胜,无力不筋者病。""若执笔劲而不能紧者,心手不齐,意后笔前者败,若执笔远而急,意前笔后者胜。"这些话与老子3章所云:"圣人之治,虚其心,实其腹,弱其志,强其骨"和22章所云:"曲则全,枉则直,洼则盈,敝则新,少则得,多则惑,是以圣人抱一为天下式"等,有异曲同工之妙。

3. 王羲之的名、号和书体与老子之道

王羲之姓名中的"羲",指"羲轮(太阳)自光辉"的自然光。他字中的"逸少"的"逸"是指追求超越自我的放纵、释放、超脱,使本性回归于自然。王羲之吐故纳新,将自己博众之长而创新的书体,命名为"逸体"。逸体是王羲之为了在书法上追求一种飘逸俊秀的形美、意美、气美而创造出的一种书体。

二 王羲之"笔势书道论"

笔势,从狭义上说,指书法笔画运作过程中呈现的一种符合自然规律运动的态势、体势、笔力。从广义上说,书法的本身是一种具有某种灵动性的生命体,它呈现出的维性、神采、气韵、意境、意蕴、风貌、字格、尚情、意象、形质等,都属于古之笔力、体势行为艺术的结晶。古人通称之为"笔势"。

古代许多大书法家,都把书法笔势的运用与老子的"道法自然"相联系,如东汉蔡邕《九势》所言:"夫书肇自然。自然既立,阴阳生焉;阴阳既生,形势出矣。"王羲之《笔势论十二章并序》是中国书法史上重要的书法理论著作。这篇文章与他的《用笔赋》等,字里行间明确体现出老子思想的内容甚多。下面不妨将王羲之《笔势论》和老子《道德经》的章句做一对照而列表示下。

笔势论	道德经
序：转笔处众，莫识其源。悬针垂露之踪，难为体制，扬波腾气之势，足可迷人。	1章：道可道，非常道；名可名，非常名；无名，天地之始，有名，万物之母。故常无，欲以观其妙；常有，欲以观其徼。
序：此之笔论，可谓家宝家珍，学而秘之，世有名誉。	1章：玄之又玄，众妙之门。
创临章第一：夫纸者阵也，……心意者将军也，本领者副将也，结构者谋略也，扬笔者吉凶也，出人者号令也。着笔者调和也。	68章：善为士者不武，善战者不怒，战胜敌者不与，善用人者为之下，是谓不争之德，是谓用人之力，是谓配天之极。 42章：万物负阴而抱阳，冲气以为和。
启心章第二：夫欲书者，先于研墨，凝神静思，预想字形大小、俯仰、平直、振动，令筋脉相连。意在笔前，然后作字。	16章：致虚极，守静笃。万物并作，吾以观复。夫物芸芸，各归其根。归根曰静，静曰复命。
视形章第三：视形象体，变貌犹同，逐势瞻颜，高低有趣。分均点画，远近相须，播布研精，调和笔墨。锋纤往来，疏密相符，铁画银钩，方圆周正。……此乃妙中增妙，新中更新。	21章：孔德之容，唯道是从。道之为物，惟恍惟惚。惚兮恍兮，其中有象；窈兮冥兮，其中有精；其精甚真，其中有信。
说点章第四：夫着点皆磊落似大石之当衢，或如蹲鸱，或如蝌蚪，或如瓜瓣，或如栗子，各禀其仪，但获少多，学者开悟。	15章：古之善为道者，微妙玄通，深不可测。
	15章：天唯不可测，故强之为容，豫兮若冬涉川，犹兮若畏四邻，俨兮其若客，涣兮其冰释，敦兮其若朴，旷兮其若谷，浑兮其若浊。复此道者，不欲盈。夫唯不盈，蔽而复成。
处戈章第五：夫处戈之法，落竿峨峨，如长松之倚溪谷，似欲倒也，复似百钧之弩初张。处其戈意，妙理难穷。放似张弓箭发，收似虎斗龙跃，直如临谷之劲松，曲类悬钩之钩水。	28章：知其雄，守其雌，为天下溪；知其白，守其黑，为天下式；常德不忒，复归于无极。知其荣，守其辱为天下谷；为天下谷，常德乃足，复归于朴。
健壮章第六：立人之法，如鸟之在柱首；腕脚之法，如壮士之屈臂 放法如此，书进有功也。视笔取势，直截向下，趣义常存，无不醒悟。	36章：将欲歙之，必固张之，将欲弱之，必固强之；将欲废之，必固兴之；将欲取之，必固与之；是谓微明。
教悟章第七：凡字处于中画之法，皆不得倒其左右。横贵于纤，竖贵于粗，分间布白，远近宜均，上下得所，自然平稳。	64章：是以圣人，以辅万物之自然，而不敢为。 17章：功成事遂，百姓皆谓我自然。
观形章节八：夫临文用笔之法，复有数势。侧笔者乏，抻笔者人，结算者撮。……战笔者合，厥笔者成机，带笔者尽。翻笔者先然，起笔者不下，打笔者广度。	51章：道生之，德畜之，物形之，势成之，夫莫之爵，而常自然。 2章：故有无相生，难易相成，长短相形，高下相倾，音声相和，前后相随。

笔势论	道德经
开要章节九：夫作字之势。……伤其为难，不宜斜角，不宜峻，不用作其梭角。二字合体，并不宜阔，重不宜长，单不宜小，复不宜大，密不乎疏，短胜乎长。	77章：天之道，其犹张弓与，高者抑之，下者举之，有余者损之，不足者补之…唯有道者，是以圣人为而不恃，功成而不处。
节胜章第十：夫学书作字之体，须遵正法。字之形势不得上宽下窄。不宜伤密，……复不宜伤疏。不宜伤长，长则似死蛇挂树。不宜伤短，短则似踏死蛤蟆。此乃大忌，可不慎欤！	37章：道常无为无不为，王侯若能守之，万物将自化。化而欲作，吾将镇之无名之朴，无名之朴，亦将不欲；不欲以静，天下将自定。
察论章十一：临书安帖之方，至妙无穷。或有回鸾返鹊之饰，变体则于行中，或有生成临谷之戈，放龙笺于纸上。……彻笔则峰烟云起，如万剑之相成；吾务斯道，废寝忘餐，悬历年岁，乃今稍称矣。	14章：其上不皦，其下不昧，绳绳不可名，复归于无物。无状之状，无象之象，是谓惚恍。迎之不见其首，随之不见其后。执古之道，以御今之有。能知古始，是谓道纪。
譬成章第十二：凡学书之道，有多种焉。……方圆大小各不相犯。莫以字小易，而忙行笔势；莫以字大难，而慢展毫头。……倘一点失所，若美人之病一目，一画失节，如壮士之折一肱。……自然成就，以难学而自惰矣。	63章：天下难事，必做于易；天下大事，必做于细。是以圣人终不为大，故能成其大。 64章：合抱之木，生于毫末；九层之台，起于累土；千里之行，始于足下。为者败之，执者失之。是以圣人无为，故无败。

王羲之的《笔势论》与老子《道德经》章句一对照，不难看出，王羲之不仅对老子《道德经》有深刻的理解、领会和开悟，而且能以老子思想作为书法的理论基础，还按老子思想来指导书道的研究与创作，难怪他多次称书学为"书道"。

三 王羲之"修道书诀说"

王羲之不仅善学老子，而且也接触了道学。他与天台山紫真人交往甚密。王羲之之子王献之在《进书诀疏》中云："臣念父羲之字法为时第一，尝有《白云先生书诀》进于先帝之府。"晋时的"先生"之称，多指修道的道士与真人。王羲之正因为与"先生"有交往，并把天台山紫真人的《白云先生书诀》当作珍宝献于皇帝，足见他对道学是领悟颇深的。《记白云先生书诀》中说："书之气，必达乎道，同混元之理。七宝齐贵，万古能名。阳气明则华壁立，阴气大则风神生。"

这里首次提出"书之气"。气，乃道家用语，如人有三宝"精、气、神"，"炼精化气，炼气化神"等。王羲之也正是修道有方，并且把修道融入书学之中，他才会提出"书之气"。并进一步强调"书之气"，乃阴阳对立统一的混元之气，混元之气也就是老子一章所言"无名，天地之始"的朦胧之气。继而他说的"阳气明则华壁立，阴气大则风神生"，更进一步体现了老子思想中的"万物负阴而抱阳，冲气以为和"。《记白云先生书诀》还说："把笔抵锋，肇乎本性，力圆则润，势疾则涩；紧则劲，险则峻，内贵盈，外贵虚；起不孤，优不寡，回仰非近，背接非远，望之惟逸，发之惟静。"这些文字描述，虽说是书法技法方面的内容，而究其理，王羲之提出了书家的风骨来自个人的学识和修养。换句话说，字如其人，只有先做好人，然后才能写好字。正如老子所说："修之于身，其德乃真；修之于家，其德乃余；修之于乡，其德乃长；修德于国，其德乃丰。"（54 章）。

至于王羲之提出书家书写技法中充满阴阳之气对立统一的辩证因素，老子话中早已阐明了此理："曲则全，枉则直，洼则盈，敝则新，少则得，多则惑，是以圣人抱一，为天下式。"（22 章）

再看王羲之的《用笔赋》，多处有道风仙踪的意味。如"何异人之挺发，精博善而含章"。"藏骨抱筋，含文抱质"。"包罗羽客，总括神仙。季氏韬光，类隐龙而怡情；王乔脱屣，飞凫而上征。"诸如"异人"、"羽客"、"神仙"、"季氏"、"王乔"等无不是道家的东西。

四　王羲之"书道美学谭"

老子二章中说："天下皆知美之为美，斯恶矣；皆知善之为善，斯不善矣。"究其老子的美学思想，简而言之，可用"道"、"德"、"美"、"善"、"精"、"真"、"全"等字来阐述。而王羲之书道美学思想的来源，笔者认为，着重来自于老子及其道学。王羲之的美学，也就是书道学。即然是书道，必与老子之道学有紧密关闻。下面，我们不妨从王羲之书道学理论中提到的书意、书气、书风、形美诸方面，结合老子思想加以陈述。

1. 书意。书意是王羲之书道美学的重要内容之一。他在《自论书》中说："须得书意转深，点画之间皆有意，自有言所不尽，得其妙者，事事皆然。"

　　王羲之书学理论中，还多次提到"心意"、"意气"、"意思"、"意在笔前"等，指的都是这个"书意"。书法界依据王羲之提出的"书意"，近而产生了"意境"、"心境"、"意象"、"意蕴"之美学术语。追溯王羲之"书意"的来源，自然离不开老子的"道"、"德"、"美"、"善"、"无为"等内涵。

　　2. 书气。王羲之提出的"书之气"，包括书家气度、气骨、气质、气概、气韵、气象等内容，"必达乎道，通混元之理"的原则。这里提到的"道"和混元之理，就是指老子《道德经》中提到的"天之道"、"地道""圣人之道"、"道冲"、"道常无名"、"道法自然"的内容。老子提出的"无"，诸如"无，名天地之始"、"故常无，欲以观其妙"、"天地万物生于有，有生于无"等，就是王羲之说的"混元"之气。王羲之正是领悟了老子的"道"，而提出了"书道"；领悟了老子的"无"，而提出了"书之气"；领悟了老子的"无状之状，无象之象"的混元阴阳之气而提出了通"混元之理"。

　　3. 书象。是指书品的表象、气象、意象而言。书象对于"书意"、"书气"而言，若拿老子"有""无"的观念讲，"书象"就是有，"书意""书气"就是"无"。如果没有"书象"的存在，就不可能产生"书意"与"书气"。

　　关于书象，在王羲之的书法理论的章句中几乎是俯拾皆是，并且全是来自自然界之物体与现象。例如，王羲之《用笔赋》中写道："游丝断而还续，龙鸾群而不争，发指冠而皆裂，据纯钩而耿耿……　若长天之阵云如例松之卧谷……　射雀目以施七拔长蛇兮尽力。草草渺渺，或连或绝，如花乱飞，遥空舞雪，时行时止，或卧或蹶。"王羲之书象，来自于自然；王羲之形美，悟自于自然。

　　4. 形美。王羲之创造书法之逸体，就是为了追求形美。他追求形美，主要表现在雄逸、雅拙、柔美等几个方面。

　　5. 雄逸。谓之雄健、飘逸。梁武帝萧衍《古今书人优劣评》说王羲之书法"字势雄逸，如龙跃天门，虎卧凤阙，故历代宝之。"因为王羲之追求的"书道"，要"道法自然"之规律，故此，这种"字势雄逸"，就来自于王羲之人性的自然表达。雅拙，又称稚拙，来自于老子的"大巧若拙，大智若愚"和"无名之朴"等。王羲之的书法以稚压拙，拙中露稚。故王僧虔在《笔意赞》中说"书之妙道，神彩为上，形质次之。"

《艺概》说："逸少则动合轨仪，调谐金石，天姿神纵，无以寄辞，天质自然，丰神盖代。"柔美，是指柔与刚、阳与阴、严肃与飘逸、雄健与纤丽、质朴与巧妙、法度与自然等高度融合的美。正如老子所言："天下之至柔"（43 章）"见小曰明，守柔曰强"（52 章）"天下莫柔弱于水……弱之胜强，柔之胜刚。"

　　王羲之追求的书道美，既有寄刚于柔的"抽刀断水水更流"之美，亦有柔弱如草似的"墙头雨细垂纤草"之美，更有意蕴中"春来遍是桃花水"之美。唐太宗李世民写《王羲之传论》赞誉"尽善尽美，其惟王逸少乎！观其点曳之功，裁成之妙，烟霏露结，状若断而还连；凤翥龙蟠，势如斜雨反直。"李嗣真评价王羲之是"草行杂体，如清风出袖，明月入怀"。项穆《书法雅言》说："逸少一出，会通古今，书法集成，模楷大定。"梁人金石《书品后》说王羲之书"如阴阳四时，寒暑调畅，岩廊宏敞，簪裙肃穆……可谓书之圣也"。

黄老学视域下《凡物流形》中的"执一"之道

苗　玥

（北京大学哲学系）

引　言

　　《上博七·凡物流形》自公布以来即得到学界的高度关注和广泛研究，其成果涉及编联分章、文字释读、学派归属及思想内涵等诸多方面。虽然成果丰硕、覆盖全面，但对其哲学内涵的系统阐发仍显不足，尤其是立足于黄老学整体视域对其思想的审视尚且薄弱，从而有必要借助传世文献进一步梳理其深旨。

　　通过对当前研究成果的分析与综合，在编联分章问题上，本文采用王中江教授在《〈凡物流形〉编联新见》① 一文中给出的编联意见。通过对简文的音韵学考证和字迹学考证，此种编联方式目前已得到学界的普遍认可。在学派归属问题上，本文借鉴王中江教授和曹峰教授的意见②，将战国楚竹书《凡物流形》定性为黄老学文献，究其原因主要出于对简文中屡次出现的"一"的考虑。正如王教授所言："在诸子学中，如果说不同的核心术语对于不同的学派来说具有标志性或分水岭的意义，那么'一'就是能够把道家更具体地说是黄老学同其他学派划分开的一个标志性概念。"③ 而此篇简文正是通过"一"来构建其宇宙论和政治学的。

　　综上所述，从黄老学的视角出发，本文将着重讨论《凡物流形》下

---

　　① 王中江：《〈凡物流形〉编联新见》，简帛网，2009 年 3 月 3 日。
　　② 参见王中江《〈凡物流形〉的宇宙观、自然观和政治哲学——围绕"一"而展开的探究并兼及学派归属》，《哲学研究》2009 年第 6 期；曹峰：《上博楚简〈凡物流形〉的文本结构与思想特征》，《清华大学学报》2010 年第 1 期。
　　③ 王中江：《简帛文明与古代思想世界》，北京大学出版社 2011 年版，第 80 页。

半篇中的政治哲学思想并围绕"执一"之道展开论述。所涉及的核心问题主要包括:"执一"的缘由(亦即必要性)、"执一"的内涵(亦即内在性)、"执一"的落实(亦即现实性)以及"执一"的归宿(亦即成效性)四者。除此以外,在对简文内涵的理解上,本文也将参考学界意见将其与道家传世文献,尤其是《老子》、《庄子》、《管子》四篇、《文子》等进行对读,希求以此深入剖析黄老学的核心概念"一"在楚竹书《凡物流形》中的政治演绎。

一　道生万物:"执一"的缘由

楚竹书《凡物流形》中,"一"的概念反复出现十九次之多,而"道"的概念仅出现三次。权衡其比重来看,"一"显然是此篇简文的重要概念且与黄老学将"一"作为核心范畴的学派特征相吻合,黄老学的"一"即可理解为老子的"道"。在着重阐述其政治哲学思想的下半篇中,"执一"和"执道"的概念又具有纲领性的提点意义,可以说整个下半篇都在围绕着为何"执一"、何谓"执一"、如何"执一"以及"执一"的意义而展开。因此,对"执一"之道的讨论可作为把握全篇意旨的关键,而简文首先需要澄清的问题即是"执一"为何必要?

对"执一"的缘由亦即其必要性的考虑,就简文而言,主要从宇宙生成和国家治理两个方面考虑。其宇宙生成论的表述出现在第二十一简:"闻之曰:一生两,两生参,参生女(母),女(母)成结。是故有一,天下无不有;无一,天下亦无一有。"对这一简的解读,学界争论的焦点在于"女"字的释读。归纳起来主要包括四种读法即读"母"①、读"四"②、读"如"③ 和直接读"女"④。除读"四"的一派不将此简归入宇宙生成论,其他三种读法都将其与通行本《老子》第四十二章中"道生一,一生二,二生三,三生万物。万物负阴而抱阳,冲气以为和"一

---

① 参见秦桦林《〈凡物流形〉第二十一简试解》,复旦大学出土文献与古文字研究中心网,2009 年 1 月 9 日。

② 参见曹峰《上博楚简〈凡物流形〉"四成结"试解》,简帛研究网,2009 年 8 月 21 日。

③ 参见丁四新《"察一"("察道")的工夫和功用——论楚竹书〈凡物流形〉第二部分文本的哲学思想》,《武汉大学学报》2013 年第 1 期。

④ 参见顾史考《上博七〈凡物流形〉下半篇试解》,复旦大学出土文献与古文字研究中心网,2009 年 8 月 23 日。

句对读，并依西汉解经传统将简文的"一"解释为"道"，"两"解释为阴阳二气，"参"解释为"和气"①，笔者赞同以上的解读。对于"女"字，笔者倾向将其读为"母"。原因之一在于《老子》中不曾涉及"女"，偶有"如"但均表象征和对比之意，与此处文意不合。而"母"则较多谈及并以"天下母"、"万物之母"、"治国之母"的结构出现，这与本简涉及的宇宙论乃至本篇涉及的政治学相呼应。原因之二在于读为"母"表示和气产生天地万物的原始雏形，这一原始雏形的自然演化进而构建起万物间变化、繁衍的关联和纽带。因而，产生天地万物并确保其生生不息的依据在于"一"，也就是"道"。简文中对其的表述为："无【21】[目]而知名，无耳而闻声。草木得之以生，禽兽得之以鸣，远之施【13A】天，近之荐人。"这里所要阐明的正是"一"创生天地万物的运化过程亦即生物的层面。不仅如此，在成物的层面，也就是"母成结"的环节中，天地万物间相互关联、运动变化的原则和根据也在于"一"。《韩非子·解老篇》即云："道者，万物之所然也，万理之所稽也。理者，成物之文也；道者，万物之所以成也。"因此，"一"（或是"道"）既是万物如何成为其自身（所以然）的根据，也是万物如何实现其自身（所当然）的依据。"执一"的首要缘由即在于"一"（或是"道"）是天地万物生成上的根源，万物由"一"而生，因"一"而成。

　　除此之外，"执一"的现实缘由在于"一"是君王治理国家的保证，百事庶物因"一"而秩序井然且不失其条理，君主持守"一"的原则便能拥有天下进而治理天下。简文中的表述为："闻之曰：能执一，则百物不失；如不能执一，则【22】百物具失。""得一[而]【23】图之，如并天下而助之；得一而思之，若并天下而治之。[此]一以为天地稽。【17】"这层含义在传世文献中也有表述，《管子·心术下》云："慕选而不乱，极变而不烦，执一之君子。执一而不失，能君万物。"《文子·道德》云："君执一即治，无常即乱，君道者，非所以有为也，所以无为也。"《马王堆帛书老子乙本·道经》云："是以圣人执一以为天下牧。"由此可知，君王只有"执一"才能保证秩序的稳定、百姓的和睦以及国家的安宁。所以，简文末尾也重申道："闻之曰：一言而终不穷，一言而

① 《淮南子·天文训》："道曰规，道始于一，一而不生，故分而为阴阳，阴阳合和而万物生。故曰'一生二，二生三，三生万物。'"

有众，【20】｛众｝一言而万民之利，一言而为天地稽。握之不盈握，敷之无所《容》，大【29】之以知天下，小之以治邦。"此处的"一言"廖名春先生读为"一焉"并将"言"解释为"乃"、"就"①。此种读法虽然通顺并指明"一"的核心作用，但实则不必，可以直接读为"一言"。其原因之一在于此句以"闻之曰"引出，表示其所说为借鉴或是引用。其原因之二在于《管子·内业》篇即有"一言得而天下服，一言定而天下听，公之谓也。"陈鼓应先生即将"一言"释为"道"。② 张舜徽先生对"一言之解，上察于天，下极于地，蟠满九州岛"一句的解释中也提到："若能解道之一言，则能察天极地，而中满于九州岛。"③ 因此，此处正是对"执一"（或是"执道"）作为国家统治保证的阐明，而按照孙飞燕先生的释读④，其后"握之不盈握，敷之无所容。"则是对所执之"一"（或是"道"）的"大而无外，小而无内"的特性表述。

二　道法自然："执一"的内涵

　　从生成的根源到治国的保障，君王"执一"都是对"一"（亦即"道"）的内在原则的持守和效法。那么，"一"的内在原则究竟为何？也就是"执一"所执为何？

　　楚竹书《凡物流形》中对"一"的内在原则的谈及似乎可以从两段"执此言起于一端"着手以窥其端倪。简文云："闻之曰：至情（静）而知（智），【15】执知（智）而神，执神而同，执同而金，执金而困，执困而复。是故陈为新，人死复为人，水复【24】于天咸，百物不死如月。出则又入，终则又始，至则又反。执此言起于一端。【25】""是故一，咀之有味，嗅［之有臭］，鼓之有声，近之可见，操之可操，握之则失，败之则【19】槁，贼之则灭。执此言起于一端。"对于第二十四简的释读学界争论颇多，不仅涉及对文字的隶定还关系到对含义的把握。本文综合廖

① 参见廖名春《〈凡物流行〉校读零札（二）》，孔子2000网，2008年12月31日。
② 陈鼓应：《管子四篇诠释：稷下道家代表作解析》，商务出版社2009年版，第104页。
③ 张舜徽：《周秦道论发微》，中华书局1982年版，第289页。
④ 参见孙飞燕《读〈凡物流形〉札记》，孔子2000网，2009年1月1日。

名春先生和秦桦林先生的意见①采取上述释读方式。原因之一在于根据
《说文解字》，"同"表"齐"之意，"金"表"咸、皆"之意。二者具有
后天一致和先天相通的差别，因此不需另寻其他通假字加以阐释。原因之
二在于第二十四简的表述形式非常近似于通行本《老子》第十六章中
"知常容，容乃公，公乃王，王乃天，天乃道，道乃久，没身不殆。"一
句，均表示程度上的演化。但不同之处在于通行本《老子》展现出逐层
上升的态势而楚竹书《凡物流形》则呈现出循环反复的倾向，而这种倾
向正蕴含着《老子》"反者道之动"的运动模式以及《系辞》"穷则变，
变则通，通则久"的变化趋势。可以说，"道"反向运动的规则性具体即
指"执同而金，执金而困，执困而复"的物极必反原则和"出则又入，
终则又始，至则又反"的循环往复规律。从而，"一"的内在原则首先表
现为物极必反的原则和循环往复的规律。因此，君王"执一"正是要认
识这一原则并因循这一规律，而这一规律乃是自然本身的秩序，这一原则
乃源于对自然界普遍法则的效法。之所以如此引申，一方面源于简文上半
篇围绕自然界现象集中展开追问，比如"月之有晕，将何征？水之东流，
将何盈？日之始出，何故大而不炎？其入中，奚故小雁障夛？"太阳的东
升西落、月亮的阴晴圆缺等等这些自然现象恰好呈现出反复消长的姿态。
而这种姿态正是自然本身的秩序性，这种秩序性正是所谓"一阴一阳之
谓道"。因而，"一"（或是"道"）既源于自然又归于自然。另一方面源
于通行本《老子》中"道法自然"的表述，《老子》第二十五章云："人
法地，地法天，天法道，道法自然。"对此一句王弼的解释为："道不违
自然，乃得其性。法自然者，在方而法方，在圆而法圆，于自然无所违
也。"② 综合这两方面可以证明"一"（或是"道"）即是对自然法则的承
认、尊重乃至遵循。从而，"一"的内在原则其次表现为对自然秩序的因
循。甚至可以说，"一"（或是"道"）的本性即是"自然"。而试图掌控
或是改变"一"的内在原则都将走向"治道"的反面，正所谓"握之则
失，败之则槁，贼之则灭"。因此，"执此言起于一端"的含义为君王认
识"一"的内在原则并因循其内在原则而施行自然无为的治理。可见，

---

① 参见廖名春《〈凡物流行〉校读零札（二）》，孔子2000网，2008年12月31日。秦桦
林：《楚简〈凡物流形〉札记二则》，简帛网，2009年1月4日。

② ［魏］王弼注、楼宇烈校释：《老子道德经注校释》，中华书局2013年版，第64页。

"一"的内在原则在国家治理层面由万物的"自然"过渡到百姓的"无为"。由此,这里的"一端"便通过效法自然的秩序而转化为施行无为的统治这一政治层面。张舜徽先生对《老子》二十五章的解释中便提到:"老子以道为'先天地生','可以为天地母',故推尊之曰'天法道',道主无为,故又云'道法自然'。"① 进而,"一"的内在原则最终落实到国家治理层面则被具体的表达为对"无为而治"的奉行,执"一"之道即是执"自然无为"之道。

如果说"黄老之学是以老子道论思想为主轴,同时结合齐法家'法'的思想,以及当时盛行的刑名观念而融会出的新道家思潮。"② 那么,楚竹书《凡物流形》则尚未凸显"刑名"、"法"的原则在"治道"中的作用,这便是此篇不同于黄老学传世文献之处。《管子·白心》云:"名正法备,则圣人无事。"显然,这里将"无为而治"的"执一"原则具体落实为法律的完备和刑名的端正,也就是说君王若能依照法律和刑名制度来治理国家,便自然能达得"无为而治"(亦即"无事")的政治效果。那么,黄老学之"法"源于何处?其与道家之"道"的关系又如何?《管子·任法》中虽然有"有生法,有守法,有法于法。夫生法者君也,守法者臣也,法于法者民也,君臣上下贵贱皆从法,此谓为大治"的表述,似乎"法"源于君王的个人意志,"君"是法律原则的依据。但《管子·心术上》中亦有:"故事督乎法,法出乎权,权出乎道"的表述。所以,黄老学之"法"依然是对道家之"道"的因循,而"道"又效法自然的秩序。由此,黄老学之"法"亦可视为"道法自然"落实于人间秩序,施用于国家治理的具体体现。正如王中江教授所言:"老子的'执一'或'执道'是'执无为',它还没有体现到法律制度上。到了黄老学,君主'执一'、'执道'是'执无为',更是执法律之'一'。因为通过掌握和运用统一和普遍的法律,君主就能够做到'无为'。"③

---

① 张舜徽:《周秦道论发微》,中华书局 1982 年版,第 185 页。

② 陈鼓应:《管子四篇诠释:稷下道家代表作解析》,商务出版社 2009 年版,第 5 页。

③ 参见王中江《出土文献与先秦自然宇宙观重审》,《中国社会科学》2013 年第 5 期,第 83 页。

三 德畜万物:"执一"的落实

不同于将"自然无为"的"执一"原则具体化为对仿效自然内在秩序的"法"的遵循。楚竹书《凡物流形》的"执一"原则又须如何落实呢? 其"无为而治"的治理效果又将如何实现呢?

第二十三简似可作为对此问题的纲领性回应,所谓"如欲执一,仰而视之,俯而察。毋远求,度于身稽之。"可见,落实"执一"原则首先在于俯仰天地,以求审视并明察"自然无为"的原则,其次在于反观并体当自身,以求遵循并贯彻"自然无为"的原则。这一点正与"修身而治邦家"的顺序相应。那么,这种着眼于君王自身的对"一"的遵循和贯彻又将如何实现呢? 简文中的阐释为:"曰:百姓之所贵,唯君;君之所贵,唯心;心之所贵,唯一。【28】"也就是说,对"一"的原则的持守需在君王之"心"上落实。显然,这种将"心"作为人身之主,将"君"作为邦国之主的主张正与黄老学思想相应。《管子·心术上》云:"心之在体,君之位也。九窍之有职,官之分也。"因此,君王落实"执一"原则的关键在于观照其"心"。那么,君王之"心"又将如何观照呢? 这便涉及到《凡物流形》中对君王治心功夫及修养境界的阐发。简文如下:

闻之曰:心不胜心,大乱乃作;心如能胜心,【26】是谓少彻。奚谓少彻? 人白为执。奚以知其白? 终身自若。能寡言乎! 能一【18】乎! 夫此之谓訬成。

对这几简的解读,学界大体赞成将其与《管子》四篇中的《内业》、《心术下》以及《庄子》进行对读,显然其中都提及对"心"的阐发且表述方式多有重合。但是在文字释读和思想内涵上尚且存在分歧,其纷争的焦点集中在对"少彻"和"訬成"的解释上。

对于"少彻"和"訬成"两词的隶定,原整理者及丁四新教授均读为"小"①，杨泽生先生读前者为"小"后者为"崇"②，王中江教授均读为"少"③，曹峰教授先均读为"少"后改读前者为"少"后者为"訬"④。对于"少彻"之"少"，笔者赞同王中江教授的释读并将其解释为"要彻"即根本简要的彻悟。对于"訬成"之"訬"，笔者赞同曹峰教授的释读并将其解释为"眇成"亦即精微玄妙的成就。原因之一在于"少彻"与"訬成"分别指涉两种修养境界，直接释读为"少"或"小"在简文内部既缺乏"高"、"大"等表述与之呼应又不足以彰显境界的程度。原因之二在于传世文献对"小成"或"少成"的运用多表负面之意或指先天之称，均与文意不符。如《庄子·齐物论》云："道隐于小成，言隐于荣华。"《大戴礼记·保傅》云："孔子曰：'少成若性，习贯之为常。'"。

　　原因之三在于《管子·内业》中有"治之者心也，安之者心也；心以藏心，心之中又有心焉"的表述，陈鼓应先生参照刘节先生在《管子中所见之宋钘一派学说》中的解释，将"心以藏心"中的第一个"心"解释为"生理的心"；第二个"心"解释为"道德的心"并认为"治心""安心"应在于寡欲。⑤ 正可将其视为是对简文"以心胜心"的治心功夫的注解。这种以"道德之心"战胜"生理之心"的治心功夫蕴含着老子"静为躁君"的意旨。因此，"治心"的修养功夫似乎不仅仅停留于寡欲，还需要通过对知识、智巧的摈弃进而体悟并回归到老子的"清静"和荀子的"虚静"的状态，这也就是"少彻"指涉的境界。《韩非子·扬权》即言："故圣人执一以静，使名自命，令事自定。"张舜徽先生在对《心术下》中同出的一句的解释时也提到："主道以无为为本，无为以虚静为

　　① 马承源主编：《上海博物馆藏战国楚竹书（七）》，上海：上海古籍出版社 2008 年版。丁四新：《"察一"（"察道"）的工夫和功用——论楚竹书〈凡物流形〉第二部分文本的哲学思想》，《武汉大学学报》2013 年第 1 期。

　　② 参见杨泽生《说〈凡物流形〉从"少"的两个字》，武汉大学简帛网，2009 年 3 月 7 日。

　　③ 参见王中江《〈凡物流形〉的"贵君"、"贵心"和"贵一"》，《清华大学学报》2010 年第 1 期。

　　④ 参见曹峰《〈凡物流形〉的"少彻"和"訬成"——"心不胜心"章疏证》，简帛研究网，2009 年 1 月 9 日。曹峰：《再论〈凡物流形〉的"少彻"与"訬成"》，简帛研究网，2010 年 1 月 11 日。

　　⑤ 陈鼓应：《管子四篇诠释：稷下道家代表作解析》，商务出版社 2009 年版，第 110 页。

宗。"① 因此,《淮南子·诠言训》中说:"圣人胜心,众人胜欲。"与百姓仅仅节制情欲相比,君王修养清静之心、体会无为之道指向的是对"一"的政治落实。如果说百姓的状态是"小彻",那么君王的境界即可被称为"少彻"(亦即"要彻"),是与内心纷乱庞杂、六神无主的"大乱"相对的状态,这种"少彻"的境界也可以被诠释为《管子·心术下》所言的"内德"的君王品质,其云:"是故曰,无以物乱官,毋以官乱心,此之谓内德。"

原因之四在于所谓"人白为执"、"终身自若"正如学界普遍解读的一样,是指心一如既往地保持原初的清静素朴状态,这便是对"执一"的落实。所以"能寡言""能一"即可如丁四新教授的解释,将其具体理解为"少发号施令"和"保持内心的专一与凝聚"②,这也是黄老学的普遍追求。正如《庄子·天下》篇所言:"夫不累于俗,不饰于物,不苟于人,不忮于众,愿天下之安宁以活民命,人我之养毕足而止,以此白心,古之道术有在于是者。宋钘、尹文闻其风而悦之。"反观这种关注君王内心修养、追求统治清静无为的对"执一"之道的落实,非常类似于通行本《老子》第五十一章中"生而不有,为而不恃,长而不宰,是谓玄德"的表述以及通行本《老子》第三十八章中"上德不德,是以有德;下德不失德,是以无德。上德无为而无以为,下德为之而有以为"的表达。能始终保持内心清静素朴状态并推行自然无为统治的君王正是"有德"之君,这种"有德"也就是畜养天地万物但不对其干涉控制,因循天地万物自然本性的"玄德"。《韩非子·解老》篇对"德"的解释也正凸显此意,其云:"凡德者,以无为集,以无欲成,以不思安,以不用固。"③《庄子·天地》篇也同样从"德"的角度规范对"执一"(或是"执道")的落实,其云:"执道者德全,德全者形全,形全者神全。神全者,圣人之道也。"若依此思路推演,楚竹书《凡物流形》中对君王落实"执一"原则、保持清静无为的要求,其意图正是在于成就道家语境中的"有德"之君,这种"有德"之君在施行国家治理、落实"执一"之道时正如"德"畜养天地万物般的"不有、不恃、不宰",而这种品质正是对"德

---

① 张舜徽:《周秦道论发微》,中华书局1982年版,第247页。

② 丁四新:《"察一"("察道")的工夫和功用——论楚竹书〈凡物流形〉第二部分文本的哲学思想》,《武汉大学学报》2013年第1期,第24页。

③ 张舜徽:《周秦道论发微》,中华书局1982年版,第103页。

畜万物"的"玄德"的阐扬，这种"玄德"的境界正是简文中所谓的"诊成"，是一种成就"无为而无不为"的统治效果并与"道"相通的精微玄妙的境界。

四　无为而无不为："执一"的归宿

达到"少彻"、"诊成"境界并成就"德畜万物"的"玄德"品质的君王，在将"执一"原则落实于治心修身的同时也获得国家治理的成效，所以第二十二简言："是故【12B】执道，所以修身而治邦家。"那么，这种国家治理的成效如何体现呢？也就是"执一"之道最终归宿于何方呢？

对此简文中的表述为："闻之曰：执道，坐不下席。端冕【14】，着不与事，之《先》知四海，至听千里，达见百里。是故圣人处于其所，邦家之【16】危安存亡，贼盗之作，可之《先》知。"此段简文恰在阐明黄老学所追求的"君主南面之术"的施政倾向以及政治理想。此种政治要求下的君王通常端坐拱手、把握宏观大体且不直接参与具体政令的谋划，而臣子则各司其职、处理具体政务并需恪尽职守。正如《管子·君臣上》所言："天有常象，地有常形，人有常礼，一设而不更，此谓三常；兼而一之，人君之道也。分而职之，人臣之事也。君失其道，无以有其国；臣失其事，无以有其位。"从而，君王对宏观大体的把握便明确为对天地人"三才之道"的普遍规律的把握，这种把握甚至可以引申为对自然秩序的把握亦即对"一"（或是"道"）的内在原则的把握。很明显，在黄老学的传世文献中，国家治理的成效体现在君王的"无为"与臣子的"有为"间的相互呼应。

但是在楚竹书《凡物流形》中，这种呼应性似乎并未体现，其国家治理的成效着重体现为君王通过清静自持、自然无为的内心修养从而具备感官上的超群能力和认知上的先知能力并以此实现"邦安家兴"的治理效果。另外，从简文的逻辑演进来看，这种感官上的超群和认识上的先知是在"心"上落实自然无为的"执一"原则进而拥有"德性"的顺理成章的外在表现。而有德之君通过"自然无为"来达到"无所不为"的治理成效正是"执一"的最终归宿。这一归宿在《老子》中的表达则为百姓的自化、自正、自富、自朴以及万物的自化。正如通行本《老子》第三十七章的表述："道常无为而无不为，侯王若能守之，万物将自化。"及第五十七章所言："故圣人云，我无为而民自化，我好静而民自正，我无事而民自富，我无欲而民自朴。"万物及百姓由"自"的状态是君王因循"自然无为"原则并践行"坐不下席"、"箸不与事"的政治成效；万物及百姓由"自"的状态源于君王的"执一"也是君王"执一"的最终归宿。

结　语

战国楚竹书《凡物流形》一篇，围绕黄老学的核心概念"一"而展开，此"一"乃黄老学对老子之"道"的转化。纵观简文下半篇，"一"的原则在国家治理方面的政治演绎可以被概括为"执一"之道。此"执一"之道的必要性源于"一"作为黄老学最高概念既是天地万物生成论上的根源又是君王治理国家上的保证；其内在性在于"执一"即是执"自然无为"，"一"的内在原则乃是对自然本身秩序和法则的遵循；其现实性在于君王通过关照清静素朴的本心以推行自然无为的治理从而成就其"有德"并以此畜养百姓；其成效性在于君主通过推行自然无为的治理便能成就"无所不为"的治理成效并实现万物及百姓由"自"的状态。

与黄老学传世文献相比，此篇简文虽通过对"一"和"心"等概念的运用凸显黄老学特色，但其中还未涉及"法"和"名"等黄老学概念，从而不能充分体现黄老学融会"刑名法术"等观念的学派特征。除此之外，此篇简文通过对"执一"之道的政治演绎彰显出老子"道生万物"、"道法自然"、"德畜万物"、"无为而无不为"的道论思想并赋予"执一"的治国原则以"自然无为"的具体内涵。因此，楚竹书《凡物流形》只能被划定为老子道论思想向黄老学体系演进的初期尝试而不能算作成熟期严格意义上的黄老学文献。

老子形象演变刍议

——从《混元老子》等图像溯源太上老君形象之演变

许宜兰

（洛阳师范学院）

图1 《混元老子》

图 2　元代赵孟頫《老子图》

　　道藏《金莲正宗仙源像传》中出现混元老子的形象（图 1）①。这幅混元老子图像和元代赵孟頫所作的卷轴画《老子像》（图 2）② 造型一致，都系线描图像。任继愈在《道藏提要》一书中提到《玄元十子图》时说："至元二十三年（1286 年），赵孟頫跋曰：'师（杜道坚）嘱予作老子及十子像，并采诸家之言为列传十一传。'大德丙午（1306 年），杜道坚跋黄仲圭序，戊申（1308 年）来燕序皆言此图及列传均为赵孟頫作。"③ 由上可看，应是赵孟頫作了老子及《玄元十子图》。虽然《金莲正宗仙源像传》中混元老子白描图像并没有说明具体作者，但通过与赵孟頫卷轴画中老子图像的对比，我们可以看出二者形象动态如出一辙，应是同一人的作品。

　　① 图片选自：《道藏》，第 3 册，北京文物出版社、上海书店和天津古籍出版社 1988 年版，第 369 页。以下所注《道藏》本都是此版本。

　　② 图片选自：张明学：《道教与明清文人画研究》，四川大学博士论文，2007 年，第 9 页。

　　③ 任继愈：《道藏提要》，中国社会科学出版社 1991 年版，第 119 页。

这幅《混元老子》图像虽是明《道藏》的刻本，但应是在元代道藏版本的基础上仿照赵孟頫所画图像刻画的。题记为"混元老子"四字。赵孟頫所作的《混元老子》图像在人物形象塑造上所用线条流畅，画中老子具有沉稳清雅、神情高逸之貌。元代绘画巨匠赵孟頫能够为道教经典绘制老子图像及老子卷轴画，也说明道教对人们思想观念的影响。

老子原为先秦时期道家学派的创始者，著有《道德经》一书，被道教奉为经典。据《史记·老子列传》载：老子姓李，名耳，字伯阳，谥曰聃，楚国苦县厉乡曲仁里（今河南鹿邑县太清宫镇）人也，约生于公元前 571 年至公元前 471 年之间，曾做过周朝的"守藏室之史"（即管理国家典籍藏书的官员）。相传孔子曾向他问礼。事后孔子对弟子说："龙，吾不能知其乘风云而上天，吾今日见老子，其犹龙耶!"① 后老子见周室衰微，于是辞官西行，过函谷关时，应关令尹喜之请，作《道德五千言》（即《道德经》）。之后出关而去，莫知所终。

从《史记》记载可以看出，老子最初还没有被神化。但随着道教的发展，为了和佛教抗衡，道教遂撰写了老子八十一化说等故事，逐渐将老子神化。根据《犹龙传》言，先秦老子只是太上老君应世而化的八十一化之一，唐代，老子已经有了八十一化身，道教把历史上很多著名的思想家、历史人物变成了老君的化身。而这些传说故事也被运用于道经及各种传统绘画形式之中，尤其八十一化图说、退隐骑青牛出函谷关传说等故事，均成为道经中常见及历代画家和民间艺人经常表现的题材。

老子逐渐被神化的过程，也是老子图像日益丰富的过程。据史料记载，张道陵在道教创立之初，虽然也崇拜诸如天、地、人三官和百鬼等诸多神，但并不主张用具体有形的物象来表现教主老子。《老子想尔注》中说："道至尊，微而隐，无状无像也；但可以从其戒，不可见知也。"② 由此可知"道"是无法用形象来表示的。老子作为"道"的化身，自然也无法用图像来描绘。

《后汉书》记载，桓帝于延熹八年（165 年）正月和十一月两次遣中长侍到老子故里苦县立庙祠老子③，并让边韶撰《老子铭》。这是史料关于祭祀老子的最早文字记载。次年，这位皇帝"亲祠老子于濯龙（宫），

---

① 《道藏》，第 18 册，第 21 页。
② 饶宗颐：《老子想尔注校笺》，《选堂丛书》本，第 18 页。
③ 范晔：《后汉书·桓帝纪》，第 2 册，中华书局 1962 年版，第 316 页。

文罽为坛，饰淳金扣器，设华盖之座，用郊天乐也"①。"文罽为坛"是有织绣纹饰的毡毯。"淳金扣器"即"纯金扣器"，是口沿上镶金的祭器。而"华盖之座"则是为老子所设的在祭祀时接受供品和礼拜的"位"。这说明桓帝在祭祀老子时并没有使用老子的偶像，所设之"华盖之座"就是老子的象征。这种不设偶像的做法完全符合早期道教中祭祀老子的仪轨，这种做法直到南北朝时仍然流行，直到陶弘景的时候仍延续这种崇拜方式。这时候对老子的表现是象征而非写实的。清代焦秉贞所画的卷轴画《祭祀老子》（图3）② 表现的就是祭祀老子时设立华盖之座的崇拜方式。

又据唐代释法琳的《辩正论》卷六自注云："考梁、陈、齐、魏之前，唯以葫芦盛经，本无天尊形像。"③ 按任子道论及杜氏幽求云："道无形质，盖阴阳之精也。"《陶隐居内传》云："在茅山中立佛道二堂，隔日朝礼。佛堂有像，道堂无像。"④ 可见早期道教朝拜是无形象的。陈国符先生在其所著之《道藏源流考》附录二《道教形象考原》中说：

图3　清代焦秉贞《祭祀老子》

　　王淳《三教论》云：近世道士，取活无方，欲人归信，乃学佛家制作形象，假号天尊，及左右二真人，置之道堂，以凭衣食。宋陆修静亦为此形。是宋代道教，已有形象。梁陶弘景所立道堂无像，是梁时道馆立像，尚未甚通行也。⑤

《隋书·经籍志》中记载：北魏太武

　　① 范晔：《后汉书·祭祀中》，第11册，中华书局1962年版，第3188页。
　　② 图片选自：［美］：Stephen Little , Taoism and The Arts of China. University of California Press, p. 291.
　　③ 陈国符：《道藏源流考》，下册，中华书局1963年版，第268页。
　　④ 同上。
　　⑤ 同上。

帝时，寇谦之"于代都东南起坛宇……刻天尊及诸仙之像而供养焉"。①

　　《佛祖历代通载》卷十五中也有"道本无形，形始于周魏"之说。由上述论述可知，为了和佛教相抗衡，大概于周魏之时，道教开始供奉老子神像，并利用造像艺术帮助其弘道布教。

　　虽然道教在早期并无老子的图像描绘，但关于老子形象的文字描述很多，如《神仙传》卷一载："老子者……母怀之七十二年乃生。生时剖母腋而出，生而白首，故谓之老子……生而能言，指李树曰'以此为我姓'。"明代的《八十一化图》（图4）② 对老子这种奇特的降生方式进行了描绘。画面主要描绘了老子脱胎于真妙玉女的故事。画面左下角描绘了真妙玉女肋生老子的情景。在画面右下角，两名女佣正为刚出生的老子沐浴。画面上方，一道光芒从遥远的天际射来，神仙与凡人共处一幅画面之中。老子头顶有众龙图像。画面把老子的诞生进行了充分的神化。

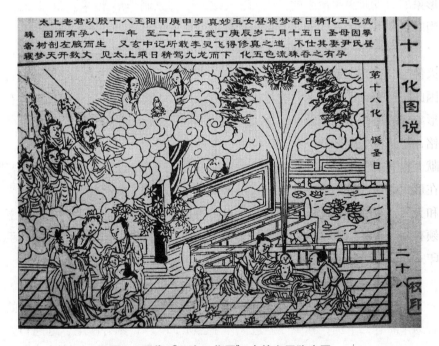

图4　明代《八十一化图》中的老子降生图

　　①　《隋书》，第4册，中华书局1973年版，第1093—1094页。
　　②　图片选自：（明）无名氏：《八十一化图》，明代民间刻本，第28页。《抱朴子内篇·杂应》，《道藏》，第28册，第229页。

葛洪在《抱朴子》里还具体叙述了老子的"真形",谓其:

> 身长九尺,黄色,鸟喙,隆鼻,秀眉长五寸,耳长七寸,额有三理上下彻,足有八卦,以神龟为床,金楼玉堂,白银为阶,五色云为衣,重叠之冠,锋挺之剑,从黄童百二十人,左有十二青龙,右有二十六白虎,前有二十四朱雀,后从三十六辟邪,雷电在上,晃晃昱昱。

葛洪不仅描绘了老子肖像,而且作了环境渲染。但这些只是对老子形象的文字描述,当时尚未见对老子神异形象的图像描绘。

最早老君形象的绘制出现于魏晋时期,而这一时期,正是佛教传入中国后呈现第一次传播高潮的时期,老君形象是参照佛教造像的模式绘制和塑造的。胡文和先生说:"老君的这一形象是受那时佛教描绘释迦牟尼佛形象的启发而想象出来的。"① 于是,"乃学佛家制作形象"②。正因如此,当时出现了许多早期老君造像与佛教造像相混的形式。

魏晋六朝时期曾有两次灭佛行动,即公元444年至446年北魏太武帝灭佛与公元574年至577年北周武帝的灭佛。当时的帝王极其崇奉道教,因此,道教有关太上老君神像制作也大量增加。此时期的道教神仙造像在形象、风格、形式上均受到佛教造像的影响。一些道教造像如果没有题铭,与佛像很难区分。这一时期佛、道两家的神像还常常被塑在一起,文献上也有这种记载,例如《古今佛道论衡》乙编中说:"道佛两像同坐。"在形式上,这时的道教造像也采用圆拱龛、莲花座,身后还有舟形的背光和头光,有的还有飞天等装饰。所不同的是,道教造像着道装,戴冠,下颌有胡须,手持麈尾,或双手相交置于胸前,或执符,但也有类似佛教手印式的。

美国 J. M. 詹姆斯在《中国早期佛道混合造像的一些图像志问题》③一文中介绍:现藏美国芝加哥费尔德自然史博物馆的中国早期佛道交融的石刻作品有二十例,其中一躯造像作于公元550年,刻有麈尾、道袍和凭

---

① 胡文和:《中国道教石刻艺术史》下册,高等教育出版社,第135页。
② 陈国符:《道藏源流考》下册,中华书局1963年版,第268页。
③ [美国] J. M. 詹姆斯《中国早期佛道混合造像的一些图像志问题》,载于《艺术探索》2005年8月,第19卷,第3期,第5页。

几，但铭文却说是佛教徒所造的佛像。这类图像被巫鸿等专家确定为佛陀、太上老君的合一体。在另一件刻于公元 557 年的造像碑上也有"敬造释迦、太上老君、诸尊菩萨石像"字样。在这里，佛、道思想完全混为一体。

同时，道教不供奉神仙画像的理论也得到了修正，"所以存真者系想圣容，故以丹青金碧摹图形象"。通过用丹青金碧描绘神仙"圣容"，虔诚礼拜神仙"圣容"，不仅利于道教对民众的宣传，还可以获得神仙庇护，并达到修身养性、成仙得道的目的。

由上述论述可知，早期道教是不主张具象的神仙崇拜的。只是到了魏晋时期，为了和佛教相抗衡，道教借鉴佛教的做法，才开始自己的具象的神仙崇拜，并开始塑造具体的道教神仙塑像或绘制道教神仙的图像。六朝时期，"道"的化身老君又被衍化出后来道教崇奉的最高尊神"三清"。所谓老子一气化三清，或谓三清皆为元始天尊的化身。道教在树立最高神，即人法合一的天尊方面，还明显地受到了同时期佛教二身论的影响。用佛教的术语说：这个天尊是法身，而作为道教始祖的老子则是应身。道教因此也制作了元始天尊、老君等神灵图像，不过这类图像与后来的三清四御道教神系不完全相同，以元始天尊为道教主神的图像系统还未有确立。

唐代皇帝姓李，由于与道教教主同姓，遂与老子联宗续谱。唐玄宗封老子为太上玄元皇帝，对老君的崇拜达到了登峰造极的地步，在全国各地普遍建立玄元庙，奉祀老子像。据史料记载，当时，仅长安城内重要的道观就有三十七处①，有些道观甚至"制过宫阙，穷奢极丽"。在这样的背景下，唐代的统治者尤其重视塑像和图像的作用，道教美术也得到了前所未有的发展和普及。举道教壁画、雕塑为例：在隋唐现存历史文献的记载中，有关隋唐宫观壁画的记载较集中在中原及四川地区。长安和洛阳是唐代政治、经济、文化中心，故而两地宫观壁画高度繁荣。如唐代张彦远《历代名画记》中单列出《记两京外州寺观壁画》② 一篇，记京洛两地绘有壁画的寺观六十五所。唐代段成式在《寺塔记》中记载长安东城一带

---

① 中山大学艺术史研究中心编：《艺术史研究》，第 7 辑，中山大学出版社 2005 年版，第 107 页。

② （唐）张彦远：《历代名画记》卷三，人民美术出版社 1963 年版，第 49 页。

有壁画的寺观十八所。此外，唐代朱景玄《唐朝名画录》、宋代黄休复《益州名画录》等著作中均有类似记载①。由于帝王对老君的崇奉，这些宫观之中的壁画、雕塑自然离不开对老君形象的描绘和塑造。

在统治者的提倡下，唐代道画创作盛极一时，涌现出许多从事道画创作的艺人，在道教宫观中绘制了许多精美的壁画："以长安而言，长安嘉猷观精思院有王维、郑虔、吴道子的壁画；咸宜女冠观有吴道子、解倩、杨廷光、陈闳的壁画；开元观有杨廷光、杨仙乔壁画；龙兴观有吴道子、董谔的壁画；玄真观有陈静心、称雅的壁画；弘道观有吴道子的壁画；万安观有李昭道的壁画；昭成观有'百尺老君像、在层阁之中，坐折三十尺，皆吴道子、王仙乔、杨退之亲迹'。"② 由此可看，当时大量的寺观壁画创作皆出自名家之手。

从历史记载来看，当时重要的画家如阎立本、吴道子、王维等人所作的壁画占有很大比重。仅吴道子的壁画，史料中就有多处记载。如，《宣和画谱》记载，吴道子曾绘有壁画稿本卷轴《列圣朝元图》；唐开元二十九年（741 年），吴道子在洛阳北邙山的玄元庙画出幻想连环壁画《老子化胡图》，为教主老子西去流沙教化起到了形象化的宣传教育作用；又于天宝八年（749 年）于东都玄元庙画名垂画史的《五圣千官》等图。另外，吴道子还在河南鹿邑太清宫绘制过太上玄元皇帝像，供奉时悬挂于壁间架上，后刻石于苏州玄妙观，得以传世③。

另据《历代名画记》、《图画见闻志》所记，唐代还有众多画家在道观中画朝拜玄元的诸神像。而这些画作，对后来道教神仙体系的形成与神仙形象的确立，都起到了推动作用。

在雕塑方面，据李淞著《唐代道教美术年表》考证，唐高祖武德二年（619 年）至唐哀帝天祐二年（905 年）④ 出现有数量众多的老君塑像。

在碑刻方面，苏州玄妙观三清殿内有老子像碑。该碑刻于宋代宝庆元年（1225 年），距今已有七百八十多年，是苏州现存的历代画像碑刻中年

---

① 陈绶祥：《隋唐绘画史》，人民美术出版社 2001 年版，第 151 页。
② （唐）张彦远：《历代名画记》卷三，人民美术出版社 1963 年版，第 49—71 页。
③ 陈绶祥：《隋唐绘画史》，人民美术出版社 2001 年版，第 157 页。
④ 中山大学艺术史研究中心编：《艺术史研究》，第 7 辑，中山大学出版社 2005 年版，第 107—137 页。

代最早的一块。上有唐玄宗所题御赞，为大书法家颜真卿手书，老子画像

图 5　唐刻老子图

由吴道子所作，像碑系宋代张允迪摹刻。碑上刻的老子形象生动传神：两颊丰满，童颜鹤发，银须飘拂，体态潇洒，服饰飘然，颇有仙风道骨之神态。该画像体现了吴道子人物画肥胖丰实及喜用焦墨勾线的风格与特点。

吴道子的画传世真迹稀少,这块唐代吴道子作画的碑刻集碑赞、名画和精美的书法于一体,世称"三绝",是我国不可多得的艺术珍品和重要的历史文物(图5)①。虽然道经中最早的老子造像无从查找,但由当时老子崇奉的极盛状态来看,可以想见当时道经中是有老子图像作为范本的。

唐代皇帝对玄元皇帝的尊崇促进了道教的发展,也促进了道教美术的繁荣,唐代道教美术在总结前代的基础上形成了成熟的风格和模式。自唐代开始,道教美术作品吸收佛家表现佛、菩萨的方法,用圆光来表现仙人。道教造像要求必具修道度世之范,鬼神乃作丑靦驰趡之状,艺术造型感染力深厚。此手法在道释画,以及宋元以降的文人画中也常有运用,规范了封建社会道教美术的发展。

宋代统治者对道教也十分崇敬。大中祥符六年(1013年)八月,宋真宗颁诏加封老子为"太上老君混元上德皇帝",此封号在道教中一直沿用至今。宋徽宗赵佶自称道君皇帝。由于皇帝崇道,为了斋醮的需要,宋代建造许多道观,制作了为数可观的道观壁画和雕像。真宗时建造的玉清昭应宫、景灵宫、天庆观以及徽宗时五岳观、宝真宫等,都曾招募选择全国最优秀的画工进行壁画和雕像创作。金维诺、罗世平先生研究,玉清昭应宫和宋初其他道观的建成,标志着道教神祇图画体系的形成②。另外,现今大足石刻中的宋代道教石窟造像,以"三清""四御"统率诸神的神系、神阶完备而明确,内容也十分丰富。而这些神祇图像体系中应都有太上老君的图像塑造和绘制。

以壁画、雕塑为例:史载宋代武宗元画洛阳北邙山老子庙壁,颇称精绝;现藏美国纽约明德堂的《朝元仙仗图》也是壁画小样,即以卷轴形式保留下来的某道观朝觐玄元皇帝老子的壁画小样。如今,虽然许多当时描绘老君形象的壁画和塑像已经不复存在,但由众多的道观可以想见当时的老子图像应是相当普遍的。现存宋代老君塑像主要有四川大足石刻的老君像和福建泉州老君石像等。

在卷轴画方面:现存的有南宋僧侣画家(1127—1279)所绘的老子像(图6)③。画中的老子被描绘成睿智的老人。这是距今所知保存的最

---

① 图片选自:谢清果:《太上道祖圣传》,宗教文化出版社2006年版,216页。
② 金维诺、罗世平:《中国宗教美术史》,江西美术出版社1995年版,第174页。
③ 图片选自:[美]:Stephen Little , Taoism and The Arts of China. University of California Press, p. 116.

图 6　南宋老子图

早的老子卷轴画之一。而画面中老君的形象和宋代《犹龙传》对老君形象的描绘有着相似之处。《犹龙传》曰：

老君头圆法天，顶象昆仑，伏晨盘玉枕，隆起皓发如鹤，虎髭龙髯，素洁如丝，眉如北斗，色如翠绿，其间紫毛长五寸余，耳无轮廓，中有三漏，高平于顶厚而且坚，河目镜澈，日精紫光方童秀明规中绿筋，鼻有双柱，形如截筒，口方如海，唇如激丹，气有紫色，颊似横龙，颜额有三理，参午上达天庭，平填光面寿脸，手把十文，指有玉甲，身有绿毛①。

由此可推测此画应该是在《犹龙传》影响下刻画出来的。《犹龙传》中对老君的描写已经比葛洪和陶弘景所描写的深入而细致，有利于艺术家和民间艺人对太上老君的真实刻画。

太上老君历代下降至人间为师。《犹龙传》还记载：

为大教之枦锤也，为帝师者，在伏羲时号郁华，于神农时号大成子，祝融时号广寿子，黄帝时号广成子，颛帝时号赤精，于帝喾时号禄图子，帝尧时号务成子，帝舜时号君臣子，夏禹时号真行子，商王

①　《犹龙传》，《道藏》，第 18 册，第 14 页。

时号锡则子，皆以经术授帝，俾行化于世，降生者以商第十八王阳甲十七年庚申岁，托孕于玄妙玉女九十一年，诞于亳之苦县，即武丁九年庚辰岁二月十五日也①。

南宋时期，王利用（1120—1145）也作了老子化图卷轴画②。该画表现的正是不同时期老子所化的形象。宋代道画不仅多，而且艺术水平很高，人物形象趋于清秀，与唐人好丰腴有所不同。但道教造像和唐代造像一样，要求必具修道度世之范、鬼神乃作丑觍驰趱之状，艺术哲学感染力很强。

元代统治者对佛、道两教并不一视同仁，与对佛教的尊崇形成鲜明对照的是，元代对道教采取了极为严厉的打击、排斥政策，几次出现焚毁道教图书的事件。1258 年，元宪宗曾下谕将道教《化胡》等经并印版全部烧毁。明代学者陆荣《菽园杂记》也记载："宋祥兴二年（元世祖至元十六年），元灭宋，大兴梵教，灭道教，十月二十日尽焚《道藏》经书。"因此，不仅元代，就是前朝所刊刻的道教经籍，在当时也多付劫灰，今日所见，只有屈指可数的几种，属劫后幸存。如今我们所能看到的道经版画大都是明代所刻。

现今人们所能看到的元代刊印的老子道教版画，有元大德九年（1305 年）耶律楚材等编、信官周道清助刊的《长春宗师庆会图卷》，亦称《玄风庆会图》，是歌颂道教祖德的大版图书。此书国内无存，今藏日本。仅从所见"分瑞栖霞"一图看，人物造型生动，背景繁复，构图严谨，线条明快简洁，刻绘亦颇精细，属于元代北方版画的上乘作品。元刊本《纂图互注老子道德经》二卷，绘刻也很精美。元宪宗时（1251—1260）镌刻的《太上老君化胡成佛经》有"八十一化图"。③ 明《八十一化图》中的《化胡成佛图》可以作为说明（图7）④。

李淞在《唐代道教美术年表》一文中考察认为，始建于初唐的石构

---

① 《道藏》，第18册，第2页。
② ［美］Stephen Little, Taoism and The Arts of China. University of California Press, p. 175.
③ 周心慧：《古版画通史》，学苑出版社2000年版，第95页。
④ 图片选自：（明）无名氏作：《八十一化图说》，明代民间刻本，第50页。

图7　太上老君化胡成佛图

建筑"老君洞"内也有元明时期的壁画及石刻太上老君八十一显化图①。

　　壁画方面，元代老君图像表现规模最大、水平最高、保存最完好的当属山西芮城永乐宫。永乐宫三清殿壁画以三清塑像为中心，表达出"三清譬如北辰，居其所而群神拱之"的意思。可惜现今三清塑像已经不复存在，但壁画中那云气缭绕、壮丽浩荡、金碧辉煌的画面，显示出元代道画画工们的巨大构图能力，也可以推想三清塑像的宏大气势。永乐宫壁画由元代民间画工集体绘制而成，其设色、用笔、构图等都对后世的宗教美术具有重要影响，这些民间画工堪称14世纪中国美术史上最具创造性的民间艺术家。正是这些画工创造出了一个永远充满希望、充满阳光的人神共存的世界，使得元代的道教壁画焕发出异彩。

　　明清时期，老君在民间信仰中虽比不上玉皇大帝的权势，但因为他是太上无极大道的化身，仍是道教的根本信仰。

　　明清时期民间出现了大量描绘老君或三清诸神形象的版画、卷轴画、

---

　　①　中山大学艺术史研究中心编：《艺术史研究》，第7辑，中山大学出版社2005年版，第109页。

图 8　清代太上老君像

雕塑等，诸如《紫气东来》《老子骑青牛》等等。同时也塑造出了老君身穿八卦神衣，手摇太极神扇，白发皓首，和颜悦色的标准形象。以后大凡对老君的描述，都不会离开这一基准。图 8① 是绘制于 17—18 世纪现存白云观的太上老君卷轴画，图 9② 是清《道正宗师图》中的老君像，另外还有大量描绘三清诸神的版画作品。

---

①　图片选自：［美］：Stephen Little ，Taoism and The Arts of China. University of California Press，p. 230.

②　图片选自：四川省社科院李远国研究员私人所藏。

图9　清代《道正宗师图》中的老君像

随着道教在上层社会地位和影响的衰落，以及在人们心目中神圣性的减弱。明清道教美术作品和唐宋元相比，优秀的不多。明代道教美术受当时画风的影响，追求工丽，缺少气魄。清代道教庙观中的壁画和雕塑都是民间画工所作，其绘制的神仙图像多是模仿前人之作，艺术水平高的较少。

纵观道教中老子图像的历史发展，可以看出，道经图像和传统美术作品中的老君形象虽然形式不同，但都反映了老君作为道教教祖在人们心中所占据的地位。老子衍化出的太上老君形象在"三清"中的地位虽比不上元始天尊，在明清的民间信仰中也比不上玉皇大帝的权势，但因为太上老君是太上无极大"道"的化身，为永恒的创世主、称为至高无上、无处不有的至上神灵，成为道教的根本信仰，而在历代都成为道教尊崇的对象，各地普遍建庙宇进行祭祀。这些老君庙中都供奉有众多的关于三清和朝元的水陆斋醮图像，它们在激发信徒的道教信仰方面起着巨大的作用。而这些水陆斋醮中的老君图像，在塑造和表现时和道经中所表现的太上老君、八十一化图等图像所依据的道教思想都是一致的。因此，它们在被艺术家及民间艺人所表现的过程中，应该是相互影响和借鉴。道教通过图像宣传自己的教义教理，和佛教相抗衡。这样既发展了道教，又促进了道教美术乃至中国美术神仙画的发展和提高。

由此可知，在历史的长河中，老子图像是随着道教的发展和演变而变化的，并且有一个逐渐神异且图像日益丰富完善的过程。它也反映了不同时期社会需要对老子图像的不同要求。图像的发展和道教的发展紧密相关，道教的神仙思想也促进了中国神仙美术作品的丰富和完善。

诠释的可能空间：以"道可道非常道"的释义为例

尹志华

（《中国道教》杂志社）

无论在中国还是在西方，传统的诠释观点都认为，文本的意义是由作者赋予的，因而其意义是确定的，诠释就是对作者意图的重建。如何重建作者的写作意图呢？德国哲学家施莱尔马赫（Schleier Macher，1768—1834）提出了语法阐释与心理阐释相结合的诠释方法。中国古代的训诂学，相当于施莱尔马赫所谓的语法阐释。孟子所提出的"知人论世"、"以意逆志"的诠释方法，相当于施莱尔马赫所谓的心理阐释。然而，借助于这两种诠释方法，就能准确地、无可争议地阐释出作者的原意了吗？从诠释史来看，特别是对被奉为经典的文本的诠释史来看，历来大多是异说纷呈，意见难以一致。几乎每一个诠释者都宣称自己读懂了古圣先贤的微言大义，然而往往又会遭到其他诠释者的批驳。为什么会出现这种情况呢？本文试以《道德经》首章首句的诠释为例，来对此现象作一探讨。

老子《道德经》乃中国思想史上的一座丰碑，人类文明宝库中的一颗智慧明珠。古今中外，注释《道德经》的著作，可谓汗牛充栋。然而《道德经》言简意丰，其哲理诗般的语言，具有很大的模糊性，故而历来异解纷纭，莫衷一是。仅《道德经》首句"道可道非常道"这几个字，各种释义，即大相径庭。要统计古今注家对"道可道非常道"有多少种解释，几乎不可能。今就笔者所见的几种解释，列举如下。

1. 道若可以言说，就不是永恒常在之道

这种观点将"可道"的"道"字理解为言说，将"常道"理解为永恒常在之道，认为永恒常在之道不可以言说。

持此种观点的人为《道德经》注家的主流。不过，此一主流又须细分为两个支流：一部分人直接断言"道不可言说"，从而逻辑地否认了有可以言说之道的存在；另一部分人则只是强调"常道不可言说"，并不否认存在着可以言说之道。现分别述之。

（1）道不可言说

战国末期的韩非在《解老》篇中即以"理"与"道"的区别来说明"道不可道"。他说："理者，成物之文也"，"凡理者，方圆、短长、粗靡、坚脆之分也"。可见，"理"是具体事物的规定性，韩非称之为"定理"。定理是可以言说的。但定理随物之存亡而存亡，故不能常。"道者，万物之所然也，万理之所稽也"。道统辖万物之理，是万物赖以存在的根据，故常存不灭。"而常者无攸易，无定理，无定理非在于常所，是以不可道也。"（《韩非子》卷六）

唐代道士成玄英说："道以虚通为义，常以湛寂得名。所谓无极大道，是众生之正性也。而言可道者，即是名言，谓可称之法也。……常道者，不可以名言辩，不可以心虑知，妙绝希夷，理穷恍惚。……可道可说者，非常道也。"（《道德经义疏》）其意为：道本湛寂，其用虚通，不可测知，当然更不可言说。一说就受到了语词的限制，就不是虚通之道，而是可称之法了。

北宋王安石说："道本不可道，若其可道，则是其迹也。有其迹，则非吾之常道也。"（容肇祖：《王安石老子注辑本》，中华书局1979年版）其意为：凡可言说者，皆是道之"迹"，而非道之本。道之本，即道本身，亦即"常道"，是不可言说的。

北宋道士陈景元说："夫道者，杳然难言，非心口所能辩，故心困焉不能知，口辟焉不能议，在人灵府自悟尔，谓之无为自然。今标道者，已是强名，便属可道。既云可道，有变有迁，有言有说，是曰教典，何异糟粕。"（《道德真经藏室纂微篇》）其意为：道只可体悟，不可言说。若可以言说，就有变迁，就不是永恒常在之道。

宋徽宗说："无始曰：道不可言，言而非也。又曰：道不当名。可道可名，如事物焉，如四时焉，当可而应，代废代兴，非真常也。"（《宋徽宗御解道德真经》）"无始曰"与"又曰"云云，皆引《庄子·知北游》语。徽宗意为：道若可言说，就跟事物、四时一般，处于变迁之中，就不是永恒常在之道。其观点与陈景元大致相同。

北宋末江澂说："可以言论者，物之粗也。至道之精，与物相去远矣，故不可以言论。"（《道德真经疏义》）道精物粗之论出自《庄子》。《庄子·天下》篇评论关尹、老聃的学说："以本为精，以物为粗，以有积为不足，淡然独与神明居，古之道术有在于是者。关尹、老聃闻其风而悦之。"江澂之意为：道精物粗，粗者可说，精者不可说。

南宋林希逸说："道本不容言，才涉有言，皆是第二义。常者，不变不易之谓也。可道可名，则有变有易。不可道不可名，则无变无易。"（《道德真经口义》）这种说法明显受到了佛教所谓"第一义不可说"的思想的影响。

南宋道士褚伯秀曰："道本至无，不容称道。所可道者，御世之迹。"（元·刘惟永《道德真经集义》卷三引）

明代释德清说："所言道，乃真常之道。可道之道，犹言也。意谓真常之道本无相无名，不可言说。凡可言者，则非真常之道矣，故非常道。"（《太上老子道德经解》）

近代魏源说："至人无名，怀真韬晦，而未尝语人。非秘而不宣也，道固未可以言语显而名迹求者也。及迫关尹之请，不得已著书，故郑重于发言之首，曰道至难言也，使可拟议而指名，则有一定之义，而非无往不在之真常矣。"（《老子本义》）

近代梁启超说："道本来是不可说的，说出来的道，已经不是本来常住之道了。"（《老子哲学》）

当代冯友兰说："道是'无名'，没有任何规定性。言语所说的都是事物的规定性，对于没有规定性的东西，那就不可说了。""可以言说的不是永恒不变的道。"（《中国哲学史新编》（修订本）第2册）

任继愈认为："《老子》书中的'道'是不能用文字或语言表达的、神秘的精神本体。"他的翻译是："'道'，说得出来的，它就不是永恒的'道'。"（《老子新译》）

钱钟书说："第一、三两'道'字为道理之'道'，第二'道'字为道白之'道'，如《诗·墙有茨》'不可道也'之'道'，即文字语言。"又说："责备语文，实繁有徒。要莫过于神秘宗者。彼法中人充类至尽，矫枉过正，以为至理妙道非言可喻，副墨洛诵乃守株待兔、刻舟求剑耳。……《老子》开宗明义，勿外斯意。心行处灭，言语道断也。"（《管锥编》第二册）

张松如说："道、说得出的，就不是永恒的道。"其解说曰："单个的东西是不能完全表达出来的,任何词(语言)都已经是在概括。所以老子认为,'道'(自在的)是不可言道,无以名之的;可以言道,可以名之的'道'(观念的),便不是恒道,不是永恒绝对之'道'。"(《老子说解》)

陈鼓应说:"可以用言词表达的道,就不是常'道'。"其解说为:"这个'道'是形而上的实存之'道',这个形上之'道'是不可言说的;任何语言文字都无法用来表述它,任何概念都无法用来指谓它。"为什么道不可说呢?"由于'道'的不可限定性,所以无法用语言文字来指称它。"(《老子注译及评介》)

李泽厚说:"'道'是总规律,是最高的真理,也是最真实的存在。正因为这样,便不能用任何有限的概念、语言来界定'道'、表达'道'和说明'道'。一落言筌,便成有限,便不是那个无限整体和绝对真理了。"(《中国古代思想史论·孙老韩合说》)

(2)常道不可言说

西汉严遵说:"可道之道,道彰而非自然也。今之行者,昼不操烛,为日明也。夫日明者,不道之道常也。操烛者,可道之道彰也。夫著于竹帛,镂于金石,可传于人者,可道之道也。若乃可传而不可受,可得而不可见,自本自根,未有天地,自古以固存,神鬼神帝,生天生地者,常道之道也。"(北宋陈景元《道德真经藏室纂微篇》引)严遵在这段话里明显把道分为"可道之道"与"常道之道",认为"可道之道"可彰显而传于人,"常道之道"则自然而然,不可授受。

汉代的《老子道德经河上公章句》认为,可道之道,即经术政教之道。常道,乃自然长生之道。"常道以无为养神,无事安民,含光藏辉,灭迹匿端,不可称道。"这里也将道分为"可道之道"和"常道"。常道无为无事,不见其有所作为,故不可言说。

曹魏王弼说:"可道之道,可名之名,指事造形,非其常也。故不可道,不可名也。"(《老子注》)一些人认为王弼开了"道可不道"的先河(参见詹剑峰《老子其人其书及其道论》)。但王弼在这段话里明确提出有"可道之道"。从逻辑上说,"可道之道"当然也是一种"道"。可见,王弼只是认为可道之道非常道("非其常"),常道不可道。

北宋吕惠卿曰:"凡天下之道,其可道者,莫非道也。而有时乎殆,则非常道也。……则常道者,固不可道也。"(《道德真经传》)其意很明显：可道之道也是道，但不是常道。常道不可言说。

北宋苏辙曰："莫非道也，而可道者不可常，惟不可道而后可常耳。今夫仁义礼智，此道之可道者也。然而仁不可以为义，而礼不可以为智，可道之不可常如此。惟不可道，然后在仁为仁，在义为义，在礼为礼，在智为智。彼皆不常，而道常不变，不可道之能常如此。"（《道德真经注》）从"莫非道也"可以读出苏辙主张"可道"与"常道"皆是道。

两宋之际的程俱说："可道之道，以之制行；可名之名，以之立言。至于不可道之常道，不可名之常名，则圣人未敢以示人。非藏于密而不以示人也，不可得以示人焉耳。"（《北山集》卷十三《老子论》）其意为：圣人以可道之道、可名之名为世人确立言行的准则，至于常道、常名则不可得而道、得而名以示人。

元代丁易东说："首一道字与下常道字，皆是言道之体，特可道之道字，则指世人所谓道而言之，若曰吾所谓道者，非世人可以指言之道也。若可指言之道，则非吾所谓自然之常道矣。……世俗之所谓道者，……盖儒者之所谓道，乃日用通行之道，而老子之所谓道，乃专指虚无自然者为道。"（元刘惟永《道德真经集义》卷四）

明代李贽说："不知而自由之者，常道也。常道则人不道之矣。舍其所不必道，而必道其所可道，是可道也，非常道也。"（《道德经解》）其意为：常道乃自然之道，人日行其道而不自知。常道无人说，也不必说。因此，人所说者，不是常道，而是可道之道。

明代道士王一清说："有世间之道，有出世间之道。世间之道，有形有名，有理有事，故可道可名也。出世间之道，无形无名，视不见，听不闻，故不容言，不能名也。常者，常住不灭之意。……故知可道可名者，乃太极阴阳五行万物君臣父子政教之道之名，而非真常之道之名也。"（《道德经释辞》）其意为：世间之道乃可道之道，出世间之道才是真常之道。

近代丁福保说："道之可得而道者，非常道也。常道不可得而道也。……此道字，非儒家之所谓道，即本经五十九章长生久视之道，乃道家之专门名词，谓真常不灭之道也。"（《老子道德经笺注》）

近代王力说："既云道可道非常道，则常道乃不可道者也。道之本体，是谓常道。言及本体，无法以形容之，故曰不可名，又曰强为之名也。然则道之本体，已离言说；欲得其真，须凭直觉。盖老子五千言，皆

可道之道耳。"（《老子研究》）

近代高亨说："道可道，犹云道可说也。……道可道非常道者，例如儒墨之道，皆可说者，非常道也。……其意以为吾所谓道之一物，乃常道，本不可说也。"（《老子正诂》）他后来又在《老子注译》中详细阐释说："老子说：道之可以讲说的，就不是永远存在的道，如儒家所谓'道'便是，而我所谓的'道'（宇宙本体），是不可以讲说的，是永远存在的'常道'。"

当代卢育三说："这句是说，道，可以言说的道，就不是常道。在这里，老子把道区分为两种：一为不可道之道，一为可道之道。不可道之道，即所谓常道，是永恒的、不变的道；可道之道是暂存的、可变的道。"（《老子释义》，天津古籍出版社 1987 年出版）

2. 道可以言说，但不是常俗之道（或常人所谓的道、寻常的道、人们一向所说的那样）

持此种观点的人的共同特点是主张"道可以言说"，与第一种观点针锋相对。然而他们在"常道"的解释上，又不尽相同。或解释为"常俗之道"，或解释为"常人所谓的道"，或解释为"寻常的道"，或解释为"人们一向所说的那样"。唐代道士李荣曰："道者，虚极之理也。……圣人欲坦兹玄路，开以教门，借圆通之名，目虚极之理，以理可名，称之可道。故曰：吾不知其名，字之曰道。非常道者，非是人间常俗之道也。"（《道德真经注》）其意为：道即虚极之理，理是可以说的，所以道可道。但这个道不是人间常俗之道。北宋司马光说："世俗之谈道者，皆曰道体微妙，不可名言。老子以为不然，曰，道亦可言道耳，然非常人之所谓道也。……常人之所谓道者，凝滞于物。"（《道德真经论》）南宋廖粹然曰："道：元始。可道：字之曰道。非常道：不是寻常所言道者。"（元刘惟永《道德真经集义》卷三引）元僧德异（号休庵）说："道本无言，因言显道，可以说也，非寻常之道，妙道也。"（元刘惟永《道德真经集义》卷三引）元代喻清中说："其所谓道，未尝不可道也。而道之精微，道之玄妙，非常人之所能道。"（元刘惟永《道德真经集义》卷四引）元代吴环中说："老子之所谓道，非世上寻常之道也。其言曰：有物混成，先天地生。又曰：迎之而不见其首，随之而不见其后。此老子所谓道可道，非寻常之道也。"（元刘惟永《道德真经集义》卷四引）

当代周生春说："前一个'道'指宇宙的本原和实质，后一个'道'

指解说。常：普通的，平常的。这句话以往多解释成：'道'，如果可以说得出来，它就不是永恒不变的'道'。这种解释偏离了《老子》的本义。（帛书）甲本、乙本'道可道'后均有一'也'字。据此，可知这句话应解释成：'道'是可以表达的，它不是普通的'道'。《老子》通篇说的就是'道'。……显然，如果'道'不可言传，那么《老子》五千言也就没有存在的必要了。"（《老子注译》，太白文艺出版社1997年版）

当代郭世铭则认为，"第一个'道'字是《老子》的专用术语，是名词。后两个'道'字都是动词'说'的意思"。他认为"常"字"既可以解释为'永恒''永远'，也可以解释成'经常''一贯''一直''坚持'。两种释义的区别在于：前者包括将来，后者不包括将来，只说到迄今为止。"他主张在此处作后一种解释。他说："整个句子的意思是'道是可以说清楚的，但不是人们一向所说的那样'。也就是说在老子之前以及老子同时别人也在讲道（事实的确如此），不过老子认为他们讲得都不对，现在要重新来讲。"他还指出："如今'道不可道''道不可名'差不多已成为研究《老子》的主导思想，人们对此也早就习以为常，于是就形成了一种十分奇怪的现象：大家都说《老子》是讲'道'的，而大家又都说老子认为'永恒的道'是说不出来的。那么，《老子》一书究竟是在讲什么？是在讲'不永恒的道'，还是在讲'说不出来的道'？如果是前者，又何必去讲它？如果是后者，《老子》怎么又能把'说不出来的道'给说出来了呢？"（《老子究竟说什么》，华文出版社1999年版）

3. 道可以言说，但道非恒常而无变之道

此种观点的特点是把"非常道"解释为"不是恒常而无变的道"，意即：道乃变化万端之道。

《唐玄宗御注道德真经》说："道者，虚极之妙用；名者，物得之所称。用可于物，故云可道。名生于用，故云可名。应用且无方，则非常于一道。物殊而名异，则非常于一名。是则强名曰道，而道无常名。""用可于物"，即可应用于物。"非常于一道"，即不是常用一道而无变。

《唐玄宗御制道德真经疏》说："道者，虚极妙本之强名也，训通训径。首一字标宗也。可道者，言此妙本通生万物，是万物之由径，可称为道，故云可道。非常道者，妙本生化，用无定方，强为之名，不可遍举，故或大或逝，或远或返，是不常于一道也，故云非常道。"此处玄宗引

《道德经》第二十五章"大曰逝，逝曰远，远曰返"来说明道之变化。

元代牛妙传说："道者，……无适而不通，无可无不可，故云可道也。……盖道之为用，无乎不在，初无常定，故云非常道也。"（元刘惟永《道德真经集义》卷三引）

清代姚鼐说："道，诚可道也。圣人之经纶大经、礼乐刑政，治天下之法，昔何尝不可道乎？然而非必常道之。时异势殊，道之所以用者，而后有不可施矣。"（《老子章义》）

当代朱谦之说："自昔解《老》者流，以道为不可言。……实则《老子》一书，无之以为用，有之以为利，非不可言说也。曰'美言'，曰'言有君'，曰'正言若反'，曰'吾言甚易知，甚易行'，皆言也，皆可道可名也。自解《老》者偏于一面，以'常'为不变不易之谓，可道可名则有变有易，不可道不可名则无变无易（林希逸），于是可言之道，为不可言矣；可名之名，为不可名矣。不知老聃所谓道，乃变动不居，周流六虚，既无永久不变之道，亦无永久不变之名。"（《老子校释》）

4. 道若可以践行，就不是永恒常在之道

此种观点的特点是把"可道"之"道"解释为"实行""践行"，认为可践行之道，则非常道。

南宋李嘉谋（息斋道人）说："常者，不变之谓也。物有变而道无变。……常之为道，不可行而至，……使其可行，即非常道。"（《道德真经义解》）

元代吴澄说："道，犹路也。可道，可践行也。常，常久不变也……若谓如道路之可践行，而道则非此常而不变之道也。"（《道德真经注》）

明代薛蕙说："道本无为，若道而可为，乃有为之事，非常道矣。"（《老子集解》）

清顺治皇帝说："上道字，制行之道。可道，行之也。常者，乃真常不变之道也。凡天下之道，可以制行者，非真常之道也。"（《御注道德经》）

近代张其淦（罗浮山豫道人）说："凡事可践行者谓之道。然可道者，则非常道。"（《老子约》）

5. 道可以践行，但所行之道非常人之道

明太祖朱元璋把"非常道"解释为"过常人所行之道"，即不是常人所行的道。他说："上至天子，下及臣庶，若有志于行道者，当行过常人所行之道，即非常道。道犹路也。凡人律身行事，心无他欲，执此而行之，心即路也，路即心也。能执而不改，非常道也。道可道，指此可道言者，盖谓过人之大道。"（《大明太祖高皇帝御注道德真经》）

当代吴林伯说："老子之'道'，为万物化生之总规律，或不易之定理。小、大由之，故曰'可道'。《孟子·告子》：'夫道若大路然。'《荀子·儒效》：'道者，人之所道也。''道'既若路，人所共行，是'道'字之义，与'行'字同，曰论道之言'甚易行'（七十章），行而宜之，故非寻常之'道'。'五千言'每言道而状之以大，岂非异常乎！"他将全句译为："我的道，真像平坦的路，是可以通行的，也就不是寻常的道。"（《老子新解——〈道德经〉释义与串讲》，京华出版社 1997 年版）

6. 道可以践行，所行之道中有非常之妙道

南宋谢图南持此种解释。他说："道本无名，名之曰道者，以其四通八辟，可能共行如道路然。孟子曰：道若大路，正谓此尔。可道者，犹可行也。可名者，犹曰可称也。天下何莫由斯道，而百姓日用而不知。则可道可名之中，又有非常之妙存焉。《中庸》曰：夫妇之愚，可以与知，及其至也，圣人有所不知。夫妇之不肖，可以与行，及其至也，圣人有所不能。此曰非常者，其亦不可知不可能者欤！"（元刘惟永《道德真经集义》卷三引）其意为：道是可行的，但是百姓日行其道而不知其妙。不仅百姓不知，圣人亦不能尽道之妙。

7. 可以言说之道，不是"上道"

清末俞樾说："'常'与'尚'古通。……尚者，上也。言道可道，不足为上道；名可名，不足为上名。即'上德不德'之旨也。河上公以上篇为《道经》，下篇为《德经》。《道经》首云：'道可道，非尚道。'《德经》首云：'上德不德。'其旨一也。"（《老子平议》）这是把"上道"与"上德"对称来理解。

胡适在《中国哲学史大纲》中引用俞说，看来是赞同的。当代学者廖名春说："（俞樾）这一意见，足以凿破混沌，可谓先得我心。"（《老子首章新释》，载《哲学研究》2011 年第 9 期）

8. 道是什么道呢？不就是恒常之道吗？

当代徐梵澄先生持此种解释。他说："帛书甲、乙两本，此句皆有'也'字。'也'为疑问语则同'邪'，即'耶'。——《礼记·曲礼》：'奈何去社稷也？'《论语·为政》：'子张问十世可知也？''也'皆同

'邪'。——第二字'可'则'何'之省文。——石鼓文'其鱼维何'作'其鱼维可'。云梦秦简'购几可'即'购几何','可殹'即'何也'。'盗封啬夫可论'即'盗封啬夫何论'。然则此第一句当作'道,何道耶?'更进而问一句:'非常道耶?'""是谓非于恒常之道外别立一道。"(《老子臆解》)

综上可见,老子短短的一句话,为诠释者提供了极大的诠释空间。这一状况的形成,当然与《道德经》原文过于简洁和具有模糊性有很大关系。

读者也许会问,以上这些不同理解,哪一种理解符合老子的原意呢?老子的原意真正可以搞清楚吗?按照当代哲学诠释学的观点,这样一种提问本身就是不合适的。当代哲学诠释学认为,文本的意义是在诠释中生成的,是诠释者与文本的"视域融合"的结果,并不存在独立于诠释者的所谓原意。一个文本,没有人去读它,谁知道它想表达什么?而一旦你去读它,它进入你的视域,就已经打上了你的烙印。就像郭店楚简《老子》,它未出土之前,对我们来说,它的意义是不存在的。一旦出土,就要有人来释读它,一旦释读,它的意义的建构,就已经掺入了释读者的见解。

伽达默尔认为,文本的意义是诠释者"筹划"的结果。他说:"谁想理解某个本文,谁总是在完成一种筹划。一旦某个最初的意义在本文中出现了,那么解释者就为整个文本筹划了某种意义。一种这样的最初意义之所以又出现,只是因为我们带着对某种特殊意义的期待去读本文。"(《真理与方法——哲学解释学的基本特征》上册,第341页,上海译文出版社1999年版)这就是说,文本的意义并不是由作者的意图所决定的。伽达默尔指出,"本文的意义超越它的作者,这并非只是暂时的,而是永远如此的。因此,理解就不是一种复制的行为,而始终是一种创造性的行为。"(《真理与方法——哲学解释学的基本特征》上册,第380页)按照哲学诠释学的观点,试图去弄清所谓作者的原意,不仅是不可能的,也是毫无意义的。

当代解构主义更认为,文本的意义是不确定的,"当我们阅读一句话的时候,它的意义由于某种原因始终是漂浮着的"。(转引自李建盛:《理解事件与文本意义——文学诠释学》第23页,上海译文出版社2002年版)因此,对文本做出的所有不同的诠释都是有效的和合法的,误读是不可能存在的。

按照美国实用主义哲学家罗蒂的观点，"诠释"就是"使用"，因为任何"诠释"都是为了满足一定的实用目的。（罗蒂：《实用主义之进程》，载艾柯等著、王宇根译：《诠释与过度诠释》，第 115—117 页，生活·读书·新知三联书店 1997 年版）这颇有点像中国古代所说的"六经注我"，旧瓶装新酒，诠释即创新。

当代另一些哲学家不赞成解构主义和实用主义的激进主张。如意大利哲学家艾柯认为，文本确实给予读者大量自由的诠释空间，但这种自由是有一定限度的。检验一种诠释是否过度的尺度就是"文本的连贯性整体"。他说："对一个文本的某部分的诠释如果为同一文本的其他部分所证实的话，它就是可以接受的；如不能，则应舍弃。"（艾柯：《过度诠释文本》，载《诠释与过度诠释》，第 78 页）他还区分了对文本的"诠释"与"使用"。在他看来，读者对文本的"使用"可以是任意的，而"诠释"则应尊重文本本身的内在连贯性，因而必须受到一定的限制。

针对艾柯对"过度诠释"的批评，美国学者卡勒辩解说："诠释只有走向极端才有趣。四平八稳、不温不火的诠释表达的只是一种共识；尽管这种诠释在某些情况下也自有其价值，然而它却像白开水一样淡乎寡味。"（卡勒：《为"过度诠释"一辩》，载《诠释与过度诠释》，第 135 页）

可见，当代哲学家对诠释是否应有限度的看法是大相径庭的。

就中国古代经典诠释传统来说，"汉学"与"宋学"之争，与诠释有无限度之争具有一定的相似性。汉学坚持通过对经典中的字词的正确疏解来弄清经典的本义，宋学则以己之所悟来阐明所谓的"微言大义"。具体字词的含义总是相对确定的，以这样的方法来诠释经典，其差异性是不会太大的。但是，正如卡勒所指出的："四平八稳、不温不火的诠释表达的只是一种共识。"汉唐人对经典的注疏，之所以显得烦琐而少新义，其原因也就在于此。而"己之所悟"则可能言人人殊。虽然"己之所悟"可能不太符合经典的本义，但思想的创新也就由此而产生。

将实用主义的"诠释"就是"使用"的观点用来说明历代《老子》注疏，也是较为恰当的。综观古今《老子》注疏，可以说没有几个注家是纯粹为了注解而注解，他们的主要目的是要借注解来阐发自己的政治主张和学术观点。也就是说，他们的注解具有鲜明的现实性和实用性。从这个意义上来说,"诠释"就是"使用"的观点是有相当的道理的。

但是,即使我们承认对文本的"诠释"就是"使用",我们也还要思考一下:即便在"使用"的意义上,诠释有没有限度?为了"使用",难道就可以随心所欲地诠释吗?笔者赞同艾柯关于"诠释"应尊重文本本身的内在连贯性的观点。不能抓住文本的某一个方面,予以不恰当的放大,只攻其一点,不及其余,而要前后贯通,形成一个合乎逻辑的整体。

按照艾柯所提出的"文本的连贯性整体"的诠释尺度,将"常道"理解为"寻常之道"是没有依据的。考《道德经》中"常"字凡数十见,如"常无欲""道常无名""道常无为""复命曰常""常与善人"等,均作"恒常"解,无一例作"寻常"之意解。更为直接的证据是,长沙马王堆汉墓出土的帛书《老子》甲本此句作"道,可道也,非恒道也。"乙本此句残缺,但有下句"恒名也"三个字。学术界认为,今本改"恒"为"常"乃是汉代人为避汉文帝刘恒之名所为。湖北荆门郭店战国楚墓出土的《老子》三种,虽无此句,但"恒"字屡见,如"道恒无名"等等。此更可证"常"字原为"恒"字之有据。"常"与"恒"其义相同。恒,《说文》:"常也。"《广韵》:"久也。"常,《玉篇》:"恒也。"《正韵》:"久也。"可见,不管是写作"恒道"也好,还是写作"常道"也好,均是指永恒常在之道。因此,将"常道"解释为"常俗之道"(李荣)、"常人所谓的道"(司马光)、"常人之道"(朱元璋)都没有根据。

但可道之"道"字的诠释无法从《道德经》本身找到内证,因为《道德经》全书其他各处之"道"字,无一作动词用者。因而释"道"为言说或释"道"为践行,"两行"可也。但在道是否可践行的问题上,亦可用内证证明第4种观点是站不住脚的。《道德经》第41章说:"上士闻道,勤而行之。"所行非大道乎?第53章说:"使我介然有知,行于大道,唯施是畏。"明确表达了行道的方法。第25章说:"人法地,地法天,天法道,道法自然。"也是要人去效法道之"自然"而行。

除了文本的内证之外,必要的训诂学原则也是必须遵循的。像市面上有本《道德经浅释》将"如享太牢"解释为"如坐大牢",把"不自伐"的"伐"解释为"砍伐",恐怕稍具古文常识的人都会发笑的。

另外,在诠释时,慎将文字作通假解。如上引俞樾解"非常道"说:"常与尚,古通,……尚者上也。言道可道不足为上道。"(《老子平议》)

马叙伦在《老子校诂》中力证俞说之非。他说："本书后文曰：复命曰
常，知常曰明，不知常妄作，凶。知常容。《庄子·天下》篇言老子之道
术曰：'建之以常无有者。'是则常者遮绝有无而为言，非上义也。"笔者
按：今帛书本《老子》此句"常"作"恒"，可确证"常"非"上"义。
廖名春先生辩解说，"恒"既能与"常"通，那么与"尚（上）"通也就
不成问题。但这并没有回答马叙伦指出的问题：《老子》后文中的"常"
都不作"尚（上）"解，为何单单此处要作"尚（上）"解？如果滥用通
假，那么为了证明自己的观点，任何一个字都可以解释成与它的原意毫不
相干的另一个字，这样，诠释就变成任意发挥了。

　　可见，诠释虽有自由度，但诠释的可能空间也是有一定的限度的。限
度来自于诠释者对共知的规则的遵守。如果不遵守规则，则诠释完全变成
了"使用"，因而也就失去了"诠释"的本来功能。像市面上有一本《道
德经浅释》将"道可道非常道"解释成"道，可以叫作道，也可以不叫
作道"，这是完全不遵守诠释规则，因而就超出了诠释的可能空间。

论冯友兰阐《老子》"知和""知常" "习常"的境界哲学

曾春海

（台湾中国文化大学哲学系）

一 前言

冯友兰（1895—1990）透过他所受过的西方哲学方法，特别是概念分析法来研究中国先秦最具有原创性与多样性的诸子学，尤其是老庄哲学，突出其哲学思辨、概念分析及理论建构的特色。诸子学是在晚清民初随着乾嘉考据学之兴盛，借着经文考证、订补、校勘、笺释及其哲学性底蕴与西方哲学之相互格义而成为一大显学，冯友兰对诸子学的研究，虽也受到时代流风影响，亦做过些考镜源流、辨章学术之工作，[①] 但是他的子学研究之核心方法不是历史文献的考据工作，而是辨名析理，证成命题及建构系统化理论的哲学性研究。他颇具其哲学性的代表作《贞元六书》系由《新理学》《新事论》《新世训》《新原人》《新原道》和《新知言》所构成，这六本书冠上"新"字的书名，隐含了推"原"出"新"的新意，亦即他对中国哲学的研究已迈出照着讲的尺度，而走上接着讲，甚至自己讲的哲学创新之路，他认为先秦道家出于隐士文化，并以哲学问题属性的宇宙观、认识论、人生哲学及政治思想来发展、建构道家哲学。他从哲学史的观点，将杨朱代表早期道家，老子、庄子分别代表道家哲学发展的第二、第三阶段。他认为杨朱思想较局限于人的感官欲求及身体健康，

[①] 例如冯先生论证出孔子在前，老子在后的学术见解。他在《中国哲学史》一书中提出三点理由："一则孔子以前，无私人著述之事。二则《老子》之文体，非问答体，故应在《论语》、《孟子》后。三则《老子》之文为简明之'经'体，可见其为战国时之作品。"

较忽视人的心灵生命和精神世界，学说简单，境界不高。

他认为老子、庄子虽亦有论及"全生葆真""贵生轻利"命题，却非其主要思想。《老子》一书，相传为"古之博大真人"老聃所作，冯先生说："老子以为宇宙间事物之变化，于其中可发现通则。凡通则皆可谓之'常'""常有普遍永久之义，故道曰常。"① "常"指常则常道，或常理、常律。《老子》首章出现"常无""常有""常道"等三"常"，冯先生认为这三常"是《老子》哲学体系的三个基本范畴"②。这三个基本范畴皆立基于《老子》的宇宙观，冯先生进一步说："《老子》的宇宙观当中，有三个主要的范畴：道，有，无。因为道就是无，实际上只有两个重要范畴：有、无。不仅在《老子》中如此，在后来的道家思想中也是如此。"③ "无"指"道"无形状、声色的形上属性，"有"指道所化生及运行的天地万物，亦即现象界。"道"是具有恒常性的通则，"有"或"万物"是承载"道"及表现"道"之通则的载体，是具体的存有者。王博也认为"恒常"、"永久"是老子哲学的基本问题。④ 至于老子拟透过"恒常"概念处理什么核心课题，学者们有不同的看法，高亨说："老子之言皆为侯王而发，其书言'圣人'者凡三十多处，皆有位之圣人……《老子》哲学实侯王之哲学也。"⑤ 冯先生在 1926 年在其所著《中国哲学之贡献》一文中说："中国哲学对人生方面特别给以注意，因此其中含有人生论和人生方法，是西洋哲学还未详细讨论之处。"此外，他在《新原人》书中指出："一个完整的哲学体系，必须能够说明个人及其周围各方面的关系，如何处理好这些关系。如果都处理好了，那就是他的安身立命之地。"他在该书中断言"天地境界"是人生最高的"安身立命"处。因此，本文试图较系统的阐明冯先生如何以"知常"来厘清其对《老子》宇宙观的理解，以及如何以"习常"来引领吾人在人生价值论上安身立命。

---

① 冯友兰：《中国哲学史》页 223，收入"民国丛书"第二篇，上海书店 1990 年版。

② 冯友兰：《中国哲学史新编（第二册）》，台北市蓝灯 1991 年版，第 52 页。

③ 同上书，第 46 页。

④ 王博认为《老子》书中"道"的根本属性为"永久""恒常"，他还考察老书中与"常"之语义同义的相关语词，如"久""长生久视""寿""不殆""不死"等语法使用以达常道之语用词，计有二十一章之多。请参阅王博《老子思想的史官特色》，第 192—195 页，台北市，文津出版社 1993 年版。

⑤ 高亨：《老子正诂》，清华大学出版社 2011 年版。

二　常道的形上属性

冯先生认为"无"与"有",或道与其所生成运行的万物是老书中的两个核心范畴。我们可透过这两个概念范畴之含义与相互关系来彰显常道的形上体性。同时,"道"从"无"生成万物,赋予万物不同的自然本性,就万物的派生从"道"所禀得的自然本性,称为"德"。因此,"无"与"有"的关系,就宇宙生成论而言,可衍生"道"与"德"的道与万物之道物关系。我们可以分别从"有"与"无"及"道"与"有"这相对应的二重而一致之关系来理解冯先生如何诠释"道"恒常的形上属性。

首先就"有"与"无"之相互关系而言,冯先生指出《老子》四十章:"天下万物生于有,有生于无"这一命题可贯穿《老子》书中所言及宇宙观的各章,他认为学者们针对这一核心命题中"有"、"无"关系可以有不同的理解和解释,他列举了三种不同的理解和说法。第一种是他称为"带有原始宗教性的说法",特别举《老子》六章为范例,"谷神不死,是为玄牝。玄牝之门,是谓天地根。绵绵若存,用之不勤。"他从有的原始宗教,从人的生育类推天地万物的生成来理解这句话。他认为这种说法表达"有"生于"无",有点像原始的宗教,说法比较粗糙。① 冯先生认为第二种说法的主要意思仍是"有"生于"无",这是两个相当高度抽象的概念,较第一种说法精致得多。第三种说法是本于《老子》首章:"道,可道非常道。名,可名非常名。无,名天地之始;有,名万物之母。故常无,欲以观其妙。常有,欲以观其徼。此两者同出,异名同谓,玄之又玄,众眇之门。"最后一句依马王堆帛书本,将传世本的"妙"作"眇",冯先生解释为苗头的意思。冯先生还认为把"道"的无定形定状之无相的"无"理解为无名,"无"就是无名,所谓:"不能说道是什么,

---

① 冯先生所以断此说为粗糙,因为依他的解读:"《老子》在这里所说的'牝',就是女性生殖器。它所根据的原始宗教,大概以女性生殖器为崇拜的对象。因为它不是一般的女性生殖器,所以称为'玄牝'。天地万物都是从这个'玄牝'中生出来的。'谷神'就是形容这个'玄牝'的。女性生殖器是中空的,所以称之为'谷'。玄牝又是不死的,所以又称为'神'。"见《中国哲学史新编》(第二册)第46—47页。笔者认为这是仁智互见的观点。笔者认为老子用"谷神不死""玄牝之门"的语法,旨在以形上模拟义的根喻来模拟理解天地万物所原出的"天地根",言简意赅,语用指向玄远深微的本体,未必是比较粗糙的表述法。

只能说它不是什么，这就是无名。……一说道是什么，那它就是有名，就成为万物中之一物了。《封神榜》上说，姜子牙的坐骑"四不像"，可是'四不像'也有个像，那就是四不像。道可以说是'万不像'……就是无像之像，即为大像。"① 道化生统摄万物、万象，其本身却是不被任何一特定之物象所限定，因此，作为天地万物之根源的道是无物（形下的具象物）之物（形上实有）、无像（现象中所承显的象）之像（统摄万象的根源），冯先生指出"道"是一切物的共相，是像之像，所谓："比如：天声之乐，就是一切音的共相。它既不是宫，也不是商，可是也是宫，也是商。"② 以一切的"共相"来诠释"道"这是冯先生采英美新实在论的概念抽象思辨方法所做的概念抽象界说之路数，也是西方古希腊哲学家苏格拉底、柏拉图、亚里士多德惯用的概念分析之传统哲学方法，然而，当代西方哲学对概念的抽象思辨法，本质主义的概括法，已提出深刻的省察和批评。例如：德哲海德格尔（Heidegger，1889—1976）以存有学（ontology）替代西方传统的思辨性形上学（metaphysics）的进路，强调存有（being）的整全性和实存性（real being）以本真性的存在及自发性地开显来诠释统摄性的，无时无地不存有的"存有"，这种存有学的进路已逐渐为当代许多中国哲学的研究者所接受。

尽管如此，冯先生的概念抽象分析法，共相说仍有其可备一家之言的参考价值。他指出《老子》首章"有""无"关系属异名同谓，对一般人而言，确有"玄之又玄"的难理解处。冯先生运用概念分析法来诠释，他认为"有"是最抽象最具概括力的"名"，其外延是一切事物，内涵是一切事物共有的性质。他解释说："'有'就是存在。一切事物，只有一个共同的性质，那就是存在，就是'有'。……没有一种仅只存在而没有任何其他规定性的东西，所以极端抽象的'有'，就成为'无'了。这就叫'异名同谓'。'有'是它，'无'也是它。"③ 这是西方思辨形上学进路下，以"有"（being）之为有的超越特征来描述形上学的对象"有"（being），如是，"有"指存在，"无"指不受任何名言，持定形象所限制而规定的存在，克就其不能定义而谓"无"，这是他据以诠释"异名同

① 《中国哲学史新编》（第二册），第47页。
② 同上书，第48页。
③ 同上书，第49页。

谓"的理据。然而，《老子》四十二章曰："道生一，一生二，二生三，三生万物。万物负阴而抱阳，冲气以为和"这一章生动鲜明地表述了"道"是生成万物的本根，"一、二、三"表征"道"生成及运行万物的动态历程。"冲气以为和"的"冲"说文曰："通摇也"引申为激荡之意，"和"指阴阳之间互相往来，在相激相荡中，磨合出和谐之气资以生就万物。因此，就这一有机的生态、动态历程中观之，笔者认为《老子》的形上学除了以静态的逻辑形式分析法来诠解外，也可就"有"之为生成变化的动态历程（Being as becoming）来理解道化生万物的形上律动属性。

三　"道"与"德"的相互关系

冯先生认为《老子》四十二章可兼作本体论和宇宙生成论的解释。如果作宇宙形成论的解释，则一、二、三皆是确有所指，他说："因为它在下文说：'万物负阴而抱阳，冲气以为和。'照下文所说的，一就是气，二就是阴阳二气，三就是阴阳二气之和气，这都是确有所指的，具体的东西。"① 就客观的具体世界而言，万物之发生、成长和终极归宿所向，任何具体存在的事业皆都处在时间形式的历程中。他解释说："就具体的事物说，它们都是一个过程。这个过程就是从无到有，从不存在到存在，又从'有'到'无'，从存在到不存在的过程。"② 这种从"无"到"有"，且又从有至无之过程，就是《老子》二十五章所言："独立而不改，周行而不殆"的"周行"之概念含义。"道"在周行的动态历程上从无到有，亦即万物从不存在到具体存在。道与其所化生运行之具体存在万物的关系，冯先生将之解释《老子》上篇"道"与下经开首之"德"的相互关系，所谓："道为天地万物所以生之总原理，德为一物所以生之原理，即《韩非子》所谓'万物各异理'之理也。"③《老子》书言"道"、"德"关系最精密处有两章，其一为二十一章："孔德之容，惟道是从。"其二为五十一章："道生之，德畜之，物形之，势成之。是以万物莫不尊道而

① 《中国哲学史新编》（第二册），第52页。
② 同上书，第50页。
③ 冯友兰：《中国哲学史》，第222页。

贵德。道之尊，德之贵，夫莫之命而常自然。"冯先生认为历来能将道与德之关系，诠释得最精辟者，首推《管子·心术上篇》所云："德者，道之舍，物得以生，生得以职道之精。故德者，得也，其谓所得以，然也。以无为之谓道，舍之之谓德。故道之与德无间，故言之者无别也。"德是道驻寓于存在的寓所，冯先生谓："德即物之所得于道，而以成其物者。此解说道与德之关系，其言甚精。"① 道透过宇宙生成元素阴阳所交感磨合之，和气化生林林总总的不同物类，道内在于气物中而有分殊化的殊相呈现。就万物而言，由道分享所禀得的自然本性谓之"德"，亦即享有不同物类的共相及其个体分殊化的本质。道与德有本体的同一性，只是就本体论及宇宙生成论而言分成两层，可说是同质异层，就"孔德之容，惟道是从"系就既已存在的实然世界而言，德依从道，隶属于道。若就宇宙生成趋势及其所蕴含的万物实现原理而言，由于道生德畜，物形势成，因此，万物的存在和活动有尊道而贵德的必然性，冯先生诠释其蕴义说："形之者，即物之具体化也。物固势之所成，即道德之作用，亦是自然的。故曰：'道之尊，德之贵，夫莫之命而常自然。'"② 这是就无自觉性之意识活动的万物而言，若就享有灵智、灵觉及灵能的人而言，则有应然性的自由意志之抉择问题，容下节论述。

至此，我们也衍生另一问题，那就是万物固然要尊道贵德、"惟道是从"，然而道的周行不殆之最恒常性的，亦即最普遍性的律动常规是什么呢？冯先生说："事物变化之一最大通则，则一事物若发达至于极点，则必一变而为其反面，此即所谓'反'，所谓'复'。"③ 他还举出《老子》书中三章为文本依据，那就是"大曰逝，逝曰远，远曰反"（二十五章）、"反者道之动"（四十章）、"万物并作，吾以观复"（十六章）。老子是周代的史官，依其职掌也是位天文学家，深谙自然律则，昼夜的轮替，四时的迭运，终而复始，是大自然日夜的往来，四时时序周行不殆的自然法则，因此，由自然运行变化的实然状况观之，物极必反，终则有始，可抽绎出"反者道之动"的常律常则，冯先生针对《老子》二十五章所云："（道）独立不改，周行不殆，……大曰逝，逝曰远，远曰反。"采高亨

---

① 冯友兰：《中国哲学史》，第222页。
② 同上书，第223页。
③ 同上书，第226页。

《老子正诂》的解法，以大、逝、远、反来形容道律动的常则，冯先生在这一立基点上，对这四项道周行不殆的常律则赋予了更深刻且相融贯的诠解。他说：

> 第一是大，因为道是"众眇之门"，一切事物都出于它。第二是逝，一切事物都出于道，其出就是道的逝。第三是远，一切事物都处于道以来，都各有生长变化，这就是道的远。第四是反，一切事物生长变化以后，又都复归于道。"夫物芸芸，各复归其根"，这就是道的反。从逝到反，系一切事物的发展变化的过程。每一个这样的过程，就是道的一个"周行"。这种"周行"没有停止的时候，这就是"周行而不殆"。①

　　大、逝、远、反是"道"运行的律动常则，一切事物生长变化的轨道就在循道周行不殆的律动常则，出于道且终极性地复归于道，就无与有的关系范畴来理解的话，则道是无名的万物本根。道生成万物的运行活动就是从无名的本根生发出有名的芸芸万物，亦即从无到有。因此，以大、逝、远、反的道之运行与其所生成变化万物之关系而言，道的周行不殆，是"谷神不死，绵绵若存"的无穷动力所在。老子的宇宙观不是无生命属性的机械式的宇宙观，而是生生不息的机体论式的生态、动态之宇宙观。万物出入于道是自然自发性的活动，因为道内化于万物之内所形成的本真性之德所使然知和曰明。此外，大自然所以呈现出万物并育而不相害，和谐共融的状态，这是生态的和谐相融性。这种生态的和谐共融性源自道化生万物本于"负阴抱阳，冲气以为和"的有机调和阴阳，使之呈现差异互补、和谐感通的浑然一体性。冯先生对这一点有他深刻的觉察，他认为这是老子对事物变化自然之通则的特别发现而陈述出来，冯先生从《老子》文本中举数章予以佐证，其中值得注意者如："物或损之而益，或益之而损。"（四十二章）、"天之道其犹张弓欤，高者抑之，下者举之。有余者损之，不足者补之。"（七十七章）我们也可确认为这是老子生态宇宙观之自然调和的生态平衡常律，天地万物所以能长久永续不绝，其关键性的常律常则就在道的平衡性调节作用和周行不殆的深深不息的运行

---

① 《中国哲学史新编》（第二册），第51页。

力量。

四 对应世常理之明白

《老子》十六章曰:"夫物芸芸,各复归其根。归根曰静,是谓复命。复命曰常,知常曰明,不知常,妄作,凶。知常容,容乃公,公乃全,全乃天,天乃道,道乃久,没身不殆。"对天地万物变化之通则的理解,为明智之知,所谓"知常曰明",老子不但教人要知天道的常则常律,且教人也要理解和学习避凶趋吉的应世常理。人若有知常之明智才能有容人的度量,处世才能公正,能公正处世才能兼容并蓄地顾全大局,才能契合天道的通则而立于终身不败之地;若人在应世处事上昧于常理常道,违背常理常道,则有"妄作,凶"的危险。冯先生说:"若吾人不知宇宙间事物变化之通则,而任意作为,则必有不利之结果。"[①] 人贵能知通则或常理常道,"知常曰明"是老子启示给我们的宇宙和人生智慧,我们除了对"反者道之动"、"有余者损之,不足者补之"的天道所涵之自然律动法则有明智之知外,更应对切身的应世常理常则能深刻地理解和实践,这是老子启示给我们安身立命的智慧。冯先生在其所著的《中国哲学史》论《老子》处,辟"处世之方"以及"政治及社会哲学"两项小主题。本文仅以"处世之方"为范围,冯先生在这一主题上,从《老子》八十一章中,摘出十七条章句。我们可就冯先生所摘出的章句,取要论述,例如:二十二章:"不自见故明,不自是故彰,不自伐故有功,不自矜故长;夫惟不争,故天下莫能与之争。"第六十七章:"我有三宝,持而保之。一曰慈,二曰俭,三曰不敢为天下先。慈故能勇,俭故能广,不敢为天下先,故能成器长。"就为人处世的常理常道而言,天道启示我们的生活智慧,老子所为三宝的慈善、节俭和不强势争夺的"不敢为天下先",虽正言若反,却明确教人要从事物变化的两端往来之通则,持整全性的观点,由变化的常律以及所涉及的互转之两面性来省察趋吉避凶的两面性,一般人易偏执于事物发展的正面因素、显性现象而疏略事物的存在和发展具有阴阳二种相反相成的必备元素。换言之,任何事物的存在和发展除了正面因素、显性现象外,也必然内具了负面因素、隐性事态。老子教人持

---

① 《中国哲学史》,第 226 页。

两面性互较的动态历成来全面地观照事物之势能掌握来龙去脉，对事物发展的未来性，应有预测的能力和判断，才较能顾全大局而减少失误，期能立于不败之地。

　　冯先生针对老子所说"知常曰明"的"常"理解为事物变化的通则，他强调老子在处事接物上，提出一定的方法。基于"反者道之动"的变通常律，老子提示我们若要达到处世的某种特定目的，则必须预先设想其反面的因素和发展趋向，他说："南辕正所以取道北辙。"① 他以这一观点来理解《老子》三十六章所云："将欲歙之，必固张之；将欲弱之，必固强之；将欲废之，必固兴之；将欲夺之，必固与之。"他认为老子所言不是崇尚阴谋，而只是客观的洞察到历史经验和人情事理中所蕴含的因果法则。冯先生对这点还提出了他所深思熟虑出来的一种理论，他说：

　　　　凡此皆"知常曰明"之人所以自处之道也。一事物发展至极点，必变为其反面。其能维持其发展而不致变为其反面者，则其中必先包含其反面之分子，使其发展永不能至极点也。②

　　冯先生这一论述，自己承认系汲取德哲黑格尔（Hegel，1770—1830）的历史辩证法，谓历史的发展和进化，常经过"正"，其发展至极点必变而为反面，亦即对正面的否定；同样的，一件事物若发展至正面的否定状态之极点也会变而为其反面，亦即否定的否定，如是，进而超越正反两方而达成辩证性的超越统合，老子所言"知其白，守其黑，为天下式"（二十八章）、"万物负阴抱阳，冲气以为和"（四十二章）、"曲则全，枉则直，洼则盈，敝则新，少则得，多则惑。是以圣人抱一（守道）为天下式"（二十二章）就模拟的意义观之有其相似处，但是老子的通变常规常则是否与黑格尔毫无差异而可不加批判的全然套用，笔者保留部分立场，尚有待贤智者进一步的分析、检验和判断。

五　习常的心态和实践功夫

　　《老子》五十五章云："含德之厚，比于赤子。……精之至……和之

---

① 《中国哲学史》，第227页。
② 同上书，第229页。

至。知和曰常，知常曰明，益生曰祥。"二十五章曰："人法地，地法天，天法道，道法自然。""人法天"意指人应学习"道"，道性自然，人应归真反朴，复返由道所禀受的内在性命之德，亦即性命所蕴含的纯真朴实之本性。透过内敛的性命双修功夫，达精、和之至，觉知人或天地万物交融的和谐状态是大自然的常道常律，若能贯彻这种和谐常道，才得获得生命的安详和内在价值之实现。习常的首要对象当指上述的道之形上属性，道生成运行万物的律动规律（亦即自然律）以及历史文化中的人生与社会、政治发展的常理常则，旨在营造人生与社会超世俗的精神性幸福。

至于我们应如何习常呢？首先在心态上一方面本着"恬淡为上"（三十一章），"涤除玄览"（十章）之精神；另一方面自觉地"致虚极，守静笃。万物并作，吾以观复。"（十六章）冯先生诠释说："必须保持内心的安静，才能认识事物的真象。"① 因此他进一步说："'玄览'即'览玄'，'览玄'即观道，要观道，就要先'涤除'。'涤除'就是把心中的一切欲望都去掉，这就'日损'。"②

《老子》四十八章曰："为学日益，为道日损。损之又损，以至于无为，无为而无不为。""为学"与"为道"是性质和实践方法有所不同的两概念。冯先生将这两者做了不同的诠解，他说："'为学'就是求对于外物的知识。知识要积累，越多越好，所以要'日益'。'为道'是求对道的体会。道是不可说，不可名的，所以对于道的体会是要减少知识。'见素抱朴，少私寡欲。'（十九章）所以要'日损'。"③ "为学"是知识的论述，意指名言概念的认知活动，旨在建构一套知识系统。"为道"是实存性的体验进路。简言之，一为抽象的概念之知，另一为整全性的体验之知。冯先生认为老庄的见道或体验道是一种纯粹的直观，直观是一种理性自觉。老子教人以虚静无为、虚室生白的心态对世界之终极性，亦即"道"进行整全的观照，达到与道相契之觉解。冯先生认为对道的实存性之体验是人最深的觉解。这是一种玄妙的体验之知。他在《中国哲学简史》一书中提出了他对中国传统哲学意义的一种洞见，他认为中国哲学主要价值不在于对实然世界积极的知识，而在于提高人精神生活的境界。

---

① 《中国哲学史新编（第二册）》，第57页。

② 同上书，第58页。

③ 同上。

道家哲学具有高于道德价值的天地境界。① 天地境界是指人"同于大通（道）"的同天境界。老子道法自然的法"自然"意指法"自然"之辩证的发展。② 人法道，道性自然，无为而无不为，冯先生解释说："'无为'并不是什么事也不做，而是无所为而为，就是顺乎自然。"③ 所谓"顺乎自然"意指顺乎万物自然本性，也就是内在于万物万事之常理常道、常律常则，他认为道家的圣人对万物的自然本性有完全的理解而不以情害理。换言之，道家的人生幸福哲理在于培养人的虚明灵觉，以开放的心胸、以玄理主导情感生活而不为情所乱所苦，他名之为"灵魂的和平"④。

那么，人应该如何培养"灵魂的和平"呢？冯先生在《老子》五十五章"益生曰祥"的人生价值理想前提下，特别重视"知和曰常，知常曰明"的核心命题。《老子》书中数言"知常曰明"突出明常的可贵，能明常才能实现和谐幸福的人生至高价值，他对"知常"与"习常"有段精辟见解，他说：

> 　　对于规律的知识和了解，《老子》称为"明"。它说："知常曰明。"（十六章）"知常"即依之而行，这种行称为"袭明"，"是以圣人常善救人，故无弃；是谓袭明。"（二十七章）"袭明"即"习明"，亦称为"习常"，"见小曰明，守柔曰常。……无遗身殃，是为习常。"（五十二章）如果不能"习常"而任意妄为，则必有不利的结果，"不知常，妄作凶。"（十六章）⑤

"知常"是对客观规律的知识性理解，"和"是自然界的事实也是价值的呈显。我们不但要培养知常知和的明智，更要躬行实践，反复学习遵行常道常则以臻于自我和谐、人我和谐、群我和谐、人与天地万物和谐之

---

① 冯先生在《贞元六书》《新原人》中提出过"人生四境界说"：（一）不自觉自己所为的"自然境界"；（二）为自己利益而生活的"功利境界"；（三）为社会服务的"道德境界"；（四）成为天民而事天的"天地境界"。

② 笔者认为黑格尔的辩证逻辑立基在否定性的矛盾上，《易》、《老》、《庄》的宇宙观立基在机体论，倡天地万物有机的存在，相互间有机的联系、互动、相辅成成的有机和谐，与黑格尔有所不同。

③ 《中国哲学史新编（第二册）》，第55页。

④ 《中国哲学简史》，台北市，三联出版社2005年版，第132页。

⑤ 《中国哲学史新编（第二册）》，第58页。

最高幸福价值。对老子而言，整全性的有机和谐性是宇宙人生至上的常律，也是至善的价值所在。老子启发我们要深刻认识这一统摄宇宙人生的常理，第十六章所谓："知常，容，容乃公。公乃王①，王乃天②，天乃道，道久，殁身不殆，所谓'知常'亦即吾人能知且能依之而行，这也就是袭（习）明。"③《老子》二十七章云："是以圣人常善救人，故无弃人；常善救物，故无弃物，是谓袭（习）明。"圣人所以能无弃人弃物的救人救物，在于能公正无偏私地涵容一切，这是对天道的无私无为，依顺万物自然本性，才能到达周备性、整体性和谐之境界。冯先生特别强调能容才能公正地平等待物的和谐原理，他说："知常之人，依常而行，不妄逞己之私意，故为公也。"④ 衡之老书，这一层道理，比比皆是，例如：四十一章："上德若谷"、六十七章标举"慈"、"俭"、"不敢为天下先"的三宝。人间所以不能和谐，常因私心偏见、贪婪不知足、自我膨胀，而和谐共生是天长地久、万物共存共荣，人生幸福圆满的最高准则。我们可以说知"常"与习"和"是老子留给我们最宝贵的应世智慧，其人生实践的要诀，不外第二十二章所言："不自见，故明；不自是，故彰。不自伐，故有功。不自矜，故长。夫唯不争，故天下莫能与之争。"较积极的实践法则如五十六章所说："知者不言。塞其兑，闭其门，挫其锐，解其分，和其光、同其尘，是谓玄同。"⑤ 吾人若能汲取老子"抱一守中"的应世智慧，知常习常而达至"和"之境，是冯友兰所强调的老子"玄同"，亦即同天大通的人生最高的天地境界。

---

① 马夷初《老子覈诂》云："王本王字作周。"
② 同上书，《老子覈诂》云："疑天字乃大字之言为。"
③ 同上书，《老子覈诂》云："袭，习，古通。"
④《中国哲学史》，第 225 页。
⑤ 注家中最平易能懂的解法，笔者认为是成玄英《老子义疏》的说法："塞其兑，息言论也；闭其门，制六情也。挫其锐，止贪竞也；解其纷，释恚怒也。"

妙道与心灵——老庄之"神"述论

翟奎凤

（山东大学儒学高等研究院）

"神"范畴在先秦大体上经历了鬼神、神化、心神三个阶段的演变，"鬼神"意义上的人格神以《尚书》《诗经》等早期文献为代表，在夏商西周三代这种意义上的"神"很流行，"神化"意义上本体化的形上妙道主要体现在《易传》（约成书于战国中期）中，而心神意义上的主体化的神在《庄子》（约成书于战国晚期）一书中非常普遍。《庄子》中"神"绝大部分都是生命主体意义上的心神，这是《庄子》之神的主要特征，这种主体之神是先秦神观念继《易传》本体之神之后的又一大突破。当然，《庄子》一书中也有宗教鬼神之神和神化本体之神，但其鬼神观与西周以前的鬼神观已经有了很大不同，有些神也不好严格分类为到底是鬼神之神、神化之神，还是心神之神。《庄子》中共约有112处神字出现，有些神只是一般意义上的形容词修饰语，如"神龟""神农""神禹""神丘""神巫""神圣"等，这些词语中"神"都没有什么思想深意，故略而不论①。下面主要是以鬼神、神化、心神这三个先秦神的主要观念为参照，以鬼神、神人、神奇、神气、心神、神明、精神、形神等关键词为线索，对《庄子》中的"神"作全面而逐步深入的解读和诠释。

在解读《庄子》之神之前，我们先简单回顾一下《老子》中的"神"。《老子》一书共有4章8处出现"神"字，分别见于第6章"谷神不死，是谓玄牝。玄牝之门，是谓天地根，绵绵若存，用之不勤"，第29

---

① 《庄子·天道第十三》说"夫天地至神矣，而有尊卑先后之序，而况人道乎""莫神于天，莫富于地，莫大于帝王"，这两处的"神"也是一般意义上形容词"神圣"的意思，在文中也不作详论。

章说"天下神器，不可为也，为者败之，执者失之"，第 39 章"昔之得
一者，天得一以清，地得一以宁，神得一以灵，谷得一以盈，万物得一以
生，侯王得一以为天下贞。其致之，天无以清将恐裂，地无以宁将恐废，
神无以灵将恐歇"，第 60 章"治大国若烹小鲜。以道莅天下，其鬼不神，
非其鬼不神，其神不伤人。非其神不伤人，圣人亦不伤人。夫两不相伤，
故德交归焉"。总体上来看，可以说老子已经从大道的高度消解了传统鬼
神的神秘性，鬼神都要从属于道的规律，而且在根本上神之所以灵是因为
其能够"得一"，这个一可以说就是道，也就是说神以道而灵。

一　鬼神、神人、神奇

在春秋之前，鬼神观念甚为盛行，帝天作为最高人格神可以主宰一
切。到了老子那里，"道"成为宇宙第一位的最高本源性存在，老子说道
"吾不知谁之子，象帝之先"，道似乎是上帝之先祖。在这种"道"的视
域下，鬼神就不再鬼魅、神秘，所以老子说"以道莅天下，其鬼不神，
非其鬼不神，其神不伤人"。在《庄子》一书中，道也是第一位的存在，
在大道面前，鬼神不再玄乎其玄、不可捉摸。"鬼神"一词在《庄子》中
共出现 6 次，第 1 次见于《人间世篇第四》："瞻彼阒者，虚室生白，吉
祥止止。夫且不止，是之谓坐驰。夫徇耳目内通而外于心知，鬼神将来
舍，而况人乎？""耳目内通，外于心知"即心斋坐忘的意思，这时候
"虚室生白，吉祥止止"，内心虚静，光明就会升起，这样来看"鬼神将
来舍"实际上与"吉祥止止"意思是相通的，精神修养达到这种接近
"道"的境界，鬼神都会来依附，何况人呢？①《天地篇第十二》说："古
之畜天下者，无欲而天下足，无为而万物化，渊静而百姓定。《记》曰：
'通于一而万事毕，无心得而鬼神服。'"应该说这里的"鬼神服"与
"鬼神将来舍"也基本上是一个意思，所谓"无心得"也就是"无欲"、
"无为"、"渊静"的意思。

鬼神为虚静无为之大道所统摄，人修身以从道，就不会受到鬼神的侵

---

①　"鬼神将来舍"，实际上鬼这里应是虚指，神是实指，"鬼神将来舍"也可以说就是"神
将来舍"。"神将来舍"见于《庄子·知北游第二十二》说"若正汝形，一汝视，天和将至；摄
汝知，一汝度，神将来舍。德将为汝容，道将为汝居，汝瞳焉如新生之犊而无求其故"。

扰。《天运篇第十四》说："吾又奏之以阴阳之和，烛之以日月之明；其声能短能长，能柔能刚；变化齐一，不主故常。在谷满谷，在阬满阬。涂郤守神，以物为量。其声挥绰，其名高明。是故鬼神守其幽，日月星辰行其纪。"人物世间为明，鬼神为幽，音乐演奏臻于道的化境，则"鬼神守其幽""日月星辰行其纪"，这是说鬼神、日月各静循其本位，天地一片和谐。《缮性篇第十六》说："古之人，在混芒之中，与一世而得淡漠焉。当是时也，阴阳和静，鬼神不扰，四时得节，万物不伤，群生不夭，人虽有知，无所用之，此之谓至一。当是时也，莫之为而常自然。"这是讲古代社会合于混沌大道，鬼神不扰乱世间。

　　此外，《达生第十九》说"梓庆削木为镶，镶成，见者惊犹鬼神"，《外物篇第二十六》说"扬而奋鬐，白波若山，海水震荡，声侔鬼神，惮赫千里"，此两则鬼神都是比较传统的习惯用法，没有多大思想意义。《大宗师第六》说："夫道，有情有信，无为无形；可传而不可受，可得而不可见；自本自根，未有天地，自古以固存；神鬼神帝，生天生地；在太极之上而不为高，在六极之下而不为深；先天地生而不为久；长于上古而不为老。"这里"神鬼神帝"，章太炎据《说文解字》"神，天神引出万物者也"，认为"神"与"生"义同，"神鬼神帝"即引出鬼、引出帝①；成玄英疏曰："言大道能神于鬼灵，神于天帝，开明三景，生立二仪，至无之力，有兹功用。斯乃不神而神、不生而生，非神之而神、生之而生者也。故《老经》云'天得一以清，神得一以灵'也。"② 两相比较，笔者还是倾向于成玄英的解释，就是说"鬼神、上帝"之灵也是道使之然，道比鬼神、帝天更为根本。这种观念是春秋战国时期，中国人文哲学和理性思想崛起的重要标志之一。

　　《庄子》共出现"神人"一词8次。开篇《逍遥游》说"至人无己，神人无功，圣人无名"，这一点有可能是针对《左传》所云三不朽"太上有立德，其次有立功，其次有立言"。关于至人和神人的对比，《天下篇第三十三》也说"不离于宗，谓之天人；不离于精，谓之神人；不离于真，谓之至人；以天为宗，以德为本，以道为门，兆于变化，谓之圣人；以仁为恩，以义为理，以礼为行，以乐为和，熏然慈仁，谓之君子"，这

---

① 引自王叔岷《庄子校诠》上，中华书局2007年版，第229页。
② 引自郭庆藩《庄子集释》，中华书局1961年版，第248页。

个序列是天人、神人、至人、圣人、君子，这与《逍遥游》"至人、神人、圣人"的叙述序列有所不同。其实，在《庄子》一书中，"至人"（30 次）、"真人"（19 次）、"神人"三者似乎没有什么实质性不同。《外物篇第二十六》也说"圣人之所以䭲天下，神人未尝过而问焉；贤人所以䭲世，圣人未尝过而问焉；君子所以䭲国，贤人未尝过而问焉；小人所以合时，君子未尝过而问焉"，此以"神人"、"圣人"、"贤人"、"君子"、"小人"为递减序列，在这些论述中"神人"无疑都高于圣人。"神人"与后世所说神仙似乎很接近，《逍遥游篇》还说"藐姑射之山，有神人居焉，肌肤若冰雪，绰约若处子。不食五谷，吸风饮露，乘云气，御飞龙，而游乎四海之外。其神凝，使物不疵疠而年谷熟"，这种"神人"有"肌肤"，与人有着类似的形体结构，但其功能是超人的。这与《天地篇第十二》所说"上神"之"神人"似又有不同："'愿闻神人。'曰：'上神乘光，与形灭亡，此谓照旷。致命尽情，天地乐而万事销亡，万物复情，此之谓混冥。'"这种"上神"与"光"化为一体，形体也与存在之光消融为一。《天下篇》还说"不离于精，谓之神人"，"不离于精"与"乘光"可能意思接近，精气也可以说是一种光。

《人间世篇第四》说："此果不材之木也，以至于此其大也！嗟乎，神人以此不材！"又说："故解之以牛之白颡者、与豚之亢鼻者、与人有痔病者，不可以适河。此皆巫祝以知之矣，所以为不祥也。此乃神人之所以为大祥也。""不材"故能成其大，"不祥"故能全其生，神人无用无为，才能合于大道，在巫祝看来残缺不全不吉祥的动物，在神人看来是最吉祥的。这些都是从全身养生的角度来论证道的无用之大用。《徐无鬼篇第二十四》说"是以神人恶众至，众至则不比，不比则不利也。故无所甚亲，无所甚疏，抱德炀和，以顺天下，此谓真人"，神人不喜欢笼络大众，大众聚集就会有矛盾（不比，不亲和），有矛盾就会有危害，因此，神人无亲无疏，守德温和，顺应自然，这也就是真人，这样看，神人与真人是一致的①。

"神奇"一词见于《庄子·知北游第二十二》："生也死之徒，死也生

---

① 值得注意的是，"神人"一词虽然早在《尚书》、《左传》等文献中就已经多次出现，但在《庄子》之前的这些文献中，"神人"多是并列词，指"神"和"人"，如《尚书·舜典》说"八音克谐，无相夺伦，神人以和"；《左传·成公元年》说"神人弗助，将何以胜"；《庄子》中的"神人"一词是偏正结构的，这种作为修道成为真人意义的神人在先秦文献中是少见的。

之始。孰知其纪？人之生，气之聚也；聚则为生，散则为死。若死生为徒，吾又何患？故万物一也，是其所美者为神奇，其所恶者为臭腐；臭腐复化为神奇，神奇复化为臭腐。故曰：'通天下一气耳，圣人故贵一'"。"神奇"一词在先秦似乎仅见于《庄子》此篇，历代《庄子》注于此"神奇"二字皆少有深究，唯成玄英疏解《庄子》此段说："夫物无美恶而情有向背，故情之所美者则谓为神妙奇特，情之所恶者则谓为腥臭腐败，而颠倒本末，一至于斯。然物性不同，所好各异；彼之所美，此则恶之一。此之所恶，彼又为美。故毛嫱丽姬，人之所美，鱼见深入，鸟见高飞。斯则臭腐神奇，神奇臭腐，而是非美恶，何有定焉。是知天下万物，同一和气耳。"① 成玄英把"神奇"疏解为"神妙奇特"，结合《庄子》此篇称"所美者为神奇，所恶者为腐朽"，我们可以说"神奇"是一种事物的美好和奇特超出我们的想象，此"神"有"美好""崇高""不可思议"等意味。究其原委，此"神奇"之神与"鬼神""鬼斧神工"之"神"似有关联。但《庄子》这里说"神奇复化为腐朽""腐朽复化为神奇"，也似乎婉转地消解了鬼神之神的崇高神圣性，与《知北游篇》同时也说到的"道在屎溺"的思想旨寓似乎也是相通的。囿于郭象注，成玄英以《庄子》中"毛嫱丽姬"这个比喻来说明神奇、腐朽的相互转化，似乎与《庄子》此段言说主旨有一定偏离。此段主旨是讲万物一体，"通天下一气"，神奇、腐朽也是一体的，相互滋养又相互转化，而两者皆为大道整体的表现。如屎溺固然是腐朽，但屎溺同时也能滋养可口鲜美的蔬菜，鲜美的蔬菜又可败坏或为人食用复化为腐朽。同样，"生"为神奇、"死"为腐朽，但生死一体，有生必有死，有死必有生。生死、神奇/腐朽，都是以人为中心作出的主观分化，两者的根源实际上都是一个——没有善恶美丑分别的、清静无为的"道"。

　　《庄子》中有些"神"看起来似为传统的"鬼神"之"神"，但实际上这种"神"是一种道化、理性化或者说是哲理化、本体化的"神"，与《易传》所论之"神"、"神化"、"神明"② 较为接近。《天地第十二》说"夫王德之人，素逝而耻通于事，立之本原而知通于神"，这可以借助

---

① 引自郭庆藩《庄子集释》，中华书局，第733、734页。
② 《易传》论神说"神无方而易无体""阴阳不测之谓神""神也者妙万物而为言者也"。

《易传》所说"通于神明之德"来理解，本原是道，立于道，可以通达神明不测之化境。《庚桑楚第二十三》"故敬之而不喜，侮之而不怒者，唯同乎天和者为然。出怒不怒，则怒出于不怒矣；出为无为，则为出于无为矣。欲静则平气；欲神则顺心"，这里的"神"也应解释为神明不测之化境，不应解释为心神之神①，对此郭象注是恰当的，他说"平气则静，理足顺心则神功至"②，宋人褚伯秀解此句也说"气平而静，心顺而神，感而后应，迫而后动"③，此两解之神皆为神明莫测之义。《天道第十三》说"夫道，于大不终，于小不遗，故万物备。广广乎其无不容也，渊渊乎其不可测也。形德仁义，神之末也，非至人孰能定之"，成玄英疏此"神之末"句曰"夫形德仁义者，精神之末迹尔，非所以迹也，救物之弊，不得已而用之"④，"精神之末迹"之精神实际是指天地精神，也可以说就是道。《知北游第二十二》说"天下莫不沉浮，终身不故；阴阳四时运行，各得其序。惛然若亡而存，油然不形而神，万物畜而不知。此之谓本根，可以观于天矣"，成玄英疏解"不形而神"说"神者妙万物而为言者也。油然无系，不见形象，而神用无方"⑤，这里"妙万物""无方"都是借用《易传》的话。《在宥第十一》说"神而不可不为者，天也"，神化不测，但其间又有一定之天则、天理。

此外，《庄子》中还说"郑有神巫曰季咸，知人之死生、存亡、祸福、寿夭，期以岁月旬日，若神"（《应帝王第七》），"用志不分，乃凝[疑]于神，其疴偻丈人之谓乎"（《达生第十九》），这些"神"也基本上是传统意义上鬼神，但这些神实际上所强调的是只要专心致志、反复修习，人在智谋、技能上可以达到超出常人想象、出神入化的境界。

---

① 陈鼓应《老子今注今译》翻译此句为"要宁静就要平气，要全神就要顺心"（商务印书馆 2007 年版，第 719 页）、马恒君《庄子正宗》的翻译是"想心静就要平气，想神安就要顺心"（华夏出版社 2007 年版，第 280 页），这两个译文似都倾向于把神理解为心神。

② 引自郭庆藩《庄子集释》，第 817 页。同页，成玄英疏曰"夫欲静攀援，必须调乎志气，神功变化，莫先委顺心灵"。可见，郭象、成玄英都不把这里的神解为心神。

③ 褚伯秀《南华真经义海纂微》卷七十四，文渊阁《四库全书》子部道家类。

④ 引自郭庆藩《庄子集释》中册，第 487 页。

⑤ 引自郭庆藩《庄子集释》中册，第 737 页。

二　神明、精神、神者

"神明"一词在先秦文献中经常出现，其最初也有着较强的人格神意味，后来逐渐德性化，甚至哲学化为一种本体性最高存在（这主要体现在《易传》中）。《庄子》中共出现"神明"7次，既有与《易传》"神明"相通相近之处，也有其根本性的独特之处。《天道篇第十三》说"天尊地卑，神明之位也"，天尊地卑是天经地义，是神明的安排，这里的"神明"象征着存在的最高意志。《知北游第二十二》说"今彼神明至精，与彼百化"，李存山先生曾非常敏锐地指出这句话与《管子》"一物能化谓之神"、"一气能变曰精"的思想相近①，笔者认为这种"神明"与《易传》的神明观也较为接近，均指存在本体的变化妙道。

《天下第三十三》出现了4次神明：

> 古之人其备乎！配神明，醇天地，育万物，和天下，泽及百姓，明于本数，系于末度，六通四辟，小大精粗，其运无乎不在。

> 天下大乱，贤圣不明，道德不一……判天地之美，析万物之理，察古人之全，寡能备于天地之美，称神明之容。

> 以本为精，以物为粗，以有积为不足，淡然独与神明居。古之道术有在于是者，关尹、老聃闻其风而悦之。

> 寂漠无形，变化无常。死与？生与？天地并与？神明往与？芒乎何之？忽乎何适？万物毕罗，莫足以归。古之道术有在于是者，庄周闻其风而悦之。

"配神明"与"称神明之容"是一个意思，都强调道德修养的最高境界是与神明为一，因此，神明是存在本体的最高德性，也是存在之为存在的最高统一性所在。"淡然独与神明居"显然与"配神明""称神明之容"也是一致的，"神明"是"本"和"精"，只要纯粹静一、虚无恬淡才能与神明居，实际上这几处神明都可以说就是指"道"。"天地并与，神明往与"，林希逸解释说"天地并与，与天地同体也；神明往与，与造

---

① 李存山：《中国气论探源与发微》，中国社会科学出版社1990年版，第134页。

化同运也"①，用"造化"来解释神明大体上是不错的，但大化与神明还是有所不同，神明是大化的动力因和统一性所在。《天下第三十三》开头一段说"神何由降？明何由出？"紧接着又说"圣有所生，王有所成，皆原于一"，可以说"原于一"实际上也是对"神何由降，明何由出"的回答，由此似乎也可以说"神明往与"也就是"神何由降，明何由出"的问题。类似"降神"之说，《庄子》中还有"夫徇耳目内通而外于心知，鬼神将来舍，而况人乎"、"若正汝形，一汝视，天和将至；摄汝知，一汝度，神将来舍。德将为汝容，道将为汝居，汝瞳焉如新生之犊而无求其故"，"鬼神将来舍"与"神将来舍"应该是一个意思，即前者的"鬼神"鬼是虚指，神是实指，综合这些来看，神与"天和""道"是统一的，其显现与到来都需要"一"。《管子·心术上》也说"虚其欲，神将入舍"，显然这与《庄子》"神入舍"的问题是可以相互诠释的，"舍"当指内心，虚静专一是神在内心得以显现的关键。《管子·心术上》还说"世人之所职者精也，去欲则宣，宣则静矣，静则精，精则独立矣。独则明，明则神矣。神者至贵也，故馆不辟除，则贵人不舍焉，故曰不洁则神不处"，这似乎也可以看作是对《庄子》"神何由降，明何由出"问题的解答，其逻辑是：神—明—独—精—静—宣—去欲，同样，也是要"虚其欲"、"静、精、独"，神明才能显现。

以上《庄子》中的"神明"均有本体大道之精的意味，与"道"和"精"相比，"神明"更突显的是其无方性、不测性、妙不可言性，这种意义上的神明应该说与《易传》中的神和神明也是统一的。但《庄子》中的"神明"有一处是专指人的精神、心神，《齐物论篇第二》"劳神明为一而不知其同也，谓之朝三"，《庄子》中的神明指心神似仅此一处，这种心神意义上的神明观念似乎是《庄子》之前的文献所没有的。

诚如"道德"一词一样，"精神"的最初意义也多是在本体或客体意义来使用的。"精"和"神"同时在一个语境下出现，在《管子》中已有多处，如说"世人之所职者精也，去欲则宣，宣则静矣，静则精，精则独立矣。独则明，明则神矣"（《心术上》），但《管子》中并没有"精神"一词的直接连用。"精神"一词连用在《礼记·聘仪篇》孔子论玉之德"气如白虹，天也；精神见于山川，地也"，这里的精神是指玉的精和

---

① 林希逸：《庄子口义》卷十，文渊阁《四库全书》子部道家类。

神。这时精神似乎是精与神的并列组合，而后来心神主体意义上的精神一词似偏重在神。精与神的并提说明两者既有区别又有密切关联，笔者认为，精是指精气，神是变化莫测，精是神的物质基础，神是精的功能体现。

《庄子》中有多处精与神两字同时出现的语境，如《德充符第五》说"道与之貌，天与之形，无以好恶内伤其身。今子外乎子之神，劳乎子之精，倚树而吟，据槁梧而瞑。天选子之形，子以坚白鸣"，显然，这里的精和神都是指人体之精气和心神了，于此也可见，《庄子》内篇虽无"精神"一词的直接连用，但精与神已开始紧密并提。《天地第十二》中说"视乎冥冥，听乎无声。冥冥之中，独见晓焉；无声之中，独闻和焉。故深之又深而能物焉，神之又神而能精焉"，钱穆解此"物"和"精"引述《老子》"恍兮惚兮，其中有物；惚兮恍兮，其中有精"，可谓深得其旨，"物""精""晓""和"均指道体，所谓"深之又深""神之又神"实际上就是"冥冥之中""无声之中"的意思，也即《老子》"玄之又玄"的意思，是不断地趋于虚无，此"深"与"神"即虚无、心斋、坐忘之义，此"神"也与《易传》所谓"神无方而易无体""阴阳不测之谓神"旨趣相通。

《庄子》中共有"精神"一词8处皆见于外在篇，这些"精神"有的是指天地本体的精神，有的是指主体人的精神。《天下第三十三》说"独与天地精神往来，而不敖倪于万物，不谴是非，以与世俗处"，显然此精神为天地本体之精神。《刻意第十五》说"精神四达并流，无所不极：上际于天，下蟠于地，化育万物，不可为象，其名为同帝"，这里的精神也应指天地本体之精神，这种精神也可以说就是大道，与《管子·内业》所论精气"凡物之精，此则为生，下生五谷，上为列星。流于天地之间，谓之鬼神，藏于胸中，谓之圣人"比较接近。《天道第十三》说"水静则明烛须眉，平中准，大匠取法焉。水静犹明，而况精神？圣人之心静乎！天地之鉴也，万物之镜也。夫虚静恬淡寂漠无为者，天地之平而道德之至，故帝王圣人休焉"，又说"三军五兵之运，德之末也；赏罚利害，五刑之辟，教之末也……哭泣衰绖，隆杀之服，哀之末也。此五末者，须精神之运，心术之动，然后从之者也"，这两处的"精神"当指人的精神。《知北游第二十二》说"汝齐戒，疏瀹而心，澡雪而精神，掊击而知。夫道，窅然难言哉！将为汝言其崖略：夫昭昭生于冥冥，有伦生于无形，精神生于道，形本生于精，而万物以形相生"，这段话出现两处精神，"澡雪精神"显然指人的心神，而"精神生于道"则当指天地本体之精神。《列御寇第三十二》说"小夫之知，不离苞苴竿牍，敝精神乎蹇浅，而欲兼济道物，太一形虚。若是者，迷惑于宇宙，形累不知太初。彼至人者，归精神乎无始，而甘冥乎无何有之乡"，这两处精神均指人的心神。

天地精神接近于道，《庄子》明确说"精神生于道"，可见，道比精神更为根本，精神与万物化生的关系更为直接密切。天地有天地的精神，万物有万物的精神，人有人的精神，精是生命的根本能量，是生命力的象征，神是精的灵明妙用功能的展现。与万物相比，人的神最为灵明。同时，人的精神与天地精神又是息息相通的，人的精神是天地精神的一部分，内心纯粹虚静，就能使人之精神与天地精神会通为一，从而达到"天地与我并生，而万物与我为一"（《庄子·齐物论》）的境界。而关于心与精神的关系，宋人林疑独说得很好，他说"心者精神之宅，静之则精一而神全，挠之则精竭而神疲，精一神全则其心圆明，何所不照？"① 当然，这些都是从修道养生这个根本道理上来说的，对常人而言，人的精神的旺盛更多的是从食物中来摄取精气营养来维持生命。

《庄子》中出现"神者"一词达8次之多，以前的庄学研究对这个词没有多少特别关注，实际上要解释清楚这些"神者"并不是一件容易的事。"神者"首次出现于《知北游第二十二》：

> 冉求问于仲尼曰："未有天地可知邪？"仲尼曰："可。古犹今也。"冉求失问而退。明日复见，曰："昔者吾问'未有天地可知乎？'夫子曰：'可。古犹今也。'昔日吾昭然，今日吾昧然，敢问何谓也？"仲尼曰："昔之昭然也，神者先受之；今之昧然也，且又为不神者求邪？无古无今，无始无终。未有子孙而有子孙可乎？"

这里的"神者"指不假思虑、灵明之心的当下直通的契悟，这种灵明直觉心相当于《易传》所说"圆而神"直觉心，而"不神者"是指逻辑思虑心，相当于《易传》所说"方以智"理性智慧。

"神者"一词第二次出现在《徐无鬼第二十四》，其故事背景是徐无

---

① 褚伯秀：《南华真经义海纂微》卷四十，文渊阁《四库全书》子部道家类。

鬼第二次前去拜见魏武侯，武侯以为他是来求官的，徐无鬼说"劳君之神与形"，我是来慰劳您的心神和形体。武侯说您这是什么意思，然后徐无鬼说："天地之养也一，登高不可以为长，居下不可以为短。君独为万乘之主，以苦一国之民，以养耳目鼻口，夫神者不自许也。夫神者，好和而恶奸。夫奸，病也，故劳之。"又说"夫杀人之士民，兼人之土地，以养吾私与吾神者，其战不知孰善，胜之恶乎在?"显然，这里的3个"神者"也是指心神，"神者不自许"是心神不宁的意思。①

《外物第二十六》说："物之有知者恃息；其不殷，非天之罪。天之穿之，日夜无降，人则顾塞其窦。胞有重阆，心有天游。室无空虚，则妇姑勃溪；心无天游，则六凿相攘。大林丘山之善于人也，亦神者不胜。"这里的"神者"历来注解也多从"心神"解，大自然山林风光让人心旷神怡。《列御寇第三十二》说："施于人而不忘，非天布也，商贾不齿；虽以事齿之，神者弗齿。"郭象说"要能施惠，故于事不得不齿，以其不忘，故心神忽之，此百姓之大情也"②，那么，这里的"神者"也是心神的意思。《列御寇篇》还说道"以不平平，其平也不平；以不征征，其征也不征。明者唯为之使，神者征之。夫明之不胜神也久矣，而愚者恃其所见入于人；其功外也，不亦悲乎?"这里"明者"，郭象注曰"夫执其所见，受使多矣，安能使物哉!"，其注"神者"曰"唯任神然后能至顺，故无往不应也"，成玄英疏曰"神者无心，寂然不动，能无不应也"③。那么，我们也可以把这里的"神者"从心神这个向度来解释。

三　形神、心神、神气

《庄子》中出现的约112处"神"字，实际上这些"神"绝大部分都是从心神、形神意义上来讲的，这种意义上的"神"是新兴的，在战国中期以前应该说是没有的。这种"神"观念在《庄子》内篇中就已经出

---

① 关于"神"与"不自许"的关联出现，《庄子·则阳第二十五》也有说"夫夷节之为人也，无德而有知，不自许以之神，其交固，颠冥乎富贵之地。非相助以德，相助消也。"这里的"不自许以之神其交固颠冥乎富贵之地"在句读上就有分歧，另说句读为"不自许，以之神其交，固颠冥乎富贵之地"。那么这里的"不自许"如何解释，其与"神者不自许"能否统一解释，这是笔者目前感到困惑的一点。

② 郭庆藩：《庄子集释》下册，第1053页。

③ 同上书，第1064页。

现了，如《逍遥游篇第一》说"藐姑射之山，有神人居焉，肌肤若冰雪，
绰约若处子。不食五谷，吸风饮露，乘云气，御飞龙，而游乎四海之外。
其神凝，使物不疵疠而年谷熟"，显然，这里其"其神凝"与"神人"之
神就不是一个意思了，"神凝"是讲心神、精神虚静专一，这样的精神状
态能对周围的生物存在产生有益的影响，使植物不生病、五谷丰登。《养
生主第二》也说"方今之时，臣以神遇而不以目视，官知止而神欲行"、
"泽雉十步一啄，百步一饮，不蕲畜乎樊中。神虽王，不善也"，《大宗师
第六》说"浸假而化予之尻以为轮，以神为马，予因乘之，岂更驾哉"，
显然，这些"神"都是指心神。

　　这种意义上的"神"在《庄子》中常常与"形"并提，如《在宥第十
一》说"至道之精，窈窈冥冥；至道之极，昏昏默默。无视无听，抱神以
静，形将自正；必静必清，无劳女形，无摇女精，乃可以长生。目无所见，
耳无所闻，心无所知，女神将守形，形乃长生"，所谓"抱神以静、神将守
形"，这让我们联想到《老子》"载营魄抱一，能无离乎"，实际上"抱"
字在《老子》中出现6次，在《庄子》中出现12次，多有养生之义，《庄
子·庚桑楚第二十三》也转引老子的话说"卫生之经，能抱一乎？能勿失
乎"，显然这种思想与《老子》一脉相承，抱一守静，形神合一，是老庄养
生学的根本原则。关于"抱神"，《庄子》还说"夫明白入素，无为复朴，
体性抱神，以游世俗之间者，汝将固惊邪"，"性"字在《老子》《庄子·
内篇》中还没有出现，但在《庄子》外杂篇中有86次之多，"性命""性
情"等复合词也开始出现，"性"为天然本质，"神"为心识之主，"体性"
即顺着自然本质①。"抱神"在《庄子》中也可以说就是"守神"的意思，
《天运第十四》说"涂郤守神"，成玄英疏曰"涂，塞也；郤，孔也。闭心
知之孔隙，守凝寂之精神。郭注云'塞其兑也'"②，这也可以说即《老子》
所说"致虚极，守静笃"的意思，与此类似，《黄帝内经》也说"呼吸精
气，独立守神"（《素问·上古天真论》）。《刻意第十五》说"纯素之道，

---

　　① 关于性与神，《庄子·天地第十二》说"泰初有无，无有无名；一之所起，有一而未形。
物得以生，谓之德；未形者有分，且然无间，谓之命；留动而生物，物成生理，谓之形；形体保
神，各有仪则，谓之性"。吕惠卿注曰"命则有分而无间，性则保神而不失，神则妙万物而充塞乎
天地之间者也"，褚伯秀说"物物各有生理，唯神主之，能保其神，仪则自备"，那么，这里的神
为妙万物、主万物之神，不限于人。
　　② 郭庆藩：《庄子集释》中册，第505页。

唯神是守；守而勿失，与神为一；一之精通，合于天伦"，"与神为一"也可以说就是与虚寂纯素之道为一。

"抱神以静"、"涂郤守神"则神全，关于"神全"，《天地第十二》说"执道者德全，德全者形全，形全者神全。神全者，圣人之道也"，《达生第十九》也说"夫若是者，其天守全，其神无郤，物奚自入焉？夫醉者之坠车，虽疾不死。骨节与人同而犯害与人异，其神全也"。"神全"也可以说就是"神不亏"，《刻意第十五》说"平易恬惔，则忧患不能入，邪气不能袭，故其德全而神不亏"、"故素也者，谓其无所与杂；纯也者，谓其不亏其神也。能体纯素，谓之真人"。纯素、纯白、纯粹都是《庄子》中非常重要的况道之语，《天地第十二》说"有机械者，必有机事；有机事者，必有机心。机心存于胸中，则纯白不备；纯白不备，则神生不定；神生不定者，道之所不载也"，"神生不定"即心神不定、内心杂乱焦灼、不清静、烦恼多，此养生之大忌。养生可以从养形、养精、养气等方面着手，而最为重要的莫过于养神、守神、抱神以静、全神。《刻意第十五》说"纯粹而不杂，静一而不变，淡而无为，动而以天行，此养神之道也"，这句话全面概况了《庄子》的养神之道，首在纯粹①、静一、无为、不杂不变，这是从静的方面来讲，其次"动而以天行"，行动按照大道自然规律来办事，此也即《在宥第十一》所说"君子苟能无解其五藏，无擢其聪明，尸居而龙见，渊默而雷声，神动而天随；从容无为，而万物炊累焉。吾又何暇治天下哉"，"神动而天随"，无为而无不为，这也可以说就是老庄的内圣外王之道。

《庄子》中虽无"心神"一词的直接组合，但已多次出现心神并提的情况，如《在宥第十一》说"堕尔形体，吐尔聪明，伦与物忘，大同乎涬溟。解心释神，莫然无魂，万物云云，各复其根"，对此句主旨，郭象注曰"坐忘任独，浑沌无知，而任其自复"，成玄英疏曰"魂，好知为也；解释，遣荡也。莫然，无知；涤荡心灵，同死灰枯木"②，林希逸说"解去有心之心，释去有知之神，无魂犹无知也"，褚伯秀说"心者神之舍，养以无为则神全，神全斯足以化物。自堕尔形体，至莫然无魂，乃心

---

① 以"纯粹"论神，《庄子·刻意第十五》也说"其生若浮，其死若休。不思虑，不豫谋。光矣而不耀，信矣而不期。其寝不梦，其觉无忧。其神纯粹，其魂不罢。虚无恬淡，乃合天德。"

② 郭庆藩：《庄子集释》中册，第 391 页。

养之诀"①。总之，这里需要解脱、释放的心神可以说是被异化了的心神，需要通过"解""释"来恢复其本然状态。《列御寇第三十二》说"仲尼方且饰羽而画，从事华辞，以支为旨，忍性以视民，而不知不信，受乎心，宰乎神，夫何足以上民！"，郭象注曰"今以上民，则后世百姓非直外刑从之，乃以心神受而用之，不复自得于体中也"②，这里的心神则是中性的，或者说是本然意义上的心神。

后世道家养生奉精、气、神为人的生命三宝，有炼精化气、炼气化神、炼神还虚之说，认为神实际上也是气，是一种最精纯、灵敏的气。在《庄子》中，"神气"一词的直接组合已经开始出现，《天地第十二》说"汝方将忘汝神气，堕汝形骸，而庶几乎！"，联系其叙事背景，这里的"神气"实际上是多指心智思虑，是外露张扬的神气。《田子方第二十一》说"夫至人者，上窥青天，下潜黄泉，挥斥八极，神气不变"，这里的神气是中性的，即指神之气，或者说是神统摄下的气，神气不变是不忧不惧、从容淡定的一种状态。

春秋晚期到战国晚期，诸子兴起，百家争鸣，大大推进了中国思想的理性化展开。就神观念而言，神完成了由外在人格神到内在心神的转变，其转变的中间环节是以《易传》为代表的作为本体变化妙道的神。《易传》说"神而明之，存乎其人"，也就是说本体之神化妙道需要人来显明，进一步推进，人心即神，《易传》所说"阴阳不测之谓神"、"神无方"、"圆而神"、"妙万物"等对对本体化道之神的阐发也可以用来指心灵之神。心一旦脱落感官物欲，就会获得一种无限的清静自由，心神象道一样能妙应万物、贯穿通透万物，可以说即心即道即神，所以《庄子》中也说"故外天地，遗万物，而神未尝有所困也"（《天道第十三》）、"若然者，其神经乎大山而无介，入乎渊泉而不濡，处卑细而不惫，充满天地"（《田子方第二十一》）。即心即道即神，在《庄子》中也可以说即是真，《渔父第三十一》说"真者，精诚之至也。不精不诚，不能动人。故强哭者虽悲不哀，强怒者虽严不威，强亲者虽笑不和。真悲无声而哀，真怒未发而威，真亲未笑而和。真在内者，神动于外，是所以贵真也"。反过来，如果人们内心充满物欲，虚伪心、嫉妒心、攀比心、名利心不

① 褚伯秀：《南华真经义海纂微》卷三十二，文渊阁《四库全书》子部道家类。
② 郭庆藩：《庄子集释》下册，第1051页。

断，各种成见固执胶着，那么其心不能虚无清静，慢慢也就不灵不神了，这也就是《庄子》所说的"遁其天，离其性，灭其情，亡其神，以众为"（《则阳第二十五》）。

　　从以上述论，可以看到，《庄子》中的神与妙道发生了密切的关联，就此而言，这可以说是对《老子》相关思想的展开，而最为重要的是《庄子》中的神与心灵发生了内在关联，作为心神意义上的神是《庄子》所论之神的重点和特色所在。

论上德下德的历史地位

黎荔　刘洪海　杨郁

（黎荔，西安交通大学；刘洪海，国家纳米科学中心；
杨郁，同人阁文化传媒（北京）有限公司）

《老子新学》第三十八章原文：

　　上德不德，是以有德；下德不失德，是以无德。上德无为而无不为，下德无为而有以为；上仁为之而无以为，上义为之而有以为；上礼为之而莫之以应，则攘臂而扔之，失德而后仁，失仁而后义，失义而后礼失礼者，忠信之薄而乱之首；前识者，道之华（huā），而愚之始。是以大丈夫处其厚，不居其薄；处其实，不居其华；故去彼取此。

　　基于我们勘定的《老子新学》第三十八章原文[①]和"三家注"，按照概念不译和含义难以翻译的词语不翻译的原则，我们对原文试译如下：

　　"上德"在"常道"上表现为"无得"，因而实质上是"有得"；"下德"在"非常道"上表现为"不失得"，因而实质上却是"无得"；"上德"顺应"常道"而"无为"乃至"无不为"，"下德"顺应"非常道"而"无为"实际上"有所作为"；"上仁"顺应"非常道"而"有为"却似乎"无所作为"，"上义"顺应"非常道"而"有为"却似乎"大有作为"，"上礼"顺应"非常道"而"有为"却无人响应，于是伸出胳膊去引导人们遵守"礼仪"。所以失去了"道"之后才会出现"德"，失去了"德"之后才会出现"仁"，失去了"仁"之后才会出现"义"，失去了"义"之后才会出现"礼"。出现"礼"的根本原因，是因为忠信不足且

---

① 参看杨郁、黎荔著《老子新学大全集》，中国城市出版社2012年版。

祸乱的开始；所谓"先知"，不过是"非常道"的浮华表象，是背离"常道""愚"（朴实而敦厚）的开始。因此大丈夫应该立身在朴实的地方，不应该立身在浅薄之地；大丈夫应该立身敦厚的地方，不应该停留在浮华之处；所以大丈夫舍弃浅薄、浮华而获取朴实、敦厚。

这段译文中的概念大致有"上德""常道""下德""非常道""无为""上仁""上义""上礼""道""德""仁"等。按照《老子》"道生一，一生二，二生三，三生万物"、"道体德用"和"宇宙生存论"的观点，这些概念的顺序是："道"分为"常道""非常道""常道"近乎"道"即"无为"，"非常道"近乎"德"，即"有为"。"德"包括"上德""下德"，包括"仁"含"上仁"，包括"义"含"上义"，"礼""上礼"。其中"上仁""上义""上礼"属于上德的境界。简而言之为"道德仁义礼"。跟通常的"五常""仁义礼智信"相比较，尚缺"智信"，在综合《老子》全书的内容，《老子》的下德即"仁义礼智信"。这不仅是一个学术的系统，也是一个明道、修道、得道的"上德"、"下德"修炼系统。

《老子》中有关"道"的基本内容有：

第一是"常道"和"非常道"：老子用一个"道"字来统率《老子》全书。不可"说道"之"道"是"常道"，可以"说道"之"道"是"非常道"，而"常道"近乎"道"，"常道"包含"非常道"；"常道"位于"绝对时空"，不生不死，生生不息；"非常道"位于"相对时空"，有生有死，有存有灭。"常道"决定"非常道"，为学、为道的目的是为了"得道"，是一个从"非常道"走向"常道"的必然过程。在阅读《老子》原文的时候，首先必须分清楚老子是在"常道"角度说话还是在"非常道"的角度下说话：在"常道"的角度说话，老子认为唯有"道"完美无缺且至善至美，其余的都有待改进，因而有"绝仁弃义"的说法；在"非常道"的角度说话，老子主张为学、为道，讲仁义，守道德，学习圣人，诚实守信，争当大丈夫，归根返本，道法自然。

第二是"道之主名"和"道之辅名"：在《老子》中，老子把"道"作为主名，而从不同的角度，老子选择了不同的字来称呼"道"，象征"道"不同的特征或功能，这即"道之辅名"。从"道之主名"和"道之辅名"两个方面认真辨析"道"，才能最终发现"道"，认识"道"，从而"为学"而"为道"。"道"无名而有名，因万名而无名。

　　第三"道"为体，"德"为用，无道无德，有道有德，"道""德"不能分离。"道"的特征和功能是通过"德"而实现的，"大道"虽然一统"人道""地道""天道"等"三道"或"人道"、"天道"，而实际上是通过"人德""地德""天德"的"三德"或"人德""天德"而实现的。"道"与"德"的先后而大小层级分为"道""德"；"德"分为"上德""下德"；"下德"分为"仁""义""礼""智""信"，其中"仁""义""礼""智""信"又分为"上""中""下"。老子认为，为学、为道的开始是从"信"开始，逐渐向"智""礼""义""仁"乃至"下德"而"上德"。这不仅是修身养性之法、治国安邦之道，也是中华文化的核心内容。

　　第四"道"为父，"一"为子，所谓"道生一"，"一"为"德"。"道"是宇宙万物的本原，出现在宇宙出现之前；"德"以"一"作为基本特征而按照"道"的规律而运化宇宙万物——宇宙万物运化即按照这种方式运作。根据这些特征，"道"可以叙述为"力"，细分为阴力即"弱作用"、阳力即"强作用"，在自然界和人类社会为五行力即"电磁力"，在生命体为生命力，在风为风力，在雷为电力，在水为水力等，正是这些特征，构成"道"的基本特征和基本功能。

　　现在依次谈谈"德仁义礼智信"。"道"为体，"德"为用，因而"德"是"道"运化于宇宙万物的具体象征。

　　"上德不德，是以有德"的第一个"德"是"道德"的"德"，第二个"德"是"获得"的"得"，第三个"德"是获得的"得"，意思是，"上德"顺其自然，为人处世没有具体的功利之心，表面上没有获得什么看得见的好处，可实际上这才是最大的好处。《河上公注》："上德，谓太古无名号之君，德大无上，故言上德也。"《河上公注》："不德者，言其不以德教民，因循自然，养人性命，其德不见，故言不德也。言其德合于天地，和气流行，民德以全也。"《王弼注》："德者，得也。常得而无丧，利而无害，故以德为名焉。何以得德？由乎道也。何以尽德？以无为用。以无为用则莫不载也，故物无焉，则无物不经，有焉，则不足以免其生。是以天地虽广，以无为心。圣王虽大，以虚为主。故曰，以复而视，则天地之心见。至日而思之，则先王之至睹也。故灭其私而无其身，则四海莫不瞻，远近莫不至。殊其己而有其心，则一体不能自全，肌骨不能兼容，是以上德之人，唯道是用。不德其德，无执无用，故能有德而无不为，不求而得，不为而成，故虽有德而无德名也。"《韩非子·解老》说："德者，内也；得者，外也。'上德不德'，言其神不淫于外也。神不淫于外，则身全。身全之谓德。"按照韩非子的观点："德"是身内之悟；"得"是身外之物。

因此"德"分为"上德"和"下德"。"上德"跟"道"同源，具备"道"的基本性质，是"无为"之德，在《老子》中被称为"孔德"（孔德之容）"广德"（广德若不足）"建德"（建德若偷）"玄德"（常知稽式，是谓玄德）。除含有"德"字之外的，如上善若水、大制不割、大白若辱、大方无隅、大器晚成、大音希声、大象无形、大成若缺、大盈若冲、大直若屈、大巧若拙、大赢若绌、大辩若讷等，都具备"上德"的基本特征。

上德是"无为"之德。"无为"是《老子》等道学家不断使用并被后代不断沿用的著名论断。《老子新学》第二章有"处无为之事，行不言之教"的说法，《老子新学》第三十七章有"无为而无不为"的说法。我们在《老子新学》中对"无为"的理解是："不妄为、不胡为，不做任何违反自然、有损道德、违反法则，有害众生的事情。"《文子道原》说："所谓无为者，不先物为也。"《文子精诚》说："大道无为，无为即无有，无有者不居也；不居者即处无形。"《文子九守》说："无为而治者为无为。"《文子自然》："所谓无为者：非谓其引之不来，推之不去，迫而不应，感而不动，坚滞而不流，卷握而不散；谓其私志不入公道，嗜欲不挂正术，循理而举事，因资而立功，推自然之势，曲故不得容，事成而身不伐，功立而名不有。"《文子》对"无为"的理解比较全面，读者可以细琢。

"下德不失德，是以无德"的第一个"德"是"道德"的"德"，第二个"德"是"获得"的"得"，第三个"德"是获得的"得"；意思是，"下德"心怀欲望，为人处世都有具体的功利指标，表面上获得了看得见的好处，可实际上这不是最大的好处。"下德不失德，是以无德"的意思是："上德"是没有欲望的，"下德"是有"欲望"的。"下德"指的是"号谥之君"的德，其德不及上德，所以称"下德"。"号谥之君"的所谓"不失德"，意思是"其德可见，其功可称（河上公注）"，"下德"能够"求而得之，为而成之（王弼注）"，制定法律和规则统治天下。因为"下德"是"求而得之"、"为而成之"的，属于"有为"，因此

"必有失焉（王弼注）"，"必有败焉（王弼注）"，所以说"下德""是以无德"。

"得"是《老子》"得道"和"失道"的基本手段之一，其基本条件是，所"得"合乎"道"就"得道"，如"得一"；否则就"失道"，如"不得其死"。"德"跟"得"有通用的地方，恕难赘述。特别注意："下德"不是"缺德"、"无德"。

《文子·上德》是这样阐述"上德"和"下德"的："天覆万物，施其德而养之，与而不取，故精神归焉；与而不取者，上德也，是以有德。高莫高于天也，下莫下于泽也，天高泽下，圣人法之，尊卑有叙，天下定矣。地载万物而长之，与而取之，故骨骸归焉；与而取者，下德也，下德不失德，是以无德。"

老子接着这样说："上德无为而无不为，下德为之而有以为；上仁为之而无以为，上义为之而有以为；上礼为之而莫之以应，则攘臂而扔之。"老子把"德"分为"上德"和"下德"，把"下德"细分为"上仁""上义""上礼"。

"上德无为而无不为"的意思是：上德"无所偏为（王弼注）"谓之"无为"，即"上德"之为是"无为"；凡是"不能无为而为之者（王弼注）"谓之"有为"，即"下德"之为——上德似乎无所作为而事实上无所不作为——完全按照"道"的规则行事，排除了一切进攻性的可能，因此能够获得最大限度的可能。

"下德为之而有以为"的意思是："为之"即"有为"，"有为"就难免忧患；"有以为"即"有所为""有而为"，因为离开了"常道"而进入"非常道"，所以"功虽大焉，必有不济（王弼注）"——下德所为，心本无为，实际上希望有所作为。

"上仁为之而无以为"的意思是："行仁之君"之仁谓之"上仁"，是"仁"的最高层次，"为之者，为人恩（河上公注）"，"功成事立，无以执为（河上公注）"；"上仁为之"的内容是"宏普博施仁爱（王弼注）"，且"爱""无所偏私（王弼注）"，所以叫作"上仁为之而无以为（王弼注）"，"上仁为（wèi）之而无以为（wéi）"，"上仁"只做好事而不求回报——上仁所为，心有为而实际上行动无所作为。

"上义为之而有以为"的意思是：按照"义"的标准来分辨是非，主要内容是"动作以为己，杀人以成威，贼下以自奉（河上公注）"，有想法，有行动，"裁非断割，令得其宜（唐玄宗注）"，"心迹俱有为（唐玄宗注）"，"上义为（wèi）之而有以为（wéi）"，"上义"即"随心所欲而不逾矩"——上义所为，心有所为而实际有所作为。

"上礼为之，而莫之应，则攘臂而仍之"的意思是："上礼之君，其礼无上（河上公注）"谓之"上礼"；"上礼之君"制定各种礼节制度，展示各种威仪，表面上看起来很充实，而实际上很虚假，所以不可能获得普遍响应。于是乎"六纪不和（唐玄宗注）"，"上下忿争（河上公注）"，"上礼之君"及有关人员"为礼以救之（唐玄宗注）"；"礼尚往来，不来非礼，行礼于彼，而彼不应（唐玄宗注）"，因此就产生了"攘臂而扔之"（强制执行）的现象，"上礼为（wèi）之而莫之以应，则攘臂而扔之"。"上礼"即非常周到的礼数，可"上礼为之而莫之应也"，于是乎"则攘臂而扔之"——卷起袖子，伸出手臂，诲人不倦，讲求礼节——上礼所为，心想有所为而实际难有大作为。

"仁""义""礼"分别是什么含义呢？

"仁"，《韩非子·解老》说："仁者，谓其中心欣然爱人者。其喜人之有福，而恶人之有祸也，生心之所不能已也，非其求报也。"

韩非子的意思是，老子的"仁"就是指满心喜悦地"爱人"，"喜人之有福"，"恶人之有祸"，出自内心地爱人而"非其求报也"，犹如《论语·里仁第四》"唯仁者能好人，能恶人"。

"义"，《韩非子·解老》说："义者，君臣上下之事，父子贵贱之差，知交朋友之接也，亲疏内外之分也。君事臣宜，下怀上、子事父宜，众敬贵宜，知交友朋之相助也宜，亲者内而疏者外宜。"

韩非子的意思是，老子的"义"指的是君主和臣子、上级和下级、父亲和儿子之间"众敬贵宜"的等级差别，是知己、熟人、同窗、好友之间"相助也宜"的交往之道，是"亲者内而疏者外"的内外有别关系准则。人与人之间的关系很多，可只要遵循一定的规矩，此即"义"，这就是"宜"。

"礼"，《韩非子·解老》说："礼者，所以貌情也。""礼者，外节之所以谕内也。"韩非子的意思是，所谓"礼"就是用来展示感情的仪式，在内的为思想活动，在外的为礼节行为。朱熹说："礼者，天理之节文也。""礼"可以表示"敬"或"不敬"，是一种表情，即"貌情"，是外部的"节"，内在"文质彬彬"通过外在的"其乐融融"表现出来。

《韩非子·解老》说："有道之君，外无怨雠于邻敌，而内有德泽于人民。夫外无怨雠，其于邻敌者，其遇诸侯也有礼义；内有德泽于人民者，其治人事也务本。"

"道""德""仁""义""礼"，循序渐进，环环相扣，正如《韩非子·解老》所说："道有积而积有功，德者道之功；功有实而实有光，仁者德之光；光有泽而泽有事，义者仁之事也；事有礼而礼有文，礼者义之文也。"韩非子的意思是：修道经过不断积累就会有"功效"，"德"就是"道"的"功效"；"功效"有实在的内涵，而实在内涵有思想的光彩，"仁"就是"德"的光彩；光彩有具体的色泽，而色泽必然表现事实，"义"就是"仁"的事实；办事必须有"礼"，礼节必然出现具体的"规章"（文），"礼"就是"义"的规章。

这里的"仁""义""礼"，跟儒家所说的"仁义礼智信"没有本质的区别，因为"仁义礼智信"的产生是因为"欲望"，所以老子认为属于"下德"。按照这种理解，因此老子总结说：跟"上德"相比，"下德"是"为学"的阶段，属于"非常道"的范围；"上德"是"为道"的阶段，属于"常道"的范围。"下德"是"德"的延伸，属于"有为"之德，包括仁、义、礼、智、信。修德要以"道"为指导，要从自我开始，从早开始，从内心开始，由我及人、家、乡、国乃至天下，把修身跟治国集合起来。治身治国的起点都是"信"，从"信"开始，逐步向智、礼、义、仁，即"先有诚信，其次智能，其次义而仁"，完成了"下德"，而后上德而道——这是修德修道的路线图，也是老子大道实施的基本过程。

"仁"属于"非常道"之"德"的"下德"范围，具有很强的"有为"特点，从"常道"的角度看，是老子排斥的对象，随时随地弄清楚老子是在什么情况下使用"仁"，对于正确理解《老子》具有很重要的作用。"义"是下德的一个修炼环节，在"仁"之下、"礼"之上。"有礼"才能"有义"，"有义"才能"有仁"，进而进入"上德"乃至"道"的境界。"礼"是老子修道的一个主要环节，具有上承仁义、下启智信的作用。"智"与"愚"对立："愚"属于"常道"范围，所谓"大智若愚"，是"无为"的典型状态；"智"属于"非常道"，所谓"机关算尽"，是"有为"的典型状态。从本质上看，老子并不反对所谓的"智"，可从实践上看，老子对"以智治国"，对"奇谋巧智"是坚决反对的。无论是在老子看来，还是几千年文明的实践，"智"都是必须的，可"智"必须按照"道"的指引行事，否则"智"的破坏力犹如"洪水猛兽"。没有"智"不能很好地"穷理"，可如果不用"道"来规范"智"，就不可能"尽性"，就会"礼崩乐坏"，天下大乱，饰伪横行，"老实人吃亏"，"投机者获利"。

"知"在《老子》中经常用作"智"，读者自己分辨一下。"知"是《老子》认识论、实践论和道德论的重要工具，从不同的方面揭示了"大道"的本质特征、基本功能和人格修为。

第一，"大道"的本质特征："吾言甚易知"实际上就是"大道""甚易知"——知"道"易，易知"道"，这是老子一贯的观点，也是"道"的本质。可"道"被神秘化（进入巫术），被边缘化（走向宗教），非"道"之过，实在是"不善为道者"之过。

第二，"大道"基本功能："天下皆知美之为美，斯恶矣"，"皆知善之为善，斯不善矣"，在"非常道"范围，人为地推崇某种不合道的价值观（偏执的价值观），有如"三寸金莲""贞节牌坊""楚王好细腰"，所以最终必然走向反面。在"常道"的范围内，没有"美丑""善恶"之分，不会出现这种现象。这是因不"善知"所引起的。"大道"的基本功能就是"善知"——"能知古始（14，即《老子新学》第十四章，下同）""知常曰明（16）""知常容（16）""知其雄（28）""知其白（28）""知其荣（28）"……善于把握"知"的基本功能，就能逐渐深入运用"道"的基本功能。

第三，"大道"人格修为："知"作为一种重要工具，在认知客观对象的同时，更应该修炼主观世界。

在"非常道"范围内，"信"是"为学""悟道"的起点，真诚而诚信，因诚信而产生信用，因信用而树立信仰——老子曾经说过"吾言甚易知，甚易行"的话，而起点就在这里。

"仁"是"下德"的核心元素。"失道而后德，失德而后仁，失仁而后义，失义而后礼。""道"是"自本自根"的，不生不灭，生生不息，是"万物的究竟"，是"万物的一般"，是"体"；"道"的"生生不息"是靠"德"来完成的，所谓"道生之，德畜之，物形之，势成之（《老子》第五十一章）"，"德"是道生出来的，是"万物的依归"，是"万物的个别"，是"用"。"体"不会发生任何变化，可"用"却是千变万化的。万物有万性，在千变万化的过程之中，万物有的沿着本性发展，有的离开本性变异。在变异之中，有的还是继续沿着本性发展，有的却走向本性的对立面，这就是导致了"失道而后德"。除人之外的万物，因为不会出现主观的干预，所以变异一般表现为发展而丰富多彩。可万物之一的人，因为是"万物的灵长"，因为有思想、有观念等，有的人继续沿着本性去千变万化，而有的人违背本性去千变万化而却出现了异化，走向本性的对面。沿着本性的是"善"，背离本性是"恶"。"善"有利于"己"造福于"人"，而"恶"却"专门利己，毫不利人"，因此"恶"成了"过街老鼠人人喊打"——人的"恶"的出现突出了人的"善"，因此"惩恶扬善"的大旗从古至今高高飘扬！

　　要从"人境""有善有恶"的层面回归到"道境""无善无恶"的层面，关键在于明道、修道乃至得道。人性也是万物之性之一，回归人性有路径，这就是分清楚上德、下德，看清有、无的方向，"存无守有"，明白从哪里开始回归，到哪里算是进步。

　　"无"和"上德"的目标是"道境"，所以"上德无为"；"有"和"下德"目标在"人境"，所以"下德有为"，"人境"的目标就是"仁"——捍卫"仁"就是"义"，遵守"仁"就是"礼"，明白"仁"就是"智"，笃行"仁"就是"信"。老子的"上德""下德"学术体系，是一个用本体、本用融汇起来的体系，本是目标，用是方法。"道生一"乃至"三生万物"属于"宇宙生成论"，由上往下。基本内容是：道为本，德为用；上德为本，下德为用。仁为本，义礼智信为用；仁为本，仁心（内心修为）、仁爱（身外实践）、仁德（理想境界）为用。义为本，正义（内心修为）、仗义（身外实践）、大义（理想境界）为用；礼为本，礼节（内心修为）、礼仪（身外实践）、礼法（理想境界）为用；智为本，明智（内心修为）、智谋（身外实践）、智慧（理想境界）为用；信为本，诚信（内心修为）、信用（身外实践）、信用（理想境界）为用。"天下万物生于有，有生于无"属于"万物归一论"，其范围主要是在"下德"，路线图是："信""智"—个人素质，"礼""义"—群体素质，进而实现下德"仁"的目标。之后就是从有为进入无为，从下德回归上德。人是万物之一，所以"人"应该顺其自然，可人是"万物之灵"，所以作为"人"的基本要素就是"信"。无信之人不是人，是物，不在讨论的范围之内！从"信"开始，逐步回归，乃至道境，这就是"同乎无知，其德不离"，"同乎无欲，是谓素朴""素朴而民性得矣"!

老子有关"上德""下德"的天才设计,构成了中华传统独树一帜的学术体系,其中包括"无中生有而有无相生"的宇宙生成论、"以无为本而无体有用"的哲学本体论、"道体德用而无为无不为"的"科学和谐论"、"正言若反而反正相成"的"思维认识论"、"常道"(无善无恶)和"非常道(有善有恶)"所形成的"存无守有"的价值论等①。

《老子》基于从"道"存在的状态"有无"划分出"常道""非常道",从"善恶"的角度划分出"上德""下德",因而所建立起来"常道非常道""上德与下德"的学术和修养体系,很好地解决了明道、修道、得道这样一个有机的过程。可是自从《老子》以后,文子、列子、庄子、韩非子等乃至后来的魏晋玄学,都没有很明显的继承,乃至"下德"就成了"缺德"的同义字。我们只在王阳明的《传习录》看到这样的四句话:"无善无恶是心之体,有善有恶是意之动,知善知恶是良知,为善去恶是格物。"这四句话还有这样的版本:"无善无恶心之体,有善有恶意之动,知善知恶是良知,为善去恶是格物。"这四句话被誉为"王门四句教",是王阳明的大学问,可王阳明并不同意道家或道教的观点,王阳明这样说:"佛以出离生死诱人入道,仙以长生久视诱人入道,其心亦不是要人做不好,究其极致,亦是见得圣人上一截,然非人道正路。"②

因为"上德""下德"学术体系的失传或断裂或隐藏在"国学"的深空之中,中华文化就在"有为"的"下德"的"人境"之内一争论就是几千年,而失去了目标"无为"的"上德"道境。没有了目标且没有意识到,还自以为目标明确,因此"经世致用",急功近利,很少有人明白"无善无恶"的道境了。

"上德""下德"学术体系的失传还表现在很多方面,比如在现在人的心中,"道""德"变成"道德",跟仁义排在一起,常常说"仁义道德",而无人去分别"道"、"德",甚至没有人明白"道"、"德"。2012年洛阳老子学会举办"老子进万家,道德行天下"活动,口号原先是"老子进万家,大道行天下",为什么修改呢?"道"是"体","德"是

---

① 参看杨郁著《易经的智慧》,中央编译出版社,2013年11月第1版。
② 参看杨郁著《传习录注译评》,天津人民出版社,2014年6月第1版。

"用"，"用"是"行"，必有"德"。这些内容几乎没人注意了。

我们在《老子新学》中附录的《老子字典》，对读者肯定是有帮助的，并且我们是花了非常大的力气才做出来的。一次闲谈之间，一个博士生对作者之一的杨郁说，《老子字典》用功甚多，作用很大。一个自称高道的人马上说："《道德经》是无为的，《老子字典》违背了《道德经》的精神，无用！"杨郁在场，马上说："我听到过很多没有味道的话，可你刚才说的这句最没有味道——'出类拔萃'，应该给你颁奖！如果《道德经》是无为的，老子干吗写呢？"此位自称"庄子粉丝"的高人语塞。"存无守有"是陈抟"易图"之中的妙语，深得"有"、"无"之妙。老子之所以在《老子》第四十章说"天下万物生于有，有生于无"，而在《老子》第四十二章才说"道生一，一生二，二生三，三生万物"，其道理就在这"存无守有"四个字上——通过"有"认识"无"，从"非常道"回归"常道"，所谓"归一"。如果连《老子》说了什么都不知道，不明训诂，不懂辞章，不察全书，不览道学，乃至融会贯通，举一反三，你凭什么悟？特别是一些所谓的自称的高人，自称什么"紫衣真人""天才少年""国学神童""国学应用大师"等，动不动就说："中华文化"的核心是悟，是身体力行；没有悟，没有身体力行，说了你也不会明白。这其实是一种骗术，读者对此别在意要警惕。那些所谓的"大师"，哪一个不是这一套把戏？

"上德""下德"学术体系的失传，普通学人不必深究，可靠这个东西吃饭的国内外专家，常常指鹿为马，贻笑大方。老子曾经说过"绝仁弃义"等著名的"警句"，并且一直被很多人用来证明老子反对"文明"、反对"仁义"、主张"倒退"的铁证。

现代作家、学者许地山在他被誉为"中国道教史研究的开山之作"的《道教的历史》中曾经说过，孟子主张"仁""义"，可在《孟子》一书中，孟子并没有公开批判老子，这些话（绝仁弃义等）可能不是《老子》原文。许地山的推测被 1993 年在湖北荆门郭店村出土的一批《老子》楚简所证实，其中"绝仁弃义"为"绝伪弃虑"，因此有的专家视许地山为天人。跟郭沫若一样，作为作家的许地山，自然不明白老子"上德""下德"的基本观点。其实"绝仁弃义""绝伪弃虑"的意思都是一样的，都是因为跟"上德"不一致，所以从"上德"角度看，万物一体，老子不区分"仁""义"，而从"下德"的角度看，老子并不反对"仁"

"义"，可反对"伪""虑"。老子反对的是假仁假义、坑蒙拐骗，这是毋庸置疑的。老子不反对"下德"，不反对"仁义礼智信"，这是毋庸置疑的！

《老子》全书是固有的一个自洽系统，比如常把"常道"与"非常道"，"常名"与"非常名"，"无名"与"有名"，"无"与"有"，"无为"与"有为"等作为判断角度。因为不明白《老子》的"常道非常道"或"上德与下德"的基本观点，因为"上德""下德"学术和修养体系的失传或不被重视，直到今天还有人说："《老子》反对仁义，明确无疑，没有什么可以商榷的余地。"① 从古至今，没有一个人胆敢公开反对"仁义礼智信"，即使反对也是"假"的"仁义礼智信"，如庄子所说的"诸侯之门而仁义存焉"中"仁义"！这哪是"仁义"？明明是弱肉强食、强权政治，"胜者为王"的把戏！

"上德""下德"学术和修养体系的失传，导致了中华文化的学术体系最终没有建立起来，修养系统最后没有落实下去。因为总在"善恶"、"是非"的圈子里打旋旋，乃至弄到了"礼崩乐坏""道德沦丧"的地步。这都是"上德""下德"学术和修养体系的失传所致。只是不断地争论"善恶""是非"，永远不会走出"善恶"和"是非"的怪圈。"上德""下德"学术和修养体系的失传令人至为叹息，"上德""下德"学术体系的回归令人至为振奋！当"上德""下德"学术和修养体系重新建立起来之时，"天人国学"得以发展壮大，那就是中华文化真正复兴之日！

---

① 参看《老子思想与人类生存之道》之郑开《"道德之意"要论》，社会科学文献出版社2011年版。

万物一体法自然　生态和谐道相通

——老子"和谐思想"在老君山开发建设中的实践运用

张　记

（洛阳老君山景区）

老子的"和谐"思想是"道"的基本特征之一，是"天人合一"的具体体现。"和"在《道德经》中出现七次，即音声相和（2章），和其光（4章），六亲不和（18章），冲气以为和（42章），和之至也（55章），知和曰常（55章），和大怨（79章）等。作为老子归隐修炼之地的河南老君山，从2007年8月开发建设之初，就明确提出了"大道行天下，和谐兴中华"的主导思想，在基础设施、工程项目建设上，从策划、选址、规划、设计、建设到文化包装等各方面始终突出"道行天下，德润古今，尊道贵德，天人合一"的理念，弘扬老子"道"本原，"德"高界，"法"自然，"人"本灵，以人为本的哲学思想以及"万物负阴而抱阳，冲气以为和"的太极文化内涵。在老君山、追梦谷、寨沟三大旅游区的构思上，走天、地、人和谐之路，达到人与人、人与山水自然和谐，保持原生态，最终"复归于自然"。在游客中心、老子文化苑、舍身崖缓冲区、峰林景区、金顶道观群五大板块组团中，以万物自然大系为本，遵循和谐相处，相互配合，互为补充，有所侧重的原则，树立五大板块组团区之间和谐共生，休戚相关，使景区发展和生态自然达到"双赢"，走一条自然生态和谐可持续发展之路。

一　自然生态、万物和谐

自然、生态、山水是老君山景区存在的基础，生态系统是"道"循环运动的产物，"道生之，德畜之，物形之，势成之。"（51章）道缔造了万物，德养育了万物，周围环境使它成为一定的形态，各种力量制约它的成长。生态遵循"道"所固有的规律运动，循环往复，周而复始，生生不息。"道"使生态系统自然趋向平衡，"天之道，损有余而补不足。"（77 章）这种平衡是自然本身的动态平衡。

老君山属于世界地质公园，在滑脱峰林核心区要修建穿云、步云两条悬空栈道 1 万余米，为游客观赏、体验提供方便。在修栈道过程中，必然涉及到一些生长了几百年的古松、古榆、古枫及名贵太白杜鹃，这就为建设者提出了对自然的索取要适度，使自然资源可利用，又不强行占有，破坏生态平衡，以及出现生态环境的危机的要求。在修穿云栈道的伴仙界时，为保护几株抱榆树，绕了二百多米，多花费一百多万元，这也值得，这是"道"在老君山的具体实践运用。人与自然相处，人不是被动的、消极的，而是主动、积极的。因为在"天—地—人"这个整体宇宙系统中，人居其中，起着重要作用。人与天地既鼎足而立，又与天地合而为一，既受天地自然的制约，又有驾驭、统领、管理天地自然的本领。人能够统合天地，弥合天地自然之不足。

从对大自然和谐观念出发，引出对大自然的亲近、友好、爱护之情。在人与自然的和谐生存中，山林水是游客文人最重要的精神家园，作为万物之灵的人，是大自然的组成部分，所以老子提出"人法地，地法天，天法道，道法自然"（25 章）这一总纲，使天人和谐——人与自然和谐相处，"以辅万物之自然，而不敢为也"（64 章）"恒善救物，而无弃物"（27 章）主张人类应与万物交朋友，保持生态平衡。一百多年前恩格斯就深刻指出"我们不要过分陶醉于我们对自然的胜利，对于每一次这样的胜利，自然界都对我们进行报复"。

生态文明以人和自然关系和谐为主旨，在生产、生活过程中注重维系自然生态系统的和谐，以最终实现人类社会可持续发展为目的。老君山在修灵寨公路时，要炸毁寨沟西沟岭，这样，整个山头要削平，植被全被毁坏，经公司反复研究，决定以不破坏生态为出发点，打通 380 米灵寨隧道，多花 400 万元，是一项利在当代，功在千秋的生态文明伟业。

"道法自然"是生态和谐的核心与根本规律，宇宙万物的生成根源于自然，宇宙万物的演化动力来源于自然。人始终是自然不可分割的一部分。人类可以依循"道"的自然本性，达成人与自然和谐相处。人的一切行为当然应将"自然"作为自己的行为准则，违背了自然的发展规律，必然要受到自然的惩罚。"知常曰明，不知常，妄，作凶"（16 章）。

当代著名美国物理学家 F. 卡普拉对老子的和谐思想推崇至极，他说"在伟大的诸多传统中，道家提供了最深刻，最完美的生态智慧。它强调在自然的循环过程中，个人和社会的一切现象和谐地融合在一切"，和谐就能持续发展，没有和谐就谈不上持续发展。

二　风顺水畅、冲气为和

老子文化苑的祖山是八百里伏牛山主峰老君山。少祖山即舍身崖，背靠山即同河岭。老子铜像坐南朝北，对面远有案山，前有应山。从中轴线上看老子文化苑像一把太师椅，老子站立中间。左右两条山脉形成扶手，护山环抱，与四周拱揖相迎，冲阴和阳，有来气，有去气，能聚气，构成了一个绝佳的生命之场。

按照左青龙，右白虎，后朱雀，前玄武四灵的方位来验证，左侧的龙君河从龙君大瀑布到老龙窝拐到同河口，与长尾巴岭流入的灵官河相交汇，在金水桥形成水面。水为源之脉，由此交汇形成的平洋湖水系更显得文化苑的秀气和灵动。同河岭右上方中鼎山作为后靠山，像一只巨型展翅高飞的鸾鸟，也即朱雀的象征。鸾鸟是道教神仙的坐骑。鸾鸟崇拜来自上古玄女、素女、须女的图腾崇拜。领袖称为鸾主，天文台称鸾台，演变为道教的鸾坛，鸾主和羽化升天的坐骑。栾川的来历就是鸾鸟的故乡，后"鸾"演变为"栾"。如右为白虎路，那么，前玄武就是现在"天一阙门"上部雕刻的玄武图。这种四灵符合老子文化苑的风水大局和协调方位。

《道德经》讲："道生一，一生二，二生三，三生万物。万物负阴而抱阳，冲气以为和。"（42 章）道是万物生成的本源，道是化生在天地万物之中，为万物所共用。"万物负阴而抱阳，冲气以为和。"是老子辩证法规律准确的总概述。道生万物过程中，万事万物都存在阴和阳。阴阳两气互相冲突，互相激荡，对立统一，其落脚点是"和"。阴阳和谐是万物生成的条件，天地万物是在和谐的境界中生成。万物阴阳成和谐，中和之气生万物，和气致祥，和气生物。和谐是万物生成过程中必不可少的状态，是极其重要的契机，是万物生成转化的本因和依据。和谐中生成，和谐中发展，和谐中变化，阴阳相抱、相冲，成于高度和谐平衡的状态。老子说："天地相合，以降甘露。"（32 章）天地之间，阴阳两气相合，所以天降甘露。甘露者，天地之和气也，天降甘露，泽及万物。万物在和谐境界中生成，和谐发展，再创未来。

老子文化苑的合和风水方位符合以林掩其幽，以山壮其势，以水秀其姿，给人以地设天成之感，充分体现了"大道行天下"的和谐理念以及"人法地，地法天，天法道，道法自然"（25 章）的洞天福地之境界，其大局完全符合山形水脉，聚气藏风，冲气为和之条件。

三　微妙玄通、太极合和

万物众生有阴必有阳，有实必有虚，有形必有影，有"有"必有无。阴虚阳实，虚不等于全虚，实不等于全实，而是虚中有实，实中有虚。阴阳虚实，以"零"为界，冲气以为和，自然平衡，相辅相成。道法自然，自然是宇宙公正无私的"大法官"，是平衡万物众生的"仲裁者"。因此，人类行为的正确与否，在于合不合自然平衡之道，守不守宇宙公正之德，也就是说，道呈众生相，德藏祸福数，只有道法自然，居德怀善，以静虚，无为之心性，才能思远而行更远。

老子文化苑的三重太极合和图的构思和设计、建设，充分展示了"太极合和"的协调、平衡、融洽之微妙玄通和易经八卦之内涵。64 米的直径中，三重太极构成太极合和图，即中央皇极，外套两仪太极，再外套三仪太极，在同一平面上展开。皇极图，直径 3 米，纯白，逆时针左旋双仪太极，直径 13 米，黑白仪中的小鱼眼各 0.7 米，黑在上，白在下，水平放置；顺时针右旋鸟头式三仪太极，红、黄、蓝三原色旋臂，直径 64 米，三仪内"鸟眼"各 4.2 米，排列成等腰三角形。蓝仪内"鸟眼"红色，红仪内"鸟眼"黄色，黄仪内"鸟眼"蓝色。五种颜色与金木水火土五行相对应，与五个方位相协调，构成了合和局面。金（白色，西方），木（蓝色，东方），水（黑色，北方），火（红色，南方），土（黄色，中央）。三重太极是宇宙生成图，中央宇宙中心，逆时双仪黑洞效应，顺时三仪白洞效应。

太极合和广场环周用生态花岗岩栏杆，与老君山主体山脉的石质一致，成为生态和谐的典范。柱头为方形，中间刻太极，象征内圆外方。栏板与太极图直径一致，都是 64 米。64 块栏板每块雕刻一卦，设卦图、卦名、卦象、卦辞、卦义等，从乾卦开始到未济卦结束。64 卦的阳爻和阴爻共 384 爻，是一阴一阳为之道的典型体现，其互相融合、协调、和谐的微妙确实玄之又玄，这里不再一一论述。

四　天人合一、以和为贵

老子文化苑众妙门的门额雕刻的"天人合一"，其目的是弘扬人与人，人类与自然和谐共处的生态理念。天人合一是老子哲学思想的理论基础，也是中国哲学思想的根基。《道德经》第五十一章："道生之，德畜之，物形之，势成之。是以万物莫不尊道而贵德。道之尊，德之贵，夫莫之命而常自然。"道是天人合一的核心，德是天人合一的灵魂。

道生成万物，德畜养万物，道是宇宙万物的本原，德是万物自身的本性。无道万物无从所出，无德万物无法生存发展。道是自然界的必然性，德是道必然性的功能显现。道和德构成物质世界的基础，尊道而贵德，是物质世界自身发展运动中的必然规律。人是自然界的一部分，和万物一样从属于道的法则，构成老子"天人合一"的道德观。

天道的本质是自然，自然的本质是和谐，人的本质也应该是和谐，人与社会的和谐发展，才能实现人类完美的社会形态。

《道德经》第二十五章："有物混成，先天地生。……故道大，天大，地大，人亦大。域中有四大，而人居其一焉。人法地，地法天，天法道，道法自然。"天大无所不概，地大无所不括；人大天地至灵，道大概括天地。人不能用自己的力量去改变自然规律，而应当顺从它。"道"化成"天地"亦是"自然"的。只是作为"万物之灵"的人，其中往往丧失了"自然"之性，所以，人要法天法地之自然，法"大道"于"自然"。实际上就是"法天地"之自然。道家的"四大"高度体现了"天人合一"的思想主旨，比佛家讲的"地水火风，四大皆空"更具有生命意义。

和谐是老子思想的最大特色，老子文化苑铁铸高 2.7 米，口径1.85 米，重4.5 吨的铁钟命名为"和谐钟"，一方面是聚合道德力量，平衡人类心态，构建和谐社会。另一方面是游客到此敲钟，找到古今通变，使人们的世界观，自然观，人生观得到升华和改造。物质世界合道则聚，离道则散；人类社会有道则兴，无德则败。老君山"和谐钟"选用书圣王羲之书法字体，钟上方由"尊道贵德，道气长存，道法自然，天人合一"

铭文组成，钟左侧铭刻"和谐，和平，和美，和顺，和好，和睦，和解，和善，和气"九句含"和"的篆体铭文，体现了老君山人追求社会和谐，世界和平，生活和美，关系和顺，邻里和好，家庭和睦，矛盾和解，和气生财的美好愿望。

在文化苑中，雕刻赵朴初先生的"道法自然"四个大字，其意图就是要求人类效法自然规律，寻求并制定出完善人生法则和社会法则。照壁上的《老君山赋》中有一段描述"自然"的佳句，很有启示。"斯山来之有龙，去之有脉，自然也；凸之为峰，凹之为谷，自然也；春之向荣，秋之向枯，自然也；阳之居木，阴之居水，自然也。斯自然之景，可贵；自然之物，可取；自然之趣，可娱；自然之谐，可容。然则，弗如觅自然之道而法之同享天道之永久也。"目前人类所能达到的最高智慧就是师法自然，而不是自以为是，我们只有当好了自然的学生，才能从自然中学到合乎于"道"的规律，使"和谐"扎根于心灵之中。

综上所述，老君山在开发建设中和老子文化苑营建中，突出了人、社会、生态、自然、和谐的循环内容，以"和"在建设中得以体现，在大地万物运作之中得以升华，形成的以人为本，和之为贵的自然之和，生态之和，人世之和，对坚持可持续发展的科学观将产生极其重要的现实和历史意义。"大道和谐"的思想，正是解决当前自然界失衡，人类社会不安等诸多社会矛盾的唯一途径。作为弘道人，应该坚信：和谐是万物遵行道性的体现，是万物生化繁荣昌盛的必备条件，是人类社会发展，国富民殷，社会和平的根基。尊重自然法则，学习自然体性，顺应自然本质，以和致祥，以道相通，促进人和自然生态和谐发展，为构建和谐的道教圣地、和谐社会做出应有的贡献。

"由人事而天道":道家对"礼崩乐坏"的应对及其现代意义

张永超　刘君莉

（张永超，辅仁大学天主教学术研究院；
刘君莉，郑州大学公共管理学院哲学系）

引言:基于"礼崩乐坏"的不同救治

1993 年郭店竹简出土后，有许多学者认为儒与道的歧异不是那样明显，至少不像《老子》通行本所言"绝圣弃智，民利百倍；绝仁弃义，民复孝慈；绝巧弃利，盗贼无有。此三者，为文不足，故令有所属：见素抱朴，少私寡欲。"（十八章）因为在竹简文献的记录是"绝智弃辩，民利百倍。绝巧弃利，盗贼无有。绝伪弃诈，民复孝慈。"（据李零校读本）且不说李泽厚先生在 20 世纪 80 年代就提出过"儒道互补"的问题，单纯从文本解读上来讲，出土本就无法与通行本在思想史上的切实影响相比，而且抛开有争议章节，儒道之"异思异虑"实在无法"和谐"统一，这在太史公司马迁给庄子做的列传里更明确了这一点"以诋訿孔子之徒，以明老子之术。"（《史记·老庄申韩列传》）

然而，道家与儒家所面临的问题意识是共同的，他们都面临着共同的"礼崩乐坏"局面。不过，何以导致"礼崩乐坏"？如何挽救"人心之浇漓"？道家确实给出了有别于儒家的独特路径。如同前面论述儒家时所分析，商周的朝代更替与历史演进，使当时的思想者强化了对"天命靡常""君臣无常"的看法，认为那些"天命""鬼神"信仰之类并不可靠，商纣王就是前车之鉴；民心、民意、民益才是最重要的，文王就是现实榜样。所以在位者最重要的不是按时祭祀天地鬼神，而是要修身立己、敬德保民。但是，恰恰是这样的思路导致了比朝代更替更糟的局面：战乱、天灾、人祸，连朝代更替也无法为继了。据说周公制礼作乐，无论是后来所说的"礼仪三千"还是"韶乐善美"都无处安放,社会乱了,人心迷失了,礼乐无处安放,这大概是"礼崩乐坏"最典型的悲剧:徒有虚文,人心迷失。孔子的可贵正是在于,他不是对"礼崩乐坏"那种枝枝节节的修补,而是直指"人心",(我们可以看到他的后继者孟子也是那样,要"正人心"),这构成了儒家"心性命"学说的问题语境。此种心性不是"空谈"而是直指当时的"礼崩乐坏",这是一种人世规范的重建,而不是如一些误解那样空谈名词故作高深,虚聊心性以表玄远。儒家的心性学说,至少在先秦这里,我们可以看到,正是基于由天而人的天命信仰坠落与此同时所形成的礼崩乐坏局面,孔子看到,单纯对"礼乐"这些人事制度的重视是不够的,因为这些所导致的后果恰恰是自悖性的,无论"礼乐"制度文章多么威严美善,都可能会导致人心的浇漓,从而使这些名存实亡。问题在于"人心",我们所讲的"礼"难道只是那些"玉帛"?我们讲的"乐",难道只是那些"钟鼓"?若没有"仁","如礼何?"若没有"仁","如乐何?"若没有发自内心的"敬",那么对于父母之"养",与"养犬马"又有何别?但是,道家不这样看问题。

至少在老子那里,"礼崩乐坏"的造成不是因为"天命信仰"坠落导致的,通过"仁心"的内在化来"克己复礼"本来就是"以火救火"的行为。不是天命信仰的坠落导致了"礼崩乐坏",而是"礼乐"自身走向了"崩坏",这是"反者道之动"的体现;挽救"礼乐"既不能从人心内部也不能通过人道理想的先验化来挽救,只能通过对"天道"的重新理解来规范人事行为,而不可将人道提升为天道,然后再来遵循这样被改造后的"天道",在庄子看来便是"以人灭天"(《秋水》)。老子也大致遵循这样的思路,认为仁义礼智的提出,非但不能达到"善治",恰恰是祸乱之首因:"上德不德,是以有德;下德不失德,是以无德。上德无为而无以为,下德无为而有以为。上仁为之而无以为,上义为之而有以为。上礼为之而莫之应,则攘臂而扔之。故失道而后德,失德而后仁,失仁而后义,失义而后礼。夫礼者,忠信之薄,而乱之首。前识者,道之华,而愚之始。是以大丈夫处其厚不处其薄,居其实不居其华。故去彼取此。"(三十八章)人事的过多干预恰恰破坏了天道的自然合理性,对人心的区分恰恰导致了"迷离",对人性的区分恰恰"伤性",对社会的仁政期待恰恰导致了新一轮的"礼崩乐坏",如同对机械技术的运用一样,仁义忠信,也只是另一种"机巧",其后果是因有"机心"而"道之不载":

子贡南游于楚,反于晋,过汉阴,见一丈人方将为圃畦,凿隧而入井,抱瓮而出灌,搰搰然用力甚多而见功寡。子贡曰:"有械于此,一日浸百畦,用力甚寡而见功多,夫子不欲乎?"为圃者卬而视之曰:"奈何?"曰:"凿木为机,后重前轻,挈水若抽,数如泆汤,其名为槔。"为圃者忿然作色而笑曰:"吾闻之吾师,有机械者必有机事,有机事者必有机心。机心存于胸中,则纯白不备;纯白不备,则神生不定;神生不定者,道之所不载也。吾非不知,羞而不为也。"(《天地》)

由此我们可以看出儒道的歧异,尽管老子也讲"圣人无心,以百姓心为心。善者吾善之,不善者吾亦善之,得善。信者吾信之,不信者吾亦信之,得信。圣人在天下,怵怵;为天下,浑其心。百姓皆注其耳目,圣人皆孩之。"(四十九章)也讲"配天""古之善为士者不武,善战者不怒,善胜敌者不争,善用仁者为下。是谓不争之德,是以用人之力,是谓配天,古之极"(第六十八章),庄子也托名孔子之口讲"人与天一""回,无受天损易,无受人益难。无始而非卒也,人与天一也。夫今之歌者其谁乎?"(《山木》)但是,我们会看到他们的解读与儒家是何等的不同。似乎不能说,儒家提倡的他们都反对,但是他们确实看到了儒家所提出的价值理想很容易走向自身的反面。他们对人类文明(礼乐制度或者机械技术)的怀疑与忧患意识,确实是一种惊醒。而且,他们认为,我们当从源头做起,要认识天道,而不是遵从人事改造天道。人事是首先需要批判的。这构成了儒道在"天人关系"上最明显的区别。

一 先秦时期道家"天道信仰"的重建思路与文本依据

先秦道家人物,我们以老子和庄子为依据,对于其生平细节之考证不做重点,我们侧重于通行本中《道德经》与《庄子》的文本内容,《庄子》篇以内七篇为主,但是同样参照外篇和杂篇;对于新出土之简帛文献,同样作为参考依据。而对于道家之早期人物比如一些"隐者"对儒家的批评,再比如杨朱之学,因为文本有限,不作为凭据;而对于后期之稷下道家,以及后来的黄老之学,因其带有明显的杂家痕迹,我们不作为先秦道家的主要论证材料。

基于以上文本，我们认为道家对天道信仰的重建思路是这样的：第一，有别于儒家孔子的"克己复礼"思路，道家老子直接针对"礼乐"自身展开反省，认为"礼崩乐坏"的局面不是因为礼乐以外的原因所造成的，其祸因恰恰来自礼乐自身，因此对礼乐制度的批判构成了道家的初步思路，而且在庄子文本里，他发挥了老子这一思路，正如在《史记》所载"其学无所不窥，然其要本归于老子之言。"（《老庄申韩列传》）第二，要回到"天道"上来。不可以人道附会天道，"天地是不仁"的而并非什么"天地有好生之德"，"天道"是自然而然的，这便是最佳状态。而且正是这样的"道"成就了一切，它无形无象，但是万物以之而生，百事因之而成，它自本自根，但是产生了一切。第三，基于道的本体地位，人道只能效法天道，"道法自然"最终指向的不是对道的自然说明，而是指出人事应当效法天道自然，天道是自然而然的，人事就应当无为而治。这才是真正的"人与天一"才是真正的"配天"。在此意义上，我们看到了另一种形式的"天人合一"。

二 "道法自然"：天人合一的本然路径

1. 礼者：忠信之薄而乱之首也

面对"礼崩乐坏"的局面，儒家和道家都在寻求"救世"以达到"善治"，但是有别于儒家通过对礼乐的内在化修复，道家则直指"礼乐"自身的缺陷，认为正是"礼乐"导致了"崩和坏"，原因是内在的，此种人事的过度干预导致了自身的败坏。因此，不是修复而是批判，这构成了道家重建天道信仰的必要环节。

（1）老子对"礼乐"的批判

老子看到仁义是大道废去之后才产生的，若不恢复对"大道"的信仰，只是一味追求仁义智慧孝慈，则恰恰导致了"大伪""六亲不和"，他说"大道废，有仁义。智慧出，有大伪。六亲不和，有孝慈。国家昏乱，有忠臣。"（十八章）具体对于"礼"来讲，是"忠信之薄而乱之首也"，"上德不德，是以有德；下德不失德，是以无德。上德无为而无以为，下德无为而有以为。上仁为之而无以为，上义为之而有以为。上礼为之而莫之应，则攘臂而扔之。故失道而后德，失德而后仁，失仁而后义，失义而后礼。夫礼者，忠信之薄，而乱之首。前识者，道之华，而愚之始。是以大丈夫处其厚不处其薄，居其实不居其华。故去彼取此。"（三十八章）种种分别如同"五色""五音"一样最终导致的是"心发狂"："五色令人目盲；五音令人耳聋；五味令人口爽；驰骋畋猎，令人心发狂；难得之货，令人行妨。是以圣人为腹不为目，故去彼取此。"（十二章）同样，"希言自然。飘风不终朝，骤雨不终日。孰为此？天地。天地尚不能久，而况于人？故从事而道者，道德之；同于德者，德德之；同于失者，道失之。信不足，有不信。"（二十三章）对于智，老子同样认为它是民难治的主要原因："古之善为道者，非以明人，将以愚之。民之难治，以其多智。以智治国，国之贼；不以智治国，国之福。知此两者，亦楷式。常知楷式，是谓玄德。玄德深远，与物反，然后乃至大顺。"（六十五章）那么，遵循此理，我们应做的便是："绝圣弃智，民利百倍；绝仁弃义，民复孝慈；绝巧弃利，盗贼无有。此三者，为文不足，故令有所属：见素抱朴，少私寡欲。"（十九章）此种对于人事礼乐制度的批判在庄子那里得到了淋漓尽致的展开，如果说"礼"在老子那里还只是"忠信之薄而乱之首"的话，那么到庄子那里则要人命了。

（2）庄子对"礼乐"的批判

庄子的批判以寓言的形式展开，他没有讲大道理，但是他的寓言给人太多的思考空间，比如说"浑沌之死"：

> 南海之帝为儵，北海之帝为忽，中央之帝为浑沌。儵与忽时相与遇于浑沌之地，浑沌待之甚善。儵与忽谋报浑沌之德，曰："人皆有七窍以视听食息，此独无有，尝试凿之。"日凿一窍，七日而浑沌死。（《应帝王》）

此种类似的悲剧，不仅"凿"死了"浑沌"，而且"气"死了"海鸟"，而且是在《至乐》篇里："昔者海鸟止于鲁郊，鲁侯御而觞之于庙，奏九韶以为乐，具太牢以为膳。鸟乃眩视忧悲，不敢食一脔，不敢饮一杯，三日而死。此以己养养鸟也，非以鸟养养鸟也。夫以鸟养养鸟者，宜栖之深林，游之坛陆，浮之江湖，食之鳅鲦，随行列而止，委蛇而处。"（《至乐》）这不需要太多的说明，庄子也没有太多的道理宣讲，但是给人留下很大的反思空间。儒家的思路真的合适吗？孔子凄凄惶惶，除了时运不济外，是不是他所奠定的思路本身确实有内在的漏洞或者说容易流于庸俗化而误读误用？

在《马蹄》篇中，庄子同样看到伯乐对马的摧残：

> 马，蹄可以践霜雪，毛可以御风寒，龁草饮水，翘足而陆，此马之真性也。虽有义台路寝，无所用之。及至伯乐，曰："我善治马。"烧之，剔之，刻之，雒之，连之以羁絷，编之以皂栈，马之死者十二三矣；饥之，渴之，驰之，骤之，整之，齐之，前有橛饰之患，而后有鞭笿之威，而马之死者已过半矣。陶者曰："我善治埴，圆者中规，方者中矩。"匠人曰："我善治木，曲者中钩，直者应绳。"夫埴木之性，岂欲中规矩钩绳哉？然且世世称之曰"伯乐善治马而陶匠善治埴木"，此亦治天下者之过也。
>
> 吾意善治天下者不然。彼民有常性，织而衣，耕而食，是谓同德；一而不党，命曰天放。故至德之世，其行填填，其视颠颠。当是时也，山无蹊隧，泽无舟梁；万物群生，连属其乡；禽兽成群，草木遂长。是故禽兽可系羁而游，鸟鹊之巢可攀援而窥。
>
> 夫至德之世，同与禽兽居，族与万物并，恶乎知君子小人哉！同乎无知，其德不离；同乎无欲，是谓素朴；素朴而民性得矣。及至圣人，蹩躠为仁，踶跂为义，而天下始疑矣；澶漫为乐，摘僻为礼，而天下始分矣。故纯朴不残，孰为牺尊！白玉不毁，孰为珪璋！道德不废，安取仁义！性情不离，安用礼乐！五色不乱，孰为文采！五声不乱，孰应六律！夫残朴以为器，工匠之罪也；毁道德以行仁义，圣人之过也。

这里似乎同样令人瞠目结舌、不可思议，在儒家语境中"伯乐"是"千里马"的贵人与恩人，"千里马常有，而伯乐不常有"，我们多么期待能遇到自己的"伯乐"，期待知遇之恩的出现，但是在"浑沌之死"的寓言中我们已经看到了，恰恰是"恩"导致了"恩人"的死亡；而伯乐相马的例子，在庄子看来，若从另一个视角解读，伯乐是马的罪人，它的种种训练导致"马之死者过半"，而马自身的生存能力是可以怡然自乐、逍遥自得的；这同样使我们想到"死君马者道旁儿"的说法，众人的喝彩、鼓励让马跑死了。难道，这不值得反省吗？"是故凫胫虽短，续之则忧；

鹤胫虽长，断之则悲。故性长非所断，性短非所续，无所去忧也。意仁义
其非人之情乎！彼仁人何其多忧也？"（《骈拇》）凫胫短吗？鹤胫长吗？
对它们刚刚好，本来都自然而然刚刚好，何必自寻烦恼，扰乱那一池的幽
境，再来手忙脚乱的忧虑天下还不得其法？这是庄子的思路，这个世界都
很自然，无所谓好坏，圣人出现了，区分了仁义美善，因此丑恶随之也产
生了；美善与丑恶是共生体，儒家的期待存善去恶本身就是不可能完成的
任务，这一切注定了是徒劳；不是孔子不够勤奋，不是孟子不够勇敢，也
不是儒家时运不济，而是他们的思路从根儿上就走错了道。

那么我们当从何着手？老庄的回答很确定：从起源处。

2. 道原：万物得之以生，百事得之以成

对于"道"的描述构成道家思想里面争议最大也最难理解的部分，
这不在于诠释上的困难，而在于"道"自身的不可描述性而又不得不通
过描述加以理解的悖论所产生的困难："道可道，非常道；名可名，非常
名。无名，天地始；有名，万物母。常无，欲观其妙；常有，欲观其徼。
此两者同出而异名，同谓之玄，玄之又玄，众妙之门。"（一章）但是，
我们又看到老子对道的理解：

> 有物混成，先天地生，寂漠！独立不改，周行不殆，可以为天下
> 母。吾不知其名，字之曰道，吾强为之名曰大。大曰逝，逝曰远，远
> 曰返。道大，天大，地大，王大。域中有四大，而王处一。人法地，
> 地法天，天法道，道法自然。（二十五章）
> 视之不见，名曰夷；听之不闻，名曰希；搏之不得，名曰微。此
> 三者不可致诘，故混而为一。其上不，在下不昧。绳绳不可名，复归
> 于无物。是谓无状之状，无物之象，是谓忽恍。迎不见其首，随不见
> 其后。执古之道，以语今之有。以知古始，是谓道已。（十四章）
> 孔德之容，唯道是从。道之为物，唯恍唯忽。忽恍中有象，恍忽
> 中有物。窈冥中有精，其精甚真，其中有信。自古及今，其名不去，
> 以阅众甫。吾何以知众甫之状然？以此。（二十一章）

问题的关键还在于在起源处，道产生了一切："道生一，一生二，二
生三，三生万物。万物负阴而抱阳，冲气以为和。"（四十二章）万物百
事依据"道"而生成："昔之得一者：天得一以清，地得一以宁，神得一

以灵，谷得一以盈，万物得一以生，侯王得一以为天下贞。"（三十九章）以上对道的描述，在《庄子》里面得到延续："夫道，有情有信，无为无形；可传而不可受，可得而不可见；自本自根，未有天地，自古以固存；神鬼神帝，生天生地；在太极之先而不为高，在六极之下而不为深，先天地生而不为久，长于上古而不为老。狶韦氏得之，以挈天地；伏羲氏得之，以袭气母；维斗得之，终古不忒；日月得之，终古不息；堪坏得之，以袭昆仑；冯夷得之，以游大川；肩吾得之，以处大山；黄帝得之，以登云天；颛顼得之，以处玄宫；禺强得之，立乎北极；西王母得之，坐乎少广，莫知其始，莫知其终；彭祖得之，上及有虞，下及五伯；傅说得之，以相武丁，奄有天下，乘东维，骑箕尾，而比于列星。"（《大宗师》）

根据上面的思路，那么很自然的，人道应当效法"天道"："道常无为而无不为。侯王若能守，万物将自化。化而欲作，吾将镇之以无名之朴。无名之朴，亦将不欲。不欲以静，天下将自正。"（三十七章）这构成了道家"天道信仰"重建的关键一步。

3. 配天：天道自然而然人道无为而治

在道家那里，一般来讲他是区分开天和人而更侧重"天"，以至于荀子对庄子的评价是"蔽于天而不知人"，但是在深层意义上我们却看到老庄对"天人合一"的另一种描述，确实更侧重天道，但是在人道"配天""道法自然"的意义上，我们会看到有别于儒家的"天人合一"思路，老庄的具体思路表现为：道是万物百事产生的依据，那么万物百事当遵循天道行事，人不可以师心自用违背天道；天道是自然而然的，那么人道就应该无为而治、顺应自然，那么这就是"人与天一"。

此种"法天""配天"的思想，我们在《老子》六十八章里有看到："古之善为士者不武，善战者不怒，善胜敌者不争，善用仁者为下。是谓不争之德，是以用人之力，是谓配天，古之极。"而且此种人道效法天道的思想多处出现："勇于敢则杀，勇于不敢则活，此两者或利或害。天之所恶，孰知其故？天之道，不争而善胜，不言而善应，不召而自来，坦然而善谋。天网恢恢，疏而不漏。"（七十三章）"以正治国，以奇用兵，以无事取天下。吾何以知其然？以此。天下多忌讳，而人弥贫；人多利器，国家滋昏；人多伎巧，奇物滋起；法物滋彰，盗贼多有。故圣人云：我无为，人自化；我好静，人自正；我无事，人自富；我无欲，人自朴。"（五十七章）"信言不美，美言不信。善者不辩，辩者不善。知者不博，

博者不知。圣人不积，既以为人己愈有，既以与人己愈多。天之道，利而不害。圣人之道，为而不争。"（八十一章）

在庄子那里遵循了此种人道效法天道的思路，他明确提出天人之别：

> 北海若曰："知道者必达于理，达于理者必明于权，明于权者不以物害己。至德者，火弗能热，水弗能溺，寒暑弗能害，禽兽弗能贼。非谓其薄之也，言察乎安危，宁于祸福，谨于去就，莫之能害也。故曰，天在内，人在外，德在乎天。知天人之行，本乎天，位乎得；蹢躅而屈伸，反要而语极。"曰："何谓天？何谓人？"北海若曰："牛马四足，是谓天；落马首，穿牛鼻，是谓人。故曰，无以人灭天，无以故灭命，无以得殉名。谨守而勿失，是谓反其真。"（《秋水》）

这里我们可以看出，庄子固然以天人有别为前提，但是他的侧重不在于发挥"天人相分"，而在于承认"天人有别"的前提下，人不可师心自用，而要效法顺应"天道"，要"本乎天"，这样便可以"人与天一"：

> 孔子穷于陈蔡之间，七日不火食，左据槁木，右击槁枝，而歌焱氏之风，有其具而无其数，有其声而无宫角，木声与人声，犁然有当于人之心。颜回端拱还目而窥之。仲尼恐其广己而造大也，爱己而造哀也，曰："回，无受天损易，无受人益难。无始而非卒也，人与天一也。夫今之歌者其谁乎？"回曰："敢问无受天损易。"仲尼曰："饥渴寒暑，穷桎不行，天地之行也，运物之泄也，言与之偕逝之谓也。为人臣者，不敢去之。执臣之道犹若是，而况乎所以待天乎！""何谓无受人益难？"仲尼曰："始用四达，爵禄并至而不穷，物之所利，乃非己也，吾命其在外者也。君子不为盗，贤人不为窃。吾若取之，何哉！故曰，鸟莫知于鷾鸸，目之所不宜处，不给视，虽落其实，弃之而走。其畏人也，而袭诸人间，社稷存焉尔。""何谓无始而非卒？"仲尼曰："化其万物而不知其禅之者，焉知其所终？焉知其所始？正而待之而已耳。""何谓人与天一邪？"仲尼曰："有人，天也；有天，亦天也。人之不能有天，性也，圣人晏然体逝而终矣！"

　　这里我们看到庄子有趣的托名传道、寄言出意，他大概是个很幽默的人，对孔子的凄凄惶惶、疲于奔波有所了解，托名孔子师徒对话大概不全是"嘲弄""诋訾"，而是通过孔子说出了另外一种可能。对天道的遵循，便是对人道的成全，人顺应自然天道便可以"宴然体逝而终。"那么，既然天道是自然而然的，那么人道就应当"无为而治"：

　　　　天下是非果未可定也。虽然，无为可以定是非。至乐活身，唯无为几存。请尝试言之。天无为以之清，地无为以之宁，故两无为相合，万物皆化。芒乎芴乎，而无从出乎！芴乎芒乎，而无有象乎！万物职职，皆从无为殖。故曰天地无为也而无不为也，人也孰能得无为哉！（《至乐》）

　　　　天地有大美而不言，四时有明法而不议，万物有成理而不说。圣人者，原天地之美而达万物之理，是故至人无为，大圣不作，观于天地之谓也。今彼神明至精，与彼百化，物已死生方圆，莫知其根也，扁然而万物自古以固存。六合为巨，未离其内；秋豪为小，待之成体。天下莫不沉浮，终身不故；阴阳四时运行，各得其序。惛然若亡而存，油然不形而神，万物畜而不知。此之谓本根，可以观于天矣。（《知北游》）

　　这里儒家的仁义理智孝悌忠信没有了那样当然合理的位置，甚至我们很难看到它们的踪影，这里更多是对"天地不仁""天道自然""无为"的侧重，那么遵循此种天道，人道最好的作为便是"致虚极，守静笃"（第十六章）、"堕肢体，废聪明"（《大宗师》）。由此而来的社会理想便是"小国寡民之治"："小国寡民，使有什佰之器而不用，使人重死而不远徙。虽有舟舆，无所乘之；虽有甲兵，无所陈之。使民复结绳而用之。甘其食，美其服，安其居，乐其俗，邻国相望，鸡狗之声相闻，民至老死，不相往来。"（第八十章）

　　确实，道家以其独特的视角与高妙的智慧给出了另一种天道信仰重建路径，在人法天道自然的意义上，我们可以说他们给出了"天人合一"的另种思路。但是，就其具体善治方式而言，无论是个体的"精神逍遥"（如同庄子那样）还是社会的"小国寡民"（如同老子那样），我们都感到某种践行上的困难，如果说儒家的困境在于极易被误读误用适得其反的话，老庄的思路则在践行上进退维谷，个体无法通过效法天道而自然"逍遥"（庄子已经看到天人有别），社会也无法做到"小国寡民"无为而治（老子已经看到即便是小国也无法自生自化，君道固然可以无为，臣道必须有为）。那么此种困境我们将会看到制约影响了道家思想很难如同儒家那样进入政统、法典与公私制度，这就意味着道家思想只是中国传统思想的"亚文化"形态。下面我们将从理论层面论及道家思路的诠释学困境。

三　重建天道本体的诠释学困境及其现代意义

就理论体系来讲，道家确实给出了挽救"礼崩乐坏"的另种可能，它给我们了另种想象幸福与善治的可能，虽然儒家和道家的善治理想从来都没有实现过，但是提供了我们想象与完善的问题语境。道家的可贵在于，试图从起源处重建天道信仰，人不可以为天地立心，那很有可能是师心自用，关键是人与天有种天然的分别。我们不可以认为人期待"生"便认为"上天有好生之德"，我们不可以认为自然流行便是"天行健"，人就当"自强不息"，那是对"天道"的人为性解释，"天地是不仁"的，只是自然而然，它产生了一切，关键天与人不同，那么因为"天是本"，所以人只能"配天"，只能"道法自然"，而不能"代天"，不能"替天行道"。

然而，道家的思路却面临着原初意义上的诠释学困境。第一，如果说儒家认为"天地之大德曰生"是"师心自用"，只是儒家依照自己对人道的期许来解读天道；那么道家认为"天地不仁以万物为刍狗"也面临同样的困境，他们运思模式是一样的，区别的只是对"天道"的理解不同，那么由此以来，道家对儒家的批评便在论证方法上失当。第二，道家在前提上区别"天与人"，这是可以的，那么这样一来，它面临的诠释学困境在于，我们只可以知"人"而无法知"天"，因为二者没有公度性；人只可以知人，天才可以知天，只有当人与天在先验意义上是同质才具有彼此通约的可能，儒家固然有改造"天道"的嫌疑，但是儒家语境中，人与天是相通的；而道家，无法做到这一点，依照老庄的思路，天人不同，那么人不当师心自用，而当效法天道，但是前提的问题是，当天人有别，人便失去了解读天道的可能，那么第二步要效法天道，便是盲目的，仍是对于另种人事治理模式的践行与遵循。第三，即便是作为人事治理模式的另种路径，道家的思路也无法践行。比如说，堕肢体、废聪明，比如说庄子的精神逍遥，比如说老子的"小国寡民"，且不说无法做到，如果做到那将意味着人类的集体绝种而消失，那样的社会无法维持，是对人类社会的存在论否定，因此注定是不可能的。或者我们可以说：道家"人与天一"的意义不在于他的个体修养与善治理想，而在于他对人类礼乐、技术等等种种文明制度的反思。而且后者的反思意义日益凸显，于当日为甚，它将与人类文明相始终。

"重积德则无不克"

——论老子"德"的现实意义

赵玉玲

（河南大学哲学与公共管理学院）

《老子》一书的中心范畴是"道"和"德"。"道"指万物的本体和宇宙的本原，具有形而上的属性；"德"同"得"，得道为德，指具体事物从"道"所禀赋的特殊规律或特殊性质，万物之性称之谓"德"。正是由于"德"的存在，形而上不可触摸的"道"下落于物界，和万物发生了必然的联系。就"道"作为世界之本原、万物之根本的哲学意义而言，"德"意指由此而产生的万物之本性；就"道"作为人类社会生活的最高准则之伦理学意义而言，"德"意指人的本性或品德。[1]142 "道"所具有的自然无为、致虚守静、居下、不争、慈、俭、仆、不敢为天下先等特点，都可以具化为"德"的特性。老子非常重视"德"，以"德"为人生价值典范，对"德"做了不同层面的论述，强调修德，指出"重积德则无不克"，提倡以德修身、以德治国、以德化人。

一 "德"之本质

在《老子》思想中，"道"指的是宇宙万物的总根源、发展规律，形而上的"道"落实到物界，延伸作用于人生，其总的准则、运行规律，可以称之谓"德"。《老子》第五十一章曰："道生之，德畜之，物形之，势成之，是以万物莫不尊道而贵德。"天地万物由"道"所生，"道"内化于万物，成为万物的内在属性，"道"在万物所显现出来的本性即为"德"，"道之尊，德之贵，夫莫之命而常自然"（《老子》51 章，以下引《老子》，只注明章数），"德"是"道"在万物所体现出来的一种自然和谐的秩序。形上的"道"落实到人生的层面上，其所显现的特性而为人类所体验。所取法者，都可以说是"德"的活动范围了。[2]12 "孔德之容，唯道是从"（21 章）。"德"是以"道"为内在依据，"何以为德？由乎道也"。[3] "德"之存在以"道"为形上依据，因而具有先天性的内涵，由此决定了老子之"德"不同于世俗性的道德，但这种特性却并不妨碍老子之"德"的伦理性意蕴。相反，借着道生万物的超越性和"道"内在于万物普遍性，"德"的存在有了超越性的依据和普遍性的内涵。由此，老子将个体人生的"修德"，提升到了哲学的高度。

老子非常重视"德"，用"广德"、"常德"、"上德"、"玄德"等来阐释"德"特性和表现形态。"上德若谷，广德若不足"（41 章）。"广德"具有德性普遍的含义，说明"德"与"道"一样，无处不在，与万物浑然一体，内在于万物自然而然地发挥作用。另外，《老子》第二十八章里还提到了"常德"："知其雄，守其雌，为天下溪，为天下溪，常德不离，复归于婴儿。知其白，守其黑，为天下式，为天下式，常德不忒，复归于无极；知其荣，守其辱，为天下谷。为天下谷，常德乃足，复归于朴。朴散则为器，圣人用之，则为官长，故大制不割。"这里反复强调了"常德"的重要性，"常德不离"、"常德不忒"、"常德乃足"。

马王堆汉墓帛书《老子》"常德"作"恒德"，《韩非·解老》篇说："唯夫与天与地之剖判也具生，至天地之消散也不死不衰者谓'常'。"也就是说，"常德"是与天地并始终不变之品德。在老子看来，"常德"所处的理想状态就是"婴儿""无极""朴"的状态，即是一种纯真质朴、自然无为的状态。老子认为，"为天下谷""为天下式"，则"常德不离""常德不忒""常德乃足"，因而也就能"复归于婴儿""复归于无极""复归于朴"。"含德之厚，比于赤子"（55 章），老子以婴儿蓬勃的生命力喻指道的充盈之势，"无极"和"朴"亦是"道"特性的表达。可见，老子之"德"是"道"在万物之性的体现，禀赋"道"超越性和遍在性的特性。

老子还先将"德"分成"上德"和"下德"。《老子》第三十八章说：

　　上德不德，是以有德；下德不失德，是以无德。上德无为而无以为；下德为之而有以为。上仁为之而无以为；上义为之而有以为。上

礼为之而莫之应，则攘臂而扔之。故失道而后德，失德而后仁，失仁
而后义，失义而后礼。

"上德不德"，指具有"上德"的人，因任自然，不表现为形式上的
"德"；在这里"上德"体现了"道"的自然本性。老子将"德"分为上
下：上"德"是无心的流露，下"德"则有了居心。"仁义"是从下
"德"产生的，属于有心的作为，已经不是自然的流露了。到是了"礼"，
就注入了勉强的成分，人的自在精神全然被断伤。[2]217可见，老子所谓的
"上德"是自然的、内在的真性展现，不受任何外在条件束缚的本心流
露，不以德为德，才是真正的有德。"上德无欲无求，所以有德；下德唯
恐有失，所以无德"[4]，老子把"无为"与"为之"作为区分"德"不
同境界的标准，以"无为"之德为"上德"，这也是老子自然无为思想的
体现。"上德"的这种特性在《老子》一书的其他章节用"玄德"做了
表述。

"玄德"指的具有深远意义的德，是"德"的最高境界。《老子》第
五十一章说：

道之尊，德之贵，夫莫之命而常自然。故道生之，德畜之，长之
不育，亭之毒之，养之覆之。生而不有，为而不恃，长而不宰，是谓
玄德。

也就是说，"道"产生天地万物，"德"畜养天地万物。万物之有形
状，是顺其自然力的结果。因此，万物无不尊崇"道"，并以"德"为
贵。"道"之所以受尊崇，"德"之所以被重视，就在于它对万物不加干
涉，而顺任自然，使万物长养却不主宰万物。由此看来，"玄德"最大的
特点就在于它顺应天地万物的自然本性使其发育成长而不居功自傲，这种
没有任何占有性的自然无为之德，才是最深远的"德"。《老子》第六十
五章曰："常知稽式，是谓玄德。玄德深矣，远矣，与物反矣，然后乃至
大顺。""大顺即自然也。"[2]314深远的"玄德"可以使万物返回到真朴，
达至顺应"大顺"之状。可见，这里"玄德"的含义仍是自然无为。

"道法自然"（25章），"道"的本质是一种自然的本质，依从于
"道"的"德"因而也具有自然的本质特征。天地万物皆由道而生，道是

天地万物之本，万物"尊道而贵德"并非谁的命令，而是本性如此，自然而然，犹如"天地相合，以降甘露"（32章）一样。天地和谐运行，完全是一种自然而然的现象，天地对于万物无偏爱，一切植物春生夏长，秋凋冬枯，也完全是一种自然的现象。这种自然主义的观点应用到社会生活中，就是要要求人类的行为合乎于"道"，顺应万物和社会发展的自然规律，顺应自然之道就是最大的"德"。

二　"德"之表现形态

"德"之本质与"道"之本质一样，都体现了自然无为的特性。陈鼓应先生指出，"道"是指未经渗入一丝一毫人为的自然状态，"德"是指参与了人为的因素而仍然返回到自然的状态。[2]12落实到人生层面可以为我们生活准则所效法的"道"体现了"德"特性。在老子思想中，虚静、柔弱、不争、居下、寡欲、取后等观念都是"道"所表现的特性与精神，同时也属于"德"之品性，对于这些品性所体现出来的精神风格，老子用"上善若水"和"上德若谷"来概括。

1. 上善若水

《老子》第八章曰：

> 上善若水。水善利万物而不争，处众人之所恶，故几于道。居善地，心善渊，与善仁，言善信，正善治，事善能，动善时。夫唯不争，故无尤。

即是说，最高的善就像水一样。水具有善于滋润万物而不和万物相争的无私德行，其他事物争上，而水独甘于居下，它停留在众人所不喜欢的地方，所以最接近于"道"。水的这种"不争""处下"的品质，正符合于老子之道"万物作而弗始，生而弗有，为而弗恃，功成而弗居"（2章）的特征，最接近于道的特性。因而，老子提倡效法水，以水谦卑、宽容、不争的品性来喻指至善的品行。善的行为德性应该像水一样，善于居下利万物而不争，心胸要像水一样善于沉静渊博，行为要像水一样无私仁爱，言语信而无欺，为政处事治理有道，善于把握时机。

水的品性也体现了老子柔弱胜刚强的思想。"天下莫柔弱于水，而攻坚强者，莫之能胜。以其无以易之。弱之胜强，柔之胜刚，天下莫不知。"（78 章）天下没有比水更柔弱的，而攻坚强的力量没有能胜过水的，因为没有什么能代替它。弱能胜强，柔能胜刚，天下没有人不知道的。老子还说："天下之至柔，驰骋天下之至坚。"（43 章）水处下、不争、柔弱的品性可以成就远大的抱负。

"上善若水"体现了老子理想人格的道德内涵。

2. 上德若谷

老子除了用水来喻上善的品德外，还提到了"谷"。"谷"的本义是两山之间狭长而有出口的低地，处于低洼之处；另外，"谷"还有旷达的意思。"上德若谷"是说上德之圣人，虚心若谷，胸怀天下，无所不容，无所不应，气度恢宏，具有海纳百川的包容性和圆通性。"上德若谷"源自于《老子》四十一章中对体道之士品性的描述：

> 明道若昧；进道若退；夷道若类，上德若谷，大白若辱，广德若不足，建德若偷，质真若渝，大方无隅，大器晚成，大音希声，大象无形，道隐无名。夫唯道，善贷且成。

需要指出的是，老子一书充满辩证的思想，因而他对体道之士情态的描述也是异于常人认知的。大道深邃难显，玄妙的道不易被察觉，不可以外在的表现形态来决定道的形貌，因而明似暗、进似退、平坦似不平的，崇高的道德好似低下的川谷，广大的德反而好似不足。除此之外，《老子》第十五章在描述"古之善为道者"的人格修养和精神风貌时还说："敦兮其若朴；旷兮其若谷；混兮其若浊……"，体道之士敦厚、旷达、浑朴的人格形态跃然纸上，体现出了"上德若谷"的品性特征。

《老子》第六章说，"谷神不死，是谓玄牝，玄牝之门，是谓天地根。绵绵若存，用之不勤"。这里的"谷"形容空虚，意指道体的虚状。苏辙《老子解》说："谓之'谷神'，言其德也。谓之'玄牝'，言其功也。牝生万物，而谓之玄焉，言见其生而不见其所以生也。"[2]85—86 "见其生而不见其所以生"，指的是"道"虽为天地万物的始源，化生天地万物，却虚而不现，具有无上的道德。"为天下谷，常德乃足，复归于朴"（25章），虚状的"谷"是"常德"的体现，以"朴"的形式复归道之本性。

综上，老子以"谷"喻"德"，体现了上德之人处下、不争的品格和包容万物、虚怀若谷的宽广胸怀。河上公对此解释说："上德之人若深谷，不耻垢浊也。"[5]"谷"在地形上永远居于低下的位置，水往低处流，"譬道之在天下，犹川之于江海"（32 章）。"谷"往往也是水居之处，"江海之所以能为百谷王者，以其善下之"（66 章）。江海所以能够成为百川河流所汇往的地方，乃是由于它善于处在低下的地方，所以能够成为百川之王。因而，拥有"上德若谷"品格也可以成就大的事业。

"上德若谷"与"上善若水"一样，都是老子对至上人格的形象表达。

三 "德"之实现方式

老子非常崇尚"德"，为此明确提倡修德。《老子》第五十四章说："修之于身，其德乃真；修之于家，其德乃余；修之于乡，其德乃长；修之于国，其德乃丰；修之于天下，其德乃普。"意思是说，修德于一身，他的德可以纯真；修德于一家，他的德就会有余；修德于一乡，他的德就可以增长；修德于一国，他的德就会丰满；修德于天下，他的德就会普遍。老子反复强调"修"，修身、修家、修乡、修国、修天下，以修身为基点延伸至家、乡、国、和天下，从而就可以使个体所修本真之德，达至天下普遍性的德。通过不断的修德，可以成就"上德"，从而使德性普照于天下。

对于如何修德，老子也提供了具体的方法。他说："我有三宝，持而保之。一曰慈，二曰俭，三曰不敢为天下先。慈故能勇；俭故能广；不敢为天下先，故能成器长。今舍慈且勇；舍俭且广；舍后且先；死矣！夫慈，以战则胜，以守则固。天将救之，以慈卫之。"（67 章）所谓"慈"，就是与人为善，兼有慈爱之意，爱心加上同情感，这是人类友好相处的基本动力。[2]320老子将慈爱作为修德过程中的第一宝，并将这种慈爱之心推及开来，"善者，吾善之；不善者，吾亦善之；德善。信者，吾信之；不信者，吾亦信之；德信"（49 章）。是故，"圣人常善救人，故无弃人，常善救物，故无弃物"（27 章）。只有具有这种博大的慈爱之心，才能同等善待善人和不善的人。"故善人者，不善人之师；不善人者，善人之资"，也唯其如此才可以使更多的人引以借鉴，走向善之路。而"俭"，和《老子》第五十九章所提到的"治人事天，莫若啬"中的"啬"同义，意为节俭，不浪费，不奢靡，有而不用。以"俭"为宝，是修德的重要方式，老子提倡"见素抱朴，少私寡欲"（19章），要求圣人要做到："去甚、去奢、去泰。"（29章）即去掉那些极端的、奢侈的、过分的行为。"不敢为天下先"，则有谦让、"不争"、"居下"之意。如，"大邦者下流"（61章）、江海"以其善下之"（66章）等，都包含有"不敢为天下先"的意思。

在"三宝"之中，老子最推崇"慈"，将之作为人生修德过程中的第一宝。"夫慈，以战则胜，以守则固。天将救之，以慈卫之"。因为有慈爱之心，进攻可以得胜，退守则可以坚固。如果天意将要救护什么，就用"慈"来保护它。"慈"就其广泛意义而言，体现了"生而不有，为而不恃，功成而弗居"的高贵品性。只有将这种博大的慈爱之心推广到天下，才能使整个社会达至"无弃人""无弃物"境界，因而是最高德的体现。"见素抱朴，少私寡欲"（19章），老子提倡俭朴的生活，"祸莫大于不知足；咎莫大于欲得"（46章），私欲是祸患的根源，人生在世，诱惑很多，如果没有一种平凡朴实的心态，身心必然会受到外界的干扰。因此，老子提倡摒弃私欲，过一种自然朴实的生活。他说，"五色令人目盲；五音令人耳聋；五味令人口爽；驰骋畋猎，令人发狂；难得之货，令人行妨，……是以圣人为腹不为目，故去彼取此"（12章）。为"腹"，即节俭恬淡的生活。为"目"，即追逐外在贪欲的生活。"塞其兑，闭其门，终身不勤。开其兑，济其事，终身不救"（52章），塞住嗜欲的门径，终身都没有劳扰的事情，打开嗜欲的孔窍，终身都不可能救治。去除私欲，能够保全自身，成就自身的德性。"不敢为天下先"，是要人们贵柔、谦退。从先和后的辩证关系说，后天下反而能先天下，"是以圣人后其身而身先，外其身而身存。非以其无私邪？故能成其私"（7章）。圣人把自己的利益放在最后，反而占先；把自己的利益置之度外，自己反得保全。正是由于其大公无私，反而成全了自己，正所谓"圣人不积，既以为人己愈有，既以与人己愈多"（81章）。

"含德之厚，比于赤子"（55章），老子用赤子来比喻有深厚道德修养的人。慈爱、俭啬、谦下是老子修德的具体方式，以此可以达至自然无为、致虚守静、居下、不争的道德品性。这样的"德"也就是所谓的"孔德""含德""常德""建德""广德"。

四 "重积德则无不克"

老子的整个哲学系统的发展，可以说是由宇宙论伸展到人生论，再由人生论延伸到政治论。然而，如果我们了解老子思想形成的真正动机，我们当可知道他的形上学只是为了应和人生与政治的要求而建立的。[2]1 作为一个思想深邃的哲人，老子对社会世事的洞察深刻敏锐，并把由此体悟的经验法则，应用于修身治国。《老子》第五十九章说：

> 治人事天，莫若啬。夫唯啬，是谓早服；早服谓之重积德；重积德则无不克，无不克则莫知其极；莫知其极，可以有国；有国之母，可以长久；是谓深根固柢，长生久视之道。

"治人事天"指的是治理国家，修养身心。"啬"指俭啬，老子把俭啬作为修德的重要方式之一，作为治国修身最基本的原则，既可用于治国，又可用来养身，以此为处事之本，就叫"重积德"，以此治国则国可以长久，以此养身则身可以长生。老子不仅把"重积德"作为个人的一种美德，还在全社会提倡俭朴的风尚，"不贵难得之货，使民不为盗；不见可欲，使民心不乱"（3 章）。由此可见，俭朴是治理国家社会并使之达到长治久安的根本措施之一。

老子以俭啬为积德之本，在当今时代廉政建设中具有重要的现实意义。"甚爱必大费，多藏必厚亡"（44 章），廉与贪相对，而贪与欲密切相关。如果过分追求声色犬马等感官欲望的满足必然会给身心带来巨大的伤害，是谓"五色令人目盲，五音令人耳聋，五味令人口爽，驰骋畋猎，令人心发狂，难得之货，令人行妨"（12 章）。然而，在现实生活中，很多人将名利、权势置于至上的地位，穷尽一些办法追求之，不仅自身招致了祸患，对国家社会也造成了极大的损失。

"重积德则无不克"，必须指出的是，老子"德"的内容，决不仅仅滞留于俭啬。其"德"还意涵了海纳百川、博大慈爱的胸怀，"善利万物而不争"的高尚品格，"功成而不居"的无私情操和"致虚守静"的远大抱负。老子之"德"对我们提高自身的道德修养，造就美好的社会道德风尚具有重要的借鉴意义。

参考文献

[1] 樊浩：《中国伦理精神的历史建构》，江苏人民出版社 1992 年版。

[2] 陈鼓应：《老子注译及评介》，中华书局 1984 年版。

[3] 楼宇烈：《王弼集校释》，中华书局 1980 年版。

[4] 李零：《老子》，生活·读书·新知三联书店 2008 年版。

[5] 王卡点校：《老子道德经河上公章句》，中华书局 1993 年版。

中国老君山的整体考察
——兼论洛阳老君山的地位及老君山系列性整体性的意义与价值

扈耕田

（洛阳老子学会）

　　天下名山，常因某种文化因素而形成系列，甚至获得并称。佛教四大名山、江南三大名山等，皆是如此。道教的五岳、三十六洞天、七十二福地、二十四治、八游治中之名山，也有着一条内在的文化脉络。然而，在名山之林中，有一个极特殊、极少见的现象，几十座名山同叫一个名字，同奉一种信仰，那就是老君山。这在中国名山之中，堪称独有的现象。应该说，与其他形成系列的名山相比，老君山系列内在的文化肌理之联系，更为紧密。就老子文化及道教的传播而言，老君山更是一个极其典型的现象。然而迄今为止，却没有人从整体上对老君山系列进行整体关注，更谈不上系统的研究。为此本文拟对中国老君山之整体情况进行初步的整理，并从中探寻洛阳老君山在整个老君山系列中的地位。

一　中国老君山概览

　　由于资料有限，对全国老君山之数量进行统计是一个十分艰巨的课题。就笔者目前掌握材料来看，中国老君山不低于五十处。其基本情况如下。

　　1. 陕西洛南老君山

　　洛南老君山位于陕西省洛南县。戴庞海先生《中国大陆重要老子遗迹的地域分布》云："老君山位于洛南县巡检镇。传为老子修炼成仙之地，玉皇大帝亲临拜师迎驾，遂与老子统一道教，之后老子继续西行至周至讲学。该山实于民国时期方得名于山内老君洞。溶洞之内的圣君卧榻、系牛柏、炼丹炉，及山内回心崖、青牛洞、青龙背、老君犁沟皆传与老子有关。"①

2. 甘肃武山老君山

武山县曾名宁远县，民国二年（1913），因与湖南省宁远县重名，北洋军阀政府内务部决定更名武山县。当地传说，老君山为老子自崆峒到临洮途中布道修炼的居所之一。

老君山为古宁远八景之一。《宁远县志》载："老君山在县南，岩耸翠，云冠峰顶，必有大雨。中有池，又有棋盘山、仙人洞之属。"②今有朝阳古洞、棋盘仙迹、老君古殿、玉皇宝阁、青牛祠、祖师庙等庙宇古迹。

3. 成都新津老君山

新津位于四川成都南部。老君山位于新津县南2.5千米处，属邛崃山脉的长秋山麓。又名天社山、稠粳山。传说为老子隐居之地。

老君山之"稠粳出云"为新津八景之一。山顶有老君庙，民间传说始建于汉代，兴盛于唐初。混元殿右侧有老君洞，为东汉末年张陵天师道二十四治之一的稠粳治遗址，传老子曾隐居于此。

4. 湖北红安老君山、小老君山

老君山位于河南新县卡房乡和湖北红安和大悟的交汇处。因山体的主要部分在红安县境内，故称红安老君山。属大别山支脉，海拔约840米。民间传说此山叫老君炉。

明弘治《黄州府志》记载："世传太上老君曾经炼丹于此。"③ 故名曰老君山。又老君山南一公里，有小老君山，仅170余米。④

5. 河北怀来老君山

怀来县地处河北省西北部，是张家口市的一个下辖县，东邻北京。老君山在该县永定河上游南岸，官厅水库西北。

清康熙《怀来县志》记载："老君山，沙城堡正南六里，河水经其下，上有老君祠。"⑤ 相传，始建于元末明初，每逢农历四月十八有庙事

---

① 戴庞海：《中国文化史探研》，大象出版社2012年版，第164页。
② 冯同宪：《宁远县志》，清康熙四十八年（1709）本。
③ 朱锡授：《黄州府志》，清同治八年（1869）本。
④ 红安县地名领导小组：《湖北省红安县地名志》，内部资料1982年版，第528页。
⑤ 许隆远：《怀来县志》，清康熙间刊本，卷三。

活动。①

6. 四川屏山老君山

屏山县位于四川省南部边缘，宜宾市西部，金沙江下游北岸。老君山，原名青孤山，位于四川省屏山县西北方，最高峰海拔2008米。

清乾隆《屏山县志·舆地纪》云："老君山，县西北七十里，即青孤山。秀出众山之表，望之蔚然，周围百余里。上有老君庙，以铁瓦覆之。……每岁六月，朝拜者甚众，会毕必有雨，谓'洗山雨'。"② 其《艺文志》云："青孤山老君庙规模甚巨，覆以铁瓦，相传为安氏故迹。"③ 安氏即安鳌，原马湖府（屏山县的前身）世袭土知府，1470—1494年在任。

7. 云南丽江老君山

丽江老君山位于丽江西部黎明乡，丽江、剑川、兰坪、维西四县交界处。老君山属横断山系云岭主脉，"金沙江环其左，澜沧江绕其右，因其岭脊走向围成半环状，恰似一个马蹄形的老君炼丹炉而得名，曾被史家称为'滇省众山之祖'。"④ 当地传说太上老君曾在此炼丹。

8. 四川江油老君山

江油市属绵阳市位于四川盆地西北部，涪江上游，龙门山脉东南。老君山坐落在其北重华镇境内。因传说太上老君曾在此炼丹而得名。山上发现很多古代道士炼丹的硝洞，已经被列为国家文物保护单位。

9. 四川荣县老君山

荣县位于四川南部，属自贡市。老君山位于荣县墨林乡吕仙村与内江市威远县镇西镇之间。以山为界，一边属自贡市荣县，一边属内江市威远县。

《中华人民共和国地名词典》载："荣德山在威远县西部与荣县东北部。属铁山东支。传荣公佐周武王得天下，有盛德，赐土于此，因名荣德山。唐初置荣州，州名源此。曾有老君祠，习称老君山，传北宋陈抟在此修炼。后建有希夷观，又名希夷山。……'荣德晴岚'为荣县风景之

---

① 怀来县地方志编纂委员会：《怀来县志》，中国对外翻译出版公司2001年版，第762页。
② 张曾敏：《屏山县志》，清乾隆间刊本。
③ 张曾敏：《屏山县志》，清乾隆间刊本。
④ 任点文：《原乡丽江》，广东旅游出版社2005年版，第90页。

一。"① 清乾隆《威远县志》称"老君丹灶"为威远八景之一②。

另，老君山对面不远处，有一座小山名叫小老君山，属内江市威远镇西镇。③

10. 四川南充老君山

南充老君山坐落在南充市顺庆区芦溪镇北的老君山距南充市中心约20公里。传说三国时蜀国大将王平晚上梦见太上老君显灵，老君山因此得名。

11. 河南洛阳老君山

洛阳老君山位于洛阳市栾川县城南3公里处，原名景室山，是秦岭余脉八百里伏牛山的主峰，海拔2200米。

清老君山清光绪《重修卢氏县志》载："老君山在城南二百里栾川镇。东鸦关岭，西帽盔山，南要儿关，北伊河。高四十里。南望武当，北视条岳，东见龙门，西俯熊耳。老子讲经修炼于此。有老君殿，石柱铁瓦，丹炉、丹井犹存。明代曾贮藏经八柜，至明末，毁蚀无余。顺治间，黄冠王调元重修。"④

其他还有：重庆合川老君山、云南文山老君山、湖北神农架老君山、云南都龙老君山、河南确山老君山、河南新县老君山、河南林州老君山、湖南宁乡老君山、湖南衡阳老君山、湖北黄石阳新老君山、山东青岛老君山、山东滕州老君山、宁夏中卫（沙坡头附近）老君山、云南马关老君山、云南南华老君山、云南麻栗坡老君山、云南墨江老君山、云南宣威老君山、云南永善县老君山、云南大关老君山（三处）、云南绥江老君山、云南彝良老君山、四川天全老君山、四川宝兴老君山、四川犍为老君山、四川峨边老君山、四川梓潼老君山、四川南部老君山、四川旺苍老君山、云南临沧老君山、陕西凤县老君山、陕西宝鸡陈仓区老君山、江西都昌老君山、北京平谷区大华山镇挂甲峪村老君山、甘肃文县老君山（两处）、甘肃定西渭源老君山、贵州省铜仁思南老君山、贵州省铜仁石阡老君山、福建平和老君山、江苏盱眙古桑老君山、安徽省淮南八公山区老君山等。

---

① 蒲孝荣：《中华人民共和国地名词典 四川省》，商务印书馆1993年版，第873页。
② 四川省威远县志编纂委员会：《威远县志》，巴蜀书社1994年版，第730页。
③ 同上书，第731页。
④ 郭光澍等：《重修卢氏县志》，清光绪十八年（1892）刊本，卷三。

以上有关老君山的统计，多达五十余处。其资料主要来源于地图、方志等，难免有所遗漏。由于部分老君山位于数个行政区交会之处，各行政区往往都称为自己行政区的老君山，如河南栾川老君山，西峡人称之为西峡老君山。此类情况尽可能仅选一处，但亦可能会有重复者。从上述材料可知，老君山最集中的分布区域在四川、云南，其次是河南、陕西、湖北。大体可以看出古代道教主要传播地域的基本情况。

二　老君山得名的原因

老君山的得名原因，大致可分以下四种情况。

一是老子归隐地或修炼地。其中留下资料最详尽的是洛阳栾川老君山。该山又名景室山。晋王嘉《拾遗记》载："老聃在周之末，居反景日室之山，与世人绝迹。惟有黄发老叟五人，或乘鸿鹤，或衣羽毛，耳出于项，瞳子皆方，面色玉洁，手握青筠之杖，与聃共谈天地之数。及聃退迹为柱下史，求天下服道之术，四海名士，莫不争至。五老即五方之精也。浮提之国，献神通善书二人，乍老乍少，隐形则出影，闻声则藏形。出肘间金壶四寸，上有五龙之检，封以青泥。壶中有黑汁如淳漆，洒地及石，皆成篆、隶、科斗之字，记造化人伦之始。佐老子撰《道德经》垂十万言，写以玉牒，编以金绳，贮以玉函。昼夜精勤，形劳神倦。及金壶汁尽，二人刳心沥血，以代墨焉。递钻脑取髓，代为膏烛。及髓血皆竭，探怀中玉管，中有丹药之屑，以涂其身，骨乃如故。老子曰：'更除其繁紊，存五千言。'及至经成工毕，二人亦不知所往。"① 这里的反景日室之山后人又称之为景室山。明人高出在其《登景室山赋》中，引用此文，即称之曰景室山。值得注意的是，高出之引文并非据原文实录，而是有所改变。其引文之末有云"此乃洛州景山、太室、少室也"，不知所据版本为何。但高出又明确指出，将景室视为景山、太室、少室之说"太诡幻邈漠"，真正的景室山应当在栾川境内②。

如前所述，因老子归隐地而得名老君山者，尚有陕西洛南县老君山、四川荣县老君山等。

---

① 扈耕田、张记：《洛阳老君山历史文献辑注》，中州古籍出版社 2014 年版，第 90 页。
② 同上书，第 58 页。

　　二是老君化身处。道教有老君八十一化之说，述老子之化身情况。其中有的化身之处，后来获得了老君山之称。如成都新津县老君山即属此。《老君历世应化图说》六十九化《柱像纹》亦云："开元十七年己巳四月，蜀州新津县兴新寺设斋，赴会者颇多。一道士后至，僧未及礼，竟去后殿中未出。众往寻之，忽现于殿柱中，隐起一木纹老君。削之益加精好，眉宇须鬘，细如图画编绮，云叶天花覆荫其身。益州大都督府长史张敬忠奏云：'当管蜀州新津县兴尼寺佛殿柱上自然木文隐起为一老君圣像，顶有华盖，足下前后，云叶天花，一十三处。'谨差判官王大钟检核，状与蜀州刺史李忠绚、别驾卢昉、县令李韶，道士、僧、尼等一百三十余人同状。五月二十四日，差内侍林昭隐就蜀州迎取像柱，作宝舆，立安至京，就大同殿供礼。"①

　　三是老子显灵处。如南充老君山因传说三国时蜀国大将王平晚上梦见太上老君显灵，故而得名。

　　四是道教宫观所在地。许多老君山并未指明与老子之间的关系，仅因山上修有老君庙，有道教的宫观而得名。如河北怀来老君山、四川屏南老君山等。

　　以上所列未必完全，而且亦有部分老君山得名之原因可能综合了几个方面的因素。如洛阳老君山，在《老子八十一化图》中，亦将其列为第五十二化。雷朝晖先生依据楼观台和澳大利亚国立大学图书馆藏《老子八十一化图说》录其文曰："第五十二化《天地数》。太上老君居景室山，与五老帝君共谈天地之数，撰集经书。有浮提国二神人出金壶中墨汁写之，及汁尽，乃剜心沥血以代墨汁。"② 但是，此说之来源，仍系晋王嘉《拾遗记》的有关记载，二者有着直接的联系。

三　洛阳栾川老君山在老君山系列名山中的地位

　　天下老君山极其众多，然就笔者所见史料的记载来看，洛阳栾川老君山有着特殊的地位。它不仅在地理位置上处于天下之中，而且应是最早获

---

　　① 王伏阳辑：《老君历世应化图说》，民国 25 年（1936）成都二仙庵本。

　　② 雷朝晖：《陕西佳县白云观〈老子八十一化图〉壁画研究——一个关于老子的神话》，载李淞主编《道教美术新论 第一届道教美术史国际研讨会论文集》，山东美术出版社 2008 年版，第 291 页。

得老君山称号之山。其理由如下：

首先，笔者所见史料中最早出现的"老君山"之名即指栾川老君山。这一史料见于宋潘自牧《记纂渊海》卷二十四《虢州》："老君山在州东南，相传老子修道于此，上有丹灶丹井。"①

潘自牧为南宋庆元元年（1195 年）丙辰进士。授官常山、龙游县令。朱熹曾为其墓作铭文。庆元六年（1200 年）著成《记纂渊海》一百卷。据此则栾川老君山得名当不晚于公元 1200 年。又，该书所引文献，多注明出处。关于此条，所注出处为《舆地纪胜》。《舆地纪胜》作者为宋王象之，惜此书已残，现存的《舆地纪胜》已经不见此条。考王象之大概与潘自牧同时，而《舆地纪胜》成书一般以为晚于《记纂渊海》，所以潘自牧所见之《舆地纪胜》可能为处于编纂中之书。

其次，在所有老君山中，最早有史料记载为老子归隐地者亦应是栾川老君山。这个记载即前引晋王嘉《拾遗记》所载老子居反景日室之山撰写《道德经》之事。这里的反景日室之山，后人多作景室山。明人高出之《登景室山赋》，曾力主景室山其即栾川老君山，本人在《从高出〈登景室山赋〉看老君山的道家文化内蕴》一文中亦申此义：

针对王子年称景室山为景山、太室、少室之说，他（按：指高出）提出了两点进行反驳。就地理而言，景山在洛阳之东，而二室均在洛阳东南嵩山一带，相去甚远。若于三者之间奔走，岂能避人避世？这显然与王嘉所记"老君居景室之山，与世人绝迹。惟老叟五人或乘鸣鹤，著羽衣，共谭天地之数"是不合的，未免"太诡幻邈漠"。景室山应当是一座山或相邻之山始为可信。从历史文化来看，"二室标胜于只林而绝不显于玄迹"，也就是说二室向来以佛家著称而绝无道教之踪迹。若为老子隐居著述之地，后世道家舍而不论，此种现象岂不怪哉！因此作者断言景室"自为一山"，与所谓景山、太室、少室无涉。②

其他各老君山也有以老子归隐地而得名者，但与栾川老君山相比，基本有两种情况，一是无史料记载，只是据传说而言。二是虽有史料，但要远远晚于晋朝。因此，若景室山即老君山之说成立，则就史料而言洛阳老君山作为老子归隐地之说亦早于其他老君山。

---

① 扈耕田、张记：《洛阳老君山历史文献辑注》，中州古籍出版社 2014 年版，第 202 页。

② 同上书，第 309 页。

再次，洛阳老君山是唯一提及老子写经之地，就故事本身而言渊源更早。从老君山与老子的关系而言，前引王嘉《拾遗记》是唯一提到老子写经之事，且以之为叙述核心的。而在其他各地的老君山中，多说老子炼丹修仙之说，这些均是老子道教化之后的事情，因此从故事的渊源来看，洛阳老君山也是最早的。

最后，有的老君山虽所据故事较早，然并未指出其得名时间。如新津老君山，虽然为道教稠粳治之一，《老子历世演化图》又指出老子"唐开元十七年（729）四月"，于此现身，但当时文献中并未出现将其称为老君山的记载。

因此，从现有史料而言，洛阳栾川老君山应是历史上第一座老君山。自宋至今，已有800多年的历史，在老君山系列名山中其他各山的文化风貌形成中，产生过重要的影响。

四　老君山的整体性、系列性在道教文化弘扬中的意义与价值

天下老君山与道教四大名山、洞天福地一样，是弘扬道教文化的重要场所。而且其中有一些老君山已经开辟为著名的旅游景区。但是，这些老君山缺乏整体意识，基本上是各自为政，对于其整体性、系列性的价值没有给予充分的认识。笔者以为从整体性、系列性关注所有老君山，提升老君山系列名山在整个道教名山体系中的地位，对各老君山自身的建设、知名度的提升及道教文化的弘扬均有重要的意义与价值。

首先，从传播的角度来看，合称、并称或者系列是提升知名度的重要途径。一个人物，一部著作，一个地方，一种物，一座山，往往因列于某一合称、并称、系列而名声大噪。如建安七子、初唐四杰、四大名著、五岳、东北三宝、三十六洞天、七十二福地等皆是如此。并称、系列等本身就是一个品牌，能否列入其中，有时还成为世人判断其水平、美誉度、知名度的重要标尺。因此不仅一般的人、山、物等需要加入其间以求扬其名，而且知名的人、山、物等亦需如此。从这个意义上来看，所有的老君山都要注意凸显老君山这一名山系列，使老君山名山系列具有同道教四大名山、三十六洞天、七十二福地那样的知名度，从而提升每座老君山各自的知名度。

其次，老君山系列名山有着紧密的血缘联系，庙宇及胜迹有较强的相

同性，可以彼此之间相互参考。由于种种原因，各老君山的道观、文化遗迹等曾经受到不同程度的破坏，一些相关的传说也各有遗失。但是各老君山庙宇设置、神仙供仰、民间传说等有着较强的相似性。如各老君山大都有舍身崖、朝阳洞、救苦殿并有相关的传说。但是其保存或流传情况各山却不尽相同。这就为各山的重修兴建提供了相互借鉴、参考的可能性。

再次，可以通过互动等方式，发挥聚合体在宣传方面的作用。老君山遍布全国，这是其他名山很难比拟的一个优势。各老君山可以联合召开学术研讨会、举办互访、共同举办征文、举办评选评奖等活动，并同时进行宣传，从而打破各老君山单独宣传及宣传影响仅限于当地的空间劣势，从而扩大宣传面、影响力。同时通过各老君山之间的对比研究等，可以激活学者对于老君山现象的关注，提高老君山在学术界的影响。

最后，老君山历史文化方面的相似性，可以促进相关科研学研究队伍及规划管理队伍之间的合作，从而实现策划、管理、研究等方面的人才共享。

为了发挥老君山系列性、整体性的价值，必须加强老君山系列名山间的联系。为此可以成立天下老君山联盟，制定发展纲要和活动规划。可以建立共同网站，创办共同报纸，互相宣传。另外，由于栾川老君山处于天下之中洛阳，交通便利，是历史上第一座老君山，而且景区开发成熟，管理完善，近年来在文化创意及文化建设方面也有重要成就，已被评为国家5A级景区，可以为各地老君山的发展提供借鉴。因此，可以栾川老君山作为老君山联盟的总部，协调组织联盟成立之事，并认真筹划相关活动。相信随着老君山系列性、整体性价值的发挥，各老君山的知名度将会得到极大的提升，从而在弘扬道教文化方面将会取得更大的作用。

The Inspirational Laozi
——Poetry, Business, and the Blues

Livia Kohn

In 1989, about a year after starting as assistant professor at Boston University, I attended a concert at the Old South Church in Copley Square. It was announced as "Songs of Lao Tsu" and involved a group of musicians and a singer presenting a poetic rendition of certain Laozi verses to blues and folk music. I enjoyed the performance and bought the cassette tape, little realizing what a treasure trove I held in my hand. The "Songs" have since been a valuable teaching aid in showing the contemporary transformation of ancient Daoist wisdom as well as a steady companion, bringing joy and harmony as well as profound insight into my life.

The "Songs" are in many ways a key to understanding the power of the Laozi in the West: both symptomatic for its continuous yet ever changing expression in art and literature, and also carriers of an inspiration that can only be described as wondrous. To begin, please go to www. dragonsatwork. com/those-who-would-take-over-the-earth/ and listen to a sample of the "Songs," their rendition of chapter 29 of the Laozi.

The song you have just heard uses the translation by Witter Bynner (1881 – 1968), a highly poetic and deeply inspired version of the age-old text that stands out among the hundreds of translations it has received in English. The music is by Stephen Josephs (b. 1945), a highly contemporary and very American sound that merges blues, folk, and traditional rhythms. The vocals are by Paula Dudley (1955 – 2008), her voice carrying the beauty and inspira-

tion of the text, at the same time challenging and haunting, serious and playful, light and intense. The combination of all three creates a unique expression of the Laozi that makes the ancient teachings relevant to our lives and brings them into our very bones in a new and unique way.

Witter Bynner

Harold Witter Bynner was born in Brooklyn, New York and grew up in Brookline near Boston. He graduated from Harvard University in 1902 and was honored as its Phi Beta Kappa poet in 1907, publishing in The Advocate, The Harvard Monthly, and other literary journals. He worked as a journalist and magazine editor, then turned to writing and lived in New Hampshire for a while. In 1916, he was involved in a literary hoax; the following year, he traveled to Japan, Korea, and China, initiating a life-long fascination with East Asia.

A conscientious objector to World War I, he was drafted to do civil service and, in 1918 – 1919, worked as an English teacher for the Students Army Training Corps at the University of California at Berkeley. There he met his long-time collaborator and Chinese muse, Jiang Kanghu (1883 – 1954) (see

Kraft 1995; Horgan 2000).

Jiang Kanghu, the son of a scholar-official family from Jiang-xi, was trained in the Chinese classics and educated in Japan. First, he worked as a newspaper editor, then became professor at Peking Univer-sity in 1904. After a second stay in Japan in 1907, he turned radically socialist, campaigning for the abolition of private property and the institution of public schooling and women's rights—ideas that influenced the young Mao. After the Republic began in 1912, he founded the first socialist party of China, but was persecuted under the rule of Yuan Shikai and in 1917 fled to the U. S., where he taught at Berkeley.

Witter Bynner strongly connected with Jiang, "a gentle scholar and stimu-lating companion" (Bynner 1978, 3), and they became fast friends. In 1920, both returned to China, Bynner to travel with the sculptor Beniamino Bufano, Jiang to pursue his socialist vision, participating in the Comintern congress in Moscow and founding both the New Social Democratic Party of China and Nan-fang University in Shanghai. They decided to collaborate in a major project of translating Chinese poetry, upon Jiang's suggestion selecting Sun Zhu's (1711 – 1778) Tangshi sanbai shou (Three Hundred Poems of the Tang) (Watson 1978, 15), the most popular and widely read collection of traditional poetry in China (Nienhauser 1986, 755).

The project took most of the decade and appeared under the title The Jade Mountain in 1929 (Bynner and Kiang 1929). It was a collection of "remarkable accessibility," despite the fact that Bynner had little knowledge of Chinese, "almost miraculously free of basic error" (Watson 1978, 20, 23). Bynner showed "acute judgment and foresight in adopting the new form [of free verse] in his translations" (1978, 26), often producing "a pleasant flowing effect" and "creating many interesting and even arresting effects, " while "juggling the syntax of the original" (Watson 1978, 27, 28). The success of the project is e-ven more astounding, since the two collaborators worked together in the same place for only a fraction of the time, communicating mostly by overseas mail (Bynner 1978, 6; Lattimore 1978, 311).

Their later lives could not be more different. Jiang ran afoul of Chiang Kai-shek in the late 1920s and had to flee the country again, spending three years in

Canada, where he served as the first sinologist at McGill University. He returned to China in 1933, fled to Hong Kong during the Japanese invasion in 1937, then collaborated with the Japanese puppet government to ensure proper education of the masses. Arrested by the Kuomintang in the early 1940s, he died in prison in 1954.

Witter Bynner, in the meantime, returned to the U. S. in 1922 and settled in Santa Fe, New Mexico. Here he lived with his partner Robert Hunt in a traditional adobe house, now a Bed and Breakfast, called the Turquoise Bear Inn. He engaged in public service, taught various courses, and wrote. He published his verse in personal collections, e. g. , Take Away the Darkness (1947), as well as in prominent journals, such as the American magazine Poetry, which featured his "Inscriptions on Chinese Paintings" in 1957 (Parisi and Young 2002, 177 – 178).

Spending his winters in his second home on Lake Chapala, Jalisco, Mexico, he engaged with the great literary and artistic figures of his generation: Georgia O'Keeffe, D. H. Lawrence, Igor Stravinsky, Aldous Huxley, and more (Lattimore 1978, 313). In 1965, he suffered a debilitating stroke and died three years later (Kraft 1995; Horgan 2000). Upon his bequest, the proceeds from his estate served to create the Witter Bynner Foundation for Poetry in 1972, which is still active promoting poetry by providing grants to aspiring writers (www. bynnerfound a tion. org).

Way of Life

Witter Bynner was deeply concerned with China for most of his life, and part of his continued attraction was the combination of art and politics, personal cultivation and public service he saw as characteristic of the traditional Chinese scholar-official. His vision of the Laozi matches this, and he cites with conviction the postscript of Herrymon Maurer's Laozi portrait, "The Laozi is one of our chief weapons against tanks, artillery, and bombs" (Bynner 1944, 16). The text plays this role because it is a major teaching instrument, bringing home to people the importance of how they live their particular lives.

"Democracy," Bynner says, "cannot be a successful general practice unless it is first a true individual conviction" (1944, 16). To him, Laozi has no "faith in any authority but the authority of the heart; he suggests that if those in charge of human affairs would act on instinct and conscience, there would be less and less need of organized authority" (1944, 25). His goal as an American—and, by adoption, Chinese—patriot in bringing Laozi's thought to the West, then, is to enhance the personal responsibility of the individual and thereby contribute to an overarching social and political transformation (Lattimore 1978, 316).

He is also mystified by the text and hopes, through deep engagement and prolonged study, "to uncover in Laozi's book the secret of his profound influence on China's loftiest thinkers and doers" (1978, 9). Reading numerous translations, he remains unsatisfied—notably with the most prominent ones at the time, those by Arthur Waley (1934) and Lin Yutang (1942). "I found myself little better satisfied with his [Lin's] presentation of Laozi in Western free verse than I have been with other English versions, most of which have seemed to me dry and stiff, pompous and obscure. And that is why I have been led to make my own version" (1944, 18; 1978, 9).

Paradoxically, since he had no support from Jiang, he had to rely entirely on those obscure and unsatisfactory renditions to create his own work (Lattimore 1978, 314, 318), among the hundreds of Laozi translations the only one that is "the creation of a distinguished original poet" (1978, 310). Not only this paradox but the entire translation process is a study in Daoist living, in moving along with the "natural processes" (ziran 自然), free from "willed human interference" (wuwei 无为) (Lattimore 1978, 316).

Witter Bynner was not actually planning to do a Laozi translation. He came to look at the text only as a minor section in an entirely different book, Chinese People and Poetry. Nor was he planning to do any full-time writing in wartime. Serving as the New Mexico state chairman of United China Relief, he was fully engaged in annual fund-raising campaigns and other activities to aid the war effort (Lattimore 1978, 312). Then, however, he realized that the text had a lot more to offer than its translations warranted and decided to shift, to "make a personal contribution in the form of a book," using the Laozi as a major defense against tanks (Lattimore 1978, 313).

To create his translation—which he completed in nine months as opposed to the nine years he took for The Jade Mountain—he gave up both, the rationally thought-out book project and his socially supported war relief work. Acting on an internal impulse and following a calling deeper than society and intellect, he let go of both useful activity and intellectual labor in favor of "a task that reasonable people would have judged at once impossible and redundant" (Lattimore 1978, 317).

The book, as it turned out, was a great success, bringing a voice of profundity and harmony to a war-torn world. As The New Yorker says, "A fresh simplicity and humane common sense prevail here...and the poems provide a delightful coolness for present disordered times"

(1978, 325). It sold over 40, 000 copies over the next few decades and has continued to inspire people from all walks of life.

After its publication in 1944, Bynner sent a copy to Jiang in his Nanjing prison. He did not hear back from him until 1948, when Jiang expressed his regrets of not having been part of the project but acknowledges the power of the work. "You chiefly took its interpretation from your own insight. It was your 'fore-nature' understanding—or in Chinese, xiantian (先天) —that rendered it so simple and yet so profound. So the translation could be very close to the original text even without knowledge of the words" (Bynner 1944, 7; 1978, 9).

In fact, the translation is not all that close to the original. As Owen Lattimore puts it, "If it does not always read like Laozi, it also does not read like a translation" (1978, 310). Witter Bynner chooses his own words for central concepts, varying them as context demands, which enhances readability but obscures connections within the original. To him, Dao (道) is "existence" (chs. 1, 32), "way of life" (ch. 25), "the way life flows" (chs. 4, 15), or "life whole as it is" (ch. 21). Great Dao (大道) is "bountiful life" (ch. 34) or the "fullness of life" (ch. 25). De (德), usually rendered "virtue" or "power," to him is "fitness" (ch. 38), while xuande (玄德) (mysterious virtue) is "the core of life" (chs. 10, 51), a phrase also used to render wu (无) (nonbeing) (ch. 1). Shengren (圣人), commonly translated as "sage," is "sane man" (ch. 2), "sound man" (chs. 27, 49), "sensible man" (chs. 12, 79), or "wise man" (ch. 22).

Some chapters read quite different from the original yet give voice to a profundity thatshakes the reader up in unexpected ways.

> **Life on its way returns into a mist,** 反者道之动
> **Its quickness is its quietness again;** 弱者道之用
> **Existence of this world of things and men,** 天下万物生于有
> **Renews their never needing to exist.** 有生于无 (**ch.** 40)

Others, although departing somewhat from the original, hit the nail on the head, packing an amazing punch that goes right to the core.

Which means more to you, you or your renown? 名与身孰亲

Which brings more to you, you or what you own? 身与货孰多

And which would cost you more if it were gone? 得与亡孰病

The niggard pays, the miser loses. 是故甚爱必大费

The least ashamed of men goes back if he chooses; 多藏必厚亡
知足不辱

He knows both ways, he starts again. 知止不殆可以长久（**ch. 44**）

It was this power of the translation that made the Laozi so attractive to Stephen Josephs and inspired him to set certain chapters to music, including also this one (see www. dragonsatwork. com/Lao-Tzu-Poem).

The Songs

Stephen Josephs was born in Worcester, Massachusetts in 1945, received a B. A. in Psychology from Clark University, an M. A. in Education from Harvard University, and a Ed. . D. (doctorate in education). From the University of Massachusetts at Amherst (Josephs 2013, 294). His doctoral training was in a curriculum called "Aesthetics in Education," which explored modes of teaching beyond words (whether spoken in the classroom or written in textbooks) through music、 art、 dance, and other forms of self-expression, what we now call "embodied learning". After graduation, he moved on to train in neuro-linguistic programming (NLP). Certified as a trainer, he founded the Massachusetts Institute of NLP in 1979.

Josephs first encountered Daoism as a practitioner in the 1980s. ① Having spent most of the 1970s with Yogi Bhajan studying Indian tantra and kundalini, he one day shook hands with Gunther Weil, one of his fellow seekers, and was

---

① The following description of how the "Songs" came about is based on personal communication with Stephen Josephs, May 23, 2014.

amazed at the strong energy coming through him. "Where did you learn that?" he asked and was guided to Mantak Chia, who had just begun teaching in New England. Gradually moving away from Indian and toward Daoist practice, he began to study internal alchemy with Chia, in the process also becoming friends with Michael Winn, who underwent a similar shift around the same time (see www. healingtaousa. com/faq_ michael_ winn. html).

To cope with the transition, Josephs also went into psychotherapy, taking sessions with Mel Bucholtz in Cambridge, Massachusetts. On his birthday in 1982, Bucholtz gave him Witter Bynner's Laozi translation as a present. He was amazed at the book and found it deeply inspiring, using it as the basis for meditation. To him, the Laozi in Bynner's version opened the gate to a wider view of life and the integration various different belief systems. Held securely in Laozi's arms, as he describes it, he could come to grips with the multiplicity of spiritual experiences and make better sense of the world.

Learning that the Laozi was originally a collection of aphorisms and consisted of rhymed verses or jingles that people would recite to commit to memory, he found the musical side of his nature attracted. A guitar player and composer, he especially liked the rhythmic verses in Bynner's translation, those that lent themselves to musical writing. He also recognized that music creates a platform for bringing words into deeper layers of the subconscious mind, embedding meaning deep in the individual's psyche. He thus selected thirteen chapters and began to compose music for them, using jazz (ch. 5), blues (ch. 44), renaissance chords (ch. 18), and more. Some chapters speak to sensory and meditation experience (chs. 10, 12, 35, 52); others deal with social skills and leadership in the world (chs. 3, 13, 18, 29, 67, 69). In all cases, the text provides a deep and profound meaning, vibrantly enhanced by the music and vocal presentation.

The vocalist, Paula Dudley-Tagiuri, was the girlfriend of his psychotherapist, similarly inspired by the Laozi and gifted with a wonderful voice. To begin, they played the "Songs" together, vocals accompanied by guitar.

They recorded a sample tape and submitted it to Danny Goldberg of Gold Mountain Records, a well-known label in the field of popular music that also marketed Joan Baez and other famous singers. While interested in the project, Goldberg had too many other obligations, and the "Songs" were not a major priority.

Looking further afield, Josephs found a local company, Selcer Sound, in Brighton. He also decided to add further instruments, so that the recording now also has mandolin, banjo, piano, violin, clarinet, trombone, harmonica, and percussion as accompaniment. John Curtis and Larry Luddecke played a variety of instruments, and helped arrange the songs. Brian Ales mixed the sound. When the Witter Bynner Foundation gave its blessings, the project took off, leading   not only to the creation of an audio recording but also to several live performances—such as the one I was fortunate to attend.

Business Application

The Laozi and the "Songs" have remained an important mainstay in Stephen Josephs' career "as an executive coach and consultant" who helps "leaders build their vitality and focus to make their companies profitable and great places to work" (2013, 293). In California since 2002, his vision is to bring the Daoist sense of connectedness to the universe and its impulse toward social responsibility into business leadership, combined with taiji-enhanced feelings of ease and harmony in the physical body as well as a powerful, focused mental awareness. Hired by high-ranking executives who find themselves embroiled in struggles and contention, he teaches them various ways of relaxation, self-centering, and communication to both make their lives easier and increase their performance in business.

His method is best documented in his book, Dragons at Work, which tells of the transformation of Dan Schaeffer, a high-level executive "staggering under the weight of a project his command-and-control style cannot manage" (Josephs 2013, backcover). His executive coach, Michele Wu, has practiced taiji with her grandfather from an early age and has deep roots in both Daoist wisdom and Western culture. She gradually raises Dan's awareness and guides him toward a more balanced way of life, opening him to input from his team members and new

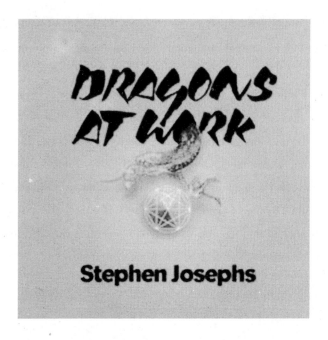

perspectives on himself and his role.

　　Several of these new perspectives come directly from the Laozi. For one, to put work and money in their place, Michele asks Dan, "Which means more to you, you or your renown?" (ch. 44; 2013, 36). Later she receives advice from her grandfather who insists that Dan "needs to dissolve his small self and live in the awareness of his true self" (2013, 81). Laozi puts this in terms of rising above success and failure:

> **How can success and failure be called equal ailment**
> **Because a man thinks of the personal body as self.**
> **When he no longer thinks of the personal body as self**
> **Neither failure nor success can ail him.** (ch. 13)
> (**To listen, www. dragonsatwork. com/Winning-Losing-Blues**)

　　An important part of reaching the higher self, moreover, is overcoming strong emotions by learning to embrace them and ride them out. Not only teaching Dan methods of deep breathing and some basic taiji moves, Michele also quotes the Laozi:

When a man is in turmoil, how shall he find peace
Save by staying patient till the stream clears?
How can a man's life keep its course
If he will not let it flow? (**ch.** 15; 2013, 163)

As he becomes whole in himself, the Daoist-inspired executive connects to a level deeper than himself, described as the "source of life" or "mother" of the world (Laozi 52; Josephs 2013, 191). From here, he can develop the ability to let his co-workers and subordinates come into their own, develop enthusiasm for their tasks, and be fearless in proposing new ideas and methods. As the Laozi formulates this "light touch",

If you can guide without claim or strife,
If you can stay in the lead of men without their knowing,
You are at the core of life. (**ch.** 10; 2013, 94)

This also means that he overcomes all pride and the urge to take credit for good outcomes. Leaders' "pride deafens them to solutions not invented by them" or, as the Laozi says, "When the work is done, his aim fulfilled, they will all say, 'We did this ourselves'" (ch. 17; 2013, 183). The same freedom from pride and posturing, moreover, comes in handy when conflict arises.

As long as there be a foe, value him,
Respect him, measure him, be humble toward him;
Let him not strip from you, however strong he be,
Compassion, the one wealth which can afford him. (**ch.** 69)
(**To listen, www. dragonsatwork. com/Lao-Tzu-Strategist-Song**)

It is essential to remain full of care and concern for others from a position of security and personal integrity, what the Laozi calls "the invincible shied of caring" (ch. 67; Josephs 2013, 285). In the end, Dan lets go of his destructive behaviors, develops an integrative and respectful leadership style, which helps him to both retain good employees and foil a company plot to oust him. Learning to be ALIVE—an acronym that stands for the five essential qualities of "awareness, love, insight, vitality, and ease" (2013, 92), he moves to a whole new level of leadership, growing from Expert to Achiever and even reaching out to becoming a Catalyst.

Leadership Agility These three stages are part of a model of "leadership agility" developed by Stephen Josephs and co-author Bill Joiner. Expanding on the understanding of the developmental stages of childhood as developed by psychologists such as Jean Piaget and Erik Erikson as well as of spiritual unfolding as proposed by Ken Wilber, Bill Torbert, and others (Joiner and Josephs 2007, 235), the model divides human growth into a total of nine stages. Each of these comes with greater power, expanding awareness, wide openness to ever larger contexts, and increasingly subtler ways of self-reflection and guidance of others.

The first three, at the pre-conventional level, reflect human growth through childhood. During the Explorer stage in the first two years of life, infants explore being in the world through physical sensations and interactions. The Enthusiast level, until about age six, is characterized by the acquisition of language and an emotional sense of identity. The Operator, third, lasts into the early teens: it involves "the ability to think about the properties of specific objects and organize them accordingly" (Joiner and Josephs 2007, 237 – 38).

The conventional level includes the second set of three stages. The first is the Conformer, characterized by rudimentary abstract thought and a great urge to be part of the group and conform to others. Reached in young adolescence, this may be the highest level many people ever attain. From here, leadership stages evolve throughout adulthood, beginning with the levels experienced by Dan Schaeffer in Dragons at Work, the Expert and the Achiever. People on the Expert stage, which may be reached as early as the mid-teens, "develop a strong problem—solving orientation and an ability to think more independently and analytically," growing an interest in standing out from the group (2007, 239; 55).

In the Achiever stage, next, people expand their awareness to the wider context of society and develop "an explicit, consciously examined set of principles and ideals to live by" (2007, 240). They have a greater sense of empathy and more flexibility in dealing with various situations (2007, 80). Among business and society leaders, about 43 percent are Experts and 35 percent Achievers. They still focus strongly on putting themselves forward and take heroic measures to achieve their goals, being in many ways warriors in the world.

Only 12 percent of leaders reach the next level, the three post-conventional stages (or post-heroic agility) of Catalyst, Co-Creator, and Synergist—the latter being the rarest with only one percent (2007, 241). Dan Schaffer, guided by Michele's Daoist inspiration and her body-cultivation skills, made it to Catalyst. He learned to be open to other's viewpoints, able to zoom attention in or out as needed, and constantly self-reflecting even in tight situations (2007, 111, 113). No longer equating the exercise of power with self-interest, the Catalyst empowers all around him and stimulates things to evolve in new ways (2007, 115), becoming a great authority and major mover. The Co-Creator goes even further, plugging more into the larger social, even global context, always "intent on developing organizations animated by shared purpose", and able "to remain with difficult feelings for longer periods" (2007, 127).

The highest of the stages outlined here—although there may be even higher, transcendent ones beyond—is the Synergist, someone very close to the sage in the Laozi, Witter Bynner's "sound man." Awareness here is present-centered and easily flowing, vision is expansive—global and even universal—purpose reaches far beyond the self to the greater good of all, and the execution power is highly flexible (2007, 181 – 82). Synergists, like Daoist perfected, take a playful approach to life and are highly agile, creative, and imaginative. Purposeful without being rigid, they stay connected to the present and work with their intuition, allowing Dao to flow through them. They have "a feeling of rightness" about their actions that provides guidance from a higher power and expands into wider reaches. Synergists truly synchronize energies in ever widening circles, fully human yet also fully cosmic, inspired and deeply empowered people who bring benefits wherever they go.

References

Bynner, Witter. 1944. *The Way of Life According to Lao Tzu*. New York: Perigree. Also in Witter Bynner, The Chinese Translations, edited by James Kraft, 339 – 388. New York: Farrar, Straus, & Giroux.

1978 [1953]. *Remembering a Gentle Scholar*. In Witter Bynner, The Chinese Translations, edited by James Kraft, 3 – 12. New York: Farrar, Straus, & Giroux.

Kang-hu Kiang. 1929. The Jade Mountain: *A Chinese Anthology*. New York: Alfred A. Knopf.

Harris, Peter. 2009. *Three Hundred Tang Poems*. New York: Alfred A. Knopf.

Horgan, Paul. 2000. *Witter Bynner Bio*. http://www. bynnerfoundation. org

Joiner, Bill, and Stephen Josephs. 2007. *Leadership Agility: Five Levels of Mastery for Anticipating and Initiating Change*. Hoboken: John Wiley & Sons.

Josephs, Stephen. 2013. *Dragons at Work*. Charleston: Tao Alchemical Press.

Kraft, James. 1995. *Who Was Witter Bynner?* Albuquerque: University of New Mexico Press.

Lattimore, David. 1978 [1965]. *Introduction to The Way of Life According to Lao Tzu*. In Witter Bynner, The Chinese Translations, edited by James Kraft, 309 – 327. New York: Farrar, Straus, & Giroux.

Lin, Yutang. 1942. *The Wisdom of Laotse*. New York: Random House.

Nienhauser, William H. 1986. *The Indiana Companion to Traditional Chinese Literature*. Bloomington: Indiana University Press.

Parisi, Joseph, and Stephen Young, eds. 2002. *The Poetry Anthology, 1912 – 2002: Ninety Years of America's Most Distinguished Verse Magazine*. Chicago: Ivan R. Dee.

Waley, Arthur. 1934. *The Way and Its Power: A Study of the Tao Te Ching and Its Place in Chinese Thought*. London: Allen and Unwin.

Watson, Burton. 1978. *Introduction to The Jade Mountain.* In Witter Bynner, The Chinese Translations, edited by James Kraft, 15 – 32. New York: Farrar, Straus, & Giroux.

Basic Aspects of Daoist Philosophy

Hans-Georg Moeller (University College Cork Cork, Ireland)

This paper will outline three basic themes I find representative of Daoist philosophy: a) Daoist non-anthropocentrism or the notion of dao 道 (or tian dao 天道) b) Daoist non-agency or wu wei 无为, and c) the Daoist "acosmotic" notion of ziran 自然.

1. Daoist non-anthropocentrism: The notion of (tian) dao.

A paradigmatic expression of Daoist non-anthropocentrism is found in the 25 th chapter of the Daodejing which culminates in the famous lines: "Humans follow the earth as a rule, the earth follows heaven as a rule, heaven follows the dao as a rule, the dao follows its self-so as a rule. " (ren fa di, di fa tian, tian fa dao, dao fa ziran, 人法地, 地法天, 天法道, 道法自然) This passage is a succinct summary of the cosmological aspect of Daoist non-anthropocentrism. Humans are conceived of as living in simply organized agricultural communities, and the sustenance of their life is based on the conditions set by the "earth". They literally live of the land; and their activities, such as what they do where at which time on the fields, are structured and ordered by the natural conditions of the ground they inhabit. The "earth" has to be ploughed in spring, tended to in the summer, and harvested in the fall. Basically all human activities in an agricultural society follow the rhythm of the earth as their immediate environment. The earth, in turn, follows the natural patterns of "heaven", such as the sequence of day and night and the cycle of the seasons. The cosmos as such is believed to be an orderly and regular natural process or "way" —referred to as dao or tian dao—which operates in self-sustaining and self-reproductive circularity. Rather than having any privileged natural role or function, humankind is embedded in encompassing natural contexts which determine the conditions of its survival. Humans are not in a position to impose their rules as "masters of the earth", but have to follow the non-human rules of the earth and of tian dao. In accordance with this non-anthropocentric cosmology, Daoist philosophy, as well as ancient Chinese Philosophy in general, refrained from introducing strict distinctions between a human culture and a trans-human nature.

The Daodejing focuses extensively on the cosmological aspects of Daoist non-anthropocentrism. Other Daoist works, in particular the Zhuangzi, point to various further dimensions of this non-anthropocentrism. One of them may be called an existential dimension. Several well-known stories in the Zhuangzi, such as that depicting Zhuang Zhou playing music after the death of his wife and thereby celebrating her participation in the transformation of all things (in the Zhi Le 至乐 chapter, 18. 2①), point out that human life should be understood as merely a segment within the incessant alteration of life and death. This alteration reshapes all shapes and assigns no preference to the human shape. As another well know passage in the Da Zong Shi 大宗师 chapter (6. 5) outlines, the human body will be dissolved after death, and its parts will later become composite parts of animals or plants. The human shape, human life, and, indeed, individual human existence, are integrated into a permanent (chang 常) process of change (hua 化). Human existence is thereby deprived of any foundational or essential human identity.

An allegory in the Shan Mu 山木 chapter (20. 8) describes the unnerving existential experience of the interwovenness of individual human life into the cycle of life and death that permeates tian dao. Zhuangzi, when hunting a large bird and about to shoot it, realizes that it is just in the process of catching a mantis, who, in turn, is just about to devour a cicada. Shocked by the immedi-

---

① The numerical indication of passages of the Zhuangzi in this essay follows the electronic edition of the text by the Chinese Text Project at http: //ctext. org/zhuangzi/.

ate visualization of the interconnected transitoriness of all individual forms of life, Zhuangzi runs away, only to find the game keeper of the hunting reserve pursuing him and trying to catch him. This ironical end of the scene illustrates, of course, how Zhuangzi himself is merely another segment of the endless succession of life forms constantly feeding of one another. The hunter is himself being hunted; there is no end and no beginning, and, most importantly, no center to the alternation of life forms in the context of tian dao. The story thus illustrates the existential anguish of experiencing that humans not only cannot avoid their own death, but, what is more, that they are dissolving into a non-human or trans-human nature. In death, we not only cease to live, but also to be human or humanoid. In this existential respect, Daoism differs considerably not only from Christianity, which conceives of the human soul as eternally indestructible, but also from (ancient) Confucianism, where, after death, humans, as ancestral deities, still maintain some sort of species continuity. The existential dimension of Daoist non-anthropocentrism thus "shockingly" confronts humans with the eventual loss of their humaneness.

A third dimension of Daoist non-anthropocentrism is, I believe, epistemological. The Daodejing proclaims what may be called a "negative cultivation" of human knowledge. It advises its intended audience (actual or prospective rulers during the historical era of its composition) to refrain from developing a specific understanding, or, in contemporary terms, a specific interpretation of the world. The text not only famously dismisses the correspondence of dao or tian dao to the "names" (ming 名) of human language (as, for instance, in chapters 1 and 37), but, more concretely, advocates a minimization of knowledge ("To know not-knowing is the highest." zhi bu zhi shang 知不知 上, chapter 71). It proposes to engage in a process of unlearning. Chapter 48 says: "One who engages in learning increases daily. One who hears of the dao diminishes daily." (wei xue ri yi, wei dao ri sun 为学日益, 为道日损).

These lines of the Daodejing are, admittedly, typically terse, slightly enigmatic, and open to various readings. However, I think that they can be understood as variations of one of the core topics of this text, namely the "emptying of the heart-mind" (as expressed in a "Daoist imperative" in chapter 3: "Empty your heart-mind!" xu qi xin 虚其心). Chapter 20 of the Daodejing illustrates this topic with poetic imagery. Here, the ruler, while taking part in a public festivity and mingling with the population, is described as "like an infant that does not yet smile" (ru yinger zhi wei hai 如婴儿之未孩) and as having "the heart-mind of an idiot" (yu ren zhi xin 愚人之心). The Daoist sage negatively cultivates himself so as to return to the state of the minimal or "idiotic" human consciousness of a newborn baby who has not yet adopted a "mature" human perspective on the world. In other words, the sage rids himself of the intellectual, cultural, and emotional knowledge that he has acquired as a human so that he will be able to shed his anthropocentric biases and to attain what Feng Youlan has called "a-posteriori non-knowledge" (hou de de wu zhi 后得的无知). [1]

The topic of the "emptying of the heart", and thus of negative epistemological cultivation, is equally prominent in the Zhuangzi, but here it is discussed in much more detail. One passage of the philosophically central Qi Wu Lun 齐物论 chapter (2. 11), which has been understood as expressing a Daoist "relativism" or "scepticism" [2], is, in my view, not really concerned with such matters, but rather indicative of Daoist epistemological non-anthropocentrism. This is the passage in A. C. Graham's translation:

When a human sleeps in the damp his waist hurts and he gets stiff in the joints; is that so of the loach? When he sits in a tree he shivers and shakes; is that so of the ape? Which of these three knows the right place to live? Humans eat the flesh of hay-fed and grain-fed beasts, deer eat the grass, centipedes relish snakes, owls and crows crave mice; which of the four has a proper sense of taste? Gibbons are sought by baboons as mates, elaphures like the company of deer, loaches play with fish. Mao Qiang and Lady Li were beautiful in the

---

① See Feng Youlan 冯友兰, Xin Yuan Dao 新原道, Hong Kong: Zhongguo zhexue yanjiu hui 中国哲学研究会, 1961. 80 – 81. See also: Feng Youlan, The Spirit of Chinese Philosophy. London: Kegan Paul, 1947. 78.

② For such approaches to the Zhuangzi see Paul Kjellberg and, Philip J. Ivanhoe (eds.) Essays on Skepticism, Relativism, and Ethics in the Zhuangzi. Albany: State University of New York Press. 1996.

eyes of man; but when the fish saw them they plunged deep, when the birds saw them they flew high, when the deer saw them they broke into a run. Which of these four knows what is truly beautiful in the world?①

I think that a closer observation of the passage reveals (particular when taking its immediate context in the Zhuangzi as well as the philosophical and conceptual context of Daoist thought into account) that it neither defends the respective relative validity and relative merits of differing knowledge claims nor sceptically encourages us to question the validity of whatever we hold to be true. In fact, I think if we take a good look at the imagery and the humour of the passage, it is rather obvious that it neither defends nor questions any knowledge claims. Actually, the passage undermines the specifically human tendency to operate in the "mode of knowledge". Rather than defending or questioning specific forms of human knowledge, it ridicules with "idiotic irony" (as I outlined elsewhere②) the human attitude of looking at everything in terms of right or wrong. Humans not only live in places fitting human needs, eat food fitting the human appetite, and mate with partners they are attracted by, but, unlike animals, on top of that they often unnecessarily, and potentially unhealthily, conceive of all these aspects of their natural form of life in terms of "knowledge" about how to live—and they then go on to promote them as the "right" or "proper" way to live.

Once one assumes a "mode of knowledge", one is prone to a) trying to impose what one knows onto others, and b) quarrelling with others who claim to know things differently or "better" or "truly". The above passage mockingly illustrates a major difference between animals and humans: Animals live how they live without claiming to know how to live. They never engage in arguments about the respective merits of their food or habitat, they never try to convince other an-

---

① A. C. Graham (trans. and ed.), Chuang-Tzǔ. The Inner Chapters. Indianapolis: Hackett, 2001. 58. Translation modified.

② Hans Georg Moeller, "Idiotic Irony in the Zhuangzi. " CLEAR (Chinese Literature. Essays, Articles, Reviews) 30 (2008). 117 – 123.

imals to change their diet in accordance with any "eating ideology", and they also never sceptically question if the partners they mate with are really right for them. Humans, on the other hand, tend towards an "anthropocentric epistemology" and replace the art of living with the dubious art of "knowing how to live" —which may then threaten social harmony since it easily leads to "relativist" conflicts or sceptical indecision.

With the above passage the Zhuangzi illustrates a problem of human knowledge claims. In the text, this problem is addressed in a rhetorical question by the fictitious Daoist character Wang Ni: "How do I know that what I call knowing is not not-knowing? How do I know that what I call not-knowing is not knowing?"① Evidently, rather than sceptically or relatively qualifying human knowledge claims in the various manners found in the Western philosophical tradition, this passage occurs in the context of a Daoist plea for the not-knowing "empty" or "idiotic" or "infant-like" heart-mind. The infant-like heart-mind does not consciously alienate itself from its immediate activity by relating to it in the form of the "knowledge" of human-centered interpretations. Speaking in postmodernist terms, it refrains from developing a humanist "master narrative".

The Qi Wu Lun chapter places this allegory within the larger context of its "deconstruction" of the philosophical and political debates about shi 是 and fei 非, i. e. affirmation and negation in the human realm. The Zhuangzi does not aim at taking sides in these debates about what to affirm and what to negate, but rather at finding a way to avoid such human perspectives and to adopt the non-anthropocentric perspective of tian dao. The Qi Wu Lun chapter (2. 5) states: "Thus, by not taking a vantage point, the sage looks at it from the perspective of tian. " (shi yi sheng ren bu you er zhao zhi yu tian 是以圣人不由，而照之于天). The same passage also calls this perspective more poetically "the pivot of the dao" (dao shu 道枢). In my own writings, I spoke in this regard of the Daoist "zero-perspective".② The Daoist zero-perspective neither identifies with

---

① A. C. Graham (trans. and ed.), Chuang-Tzǔ. The Inner Chapters. Indianapolis: Hackett, 2001. 58.

② See my book Daoism Explained. From the Dream of the Butterfly to the Fishnet Allegory. Chicago, La Salle: Open Court. 2004.

nor contradicts or doubts human knowledge claims, but abstains from them.

The Inner Chapters of the Zhuangzi end with a quite impressive ironic reversion of ancient Chinese anthropocentric mythology. Ancient Chinese texts contain numerous stories about the creation of the world by anthropomorphic figures (such as Bangu 盘古 or Nüwa 女娲) and about the creation of human civilization by ancient sage emperors such as Yu 禹 or Huangdi 皇帝. These myths describe the creation of the world as a creation through human activity. At the end of the Inner Chapters (Ying Di Wang 应帝王 chapter, 7. 7), however, a Daoist counterpart of these myths is introduced. Here, the world is represented by Hundun 浑沌, the "emperor of the center" (zhong yang zhi di 中央之帝) and the emperors of the Northern and the Southern Seas who surround him. These "peripheral" emperors feel grateful to Hundun for his kindness, but also sorry for him, since he is completely amorphous and lacks any human features. They observe that "all men have seven holes through which they look, listen, eat, breathe; he alone doesn't have any."① Out of (Confucian) sympathy for him, they then resolve: "Let's try boring them;" however, "every day they bored one hole, and on the seventh day Hundun died."②

This passage not only satirically criticizes the futility and potential harmfulness of Confucian "virtue", by pointing out how Hundun is killed by reciprocity; it also ironicallydepicts the destruction of the world by its humanization. Once the world becomes, quite literally, anthropocentric—once the "emperor of the center" is given a human face—he, and presumably the order of the cosmos, is destroyed. I think that this ironically reversed "destruction myth" at the end of the inner Chapters symbolically summarizes Daoist non-anthropocentrism: the humanization of the world is not its beginning, but its end.③

The core Daoist notion of dao, or, more specifically tian dao, implies, I

---

① A. C. Graham (trans. and ed.), Chuang-Tzǔ. The Inner Chapters. Indianapolis: Hackett, 2001. 98.

② Ibid.

③ The story of Hundun in the Zhuangzi, though very short, contains numerous allusions to other Daoist themes, such as, for instance, the distinction between that which has form and that which has none, the theme of the loss of life energy through openings which produce friction, or the relation between centre and periphery. Within the limits of this essay, however, I feel unable to adequately address these issues.

believe, a thoroughgoing non-anthropocentrism of various dimensions—which I just outlined. In this way, my understanding of Daoist philosophy differs quite significantly from one of the major contemporary Daoist philosophers in China. In his book on The Humanist Spirit of Chinese Philosophy (Daojia de renwen jingshen 道家的人文精神)① which I had the honour to translate into English②), Chen Guying 陈鼓应 presents an emphatically humanist vision of Daoist thought. I have the highest respect and esteem for Chen's reading of Daoism, which is shaped by his desire to reconcile Daoism and Confucianism, by his life-long historical and philosophical research, and, not the least, by his personal experiences and political views. I also feel great sympathy for his project of shaping a New Daoist philosophy for our times. I disagree, however, with his opinion that the "humanist thought and spirit of ancient China", as represented by Daoism, "and contemporary Western humanism share similar viewpoints."③ In particular, I disagree with his conjecture that Daoism thereby, like Western humanism, indicates a worldview based on human agency.

2. Daoist non-agency: The notion of wu wei

A second major Daoist theme that runs counter to common prevalent conceptions of a basic component of modernity iswu wei or "non-action". Contemporary public discourse often demands the empowerment of the individual and its agency. The Daodejing, however, highlights the importance of non-agency by repeatedly recommending wu wei④.

In the Daodejing, as well as in texts associated with the Huang-Lao Daoism of late Warring States and early Han times, the notion of wu wei is first and foremost a political maxim that a ruler should adopt when trying to fulfill his primary

---

① Beijing: Zhonghua shuju, 2012.

② Forthcoming at Northwestern University Press in the U. S. A.

③ Chen Guying 陈鼓应, Daojia de renwen jingshen 道家的人文精神. Beijing: Zhonghua shuju, 2012. 136 (note 1).

④ The maxim of wu wei is particularly prominent in the Guodian manuscripts of the Laozi. See my essay "Verschiedene Versionen des Laozi. Ein Vergleich mit besonderer Berücksichtigung des 19. Kapitels." Monumenta Serica 47 (1999). 285 – 302.

task, namely bringing "order" (zhi 治) to his state and to the world. Chapter 3 states most succinctly: "Enact non-action, and nothing will not be in order." (wei wu wei, ze wu bu zhi 为无为，则无不治) Of course, as most scholars agree, the maxim of non-action does not mean that nothing is done or that nothing ever happens in the human realm. It rather expresses the paradoxical idea that greatest efficacy is achieved by non-interference or by allowing all events and all activities to unfold naturally and unimpeded.

The notion of wu wei is not merely a negative principle of non-engagement, but positively implies the establishment of political order and fruitful social activity. However, it certainly excludes any considerations of a politics based on enacting the will of either those in power or those who are being ruled. Politics is neither supposed to serve a "general will" nor to be a playing field for ideological intentions. Unlike such modern will-based conceptions of politics, Daoist paradoxical political activity is concerned with managing and ordering social or human needs. One may point to the final lines of chapter 12 as a paradigmatic (and rhymed) expression of the Daoist approach to politics as "need-management": "Thus the sage (ruler) cares for the belly, and not for the eye." (shi yi shengren wei fu, bu wei mu 是以圣人为腹不为目) The need-orientation, rather than will-orientation, of a Daoist politics based on wu wei makes it incompatible with a politics geared towards the "liberation" of humankind from whatever stifles the expression of what, in a Kantian sense, it should will.

The need- rather than will-orientation of Daoist politics and the notion of wu wei do not imply an advocacy of tyrannical or despotic rule (although Hanfeizi and the Legalist school twisted Daoism into such a direction) or of the curtailment of human activity. In fact, as a notion of paradoxical efficacy, wu wei aims at enhancing human potential through non-agency and by eliminating conscious control. The Zhuangzi contains numerous illustrations of this "logic": the minimization of individual willpower and the practice of "forgetting" one's personal inclinations and intentions bring about a perfection of one's capacities. The so-called "knack stories", such as that of Cook Ding cutting up an ox (3. 2), of the swimmer at the Lüliang waterfall (19. 10), and of woodcarver Qing making a bell-stand (19. 11), depict this technique quite astoundingly. Woodcarver

Qing (Zi Qing 梓庆), for instance, goes through a long process of physio-psychological "fasting" (qi 齐) before he sets out to work and carve a perfect bell-stand. The process of fasting is clearly an exercise of "emptying the heart-mind" which returns Qing to an infant-like state in which he is totally unaware of his social personality and no longer wilfully controls his body. This total loss of intentionality, and, indeed, control, increases his ability to act with maximum "automaticity" —to use a contemporary psychological term denoting everyday modes of action which are performed by "inactive" conscious control. Such inactive activities— for instance steering a car or typing on a computer—are often paradoxically "unlearned". They are acquired by a practice which makes us increasingly "forget" to wilfully and intentionally observe and guide our behaviour; and thus they resemble the "fasting" process of woodcarver Qing as described in the Zhuangzi.

A prime example for the efficacy of wu wei activity is language learning. As children we acquire a language most easily by practicing it largely unintentionally and without the conscious will to learn. As adults, when trying to learn a foreign language, we make a "free decision" to do so, and then invest a lot of effort in memorizing the vocabulary, studying the grammar, and exercising the pronunciation. However, it is virtually impossible for most adult language learners to master a language by applying this "active" learning method as perfectly as we were able to when learning our first language as a child by "automaticity". The Daoist notion of wu wei emphasizes the superior efficacy of childlike activity based on non-agency[1] in comparison with the rationally controlled agency that adults tend to adopt.

3. The Daoist "acosmotic" notion ofziran

The notion ofziran is closely connected with the notion of dao (tian dao)

---

[1]   Paul D'Ambrosio has labelled this type of activity "non-essential performance". See his PhD thesis Hypocrisy, Lying and Deception in Early Chinese Philosophy. University College Cork (Ireland), Department of Philosophy. 2012.

and the maxim of wu wei. As quoted above, chapter 25 of the Daodejing, ends with the line "the dao follows its self-so as a rule" (dao fa ziran 道法自然). Somewhat ironically, it thereby breaks with the pattern of the preceding lines which link the human realm, the earth, heaven and dao into a chain in which each element "follows" or is moulded after another, higher ranking one. The notion of ziran breaks with this quasi-causal pattern: the dao operates simply "self-so"; there is no ultimate cause, "unmoved mover" or divine demiurge behind it. In the terminology used by Roger Ames and David Hall, ziran thus indicates an "acosmotic" worldview. They say: "The classical Chinese are primarily acosmotic thinkers. By 'acosmotic' we shall mean that they do not depend in the majority of their speculations upon ··· the notion that the totality of things (wan wu 万物 or wan you 万有, the 'ten thousand things') has a radical beginning ... "①

As an acosmotic notion, ziran disappoints what Friedrich Nietzsche called the philosophical Ursachentrieb or "causality drive". According to Nietzsche, the history of Western philosophy has been haunted by the search for an "ultimate origin", or, to use a phrase often used today, for "root causes". According to Nietzsche, such a search resembles the logic of a dreamer who hears a cannon shot and then, in his dream, invents a story to explain this noise. And, as Nietzsche says, this story is more often than not "a very short novel in which the dreamer himself is the protagonist."② For Nietzsche, the "causality drive" has been responsible for the inventions of a humanoid God as the origin and cause of all things—and for the secular variation of it which assumes that humans can understand ultimate causes, and, once they have done so, steer the world, and particular society, in the way that they want. The notions of "cause" and "steering" are intertwined into a simple steering mechanics of cause and effect.

---

① Roger T. Ames and David Hall, Anticipating China. Thinking through the Narratives of Chinese and Western Culture. Albany: State University of New York Press, 1995. 184.

② See Friedrich Nietzsche, Götzendämmerung (Twilight of the Idols), "Die vier großen Irrtümer" (The four great errors), in Sämtliche Werke, Kritische Studienausgabe, Giorgi Colli, Mazzino Montinari (eds.), Vol. 6, Munich: DTV, 1980. 96. My translation.

Several passages in the Zhuangzi follow chapter 25 of the Daodejing by "deconstructing" the notion of an ultimate cause. Perhaps the most famous of these is the allegory of the "pipes of heaven" at the beginning of the Qi Wu Lun chapter (2. 1). Here, we see once more a Daoist master "emptying his human heart-mind". When questioned about what he is doing, he replies with an allegory about three kinds of pipe music. Firstly, there is the flute music of humans who blow through bamboo pipes. Then there is the pipe music of the earth, made by the wind when it blows through all kinds of holes and hollows. Finally, the "pipes of heaven" are not straightforwardly depicted, but, as it is often the case in the Zhuangzi, only indirectly by a rhetorical question:

Well, (the pipe of heaven) blows in ten-thousand variations and lets (the ten-thousand things sound) by themselves. When all things take (their sounds) from themselves, who should stir them up?①

The implied answer is that unlike in the preceding two examples no one blows this greatest of all pipes—everything in the world "ultimately" makes its own sound. Parallel to chapter 25 of the Daodejing the final image of the allegory disappoints the "causality" expectations built up by the first two images of the pipes of humans and of the earth (in structural similarity to the three steps often constituting jokes). Unlike in the case of these pipes, there is no blower behind the pipes of heaven. The greatest, all encompassing pipe—the cosmos—just blows by itself; there is no cause to it, and no origin.

Moreover, the image of the pipe is another illustration of the basic structure of (tian) dao: it is an empty center surrounded by fullness, i. e. it is non-presence (wu 无) integrating the presence around it (you 有). As numerous core images in the Daodejing show, (tian) dao functions on the basis of an empty center; it is like a pot, a door, or a wheel (Daodejing, chapter 11), or like a bellows (tuoyue 橐籥, Daodejing, chapter 5) or a valley (gu 谷, Daode-

---

① A. C. Graham (trans. and ed.), Chuang-Tzǔ. The Inner Chapters. Indianapolis: Hackett, 2001. 49.

jing, chapter 6). ① The pipe of heaven, just as all these other structures, is an image of the self-generating pattern of wu and you. This structure does not imply causation, origination, or creation, but self-generation and self-reproduction. Guo Xiang's commentary to the allegory of the pipe of heaven explains:

> **This is the pipe of heaven. Well, regarding the pipe of heaven, how should there be yet another thing? When things such as those hollows (of the earth) and holes in the bamboo (flutes of men) come together with all things that exist, then in their unity they form the one heaven. Nonpresence (wu) is nothing but nonpresence; and therefore it cannot bring presence (you) into existence. When the present does not yet exist, it cannot produce existence. Given this, who should then bring existence into existence? (What exists) exists as one piece through itself.** ②

In more abstract terms, the Zhi Bei You 知北游 chapter of the Zhuangzi (22. 10) explains that there is no ultimate origin or telos of the world: there is "no start and no end" (wu shi wu zhong 无始无终), and "the emergence of a thing cannot have preceded things" (wu chu bu de xian wu ye 物出不得先物也). ③ In his comments on this passage, Guo Xiang points out that, accordingly, things emerge by way of ziran or "self-so"④, i. e. by self-generation, or, as we can also say in more technical language, by autopoiesis.

The three major Daoist themes discussed so far—the non-anthropocentric worldview encapsulated in the notion of (tian) dao, the notion of wu wei as a concept of efficacy based on non-agency, and the notion of ziran representing

---

① On these and other images illustrating what I believe to be the basic structure of (tian) dao see my book Daoism Explained. From the Dream of the Butterfly to the Fishnet Allegory. Chicago, La Salle: Open Court. 2004. 27 – 43.

② Zhuangzi jishi 庄子集释, in Zhuzi jicheng 诸子集成, Beijing: Zhonghua shuju, 1954. 24.

③ A. C. Graham (trans. and ed.), Chuang-Tzǔ. The Inner Chapters. Indianapolis: Hackett, 2001. 164.

④ Zhuangzi jishi, 332.

acosmotic or emergent self-generation—are closely related to one another and mutually constitutive. These themes are not only cosmologically relevant, but, as we saw, also epistemologically, existentially, and, in particular, socio-politically significant.

后 记

　　老子为东周"守藏室之史"，长期生活、任职在洛阳，留下了诸多有关遗迹，如老子故宅、孔子入周问礼碑、洛阳上清宫、函谷关、洛阳老君山等。作为道家文化的奠基人，老子的思想理论愈来愈显示出它的普世价值。洛阳是中国历史名城、挖掘、整理、研究老子的文化遗产，是洛阳人义不容辞的历史使命。

　　2014年9月18日至21日，洛阳老子学会、洛阳老君山风景区管委会与中国社会科学院哲学研究所、北京大学道文化研究中心、清华大学哲学系、河南省老子学会、洛阳理工学院、洛阳市社会科学界联合会联合举办了第四届洛阳老子文化国际论坛。应邀出席论坛的海内外学者向大会提交了85篇学术论文。经过编委会的筛选，将其中的54篇编辑出版。

　　中国社会科学出版社田文编审为本书的出版费心良多，在此特致谢忱。

编者

2016年2月